Agricultural Investment in Australia

Legal Regulation and Industrial Development

澳大利亚农业投资

法律规制与产业发展

杨东霞　胡敏　曹海军　著

法律出版社
LAW PRESS · CHINA

作者简介

杨东霞

甘肃天水人。中国政法大学法学博士，正高级研究员（三级）。2017年5月～2018年5月，受国家留学基金委公派访学项目资助，在澳大利亚悉尼大学开展《中澳自贸协定》背景下农业投资法律问题研究。现任农业农村部管理干部学院农业农村法治研究中心（农业农村部法律服务中心）主任，中国农业农村法治研究会副会长兼秘书长，农业农村部法律顾问、农业对外合作法律顾问专家组成员，享受国务院政府特殊津贴专家。

长期从事农业农村法律问题研究。主持多项国家级、省部级课题；参与《乡村振兴促进法》《种子法》《渔业法》等重大涉农立法制订修订；组织编写《农业领导干部学法用法读本》《农资监管案例评析》等14部教材及《农业法律研究论丛》系列文集；在《人民日报》《法治日报》《农民日报》《农村经济问题》等报纸期刊发表多篇论文。研究成果获多项奖励及部领导肯定性批示。

作者简介

胡　敏

1992年毕业于中国政法大学，获学士学位，1999年毕业于对外经济贸易大学，获硕士学位。北京君都律师事务所高级合伙人，原富经济咨询（北京）有限公司高级研究员。主要从事基金投资和海外并购上市融资业务。

关注农业领域投资问题，对澳大利亚和美国的农业产业投资及法律规制有较深入的研究和实务操作经验。参与贵州省铜仁市土地流转调查并参与撰写《流转的土地》。

作者简介

曹海军

黑龙江哈尔滨人。毕业于北京大学经济学院，获西方经济学硕士学位，副高级专业职称。现为中国驻澳大利亚大使馆高级外交官。从事中国国际农业合作工作30多年，先后在国家农业农村部、联合国粮食及农业组织、中国驻印度大使馆任职，熟悉国际农业援助与扶贫、农业高新技术引进、农业“走出去”、国际农业经贸合作及农业外交等工作。

参与编撰《英汉—汉英农业大辞典》等书，在国家级刊物发表《中国国家粮食安全展望》等文章。

前 言

一、编写本书的动因

澳大利亚是世界上重要的农牧产品和矿产资源出产国和出口国。中澳两国在农业领域有着很强的互补性和巨大的合作潜力,澳大利亚是很多中国企业的热门投资地。但是,中国企业在澳投资仍处于初级阶段,并且,当前国际环境不稳定、不确定因素逐渐增多,对外农业投资发展将面临更多的挑战和风险。加强对澳大利亚的农业贸易和投资,将成为中国未来全球化经济发展战略布局中的重要组成部分。

如何正确认识澳大利亚有关农业的投资规定,获取及时客观的行业信息数据、聘用当地专业机构设计合理的投资架构和退出路径,对投资者来说至关重要,需要有针对性的理论分析和实务操作相结合的解决方案,为此,笔者在搜集澳大利亚本土农业领域第一手信息资料的基础上,通过广泛调研,并结合当地专业机构多年总结的投资经验,深入研判,编写本书,力求为有意投资澳大利亚农业的企业、机构及个人提供有指导价值的书鉴,并准备根据未来相关统计数据和研究成果的更新,定期修订本书,以最新的数据和研判为对澳农业投资者提供参考。

二、投资所涉领域的研究逻辑

1. 投资环境。境外投资首先要了解投资目的国的投资环境。虽然澳大利亚一直居于世界优良投资国别的前列,但一个国家的政治体制、法制环境以及社会文化对来自不同国家投资的态度,还是会有不同的偏好。因此,本书先从澳大利亚的地理发现和立国发展战略的变迁、澳大利亚的联邦政府和州政府的权力分配、执政的两党各自价值取向、土著和移民对主流文化的影响,来分析澳大利亚政治、法律以及社会文化对来自外国投资的影响。

2. 气候和产业布局。农业作为第一产业,受地理环境和气候条件影响极大,降雨、气温、日照和自然灾害都关涉农业生产效益,投资澳大利亚农业需要了解相关信息。作为发达国家,澳大利亚有完备的地理气候数据分析和储存机制,本书以澳大利亚政府及相关机构的数据为基础,分析澳大利亚各区域的农业产业布局,为投资者作出合理的投资区域选择或产业布局提出参考。

3.《中澳自贸协定》和外国投资审查机制。澳大利亚是个发达的市场经济国家,传统各行业的利润率处于平均水平,农业的平均利润率约为2% ~5%,农场土地每年的资本升值约为4% ~8%。而中国随着消费升级,对澳大利亚优质农产品的需求不断增强。对澳大利亚农业投资如不能利用中国国内的既有市场渠道优势,获取超额利润或上游优质资源价值,单纯地投资澳大利亚农业则并不比投资其他的行业有更好的回报。因此,了解2015年生效的《中澳自贸协定》,特别是了解澳大利亚对华出口的农产品,都有哪些具体规定和时间表,对中国投资澳大利亚农业,并进行生产经营具有现实指导意义。澳大利亚有着较为严格的外国投资审查法律制度规定,研究并遵守澳大利亚的相关规定,是对澳大利亚农业投资的先决条件。

4. 水权。水对农业的重要性毋庸置疑。澳大利亚水资源比较匮乏,在长期的农业产业发展过程中,澳大利亚在英国河岸取水权的基础上大胆改革,建立了一套堪称世界楷模的水资源管理体系和水权交易法律制度。这对中国投资人来讲是一个相对陌生的领域,又是投资澳大利亚农业必须了解的一个知识领域。投资澳大利亚农业,尤其是购买农场,一定要对水权类别及水权交易规则有了解和规划,避免陷于被动而导致投资失败。本书对澳大利亚的水资源管理体制改革的理论基础、水权概念和交易实务操作,进行了深入解析,以帮助中国投资人对澳大利亚水权产生清晰的认知,避免因为忽略水权而使投资农业陷入高成本运营的窘境。

5. 农业细分产业分析。澳大利亚农业在种植、畜牧、渔业及水产养殖等方面都有较强的细分行业优势。本书结合对中国市场的依存度，梳理了小麦、肉牛、乳业、渔业水产、葡萄酒等五个农业产业领域，同时，把承载产业的农场一并研究，深入分析了其各自的产业特点及发展趋势，并尝试总结各行业的投资机会和风险，提出投资建议。

6. 投资方案设计。在分析了澳大利亚宏观投资环境、地理气候条件、《中澳自贸协定》及外资审查、与农业有关的水权交易之后，本书从实操的角度，结合笔者在澳大利亚与相关专业机构合作研究的成果，对投资澳大利亚农业的实体设立、税务筹划、资金路径安排、投资退出的解决方案进行了分析并提出了建议。

三、研究方法与资料来源

本书编写人员做了大量的调研工作。除前往中国驻澳大利亚使馆、布里斯班总领事馆、悉尼总领事馆、中国银行悉尼分行、中国农业银行悉尼分行及澳大利亚贸易委员会等机构调研外，还对多家中资企业作了深入调研并走访了澳大利亚多家农场。与此同时，还亲自参与了一些对澳投资项目的法律框架设计和税务筹划，积累了宝贵的实务经验。本书在体例上，将澳大利亚涉及农业投资的法律规定与具体产业或与相关领域结合分析，这一点不同于以往的学术论文和著作，也希望本书能为研究澳大利亚农业投资的同道者们提供一种有别于传统学术研究的方式。

本书的资料和数据搜集采用澳大利亚政府官方数据库的内容；涉及中国方面的数据，参考中国商务部和农业农村部的官方数据；本书引用的资料均标明了原文网页链接地址及访问时间，方便读者进入相关的英文网页，进一步获取相关详细信息。

在本书完稿尚在编辑出版的过程中，新冠肺炎疫情暴发。2020 年 3 月 29 日，澳大利亚国库部长宣布，受新冠肺炎疫情暴发的影响，将外国人在澳大利亚投资项目审查门槛的金额暂时降至零澳元，审批时间从原来的 30 日延长至 6 个月。原来的农地和农企投资项目审查门槛的金额分别为 1500 万澳元和 5500 万澳元。

一些专业机构的最新研究显示，因抵御了新冠肺炎疫情所致的全球经济严重衰退的影响，尽管全球和当地许多经济受到了新冠肺炎疫情的沉重打击，但澳大利亚农地投资没有受到冲击，农地价格依然坚挺。这主要归功于澳大利亚农场的总体盈利能力，出口市场供应紧张以及低利率和澳元疲软等因素的支撑。

在季节性条件显著改善的背景下，加上澳元走软支撑大宗商品价格，积极的生产前景将给当地农业带来更多收益，这也就预示着当地农业资产价格的上涨。农场的经营利润和低贷款利率均为澳大利亚农地价格的主要驱动力。尽管过去3年来东海岸的大部分地区都遭受了旱灾，但至少在西澳大利亚州、南澳大利亚州、塔斯马尼亚州和维多利亚州，3年平均农场经营利润达到了自1990年以来的最高点。此外，除新南威尔士州外，所有州的农场经营利润均高于10年平均水平。创纪录的低借贷成本促进了农业资产投资，而且至少在未来3年内，利率将保持历史最低水平。

在全球及澳大利亚经济均受到新冠肺炎疫情严重冲击的大背景下，支撑澳大利亚农业投资的积极因素可归纳为以下三个方面：一是尽管许多经济基础受到了新冠肺炎疫情的严重影响，但在某些情况下，这也为农业投资提供了变相支持。股票、商业地产和债券等其他资产类别的相对较低的回报，将增加农业对本国和外国投资者的吸引力。二是澳元疲软和贬值将支持外国投资者的需求。截至2020年6月，澳元兑美元和欧元已经贬值，有效地降低了以这些货币投资的农业资产价格。三是由于历史上较低的借贷成本，中期将维持投资者的投资意愿。

总之，新冠肺炎疫情在其他资产类别中引起的波动和影响也凸显了农业资产投资的稳定和反周期性质，增强了其作为投资的吸引力。尽管在澳大利亚整体经济受新冠肺炎疫情影响的情况下，农业处于有利地位，但这种前景仍存在一定风险。比预期更长、更深的经济衰退将减少投资欲望，同时也将影响对澳大利亚出口农产品的需求，从而影响农业资产价格和农场盈利能力。此外，澳大利亚进入主要农业出口市场的机会严重中断或出现信用危机，都将导致农业失去盈利能力。

作者

2020年7月

目　录

第一章　澳大利亚的政治、社会文化、经济环境

一、澳大利亚的历史渊源

目前，科学界普遍认为，大约在5000万年前，澳大利亚和新几内亚的板块从其他大陆分离漂移出来，这块陆地始终被海水环绕，即使与东南亚之间的纵深海峡曾数度变窄到100公里，但从未合拢，这就使澳大利亚始终处于地理上的隔绝状态。从动物学的角度来看，隔绝的意义在于：一边是欧亚物种，另一边是澳大利亚和新几内亚物种。而在地质上，这块独立的大陆非常稳定，很少发生其他大陆上常见的板块碰撞和折叠现象，这也是澳大利亚没有高山和深谷，也很少发生地震的主要原因。

人类最早踏足澳大利亚的时间大约在6万年之前，是从欧亚非大陆渡海而来，成为澳大利亚土著人的祖先。当人类进入近现代的大航海时代，来自欧洲的西班牙、葡萄牙与荷兰的探险家均先于英国到达过澳大利亚，其中，荷兰的阿贝尔·塔斯曼于1642年率领探险队绘制了一个岛屿的南半部分地图，现在澳大利亚的塔斯马尼亚岛和澳新两国之间的“塔斯曼海”均以他的名字命名，这些探险家都只是碰触到澳大利亚和新西兰岛的部分而没有完整的认知，所以称不上发现澳大利亚这个大陆。直到1770年，传奇的探险船长——英国的詹姆斯·库克测绘了澳大利亚8000多公里的海岸线，确定了澳大利亚岛屿

和大陆的界限,并向英国议会汇报了此发现。从此,澳大利亚在完整意义上进入了现代文明的关注和发展序列中。①

二、澳大利亚与英国的关系

1776年,英国的亚当·斯密出版了划时代的巨著《国富论》,为英国管理殖民地从资源掠取模式转为自由贸易模式奠定了理论基础,同一时间(1775～1783年),英国在北美的13个殖民地打响了对英的独立战争,成立了美国,这让英国痛定思痛,在后来的殖民行动中,采取了温和的、以平等自由贸易为基础的殖民地拓展策略,从而迎来了一百多年"日不落帝国"的辉煌。在这样的背景下,在库克船长发现澳大利亚新大陆的15年后,由英国的亚瑟·菲利普率领的由11艘船和1066人组成的船队,于1788年1月26日抵达澳大利亚东部的杰克逊湾,并在如今的悉尼市中心的林地上升起了英国的国旗,宣示主权。由此,每年的1月26日也成了如今澳大利亚的国庆日。溯本逐源,建立澳大利亚殖民地,是因为英国失去了北美殖民地而被迫选择新的罪犯流放地,利用罪犯在澳大利亚生产海军重要物资——木材和亚麻,同时也为英国向亚太地区扩张贸易建立一个拥有战略地位的海军基地。

1901年,澳大利亚建立联邦,获得英国自治领地的地位,一直奉英国为宗主国,遵循英国法律,听从英国的贸易政策指令。1931年,经济大萧条中的英国由于帝国范围内的财政压力增加和殖民地民主意识增强,颁布了《威斯敏斯特法案》,给予全球的英属殖民地更多的自治权力。第二次世界大战期间,英国漠视澳大利亚的安全利益,使澳大利亚直接面临日本南下的威胁,尤其是英国驻守在新加坡的8万英军对日投降,以及不同意从非洲回防的澳新军团保卫澳大利亚本土,而被调去缅甸作战,让澳大利亚对英国丧失了忠心,转而寻求美国的安全保护,从此与英国渐行渐远。1986年,英澳两国的国会通过《澳大利亚法案》,澳大利亚真正从英联邦独立出来,从法律上确立了澳大利亚是与英国作为共戴一君的独立国家,即共主邦联。1999年,澳大利亚的共和运动进入阶段性表决进程,全体公民就是否改政体为由议会选举总统的共和制举行公投,结果是未通

---

① See Stuart Macintyre, "A Concise History of Australia", https://www.openlibrary.org/books/OL25560875M/A_concise_history_of_Australia, Oct. 10, 2019.

过。但澳大利亚的共和思想和潮流一直未停止，目前来看，只要英女王在世一日，共和运动便不会有实质性的进展。①

澳大利亚对英国有着浓重的历史身份来源的认同感，1788 年殖民地初建时，正值大英帝国进入全盛时期的维多利亚时代，澳大利亚居民自信骄傲，充满了对祖国——英国的热爱，这里面既包括对源自英国的文化价值观以及民主政治和法律制度的推崇和践行，也包括在英联邦体系内的贸易所带来的经济高速发展，这是当时澳大利亚的立国之本，甚至在历史上出现过歧视土著和非欧洲移民的“白澳政策”，直到 20 世纪 70 年代才终止。20 世纪后随着英国的国力下降，以及英国对自己国家利益的侧重而忽视甚至牺牲澳大利亚的利益，导致澳大利亚自身的民族和国家意识觉醒和强化，特别是第二次世界大战以后，澳大利亚将自己定位成亚太地区的国家，转向美国寻求庇护，因此通过 1951 年的《澳新美条约》，澳大利亚成为美国盟友，是唯一在第二次世界大战后参与了美国主导的全部军事行动的国家。另外，1948 年，澳大利亚偕同新西兰、加拿大加入了英国和美国发起的紧密合作的情报共享组织“五眼联盟”（Five Eyes，FVEY），该联盟仍是当前发达国家中最核心的小圈子利益体。目前，澳大利亚除把英女王作为名义上的国家元首外，完全以自己的国家利益为出发点，独立自主地进行国际贸易和政治外交，英国的影响仅限于澳大利亚民众的心理和文化认同上。

三、澳大利亚未来发展的战略定位

澳大利亚虽然一直在心理上更亲近欧洲，但现实是其身处亚太地区，且随着全球经济发展核心转移到亚太区域，以及东亚多数国家的经济崛起，澳大利亚不得不调整战略，融入亚洲，以谋求国家安全和经济发展。

1984 年，澳大利亚的跨太平洋贸易超越了跨大西洋贸易，澳大利亚的经济发展重心正式转移到亚太地区。澳大利亚与东亚新兴经济体有着天然的经贸互补关系，澳大利亚国内市场规模较小，产品过剩，严重依赖出口国际市场，其农产品和矿产品都是亚洲国家迫切需求的。进入 21 世纪，东亚各国经济的迅猛发展，尤其中国的高速增长，对澳大利亚产品的需求十分强劲，使澳大利亚实现了连续

---

① See Stuart Macintyre, “A Concise History of Australia”, https://www.openlibrary.org/books/OL25560875M/A_concise_history_of_Australia, Oct. 10, 2019.

十多年平均增长3.7%的高速发展,面对这一历史新机遇,澳大利亚开始了国家发展战略的重新定位。[①]

近些年,澳大利亚在亚太地区的自由贸易策略取得较大的收获,在积极加入世界贸易组织(World Trade Organization,WTO)之后,先后与新加坡、泰国、马来西亚、印度尼西亚、韩国、日本、中国签订了双边的自贸协定,同时推动多边贸易协定和区域经济一体化的发展。澳大利亚参与了东盟主导的“10+6”平台,除东盟10国之外,还有中国、日本、韩国、澳大利亚、新西兰和印度,并和中国一起在“10+6”基础上推动亚太地区的《区域全面经济伙伴关系协定》(Regional Comprehensive Economic Partnership,RCEP),另外,澳大利亚还对中国力推的“亚太自由贸易区”(Free Trade Area of the Asia-Pacific,FTAAP)积极响应,虽然FTAAP最早发起者是美国和加拿大,但覆盖了亚太经合组织(Asia-Pacific Economic Cooperation,APEC)的21个成员方,占据全球人口40%和53%的经济产出。同时,在美国退出《跨太平洋伙伴关系协定》(Trans-Pacific Partnership Agreement,TPP)之后,澳大利亚连同日本推动TPP,更名为《全面与进步跨太平洋伙伴关系协定》(Comprehensive Progressive Trans-Pacific Partnership,CPTPP),截至2019年年初,已有日本、澳大利亚、新加坡、新西兰、加拿大、越南和墨西哥7个国家签署审批通过,剩下智利、马来西亚、秘鲁和文莱4国尚待国内审批。总之,澳大利亚对所有涉及亚太地区的双边或多边自由贸易组织和协定都积极主动参与或推动,以实现其新的国家发展战略。

2017年11月,澳大利亚政府时隔14年再度发布《外交政策白皮书》,指出澳大利亚外交政策旨在保持印度—太平洋地区的安全、开放和繁荣;打击保护主义,努力为澳大利亚企业和工人争取机会,帮助澳大利亚人从开放、具有竞争力的经济体中获利;确保澳大利亚人在面对恐怖主义等威胁时的安全和自由;推动发展公平规则与强有力的合作,确保所有国家的权利得到尊重;继续支持太平洋地区进一步稳定和繁荣。在涉及中澳关系方面,该白皮书立足于与中国加强经贸合作关系。整部白皮书的宗旨在于“OSS”,即“机会、安全、力量”3个词汇上。机会(Opportunity),指当前的全球政治异化,秩序处于重建前夕,孕育着各种机

---

① See Stuart Macintyre, “A Concise History of Australia”, https://www.openlibrary.org/books/OL25560875M/A_concise_history_of_Australia, Oct. 10, 2019.

会；安全（Security），是指澳大利亚在此大变之局中，行动的准则是安全，包括国家、经济和意识形态等各方面的安全和独立；力量（Strength），是指通过奉行正确的外交政策和国内的稳健经济发展，强大澳大利亚自身的力量，才能确保国家和人民的富强、民主和自由。[①]

国家战略定位：澳大利亚在政治上，仍以欧美的价值观为主导；在军事安全上，维持与美国的盟友关系，追随美国在全球的军事行动；在经济上，奉行全球多边贸易自由主义，提升国内经济发展。在未来较长一段时间内，澳大利亚的国家发展战略会是，推动全球贸易自由化，利用美国实施亚太区域再平衡策略的机会，积极与亚太各国家发展双边和多边自由贸易关系，形成经济利益共同体，提高澳大利亚对环太平洋地区的影响力，增加对中美两国的话语权，同时加强对南太平洋岛国的影响和控制，将自己由全球中等强国改塑为亚太地区的核心大国，最终实现能独立保障自己国家利益的战略目标。

从农业产品贸易角度看，澳大利亚和美国对中国出口的产品有较大的替代性，并且中澳两国已于2015年12月17日签署了自贸协定，更使澳大利亚具备了超越美国、加拿大和欧盟对中国的贸易量的条件，也制衡了智利和新西兰与中国自贸协定的先发优势。澳大利亚未来将采取什么样的具体应对策略，才能在中美两个超级经济体竞争中以及亚太区域合作与竞争中获取最大利益，涉及基于澳大利亚国内的政治体制和社会文化为底层逻辑的国策形成机制。

四、澳大利亚的政治体制

（一）框架

目前澳大利亚的政体是在英国的西敏制框架下，参考加拿大的联邦体制，依据1901年1月1日《联邦宪法》，成立的君主立宪国家。西敏制（威斯敏斯特体系，Westminster System）因英国议会大厦名为西敏宫而专指适用于英联邦成员国的一整套民主政府体制，开始于19世纪中期的加拿大，后面还有澳大利亚、印度、爱尔兰、牙买加、马来西亚、新西兰、新加坡、马耳他等国。西敏制的特点如下：名义上的国家元首是英女王，其代表是驻在当地的总督，批准法律，同意行政

① See "2017 Foreign Policy White Paper", https://www.fpwhitepaper.gov.au/foreign-policy-white-paper, Oct. 10, 2019.

首脑组阁;西敏制国家的实际权利在议会,由上、下两院组成,上院代表区域、机构和精英阶层的利益,下院代表全体普通民众的利益;利益多元,两党或多党竞争,互相制衡;内阁由议员组成,向议会负责,多党可以联合执政;法院独立审判,分级审理,可向英国枢密院上诉。在西敏制体系内的英联邦国家里,澳大利亚属于较为典型的联邦制国家,名义上实行君主立宪,实际上立法权、行政权和司法权实行三权分立、互相制衡。英女王与澳大利亚政府的关系就像女王与英国政府的关系,用一句话可以概括本质,即澳大利亚是英女王的澳大利亚,不是英国政府的澳大利亚。①

(二)立法

澳大利亚的国会享有立法权,并由国会产生行政首脑,国会由英女王、参议院和众议院组成。女王只是象征性批准法律。参议院代表 6 个州和 2 个特区(首都堪培拉特区和北领地特区)的利益,共有 76 名参议员,其中,6 个州每个州都是 12 人,两个特区每个特区是 2 人,都由选民选举产生。选举时可直接在选票上勾选党派,澳大利亚人认为政党的主张比具体党派的个人代表重要,这样小党派也可在参议院发挥作用,参议员任期 6 年,3 年换选一半。众议院成员 150 名,在各州里按一定人数划定选区选举产生,人口多的州,选区就多,众议员的名额也就越多,例如,2019 年新南威尔士州的众议员有 47 名,维多利亚州有 37 名,众议员由选区得选票多者当选,众议员代表的是选民公众的利益,任期 3 年。澳大利亚实行强制选举制度,即选民不投票将被罚款 20 ~ 170 澳元,所以投票率经常高达 95%,这种制度避免了理智但又沉默的大多数不积极参与投票,而被狂热的少数人选出极端势力党派而为祸国家。参议院与众议院合为国会上、下两院,两院在立法过程中通过各自提议、修改和拒绝而实现互相监督控制,只是参议院的立法提案权相对众议院有一定的限制,依据《联邦宪法》第 53 条的规定,参议院没有涉及财政税收和政府开支的立法提议权,其他和众议院一样。国会享有立法权并产生行政首长,因此,其为三权制衡之重中之重。另外,国会可以通过委任立法的方式授权政府部门制定相关行政法规,以提高效率,具体为在国会面前立法和接受国会审查两种方式,同时还存在委任立法的司法审查"越权原则"以

---

① See Commonwealth of Australia Constitution Act, https://www.aph.gov.au/About_Parliament/Senate/Powers_practice_n_procedures/constitution, Oct. 10, 2019.

防止不当委任。①

（三）行政

澳大利亚政府由众议院多数党派的首领出任总理，任命各部部长组阁，提名澳督由女王任命，总理可以解散议会，同时也是军方的最高首领。澳大利亚政府分三级：联邦、州和地方。联邦负责涉及全国利益的军事、外交、金融、医疗、教育、社会保障和税收等；州政府同样由州议会众议院多数党领袖担任州长，组阁州政府，提名州督由女王任命，负责经济、交通、治安、农业、医疗（公立医院）和教育等。地方政府有不同的名字，包含城、镇、市、郡，只要是州议会下面一级的议会所对应的政府都是平等的第三级地方政府，市长由地方议员选出或轮流担任，且为兼职，而地方议员是由市内各选区选出，澳大利亚有565个三级地方政府，地方政府权力由州政府规定，主要负责地方税收、城镇规划、道路维护、供水和污水管理、废物和垃圾处理、危机应对和灾害救济、公共福利设施建设和社区管理等，第三级的地方政府的行政作为与普通民众的生活息息相关，所以澳大利亚民众更关注地方政府的施政行为。澳大利亚的政府权力划分源自1900年颁布的《联邦宪法》，各州均是拥有主权的政治实体，只是通过签署《联邦宪法》将部分权力让渡给联邦，以便协调各州的利益和对外统一开展国防外交。《联邦宪法》第51条、第52条、第90条、第114条、第115条对联邦特有的权力进行了规定，采取的原则是未被列明属于联邦的权力的均由各州保留，但在联邦和各州之间的权力划分产生纠纷时，依据《联邦宪法》第74条的规定，澳大利亚最高法院有权裁决。而事实上，澳大利亚自成立联邦以来，最高法院通过案例判决，极大地扩张了联邦的权力，特别是通过《联邦宪法》第96条的引用，给予联邦可以对任一州进行财政援助的权力，导致联邦最终成为澳大利亚基本财政收入的唯一征收人，即税收主体，而各州只能额外设立一些有限的税种，相对弱势。澳大利亚的三级政府出于谁选举就对谁负责的原则，各级政府对本级的议会和选民负责，也不会发生某个官员从下级政府升职到上级政府的现象，必须退出现职政府，改到另外的层级参加竞选成为议员出任政府官员。在联邦、州、市三级政府之间存在一个组织叫作“澳大利亚政府理事会”，负责磋商政策、协调冲突、以便三级政

---

① See https://www.peo.gov.au/learning/parliament-now/parliamentary-statistics/composition-of-the-house-of-representatives.html, Oct. 10, 2019.

府统一行动,成员包括总理和部长、州长和部长及地方各种协会的主席等。① 笔者认为,联邦政府与州政府本质上是平等的,但联邦政府通过《联邦宪法》和最高法院判例,取得了对州政府的一定优势;州政府和地方政府虽然是由不同层级选民各自选出的,但州政府在本州内有绝对的话语权,将自己的权力分解给地方政府去执行,有较强的上下级色彩。

从对澳大利亚投资的角度看,境外投资政策和国家间的条约和协定是由澳大利亚联邦政府负责商谈和签订,经国会通过生效,所以对澳大利亚投资者要研读联邦政府对外签约的国家动机和条约在执行过程中所遵循的原则,以免违反条约协定的价值取向而遭到联邦政府的否决。但在对澳投资具体落地时以及在投资项目实施过程中,第三级地方政府的作用就凸显出来了,涉及所在地区的发展规划、市政配套、环境影响、人员就业和社区贡献等。一般来讲,地方政府对境外投资的态度取决于当地选民的态度,而我们通常以为重要的因素(促进就业和提升经济)并不是关键,反而在环境污染、交通拥堵、社区文化冲突方面较被当地民众看重,这也是境外投资者忽略而导致投资项目落地后受挫失败的主要原因之一。

(四)司法

澳大利亚沿袭的是英国的司法制度,建立的是以普通法为基础的法律体系。法院分联邦法院和州法院两个系统,二者没有隶属和领导关系。联邦法院体系有两级:包括澳大利亚高等法院(最高法院,High Court)、联邦法院(Federal Court)及与其平级的家庭法院、工业关系法院等专门法院。最高法院对其他各级法院负有上诉管辖权,并对涉及宪法解释的案件作出决定,由 1 名首席大法官和 6 名大法官组成。联邦法院一般受理基于联邦法律产生的争议,负责处理有关税务、专利、商标、反垄断、消费者保护、并购和劳资问题等争议,联邦最高法院是所有案件(无论属于联邦还是各州管辖)的最终上诉法院。州法院系有三级:州最高法院(Supreme Court)、地区法院(District Court)和地方法院(Local Court),州法院主要受理非联邦事务,包括各类合同纠纷、过失索赔、诽谤等案件,在州内的三级法院之间,主要根据案件规模大小和性质差异由不等级别的

---

① See "Overview by the Australia Government Solicitor", https://www.ausconstitution.peo.gov.au/#overview, Oct. 10, 2019.

法院受理。①

法院可以通过司法判决来解释立法而调整议会的立法原意，中和议会的立法在滞后现实生活中的应用冲突，使法案在议会通过后较长时间里保持与社会发展的协调一致，以司法解释的灵活性维护了立法的稳定性和严肃性。

在澳大利亚的经济活动中，通过诉讼来协调政府的相关行政审批是一个颇具特色的司法红利，很多企业的投资行为因政府顾虑选区民众的倾向而被否决时，往往通过法院诉讼让政府败诉而达成投资被批准的目的，政府也会因法院判决而对选民有了交代而乐见其成。笔者在调研中发现，一些投资者在起诉政府的过程中获益匪浅，乐此不疲，当然，也要承担一定的时间成本和诉讼费用。

五、澳大利亚的社会文化

（一）土著文化

现代国家意义上的澳大利亚是来自欧洲的殖民者建立的，对于澳大利亚土著来讲，这些白人殖民者才是澳大利亚大陆的新移民。澳大利亚土著早在 6 万年前就生活在这片土地上，人数高达 70 多万，正式的称谓是“原住民与特雷斯海峡岛民”。1770 年，库克船长发现澳大利亚时对土著的情况并不了解，向英国议会汇报时只是描述了新大陆上只有数量极少的土著，且文明落后并对外排斥，因此，英国对澳大利亚建设殖民地援用的是“先到者有权占有无主土地”的法律原则，采取宣告主权的方式，但后来才发现这块大陆上的原住民数量不少，也拥有社会组织、定居地、习惯法和财产权，但殖民利益的需求已经凌驾于法律原则之上，被有意无视了。随着殖民者与土著之间因土地和资源的流血冲突，以及来自欧洲的天花等传染病的影响，到 20 世纪 30 年代时，土著居民人数已经锐减到 7 万人左右，且大多被驱散到偏僻荒瘠的区域生活。当时殖民地的主流文化认为，种族纯净有利于保持经济和社会稳定的，排斥非欧洲移民，也未把土著列入人口普查，是为“白澳政策”。澳大利亚殖民政府在 1901 年成立联邦后的第一部法律就是“白澳政策”下的《移民控制法》。1910 年，澳大利亚出台一项“白澳政策”，以改善儿童教育为由，将儿童从土著的家庭里强行带走，集中在保育所抚养，造成大量的人伦惨剧，让土著的血脉和文化传承出现断层。

---

① See https://www.hcourt.gov.au/about/history, Oct. 10, 2019.

第二次世界大战后,随着澳大利亚国家发展战略的调整和人权意识的增强,澳大利亚政府开始了与土著的和解过程。1967 年全民公决,90% 以上的公民投票赞成授权政府为原住民立法,1975 年颁布《种族歧视法》来保护不同种族免受歧视,1984 年《土著和托雷斯海峡岛民遗产保护法》生效,为保护土著有文化价值的遗址提供了法律依据。1992 年澳大利亚最高法院作出的“玛波判决”承认了土著和托雷斯海峡岛民是澳大利亚最早的居民,认定殖民地初期“无人居住”不过是一个法律谎言,来自墨累岛的海峡岛民埃迪·玛波,经过坚持不懈的诉讼,为土著赢得了欧洲法律体系对原住民土地所有权和继承权的法律认可。1996 年的“威克案”又确认了殖民时期牧场租赁他人并不一定废除原住民的土地所有权。这两个判例引起了白人农场主的恐慌,澳大利亚政府在和解过程中也是处于矛盾中,既有愧疚和道德上的负罪感,也担心付出的代价不能承受。目前的状况是,土著获得确认产权的土地大多是无法创造经济价值的,而依赖国家福利的结果也使多数土著人无法独立,很少能够完成学校教育,就业困难,身体羸弱,平均寿命少于白人 20 多岁,土著的领导人对如何独立自主发展也没有形成统一的共识,其中一个主张发展私人经济组织以连接外部世界,并促进土著所在区域经济发展有望成为一个突破方向。2016 年 6 月 30 日的人口普查,土著最终估计数字为 798, 365 人。①

在土著对澳大利亚土地的主张方面,有些主张已与澳大利亚政府达成和解,但真正执行还有很多模糊的道路要走。目前,较明确的土著的土地所有权,占西澳大利亚州陆地面积的 15% 左右、占北领地 50% 和占昆士兰州 3.4% 的土地面积(McClelland Rural Services 2014)。

当然,土著主张权利的土地只有一部分是农业用途。例如,西澳大利亚州不包括永久业权的土著土地目前占地约 3700 万公顷,其中,只有 550 万公顷的土地支持 70 个左右的农业企业,从小规模农业到大型牧场租赁。

与土著和解是澳大利亚近年来政治经济生活中的一个主题,主流社会已经形成了和原住民分享这块土地的共识,这是政治正确,但具体如何操作,涉及的利益和法律很复杂,尚无具体的路径图和时间表,这是澳大利亚作为英国殖民地

---

① See “Aboriginal and Torres Strait Islander Population”, https://www.abs.gov.au/ausstats/abs@.nsf/Lookup/by%20Subject/2071.0~2016~Main%20Features~Aboriginal%20and%20Torres%20Strait%20Islander%20Population%20Data%20Summary~10, Oct. 10, 2019.

遗留的历史问题，未来解决这个问题可能会触动土地所有权、水权以及相关的用益物权等，这是所有对澳投资的外国人值得关注的问题，特别是农业投资涉及大面积的土地，如果其中有土著可主张权利的地块，将会给投资带来澳大利亚人自己都无法解决的麻烦。另外，为了避免引发与土著的利益冲突，有很多法律在适用土著时都有特殊规定或豁免，因此，为维护自己的投资利益，投资者应作好尽职调查以避免陷入与土著的土地权利纠纷里去。

（二）移民文化

19 世纪 50 年代在澳大利亚兴起的“淘金潮”，劳动力奇缺导致移民大量增加，除了英国人，还有美国人、法国人、意大利人、德国人、波兰人和匈牙利的流亡者，亚洲来自中国的人最多，达 4 万之多，这些新移民为澳大利亚矿业发展做出了贡献。19 世纪末，大量来自东南亚、阿富汗和东亚地区的移民涌入澳大利亚，掀起了淘金移民潮之后的农业移民潮，推动了澳大利亚在种植业、建筑业和渔业的经济发展，但也激发了“白澳政策”，使大量的移民无法定居，截至 1901 年成立联邦，人口接近 400 万。第二次世界大战后，随着澳大利亚自身独立民族国家意识的觉醒，以及定位亚太区域发展的国家战略调整，移民政策开始放松，1972 年正式废除了《移民限制法案》，1975 年颁布《反种族歧视法案》，使种族歧视成为一项违法行为，澳大利亚正式成为移民国家。澳大利亚人口在 2018 年 6 月 7 日晚达到 2500 万整，而最近一次全国人口普查的准确数字截至 2018 年 9 月 30 日是 2510.19 万人。有关移民的统计数据为，澳大利亚国籍人口，截至 2018 年 6 月 30 日，有 29.4% 是出生在海外的移民，达 734.2 万人，其中，来自英国的最多，达 99.2 万人占总人口 4.0%；第二是中国，达 65.1 万人占总人口 2.6%；印度排第三，达 59.2 万人占总人口 2.4%（详见表 1－1）。

表 1－1　澳大利亚人口按出生国家分类——2018 年[a]①

出生国[b]	人数/人	占澳大利亚总人口的比例/%
英国	992,000	4.0
中国	651,000	2.6

① See “Migration, Australia, 2017 － 18”, https://www.abs.gov.au/ausstats/abs@.nsf/Latestproducts/3412.0Media%20Release12017 － 18?opendocument&tabname = Summary&prodno = 3412.0&issue = 2017 － 18&num = &view = , Oct. 10, 2019.

续表

出生国[b]	人数/人	占澳大利亚总人口的比例/%
印度	592,000	2.4
新西兰	568,000	2.3
菲律宾	278,000	1.1
越南	256,000	1.0
南非	189,000	0.8
意大利	187,000	0.7
马来西亚	174,000	0.7
苏格兰	135,000	0.5
所有海外出生的人	7,342,000	29.4
澳大利亚出生的	17,650,000	70.6

a:初步估计;b:2018 年上市的十大海外出生国家。

澳大利亚作为当前世界最具代表性的移民国家,其人口处于进出不停的动态之中,2017 年 6 月至 2018 年 6 月,有 526,000 人抵达澳大利亚,而 289,000 人离开澳大利亚居住在海外。在那些入境者中,有 62% 是临时签证持有者,其中 30% 是国际学生。另有 30,000 名新西兰公民搬到澳大利亚居住。2018 年,有 23,000 名新西兰人离开澳大利亚(澳大利亚和新西兰给予对方公民以国民待遇)。此外,2017 ~2018 年度,有 77,000 名澳大利亚公民在海外生活后返回澳大利亚,但同年也有近 91,000 名澳大利亚公民决定移民离开澳大利亚。在净移民的数量上,自 2006 年以来,仍然超过 180,000 人。经过连续两年的增长,2018 年有所下降。如图 1 – 1 所示,2017 年 6 月至 2018 年 6 月,有海外移民 237,200 人,这比 2017 年少了 10% ,原因是移民人数减少和离开澳大利亚的移民人数增加。

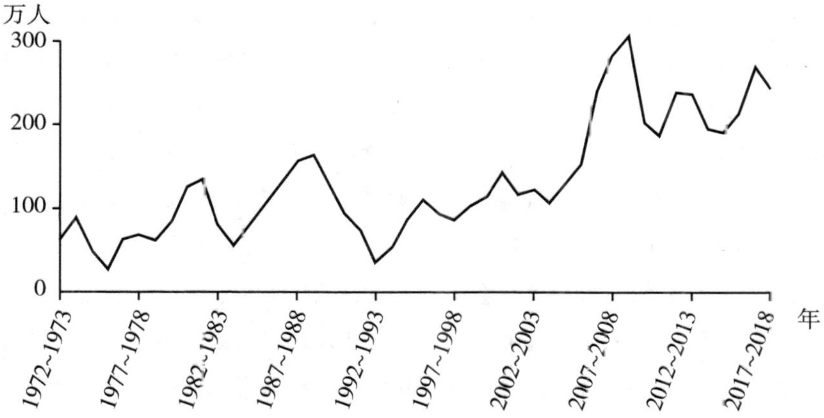

图 1－1 澳大利亚净移民的数量变化（1972～2018 年）（截至每年 6 月 20 日）①

在 1891 年之前的几年中，高水平的移民导致 32% 的人口在 1891 年的第一次全国人口普查中是海外出生。2018 年，澳大利亚海外出生人口的比例为 29%（详见图 1－2）。

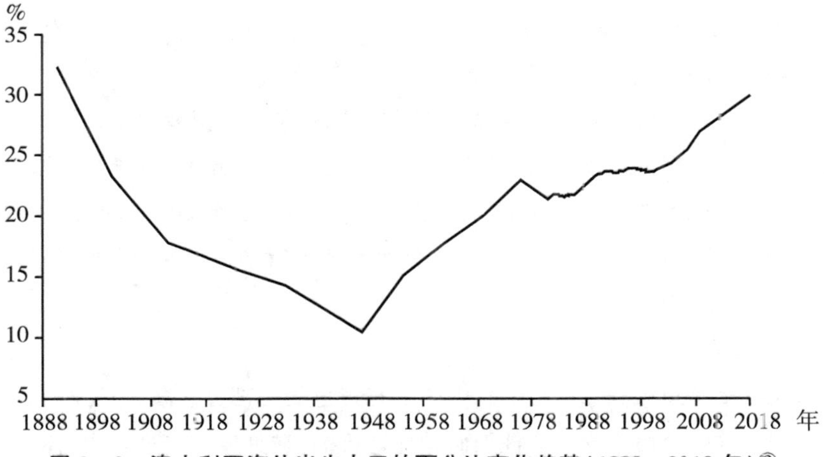

图 1－2 澳大利亚海外出生人口的百分比变化趋势（1888～2018 年）②

---

① See https://www.abs.gov.au/ausstats/abs@.nsf/Latestproducts/3412.0Main%20Features42017－18?opendocument&tabname=Summary&prodno=3412.0&issue=2017－18&num=&view=, Oct. 10, 2019.

② See "Migration, Australia, 2017－18", https://www.abs.gov.au/ausstats/abs@.nsf/Latestproducts/3412.0Main%20Features22017－18?opendocument&tabname=Summary&prodno=3412.0&issue=2017－18&num=&view=, Oct. 10, 2019.

移民人口占据澳大利亚近30%的数量,加上人数达到近80万的土著人,澳大利亚的文化必然受到移民和土著的深刻影响。从澳大利亚本土学者研究的角度来看,所谓多元文化是以盎格鲁—撒克逊的欧洲白人文化为核心,在此基础上强调其他移民文化平等、宽容,从而呈现多元的表征,即移民从国籍上归属于澳大利亚,忠诚于澳大利亚,但允许其保持原有的文化和传统以及信仰,使整个社会能够遵奉核心价值观,即"法治、议会民主、人权和自由、男女平等、英语为官方语言",而移民带来的非核心文化会被视为对社会的贡献,而不是污染或威胁。

从20世纪70年代开始,惠特拉姆工党政府(1972~1975年)反对种族歧视,开启了移民平等、文化多元的社会进程;其后弗雷泽联合政府(1975~1983年)正式提出"将澳大利亚发展成为一个有凝聚力、团结和多元文化的国家",成为澳大利亚社会共识,在社会实践中,确保移民能均等获得政府资助和服务,建立推广多语言特殊广播电视、多元文化协会、人口与民族事务委员会、移民资源中心、成人移民教育计划、双语信息官等措施;霍克与基廷政府(1983~1996年)进一步提高了多元文化的地位,加强了与土著的沟通,并在接收越南和黎巴嫩人道主义移民事务上得到体现;霍华德政府(1996~2007年)对待移民和多元文化有了较大调整,强调公民责任,将多元文化导向社区和谐;陆克文与吉拉德政府(2007~2013年)恢复对多元文化的倡导;艾伯特与特恩布尔及莫里森(2013年至今)重视与伊斯兰教移民的沟通,关注黎巴嫩社区逊尼派极端分子,收紧移民政策,没有提出多元文化新的定义和政策。据澳大利亚人权委员会2014年出版的《面对事实:多元文化》报告统计,约有10%的澳大利亚人有某种程度的种族歧视倾向,有20%的人遭遇过歧视性的话语。

(三)政党文化

政党政治是澳大利亚社会文化中非常有特色的一部分。澳大利亚的政治是基于西敏制的议会民主确定的框架而设计运行的,在具体实施过程中,体现了返璞归真的特点。例如,《论语》里的"乡党"是村民户籍数量单位,后则被演绎成暗地勾结的意思,故而有"群而不党"之说。现代意义的"Party"是政治概念,源于拉丁文"Pars",创始于英国议会民主,被近现代的中国用"政党"一词来对应翻译,倒也贴切。党的本质,就是一帮有相同主张的人聚集在一起,通过法定程序成立组织,对外宣扬自己的理念和宗旨,对下发展成员扩大影响力,对上参加议会竞选、影响立法、参与执政,将本组织的主张在现实中推行,进而实现成员的愿望。澳大利亚的政治体现了典型的政党文化，不突出个人，没有直接选举，民众投票给自己认可其主张的党派，党派上台后由党魁出任政府总理，由其挑选同党派或联合党派的议员组阁执政，但如果执政党内部人事斗争导致更换党魁进而变更政府总理就与最初投票给该党派的选民无关了，因为该党的政治主张是不会轻易改变的，选民选的是自己赞成其主张和宗旨的党派而不是党派里的某个代表，这一点和美国等其他直接选举总统非常不同。澳大利亚的政党文化更强调选民的利益诉求和党派主张相契合的重要性，屏蔽了总理选举后固定任期里的个人不确定性，例如，作为执政党党魁的总理施政理念偏离自己党派的宗旨，随时会被执政党内部选掉党魁身份，从而辞掉总理职务。这也是截至2018年，澳大利亚10年换了6任总理而政治仍保持稳定的根本原因。另外，澳大利亚强迫全民选举，支持自己认可的政党竞逐议会，从而避免了"沉默的大多数人"现象。当然，澳大利亚的民众参与和支持哪个党派随时都可能因自己的理念变化而改变，而党的代表也可以随时退出并加入另外的党，使整个社会各阶层、各个团体都有自己的利益诉求管道，也实现了多元化利益博弈，国家的民主和自由程度较高。[①]

工党、自由党、绿党和国家党是澳大利亚主要的4个党派。(1)工党，其是4个政党里历史最悠久、最大的党派，源于1891年开始的劳工运动组织，主张消除社会中的不平等，有民主社会主义的倾向，在1904年通过议会竞选上台，是世界上第一个执政的工党。在长期的在野和执政的轮替中，工党不停地调整自己的宗旨和主张，迎合社会现实和大多数人的利益需求，推进市场经济，融入亚太，具体措施包括降低关税、澳元自由兑换、主张和中华人民共和国建交，将联邦银行和澳航等国企私有化，其政策有反复和摇摆，内部亦有分歧和斗争，但从总体来看，工党属于左倾的政党，着眼于公众的福利和社会公平，思想较激进。(2)自由党，是第二大党，成立于1944年，前身是1931年成立的联合党，源于工商业主，根植于社会中上层的中产阶级，主张自由经济，坚守传统道德和价值观，务实重利，反对社会主义，具体体现在限制工会的影响力、不鼓励惰性福利、加强澳美军事同盟但又紧密和中国开展贸易活动，具有价值观保守的生意人的右倾取向。(3)绿党，成立于1991年，成立时间短但迅速发展成为第三大党，这和最新一代

① See https://www.legislation.gov.au/Browse/ByTitle/Constitution/InForce.

成长起来的年轻人的思想和价值观更新迭代有关,绿党是由东部的水利环保运动和西部的解除核武运动发展而来,绿党的政治理念在于“社会公正”、“可持续发展”、“草根民主”和“非暴力”4 项,有着明显左倾的倾向。绿党脱胎于环保运动,但不同于“绿色和平”组织,有着参政议政的政党特性,因其主张与时俱进而获得了居住于城市里的大多数年轻人的认可和支持,进而使绿党成为部分州议会里平衡工党和自由党力量博弈的关键因素。(4)国家党,成立于 1920 年,脱胎于乡村组织,与工党的工人阶级相对应,国家党代表的是农场主和乡村选民的利益,主张农牧业为重、政府放权,倡导民粹主义和乡村理念,具有右倾的保守主义倾向。国家党在经济领域主张农产品享受低关税、政府补贴农业、反对保护工业和服务业。随着澳大利亚经济发展和城市化进程加快,以及农业产值比重下降和年轻人向城市移居,国家党已日益衰落,只能与同属右倾的自由党联合执政,丧失了其独立性,导致国家党的乡村选民因失望转而支持自由党或被工党和绿党“挖墙脚”,由于农产品是澳大利亚主要的出口商品之一,基于农村的国家党不会太快退出政治舞台,但如不改革其政治主张,适应时代潮流,调整和增加群众基础,国家党终将式微。①

想了解澳大利亚的贸易投资政策,就要了解澳大利亚的政党文化,从而理解或推测执政党的施政理念和价值取向,相应地作出政策调整的预判,才能对未来的贸易投资作出风险较低的方向性选择。工党偏左温和,注重社会公平和福利,也支持市场经济和私有化,有工人阶级的基因;自由党偏右保守,注重传统价值,强调自由主义,有商人资本家的基因;绿党偏左激进,强调草根民主和公众福利,关注环境和持续发展,有年轻人理想主义的色彩;国家党偏右激进,有民粹主义倾向,关注农业保护和乡村文化振兴,有农民保守的基因。当前这 4 党都在互相取长补短,相互渗透融合,联合执政现象时有发生,自由党常常与同有右倾倾向的国家党联合执政,工党在与自由党的竞争中拉拢绿党,目前绿党成了双方博弈的关键力量,了解他们的深层价值取向与相互关系,就能了解澳大利亚社会民众的心态变化和政策形成逻辑。

---

① See “Australian Federal System”, https://www.abs.gov.au/AUSSTATS/abs@.nsf/7d12b0f6763c78caca257061001cc588/ba11be9a7b62917fca2573d200110eab!OpenDocument, Oct. 10, 2019.

六、澳大利亚的经济发展环境

自 20 世纪 80 年代以来，澳大利亚通过一系列有效的经济结构调整和改革，经济持续快速增长至今，尤其是 2000 年以来增速加快，创造了全球发达经济体最长连续增长纪录。2017 年，澳大利亚国内生产总值（Gross Domestic Product，GDP）达 1.72 万亿澳元，增长 2.4%，低于经济合作与发展组织（Organization for Economic Co-operation and Development，OECD）之前的预期（2.5%）。人均 GDP 达 6.89 万澳元，是世界上经济增长较快的发达国家之一。在政府基础设施项目、强劲消费支出和乐观的商业环境的支持下，澳大利亚经济在 2018 年第二季度稳步增长。2018 年 9 月，澳大利亚统计局公布的数据显示，第二季度 GDP 较第一季度增长 0.9%，较 2017 年同期增长 3.4%；同比创下自 2012 年第三季度以来的最大增幅。国际货币基金组织（International Monetary Fund，IMF）预计澳大利亚 2018 年经济增速将达到 3%，2019 年经济增速将达到 3.1%。

1960 年澳大利亚的 GDP 为 185.73 亿美元，2001 年为 3782.15 亿美元，此后开始进入连续十几年的年增长 2% ~5% 的快速通道，到 2013 年运到顶峰 1.574 万亿美元，然后总量开始下降，至 2017 年为 1.323 万亿美元。

瑞士信贷研究院（Credit Suisse Research Institute）最新发布的《2018 年全球财富报告》显示，2018 年澳大利亚的人均财富中位数为 19.15 万美元，超过瑞士（18.33 万美元），位居全球第一；人均财富均值为 411,060 美元（57.92 万澳元），仅次于瑞士，位居全球第二，但就财富中位数而言，它已高居世界之首（详见图 1-3）。

图 1 -3　澳大利亚人均财富变化(2000 ~ 2018 年)①

在澳大利亚的商业环境方面,世界银行《2019 年经商环境报告》显示,在进行调查的 190 个国家和地区中,澳大利亚在经商环境便利性方面排名第 18 位(2017 年排名第 14 位,有所下降,详见图 1 -4)。

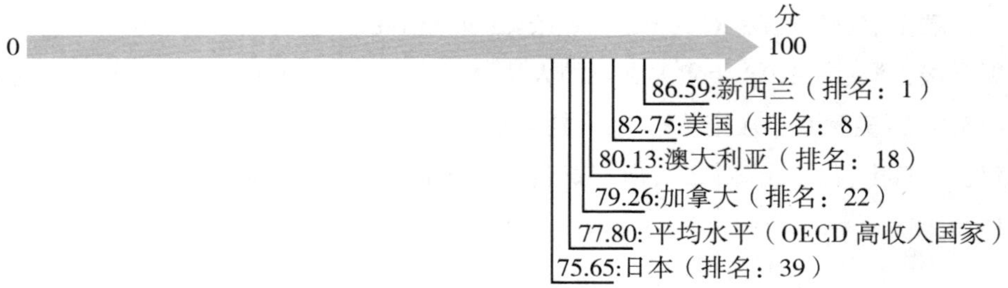

图 1 -4　澳大利亚在 2019 年全球经商便利性分数及排名②

① See James Davies, Rodrigo Lluberas and Anthony Shorrocks, "Credit Suisse Global Wealth Databook 2018", https://www.credit-suisse.com/corporate/en/research/research-institute/global-wealth-report.html, Oct. 10, 2019.

② See "Doing Business 2019 Australia", openknowledge.worldbank.org/handle/10986/30684, Oct. 10, 2019.

图 1－5 是世界银行的经商便利性指数的各组成部分的各项指标，该指数由图中横坐标的 10 项指标组成，包括：(1)开办企业(包括程序、时间和最低资本要求)；(2)处理施工许可证(包括厂房、仓库建设和安全机制)；(3)申请电力(包括连接电网)；(4)登记财产(包括转移的程序、时间和费用，也涉及土地)；(5)获得信贷(包括动产抵押法律和信息系统)；(6)保护少数投资者(包括小股东在关联交易和公司治理中的权利保护)；(7)交税(按税法缴纳时间、总税额和税率及交税后流程)；(8)跨境贸易(比较优势下的进出口时间和费用)；(9)执行合同(解决商业纠纷的事件和费用及司法程序的质量)；(10)解决破产(商业破产的时间、费用、结果、恢复率及破产法律制度的强度)。

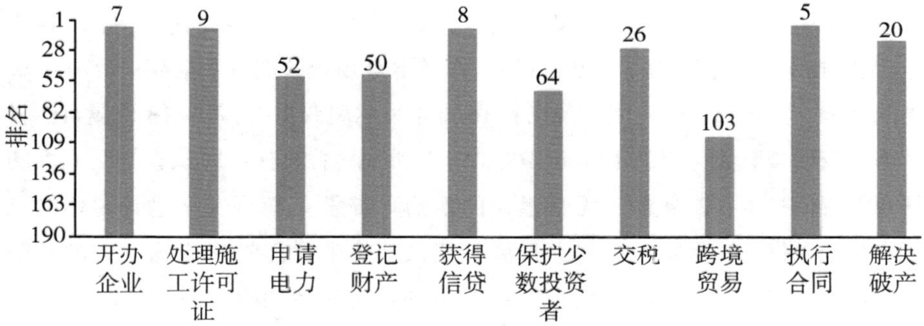

图 1－5　澳大利亚在全世界 190 个国家中经商便利性的各项指标中的排名①

笔者在世界银行刊发的这份报告中，看到图 1－5 中 10 项具体指标中的第 8 项“跨境贸易”排名竟然是 103 名，非常意外，但旋即释然，因为澳大利亚属于高福利的发达经济体，社会大众对高效率和刻苦工作是非常排斥的，所以涉及政府公务人员从事的跨境商品检疫及海关通关等进出口环节工作，成本和时间高企就可以理解了，这也算是澳大利亚良好的投资环境中不完美的一点，尤其是出口合规的费用远高于进口的费用，具体可见图 1－6。

① See “Doing Business 2019 Australia”, openknowledge. worldbank. org/handle/10986/30684, Oct. 10, 2019.

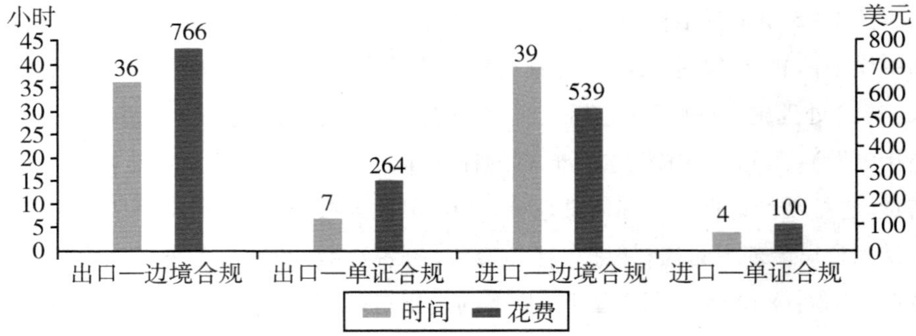

图 1-6 澳大利亚跨境贸易所需的时间和费用①

在众多与投资经商相关的软环境中,科技研发水平非常重要。澳大利亚拥有世界一流的大学和科研机构,具有比较完整的科技管理体系和政策框架,在农业、生物技术、天文学、医学、地学、矿业、海洋学等领域的基础和应用研究具有较强的优势。截至2019年,澳大利亚有16位诺贝尔奖获得者,其中13位属自然科学类。我们耳熟能详但又不知道其实是澳大利亚发明的有:(1)检查怀孕妇女的超声波成像技术;(2)拯救过无数生命的西药青霉素;(3)现今全世界通用的飞行安全记录仪——黑匣子;(4)帮助聋哑病人的仿生耳;(5)以电为动力的心脏起搏器;(6)预防女性宫颈癌的疫苗;(7)方便近视患者的隐形眼镜;(8)无线局域网(Wi-Fi)技术;(9)智能人造聚合物等。在农业方面,澳大利亚还培育了世界上羊毛品质最佳的美利奴羊品种,以及耐旱、抗盐、抗锈病的小麦品种。

在与农业关系紧密的基础设施方面,澳大利亚的公路和铁路及水运都能满足物流的需求。(1)公路方面:根据澳大利亚基础设施和地区发展部发布的《澳大利亚基础设施统计年报2017》,澳大利亚全国公路总里程约87.36万公里。公路的建设与维修由州政府和地方政府承担,联邦政府对主要州际公路给予实际投资。除悉尼港大桥及悉尼、墨尔本和布里斯班的少数高速公路外,收费公路在澳大利亚并不常见。2017年,澳大利亚注册机动车辆1878.1万辆,其中乘用车1407.9万辆,轻型货车308万辆,巴士9.7万辆。公路运输是澳大利亚非大宗货物在国内周转的主要手段,每年77%的货物靠公路运送。在澳大利亚,有一批最大载重达200吨的公路列车用于铅锌矿山运输矿石,时速可达110公里。铁路澳

① See "Doing Business 2019 Australia", openknowledge. worldbank. org/handle/10986/30684, Oct. 10, 2019.

大利亚铁路已有160多年的历史。目前,全国铁路总长为3.3万公里。2015～2016财年总运量4135亿吨每公里,运送旅客161.5亿人次每公里。(2)铁路方面:铁路以电气化铁路为主,南北铁路干线自2004年贯通,成为连接澳大利亚大陆南北两端的大动脉。近年来,政府将部分货运和客运铁路经营公司私有化,如悉尼—珀斯、悉尼—墨尔本、阿德莱德—艾利斯泉的客运划归私营。此外,私营的铁路还包括西澳大利亚州铁矿石运输服务、昆士兰州的甘蔗田铁路及少数矿业铁路运输。2017年澳大利亚联邦政府预算案提出200亿澳元长期铁路项目投资,包括100亿澳元的国家铁路计划、84亿澳元的布里斯班—墨尔本铁路工程。澳大利亚货运的主要货品是铁矿石、煤炭和农牧业产品。(3)水运方面:澳大利亚海岸线长达3.67万公里,国际海运发达,近80%出口和70%以上的进口通过海运。澳大利亚内陆水运里程约为2000多公里,各种港口超过100个,商船队109个,装载量334万吨。近年来,澳大利亚国际水运货物运量年均在10亿吨以上,2014～2015财年,装货量达14.46亿吨、卸货量达1.5亿吨,其中主要为铁矿石、煤、液化天然气、粮食等大宗商品。主要港口有墨尔本、悉尼、布里斯班、丹皮尔、伯尼、德文波特、汤斯维尔等。[①]

在融资和资本运作方面,截至2017年10月,澳储行仍维持2016年8月以来1.5%的基准利率。外国企业在当地融资相对来讲比较困难,大规模的贷款主要依赖银团贷款,消费贷款比较容易获得,其中,住房贷占有很大的比重。8月澳大利亚私营企业贷款月率为0.5%,农业产业的贷款有一定的政府支持和优惠,具体将在本书第十章的农场管理中详细论述。澳大利亚证券市场较为成熟,澳大利亚证券交易所(Australian Securities Exchange,ASX),是世界第5大股权市场,截至2019年,已有约2200家企业在ASX上市,总市值(total market capitalisation)约2万亿澳元,投资人达670多万。[②] 澳大利亚约有180家证券公司从事证券经纪业务和投资银行业务,有1000多家基金管理公司投资于证券市场。所有挂牌的上市公司可以分为四大板块:资源板块、金融业板块、其他服务业板块和制造业板块。其可信性、合作性和高效率性得到了国际市场的认可。在澳大利亚上市排队时间短,一般来说,所需时间取决于项目的复杂程度,如果上市申请材料

---

① See "Annual Report 2017 - 18", https://www.infrastructure.gov.au/department/annual_report/2017_2018/files/INFRA_AR_2017-18.pdf, Oct. 10, 2019.

② See https://www.asx.com.au/about/corporate-overview.htm, Oct. 10, 2019.

符合上市条件,从公司递交上市申请到得到批准只要数周。具体上市标准和并购规则,将在本书第十一章内详细介绍。在 ASX 上市成本低,一般只占融资额的 5% 左右,截至 2019 年,普通的上市费用包括中介机构费用合计约 150 万澳元。目前,上市的农业板块公司有约 40 家,①另有 8 家水产养殖公司,与农业相关的食品、饮料和烟草公司有 59 家。②

① See https://www.capitalisticman.com/agriculture-stocks-on-the-asx-an-in-depth-guide/, Oct. 10, 2019.

② See https://www.listcorp.com/asx/sectors/consumer-staples, Oct. 10, 2019.

第二章　澳大利亚的地理环境和农业产业分布

一、澳大利亚的地理概况

（一）疆域

澳大利亚的土地面积768.685万平方公里，是世界上最小的大陆，也是世界上面积排名第六的国家，拥有25,765公里的海岸线。澳大利亚大陆南北距离约为3680公里，东西距离约为4007公里，横跨3个时区。在管辖权和经济意义上，澳大利亚的国土范围远远超出澳大利亚大陆和塔斯马尼亚岛，包括约12,000个岛屿。有许多近海沿岸岛屿是州或北领地的一部分，最大的是梅尔维尔岛（属北领地），面积为5786平方公里。其他主要的近海岛屿包括袋鼠岛（属南澳大利亚州），国王和弗林德斯群岛（属塔斯马尼亚州），巴瑟斯特岛和格鲁特埃兰德（属北领地）和托雷斯海峡群岛（属昆士兰州）。澳大利亚还拥有远离沿海的大量岛屿的管辖权。其中一些，如麦格理岛（属塔斯马尼亚州）和豪勋爵岛（属新南威尔士州）在法律上属于各州的一部分，但许多都包括在不同的地区，如科科斯群岛、赫德和麦当劳群岛、诺福克岛、圣诞岛、珊瑚海群岛、阿什莫尔和卡地亚群岛。虽然这些岛屿大多数都很小，但《联合国海洋法公约》允许澳大利亚对其周围的大片海洋和海底进行管辖。澳大利亚拥有370.4公里宽的专属经济区，并且包括专属经济区边界以外的大陆架区域。这是从最低的天文潮来衡量的,这个天气潮被定义为海平面在正常气象条件下可以预测下降的最低水平,如果边界与其他国家(如巴布亚新几内亚、印度尼西亚、东帝汶和一些法属岛屿领土)的潜在边界发生重叠,则必须谈判边界。另外,澳大利亚对南极洲的澳大利亚领地存在与法国、挪威和新西兰之间界限划分,但该领地对应的海上专属经济区也较广泛,综合来看,专属经济区使澳大利亚在814.825万平方公里的海洋区域拥有管辖权。①

(二)地形

澳大利亚是世界上各大陆中最低、最平坦的一个(除南极洲),该大陆的大部分地区海拔相对较低,平均300米,海拔1000米以上的山地面积不到全国的1%,最高峰是新南威尔士州的科修斯科山(Mount Kosciuszko)(2228米)。澳大利亚大陆可分为三大区域:西部高原、中央低地和东部高地,这些区域没有确定的划分边界。(1)西部高原,高原的大部分地区相对平坦,然而,高原的沿海边界附近有许多更加崎岖的地区,包括澳大利亚西部的金伯利地区和哈默斯利山脉,以及澳大利亚中部的一些相对孤立的山脉(如麦当劳和马斯格雷夫山脉)和个别山脉。(2)中央低地,从卡奔塔利亚湾(Carpentaria)延伸到大自流盆地(Great Artesian)再到墨累—达令(Murray-Darling)平原。大部分地区平坦而低洼。大部分中央低地被大自流盆地所占据,该盆地由沉积岩组成,这些沉积岩将水输入潮湿的东部高地。(3)东部高地,沿着东海岸延伸,大部分高原位于沿海一侧的陡峭悬崖,然后平缓地向内陆倾斜。沿海悬崖在新南威尔士州和昆士兰州南部海岸的大部分地区尤其明显,以及北部更偏僻的山脉,如凯恩斯周围的山脉。在悬崖和海岸之间有一条沿海地带,有时是平坦的,但在许多地方呈丘陵装,很少超过100公里宽。②

除南极洲外,澳大利亚是世界上最干旱的大陆,拥有南半球最大的沙漠地区。对沙漠地区最简单的一种界定是年降雨少于250毫米,按此标准,澳大利亚超过1/3的国土属于沙漠地貌,它覆盖了澳大利亚350万平方公里的沙漠高地、盐湖、石质沙漠、沙滩和沙丘;澳大利亚超过2/3的国土属于干旱或半干旱地区,

---

① See "Geography of Australia", *Year Book Australia* 2012, https://www.abs.gov.au/ausstats/abs@.nsf/Lookup/by%20Subject/1301.0~2012~Main%20Features~Geography%20of%20Australia~12, Oct. 10, 2019.

② Ibid.

覆盖超过500万平方公里的区域。从历史上看,澳大利亚沙漠的人口密度是有记录以来世界人口密度最低的(每100~200平方公里低至一人)。①

自澳大利亚大部分地区(以及澳大利亚东部和中部大部分地区)被来自欧洲的移民开发定居以来,最严重的持续干旱期发生在1895~1903年,即所谓的“联邦干旱”。另一个特别干旱的时期发生在1958~1968年。在这些持久的干旱期中,降雨量接近正常的时期被几乎没有降雨的时期打断。与此形成鲜明对比的是,澳大利亚沙漠地区出现了大量持续高于正常水平的降雨。如南澳大利亚州沙漠南侧佛林德斯山脉地区在1870年之后的几年降雨充沛,建立了许多农场,颇为繁荣,但随后降雨量下降至正常水平的干旱后,农场被迫遗弃,许多破败的家园今天仍然可见。②

(三)水文

澳大利亚的河流分为两大类,即中部平原下落差非常小的和沿海边缘落差中等的两类。澳大利亚最长的河流系统墨累—达令河流经昆士兰州的部分地区,新南威尔士州的大部分地区和维多利亚州北部,以及南澳大利亚州的一部分,最后流入南澳大利亚州海岸的亚历山大湖(Lake Alexandrina)。墨累河主干的长度约为2520公里,而其最长的分支源于库尔格亚集水区,合计长约3370公里。大多数东部沿海河流都很短,除了那些穿过沿海悬崖的河流,例如,昆士兰州的伯德和菲茨罗伊,以及新南威尔士州的亨特。西澳大利亚州西南部也有许多短暂的沿海河流。

除那些构成墨累—达令盆地(Murry-Darling Base, MDB)一部分的河流之外,昆士兰州西部还有许多内陆流动的河流,如帕鲁河(Paroo)、布卢河(Bulloo)、迪亚曼蒂纳河(Diamantina)和库帕河(Cooper Creek)。这些河流不会到达大海,而是流入艾尔湖,或在没有到达任何其他河流系统的情况下消散。许多河流系统到达热带或亚热带海岸,其中许多都是相当长的,例如,昆士兰州北部的米切尔、格雷戈里和莱卡特,北领地的戴利和维多利亚以及西澳大利亚州的奥德、菲

① See https://www.abs.gov.au/ausstats/abs@.nsf/Lookup/by%20Subject/1301.0~2012~Main%20Features~Australia's%20climate~143, Oct. 10, 2019.

② See “Australian Deserts, Climatic Aspects of Australia's Deserts”, https://www.abs.gov.au/AUSSTATS/abs@.nsf/Previousproducts/1301.0Feature%20Article22006?opendocument&tabname=Summary&prodno=1301.0&issue=2006&num=&view=, Oct. 10, 2019.

茨罗伊、阿什伯顿、福蒂斯丘和加斯科因。所有这些河流在潮湿和干燥季节之间的流量变化非常大,这是由该地区典型的季节性降雨变化引起的。因此,有些只是间歇性地流动,例如,米切尔河,每年排放约 12 立方千米,在流量上可与澳大利亚最大的河流系统墨累—达令河媲美,但其在 2 月和 3 月的排放量约为 7 月的 100 倍,可见季节差异之大。与世界其他地方的河流相比,澳大利亚的河流流量非常小,这反映了澳大利亚大陆非常低的径流量,例如,南美洲的亚马逊河流域的年排放量约为 7000 立方千米,为墨累—达令河的几百倍。

澳大利亚有许多湖泊类型,大多是内河导致的盐湖,这些盐湖在大多数情况下呈现的是盐床和干泥。其中,最大的艾尔湖(9500 平方公里)在 20 世纪百年间仅完全填满过 3 次,其他大型盐湖有托伦斯湖(5745 平方公里)和盖尔德纳湖(4351 平方公里)。澳大利亚没有面积超过 100 平方公里的、天然的、未改造的、永久性的淡水湖,当然有较大的人工湖泊,例如,塔斯马尼亚州西南部的戈登湖和佩德湖均超过 500 平方公里。①

二、澳大利亚的气候

(一)概况

澳大利亚大陆拥有广泛的气候带,从北部的热带地区,到内陆的干旱地区,再到南部的温带地区。前文已经提及澳大利亚是世界上仅次于南极洲的第二干燥的大陆,超过 80% 大陆面积年平均降雨量低于 600 毫米,超过 50% 的面积年均降雨量低于 300 毫米。夏季在澳大利亚的大部分地区都很热,1 月大部分地区的平均最高气温超过 30 摄氏度。冬季北部温暖,南部较凉爽,在北回归线以南的内陆地区常见霜冻,只有在较高海拔地区,冬季气温才会接近北欧或北美大部分地区。

澳大利亚的降雨和温度的季节性波动很大,在北部靠近赤道方向,全年气温温暖,从 11 月到次年 4 月的夏季,大部分的降雨都发生在这个"湿"季,从 5 月到 10 月是"干"季,也是澳大利亚的冬季。往南一些靠近南极的方向,气温变化在季节变更时更加明显,年降雨量分布较均匀。

---

① See "Geography of Australia", *Year Book Australia* 2012, https://www.abs.gov.au/ausstats/abs@.nsf/Lookup/by%20Subject/1301.0~2012~Main%20Features~Geography%20of%20Australia~12, Oct. 10, 2019.

澳大利亚受厄尔尼诺现象影响很深，有许多极端天气现象，包括干旱、洪水、热带气旋、严重风暴、森林大火和偶尔的龙卷风。①

澳大利亚的气候对农业的产量影响从长期看有很强的相关性，特别是在澳大利亚的东南部和西南部的远离海岸地区。以小麦产量为例，在2000～2015年的15年间，负面长期的气候条件降低了全国小麦产量约为11.9%（西澳大利亚州地区为16.3%、维多利亚州为14.8%）。

（二）澳大利亚的气候形成机制

澳大利亚的气候在很大程度上取决于其纬度，澳大利亚大陆位于南纬10°～39°之间，塔斯马尼亚南部向南延伸至南纬44°。这使澳大利亚的大部分地区受到亚热带高压带的影响，大部分地区的干旱是这个高压带来的沉降空气的结果。

由反气旋组成的亚热带气流，从西向东穿过澳大利亚4000公里的大陆，风在反气旋周围呈逆时针循环，因此亚热带气流南侧流动的往往是西风。此西风一般在澳大利亚南部最强，特别是冬季和春季，给该地区带来了大量的降雨和阵雨。塔斯马尼亚州在一年中的大部分时间都受此西风的影响。在亚热带气流逆时针循环的北侧，流动的通常是东风，在冬季，澳大利亚大陆的北半部除东海岸以外，大多数地方都受此东风影响处于干燥状态；在夏季，北部上空的热空气形成一个低压区域，从北部和西部吸取潮湿的海洋空气，与来自南部和东部的空气碰撞时，带来夏季降雨。

热带风暴对澳大利亚这个靠近赤道的大陆影响较大，会给澳大利亚带来大雨和强风，造成很多地方日降雨量最高的纪录。平均而言，在11月至次年5月的季节中，大约有3个热带气旋直接接近昆士兰海岸，3个热带气旋影响北部和西北部海岸，但气旋的数量和位置每年都有很大差异。虽然最易受影响的地区是位于西海岸的卡那封以北和东海岸的罗克汉普顿以北，但有时热带风暴可以到达珀斯南部和新南威尔士北部。

澳大利亚南部与东南部有时也会暴发“寒潮”，当来自南大洋的冷空气与澳大利亚上空的西南气流遭遇，可导致低温和降雪。

厄尔尼诺和拉尼娜现象的影响，厄尔尼诺现象是热带太平洋中部和东部的

① See “Australias Climate”, *Year Book Australia*, 2012, https://www.abs.gov.au/ausstats/abs@.nsf/Lookup/by%20Subject/1301.0～2012～Main%20Features～Australia's%20climate～143, Oct. 10, 2019.

异常变暖而带来的一系列的气候异常现象，而拉尼娜则是相反的气候现象。厄尔尼诺现象在秋冬季开始，持续约 9～12 个月，每十年通常有两到三次厄尔尼诺现象，在某些情况下，厄尔尼诺现象后紧接着是拉尼娜现象（反之亦然）。厄尔尼诺现象通常与澳大利亚东部、北部和南部大部分地区冬季和春季降雨减少有关，通常可能导致广泛和严重的干旱，特别是在澳大利亚东部，并且还会增加森林火灾风险。相反，拉尼娜事件通常与潮湿和非正常的降雨有关，导致澳大利亚许多著名的洪水。①

（三）澳大利亚的气候数据

1. 气温

1910～1950 年，澳大利亚的气温相对稳定，此后呈现增长趋势，1910～2010 年的总体气温上升约 0.8°C（通过比较 1910～1950 年的年代际平均温度与过去 10 年）。隔夜的最低温度比白天的最高温度更快地变暖，但几乎在整个大陆都有增加，其中增幅最大的是澳大利亚东北部。与此趋势相结合，霜冻和其他极端低温的频率已经降低，而极端高温的频率却增加了，尽管速度较慢。

澳大利亚大陆的中东部有明显的升温趋势，集中在昆士兰州、新南威尔士州和南澳大利亚州的一些地区，反而澳大利亚北部有轻微的降温趋势，集中在北领地的廷伯克里克片区。

2. 土壤水分

水是生命的源泉，也是农业的根本，对农作物来讲，土壤的含水量才是考虑问题的正确着眼点，降雨量和蒸发量决定土壤含水量，当然灌溉农业除外。在降雨方面，澳大利亚整个大陆的降雨量在 1900～2010 年有所增加，其中增幅最大的是澳大利亚北部和西北部。然而，自 1960 年以来，3 个相对较小但经济和农业重要的地区的降雨量大幅度减少，即西澳大利亚州西南部，维多利亚州（特别是维多利亚州南部）和东部沿海边缘（特别是昆士兰州东南部）。澳大利亚最干旱的地区平均降水量每年不到 200 毫米，从西海岸附近的鲨鱼湾延伸到大面积区域，横跨西澳大利亚州内陆和南澳大利亚州北部，进入昆士兰州西南部和新南威尔士州西北部，理论上该片区域与农业生产无关。在蒸发方面，澳大利亚大部分地

---

① See "Australias Climate", *Year Book Australia*, 2012, https://www.abs.gov.au/AUSSTATS/abs@.nsf/Previousproducts/1301.0Feature%20Article32001?opendocument&tabname=Summary&prodno=1301.0&issue=2001&num=&view=, Oct. 10, 2019.

区的年平均蒸发量超过降雨量，在西澳大利亚北部内陆地区最高，在特尔弗附近蒸发量高达4000多毫米，在热带范围的西澳大利亚州大部分地区，南澳大利亚州北部，北领地的北部地区和昆士兰州西部地区的蒸发量超过3000毫米。这些蒸发量大于降雨量的地区，要想发展农业，只有依靠灌溉这一途径可走。澳大利亚当然有蒸发量低于降雨量的地区，最低的蒸发量发生在塔斯马尼亚州，蒸发量从西部每年不到1000毫米到东部接近1200毫米，远低于降雨量。在澳大利亚大陆上，西澳大利亚州的西南部蒸发量在1200毫米以下，维多利亚州南部的大部分地区、南澳大利亚州和新南威尔士州的部分地区蒸发量不到1400毫米，这些地区天然适合发展农业。

3. 雨天频率

雨天频率指在24小时内记录降雨量为0.2毫米或以上的天数，雨天频率高相较集中暴雨对农作物更有利，虽然二者在降雨总量上可能持平。在澳大利亚南部海岸附近最大，塔斯马尼亚州、维多利亚州南部和南部大部分地区每年超过150日雨天，西澳大利亚州西部、塔斯马尼亚州西部每年达到250多日。每年超过150日的降雨也发生在北昆士兰海岸的部分地区。但是，澳大利亚内陆西部和中部的大部分地区每年的降雨天数不到25日，远离海岸的大陆的大部分地区每年不到50日。在澳大利亚北部远离东海岸的高降雨量区域，降雨天数通常为每年80～120日，但该地区的降雨可能比澳大利亚南部更频繁。

4. 日照

阳光的强度和时长对农业生产非常重要，虽然每日的辐射与每日的日照时间之间存在高度相关性，但后者更依赖云覆盖的变化。当太阳最接近热带南部的顶部（12月21～22日），或者直接位于热带地区的顶部时，每日全球辐射最强。在澳大利亚西部黑德兰港附近的西北海岸，澳大利亚的平均每日全球辐射最高（每平方米22兆至24兆焦耳），虽然季节性云层影响空间和时间分布，减少了来自地球表面的入射太阳辐射和射出辐射，从而影响了日照、气温和其他气候指标，但澳大利亚的日照量相对较大，大部分地区每年接受超过3000小时的日照，或接近总数的70%。在澳大利亚中部和西澳大利亚州的中西部沿海地区，总计略超过3500小时。塔斯马尼亚州的西海岸和高地不到1750小时，相当于每年可能总数的40%。在澳大利亚南部，当太阳处于最高海拔时，12月左右的日照时间最长，而当太阳最低时，日照时间最低。在澳大利亚北部，在雨季之前的8月到 10 月,阳光普遍最大,而在雨季,1 月到 3 月阳光最少。①

三、澳大利亚主要农业产业带

许多因素影响一个地区采用的农业系统——气候和生长条件、土壤类型、地形、市场、到市场的距离、劳动力供应等。澳大利亚农业部的农业资源经济与科学局(Australian Bureau of Agricultral and Resource Economics and Sciences, ABARES)使用牧区、麦羊区和强降雨区来概括三个产业带概念,可以方便地研究动植物的生长、养殖以及产业分布。这三个产业带只是在使用土地和资源以及生产商品的方式上有所不同。

(一)强降雨区

这一区域构成了澳大利亚东部大陆 3 个州的大部分海岸带和邻近的高地、南澳大利亚州东南部和西澳大利亚州西南部的小区域,以及整个塔斯马尼亚州。在昆士兰州和新南威尔士州的北部,降雨以夏季为主或一年四季都有,而在南部地区则以冬季为主,该区域降雨量大、地形陡、地表水充足、土壤湿度大,使该区域不像小麦—绵羊区那样适合粮食作物种植,但更适合放牧和种植其他作物,但近年来,随着植物新品种的增加,谷类作物的种植有所增加。这些湿润地区的生长期较其他地区长,牧草改良较为广泛,其中黑叶草是较湿润地区的重要品种。羊毛、优质羊肉和牛肉的生产也很重要,这三种产品都具有某些特性,从而增加了农业收入的稳定性。农场规模从小型(通常是兼职经营)到超过 5000 公顷的大型企业不等。与中等品质羊毛占主导地位的牧区和小麦带农场相比,这些湿润地区的细羊毛生产更为重要。乳业仅限于生长季节较长(或灌溉)的地区,以生产高质量乳产品为主。维多利亚州和新南威尔士州是主要的乳制品生产州,虽然精料的饲养正在增加,但生产是以牧场为基础的,农场几乎完全由播种的牧场组成,收入来自全脂牛奶消费的牛奶销售以及过剩牛的生产和销售。大多数奶牛场都是由农场主经营的,大部分劳动力由家庭提供。在 1970 年之后的 30 年里,该区域的乳业发生了巨大的变化,农场和农民减少了,每头奶牛和每公顷产量都有了大幅增长。平均牛群规模已增加到 150 头,有些牛群超过

---

① See "Geography and Climate", *Year Book Australia* 2012, https://www.abs.gov.au/ausstats/abs@.nsf/Lookup/by%20Subject/1301.0~2012~Main%20Features~Geography%20and%20Climat~11, Oct. 10, 2019.

1000 头。①

(二)麦羊区

小麦—绵羊区的气候和地形一般允许定期种植谷物,而且绵羊和牛的放牧相较牧区更为密集。降雨能满足一系列牧场的物种需求,通常进行作物—牧场轮作。麦羊区的农场比牧区的农场小得多,但比强降雨区的农场大得多。这一地区的年降雨量从昆士兰州东南部(500 毫米至 750 毫米)一直延伸到新南威尔士州的斜坡和平原(300 毫米至 600 毫米),维多利亚州北部(300 毫米至 550 毫米)和南澳大利亚州南部(250 毫米至 500 毫米),包括澳大利亚西南部的一部分(250 毫米至 700 毫米)。最重要的作物是小麦、大麦、燕麦、豆类和油籽,该产业带的北方地区主要种植高粱。美利奴羊毛(中等纤维直径)、羊肉和牛肉的生产是主要的动物产业。作物和动物产品都是该区域重要的农业收入来源,土地利用之间的平衡在很大程度上取决于相对的财政回报;近年来,麦羊区的农作物增加了,羊毛产量减少了。麦羊区的季节条件比牧区更可靠,多种收入来源的灵活性使农业收入更加稳定。家族农场在这一地区占主导地位。第二次世界大战后,南方地区广泛采用了莱伊(Ley)农业制度,即草场期为 2 ~ 5 年,作物期为 1 ~ 3 年。短期牧场对于提高土壤肥力和为随后的作物以及动物生产提供病害防治是非常重要的。几乎所有的牧草都是一年生的,既反映了生长季节的长度,也反映了在种植阶段移除它们的容易程度。地下三叶草(trifolium subterraneum)广泛应用于酸性土壤,而一年生药用植物则多被应用于干旱地区的碱性土壤。该区域的牧场为动物提供了高质量的放牧,改善了土壤结构,增加了供作物利用的土壤氮,然而,这些牧场的土壤生产力已经下降,这导致一些农民转向连作,使用豆类和化肥来提供氮,进行最低耕作,以保持土壤物理条件,用谷物与豆类、豆类和油籽交替种植,以控制病害,使用除草剂来控制杂草。在 20 世纪末的 30 年里,饲料场(牛被限制在院子里,完全用手或机械喂养以达到高产量)在澳大利亚变得非常重要。现有约 800 个经认证的饲料场,可供应 90 万头牛。他们主要在昆士兰州和新南威尔士州,服务于国内和出口市场(尤其是日本)。以前用草喂养的牛,现在要根据市场情况,以谷物喂食 30 ~ 300 日(但最常见的是 90 ~

---

① See John G. McIvor"Australian Grasslands", https://www.fao.org/3/y8344e0g.htm, Oct. 10, 2019.

120 日),[①]详见本书第六章肉牛产业。

(三)牧区

这一地区包括干旱和半干旱地区以及大部分北部热带地区。该地区农业用地的特点是广泛的原生植被。虽然进行了一些种植,但由于降雨量不足,大多数土地都无法种植。干旱内陆地区的原生植被自 19 世纪中叶以来就一直被利用,牧区的南部以羊毛生产为主,中部和北部以牛肉生产为主。播种的牧场是非常有限和次要的,该地区没有可靠的生长季节,干旱频繁发生,生产和财政收益每年都不同,自流井和亚自流井的水供应对大面积的动物生产至关重要。牛肉产业是以养殖为基础的,一些动物在当地生长,但许多动物被送往其他地方育肥,包括昆士兰州西部被洪水淹没的天然牧场。羊毛工业几乎完全建立在本土牧场上放牧美利奴羊毛的基础上,以获得中等质量的羊毛。牧场面积大(5000 公顷至 10 万公顷以上,有 5000 只至 2 万只羊),由于牧场产量和质量波动较大,牧畜承载率较低(1 只羊至少需要 2 ~ 40 公顷)。羊毛生产水平非常高,但在恶劣的环境下产羔率往往很低。在谷物价格高企的时期,该地区的粮食行业利润率较高,但动物产品仍是主要收入来源。热带牧场有一个可靠的夏季生长期和冬季旱季。牧草生长初期生长迅速,牧草品质较高,但后期下降到较低水平;动物在生长期体重增加,在旱季体重减少。牧区的热带区域唯一主要的土地用途就是牛肉生产,最初,所有的牛都是 Bos 金牛座品种(尤其是短刺牛);现在几乎所有的品种都是杂交品种,它们适应能力更强,对热应激有更强的耐受力,对蜱虫有更强的抵抗力,觅食能力较强,采食量更高,这些特性导致了杂交品种的牛具备优良的生长和育种性能,以及较强的生存能力。该区域是其他地方育肥牛的重要来源地,从而成为主要为美国市场生产优质牛肉的渠道源头。在过去的十多年里,该区域向东南亚出口活牛的贸易得到了发展。这对澳大利亚西北部的牛肉生产商来说尤其重要,因为他们离东南亚的市场很近,但远离澳大利亚的市场,也远离屠宰场。热带牧场的范围从沿海和昆士兰中部的高产地区到金伯利和约克角半岛的偏远地区。这些地区之间有很大的差异。在昆士兰州的沿海和中部,牲畜和畜群规模较小(通常不足 1 万公顷,可饲养 500 头至 2000 头牛),畜牧业和管

---

① See John G. McIvor "Australian Grasslands", https://www.fao.org/3/y8344e0g.htm, Oct. 10, 2019.

理投入较大,动物生产率较高。在偏远地区,财产和畜群要大得多(20 万至 50 万公顷,6000 头至 8000 头牛),动物生产力较低,而活畜的出口、储存和美国市场对此区域是最重要的。播种牧场在昆士兰州东部和中部很重要,但除北领地“顶端”的有限区域外,其他地方的播种牧场就不那么重要了,而且牛只依赖本地牧场。一些引进的植物品种现在已经适应了当地土壤与气候(如凤尾草属、纤毛虫属),饲料补充剂(特别是尿素补充剂)的使用非常广泛。谷物种植在昆士兰州中部和南部非常重要,有时还与牧场轮作中的动物生产相结合。①

四、澳大利亚粮食作物的分布

澳大利亚每年有约 2230 万公顷的土地种植商业粮食作物。在 21 世纪初的十多年中,先进的农业系统,植物新品种和高新技术提高了澳大利亚粮食的生产力和可靠性。

气候和天气模式以及土壤类型将澳大利亚分为两个主要的粮食作物区域(北部和南部)以及两个作物生长期(冬季和夏季)。大多数地区每年只能生产一种作物,但由于特定的土壤类型和气候,一些地区每年都能生产夏季和冬季作物。自 2000 年以来,澳大利亚夏季降雨量普遍增加,冬季降雨量相应减少,导致降雨区域的变化延伸数百公里。研究表明,澳大利亚谷物种植比 30 年前要提前一个月开始种植冬季作物。

(一)北部作物地区

位于昆士兰州中部和南部,直至新南威尔士州北部,直至达博地区。该北部地区的大部分降雨集中在夏季,这使旱地夏季作物产量增加。由于该地区黏土基土的高蓄水能力,以及冬季降雨的补充,冬季生长的作物也能成功生产。北部地区的冬季作物从 3 月开始在昆士兰州中部地区种植,由北向南,直到 7 月在新南威尔士州中部地区种植。因此,北部地区冬季作物相应的收获期可以从 9 月持续到 12 月。同样,北方的夏季作物从 9 月到次年 2 月种植,收获期跨越 2 月至 5 月。在北部地区种植的冬季作物包括小麦、大麦、燕麦、鹰嘴豆、黑小麦、蚕豆、羽扇豆、豌豆、油菜、小米/黍、红花和亚麻籽。夏季作物包括高粱、向日葵、玉米、

① See John G. McIvor “Australian Grasslands”, https://www.fao.org/3/y8344e0g.htm, Oct. 10, 2019.

绿豆、大豆、棉花和花生。

(二)南部作物地区

从新南威尔士州中部(达博南部)延伸至维多利亚州,塔斯马尼亚州和南澳大利亚州以及西澳大利亚州西南角。该地区的降雨模式以冬季为主,从新南威尔士州中部到维多利亚州、塔斯马尼亚州、南澳大利亚州和西澳大利亚州,这些区域具有典型的地中海气候特点,夏季干燥,而冬季降雨相对可靠,有助于冬季作物生产。由于夏季降雨较少,作物生产需要灌溉,该地区灌溉的主要田间作物是新南威尔士州南部的中粒米。种植冬季作物通常在5月开始,并可持续到7月下旬。冬季作物收获可在10月下旬开始,由北向南,持续到次年1月。南部地区种植的冬季作物包括小麦、大麦、燕麦、黑小麦、谷类黑麦、羽扇豆、豌豆、油菜、鹰嘴豆、蚕豆、紫云英、扁豆和红花。夏季作物包括灌溉稻米和玉米。①

五、澳大利亚的林业

澳大利亚的森林通常局限于平均降雨量超过每年500毫米的地区。从澳大利亚北部的热带地区,沿着东部沿海地区通过亚热带地区延伸到东南部的温带凉爽湿润和冷湿地区;森林也从这些潮湿的沿海地区延伸到该大陆的中部干燥地区。澳大利亚共有1.34亿公顷森林,相当于陆地面积的17%。在2016年确定的森林总面积中,1.32亿公顷(98%)为"原始森林",195万公顷为"商业种植园",47万公顷为"其他森林"。澳大利亚拥有约3%的世界森林面积,是全球森林面积第七大的国家。昆士兰州拥有澳大利亚最大的森林面积(5180万公顷,占澳大利亚森林面积的39%),接着依次是北领地(2370万公顷,占澳大利亚森林面积的18%),西澳大利亚州(2100万公顷,占澳大利亚森林面积的16%)和新南威尔士州(2040万公顷,占澳大利亚森林面积的15%)。澳大利亚的森林多样且被高度重视,是该国最重要的自然资源之一。澳大利亚的原始森林能提供一系列澳大利亚人在日常生活中使用的木材和非木材产品,同时,原始森林还提供干净的水、保护土壤,并提供娱乐和旅游及科学和教育活动的机会,以及支持含有文化、遗产和美学价值的活动。②

---

① See https://www.aegic.org.au/australian-grain-production-a-snapshot.

② See https://www.agriculture.gov.au/abares/research-topics/forests/forests-overview, Oct. 10, 2019.

在林业经济上，主要体现在原始森林之外的两类："商业种植园"和"其他森林"。"商业种植园"是以商业规模木材生产为目的的种植园，而"其他森林"主要是非工业种植园和各种类型的人工林，包括檀香种植园、小型农场林业和农林业种植园、保护区内的种植园系统和引进物种主导的非种植森林等。澳大利亚的商业种植园是商业木材产品的主要来源。澳大利亚大约有一半的商业种植园生产异国情调的软木（主要是辐射松），而另一半则主要生产硬木（主要是桉树种）。

在森林的权属上，主要分公共或私人两种，还有土著拥有产权的一部分。（1）公有森林包括"自然保护区"、"多用途公共森林"和"其他皇家土地"。"租赁林"是皇家土地上的森林（属于国家、州或地区政府的土地），通常是由私人管理的。（2）私人土地上的一些森林作为保护区，却被公开管理。对于工业种植园，土地的所有权可能与树木的所有权归属不同的权利主体，管理安排也可能很复杂。在澳大利亚1.32亿公顷的原始森林中，4720万公顷（占澳大利亚原始森林面积的36%）是租赁土地上的原生林，4100万公顷（占澳大利亚原始森林面积的31%）是在私人永久产权下拥有土地的原生林。因此，总共有8820万公顷（占澳大利亚原始森林面积的67%）的澳大利亚原生森林受到某种形式的私人管理。另有2170万公顷原生林（占澳大利亚原始森林面积的17%）属于正规的自然保护区，980万公顷原生林（占澳大利亚原始森林面积的7.4%）属于多用途公共原始森林。（3）大约1/3的澳大利亚森林（6950万公顷，占澳大利亚森林面积的52%）被确定为土著产权，当地土著拥有管理和特殊使用的权力，该森林面积中约有69%位于昆士兰州和北领地。[①] 对位于该区域的森林投资需要注意权属问题，要慎重。

① See https://www.agriculture.gov.au/abares/research-topics/forests/forests-overview, Oct. 10, 2019.

第三章 澳大利亚的水资源管理和水权交易

我们都知道生命源于水，地球表面 74.35% 的部分被水覆盖，但湖泊、河流和大气中的水汽构成总的淡水量只占世界水总量的 0.5% 。淡水历来都是人类生存的重要资源，尤其随着人口的迅速增长和环境水土破坏以及工业污染，导致淡水资源日益紧张，过去的 50 年，全球的耕地面积增加了 12% ，而灌溉农业土地面积则翻了一番，这主要是利用了包含地下水、河流、湖泊的 70% 的淡水资源。从全球来看，工业发展和城市生活用水在与传统农业灌溉争抢淡水资源，毕竟现有的水利设施均以农业蓄水灌溉为主，在水资源总量变化不大的情况下，如何开发建设、有效利用水资源，并维护良性的水环境，是人类生存面临的紧迫问题。

澳大利亚由于气候和地理原因，从其沿承英国的法律和公共事务治理的文化内核出发进行的水改革，在水资源管理和水权制度建设方面走到了世界前列，为全球各国，包括中国水制度改革提供了参考。在澳大利亚投资农业，了解澳大利亚的水政策和参与水权交易，是事关农业投资成败的必要领域。特别是对来自中国的投资人来讲，由于水权问题在中国很少有机会接触，更需要全面了解和掌握澳大利亚水权相关知识，以便于对农业投资项目的成本控制和稳健运营。①

一、澳大利亚水资源概况

澳大利亚大陆气候变化较地球其他地区更为明显,在相同纬度或相同气候条件下,澳大利亚的气候数据变化幅度通常是其他地域的2倍至4倍,体现了高度的偶发性和随机性,干旱和洪涝之间的转换更加高频。年平均降雨量455毫米,399毫米(88%)被蒸发,52毫米汇进河流(11%),仅有4毫米(1%)保留在地下,而平均降雨量在具体区域分布时差异明显,从150毫米到3000毫米不等。被称为"最干旱的有人居住的大陆"的澳大利亚水资源的总量为3430亿立方米,已开发利用的地表水和地下水总量为175亿立方米,澳大利亚的水资源具有三个特点:(1)人均占有量多,以人均18,743立方米排名全球前50名之内,但水资源总量相对其国土面积算是相当的匮乏;(2)水资源分布不均匀,整个澳大利亚大陆的2/3地区属于干旱或半干旱地带,导致无水流域的面积大,在中部和西部有占全国1/3面积的地区年均降水不足250毫米(沙漠标准),降水与河流主要集中在东部,相应的河流多有季节性枯水期;(3)降水的年内、年际分配不匀,每年的5~12月的降水占全年总降水量的2/3,也会出现连续干旱和连续洪涝年份,干旱年份的枯水表现尤其显著。从全球范围来看,澳大利亚降雨的时空变化幅度是最大的,所以保障储水及转移以实现水资源的合理应用,是澳大利亚独特的气候条件决定的。②

1. 在地表水含量方面。澳大利亚的地表水的存储容量总计超过80,000GL,大约36%存储于塔斯马尼亚州(塔斯马尼亚水电站)与新南威尔士州和维多利亚州(雪山水电项目)的大型水力发电计划。其余部分主要用于直接供水,包括农业、城市和工业用途,以及环境释放。一些存储容量可用于减轻洪水和小规模水力发电。

2. 在地下水含量方面。通常地下水相较地表水对气候变化的反应要慢一些,澳大利亚有关部门采取将土壤分上、中、下三层在澳大利亚各地钻孔超过19,000个,并结合2018年前20年的平均水平进行对比分析,可得出上、中、下各

---

① See "The State of the World's Land and Water Resources for Food and Agriculture 2011", https://www.fao.org/3/i1688e/i1688e.pdf, Oct. 10, 2019.

② See "Water In Australia 2017 - 2018", https://www.bom.gov.au/water/waterinaustralia/files/Water-in-Australia-2017-18.pdf, Oct. 10, 2019.

层的含水量上升或下降的趋势判断。

3. 在供排水和污水处理方面。澳大利亚的供排水事业非常发达,污水处理水平很高,全国98%的人口有供水系统支持,90%的污水经过处理排掉,其中20%左右的污水经处理后,可通过管道输送给用户再利用,城市用户的自来水都是直饮水的标准。

二、水资源管理体制

(一)澳大利亚水资源管理体制概述

澳大利亚水资源管理实际上是从以州政府作为权利主体的角度出发,流域和区域管理相配合,在联邦的统一协调指导下,多中心自主进行管理。州政府代表国家行使水资源所有权,地方政府结合流域管理而具体实施管理行为,民间团体和机构提供评估和科学决策建议,用水企业和个人通过协会和组织参与规划和政策制定,商业公司或企业受政府委托实施水资源的开发和供给。

同时,在法律框架下进行水权的制度革新,推动水权交易市场发展,有效配置水资源,利用社会资本投资水资源市场,完善水利工程设施,维护环境水资源良性可持续发展。

从国际上来看,现代水管理制度是建立在"河岸取水权"和"先占合理利用"两项原则基础上,由1992年在里约热内卢召开的联合国环境与发展会议上确定的"都柏林原则",为现代水权制度提供了发展方向,"都柏林原则"包括四项原则:(1)水是有限和脆弱的,且是对生命和发展很重要的资源;(2)水的开发和管理应以参与的利益相关方为主,全面吸纳用户、规划者和决策者;(3)妇女应发挥主要作用;(4)水具有经济价值。此后,世界各国的水改革都参照了"都柏林原则"。①

(二)理论指导

澳大利亚的水资源管理体制是在20世纪90年代美国埃莉诺·奥斯特罗姆教授的"多中心自主治理"的理论指导下发展起来的,奥斯特罗姆也是首位获得诺贝尔经济学奖的女性。该公共管理领域的"多中心自主治理"理论认为,传统的政府集中治理和私有市场管理两种方式都有弊端,前者的前提是建立在中央

---

① See Stephen Hodgson, "Morden Water Rights-Theory and Practice", https://www.fao.org/3/a-a0864e.pdf, Oct. 10, 2019.

政府信息准确、监督力强、制裁有效，且行政费用低的基础上，但实践中很难实现；后者由于市场调节的自发性、盲目性和滞后性，而导致无法解决在公共资源开发和利用中，存在的环境负外部性（如个体过度采用或污染而损害整体资源和增加社会边际成本），从而造成市场调节失灵。“多中心自主治理”理论认为，在治理公共事务和提供公共服务时，存在多个权力中心和组织体制，这些中心和体制广泛存在于市场、司法决策、宪政、政治联盟组织等领域中。该理论主张权力的多样化和分散化，通过相互合作、协商以达成妥协，形成协议和共识，基于此前提，有了共同遵守的自发意愿，才能维持长期的利益平衡和可预期。这种看似紊乱和重复的治理体系，实际上却是一种兼具竞争性、高效性和稳定性的结构，在此结构下，能有效规避“公地悲剧”、“囚徒困境”和“集体行动搭便车”三种模型的弊端。多中心在各自利益博弈过程中，商议出新的制度安排，并监督各方的承诺，由于都是资源的占用者，所以具有相互监督的积极性，监督成本降低，解决冲突和执行制裁都相对容易，使多中心成员之间承诺的可信度增加。在这个结构中，博弈出的新制度规则是基础，互相的可信承诺是前提，相互监督是保障，三者相互促进和制约，统一于自主治理的体系中。该系统强调自主治理，鼓励多个主体（各级政府部门、环保组织、协会行会、民间团体、企业和个人）共同作用与合作，提倡共同理解和共同利益，尊重主体的权利独立和责任清晰，从而发挥治理主体的积极性，规避垄断投资的可能性，同时利用社会良性资本和专业机构，提高信息准确性和管理决策科学性，从而保证公共资源高效的治理水平和长期可预期的存续性①。笔者也深为奥斯特罗姆的研究成果折服。

（三）三级政府管理体制

1. 联邦跨州的机构“联邦政府理事会”（Council of Australian Goverments，COAG）及对应流域的各州自然资源部部长组成的部长理事会是澳大利亚水资源最高协调机构，日常工作由农水部和环境部负责，包括对全国范围内水资源的研究和规划，制订全国的水资源管理办法和协议，制订全国饮用水的标准，对水资源的整体开发利用进行州际和跨流域协调，确定各州的水资源配额，并提供政策指导，避免利益冲突，确保环境用水安全，其签署和发起的政策和协议适用于

---

① See Elinor Ostrom，“Beyond Markets and States：Polycentric Governance of Complex Economic Systems”，https：//www.nobelprize.org/uploads/2018/06/ostrom_lecture.pdf，Oct. 10，2019.

所有各级政府和各种市场主体。

2. 各州的州政府代表国家行使水资源的所有权,是水资源的权属管理主体,制定各州的水法和相关政策、评价水资源、管理水资源、开发建设水利工程设施、供水和污水处理、保护水资源环境。

3. 地方三级政府具体执行州政府的水政策,包括对水权进行登记确权、分配调整和取消额度、受理新水权申请和交易公示、监督水利工程设施、监督企业或公司经营水务、污水处理。

(四)跨州的流域管理

流域管理是基于水是流动的这一自然属性而建立的,在一个以河流为骨干的集水区,能将管理涉及的诸多外部因素拢在同一集水区内部化,统一从水文管理的角度进行协调规划同一流域内互相依赖型的各区域利益,采集和分享同一集水区的数据和信息,充当不同区域利益冲突的仲裁平台,最后统一运营和开发水资源。

澳大利亚的流域管理是跨州和跨政府层级的,是由分工不同的三个组织将本流域的三级政府部门串联起,组成一个技能协调也有执行力的管理体系。这三个组织包括:一是由联邦及各州的部长组成的部长理事会(Natural Resource Management Ministerial Council,NRMMC);二是各地方政府专业部门组成的流域管理委员会;三是由独立第三方专业人士和利益相关团体代表组成的公共咨询委员会。(1)部长理事会是该流域的决策机构,决定流域内涉水事务的政策和方向;(2)流域管理委员会是执行机构,在理事会确定的框架内执行具体事务对各州负责;(3)公共咨询委员会负责研究水资源和提供咨询评估意见,为部长理事会作出科学决策提供技术支持和判断依据。

澳大利亚联邦、州和地方三级政府在水资源管理上是纵向的,而流域管理则是横向的,二者之间的关系是纵横交叉的网状关系。具体运作规则是,在一个流域跨越几个州的情况下,各州政府在部长理事会的推动和协调下,通过社区咨询委员会的专业意见,作出科学决策,由流域管理委员会促成各州达成协议,并有管理委员会的各州及地方代表在自己的辖区内贯彻执行。这是一种在独立第三方科学评估的基础上,进行利益博弈而达成的一致协议,各州各地方都有妥协和满足,而不是行政命令指示,所以,各州及地方执行起来,也不会违背协议精神而做出单方利己的行为来,损害同一流域其他方的利益,较为全面地贯彻和落实奥斯特罗姆"多中心自主治理"的原则。

(五)墨累—达令河流域的管理

下面将以位于澳大利亚中南部的墨累—达令河流域为例,来说明澳大利亚流域管理的细节,墨累—达令河流域是澳大利亚最大的水系统,面积106.15万平方公里,位列世界第21大流域,超过了法国和德国的国土面积总和,由墨累河、达令河及数十条支流组成,从源头算起总长有3750公里,横跨昆士兰州南部、维多利亚州北部、新南威尔士州大部、南澳大利亚州西部、首都特区等地区,该区域生产了澳大利亚47%的谷物和93%的棉花,也种植了优质多样的蔬菜水果,全国1/2的耕地和3/4的灌溉农田分布在该流域,是澳大利亚农业产值和投资回报率最高的地区。

管理体制:(1)流域部长理事会由联邦政府和各州政府负责土地、水和环境的12名部长组成,是墨累—达令河流域的最高决策机构,其任务是制定政策和方向;(2)为了广泛听取意见和科学决策,由来自4个州、12个地方流域机构和4个特殊利益群体的共21名代表组成了流域公共咨询委员会,其宗旨是广泛调动流域各阶层,积极参与水资源治理和为科学决策提供咨询研究及技术支持,反映社会的意见和要求,其中4个特殊利益群体分别是全国农民联合会、自然保护基金会、地方政府协会、工会理事会;(3)流域委员会是部长理事会的执行机构,由各州政府的负责水土及环境的高级官员组成,每个州2名,委员会主席由部长理事会指派,通常是由中立的大学教授担任,委员会相当于各州政府针对流域共同事务设立的联合办事机构,独立于各州政府,职责由各州签署的流域水管理协议确定,具体职责为在流域部长理事会制定的框架内,分配水资源、实施管理策略。委员会下设办公室,处理日常事务,还有20多个特别工作组,均聘请来自大学、企业、社区的专家和学者,以便将最先进的技术和经验方法应用到流域管理中去。

三、水权制度

(一)水权的历史由来

在水资源管理和利用方面,澳大利亚最初承袭的是英国的河岸取水权(Riparian Rights),即水是附着于土地的,要想多用水就要多拥有土地,但因澳大利亚大部分地区缺少河流并且气候干旱,随着农业种植面积扩张和城市工业发展及人口增长共同带来的用水压力,现代水权制度应运而生。19世纪末发生在人口聚居区域的干旱和引水冲突,促成了澳大利亚历史上第一个分水协议的签署。在1901年成立的澳大利亚联邦政府的协调下,墨累河流域的维多利亚州、南澳大利亚州、新南威尔士州达成了分享水资源的协议,河水连同取水的权利从州到城镇,从灌区到农户,被一层层分配下去,从此开始了澳大利亚水资源现代管理的进程。但早期的粗放利用和浅层次管理,使土地盐碱化和内涝问题非常严重,同时环境隐患也在累积,直到20世纪90年代初,水资源的过度开发导致流域水量显著减少,随意排污滋生了大量蓝藻,由此造成了震动全国的水质危机,澳大利亚全国上下,从联邦到州郡、从协会到机构、从居民到农户都逐渐达成了科学合理用水的共识,恰逢美国教授奥斯特罗姆的多中心自主治理理论适时提供了水改革的方向,于是澳大利亚于20世纪90年代中期启动了"以控制水的需求、维护水的环境、市场化运营"为主要内容的水改革:首先,以"水权"为核心的用水量控制系统的建立和交易市场化的完善;其次,是对供水实行现代企业运营管理,提高服务水平,保证水质,同时改革水价体系,回馈水利工程及排污和水处理;最后,是发动社会各阶层积极参与水资源管理,包括水资产基金的资本介入和环境水持有人的制度创新,实现澳大利亚水资源及环境的良性运行,澳大利亚的《2007年水法》就是这一改革的成果,并且走在了全世界的前列,成为全球现代水资源管理学习的榜样。

(二)水权的概念

一般而言,水改革的一个关键重点是引入正式的和明确的水权概念,以便界定一系列与水有关的权利所适用的水量,以及设立与其对应的分配、登记、交易、核准、监督、执法以及水环境维护的制度安排。为了有效管理水资源,澳大利亚拟设了现代水权法律概念,将水权从土地分离出来,从而衍生所有权和用益物权的功效,并通过水权交易市场将水权的不同属性权利进行市场定价和交易,来推动水资源按市场规律,朝经济效益最大化的方向流转,进而有效配置水资源。从法理上来看,在赋予水权类似大陆法系中物权的所有权、使用权、收益权、处置权的属性后,才能使现代水权在拥有、使用、租赁、抵押、交易等各种用途上互不干扰,充分发挥市场的作用,最终得以使水权在财产权的高度上,规制包括政府、运营商、农民、投资人等各参与主体的行为,形成有效的水资源管理体制。①

(三)可交易的水权分类

1. 拥水权(Water Access Entitlements),是指从水计划指定的储水池中获取一

---

① See Stephen Hodgson, "Exploring The Concept of Water Tenure", https://www.fao.org/3/a-i5435e.pdf, Oct. 10, 2019.

定量水的永久或持续的独占权。如果水管理区域的可用水量发生变化，则可拥水权对应的可用水量也可能发生变化，这可能由于气候或其他环境因素的变化而发生，并将确保不会发生水的过度分配。拥水权可以在水权文书上表示。拥水权类似额度所有权，是一种对特定区域内特定数量水体的长期财产权利，可以交易、赠与、继承、出租、分割或合并，可抵押和可强制执行，是三种水权利中的基础权利。水权的行使具有很大的外部性，它的排他性受水利工程、抽排水等影响和限制很大，从而波及水权的交易价值和转让范围，而解决水权的排他性限制和交易性之间的冲突的方法，就在于将水的拥水权上的利益与特定水资源的具体开发利用活动剥离，这样，将针对水事活动的不同阶段（取水、蓄水、排水）的限制安排在创设出来的"配水权"和"用水权"上面，保证"拥水权"能够没有限制地被转让，排他性不被损害，价值独立。

2. 配水权（Water Allocation），指在指定年份的季节里，分配给持有拥水权人的具体水量，以拥水权的不同百分比来表示当年的配水权。通常是根据有关水计划中制定的规则加以界定，即按季节宣布分配的水资源中有多少可用的水和每一个拥水权持有人有权享有总水量的百分比（按百分比可算出实际可分到的水量）。配水权百分比的公告一般是由流域的水行政主管部门发布。

3. 灌溉权（Water Irrigation），有时也称农业用水权，农场或个人对灌溉设施运营商有取水的权利，而不是拥水权或供水权。可以在灌溉区内进行交易，灌溉权可以转化为可交易的配水权。①

其他还有传统的河岸取水权（Riparian Right），其已逐渐被取消；供水权（Water Delivery Right），指供水设施运营商取水的权利，可在供水商内部交易；用水权（Water Use Right），指用户对设施运营商合同供水服务的合同权利，不可交易；土著权利（Native Title），指土著在特定地点特定用途的用于非商业的生活用水权，不可交易。

综上所述，拥水权和配水权的区别在于，拥水权是从特定水资源中获得固定水量的持续拥有权利；而配水权是在指定时间内，对拥水权按每年公告比例能实际使用的水量；拥水权交易代表了永久性的水权转让，而配水权的交易则涉及在

---

① See "What Water Rights or Products are Tradable?", https://www.bom.gov.au/water/dashboards/#/common/help/faq, Oct. 10, 2019.

灌溉季节内临时转移一定量的水。另外,以上这些水权的分类和定义,都是笔者根据散布于澳大利亚各州有关水权的法律文件和大量社会机构的水权研究报告中的有关定义,结合中国通行的法律概念上的语言逻辑进行归纳总结得出的。目前中国国内尚没有权威的中文定义,笔者认为,"拥有"和"分配"这两个中文词汇,基本能表达清楚前者的永久产权属性和后者的临时分配水量的性质,但返回英语语言的水权领域是否仍然适用学理研究,有待验证,也欢迎读者一起研究探讨。

(四)水权的管理

澳大利亚的水权在管理上采用"托伦斯登记制",该制度由托伦斯爵士于1858年在澳大利亚首创,随后被广泛传播到英美等其他国家,是在物权转移领域内的国家机关登记发证认定制度,澳大利亚的这一法律制度创设对全世界的经济发展起到了极大的推动作用。"托伦斯登记制"主要内容包括:(1)针对有关物权,不强制要求在政府部门登记,但一旦登记了,其后的每次转移都必须登记,否则不发生法律效力;(2)登记采取实质性审查,并经过社会公告程序,具有国家背书的排他的公信力;(3)负责登记的国家机关从登记费里提取准备金,用来赔偿错登给真正权利人造成的损失,从而保证登记即使错误也不容变更、不容推翻;(4)如设有抵押等他项权利,也须登记备案。

"托伦斯登记制"将包括水权在内的物权规制,提升到了现代经济学和法学完美结合的高度,有力的降低交易成本,促进了经济高效和低成本发展。澳大利亚采用登记制管理水权的申请和交易,由各州和流域的水政部门负责监管,大量社会中介机构参与,使水权的安全性和价值得到保障和提高,"托伦斯登记制"是形成资源有效配置的水市场的先决条件。①

四、澳大利亚的水市场

(一)市场功能

在水资源可持续利用和综合管理方面,"水市场"(Water Market),是实现水资源优化配置的重要手段,水权交易就是建构于水市场之上的。在奥斯特罗姆的"多中心自主治理"理论的指引下,水市场能在自愿参与和多元协调的基础上

① See "Water Rights Arrangements in Australia and Overseas", https://www.pc.gov.au/research/completed/water-rights/water-rights.pdf, Oct. 10, 2019.

更好地分配水资源,从而实现三项功能:(1)用经济效益鼓励节水技术的发展与执行;(2)解决资源分配冲突,讲价格而不用讲道理;(3)谁的用水价值高,水资源就向谁流动,实现经济领域的效率最大化,进而达到资源有效配置。经过几十年的发展,澳大利亚的水市场日臻成熟,既有日常生活和生产涉及的供用水及供用水背后的水权交易,也有典型的农业灌溉的拥水权和配水权的交易,还有基金和政府背景组织的环境水持有者入场收购水权,平衡水生态环境,保护水资源。

(二)初期水权

澳大利亚初期因为用水户数少,所有提交申请水权的,无论多少额度都予以批准,虽然用水会按实际用水量交水费,但用水额度的水权却是免费的。到了20世纪80年代,随着批准的水权日益增加,水权总数已超出所在流域的实际水量,水资源紧张,环境不堪重负,于是澳大利亚启动了现代水权改革,不再受理新的水权申请,新增用水户只能通过水权交易从市场上获取。这无疑让早期申请到超出自己实际用水量的权属人,在过了几十年后,可以通过将自己拥有的超额拥水权出租、抵押、转卖、继承而获得一笔意外财富,这引来不少社会群体的批评诟病,但想想澳大利亚最早建立殖民地时的拓荒占地运动,很多人通过先占原则获取的大量的土地,到现在也是其家族财富,就无可厚非了。

(三)供水

澳大利亚供水的实际操作充分体现了市场化运作特色。在州一级,州政府委托水源公司寻找水源、建坝储水,进行水权分配和管理,向地方政府的供水公司或灌溉协会批发水权;在市郡一级,地方政府委托供水公司进行输水管网建设和管理,向水源公司购买水权、向用水户提供供水服务,收取水费,用以支付铺网和管理以及排水和污水处理的成本费用。笔者认为,在这个细分领域,用户和供水公司实际进行的不是典型的水权交易,而是一种服务,用户向供水公司购买服务,在供水服务项下结算用水的产品价格,供水商收回管网铺设和储水的成本后略有盈余,其与消费者之间无水权交易的关系,而供水公司的水源却涉及与蓄水池有关的水权交易。

(四)居民用水

城市生活用水一般没有额度限制,只是通过阶梯水价对用水户的用水量进行控制,在干旱缺水期间,政府会发布节水等级警告,澳大利亚社会各阶层都有较强的节水意识,并自觉遵守用水指引。例如,在三级警告情况下,居民洗澡时间不能超过5分钟,大多数人都会自觉遵守。城市水价是由独立第三方委员会根据水权价格、供排水设施建设及污水处理等成本估算后,协商用水户和供水公司后,提议政府批准采用。供水公司通过收取水费,可以承担供水、污水处理、水源地保护、管网工程建设维护等职能。城市生活用水的水费分两部分,固定部分是在一定量以内无论是否使用都须缴纳的费用;超额部分是按超出的用水量计收高额费用。澳大利亚居民生活用水,针对别墅与公寓楼采取不同的收费方式,独栋别墅由供水公司按户安装水表计费,别墅房主需预存上一季度等额的钱,本季实际用水后计出的费用多退少补。而公寓楼截然不同,由于供水公司没有给公寓楼里的每一个住户安装单独的水表,所以供水公司按公寓楼所在的区域、房子户型和面积综合计算出一个金额让用户缴交,每季交一次,在一定额度阈值之内的用水量,无论用水多少,都只需要交一个固定的金额,如果用水量超出阈值,则需要补交额外的水费,有时超阈值的水费会翻倍,另外用热水会涉及燃气费另行计缴。

(五)农业用水

分基本用水和灌溉水权两类。虽然农场是用水大户,但有灌溉水权的农场也仅占到全国农业土地面积的5.4%左右(截至2017年),其余都是旱地农场,即主要靠自然降雨,所以,没有水权的农场是大多数,但也都有基本用水的权利。(1)农场的基本用水,包括个人生活用水和牲畜饮用水,这个不受水权限制,可以在农场范围内的河流湖泊汲水或挖井抽取地下水,也可以按照法律规定的规模和位置在农场土地上,修建小型水库收集地表径流以蓄水,还可以申请行政许可通过技术手段向相邻的河流、湖泊和地下水层抽水,但以上三种取水方式都仅限于基本用水(人生活用水和牲畜饮用水),不能用来花园浇水和灌溉。另外,针对原住民的土地附着的水资源,可以用于基本用水之外的工业生产、渔业、娱乐休闲和文化活动,土著的这些用水也不受水权限制。(2)灌溉用水,农业灌溉是水资源利用占比最大的用水方式,需要水权。水权会因为所在流域水量是否稳定和充足而分为高、中、低三种保证水平的水权,高水平水权(高保水)对应的河流流域水量充足,每年的额度都能足额使用,接近100%,不会因为降雨量的变化而要乘以公布的百分比系数来调整,所以价值较高。低水平的水权(低保水)经常被要求乘以系数,甚至在特定季节的系数为0%,使其价格大大降低。灌溉水的资源包括水渠、河流、溪流、湖泊、地下水、循环水、农场水库或水塔、市政的自来水等,其中,水渠里的水来自附近的大型水库,是灌溉用水的第一大来源。灌溉还需要建设和配套相关设施和设备才能达到节水和高效的目的，包括喷淋滴灌设备、引水渠、水库、尾水收集系统、地下井及水泵、三相电及燃油系统、阀门及排水系统、用水计量设备等。农业灌溉主要用于甘蔗、水稻、棉花、谷物、油料、牧草、蔬菜和水果，而墨累—达令河流域占澳大利亚整个灌溉用水的70%以上。近年来灌溉用水量很大的作物——澳大利亚杏的种植面积增长迅猛，对水权交易的价格有较大影响。①

（六）环境水回收

为了满足新的可持续转移的墨累—达令流域计划（DAWR，2018）的有关规定，澳大利亚联邦政府将通过一系列机制，恢复用于环境目的的水权，包括直接购买（回购）灌溉者的水权以及对农场内外的灌溉基础设施的投资。图3－1显示了2007～2008年以来墨累—达令盆地（MDB）中的联邦政府水回收情况，截至2018年6月底，联邦政府恢复了大约2100GL的环境水权。水回收计划有效地减少了可用于灌溉的水量，例如，2015～2016年，联邦政府水购买量减少了约14%的灌溉用水，在2012～2013年至2014～2015年，供应减少使MDB的配水权价格平均上涨了约25澳元/百万升。②

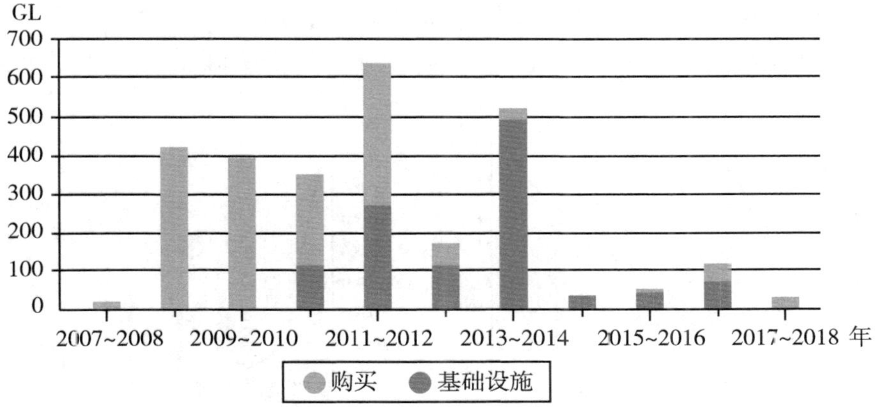

图3－1　澳大利亚2007～2018年联邦政府作为环境水持有人回收水权的情况③

① See "Water Monitoring Report 2016－2017", https://www.accc.gov.au/system/files/ACCC%20Water%20Monitoring%20Report%202016－17_0.pdf, Oct. 10, 2019.

② See "Lessons from the Water Market", data.daff.gov.au/data/warehouse/9aaw/2016/smdwm_d9aawr20161202/smdbWaterAllocMarket_v1.1.0.pdf, Oct. 10, 2019.

③ See "Snapshot of Australian Water Markets", https://www.agriculture.gov.au/abares/publications/insights/snapshot-of-australian-water-markets, Oct. 10, 2019.

五、水权交易

水权交易允许将水从较低价值用途重新分配到较高价值的用途。配水权交易有助于灌溉者适应和减缓短期的荣枯水季节的水量升降冲击,而拥水权交易有利于长期的价值结构调整。

(一)交易情况

目前,澳大利亚主要有三个水权交易市场,2017 年的水市场规模达 240 多亿澳元,以 MDB 交易市场最大,MDB 于 2017 年的拥水权交易额占全国总额 97%,配水权交易占总额 77%,其中大都发生在墨累—达令盆地南部(the southern connected Murray-Darling Basin,sMDB)的可控地表水部分,这主要是源于 sMDB 区域高度的水文连通性,从而允许水在河流系统之间和跨越州界之间进行交易。另外两个水市场(西澳大利亚州的西南部和昆士兰州的中北部)也都表现的交投两旺。三个水市场的高保水的水权(通常指拥水权)每百万升价格达 1500 澳元以上。从图 3-2 显示的过去 10 年的水权交易情况可以分析出,拥水权的交易量在 2013~2014 年度猛增后逐渐回落,交易量在过去的 5 年与价格呈负相关,价格升高则交易量下降,最高价格超过 1700 澳元/百万升;而配水权从 2011 年至

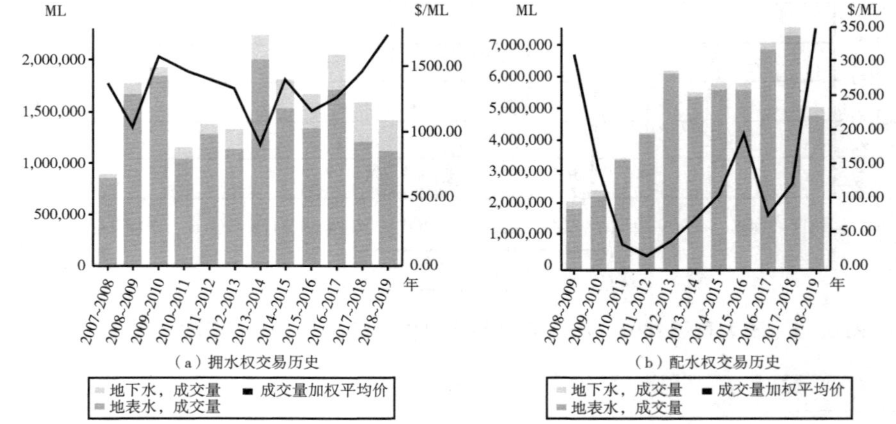

图 3-2 澳大利亚过去 10 年的拥水权和配水权的交易情况①

---

① See https://www.bom.gov.au/water/dashboards/#/water-markets/national/state/at, Oct. 10, 2019.

2019 年的 8 年间，价格和交易量的负相关并不明显，尤其最近 3 年，价格从 70 澳元/百万升暴涨到 2019 年的 350 澳元/百万升，水容量也远超拥水权，让很多投资水权的基金和机构赚得盆满钵满，也能从侧面说明市场对短期的应用性强的配水权有很强的需求，而不再执着地收购具有所有权属性的拥水权。①

大多数澳大利亚水市场都是高度本地化的，因为这涉及单个河流集水区内的用户之间的贸易和交付。但由于墨累—达令河流域广阔，覆盖多个州和地区，其中高度的水文连通性允许水在河流系统之间和跨越州界之间进行交易。

（二）交易参与者

农业是澳大利亚水资源的主要消费者，约占所有消费用水提取的 70%，这种水主要用于灌溉，占澳大利亚农业产量的 1/4 左右。根据当时的季节条件和商品价格，每个行业的州用水量各不相同，但棉花和乳业牧场在历史上占了大部分用量，图 3－3 展现了 2006～2017 年灌溉用水总量和各细分行业用水量。其他参与者包括城市供水公司、环境水管理者和投资者。维多利亚州政府的研究表明，

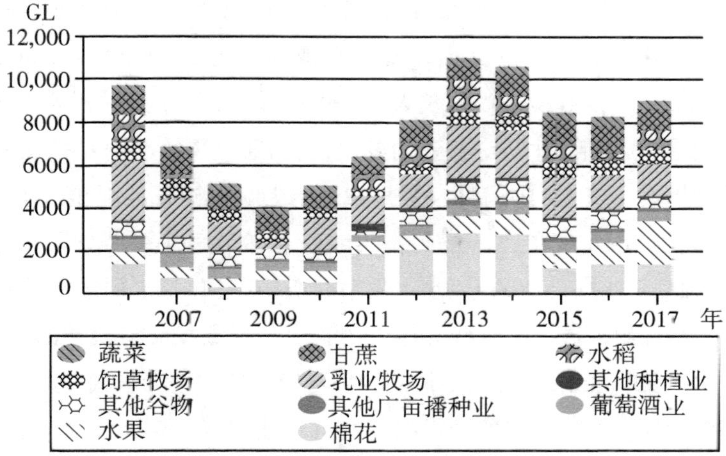

图 3－3　澳大利亚 2006～2017 年灌溉用水总量和各细分行业用水量示意②

① See "Water Markets Report 2017－18 Review and 2018－19 Outlook", https://www.aither.com.au/wp-content/uploads/2019/03/Aither-Water-markets-report－2017－18－3.pdf Oct. 10, 2019.

② See "Snapshot of Australian Water Markets", https://www.agriculture gov.au/abares/publications/insights/snapshot-of-australian-water-markets, Oct. 10, 2019.

非农业实体只占水市场的一小部分。[①] 水交易涉及水权的自愿转让。进入水市场的主要选择是通过水务经纪人和电子交易所。还有一些私人交易。根据州政府机构制定和执行的水交易规则,买方和卖方可以自由交易水。联邦还在MDB区域交易市场中发挥协调作用,以确保各州遵守墨累—达令流域计划中的水交易规则。这些交易规则的一个关键组成部分是不同地点之间的交易水限制。这些限制旨在反映在河流系统中输送水的物理限制。

(三)交易环节

(1)交易双方达成协议向有关部门提出申请,并缴纳费用;(2)有关部门经实质性审查后(是否对第三方和环境造成负面影响),作出是否同意的决定,并公示;(3)批准转让的水权,需要调整适当的水权形式,例如,农户将自己的拥水权永久转让给供水机构,需要将水权证调整成相应的配水权。

(四)交易中介

因为水权交易是相对专业的领域,所以在澳大利亚买卖水权大多委托中介机构通过电子交易所进行,正如在澳大利亚买卖房地产一样,全部通过中介和律师完成交易,买卖双方都不见面。澳大利亚水经纪商协会(Australian Water Brokers Association,AWBA)由水交易所(Waterexchange)和一群水经纪交易,AWBA支持水交易所和水经纪行业的发展,包括通过道德准则和标准为它的成员建立信用档案。该AWBA目前大约有25名成员,其道德准则和标准是适用于多个中介的。AWBA现在是一个独立的组织,虽然鼓励使用水交易所所有经纪人,但它是独立于水交易所的。“水市场中介机构”是包括水的经纪人和水体交换的总称。水经纪人进行了一些为他们的客户包括寻找交易伙伴的角色,在委托价格和水权交易规则内,建议他们的客户与贸易伙伴进行谈判,起草完成进行交易必需的文件。并非所有的券商执行所有这些服务。例如,一些经纪人会找到一个贸易伙伴,并完成必要的文书工作,但关于价格不会提供建议。经纪人也会通过交流进行交易,即匹配买卖双方的信息通过交易平台进行操作,或者通过一个自动化的程序或公告板,提交必要的文件给相关审批机关。许多经纪人曾经是房地产经纪人、证券经纪人以及工程和灌溉方面的专家,具有相关的中介经

---

① See "Water Market Trends", https://www.waterregister.vic.gov.au/images/documents/Water%20Market%20Trends%20Report.pdf, Oct. 10, 2019.

验,现代水权改革后能迅速转行进入水权交易的中介领域,配合政府和交易各方推动水权市场健康发展。[①]

(五)建议

由于水权交易在澳大利亚也是20世纪90年代水改革以后大力发展起来的,所以澳大利亚政府和相关机构颁布了一些指导人们如何进行水权交易的指导性文件,同时对交易中介机构的行为进行规范,所以,对于来自中国的对澳大利亚农业投资者来说,先花些时间浏览一下这些篇幅不长的指南性文件是很有必要的,然后再聘请相关中介机构进行水权交易。其中,一篇是了解投资人自己在水权交易中都有什么权利的文件《水权交易——你的权利指南》(Water Trading-a Guide to Your Rights);[②]另一篇是了解在你雇用了中介机构进行水权交易时的权利的文件《水权交易——使用经纪人或交易所时你的公平交易权概述》(Water Trading—an Overview of Your Fair Trading Rights When Using Brokers or Exchanges);[③]还有一篇是了解中介机构进行水权交易时的责任的文件《水经纪人和交易所的公平交易义务》(Water Brokers and Exchanges—Your Fair Trading Obligations)。[④]

从总体来说,笔者认为有必要提示,澳大利亚跨州跨流域的水权交易目前还不发达,主要是因为各州在水定价政策、补贴、立法和管理、运输和基础设施条件、地下水和盐碱化条件等因素并不相同,这限制了交易量的提升。

六、未来发展预期

根据澳大利亚水资源管理权威研究机构AITHER公司的研究报告指出,随着澳大利亚水改革的深入进行,可能会出现"杰文斯悖论"(Jevons Paradox),即出于减少资源使用数量考虑的技术提升,其反倒可能导致资源被大量消耗。这

---

① See "Water Market Intermediaries-industry Developments and Practices", https://www.accc.gov.au, Oct. 10, 2019.

② See https://www.accc.gov.au/system/files/Water%20trading%20-%20a%20guide%20to%20your%20rights.pdf.

③ See https://www.accc.gov.au/ system/files/Water%20trading%20-%20an%20overview.pdf.

④ See https://www.accc.gov.au/system/files/Water%20brokers%20and%20exchanges%20-%20your%20fair%20trading%20obligations.pdf.

一悖论是由威廉·斯坦利·杰文斯(William Stanley Jevons)于1866年首次提出的。他发现在引进更高效的蒸汽机后,英国的煤炭使用量居然上升了,尽管生产相同数量的电力所需的煤炭减少了,但英国企业增加了电力使用,因为更高效的蒸汽机使电力成本降低了,从而导致对煤炭的需求整体增长。这表明了将针对技术变革出现的行为反应纳入考量的重要性,还揭示了大量私人投资对于提高资源利用效率的潜力。

在澳大利亚的水资源市场里,随着灌溉和汲水的技术和设备广泛使用,水的价格和使用量反而会上升,其原理在于:汲水和灌溉的技术和设备提升后(如图3-4所示),灌水效率和农场经营利润会相应提高,使其购买水的成本的容忍度提高,从而在供需的角度推高了水价。例如,一个农场主,原来农场每公顷可以产生1200澳元的利润(基于2000澳元的收益和800澳元的成本),假定每公顷施水量为10ML(百万升),则只要水价低于每百万升120澳元,灌溉农场就会有利可图,而在水价高出这个价格时,水的成本将超过水所产生的利润,农场主就会放弃在土地上进行灌溉农业,转做其他。假设该农场采用技术和设施后,提升了灌溉效率,每公顷农地施水量就改良降低至8百万升,且并未产生任何其他影响。那么改良后,即使水价抬升至每百万升150澳元,他的农场灌溉作业仍会有利可图,这就鼓励该农场主在水市场上竞买配水权时,会与其他竞买者将配水权价格推高到150澳元为止。①

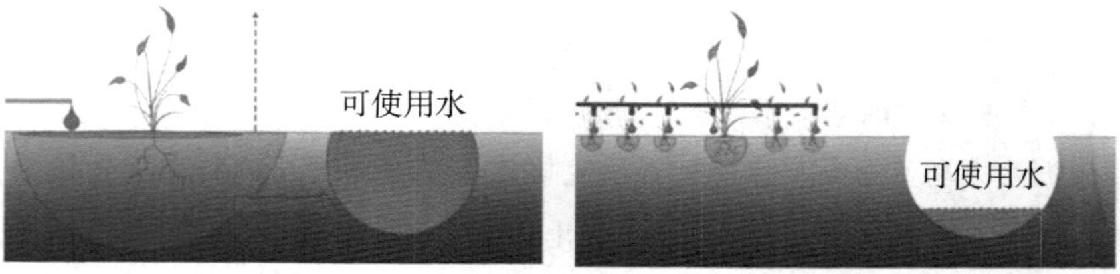

图3-4 世界自然基金会2017年对水设施改善灌溉效率的情况②

未来一段时间,在澳大利亚的灌溉农业领域,水权的价格将会处于长期上升的趋势。以墨累—达令流域为例,在需求侧,棉花产业已扩展到新南威尔士州南

① "Water Market Impacts of On-farm Water Use Efficiency Programs that Require Entitlement Transfer", https://www.aither.com.au, Oct. 10, 2019.

② Ibid.

部，杏仁产业也呈现一片繁荣，新增种植面积很大，但这两个用水大户的需求增长正好被乳业牧场和水稻用水的下降给弥补了，从而没有造成水量明显紧张。在供给侧，由于气候变化，水资源供应的减少是一个长期趋势。与此同时，由于通过澳大利亚联邦水资源权利采购行动收回了大量环境用水，消费型用户的可用水份额已经下降，对供需双方都有影响的各种趋势都将促成未来水资源的拥水权和配水权的价格上涨。

在水市场的成熟和水权价格抬升的双重影响下，许多灌溉者更加依赖购买水资源临时性的配水权，或者选择随着水资源市场日趋成熟而变得越来越受欢迎的租赁方案等替代性方法。其中部分原因是，许多人认为他们可以将那些因长期持有的拥水权而被“锁定”的大量资金出售套现，将资金用于更好的用途。①

近年来，人们一直担心 sMDB 水市场如果再次发生严重干旱将如何应对。特别是，人们一直担心环境水的回收以及坚果和棉花对水的需求增加会如何影响未来的水价。2018 年，澳大利亚的 ABARES 公布了 sMDB 未来价格的模型估算，假设水需求，水资源回收和灌溉发展的普遍水平以及 2002～2003 年至 2016～2017 年历史气候的重演，结果表明，虽然由于水的回收，未来的分配价格可能会平均较高，但它们不可能比千年干旱高峰期间观察到的更高，此外，未来分配价格的分配可能会发生变化，价格较低的年份较少，价格适中的年份较多，价格也非常高。模型还发现维多利亚时代的未来分配价格可能会更高，因为贸易限制［出自马兰比吉河（Murrumbidgee）和古尔本（Goulburn）］开始更频繁地结合，限制了进口到该地区的水量。在实践中，未来的价格将取决于许多供需因素，包括未来水回收的程度和性质，灌溉部门的任何进一步变化以及气候变化对降雨，流入和水需求的影响。②

另外，“结转规则”（Carry Over）的应用是一个积极的发展，即允许当季的配水权通过在季节之间转移分配来储存水，但并不是所有州都采纳了该规则（维多利亚州和南澳大利亚州引入了结转），结转规则的最大特点是允许在更潮湿的年

① See “Water Markets Report 2017 – 18 Review and 2018 – 19 Outlook”, https://www.aither.com.au/wp-content/uploads/2019/03/Aither-Water-markets-report-2017 – 18 – 3.pdf, Oct. 10, 2019.

② See “Storage Rights and Water Allocation Arrangements in the Murray-Darling Basin”, data.daff.gov.au/data/warehouse/9aan/9aanw/2013/StrgRtsWtrAllocMDB/StrgRtsWtrAllocMDB20131212_v1.0.0.pdf, Oct. 10, 2019.

份留出更多的水,以便在干旱年份提供额外的供应,与水交易类似,结转可以显著降低干旱成本,也从侧面影响了水市场的价格走势,使配水权价格不仅取决于当前的储存水平,还取决于对未来流入的预期(及天气预报)。

总之,在未来相当长的一段时间,澳大利亚联邦和州政府都是水资源管理的主要推动者,通过规划流域管理、规范水权交易市场、推动农场灌溉优化方案(Water Use Efficiency,WUE)、作为环境水持有者入场购买拥水权、鼓励私人资本进入水市场等各项综合配套的手段,使整个水资源管理和维护以及再生都进入了良性循环,有许多可供其他国家借鉴的地方。

第四章 《中澳自贸协定》以及澳大利亚的外商投资审查制度

一、澳大利亚的国际贸易概况

(一)澳大利亚的国际贸易理论基础

当代国际贸易中盛行的双边和多边贸易协定,是建立在以拓展边际和集约边际"二元边际"为核心的"新新贸易理论"基础上的。美国经济学家马克·J. 梅利茨(Mark J. Melitz)在2003年提出了名为《贸易对产业内重新分配和工业总产值的影响》的论文,由此逐渐形成在克鲁格曼的"新贸易理论"之后的"新新贸易理论",该理论是目前指导国际贸易的主流理论基础。在贸易理论领域争夺诺贝尔经济学奖呼声最高的梅利茨现为美国哈佛大学教授,他的理论认为,企业在进入不可逆的投资生产前,对其自身在该行业的生产力和生产率是不确定的,投产后,在国内市场和成本更高的国际市场上经过竞争后,生产率低的企业退出市场、中等的企业存活于国内市场、优秀的企业会挺进国际市场,然后,在集约边际的基础上,加强拓展边际的能力,反过来又能通过集约边际提高总体收益以及生产率,实现正向循环。集约边际在贸易中,指产品和市场的"专和深",拓展边际指"新和多元"。

笔者对该理论的理解是,通过研究国际贸易的形势,来促使影响国内企业的生产率,从而影响市场资源有效配置,在全球贸易的大市场平台上,推动本国经济发展。

新新贸易理论核心的“二元边际”对企业和资源配置的影响需要国家间贸易自由化的国际环境来配合,所以当前积极推动双边或多边自贸协定的国家和组织,大都认同新新贸易理论主张的经济发展观,而澳大利亚无疑是该理论的坚定拥趸和实践中的执行者。①

澳大利亚未来一段时间的国家发展战略包括推动全球贸易自由化,积极与亚太各国家发展双边和多边自由贸易关系,形成经济利益共同体,提高澳大利亚对环太平洋地区的影响力,将澳大利亚由全球中等强国改塑为亚太地区的核心大国的战略,这个国家战略的形成是因为澳大利亚地广人稀、资源物产丰富、国内市场规模狭小、产品和服务以出口为主而决定的。所以,澳大利亚若想保持经济持续发展,必须将经济发展重心放在国际市场上,推动自由贸易,尤其是在近年经济增长加速的亚太地区。

澳大利亚在国际贸易方面实施市场多元化战略,贸易政策的优先领域为:国内改革、致力于单一窗口管理国际贸易、积极促进出口、支持多边贸易体系、积极开展双边和区域自由贸易协定谈判。澳大利亚近期推动贸易自由化的重点为:《全面与进步跨太平洋伙伴关系协定》(CPTPP)的落实和《区域全面经济伙伴关系协定》(RCEP)的谈判,并与尽可能多的国家签订双边自贸协定。

(二)澳大利亚的国际贸易数据

在多元化国际贸易战略指导下,澳大利亚贸易发展强劲,出口的大幅度增长使贸易实现顺差。2018 年,据澳大利亚统计局统计:货物贸易进出口总额 4840.1 亿澳元,比上年同期(下同)增长 7.0%。其中,出口 2566.4 亿澳元,增长 11.0%;进口 2273.7 亿澳元,增长 2.7%。贸易顺差 292.7 亿澳元,增长 199.8%。分国别(地区)看,2018 年澳大利亚对中国、日本、韩国和印度的出口额分别占澳大利亚出口总额的 34.1%、16.1%、6.9% 和 4.8%,分别为 876.1 亿澳元、413.4 亿澳元、176.6 亿澳元和 122.8 亿澳元,分别增长 14.7%、22.3%、13.4% 和 1.8%,对上述 4 国出口占澳大利亚出口总额的 61.9%;自中国、美国、日本和德国的进口额分别占澳大利亚进口总额的 24.4%、10.2%、7.4% 和 4.9%,分别为 555.2 亿澳元、231.6 亿澳元、168.2 亿澳元和 112.4 亿澳元,分别增长 13.1%、1.7%、4.4% 和 7.1%。澳大利亚前五大顺差来源地依次是中国、日本、印度、韩国和中

① See https://www.scholar.harvard.edu/files/melitz/files/aggprod_ecma.pdf.

国香港特别行政区，顺差额分别为320.9亿澳元、245.2亿澳元、81.7亿澳元、77.7亿澳元和70.5亿澳元；逆差主要来自美国、德国和泰国，分别为134.8亿澳元、92.1亿澳元和62.7亿澳元，对德国逆差增长6.4%，对美国和泰国逆差分别下降2.3%和17.5%。分商品看，矿产品、贵金属及制品和动物产品是澳大利亚主要出口商品，2018年出口额分别占澳大利亚出口总额的59.4%、6.3%和5.7%，分别为1524.6亿澳元、161.2亿澳元和146.6亿澳元，分别增长16.8%、5.0%和9.8%。另一主要出口产品植物产品出口大幅度下降25.2%。机电产品、运输设备和矿产品是澳大利亚进口的前三大类商品，2018年合计进口1225.8亿澳元，占澳大利亚进口总额的53.9%。澳大利亚主要六类进口产品进口已恢复增长，增幅普遍较低，运输设备进口仍在下降，但矿产品进口增长32.2%，贱金属及制品进口增长16.1%，是进口增长较快的大类产品。①

如图4－1所示，2019年1～3月澳大利亚货物贸易出现下降，据澳大利亚统

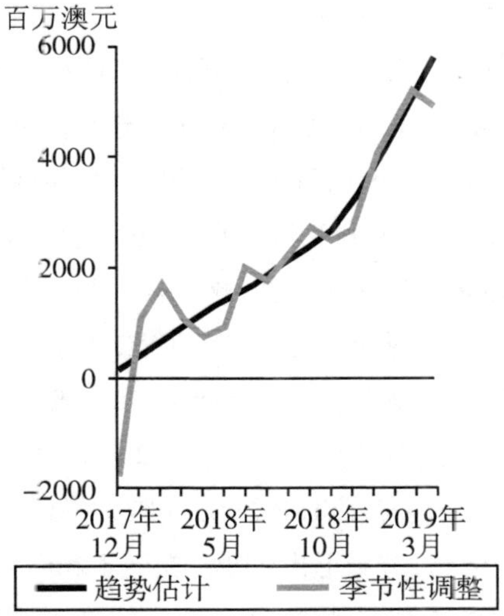

图4－1 澳大利亚2017年12月至2019年3月季节性调整的商品与服务贸易金额及趋势预估②

① 参见《2018年澳洲货物贸易及中澳双边贸易概况》，载中国商务网站：https://www.countryreport.mofcom.gov.cn/record/view110209.asp?news_id=62693，最后访问日期：2019年10月15日。

② See https://www.abs.gov.au/ausstats/abs@.nsf/0/A5FB33BD2E3CC68FCA257496001547A1?Opendocument.

计局统计,货物贸易进出口 1161.4 亿澳元,比上年同期(下同)下降 0.9%。其中,出口 638.4 亿澳元,增长 3.8%;进口 523.0 亿澳元,下降 6.1%。贸易顺差 115.4 亿澳元,增长 99.1%。①

在贸易产品结构上,澳大利亚是世界上重要的初级产品出口国,制成品、高科技产品和服务出口增加也较为迅速。澳大利亚货物贸易的主要出口产品为矿产品、畜牧产品和农产品,包括铁矿石、煤炭、天热气、黄金、原油和精炼油、小麦、铝矾土、铝、牛肉、铜矿石、羊毛和棉花;主要进口商品包括原油和石油产品、客车及货车、机械和运输设备、计算机和办公设备、药物、通信设备和零部件、家具等。服务贸易的主要出口产品包括旅游服务(含教育相关服务),运输服务,金融服务,其他商业服务(如专业管理咨询,法律、会计及公共关系服务)等;主要进口产品包括旅游服务、运输服务、金融服务、其他商业服务(如专业管理咨询,法律、会计及公共关系服务)等。

(三)澳大利亚的国际贸易布局

在推动国际贸易的活动中,澳大利亚不仅是 WTO 成员,也是《服务贸易协定》(Trade in Services Agreement,TISA)谈判参与方。澳大利亚与新西兰是地缘、文化、经贸方面关系最为紧密的盟国,两国领导人有半年定期互访机制,安全和经贸关系密切。1983 年,澳大利亚与新西兰《进一步密切经济关系贸易协定》(Closer Economic Relations,CER)正式生效。澳大利亚与东盟国家经贸关系良好,2003 年 7 月,澳大利亚与新加坡自贸协定生效;2005 年 1 月,澳大利亚与泰国自贸协定生效;2010 年 1 月,澳大利亚与新西兰、东盟的自贸协定生效;2013 年 1 月澳大利亚与马来西亚自贸协定生效。2016 年 2 月,包括美国、日本和澳大利亚在内的 12 个成员方的代表签订了 TPP 协议(《跨太平洋伙伴关系协定》),但美国总统特朗普于 2017 年 1 月宣布退出 TPP。在日本和澳大利亚等国的大力推动下,美国之外的 11 个原 TPP 成员于 2018 年 3 月签订了 CPTPP 协定。澳大利亚也在积极推动由东盟发起,邀请中国、日本、韩国、澳大利亚、新西兰、印度共同参加的《区域全面经济伙伴关系协定》(RCEP)。澳美经贸关系密切,2004 年 5 月,澳美正式签署双边自由贸易协定(自贸协定)。该协定于 2005 年 1 月正式生效。

---

① 参见《2019 年 1~3 月澳洲货物贸易及中澳双边贸易概况》,载中国商务部网站:https://www.countryreport.mofcom.gov.cn/record/view110209.asp?news_id=64022,最后访问日期:2019 年 10 月 15 日。

美国是澳大利亚第三大贸易伙伴。澳大利亚与亚太经合组织拉美成员合作不断深化,澳大利亚与智利自贸协定于 2009 年 3 月正式生效,澳大利亚与秘鲁于 2018 年 2 月签署自贸协定。中国、日本、韩国是澳大利亚最重要的贸易伙伴,与三国的双向贸易合计约占澳大利亚对外贸易总额的一半以上。澳大利亚已与日本、韩国达成自由贸易协定。2015 年 6 月 17 日,中澳两国政府正式签署《中华人民共和国政府和澳大利亚政府自由贸易协定》(China Australia Free Trade Agreement,ChAFTA,以下简称《中澳自贸协定》)。2018 年 3 月 26 日,澳大利亚与中国香港特别行政区正式签订《自由贸易协定》及《投资协定》。

澳大利亚对外签署的多边协定也很多,包括《太平洋更紧密经济关系协议》,即澳大利亚和新西兰两个国家与太平洋岛国论坛成员之间签署的贸易和经济合作协议;《南太平洋地区贸易与经济合作协议》,即澳大利亚和新西兰两个国家与其他太平洋岛国论坛的成员之间的一种非互惠的贸易优惠协议,协议允许太平洋岛国的产品在符合相关原产地政策的条件下自由并免税进入澳大利亚和新西兰。2009 年,《太平洋更紧密经济关系补充协议》(Pacific Agreement on Closer Economic Relations Plus,PACER Plus)开始谈判,该协议是"太平洋岛屿论坛"(Pacific Island Forum,PIF)成员澳大利亚、新西兰与另外 12 个南太平洋岛国达成的《太平洋更紧密经济关系协定》(PACER)的升级版,上述 14 个国家参加谈判。2017 年 4 月 20 日,澳大利亚、新西兰、汤加、密克罗尼西亚、基里巴斯、瑙鲁、纽埃、帕劳、马绍尔群岛、萨摩亚、所罗门群岛、库克群岛、图瓦卢、瓦努阿图 14 国宣布完成谈判,巴布亚新几内亚、斐济宣布退出谈判。该协议涵盖货物贸易、服务贸易、投资、发展援助及劳工流动等。澳大利亚等参与方称,该协议不同于普通的自贸协定谈判,不仅是一项贸易协议,也是支持太平洋岛国经济发展的贸易和发展协定,是解决区域经济发展问题的解决方案,主要目的是通过岛国经济一体化促进发展,包括创造就业机会、提振私营部门增长、提高生活水平和促进经济增长等。新协议的重要内容包括改善区域内的航空服务和航运联系,以及部分小岛国的货运服务设施。斐济与巴布亚新几内亚认为协议过于倾向澳新利益,最终退出了谈判。该协议预计于 2019 年生效。澳大利亚正在谈判的自由贸易协定还有:澳大利亚与海湾合作委员会自由贸易协定(2007 年 7 月开始,到 2009 年 6 月共举行了 4 轮谈判,之后尚未继续);澳大利亚与印度的双边全面经济合作协定(2011 年 5 月开始谈判,至 2015 年 9 月共举行了 9 轮谈判);澳大利亚与印度尼西亚的全面经济伙伴协定(2010年启动后搁置,2016年3月复谈);澳大利亚与智利、哥伦比亚、墨西哥和秘鲁4国于2017年6月启动太平洋联盟自由贸易协定谈判。澳大利亚已建立起关税最低的开放型经济,将通过自由贸易协定、贸易和经济协议等安排,通过亚太经济合作组织、太平洋岛国论坛等地区组织,进一步加强与其他国家及地区的经济关系。①

二、中澳双边贸易发展

(一)历史渊源

中澳贸易最早可追溯至19世纪末期。1972年两国建交以来,两国经济交流与合作不断加强。1988年7月11日两国签订《中澳双边投资协定》。2003年,两国签署《中国和澳大利亚贸易与经济框架》,决定开展自贸区可行性联合研究,推动双边矿业、农业、服务业、投资等领域合作。2005年两国启动中澳自贸协定谈判。2014年11月17日,两国政府共同确认实质性结束谈判。2015年6月17日,两国正式签署《中澳自贸协定》,2015年12月20日协定正式生效。2017年3月,中澳两国政府签署《关于审议中国—澳大利亚自由贸易协定有关内容的意向声明》,正式宣布两国于2017年启动中澳自贸协定服务章节、投资章节以及《关于投资便利化安排的谅解备忘录》的审议。2017年10月,双方开展了中澳自贸协定服务、投资章节等第一轮审议工作。

《中澳自贸协定》是中国首次与经济总量较大的主要发达经济体谈判达成自贸协定,也是中国与其他国家迄今已商签的贸易投资自由化整体水平最高的自贸协定之一。服务贸易领域,澳大利亚是首个对中国以负面清单方式作出服务贸易承诺的国家。《投资便利化安排》是发达国家首次对中国投资项下工程和技术人员作出的特殊便利化安排。

(二)中澳贸易概况

自2009年以来,中国一直是澳大利亚最大的贸易伙伴。根据澳大利亚统计局(Australian Bureau of Statistics,ABS)发布的数据,2018年中澳双边贸易额为1431.3亿澳元,增长14.1%。其中,澳大利亚对中国出口876.1亿澳元,增长14.7%,占澳大利亚出口总额的34.1%,提高1.0个百分点;澳大利亚自中国进

① See https://www.dfat.gov.au/trade/agreements/Pages/trade-agreements.aspx.

口555.2亿澳元,增长13.1%,占澳大利亚进口总额的24.4%,提高2.2个百分点。澳大利亚与中国的贸易顺差320.9亿澳元,增长17.5%。中国连续10年继续保持为澳大利亚第一大贸易伙伴、第一大出口目的地和第一大进口来源地,日本和美国排名第二位和第三位。

1. 在商品贸易方面。以金属矿砂为主的矿产品一直是澳大利亚对中国出口的主力产品,2018年出口额为550.8亿澳元,增长3.1%,占澳大利亚对中国出口总额的62.9%。贵金属及制品是澳大利亚对中国出口的第二大类商品,出口额为43.2亿澳元,增长397.9%,占澳大利亚对中国出口总额的4.9%。动物产品是澳大利亚对中国出口的第三大类商品,出口额为28.5亿澳元,增长50.8%,占澳大利亚对中国出口总额的3.3%。由于矿产品在对中国出口中的份额在60%以上,矿产品对中国出口的表现基本决定了澳大利亚对中国出口的整体表现,因此,尽管多数产品对中国出口保持较快增速,但矿产品对中国出口低迷仍拉低了澳大利亚对中国总体出口增幅。

澳大利亚自中国进口的主要商品为机电产品、纺织品和家具玩具杂项制品,2018年合计进口341.7亿澳元,占澳大利亚自中国进口总额的61.5%。除上述产品外,贱金属及制品、塑料、橡胶和化工产品等也为澳大利亚自中国进口的主要大类商品(HS类),在其进口中所占比重均超过或接近5%。总体来看,澳大利亚自中国进口也实现增长,但进口增幅不及其对中国出口增幅,这也导致澳大利亚对中国贸易顺差再度扩大,中国为澳大利亚贸易顺差最大来源,对中国贸易顺差值超过去其总体顺差。①

目前,中国已成为澳大利亚众多初级产品的主要出口市场,中国从澳大利亚进口商品主要类别包括矿产品、贵金属及制品、动物产品、纺织品及原料等(详见表4-1)。据统计,中国已经成为澳大利亚第一大铁矿砂、镍和铜出口市场。中国进口澳大利亚羊毛占澳大利亚羊毛出口总量的70%以上,铁矿石占澳大利亚铁矿石出口总量的75%以上,棉花占65%以上,铜占60%以上,黄金占接近60%。中国对澳大利亚出口商品主要类别包括服装、计算机、通信设备部件、集成电路、婴儿车、玩具、家具、化工产品、电视机、机械运输设备、鞋等。《中澳自贸

---

① 参见《2018年澳洲货物贸易及中澳双边贸易概况》,载中国商务部网站:https://www.countryreport.mofcom.gov.cn/record/view110209.asp?news_id=62693,最后访问日期:2019年10月15日。

协定》实施效果日益显现,葡萄酒等产品进口快速增长。①

表 4-1 2018 年澳大利亚对中国出口主要商品构成(类)②

海关分类	HS 编码	商品类别	2018 年/百万澳元	上年同期/百万澳元	同比/%	占比/%
类	章	总值	87,611	76,386	14.7	100.0
第 5 类	25-27	矿产品	55,075	53,404	3.1	62.9
第 14 类	71	贵金属及制品	4320	868	397.9	4.9
第 1 类	01-05	活动物、动物产品	2845	1887	50.8	3.3
第 11 类	50-63	纺织品及原料	2403	2370	1.4	2.7
第 4 类	16-24	食品、饮料、烟草	2014	2014	0	2.3
第 2 类	06-14	植物产品	1879	2050	-8.3	2.2
第 15 类	72-83	贱金属及制品	1805	1849	-2.4	2.1
第 6 类	28-38	化工产品	1411	957	47.5	1.6
第 9 类	44-46	木及制品	1137	1051	8.2	1.3
第 16 类	84-85	机电产品	500	679	-26.3	0.6
第 8 类	41-43	皮革制品、箱包	491	574	-14.4	0.6
第 18 类	90-92	光学、钟表、医疗设备	231	269	-14.0	0.3
第 10 类	47-49	纤维素浆、纸张	227	194	16.9	0.3
第 7 类	39-40	塑料、橡胶	77	75	2.4	0.1
第 17 类	86-89	运输设备	49	54	-9.1	0.1
—	—	其他	13,147	8093	62.4	15.0

2. 在服务贸易方面。中澳合作不断取得突破。2012 年 3 月两国签署了 310 亿澳元的货币互换协议,期限 3 年。2013 年 4 月,澳大利亚与中国达成货币直接兑换协议,澳元成为继美元、日元后第三个与人民币直接兑换的发达国家主权货币。澳大利亚四大银行中有西太银行(Westpac)和澳新银行(ANZ)两家获准开展上述业务。2014 年 11 月,中澳两国央行签署了在悉尼建立人民币清算安排的

① 参见《对外投资合作国别(地区)指南——澳洲(2018 年版)》。

② 参见《国别贸易报告》,载国别报告网:countryreport. mofcom. gov. cn/record/view110209. asp? news_id=62709,最后访问日期:2019 年 10 月 15 日。

合作备忘录。2015 年 2 月,中国银行举行了悉尼人民币业务清算行启动仪式。2015 年 4 月,澳大利亚储备银行宣布与中国人民银行再次续签期限为 3 年的新的双边本币互换协议,货币换金额 400 亿澳元(人民币 2000 亿元)。中国是澳大利亚第一大旅游收入和留学生来源国。2017 年,中国游客在澳大利亚消费 104 亿澳元,同比增长 14%。澳大利亚统计局数据显示,2017 年澳大利亚教育出口总值达 309 亿澳元,同比增长 19.7%。其中,中国占比 32%,是澳大利亚第一大教育出口市场,留学生数量增长 17.6%。印度占比 11%,是第二大市场,留学生数量增长 12.9%。

3. 在投资方面。(1)中国对澳大利亚投资:澳大利亚外国投资审查委员会(Foreign Investment Review Board,FIRB)数据显示,2018 年中国在澳大利亚的直接投资比 2017 年下降了 37.6%,即从 100.08 亿美元下降至 62 亿美元,交易笔数也由 102 笔降至 74 笔。而 2017 年中国对澳大利亚的投资已经开始下降,比 2016 年下降 13.3%,即从 115.38 亿美元下降至 100.08 亿美元,过去这两年呈加速下降状态。在图 4-2 中,2008 年的投资额异常放大为 162 亿美元是因为当时有大额的矿业和天然气收购行为。另外,在对澳大利亚的农业投资方面,主要集中在乳制品、肉类、海产品和红酒等产业。2016 年,由于《中澳自贸协定》的出口利好释放,农业板块投资增势迅猛,占当年中国对澳大利亚直接投资流入总量的比重为 5.4%,占中国对澳大利亚直接投资存量总量的比重约为 2.1%。中资企业对澳大利亚的农业进行创纪录的 12 笔投资交易,农业投资金额达到 12 亿美元,为 2015 年的 3 倍。(2)澳大利亚对华投资:澳大利亚是中国吸收外资的重要来源地之一。据中国商务部统计,截至 2017 年,澳大利亚累计对华直接投资 86 亿美元。澳大利亚公司在中国的投资涉及建筑、物流配送、高附加值制造、环境管理、食品加工、信息技术、电信、广告和设计等领域。除此之外,澳大利亚公司的投资进入一些重要的服务领域,包括法律、银行、保险、教育、旅游等。据澳方统计,截至 2017 年年末,澳大利亚对华投资存量 771 亿美元,中国是澳大利亚第五大投资目的地、第六大直接投资目的地。

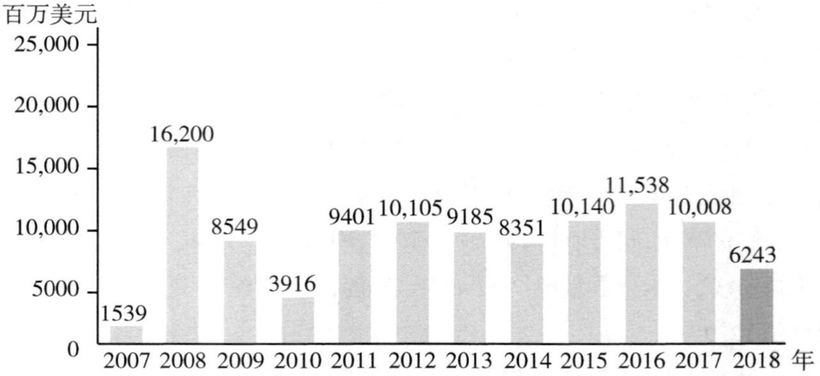

注:随着新信息的出现和要求,上一年度的年度数字会更新为最新信息。

图 4－2　2007～2018 年中国对澳大利亚直接投资的金额变化①

中国在澳大利亚的传统投资领域是矿产资源、房地产、运输、贸易、农业、制造业、信息通信和服务业等,但从图 4－3 及表 4－2 可以看出,2018 年发生了重大变化,在传统投资领域没有较大金额的投资,投资方向转为以中国消费市场需求为导向的私人投资为主,健康护理和商业地产占据近 80% 的份额,剩下 10% 多为油气采矿和可再生能源。而农业和食品类的投资仅占 1%,共 3 笔,合计 1 亿澳元左右。国有企业投资额占中国对澳大利亚直接投资总额的比例由 2017 年的 40% 下降至 2018 年的 13%,交易量占比由 2017 年的 17% 降至 2018 年的 8%,可见中国 2017～2018 年两年对国有企业海外投资的控制效果显著。

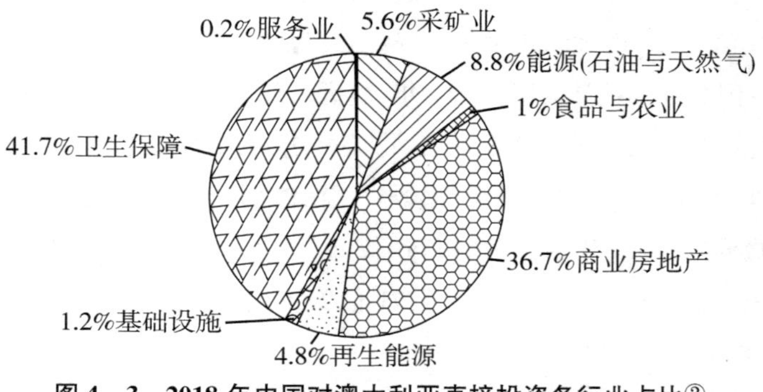

图 4－3　2018 年中国对澳大利亚直接投资各行业占比②

---

① See "Demystifying Chinese Investment in Australia", https://www.assets.kpmg/content/dam/kpmg/au/pdf/2019/demystifying-chinese-investment-in-australia-april-2019.pdf, Oct. 15, 2019.

② Ibid.

表4-2 2018年中国对澳大利亚直接投资国有企业和私人投资占比①

所有权	投资价值/百万澳元	占比/%	交易量	占比/%
国有企业	1071	13	6	8
私人投资	7173	87	68	92
总计	8244	100	74	100

4. 在劳务输出方面。据中国商务部统计,2017年中国企业在澳大利亚新签承包工程合同120份,新签合同额49.74亿美元,完成营业额33.75亿美元;累计派出各类劳务人员280人,年末在澳大利亚劳务人员1424人。新签大型工程承包项目包括中国交通建设股份有限公司承建澳大利亚墨尔本地铁;江苏沙钢集团有限公司承建澳大利亚威拉拉矿山建设项目;华为技术有限公司承建澳大利亚South Down铁矿项目等。

5. 在基础设施合作方面。2012年4月,双方签署《中国商务部与澳洲基础设施和交通部关于加强基础设施建设领域合作的谅解备忘录》,两国将在项目立项、互换投资信息、互换技术专业知识、加强教育培训、建立联合会晤机制等方面开展更加密切的合作。双方将按照"互利互惠、政府引导、商业运作"的原则,鼓励和支持两国企业在基础设施领域开展投资合作,包括规划设计、管理咨询、工程建设、运营和设备供应等,并重点加强联合基础设施建设合作。为了保证协议务实实施,两国政府成立包括各自政府部门和机构、行业组织以及重要的金融、商务合作伙伴等在内的工作组,协助开展后续落实工作。2018年10月8日,澳大利亚维多利亚州州长安德鲁斯与中国发展和改革委员会主任何立峰签署了《"一带一路"合作谅解备忘录》,这也是澳大利亚各州区政府同中方签署的首个"一带一路"合作协议,但该合作协议不具备法律效力,更多的是对外表明一种想法和态度。笔者在澳大利亚维多利亚州政府网站上找到该备忘录的英文签字扫描版,并仔细阅读,全文共4页,共5条16款,基本都是框架和意向性的表述,其中第5条第5款明确规定该备忘录不产生有约束力的法律效力,具体可见图4-4。2019年10月23日,中国国家发展和改革委员会副主任宁吉喆与维多利亚州州长安德鲁斯签署了《关于共同推进"一带一路"建设框架协议》,继续推进"一带

① See "Demystifying Chinese Investment in Australia", https://www.assets.kpmg/content/dam/kpmg/au/pdf/2019/demystifying-chinese-investment-in-australia-april-2019.pdf, Oct. 15, 2019.

一路”倡议在澳大利亚州一级的落地工作。

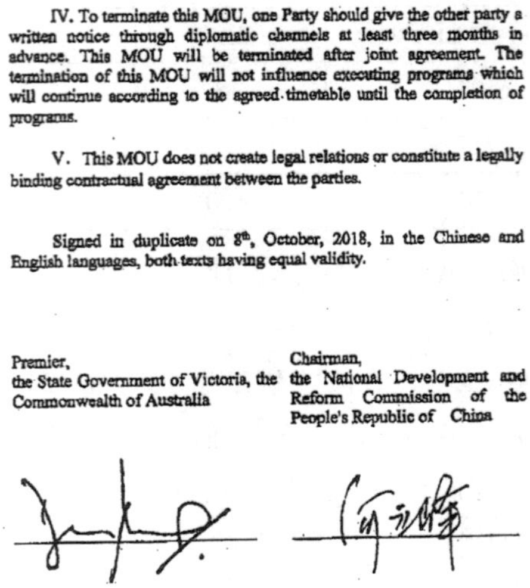

IV. To terminate this MOU, one Party should give the other party a written notice through diplomatic channels at least three months in advance. This MOU will be terminated after joint agreement. The termination of this MOU will not influence executing programs which will continue according to the agreed timetable until the completion of programs.

V. This MOU does not create legal relations or constitute a legally binding contractual agreement between the parties.

Signed in duplicate on 8th, October, 2018, in the Chinese and English languages, both texts having equal validity.

Premier,
the State Government of Victoria, the Commonwealth of Australia

Chairman,
the National Development and Reform Commission of the People's Republic of China

图 4－4 中国国家发展和改革委员会和澳大利亚维多利亚州签署的《“一带一路”合作谅解备忘录》①

（三）中澳贸易关系展望

自 2017 年开始，澳大利亚对华政策趋冷，尤其在政治和国家安全方面，经常发出不和谐的声音，导致中国政府相应降低对澳大利亚的预期，随着 2018 年 3 月中美贸易摩擦发生以来，由于澳大利亚紧随美国对中国的直接投资以及中国在南太平洋的经贸发展采取限制及对抗措施，导致中澳两国的自贸协定自签署生效以来并没有如预期那样全面深入展开，尤其是在中国对澳大利亚的直接投资方面，下降幅度很大，除中国最近两年收紧银根、严格控制境外投资以及外汇出境的原因外，FIRB 也提高了中国对澳大利亚投资的审查门槛，打击了中国投资人的信心。2018 年以来，中澳之间发生了诸多影响两国关系的事件，为中澳贸易发展增添了较多的不利因素。当然，两国经济的互补性和地理位置关系，贸易增长的态势不会改变，但肯定不会如预期那么乐观。以下是中澳之间过去一段时间发生的具有较大影响力的事件，我们可通过这些事件观察澳大利亚政府的决策倾向。

① See https://www.vic.gov.au/sites/default/files/2019－02/Belt and Road Initiative MOU.pdf, Oct. 15, 2019.

2017年12月,澳大利亚制定《反外国干预法》,并于2018年6月28日得到国会通过生效,禁止外国政治献金,并要求代表他国试图影响澳大利亚政治的人声明他们效力于何人;2018年9月,澳大利亚政府推出"电信部门安全改革",拒绝中国华为参与澳大利亚的5G建设;澳大利亚新任财政部部长否决了有中国背景的以130亿澳元收购拥有澳大利亚一半以上天然气网络的APA集团,理由是有违澳大利亚的国家利益;自2018年7月起,澳大利亚在南太平洋频密展开外交和贸易布局,与所罗门群岛和巴布亚新几内亚启动了三国间海底互联网电缆项目;2018年11月,澳大利亚公布将在帕劳、马绍尔群岛、法属波利尼西亚、纽埃和库克群岛开设外交驻地并开展军事防御合作,和美国一起与巴布亚新几内亚合作,重建马努斯岛上的隆布鲁姆海军基地;2018年11月,澳大利亚在APEC会议上宣布将与美国、日本、新西兰联手资助巴布亚新几内亚一个大型电气化项目,平衡中国"一带一路"倡议在南太平洋国家的发展势头;2018年10月,澳大利亚的维多利亚州宣布与中国签订《"一带一路"合作谅解备忘录》,这遭到澳大利亚现任总理莫里森的公开抨击,由于外资审批的权力在FIRB,致使这一备忘录在实施时会受到联邦审批的掣肘;2018年11月19日,中国商务部开始对原产于澳大利亚的数十亿澳元的进口大麦展开反倾销调查。2019年4月,中国主要进口澳大利亚煤炭的港口限制和延迟货物通关进口手续,导致大多数中国进口商放弃从澳大利亚进口煤炭,对澳大利亚出口的两大项铁矿石和煤炭的影响很大。此外,还有两国之间关于南海自由航行权及服务开放等问题。

2019年5月18日,澳大利亚大选结果公布,自由党和国家党的联盟赢了此前呼声极高的工党,再次上演3年前翻盘的意外,连任总理的莫里森在选举期间公布其执政理念,认为美国是澳大利亚的盟友,而中国只是澳大利亚的"客户",概述了澳大利亚在中国和美国之间的战略定位。未来,当澳大利亚政府在中国问题面临政治文化与经济发展两难选择时,执政党会因为多数民众的主流价值观而选择政治走向进而会舍弃经济考量,其决策本质是源于澳大利亚政体的民主代议制,这将会给中澳两国的农业投资和农产品贸易带来很大的不确定性。

三、《中澳自贸协定》中农业有关部分/内容的解读

(一)《中澳自贸协定》概述

《中澳自贸协定》进行了21轮谈判,用时超过10年,于2015年6月正式签

署,2015 年 12 月经双方国家批准生效。该协定是中国首次与经济总量较大的主要发达经济体达成的自贸协定,也是中国与其他国家迄今已签署的贸易投资自由化整体水平最高的自贸协定之一。

1. 在贸易方面。《中澳自贸协定》在货物领域达到了很高的自由化水平。中国 96.8% 的税目将实现自由化,且均采用线性降税这一简单直接的降税方式,其中 5 年内完成降税的税目比例为 95%,剩余产品降税过渡期最长不超过 15 年。澳大利亚所有产品均对中国完全降税,自由化水平达到 100%,其中 91.6% 的税目关税在协定生效时即降为零,6.9% 的税目在协定生效第 3 年降为零,最后 1.5% 的税目关税在协定生效第 5 年降为零。和澳韩、澳日自贸协定相比,澳大利亚对中国产品的自由化安排优于对日本、韩国产品的自由化安排,主要体现在澳大利亚对中国产品的降税期最长为 5 年,而对日本和韩国产品的降税期最长均为 8 年;在澳大利亚通过降税期降税的产品中,澳大利亚对中国的降税期为 3 年的税目所占比重高于同类产品在澳日和澳韩自贸协定中所占的比重。中国对澳大利亚产品的最长降税期要短于日本和韩国对澳大利亚产品的最长降税期,中国降税期最长为 15 年,而日本降税期最长为 16 年,韩国降税期最长为 20 年。此外,中国所有通过降税期降税的产品均采取线性降税这一简单直接的降税方式,而日本除线性降税外,还包括推后降税的方式,韩国则包括部分降税和季节性降税等较为复杂的降税方式。①

2. 在服务方面。中澳双方在该领域达成了高水平谈判成果。澳大利亚对中国服务开放水平高于澳日、澳韩自贸协定。主要突破有以下三个方面:一是首个贸易伙伴以“负面清单”对中国服务贸易作出开放承诺的协定。澳大利亚同意对中国以负面清单方式开放服务部门,成为世界上首个对中国以负面清单方式作出服务贸易承诺的国家。中国在入世承诺基础上,以正面清单方式,向澳大利亚承诺开放部分服务部门。二是双方人员往来实现重大突破。澳大利亚同意设立投资便利化机制,专门为中国投资项下工程和技术人员赴澳大利亚签证申请和工作许可办理开通“绿色通道”,以促进中国企业在澳从事投资活动。该机制系发达国家首次在该领域对中国作出特殊便利化安排。澳大利亚将通过“假日工作签证安排”,为中国青年赴澳提供每年 5000 人的假日工作签证,以推动两国青

① See https://www.fta.mofcom.gov.cn/Australia/australia_special.shtml.

年交往。澳大利亚还向中国特色职业人员（中医师、中文教师、中国厨师和武术教练）提供每年1800人的入境配额。三是为“升级”双方服务贸易开放预作安排。双方同意在《中澳自贸协定》实施后，在双方未来商定的时间，以负面清单方式开展服务贸易谈判，推动实现更高的相互开放水平。此外，中澳两国还就金融、教育、法律和中医等重点服务领域的合作达成了一系列重要共识。

3. 在投资方面。中澳在平等互利的基础上，构建自贸协定项下全面的投资规则框架，鼓励和促进双边投资以加强两国在投资领域全方位的合作，为双方投资者创造更加自由、便利、透明、公平和安全的投资环境。自协议生效之日起，双方同意相互给予投资最惠国待遇，未来双方给予其他经贸伙伴的优惠待遇将同时给予对方。但中国未来给予中国香港特别行政区、中国澳门特别行政区和中国台湾地区投资者的优惠待遇将作为例外，澳大利亚不得要求享受该等优惠待遇。澳大利亚给予中国大体相当于其给予美国、韩国和日本等贸易伙伴的高水平投资待遇，并以负面清单的方式列明；同时，大幅降低中方赴澳投资审查门槛，投资免审标准从2.48亿澳元调升为10.78亿澳元，敏感行业和农业除外（后文会详细解读）。为保护双方投资者的合法权益，协定中纳入投资者—东道国争端解决机制。

（二）《中澳自贸协定》中有关农产品的规定

在中澳双边贸易中，农产品比重虽然不高，但从具体产品看，除粮食、棉花、植物油和糖等产品未列入自由化进程外，与我国国民日常消费相关的牛肉、乳制品、羊毛、葡萄酒、水产品等，澳大利亚都是我国的重要进口来源。根据中国加入WTO议定书，中国对水稻、小麦、棉花、玉米、糖类和植物油设定了进口限额，这一限额适用于所有WTO成员，包括澳大利亚。限额内进口关税分别为：羊毛、水稻、小麦、棉花和玉米仅1%；植物油和相关产品8%～10%；糖类15%。植物油进口不再通过限额进行管理，澳大利亚向中国出口上述产品须遵守现有的WTO安排。此外，其他农产品均适用《中澳自贸协定》，其中：（1）牛肉：澳大利亚是中国牛肉的最大的进口来源，在中国全部进口中占56.8%的份额。在《中澳自贸协定》中，中国对牛肉设置了较长的过渡期安排。降税过渡期为10年。在实现完全自由化后，牛肉的平均关税将由目前的15.5%降为零。同时，为了防止进口过快增长对国内产业造成冲击，对牛肉设定了一个特殊保障机制，中国保留了在进口超过预设年度“保护”触发额度时决定是否对本国牛肉（不含内脏）进行保护的权利。该触发额度下限为170,000吨(超过澳大利亚向中国出口牛肉历史最高值10%),超过这一额度后,关税将重新生效。(2)乳制品:澳大利亚在中国乳制品进口来源中排名第四位,占中国全部进口份额的4.4%。在《中澳自贸协定》中,中国为乳制品分别设置了5年、10年和12年的过渡期。在实现完全自由化后,乳制品的平均关税将由目前的12.3%降为零。其中,奶粉现行10%的关税将在协定生效后12年降为零。2013年中国从澳大利亚进口2.8万吨奶粉,考虑奶粉的重要作用,对其也设定了保障机制,即澳大利亚面临的仅仅是中国对保护措施的自由裁量权,保护触发仅适用于全脂奶粉,其限额远远高于目前两国的贸易水平,并将每年调高一次,澳大利亚在所有其他乳制品方面将获得没有限制的优惠准入。(3)羊毛:澳大利亚是中国最大的羊毛产品进口来源,占中国从世界进口份额的68.8%。在《中澳自贸协定》中,中国对澳大利亚的羊毛产品实施国别配额,配额内关税为零,澳大利亚将得到特有的3万吨净羊毛免税年出口配额(大约等于4.3万吨汗羊毛)。这个指标将每年增长5%,直到在2024年达到将近4.5万吨净羊毛(大约等同于6.43万吨汗羊毛)。(4)葡萄酒:澳大利亚在中国葡萄酒进口来源中排名第二位,占中国从世界进口份额的15.2%。据了解,目前我国的国产葡萄酒属于中低档产品,而澳大利亚的葡萄酒为中高档酒,两种层级的产品可以满足国内不同消费者的需求。在《中澳自贸协定》中,中国为葡萄酒设置了5年的过渡期,在实现完全自由化后,平均税率将由目前的34.7%降为零。(5)橙子及橙汁:澳大利亚在中国橙子和橙汁进口来源排名第五位,占中国从世界进口份额的7.1%。在《中澳自贸协定》中,中国为橙子设置了9年的过渡期,关税将由目前的11%降为零;中国为橙汁设置了8年的过渡期,平均税率将由目前的22.5%降为零。(6)虾蟹:据了解,2013年中国从澳大利亚进口了220吨龙虾。在《中澳自贸协定》中,除协定生效之日起税率直接降为零的产品外,中国为虾蟹类产品设置了5年的过渡期,在实现完全自由化后,税率将降为零。(7)鲍鱼:据了解,2013年中国从澳大利亚进口了413吨鲍鱼,在《中澳自贸协定》中,中国为鲍鱼类产品设置了5年的过渡期,在实现完全自由化后,税率为10%及14%的产品将降为零。(8)猫粮和狗粮:在《中澳自贸协定》中,中国为零售包装的猫粮和狗粮产品设置了5年的过渡期,在实现完全自由化后,税率将从15%降为零。

较新有关《中澳自贸协定》的进展是自2019年1月1日起,开始实施第五轮产品降税，澳大利亚对华出口的葡萄酒、三文鱼、龙虾、螃蟹、牡蛎、蜂蜜、樱桃等产品的关税降至零，澳大利亚出口中国的零关税产品增加至5418种。表4－3为中方关税减让时间。

表4－3 中方关税减让时间①

序号	实施期类别	涉及货物类别	备注
1	立即执行零关税	大麦（3%）、饮料、板材、农业机械	—
2	3～5年内逐步实现零关税	活体动物（10%）、蜂蜜（15%）、酒类（14%～20%）、果汁（5%～20%）、海产品，如岩石龙虾（15%）、鲍鱼（14%）	—
3	6～15年内逐步实现零关税	奶制品、牛羊肉（12%～25%）、皮革和毛皮（5%～14%）	—
4	10～12年内逐步实现零关税（适用农产品特殊保障机制）	牛肉、奶粉	依据数量触发水平实施农产品特殊保护措施
5	国别关税配额	只限澳大利亚独有的羊毛免税额度	—

（三）《中澳自贸协定》中有关农业投资的规定

相对中澳对农产品的贸易规定，中国对澳大利亚的农业投资所获得的待遇相对不算优惠，从某种意义上来说，极大地影响了中国投资者对澳大利亚的包括农用地、农业企业和涉农综合企业等方面的投资。跨境投资最关注的要素就是非歧视，对应的是“国民待遇”和“最惠国待遇”两项原则。中国在澳大利亚的农业投资是没有国民待遇的，需要根据投资情况报FIRB批准才算合法，如果投资主体是政府或国有企业，适用“0”起点标准，全部都要申请，其他性质的投资人收购涉及农业企业超过10%股权和一定金额也需要申请FIRB批准，而其他非农业行业的标准是20%。关于具体投资人的性质以及农业行业性质的认定，笔者会在后文中详细阐述。

① See https://www.chinawto.mofcom.gov.cn/article/e/s/201901/20190102828192.shtml.

在“最惠国待遇”方面,中国也没有享受到。如表4－4所示,中国对澳大利亚农业企业的投资审批门槛为5500万澳元,比智利、新西兰和美国10.94亿澳元的投资审批门槛要低得多,这意味着中国在农业领域的大部分主要投资,都将被要求获得澳大利亚外国投资审查委员会的批准。这种差别还体现在中国投资澳大利亚农业用地领域,相较智利、新西兰和美国的投资审批门槛为10.94亿澳元,新加坡和泰国的投资审批门槛为5000万澳元,中国投资的审批门槛为1500万澳元就过低了,并且1500万澳元的投资审批门槛是根据拥有农业土地的累积价值计算的,而针对智利、新西兰、美国、新加坡、泰国不是累积计算投资额,明显对中国投资澳大利亚农地的歧视程度较严重。

表4－4　澳大利亚对各国投资农地和农企的审批门槛①

类别	右侧列中所列投资者以外的其他投资者	智利、新西兰和美国投资者	日本和韩国投资者	新加坡和泰国投资者	中国投资者
对澳大利亚农业用地投资审批门槛	1500万澳元(累计)	10.94亿澳元(非累积)	1500万澳元(累计)	5000万澳元(非累计)	1500万澳元(累计)
对澳大利亚农业企业投资审批门槛	5500万澳元	10.94亿澳元	5500万澳元	5500万澳元	5500万澳元

四、澳大利亚对外国投资审查制度

(一)FIRB机构及审批原则

澳大利亚自20世纪70年代以来,对外国投资从开放逐渐转变到有所限制,1975年澳大利亚颁布了《1975年外国投资收购与接管法》(Foreign Acquisitions and Takeovers Act 1975,FATA)②,并在此基础上逐步建立了以FATA为核心的

---

① 参见《澳大利亚农业投资环境分析》,载农业农村部网站:https://www.zcggs.moa.gov.cn/zcygggw/201906/t20190613_6317123.htm,最后访问日期:2019年10月15日。

② Foreign Acquisitions and Takeovers Act 1975, https://www.legislation.gov.au/Details/C2018C00383, Oct.15, 2019.

对外资审查的法律体系,包括2015年修订后的FATA、《2015年外国投资与接管费用征收法》(Foreign Acquisitions and Takeovers Fees Imposition Act 2015)①以及《2015年水资源和农用地外国所有权登记法》(Register of Foreign Ownership of Water or Agricultural Land Act 2015)②,这是澳大利亚规制涉农领域投资的主要3部法律。

在上述法律框架下,澳大利亚于1976年成立了外国投资审查委员会,由6名兼职人员和1名专职执行人员组成,职责包括:(1)审查在澳大利亚的拟议外国投资,这些投资须遵守澳大利亚相关法律和政策,并就这些审查向财政部部长负责;(2)向财政部提供政策和法案的实施建议;(3)在澳大利亚国内外促进对澳大利亚外国投资法律和政策的认识和理解;(4)就法律和政策向外国人及其代表或代理人提供指导;(5)监控并确保外国投资遵守澳大利亚的法律和政策;(6)向财政部提供有关政策和相关事项的建议。③

澳大利亚对外国投资设定了不同层次的审查申报门槛,对其予以区别对待。第一个层次划分为是否涉及土地的投资:对于涉及土地的投资,又在第二个层次划分为住宅用地、农业用地、闲置商业用地、已开发商业用地和采矿与制造租约,并分别实施不同的审查申报门槛。目前,住宅用地的申报门槛为0澳元,并由澳大利亚税务局(Australian Taxation Office,ATO)全权负责住宅地产领域的外国投资管制;农业土地的审查门槛降到1500万澳元(有国别不同待遇),并且把农业土地登记制度扩展到住宅土地和水权登记。④

第一层次中的不涉及土地的投资,又分为第二层次的非敏感商业、敏感商业、媒体行业和农业4类,对外国投资实施不同的审查申报门槛。其中,敏感行业包括:媒体、电信、交通、国防相关产业、萃取铀或钚、核设施以及其他关键设施运营业务;农业领域再细分为第三层次的不同自贸协定国实施的不同门槛,从11.54亿澳元到0.58亿澳元不等;媒体行业的申报门槛为0澳元,只要持股超过5%就需要进行申报。另外,增强农业和矿业领域的外国投资审查是当前趋势。

① Foreign Acquisitions and Takeovers Fees Imposition Act 2015, https://www.legislation.gov.au/Details/C2017C00412, Oct. 15, 2019.

② Register of Foreign Ownership of Water or Agricultural Land Act 2015, https://www.legislation.gov.au/Details/C2019C00139, Oct. 15, 2019.

③ See https://www.firb.gov.au/about-firb.

④ See https://www.firb.gov.au/exemptions-thresholds/monetary-thresholds.

农业经营者的平均规模较其他商业较小,如果适用一般商业的申报门槛,将使大量农业领域的外国投资无法被外国投资审查机制所涵盖。①

负责对外国投资的国家安全审查由财政部负最终责任,有权禁止或批准相关投资;FIRB 协助审查外国投资的提议并向财政部提交相关建议。财政部在基于"国家利益"的理由批准或拒绝交易时有一定的自由裁量权,在认为外国投资者的投资有违"国家利益"时,有权禁止投资或命令分拆、解除相关投资安排。财政部部长须在 30 日内审查申请并作出决定。如果该并购十分复杂或需要投资方补充提供资料,财政部部长可以发布一项临时命令,将审查期限延长 90 日。经审查后,财政部部长可以作出批准并购、附条件批准或否决并购的决定,并在 10 日内通知投资方。

"国家利益"的标准虽在立法中未予以规定,但 FIRB 会定期发布"外国投资政策",②其将"国家利益"细化,2019 年的政策对"国家利益"的具体内容在针对所有外国投资人时包括:(1)国家安全,即投资在多大程度上影响了澳大利亚保护其战略和安全利益的能力;(2)竞争,即提议的投资在多大程度上可能导致投资者控制澳大利亚产品的生产、服务的提供和市场价格,以及对相关产业全球结构的影响,特别是集中度是否可能导致对竞争性市场结果产生扭曲;(3)其他政府政策,包括所申请的投资对澳大利亚税收的影响,或者对包括环境在内的其他政府目标的影响;(4)对经济和社会的影响,即投资可能对总体经济的影响,包括任何重组澳大利亚企业和澳大利亚人参与企业的计划(如对员工、债权人或其他利益相关者的影响);(5)投资者的性质,即投资者的商业运作在多大程度上是透明并受到充分透明管制和监督的(如投资者的公司治理实践),若投资人是基金管理者或者主权财富基金,则应明确基金投资政策的运作及其在澳大利亚企业行使投票权的情形。

"国家利益"在针对外国政府背景投资人时,一是着重考虑该投资是否具有商业性质还是单纯的政治战略性质:(1)相关外国政府投资者的公司治理安排;(2)如外国政府投资者并非外国政府独资,外国政府投资者中非政府利益的规模、性质和构成;(3)外国政府投资实体开展公平商业经营的程度。二是要评估

---

① See https://www.firb.gov.au/exemptions-thresholds/monetary-thresholds.

② See "Australia's Foreign Investment Policy - 1 January 2019", https://www.firb.gov.au/sites/firb.gov.au/files/2018/12/1-January-2019-Policy_.pdf, Oct. 15, 2019.

外国政府背景投资是否与澳大利亚国家利益冲突:(1)投资项目中外部合伙人或股东的存在;(2)无关联的所有权权益的份额;(3)投资项目的公司治理安排;(4)在非商业性交易中保护澳方权益的持续安排;(5)目标公司是否计划或继续在澳大利亚证券交易所(Australian Securities Exchange,ASX)或其他知名证券交易所上市。另外,还要考虑该投资的规模、重要性和潜在影响。①

在农业方面,澳大利亚政府于2012年1月18日发布《农业领域外国投资政策声明》(Policy Statement on Foreign Investment in Agriculture)详细介绍了审查农业领域收购议案时需要考虑的因素,具体包括以下方面:农业资源(包括水资源)的质量及可用性;土地获取及使用;农业生产与生产率;澳大利亚面向国内和贸易伙伴国保持可靠农产品供应的能力;生物多样性;社区的就业与繁荣。②

(二)澳大利亚FIRB审批外国投资情况

澳大利亚在20世纪70年代以前一直对外国投资比较欢迎,因为可以解决澳大利亚国内资本不足的问题。但随着外国资本流入的增加,国家安全和对某些行业的控制问题,成为澳大利亚政府和公众关注的焦点,随后出台了相关的法律。由于澳大利亚和美国的盟友关系,导致来自美国的外来投资存量成为澳大利亚的外资存量第一名,其一国的存量就超过其后日本、东盟、新加坡、中国及韩国的总和。但从年度外国投资增量来看,中国曾经自2013年起,连续3年稳居澳大利亚外国投资批准金额第一名,2017年后开始骤然下降,本书前文有详述。

但从年度投资增量来看,由于自2015年起,澳大利亚从国家立法到银行管制政策,都对外国投资进行了限制,导致外国投资人向FIRB申请的数量急剧下滑(详见表4-5)。

---

① See https://www.allens.com.au/pubs/pdf/Doing-business-and-investing-in-Australia-chinese.pdf.

② See https://www.aph.gov.au/About_Parliament/Parliamentary_Departments/Parliamentary_Library/pubs/rp/rp1314/ForeignInvest.

表 4-5 澳大利亚 FIRB 在 2014~2018 年审批外资情况①

单位:件

项目	2014~2015 年	2015~2016 年	2016~2017 年	2017~2018 年
无条件批准	21, 355	26, 954	8607	6301
有条件批准	16, 598	14, 491	5750	4844
批准总数	37, 953	41, 445	14, 357	11, 145
驳回	—	5	3	2
豁免被拒绝	—	—	—	3
审核总数	37, 953	41, 450	14, 360	11, 150
撤回	799	1319	770	644
批准豁免	180	244	60	61
审批总数	38, 932	43, 013	15, 190	11, 855

在表 4-5 中,以 2017~2018 年的内容为例,共接收外国投资申请 11, 150 件,批准总数 11, 145 件(其中,无条件批准 6301 件和有条件批准 4844 件),否决了 5 件(其中 2 件是被驳回,即投资被禁止;3 件属于豁免被拒绝,不影响投资人提起申请,另走正常审批程序);另外,有 644 件申请被投资人自己撤回,61 件豁免申请被批准而不用走审批程序,以上合计 11, 855 件。从过去几年的统计数据看,外国投资申请数量从 2015~2016 年的 4.3 万多件下降 65% 到 2016~2017 年的 1.5 万余件,再持续下降 22% 到 2017~2018 年的近 1.2 万件。笔者认为,这种大幅下滑趋势是因为澳大利亚自 2015 年对海外投资者在澳大利亚银行贷款进行了限制,同时澳大利亚财政部部长否决了几件有影响力的投资项目也起了很大的作用。

从图 4-5 中可以看出,2017~2018 年度的核准金额为 1631 亿澳元,比 2016~2017 年度的 1977 亿澳元下降了 17.5%,主要是在商业地产和住宅地产领域下降,而服务业在 2017~2018 年度的外资核准金额却增长了 12% 至 632 亿澳元,同时,农业的外资核准金额也增长了 13% 至 79 亿澳元。说明澳大利亚针对房地产的外国投资调控政策卓见成效。其中,农业投资的外资申请核准数量 201

① 参见《FIRB 年度报告 2018》, https://www.cdn.tspace.gov.au/uploads/sites/79/2019/02/FIRB-2017-18-Annual-Report-final.pdf,最后访问日期:2019 年 10 月 15 日。

个,投资来源国排序为加拿大第一(26 亿澳元)、中国第二(16 亿澳元)、美国第三(8 亿澳元)。特别是涉及农业土地,对多数国家的投资审批门槛从 2015 年 3 月 1 日起降到累计 1500 万澳元,使农业外资审批量大量增加。

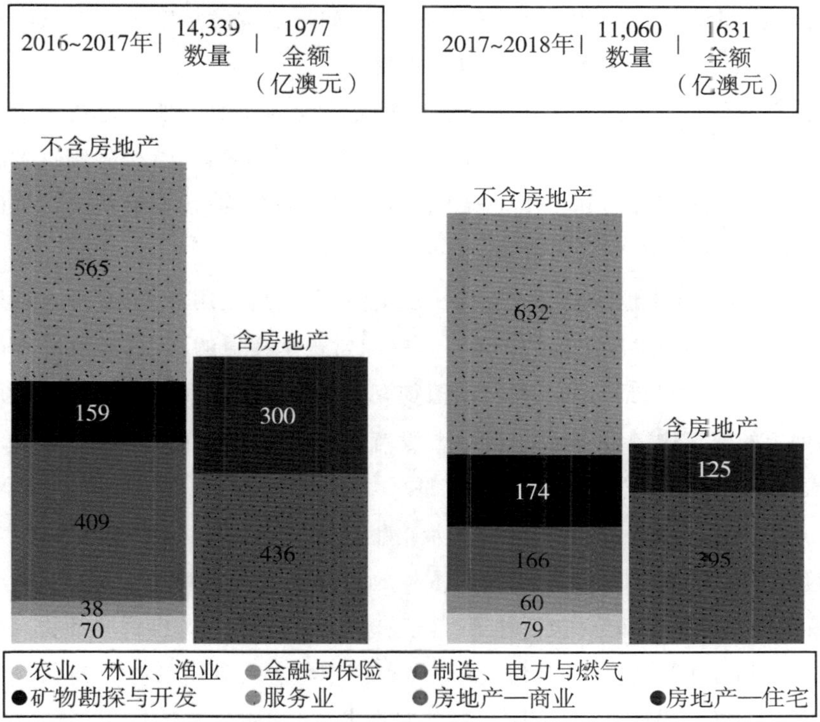

图 4-5 澳大利亚 FIRB 在 2016~2018 年两年间审批通过外国投资的数量和金额行业分布情况①

(三)涉及农业投资的 FIRB 申请

来自外国的农业投资需要满足以下两个条件,才需要提交申请:(1)符合外国人的主体资格要求:外国政府或国有企业或外国主权基金;非澳大利亚常住居民的自然人(笔者认为是一年内少于 183 天);外国人或外国公司持股为 20% 以上(包括两个以上外国人或公司持股合计 40% 以上)的澳大利亚公司或信托管理人;在澳大利亚设立的有限合伙但普通合伙人是外国人、外国人(包括外国政

① See "FIRB Annual Report 2018", https://www.cdn.tspace.gov.au/uploads/sites/79/2019/02/FIRB-2017-18-Annual-Report-final.pdf, Oct. 15, 2019.

府)单一持有澳大利亚有限合伙20%的以上权益或者两个以上外国人合计持有超过有限合伙40%的权益。(2)投资收购金额阈值和股权占比:涉及农业用地,中国投资者累计买地金额达到1500万澳元以上;涉及农业综合企业,中国投资者金额达到5500万澳元以及股权超过10%;如果投资者是中国政府或国有企业,投资金额为零,全部需要申请FIRB审批。①

1.在投资农业土地方面。外国资本购买澳大利亚的土地是比较敏感的领域,尤其农业用地面积动辄以平方公里计算,而且价格不高,符合外国资本战略投资储备的需求,所以FIRB在农地上的规定和要求较多,需要投资人认真研究体会。

首先,在农业土地的定义上,FIRB规定:农业土地是用于、可合理地利用于或部分地用于初级生产业务的土地。包括时常被水覆盖的土地(如农场里的水坝或溪流)。但不包括与水下养殖动植物有关的土地(如牡蛎养殖场)。农用地包括地上的建筑物,但与初级生产经营没有直接联系的建筑物不属于农业用地(如农场位于城市中心的行政办公楼)。②

其次,"初级生产业务"的定义为栽培植物、饲养并销售动物或其身体产品、捕捞鱼类和其他海洋动物、种植砍伐林木。(1)在任何物理环境中培育或繁殖植物、真菌或其产品或部分(包括种子、孢子、球茎和类似物);(2)饲养动物以便出售或出售其身体产品(包括自然生长);(3)用原料生产乳制品;(4)直接采集或捕捉鱼类、海龟、儒艮、贝类、甲壳类(如蟹和龙虾)或水生软体动物;(5)采珠或养殖珍珠或珍珠壳;(6)在拟砍伐的种植园或森林中种植或照料树木;(7)在种植园或森林中砍伐树木;(8)将砍伐的树木运至加工的地方或储转运。③

再次,"可合理地利用于初级生产业务"要准确理解,因为现实中的农地状况多种多样,如何判断所购买的土地属于可用于农业生产导致必须申请审批?FIRB对此做了部分解释:一是要关注该块土地的位置是否远离物流交通和基本农田设施,无法支撑农业生产;二是关注土地大小是否超过一公顷,小于一公顷

① See "Australia's Foreign Investment Policy - 1 January 2019", https://www.firb.gov.au/sites/firb.gov.au/files/2018/12/1 - January - 2019 - Policy_.pdf, Oct. 10, 2015.

② See https://www.firb.gov.au/resources/guidance/gn17/.

③ See Income Tax Assessment Act 1997, https://www.legislation.gov.au/Details/C2019C00167/Html/Volume_10, Oct. 15, 2019.

不会被判断成可用于农业生产；三是要关注相关土地的当地市政规划，例如，农村中的居住区被政府规划不允许用于农业生产用途、太阳能和风力发电、矿业勘探和尾矿堆积、水下养殖、户外娱乐和旅游及教育，那就可以判断投资购买的不属于农业土地；四是要关注相关土地的历史情况，例如，经历过环境污染和严重自然灾害或长期极端气候条件或丧失了相关的农田基础设施，可以判断再无法进行农业生产；五是购买的土地上面已存在的租约或许可证规定不允许进行农业生产。①

最后，买卖农用地程序的公开透明度是 FIRB 关注的重点，具体体现在销售过程的时间表和规模、感兴趣各方的数目、澳大利亚买家的参与进程以及澳大利亚买家是否有机会投标该土地或拥有土地的公司。针对这一点，建议中国投资者配合卖家为出售土地进行公开营销广告，使用澳大利亚投标者可以合理进入的渠道（例如，在广泛使用的房地产上市网站或大型区域、全国性报纸上登广告），并保证在买卖达成协议日期之前的 6 个月内，在市场上、广告上宣传最少 30 天，同时确保澳大利亚买家在仍可出售的情况下，对该土地有平等的投标或出价机会。当然，如果该农地原来就是外国人持有再出让的或者原来外国人持股超过 50% 再由中国投资人增持的就不需要作这样的安排了。另外，中国投资人连同或以澳大利亚本土投资人为主一起投资购买农用地，或者以澳大利亚 ASX 上市公司为主体购买，以保证澳大利亚本地投资人能通过在市场上买入股票而进入该交易，这些方式都能削弱 FIRB 的对外资控制农地的焦虑，具体操作方案要参照相关规定委托专业机构进行投资组合的设计安排，避免被 FIRB 否决，造成前期投入的损失和整个“进军”澳大利亚计划的搁浅。②

FIRB 还规定了一些购买农业土地的审批豁免条件，但笔者认为，对于来自中国的投资者没有太大的参考价值，如有申请豁免的想法，可以委托澳大利亚本土的专业机构根据实际情况按照有关规定进行材料组织后提交申请，当然需要支出一笔委托费用，性价比不如规规矩矩向 FIRB 申请审批来得划算，除非投资人事先预料到其买地申请遭到否决的可能性较大，那就需要考虑尝试申请豁免的路径。另外，对于《中澳自贸协定》项下的中国投资者购买澳大利亚农地的触

---

① See “Foreign Acquisitions and Takeovers Regulation 2015”, https://www.legislation.gov.au/Details/F2015L01854, Oct. 15, 2019.

② See https://firb.gov.au/resources/guidance/gn17/.

发 FIRB 审查金额 1500 万澳元,是累积计算的,并且澳大利亚对于外资的实际控制人是按照“穿透公司面纱”的原则来确定是否为同一投资人,进行投资额的累计,投资额以合同成交金额为准(澳大利亚卖方配合买方降低合同成交价的可能性不大,这涉及卖方构成偷逃资本利得税的罪名)。

截至 2018 年 6 月 30 日,澳大利亚外资拥有的农业用地从 2017 年 6 月 30 日的 5050 万公顷增加到 5260 万公顷。根据与 ABS 数据的比较,截至 2018 年 6 月 30 日,外国投资者持有农业用地权益的比例估计为 13.4%,2015~2018 年,外资对农业用地的持有比例保持相对稳定。表 4-6 为 2015~2018 年 3 年外资占农业用地情况。

表 4-6 2015~2018 年农业用地的外资水平(3 年比较)①

年度	外国持有权益的农用土地总量/千公顷	澳大利亚农用地总量/千公顷	农业用地外资权益占比/%
2015~2016 年	52, 147	384, 558	13.6
2016~2017 年	50, 515	371, 078	13.6
2017~2018 年	52, 602	393, 797	13.4

如表 4-7 所示,超过 85% 的外资持有的农业用地用于畜牧业。使用外资持有的农业土地种植农作物和园艺的情况有所增加。虽然 2017~2018 年的数据和 2016~2016 年的数据相比,外资持有的用于畜物业的农用地面积有所增加,但这个数字只是回到了 2015~2016 年的水平。

表 4-7 外资持有的农业用地按土地用途划分的面积②

土地用途	2015~2016 年	2016~2017 年	同比变率/%	2017~2018 年	同比变率/%
农作物/千公顷	1479	1639	10.8	1675	2.2
畜牧业/千公顷	45, 785	42, 954	-6.2	45, 192	5.2

① See “Register of Foreign Ownership of Agricultural Land”, cdn. tspace. gov. au/uploads/sites/79/2018/12/Register_of_Foreign_Ownership_of_Agr. pdf, Oct. 15, 2019.

② Ibid.

续表

土地用途	2015～2016年	2016～2017年	同比变率/%	2017～2018年	同比变率/%
园艺/千公顷	190	296	55.8	306	3.4
其他农业/千公顷	77	118	53.3	105	-11.0
林业/千公顷	1409	1422	0.9	1383	-2.7
非农业/千公顷	827	882	6.7	746	-15.4
未报告的/千公顷	2381	3204	34.6	3189	-0.5

从表4-8中可以看出，英国仍然是最大的外资农业用地持有国，中国过去两年的投资持有农地数量仅次于英国，排在第二位，是排名第三的美国在澳大利亚购买农地量的近4倍。超过92%的外资持有的农业用地是在澳大利亚设立的外资实体持有的。

表4-8 在澳大利亚投资农地的国家持有量排名①

单位：千公顷

国家	2016～2017年	2017～2018年
英国	9752	10,239
中国	9112	9169
美国	2550	2655
荷兰	2509	2540
巴哈马群岛	0.2	2201
加拿大	2034	1984
瑞士	1888	1944
菲律宾	1121	1120
沙特阿拉伯	660	665
新加坡	1163	512
南非	648	648

2. 在投资农业企业方面：FIRB在投资农业企业的审查上，先要确定外国资本购买的企业是否属于农业企业，然后再考量该笔对农企的投资是否达到审查

① See "Register of Foreign Ownership of Agricultural Land", cdn. tspace. gov. au/uploads/sites/79/2018/12/Register_of_Foreign_Ownership_of_Agr. pdf, Oct. 15, 2019

的股权和金额阈值。

3. 在定性是否属于农业企业的范围上:澳大利亚采取标准产业分类准则(Australian and New Zealand Standard Industrial Classification,ANZSIC)[①],包含A类及其他类。其中,A类包括以种植农作物、饲养动物、种植和采伐木材、从农场或者其自然栖息地捕捞鱼类和其他动物为主的部门。该部门区分了两项基本活动:生产和对生产的支助服务。生产活动包括园艺、畜牧生产和水产养殖、林业和伐木以及渔业、狩猎和诱捕。其他类包括1111肉类加工、1112家禽加工、1120海鲜加工、1131牛奶和奶油加工、1133奶酪等乳制品制造、1140果蔬加工、1150油脂制造、1161粮食磨产品制造、1181糖制造。[②]

4. 在定性是否属于农业企业的资产和业绩的占比上:一是衡量目标公司或其子公司的涉农资产是否超过该公司资产总额的25%;二是在最近一个财政年度内(澳大利亚通常是跨年的6月30日为截止日),目标公司及其附属公司在涉农业生产经营中的收益(在经审计的利息及税前)超过该公司总收益的25%。如有混合资产或混合收益情况出现,FIRB会根据相关外国投资人可收获的比例进行分摊计算。

5. 在投资金额和股权占比触发FIRB的审查标准上:一是中国投资人投资或并购澳大利亚农业企业的金额超过5500万澳元,即满足触发阈值(注意该金额为协议成交价);二是投资或收购农业企业的股权超过10%,或者虽不足10%但实际控制该农业企业也满足触发阈值(包括之前存在的业务合作关系、派驻董事等酌情考虑因素)。这两项条件按规定都满足后才需要申报,但仔细考量第二项中的实际控制条款就能看清楚,所谓实际控制条款已经将超过股权10%的要求虚化了,因此,笔者认为在实际操作中,只要投资金额超过5500万澳元,就最好向FIRB申报,不要因为未达到股权10%而疏忽,因为一旦事后被查出需要申报FIRB而没有申报,个人需承担刑事责任。[③]

---

① See https://www.abs.gov.au/ausstats/abs@.nsf/0/5573827718D9D06DCA25711F00146D6C?opendocument.

② See "Australian and New Zealand Standard Industrial Classification (ANZSIC) 2006", https://www.ausstats.abs.gov.au/ausstats/subscriber.nsf/0/5718D13F2E345B57CA257B9500176C8F/$File/12920_2006.pdf, Oct. 15, 2019.

③ See https://www.firb.gov.au/resources/guidance/gn17/.

第五章　小麦产业

一、澳大利亚小麦的源起和产业发展

（一）起源

在澳大利亚殖民地建立之初，第一舰队就带来了几种谷物，1788 年 1 月，殖民者开始在悉尼的植物园实验性地播种，但第一批收成令人失望，恶劣的气候、贫瘠的土壤以及囚犯缺乏农业知识，都使殖民地在最初的几年里处于挨饿的困境。当时的殖民地的总督菲利普于 1788 年 5 月 17 日在向英国提交的报告中写道："清理地面的巨大劳动力将不允许土地超过 8 英亩的小麦和大麦播种。与此同时，大量的蚂蚁和田鼠将使我们的作物变得非常不确定。"在 1788 年 11 月，总督菲利普在悉尼西边的郊区帕拉马塔（Parramatta）建立了一个 40 英亩的政府农场，还让前罪犯拥有自己的农场。其中，囚犯詹姆斯·鲁斯（James Ruse）在帕拉马塔拥有的农场被称为"实验农场"（Experiment Farm），是这些前罪犯农民经营的农场中第一个也是最知名的，而詹姆斯·鲁斯也被认为是澳大利亚小麦业之父，他是一位经验丰富的农民，当他的刑期到期时，他向殖民当局要求获得土地补助金在帕拉马塔附近的玫瑰山开建小麦农场，当他的小麦作物获得成功时，总督菲利普奖励了他 30 英亩的土地补助金，并以他的名字"Ruse"为实验农场命名。

到 1790 年年底，已经收获了 200 蒲式耳（约 5.4 吨）

的小麦，所有这些小麦都被保存作种子。随着自由定居者开发悉尼的两个西郊（Homebush 和 Strathfield），到 1799 年，殖民地的小麦面积发展到 6000 英亩。在 19 世纪三四十年代，殖民地拓展到维多利亚州、南澳大利亚州和西澳大利亚州，小麦种植面积迅速扩大。

适合大规模种植小麦的工具和设备（包括刮卷辊、跳桩犁和收割机）发明开始应用，使澳大利亚开垦清理土地及收割麦子变得容易，19 世纪中期，新南威尔士州和维多利亚州的淘金热推动了内陆定居点的增加，高效的运输系统（包括公路、铁路和河流）随之蔓延，小麦耕地面积有了大幅增加，面粉厂开始在澳大利亚全国各地涌现。到 19 世纪 70 年代，许多大型乡村小镇都有了自己的面粉厂，全国约有 500 家工厂生产面粉。

（二）品种研发

小麦的新品种研发一直是该行业发展的主要贡献因素。新品种研发主要是通过公共部门进行，目标是培育适合澳大利亚的特有干燥环境、病虫害和机械化生产，尤其是能够抵抗茎锈病和叶锈病的新品种，新品种在澳大利亚小麦业于 20 世纪初面临前述两种流行病时都发挥了重要作用，使澳大利亚小麦产业逃过了灭顶之灾。

新品种研发的另一个重要目标，是培育适合澳大利亚气候的蛋白含量较高的白色麦粒品种以及节水型品种。20 世纪 60 年代后，澳大利亚失去了英国这一重要的出口市场，研究人员致力于创造满足中东和亚洲客户最终用途要求的小麦品种，创出了特别适合在东亚生产食品（如速食面和新鲜面条）的白韧品种，使澳大利亚小麦在国际市场上享有良好的质量声誉。

澳大利亚小麦育种者通过使用海外数据（包括天气、土壤和地理）来确定具有特定性状的小麦品种在澳大利亚各地可能发生的表现，来决定采取哪些进口谷物进行试验，具体有由谷物研究与开发公司（Grains Research and Development Corporation，GRDC）负责，该公司是一个法定权威机构，由对谷物种植者征税和澳大利亚政府捐款来为 GRDC 提供资金进行研发，为整个行业服务。

澳大利亚主要种植具有较高面粉提取率的白粒小麦品种，不种植北美的红粒小麦。而白粒小麦的两种重要的品种是 Common Bread（Triticum Aestivum）和 Durum（Triticum Turgidum）小麦，前者称为普通面包小麦，后者称为硬质杜兰小麦。具有谷粒坚硬的小麦品种适合在碾磨后满足面包、面条等对优质蛋白和体积膨胀的要求。而 Durum 品种因其极高的硬度而闻名，主要用于制作意大利面和蒸粗麦粉，该品种仅适用于澳大利亚的某些地区（新南威尔士州北部和南澳大利亚州东部），产量在 21 世纪初仅占澳大利亚小麦总产量的不到 3%。

（三）产业发展

自 20 世纪初以来，澳大利亚的小麦产量稳步提高（如图 5－1 所示）。在 20 世纪 40 年代早期，平均产量突破了每公顷 1 吨的障碍，这是因为耕作方法的改良以及引入了更适合澳大利亚环境的新品种。在 20 世纪 50 年代，平均产量一般保持在 1 吨/公顷以上，1979 年首次达到 1.5 吨/公顷。自 1989 年以来，除几年的恶劣天气条件外，产量一直保持在平均 1.5 吨/公顷以上，2002 年创纪录地达到全国平均产量为 2.11 吨/公顷。

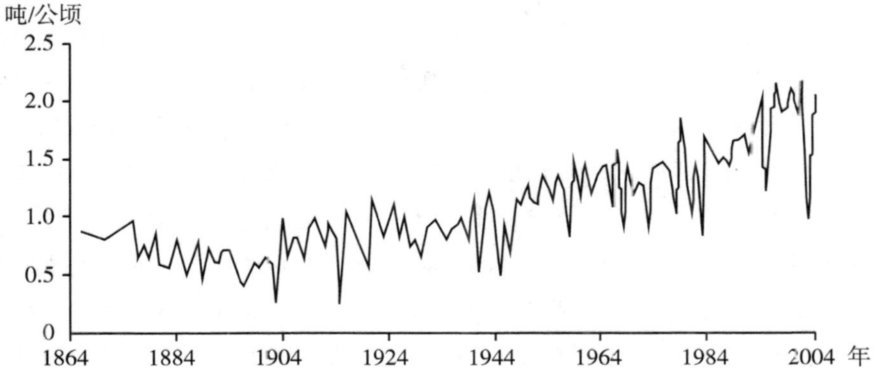

图 5－1　澳大利亚小麦 1864～2004 年全国平均产量①

在 20 世纪，小麦价格的大幅波动是由战争、经济大萧条、不可靠的气候和不稳定的市场力量引起的。然而，价格水平的长期趋势是下降的（如图 5－2 所示），主要受供需因素推动，最终结果是小麦的单位价格在 1914～2004 年的 90 年里，随着时间的推移而下降，在此期间，虽然生产成本因效率提高和技术应用而下降，但还是难以避免小麦农民的净收益（或“利润”）在减少。

---

① See “The Australian Wheat Industry”, https://www.abs.gov.au/ausstats/abs@.nsf/Previousproducts/1301.0Feature%20Article212006?opendocument&tabname=Summary&prodno=1301.0&issue=2006&num=&view=, Oct. 19, 2019.

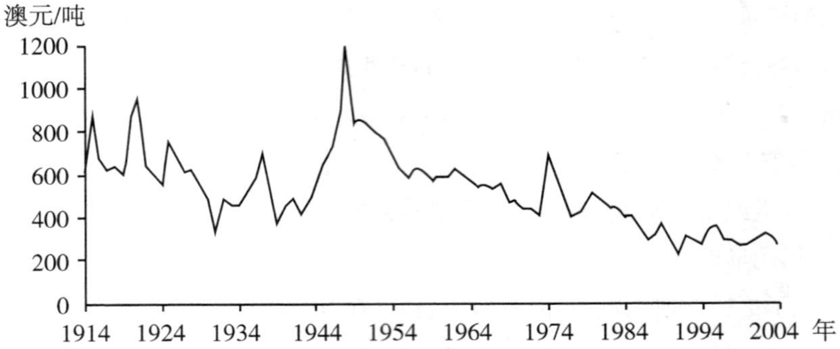

图 5－2 澳大利亚小麦 1914～2004 年价格走势①

在大多数情况下,小麦农场是由独资经营者或家庭合伙拥有的家族企业。小麦的种植通常与其他农业活动相结合,如饲养绵羊、肉牛或种植其他作物,与其他作物的这种组合是澳大利亚农业的一个重要特征。陆地上一种作物类型的持续增长会导致土壤条件恶化以及病虫害周期增加,轮作可以帮助克服这些问题。自 20 世纪 70 年代以来,羽扇豆、油菜籽/油菜和豌豆等作物已被小麦农民用于轮作,在农民经营牲畜的地方,小麦也与牧场轮作竞争。所有这些轮作取决于牲畜和谷物的相对价格以及气候条件。

在澳大利亚,大多数小麦是在秋冬的 4 月、5 月和 6 月种植的,因为小麦的种子需要在较冷的天气才能发芽,也方便在澳大利亚严酷的夏季天气条件开始之前收获。按照地理位置,东部的小麦丰收时的收割于每年的 9 月和 10 月在昆士兰州开始,持续到第二年 1 月在维多利亚州结束,西部的小麦收割则是 10 月开始,1 月中旬结束。大部分的收割工作都是由专业承包商负责的,这些承包商在昆士兰州开始收获,并跟随成熟的麦子从北向南再向西,到维多利亚州和西澳大利亚州,类似中国的"麦客"。

(四)小麦储存和处理

最初,小麦的储存和处理依赖数百万只不起眼的麻袋,这种运作方式在 1920～1921 年度首次在新南威尔士州开始逐步淘汰,采用散装批量处理系统,这意味着在运输和储存之前不再需要将小麦谷物装袋。然而,直到 1952 年,其他

① See "The Australian Wheat Industry", https://www.abs.gov.au/ausstats/abs@.nsf/Previousproducts/1301.0Feature%20Article212006?opendocument&tabname=Summary&prodno=1301.0&issue=2006&num=&view=, Oct. 19, 2019.

所有州才都实施了散装批量处理。批量处理大大节省了时间和金钱,减少长期堆积的袋装小麦的劣化以及保护小麦免受小鼠、象鼻虫、气候条件和渗漏的影响,获得了进一步的益处。然而,通常采用立式混凝土和钢筒仓的新系统储存的初始资本成本也较高,所以在新南威尔士州和维多利亚州采用这种系统之外,西澳大利亚州采用了水平棚系统,通过灵活性降低投入,最大限度地降低了资本成本。

由于供应链基础设施的高资本成本,导致历史上超过 80% 的澳大利亚谷物作物的处理和储存由三个主要的散货运输商管理:覆盖新南威尔士州、昆士兰州和维多利亚州的 GrainCorp;南澳大利亚州的 ABB Grain;西澳大利亚州的合作社散货处理。其余的小麦处理和储存由其他较小的商业组织和农场设施承担。大型的小麦散货处理公司提供了一个存储设施网络,通过公路和铁路连接到他们自己拥有的沿海粮食出口终端。在许多地区,这些公司是小麦种植者储存和处理的唯一服务供应商。这些储存设施采用多种不同的形式,特别是在州之间,但通常由钢或混凝土构成,四种最常见的设施类型是:(1)水平棚,存储容量从 10,000 吨到 40,000 吨不等;(2)蹲式存储箱,存储容量在 5000 吨到 15,000 吨不等;(3)垂直存储由单个仓组成,容量从 1500 吨到 4000 吨不等;(4)临时掩体,存储容量从 10,000 吨到 100,000 吨,以处理“丰收季节”期间的溢流。

(五)单桌营销系统(Single-Desk Marketing)

单桌营销系统是在多方供给的市场里垄断市场营销和买方的制度性安排,是对法定机构(Statutory Marketing Authorities,SMAs)持有的垄断销售权的简要描述。澳大利亚历史上存在过的单桌权力可适用于出口和国内销售,可以通过联邦立法给予 SMAs 强制购买权或对国内生产的归属权来实施,更多的是体现在对出口的管控方面。单桌安排总是与均等化安排相关联,这种安排提供了一种机制,用于在生产者之间共享来自垄断销售的任何溢价,而汇集种植者的收益通常也被用作风险管理工具。这种单桌安排在世界上的农产品市场较常见。澳大利亚的单桌营销系统曾经存在于小麦、马铃薯、糖、大米、大麦和乳品。历史上的小麦单桌营销系统出现于第二次世界大战期间,旨在控制战时的粮食供给,由当时成立的小麦委员会统购统销,包括国内和国际销售,将全国的小麦种植者的收益汇集在一起,算出平均价格,回馈给种植者,历经 20 世纪 80 年代的农业萧条时期,后来小麦委员会改组成 AWB 有限公司,由其子公司 AWBI 继续进行单桌系统，从国家小麦池中最大化种植者的回报，通过价格溢价获取价值，降低供应链成本，进行风险管理。①

直到21世纪，澳大利亚的小麦出口单桌营销系统在国际贸易谈判中受到批评，特别是最大的小麦国际竞争对手美国，理由是它是非贸易扭曲，违反市场经济的透明商业运作原则。澳大利亚直到2014年，通过立法彻底取消了单桌营销系统。

（六）小麦的国内消费和出口

澳大利亚20世纪后半叶以来，国内消耗小麦每年约500万吨，其余产量用于出口，出口量约占总产量的70%。而在国内消耗量中，大约250万吨小麦被用于生产面粉、全谷物产品、啤酒等，此外，还被用于工业用途的面筋和淀粉等的生产。另外的200万～250万吨小麦被用作饲料，对于不断扩大的集约化牲畜饲养行业来说，这是一个快速增长的市场。此外，每年约有50万吨小麦用于种子。在澳大利亚国内市场供人食用的面粉中，有超过60%的面粉用于商业面包烘焙。②

截至20世纪末，国际市场上的小麦交易量有1亿吨左右。美国出口的小麦数量最多，其次是欧盟、加拿大和澳大利亚。虽然澳大利亚仅生产全球小麦产量的约3%，但其小麦出口到40多个国家，出口总量约占世界小麦贸易量的15%。澳大利亚小麦的传统出口市场集中在亚洲和中东等地区，进入21世纪后，对中国的出口份额逐渐提升。近年来，东欧及南美洲等国家的小麦出口量增加和优惠价格，对澳大利亚的小麦出口量构成了严重挑战。澳大利亚小麦国内消费和出口的供应链如图5－3所示。

① See "Single-desk Marketing: Assessing the Economic Arguments", https://www.pc.gov.au/research/supporting/single-desk/singledesk.pdf, Oct. 19, 2019.

② See "The Australian Wheat Industry", https://www.abs.gov.au/ausstats/abs@.nsf/Previousproducts/1301.0Feature%20Article212006?opendocument&tabname=Summary&prodno=1301.0&issue=2006&num=&view=, Oct. 19, 2019.

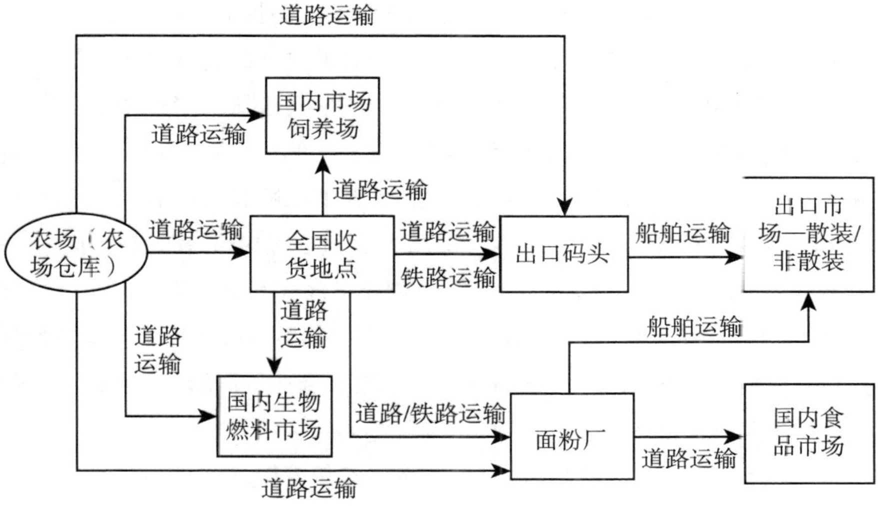

图 5－3　澳大利亚小麦国内消费和出口的供应链①

二、小麦行业监管

澳大利亚曾经因为历史上的战争和经济萧条对小麦行业实施长达近 100 年的管控，包括对国内种植者的财政补贴、单桌营销系统安排、出口许可等，直到最近才完全地放松管制，但仍有对小麦出口时码头服务的监管。目前，生效的相关法律有《2007 年小麦营销修正法案》②、《2012 年小麦出口营销修正法案》③和《2014 年竞争和消费者［行业守则—港口终端接入（散装小麦）］规例》④。

（一）监管的变迁

1915 年，第一次世界大战期间，史上第一个澳大利亚小麦委员会成立，由联邦总理和每个小麦种植州的部长组成。该委员会是根据《1914 年战争预防法》

① See "Australia's Wheat Supply Chains-Infrastructure Issues and Implications", https://data.gov.au/dataset/ds - dga - 4ba10740 - a72d - 40d9 - 984b - 25d343271a59/distribution/dist - dga - a0dbc250 - 5aea - 467d - 971c - e63e990a0b9f/? q = , Oct. 19, 2019.

② Wheat Marketing Amendment Act 2007, https://www.legislation.gov.au/Details/C2007A00108, Oct. 19, 2019.

③ Wheat Export Marketing Amendment Act 2012, https://www.legislation.gov.au/Details/C2012A00170, Oct. 19, 2019.

④ See Competition and Consumer［Industry Code—Port Terminal Access（Bulk Wheat）］Regulation 2014, https://www.legislation.gov.au/Details/F2014L01250, Oct. 19, 2019.

(War Precautions Act 1914)设立的,负责管理小麦统筹计划。该统筹计划旨在帮助小麦种植者,并确保在第一次世界大战期间对重要食品进行适当管理。1921年,第一个澳大利亚小麦委员会停止运作,各州建立了区域小麦库,通常由农民合作社管理。1939年,第二次世界大战期间,历史上第二个澳大利亚小麦委员会重新成立,作为战时措施之一,该委员会是澳大利亚采购和出口小麦的法定垄断(也称单桌营销)机构。第二次世界大战结束后,通过《1948年小麦产业稳定法案》(Wheat Industry Stabilisation Act 1948)创建了澳大利亚小麦局,继续单桌营销系统,旨在使种植者免受小麦价格波动的影响,其中包括向种植者保证价格、强制统筹和协调营销,以及由小麦局统一收购澳大利亚生产的所有小麦,并享有唯一的在澳大利亚和海外销售小麦的权利。

20世纪50年代至70年代,世界小麦库存不断增加,特别是1968~1969年度,澳大利亚小麦收获量创历史纪录,为了减少过剩结转库存积累的可能性,对以小麦配额形式交付给小麦局的数量进行了限制。1979年,澳大利亚联邦政府推出了《1979年小麦征收法(第一号)》[Wheat Levy Act (No. 1) 1979],新立法赋予澳大利亚小麦局向种植者发放许可证的权力,允许他们将小麦直接卖给国内客户而不是批量处理系统。而小麦局转而会向联邦政府支付2.50澳元/吨的费用。

1980~2009年,澳大利亚小麦的国内饲料市场实际上被放松管制,这使种植者能够根据许可证制度选择向任何人出售小麦。《1979年小麦征收法(第一号)》被废除。其后,为应对20世纪80年代的农村经济衰退,1986年联邦政府成立了皇家粮食储存处理和运输委员会,就澳大利亚未来需求的最有效和最具成本效益的粮食分配系统提供咨询,该委员会的建议是放松对小麦分配系统的管制,以尽量降低成本。到了1989年,随着《1989年小麦营销法》(Wheat Marketing Act 1989)的出台,国内小麦市场完全放松管制,这也限制了其他非澳大利亚小麦局成员的出口。同时,联邦政府推出了《1989年小麦产业基金征税法案》(Wheat Industry Fund Levy Act 1989, WIF),这是对小麦价值的强制性征税。WIF的目的是让政府免于为澳大利亚小麦委员会的贷款提供直接担保,并允许澳大利亚小麦委员会为其自己的商业借贷安排筹措资金。

随着1991年同属管制行业的澳大利亚羊毛储备计划的崩溃,导致产生28亿澳元的债务,澳大利亚国内放松农业管制的呼声日益增高,但实际改革的起始点源自 1986 年总理保罗·基廷的"香蕉共和国"的演讲,该演讲是针对与大宗商品价格和澳元贬值相关的经济衰退而作出的。保罗·基廷引入了引人注目的预算和微观经济改革,并委托弗莱德·希尔莫(Fred Hilmer)教授对澳大利亚经济中的立法和法规进行全面审查。1993 年希尔莫教授的审查报告出台,其主张取消任何无法证明能带来净公共收益的管制,取消一切阻碍竞争的法规,竞争将刺激创新并提高生产力和效率,增强国际竞争力。随后各州政府都陆续开始进行农业改革,取消管制法律,影响了小麦行业。①

1999 年,澳大利亚小麦局停止了作为政府法定控制小麦机构的运作,改组成为一家种植者拥有和控制的公司(AWB 有限公司)。同时,停止所有政府的财政支持(如借款的承销)。另外,该公司的子公司 AWBI 继续通过单桌营销系统成为澳大利亚唯一的散装小麦出口商。因为一些管理事务不适合私人公司负责,联邦政府又设立了小麦出口管理局(Wheat Export Authority,WEA),具体负责:监督和报告 AWBI 在管理国家小麦池方面的表现;通过签发出口许可证,管理非 AWBI 控制以外的其他出口商用容器和袋子的方式出口(占总出口量的 4%);颁发大宗小麦出口许可证(虽然 AWBI 有否决权)。

2000 年,完成了《1989 年小麦营销法》的国家竞争政策审查,结论是在没有令人信服的案例表明存在净公共利益之前,单桌营销系统应该继续进行,并在必要时在 2010 年进行进一步的国家竞争政策审查。AWBI 的单桌营销系统通过价格溢价获取价值,降低供应链成本及管理风险,并为小麦商家接触 40 多个国家的买家提供接触。

2001 年,AWB 有限公司在澳大利亚证券交易所挂牌上市,一度成为澳大利亚最大市值的 100 家上市公司之一。

2003 年,澳大利亚修订了《1989 年小麦营销法》,通过向出口小麦收取 22 美分的税费从而为小麦出口管理局提供资金。

2004 年,重新审查了 AWBI 作为单桌营销系统的操作方的有效性,提出了一些有关 AWBI 治理及其与 AWB 有限公司的独立性,审查还建议改进小麦出口管理局对 AWBI 的监测和建立精简的袋子和容器方式出口的长期同意

---

① See "Australian Agribusiness Law: Sensible Regulation, or Red Tape Gone Mad?", https://www.accc.gov.au/speech/australian-agribusiness-law-sensible-regulation-or-red-tape-gone-mad, Oct. 10, 2019.

制度。

2005 年 2 月,澳大利亚政府发布了“国家竞争政策改革生产力委员会审查”,建议在可行的情况下尽快根据国家竞争政策原则对单桌营销系统的未来进行独立审查。2005 年 11 月,澳大利亚政府任命特伦斯 · 科尔(著名法学家)对联合国(United Nations,UN)石油换食品计划以及澳大利亚公司(包括 AWB 有限公司和 AWBI)的参与进行调查。这是对联合国秘书长就指责澳大利亚滥用石油换食品计划发表声明的回应。其后,澳大利亚政府对法学家科尔的调查作出了积极响应,其中包括将 AWBI 的出口许可证否决权暂时转移给农业部部长。

2007 年 8 月,小麦的袋子和容器的出口被解除管制,以至于出口商不再需要向小麦出口管理局申请出口许可,但要求所有出口小麦都必须符合非散装小麦质量保证计划的要求,该计划旨在保护澳大利亚小麦出口的声誉和质量。2007 年 10 月,澳大利亚成立了出口小麦委员会(Export Wheat Commission,EWC)以取代小麦出口管理局。

2008 年 6 月,批准了《2008 年小麦出口营销法案》(Wheat Export Marketing Bill 2008),废除了《1989 年小麦营销法》,取消了 AWBI 对澳大利亚散装小麦出口单桌营销系统的垄断,并为小麦出口认证计划提供支持。至此,历时 70 年的小麦单桌垄断体制结束了。

2010 年 12 月,AWB 被来自加拿大的艾格瑞(Agrium)公司以 12.3 亿澳元的价格收购,此外,AWB 的粮食营销部门被出售给了跨国企业嘉吉(Cargill)公司,并获得澳大利亚 FIRB 的批准。同时,随着澳大利亚生产力委员会的放松管制的报告出台,澳大利亚小麦行业已进入放松管制的实质性阶段。

2014 年,澳大利亚竞争与消费者委员会澳大利亚竞争与消费者委员会(Australian Competition and Consumer Commission,ACCC)推出了小麦出口行为准则,使小麦出口自由竞争进入有序阶段。

当今的澳大利亚是世界上农业监管最少的国家之一,目前尚存的一个行业管控组织是新南威尔士州的大米营销委员会。ACCC 是监管农业竞争和垄断的政府部门,其职责是反垄断和有序竞争。

2019 年 8 月,随着 AWB 宣告终止小麦池的运营,澳大利亚小麦行业的传统管制历史画上了句号,可见行政管制设立容易,取消是多么的艰难。①

(二)码头出口服务监管

2014 年 9 月 19 日,澳大利亚联邦农业部部长宣布了《港口码头准入(散装小麦)行为守则》(以下简称码头守则),这是《2010 年竞争与消费者法》(Competition and Consumer Act,CCA)规定的强制性准则,于 2014 年 9 月 30 日开始实施。码头守则的宗旨在于促进大宗小麦出口产业的运作,为出口小麦提供监管框架,确保所有散装小麦出口商拥有公平透明的港口码头服务,以及消除港口终端服务提供商的不必要的监管负担。码头守则在实施的几年时间里,规范了小麦港口码头运营商的行为,确保出口的最重要的基础设施"码头"及相关设备对所有小麦出口商公平透明,避免了控制港口的大粮商歧视其他小麦出口商。降低供应链成本,才能面对日益增加的国际竞争对手。

ACCC 具体负责:(1)监督遵守和执行码头守则的行为,负责评估码头服务提供商是否应被授予"豁免服务提供商"身份(并在适当时撤销该状态),并发布监测报告;(2)评估和批准容量分配系统。根据码头守则的规定,ACCC 有权将服务提供商确定为指定港口终端的"豁免服务提供商",但无权处理码头终端服务提供商和出口商之间的任何仲裁争议。

码头守则对码头服务提供商的行为规定包括:(1)在协商进入港口码头服务时,港口码头运营商和出口商必须诚信行事;(2)港口码头运营商不得歧视或阻碍提供港口码头服务(如果不予以豁免);(3)如果发生争议,出口商可以就访问权限寻求调解或具有约束力的仲裁(如果是非豁免的);(4)非豁免服务提供商必须发布有关预期容量和某些绩效指标的信息;(5)所有服务提供商必须发布有关其服务提供方式的某些信息,包括装货声明(将发货的详细信息),参考价格以及管理港口码头服务需求的政策和程序。

取得豁免资格的码头服务商仍须遵守以下规定:(1)发布关于由于港口装载造成的船舶的每日声明(运输干线);(2)发布有关如何分配容量和管理服务需求标准的信息;(3)公布所有出口商可用的标准条款和参考价格。② 澳大利亚小麦出口供应链如图 5-4 所示。

---

① See "AWB Pool Fades into History", https://www.farmonline.com.au/story/6337065/awb-pool-fades-into-history/?cs=4714, Oct. 19, 2019.

② See "Wheat", https://www.agriculture.gov.au/ag-farm-food/crops/wheat, Oct. 10, 2019.

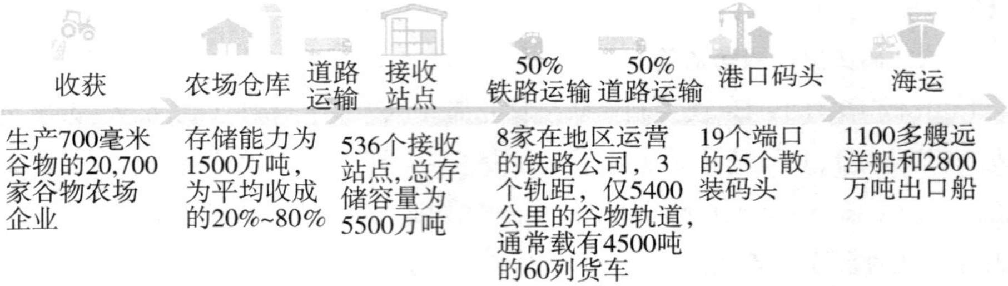

图5-4 澳大利亚小麦出口供应链示意①

（三）澳大利亚小麦行业组织

如今，澳大利亚放松了行业管制，主要依靠行业组织自己管理和发展，包括研究机构、技术支持机构、标准制定机构、行业自律组织等，澳大利亚的谷物行业在生产及供应链等各领域里有众多的实体和服务组织，其中：（1）在生产、实践和育种前的研发方面有：谷物研究与开发公司，州农业部、联邦科学与产业研究组织（Commonwealth Scientific and Industrial Research Organisation，CSIRO），商业提供商。（2）在品种繁育方面有：包括私人、大学、政府和行业投资者发起的20个不同的组织。（3）在种子生产方面有：100多个种子注册生产商及澳大利亚油籽联合会（Australian Oilseeds Federation，AOF）。（4）在品种分类方面有：澳大利亚小麦品质（Wheat Quality Australia，WQA）、澳大利亚大麦（Barley Australia）。（5）在化学农业化学品投入方面有：由国际制造商主导及具有竞争关系的区域农分销商。（6）在谷物生产方面有：约20,700家粮食生产企业。（7）在生产统计报告方面：由GRDC资助的ABARES承担。（8）在种植者代表方面：GrainGrowers、澳大利亚种植者（Grain Plant Asocciation，GPA）、州农业组织、全国农民联合会（National Farmers Federation，NFF）。（9）在合同和仲裁方面有：澳大利亚谷物贸易（Grain Trade Australia，GTA）、私人合同、普通法仲裁。（10）在运输方面：私人经营的道路占运输的50%、铁路由商业运营、其他基础设施由公私合营及与区域安排结合。（11）在交易（收货）标准方面：澳大利亚谷物贸易管理小麦和大麦的标准、澳大利亚油籽联合会（Australian Oilseeds Federation，AOF）管理油菜籽标

---

① See "Review of the Wheat Port Access Code of Conduct", https://www.agriculture.gov.au/SiteCollectionDocuments/ag-food/crops/wheat/review-wheat-port-access-code-conduct-report.docx, Oct. 10, 2019.

准、澳大利亚豆业（Pulse Australia）负责豆类标准、西澳大利亚州谷物产业协会（Grains Industry Association of WA）制定了自己的谷物接收标准。（12）在储存和处理方面：由 CBH（Co-operative Bulk Handling）、Viterra、Cargill 和 GrainCorp 等大型集团主导。（13）在库存信息方面：由生产者资助 ABARES 和澳大利亚统计局负责。（14）在出口标准（包括植物检疫与合规）方面：由澳大利亚农业部的出口业务部、国家残留调查（National Residue Survey，NRS）与粮食和植物产品出口行业协商委员会（Grain and Plant Product Export Industry Consultative Committee，GPPEICC）负责。（15）在出口质量方面：由出口商和散货处理商按照国家标注管理。（16）在港口和服务方面：由拥有所有权的运营商按照租赁协议处理。（17）在销售方面：由 9 个大型出口商、24 个中型出口商以及约 200 个贸易商、经纪人、装配商和包装商负责。（18）在代表贸易和营销商方面：由澳大利亚谷物出口商协会（Australian Grain Exporters Association，AGEA）、GTA、AOF、澳大利亚豆业（Pulse Australia）负责。（19）在船运方面：由国际商业运营商负责。（20）在贸易和市场准入方面：由 GrainGrowers、农业水资源部（Department of Agriculture and Water Resources，DAWR）的贸易和市场准入部门、外交和贸易部（Department of Foreign Affairs and Trade，DFAT）、州农业部门负责。（21）在技术市场准入方面：由谷物产业市场准入论坛（Grains Industry Market Access Forum，GIMAF）与澳大利亚农业部门以及植物产品出口行业咨询委员会合作处理。（22）在供应链和市场分析和报告方面：由澳大利亚出口谷物创新中心（Australian Export Grains Innovation Centre，AEGIC）和一些农业银行及商业公司负责。（23）在市场技术支持方面：由 AEGIC 和商业实体负责。（24）在促进和发展市场方面：商业出口营销人员在技术支持下进行公司推广、澳大利亚谷物产业亚洲大会（Australian Grains Industry Conference Asia，AGIC Asia）在年度会议的基础上在主要市场推广、澳大利亚出口谷物创新中心提供市场开发研究。（25）在生物安全方面：由澳大利亚农业部、澳大利亚植物健康公司（Plant Health Australia，PHA，是政府与行业就生物安全的协调组织）和各州的农业部门负责。①

① See "State of the Australian Grains Industry 2016", https://www.graingrowers.com.au/wp-content/uploads/2018/01/2016.pdf, Oct. 19, 2019.

三、小麦产业的特点

(一)澳大利亚小麦的品种

小麦是一种世界各地广泛种植的禾本科植物,从野草进化而来的,第一次被人类栽培大约是在公元前1.5万年到1万年,是世界上三大谷物(稻米、小麦和玉米)之一,最早源于中东地区。小麦是一种在温带生长、需要日照较长的植物,其适应范围较广,在澳大利亚主要分布在南纬25~35度之间。澳大利亚的小麦分冬小麦和春小麦两类。

澳大利亚的小麦行业内组织"澳大利亚小麦品质"负责对小麦品种进行归类(见表5-1)。针对食品生产的不同要求,结合麦粒固有的硬度、质量和特定食品适用性进行分类,从而保证在归类项下的不同品种小麦表现物质属性和食品质量的一致性。①

表5-1 澳大利亚小麦的品类及分布②

区域	品种	类别
全境	澳大利亚硬粒小麦	高级硬
全境	澳大利亚优质白麦	高级硬
	澳大利亚标准白麦	多用途
	澳大利亚优质杜伦小麦	专业
全境	澳大利亚软粒小麦	专业
西澳大利亚州	澳大利亚面麦	专业
—	澳大利亚饲料	专业
只有西澳大利亚州	澳大利亚优质白面麦	专业
昆士兰州和新南威尔士州	澳大利亚上等硬粒小麦	高级硬

① See "Australian wheat-Quality, Versatility, and Reliability", https://www.aegic.org.au/wp-content/uploads/2018/02/AEGIC-Grain-Note-wheat_LR.pdf, Oct. 19, 2019.

② See "State of the Australian Grains Industry 2016", https://www.graingrowers.com.au/wp-content/uploads/2018/01/2016.pdf, Oct. 19, 2019.

1. 澳大利亚硬粒小麦(Australian Hard, AH):占澳大利亚谷物15% ~20%;通常分离出的蛋白质含量不低于11.5%(AH11.5)和13%(AH13);澳大利亚硬粒小麦由特别的白色硬粒小麦品种组成,具有优质蛋白质和强面筋特点,出色的制粉质量,高出粉率,低灰分含量和高吸水性;面团稳定性好,特别适合一些因为高温和潮湿而导致加工环境困难的国家;较高的面糊黏度值,适用于亚洲面包和面条食品,例如,速食和新鲜的黄碱面条和干白盐面条,欧洲式的盘式和炉烤面包,中东式的平面包和中国的馒头;整个澳大利亚小麦带都种植AH小麦种类,大部分的港口具备发货能力。

2. 澳大利亚优质白麦(Australian Premium White, APW):占澳大利亚谷物30% ~40%;其蛋白质含量确保不低于10%;多用途的白色硬粒小麦,具备优质的蛋白质,生产出强力,稳定且平衡的面团;高制粉能力,用以生产纯净、洁白、色泽光鲜的面粉,良好的出粉率和低灰分含量;适合多种不同的食品生产,例如,印度薄饼、皮塔饼、唐杜里面包、中国的馒头、亚洲面条、糖果和糕点;整个澳大利亚小麦带都种植澳大利亚优质白麦;是澳大利亚主要的出口类小麦,产量基本占据澳大利亚作物的1/3。

3. 澳大利亚标准白麦(Australia Standard Wheat, ASW):占澳大利亚谷物20% ~25%;澳大利亚标准白麦没有蛋白质含量的限制要求;白色硬粒的通用型小麦,具备优质的外观;ASW生产中筋面粉,外观洁白光鲜,出粉率高,低灰分含量,具备良好的吸水性;面团强度和延展性相当平衡,适合生产中东、伊朗和印度式的面包,例如,薄脆饼,印度烤饼和薄煎饼,能确保出色的外观和质感;生产的面粉适用于不同种类的面条,面包和小面包,以及亚洲馒头食品的生产;澳大利亚各个小麦生产州都种植澳大利亚标准白麦。

4. 澳大利亚优质杜伦小麦(Australia Durum, ADR):占澳大利亚谷物5%以下;通常分离出的蛋白质含量不低于13%;适合生产高品质的意大利面食,蒸粗麦粉和意大利硬面包;由非常坚硬的麦粒种类组成,玻璃质和琥珀色内核;研磨制粉产出的粗粒小麦粉产量较高,黄色素成分较高;种植区域基本覆盖全境,主要为昆士兰州、新南威尔士州、南澳大利亚州和维多利亚州的边界地区;澳大利亚国内对于ADR的需求量相当高,国际市场的需求也在日益增加。

5. 澳大利亚软粒小麦(Australia Soft, ASFT):占澳大利亚谷物5%以下;分离出的蛋白质含量最高介于9.5% ~10.5%;澳大利亚软粒小麦包含非常特别的软粒小麦种类,与其他级别的小麦相比,其面粉色泽更洁白光鲜,低灰分含量,平衡的弱筋面团和低吸水性;面粉最适用于生产高质量的糕点、甜点和糖果食品,也适用于生产饼干、蛋糕、馒头和膨化休闲食品;出口的 ASFT 来源地广泛,主要为西澳大利亚州、新南威尔士州、维多利亚州,南澳大利亚州出产的 ASFT 主要用于国内面粉生产。

6. 澳大利亚面麦(Austrlia Noodle Wheat,ANW):占澳大利亚谷物 5% 以下;理想的籽粒蛋白质含量为 10.5%,分离出的蛋白质含量介于 9.5% ~11.5%;高淀粉糊化,光鲜的奶油色面粉及上等的面条品质;小麦的出粉率为 60%,低灰分含量,良好的颜色;适用于生产满足特定口感的白盐面和日本乌冬面,深受日本乌冬面市场和韩国拉面市场的青睐,精选的硬粒种类的小麦混合后作为出口产品;主要产于西澳大利亚州等。

7. 澳大利亚优质白面麦(Australia Premium White Noodle,APWN):占澳大利亚谷物 5% ~10%;澳大利亚优质白面麦蛋白质含量严格控制在 10% ~11.5%;APWN 由精选的 AH 和 APW 小麦种类组成;具备高面粉淀粉糊化特性,有理想的面粉颜色和颜色稳定性;是专门开发的硬粒小麦,作为优质面麦混合的首选成分,主要出口到日本和韩国;种植于西澳大利亚州。

8. 澳大利亚上等硬粒小麦(Australian Prime Hard,APH):占澳大利亚谷物 5% ~10%;是澳大利亚蛋白质含量最高的制粉小麦,蛋白质不低于 13%(APH13)和 14%(APH14);包含白色种皮和硬粒小麦品种,具有上等的制粉质量;强面筋,高出粉率,低灰分含量;面粉非常适合中国式的黄碱面条、色泽鲜亮和注重食味品质的日本拉面、有质感的干白盐面条、盘式面包、炉烤面包和馄饨皮;主要出产于昆士兰州和新南威尔士州。表 5-2 为澳大利亚主要小麦品种各自蛋白质含量和产区出口能力。

表 5-2 澳大利亚主要小麦品种各自蛋白质含量和产区出口能力①

小麦等级	蛋白质含量/%	昆士兰州	新南威尔士州	维多利亚州	南澳大利亚州	西澳大利亚州
澳大利亚上等硬粒小麦	最低 13			—	—	—
澳大利亚硬粒小麦	最低 11.5					

① See https://www.aegic.org.au/wp-content/uploads/2017/06/Wheat-classes-Mandarin.pdf.

续表

小麦等级	蛋白质含量/%	昆士兰州	新南威尔士州	维多利亚州	南澳大利亚州	西澳大利亚州
澳大利亚优质白麦	最低 10	●	●	●	●	●
澳大利亚面麦	9.5～11.5	—	●	●	—	●
澳大利亚优质白面麦	10～11.5	—	—	—	—	●
澳大利亚标准白麦	—	●	●	●	●	●
澳大利亚优质杜伦小麦	最低 13	●	●	●	●	—
澳大利亚软粒小麦	最高 10.5	—	●	●	—	●

注：澳大利亚小麦蛋白质水平值在湿度为 11% 时测量。

（二）澳大利亚小麦的品质

澳大利亚是清洁、干燥、洁白、安全的小麦生产和交付的世界领先者，拥有一系列精心管理的小麦，极大满足客户的需求。澳大利亚小麦具有如下品质：低水分含量、低筛选（清洁度）、健康（高落数）、白麸皮、高面粉产量源于低灰分、优异的面条颜色和稳定性。①

随着亚洲消费者认识到烘焙产品的便利性，对澳大利亚小麦应用于烘焙品质的需求越来越大。澳大利亚小麦可以单独使用，也可以混合使用，具体取决于烘焙过程和目标产品。由澳大利亚小麦制成的面包的面团结实，平衡性好，加工延展性强，烤箱里弹性和面包体积都极佳。良好的面粉颜色会产生明亮的白色碎屑和明亮的金色外壳，面粉的高吸水性具有良好的面粉产量。澳大利亚小麦非常适合工匠风格的面包，也非常适合生产全麦烘焙产品。

在亚洲面条方面，澳大利亚小麦在许多亚洲市场受到高度重视，生产各种类型的面条，从速食面到乌冬面。超过 30% 的澳大利亚小麦出口用于制作亚洲面条。优质的面条质地和颜色属性的结合是澳大利亚小麦独有的。澳大利亚小麦的淀粉和蛋白质质量非常适合亚洲面条，每种面条最佳小麦类别的适当选择，会形成面条出色的口感和均衡的质地。精心挑选的小麦品种可在低面粉灰分中获得高产量，从而提供出色的面条颜色及稳定性。

（三）小麦产区分布

澳大利亚谷物研究与开发公司（Grains Research and Development Corpora-

---

① See "Australian Wheat Quality, Versatility, and Reliability", https://www.aegic.org.au/wp-content/uploads/2018/02/AEGIC-Grain-Note-wheat_LR.pdf, Oct. 19, 2019.

tion，GRDC）依据澳大利亚全国小麦产区的季节性降雨、天气模式和土壤情况划分了北部、南部和西部3个小麦产区。

1. 北部产区：包括昆士兰州和新南威尔士州在内的土壤肥力普遍较高，尽管这种情况随着时间的推移而逐渐消失。与其他两个地区相比，北部产区具有相对较高的季节性降雨量和产量变化。夏季和冬季作物对利润都很重要。产量在很大程度上取决于夏季主要降雨对土壤水分的保护。北部产区的作物品种最多，包括玉米、高粱和热带豆类以及小麦、大麦、冬季豆类和油籽。北部产区是澳大利亚出口和家庭使用的优质硬蛋白小麦的最大来源。来自该地区重要畜牧业的饲料谷物需求是粮食生产的关键驱动因素。该产区的特点是：(1)位于热带、亚热带和温带环境；(2)高百分比的垂直黏土土壤；(3)储存的土壤水分提高了产量可靠性；(4)高比例的混合农业；(5)昆士兰州以夏季种植为主，新南威尔士州以冬季种植为主；(6)庞大而多样的国内和出口市场；(7)高潜力产量；(8)甘蔗、棉花和牧场也套种。①

2. 南部产区：包括澳大利亚东南部，覆盖维多利亚州、塔斯马尼亚州和南澳大利亚州部分地区。南部产区拥有多种类型的土壤，这些土壤的肥力普遍较低，并且有许多土壤限制，例如，盐度、碱度和某些元素的毒性水平，尽管也有一些地区土壤肥沃。产量潜力取决于季节性降雨，特别是秋季和春季，对储存的土壤水分的依赖程度低于北部产区。作物生产系统多种多样，包括许多具有重要牲畜和种植活动的混合农业企业。该产区的特点包括：(1)位于温带气候；(2)相对贫瘠的土壤；(3)产量取决于可靠的春季降雨量；(4)农场规模较小；(5)多样化的生产模式和机会；(6)国内市场庞大而多样；(7)阶段性创新；(8)集约化畜牧业生产转移和对该地区的饲料粮需求。②

3. 西部产区：包括西澳大利亚州的种植区，土壤肥力普遍极低，产量取决于冬季降雨量。在许多地区，产量低于世界标准，这可以通过企业的大规模机械化程度来弥补。沿海地区的季节性降雨和产量的长期变化低于北部和南部地区。小麦、大麦、油菜和羽扇豆是主要作物，混合农业系统中的畜牧企业往往不那么重要。西部产区人口和饲料行业相对较少，因此出口粮食产量的比例超过85%。

---

① See "Growing Regions", https://grdc.com.au/about/our-industry/growing-regions, Oct. 19, 2019.

② Ibid.

该产区的特点包括:(1)地中海气候;(2)土壤肥力低;(3)由于春季降雨通常不可靠,产量取决于良好的冬季降雨量;(4)大企业规模;(5)较窄范围的作物选择;(6)出口市场占优势,国内市场较小;(7)粮食储存实践的领导者;(8)东南亚的运输优势。①

例如,新南威尔士州北部和昆士兰州南部的农民可以生产澳大利亚优质小麦,这种小麦保证了13%和14%的最低蛋白质含量,具有优异的碾磨品质,用于生产高蛋白、高容量面包和碱性面条(如拉面)。另外,一些地区还种植了专门的面条小麦,在新南威尔士州北部和昆士兰州南部种植了用于生长碱性面条的小麦,在西澳大利亚州种植了用于生产白面条的小麦,以及其他更标准的品种包括ASW和APW。APW用于生产面条、中东和印度风格的面包和中国馒头,而ASW则用于生产中东、印度和伊朗风格的扁面包、欧式面包和中国馒头。

澳大利亚的小麦产业高度依赖出口市场,各州之间的市场定位存在显著差异。例如,西部产区的小麦出口占当地小麦产量的大部分,而东边的北部和南部产区的种植者则有更多选择,一部分小麦用于澳大利亚国内市场消费,其中大部分用于人类消费或作为家畜的饲料谷物。

(四)澳大利亚小麦的数据

据ABARES调查统计,澳大利亚全国在2017~2018年度,有22,000个谷物农场,每个农场至少有40公顷的播种面积。这些农场中约有43%在北部产区、37%在南部产区、20%在西部产区。在2018~2019年度,全国小麦产量约1910万吨。②

从2000~2001年度到2017~2018年度,在这17年间,澳大利亚谷物农场的总数下降了大约34%,每个地区都有类似的下降。

澳大利亚的小麦生产主要以冬小麦为主,产于广阔的地理区域,具有不同的气候、土壤特征和管理要求。在2000~2001年度至2017~2018年度,小麦占据整个粮食领域(包括油籽和豆类)的种植面积的55%。

小麦是北部产区粮食农场种植的主要作物。2015~2018年,大约有71%的农场粮食种植面积不到600公顷,6%的农场种植面积超过2400公顷(见图

---

① See "Growing Regions", https://grdc.com.au/about/our-industry/growing-regions, Oct. 19, 2019.

② See "Australian Crop Report: September Edition", https://www.agriculture.gov.au/abares/research-topics/agricultural-commodities/australian-crop-report/overview, Oct. 10, 2019.

5-5)。从2000~2001年度到2017~2018年度,小麦平均每年占该区域粮食总产量的55%左右。在2017~2018年度,由于季节性干旱,北部产区的谷物总产量比上年下降了44%,平均小麦产量为每公顷1.9吨,低于2016~2017年的每公顷3.1吨。

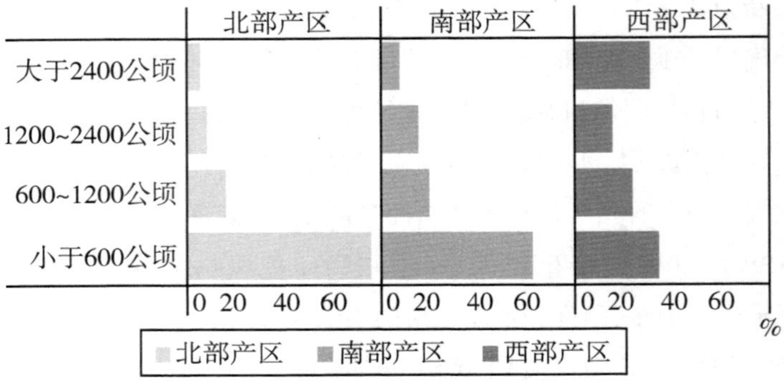

图5-5 澳大利亚谷物三大产区不同规模农场在农场总数中的占比①

南部产区大部分专门从事粮食生产。在2017~2018年度,南部产区约61%的农场专业种植粮食。从2000~2001年度到2017~2018年度,小麦每年占该产区粮食总产量的53%左右。在2017~2018年度,由于季节性干旱,南部产区的产量比上年下降了30%。平均小麦产量为每公顷2.4吨,低于2016~2017年度高峰期的每公顷3.1吨的产量。

西部产区,西部产区的农场数量少于其他产区,但西部产区的粮食农场的比例高得多,达到71%,而且大多是大面积种植谷物,是专业粮食种植者。2015~2018年,大约29%的农场种植面积超过2400公顷,33%种植面积不到600公顷。从2000~2001年度到2017~2018年度,小麦平均每年占粮食总产量的61%,在2017~2018年度,西部产区的粮食产量比上一年下降了15%,相较其他产区,下降幅度最小,占澳大利亚全国总产量的36%,高于上一年的29%。小麦平均产量为每公顷1.7吨,在2015~2018年中保持相对稳定。

(五)小麦出口

澳大利亚的小麦有70%左右用于出口,截至2017年之前的10年,东南亚国

① See "Australian Crop Report: September Edition", https://www.agriculture.gov.au/abares/research-topics/agricultural-commodities/australian-crop-report/overview, Oct. 19, 2019.

家是最重要的出口目的地市场,这些国家进口了60%的澳大利亚产小麦,而2006年时进口44%的澳大利亚产小麦。实际上,前些年,这些东南亚国家除进口澳大利亚产的小麦以外,也从其他国家进口少量小麦,但澳大利亚产小麦仍占东南亚国家进口量的95%。但从2018年开始,黑海区域产的小麦凭借低成本价格开始向东南亚国家推广,对澳大利亚产小麦形成了挑战,澳大利亚小麦凭借卓越的品质和一致性等竞争优势,保持了一定的市场份额。在2018~2019年度,澳大利亚小麦出口量达到970万吨。①

在澳大利亚出口小麦产区分布上,西澳大利亚州是澳大利亚最大的小麦出口州,2006~2017年,平均每年出口690万吨,约占澳大利亚小麦出口总量的50%;南澳大利亚州是第二大小麦出口洲,平均每年出口约260万吨,占出口总量的20%。西澳大利亚州和南澳大利亚州的小麦用于国内消费的量都相对较小,小麦出口量占各自产量的比重较大。其他3个州,即新南威尔士州、昆士兰州和维多利亚州的小麦用于国内消费往往超过各自总产量的50%,通常这3个州都是在满足国内市场需求后再谋求出口,这就放大了这3个州的小麦出口量的变化幅度,因为在低生产年份,这3个州的小麦可能会因满足国内需求而减少出口量,出口量下降的比例会远高于生产总量下降的比例(变异系数较大)。

(六)小麦的营销策略

2008年放松管制意味着澳大利亚小麦市场的不确定性增加。种植者现在有4种主要选择来制定营销策略:出售获得现金,存储在仓库待售,在农场存放等待以后出售,交付小麦池寄售。

四、小麦产业的财务分析

包含小麦在内的谷物产业为澳大利亚的经济做出了重要贡献。在2017~2018年度,谷物的产值占澳大利亚农业生产总值(Gross Value of Production, GVP)约21%(128亿澳元),约占农产品出口总值的23%,澳大利亚全国约有26%的农场从事谷物生产。同时,无论是按吨位还是按产值计算,小麦都是最重要的个体作物,在2017~2018年度,小麦的生产总值为58亿澳元,约占谷物行业

---

① See "Wheat: June Quarter 2019", https://www.agriculture.gov.au/abares/research-topics/agricultural-commodities/jun-2019/wheat, Oct. 19, 2019.

总量的45%,小麦总产量约为2090万吨,占谷物行业总吨位的49%。

(一)全球小麦的行情

2019年,世界主要小麦生产的季节性条件非常有利,各国的小麦产量合计增加。由于小麦的世界产量再创新高,国际小麦平均价格在2019年1月开始持续走低。如图5-6所示,由于全球第五大小麦出口国澳大利亚因干旱气候导致小麦减产,自2019年4月,国际小麦价格触底反弹,世界小麦基准价格(美国2号硬红冬季小麦FOB海湾)在2019年5月前后的上升了30%,随后各国的小麦出口价格逐渐回落,只有澳大利亚和阿根廷的小麦出口价格保持相对平稳,但阿根廷的小麦出口价格自2019年8月也步入下降通道,为全球小麦贸易增加了不确定性。

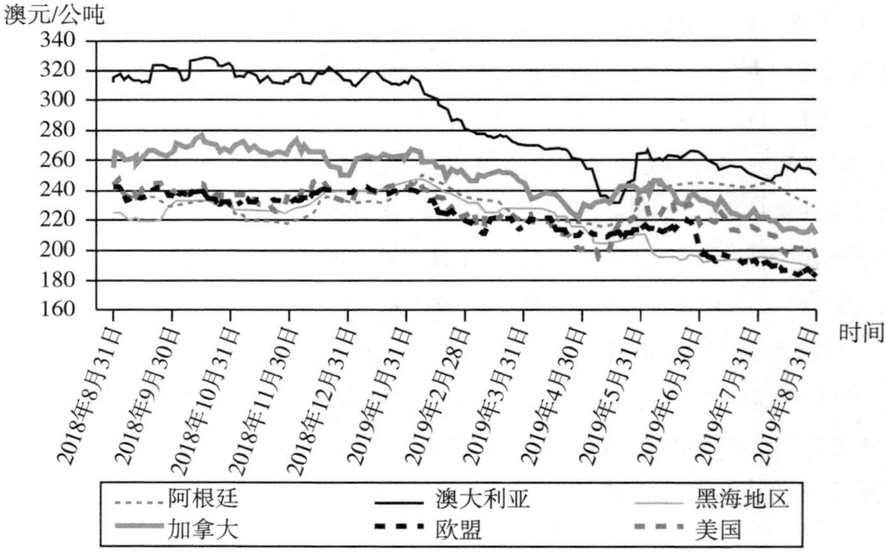

图5-6 全球主要小麦出口国在2018年8月31日至2019年8月31日的出口FOB价格走势①

如表5-3所示,2018年全球小麦出口国按出口金额排序前五位为:(1)俄罗斯,84亿澳元(占全球总额的21.1%);(2)加拿大,57亿澳元(占全球总额的14.2%);(3)美国,54亿澳元(占全球总额的13.6%);(4)法国,41亿澳元(占全球总额的10.3%);(5)澳大利亚,31亿澳元(占全球总额的7.7%)。在全球小

① See "Grain: World Markets and Trade", https://apps.fas.usda.gov/psdonline/circulars/grain.pdf, Oct. 19, 2019.

麦出口国家中,2014～2018年,出口额增长最快的小麦出口国如下:(1)阿根廷(增长300.7%);(2)俄罗斯(增长55.5%);(3)乌克兰(增长31.1%);(4)保加利亚(增长22.9%)。相应时期小麦出口额下降的国家依次排序为:(1)德国(下降62.2%);(2)波兰(下降49.9%);(3)澳大利亚(下降42.3%);(4)立陶宛(下降41.7%);(5)捷克(下降30.1%)。①

表5－3 2018年世界小麦出口国按出口额的排序及占比②

排名	出口国	小麦出口额/亿澳元	世界出口额占比/%
1	俄罗斯	84	21.1
2	加拿大	57	14.2
3	美国	54	13.6
4	法国	41	10.3
5	澳大利亚	31	7.7
6	阿根廷	25	6.2
7	乌克兰	24	5.9
8	罗马尼亚	12	3.1
9	德国	12	2.9
10	哈萨克斯坦	10	2.4

据ABARES统计,2018～2019年度澳大利亚小麦出口量比5年平均水平低45%,约为970万吨。因为价格居高不下,澳大利亚小麦在世界小麦市场的竞争力较弱。而世界粮食、饲料和工业消费的持续增长将支持对澳大利亚出口小麦的需求,同时,全球所有主要小麦出口国的供应增加将使全球贸易竞争更趋激烈。

① See "Wheat Exports by Country", https://www.worldstopexports.com/wheat-exports-country/, Oct. 10, 2019.

② Ibid.

(二)澳大利亚谷物行业的现金收入和利润

现金收入,1989~2019年,谷物农场的平均农场现金收入普遍呈上升趋势,特别是自2006~2007年以来。尽管谷物农场平均规模较大,但每公顷农场现金收入在此期间也出现了类似趋势,详见图5-7。

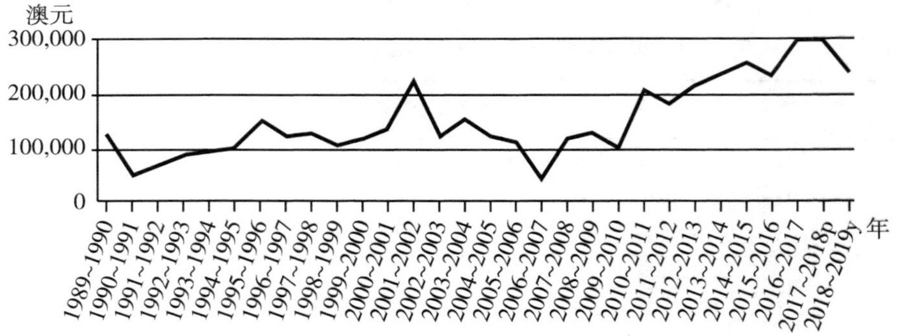

注:p:初步估计、y:临时估计。

图5-7 澳大利亚平均每个谷物农场在1989~2019年的现金收入变化①

现金成本,2017~2018年澳大利亚粮食农场的平均总现金成本增加了约7%,包括饲料、利息支付、维修和保养、化肥和雇用劳动力的支出增加,也被化学品和合同的支出减少抵消了一部分支出。

利润,在2017~2018年度,粮食产量下降和高价导致许多农场减少谷物库存以增加收入,并导致2018年6月30日可交易库存量减少,致使商业利润下降了约47%,达到平均每个农场的利润为99,800澳元。

负利润,意味着农场没有支付无偿家庭劳动力的资金或没有预留资金来更新贬值的农场资产。当收入波动时,许多农场会出现亏损。然而,持续的低利润或负利润会影响农场的长期生存能力。当然也有第一年亏损、第二年能扭亏为盈的农场,但这样的农场在2001~2018年的17年间每年只占据18%的比例。也就是说,总有30%多的农场最少连续2年以上亏损(详见图5-8)。

① See "Grain Farms", https://www.agriculture.gov.au/abares/research-topics/surveys/grains#productivity, Oct. 19, 2019.

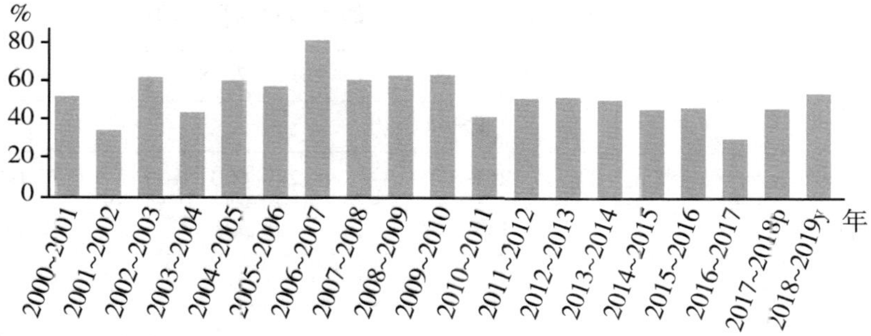

注:p:初步估计、y:临时估计。

图 5-8 2000~2019 年澳大利亚谷物农场中亏损的农场占总体比率①

(三)小麦行业的成本利润明细

虽然小麦占据谷物的主体,有关谷物的财务数据基本适用于小麦,但笔者还是找到了一份针对占据小麦行业 30% ~40% 份额的优质白麦的财务损益表,在降雨量低、中、高不同的三个小麦农场,对应的每公顷小麦单产分别为 1.7 吨、3 吨和 4.5 吨,在小麦市场价格统一是 300 澳元/吨的情况下,三个农场的每公顷单产小麦毛收入分别为 510 澳元、900 澳元和 1350 澳元,扣除一切可变成本(包括种子、税款、肥料、化学药剂、燃料及设备维修、运费及合同费用)后,毛利润分别是 289 澳元、476 澳元和 724 澳元,基于 5 年平均价格,三个农场小麦每公顷毛利润分别为 252 澳元、410 澳元、625 澳元。

(四)回报率

澳大利亚谷物农场的平均回报率(不包括资本增值)从 2016~2017 年度的 4.6% 下降到 2017~2018 年的 2.6%。在 2017~2018 年度和 2018~2019 年度,各个谷物农场之间的财务表现差异很大,但总体上是积极的。在 2017~2018 年度,约有 70% 的谷物农场的回报率(不包括资本增值—土地增值)高于零,其中约 28% 的谷物农场的回报率高于 5%,大约 8% 的谷物农场回报率低于 -5%。

回报率的变化反映了不同产区的平均季节性条件、商品价格和农业投入成本的变化。如表 5-4 所示,年平均回报率按地区分布,西部产区的谷物农场的回报率好于南部产区的谷物农场,北部产区的谷物农场回报率最低,在 2018~2019 年度的平均回报率为负。

---

① "Grain Farms", https://www.agriculture.gov.au/abares/research-topics/surveys/grains#productivity, Oct. 19, 2019.

表 5-4　2016~2019 年澳大利亚三大产区的谷物农场平均回报率对比①

性能指标	单位	2016~2017	2017~2018p	2018~2019y
北部地区				
农场现金收入	澳元	251,810	240,000	117,000
农场营业利润	澳元	159,040	28,200	-78,000
回报率 a	%	4.1	1.3	-0.2
南部地区				
农场现金收入	澳元	247,990	265,400	208,000
农场营业利润	澳元	176,300	114,000	50,000
回报率 a	%	4.5	3.0	1.8
西部地区				
农场现金收入	澳元	442,740	460,500	620,000
农场营业利润	澳元	279,900	247,000	413,000
回报率 a	%	5.9	5.1	7.2

p:初步估计、y:临时估计、a:不包括资本增值。

五、小麦产业的展望

澳大利亚小麦产业受气候条件影响非常明显,尽管 2018~2019 年度的西部产区小麦产量并没下降,这在某种程度上抵消了北部和南部产区的大幅减产,但全国总产量也从 2017~2018 年度的 2130 万吨下降到 1910 万吨,同时出口量下降到 970 万吨,低于往年平均水平值超过 45%。目前,观察 2019~2020 年度是第三个连续干旱的季节性气候条件,由于 2017~2019 年的粮食产量较低,以及牲畜饲料需求增加,澳大利亚东边各州的国内饲料粮价格一直居高不下,导致西部产区通常用于出口到全球市场的小麦,也在追逐商业利润的驱动下,转运到澳大利亚的东部各州,以满足当地市场需求,而 2019~2020 年度的冬季小麦一旦受不利季节条件影响,将导致澳大利亚国内的谷物库存量降至创历史纪录的低水平,导致澳大利亚国内小麦供应紧张。当下,澳大利亚小麦产业面临着气候影响下

---

① See "Grain Farms", https://www.agriculture.gov.au/abares/research-topics/surveys/grains#productivity, Oct. 19, 2019.

的产量不稳定、国际竞争者的低价挑战、国内消费和饲料需求导致小买卖供应紧张的局面。另外,外国小麦和面粉已开始获得澳大利亚进口许可证,登陆澳大利亚国内市场将成为常态,未来小麦产业的发展具有较大的不确定性。因此,笔者建议中国投资者,如欲投资澳大利亚小麦产业,需要慎重;如投资侧重于资源占有战略,且能承受连续多年的亏损,则可以考虑。

(一)国际竞争局势

从全球范围看,生产并有能力出口小麦的国家均位于南北半球的温带,进口国多分布在赤道两边的热带和亚热带区域。如表 5－5 所示,在过去很长一段时间,澳大利亚在国际小麦市场上属于传统的出口大国,仅排在美国、欧盟和加拿大之后,小麦出口量占据世界市场份额的 15%,澳大利亚的主要出口市场分布在东南亚(61%,其中印度尼西亚占据一半以上)、除东南亚和中国之外的部分亚洲地区(14%,主要是日本和韩国)、中东(14%)、中国(9%)、欧盟(2%),同时,澳大利亚小麦以符合亚洲和中东地区人们面食需求的卓越品质,享有一定的市场竞争力,虽然价格较高,但仍能维护市场份额不被动下降太快。

表 5－5　2009～2013 年世界主要出口小麦国家的出口量变化①

单位:百万吨

原产国	2009 年	2010 年	2011 年	2012 年	2013 年
美国	21.9	27.6	32.8	25.8	33.2
加拿大	19.3	18.4	16.3	17.9	19.8
法国	16.9	21.1	20.3	16.5	19.6
澳大利亚	20.7	15.9	19.7	23.5	18.0
俄罗斯	16.8	11.8	15.2	16.1	13.8
德国	9.7	8.9	6.1	6.8	8.2
乌克兰	12.9	4.9	4.1	8.6	7.8
哈萨克斯坦	3.2	5.1	2.9	7.5	5.0
罗马尼亚	2.3	2.5	1.6	2.3	4.8
印度	0	0	0.5	4.6	4.3

① "Ukraine-An Emerging Challenge for Australian Wheat Exports", https://aegic.org.au/wp-content/uploads/2016/04/Ukraine-Supply-Chain-Full-Report.pdf, Oct. 19, 2019.

如表 5 - 6 所示,近些年,随着黑海地区小麦的产量骤增,该区域的俄罗斯、乌克兰、哈萨克斯坦等国小麦产量在 2016 年已占世界总产量的 21%,同时,出口小麦占世界出口总量 32% 以上,成为国际小麦市场最大的出口来源地,并凭借其较低的价格拓展东南亚市场,对澳大利亚小麦出口市场份额形成严峻的挑战,截至 2018 ~ 2019 年度,黑海地区已占领印度尼西亚小麦进口市场 37% 的份额(印度尼西亚是澳大利亚小麦出口的最大单一市场),其小麦于 2011 ~ 2015 年平均价格约 184 澳元/吨,澳大利亚小麦价格则高出 30%。同时,南美洲的阿根廷也在以更低的价格争抢亚洲这个澳大利亚小麦传统出口市场,阿根廷对印度尼西亚出口的小麦在 2017 年时只有 15 万吨,而 2019 年上半年就达到了 160 万吨小麦,同期澳大利亚对印度尼西亚的小麦出口同比下降了 68%,为 39 万吨,阿根廷的小麦在 2011 ~ 2015 年的平均价格低至 114 澳元/吨,不到澳大利亚小麦价格的一半,这和阿根廷推行承包商,大幅降低设备和人力成本,以及阿根廷比索贬值有关系。面对黑海小麦和阿根廷小麦的挑战,澳大利亚对应的小麦价格却高达 242 澳元/吨,而且澳大利亚小麦这几年的出口量的变异系数增大(由于国内气候原因减产而优先满足国内需求导致出口量成倍减少),不能保证小麦供货数量的稳定性,一旦传统的亚洲市场对接上稳定且低价的黑海和阿根廷货源,澳大利亚想再恢复出口市场就需要较长的时间和较大的成本了。①

表 5 - 6 世界前十位出口小麦国家 2016 ~ 2019 年平均小麦出口量②

原产国	2016 ~ 2017 年度至 2018 ~ 2019 年度平均 /百万吨	2019 ~ 2020 年度预测 /百万吨	变化/%
俄罗斯	34.5	35.0	0.5
美国	26.6	27.0	0.4
欧盟	23.7	23.5	-0.2

① "Australian Wheat Production Compares Well To Global Competitors-An International Benchmarking Comparison", https://grdc.com.au/resources-and-publications/grdc-update-papers/tab-content/grdc-update-papers/2018/03/australian-wheat-production-compares-well-to-global-competitors-an-international-benchmarking-comparison, Oct. 19, 2019.

② See "Food Outlook: Biannual Report on Global Food Markets 2019", https://www.fao.org/3/ca4526en/ca4526en.pdf, Oct. 19, 2019.

续表

原产国	2016～2017 年度至 2018～2019 年度平均 /百万吨	2019～2020 年度预测 /百万吨	变化/%
加拿大	21.8	23.0	1.2
乌克兰	17.3	17.0	-0.3
澳大利亚	16.0	14.0	-2.0
阿根廷	13.1	13.6	0.5
哈萨克斯坦	8.0	8.0	0.0
土耳其	4.8	4.0	-0.8
墨西哥	1.0	1.3	0.3

（二）澳大利亚小麦产业的弱项——成本高、单产低

在 2016 年，澳大利亚 GRDC 推出了一份研究报告，即针对黑海区域的乌克兰小麦产业的研究报告《乌克兰－澳大利亚小麦出口面临的新挑战》（Ukraine-an Emerging Challenge for Australian Wheat Exports），从该报告中可以看出，乌克兰每公顷小麦的单产平均可达到 3.35 吨，而澳大利亚长期维持在 1.82 吨/公顷，从而导致乌克兰小麦的单产成本为 133 澳元/吨，而澳大利亚小麦单产成本为 207 澳元/吨，比乌克兰的成本高出 50.4%（详见表 5－7）。

表 5－7　2015 年乌克兰与澳大利亚小麦单产成本比较①

项目	乌克兰南部冬季小麦（免耕）	乌克兰南部冬季小麦（全耕）	乌克兰西部冬季小麦（全耕）	乌克兰加权平均	澳大利亚加权平均
产量（吨/公顷）	3.80	3.33	3.30	3.35	1.82
澳元/公顷					
种子	35	45	35	42	27
化肥	75	175	215	181	90

① "Ukraine-An Emerging Challenge for Australian Wheat Exports", https://aegic.org.au/wp-content/uploads/2016/04/Ukraine-Supply-Chain-Full-Report.pdf, Oct. 19, 2019.

续表

项目	乌克兰南部冬季小麦(免耕)	乌克兰南部冬季小麦(全耕)	乌克兰西部冬季小麦(全耕)	乌克兰加权平均	澳大利亚加权平均
澳元/公顷					
除草剂	90	50	130	74	110
柴油机	25	50	70	54	15
劳工	15	25	25	25	11
可变成本	240	345	475	376	253
直接工资和税金	10	10	10	10	43
土地	35	35	125	60	80
总计成本(澳元/公顷)	285	390	610	446	376
总计成本(澳元/吨)	75	117	185	133	207

另外,与图5－9反映的趋势一致,根据联合国粮食及农业组织(Food and Agriculture Organization of the United Nations,FAO)的数据,1961年世界平均小麦单产为1.4吨/公顷,到2013年时,平均小麦单产已增加到3.8吨/公顷,增长了171%。而澳大利亚小麦的单产在相同时期只是从1.04吨/公顷增加到1.82吨/公顷,直接后果就是其他国家在相同面积的小麦投入总量未超过澳大利亚的两倍时,澳大利亚的小麦价格必然高于其他国家,事实上澳大利亚的人工、燃油、化学药剂、运费等投入成本都远高于黑海地区和阿根廷。造成澳大利亚小麦单产长期低于世界平均水平的原因很多,包括:澳大利亚气候干旱、年降雨量的剧烈波动、土壤肥力低、疾病多,此外,还涉及精细化管理、供应链成本和管理效率。

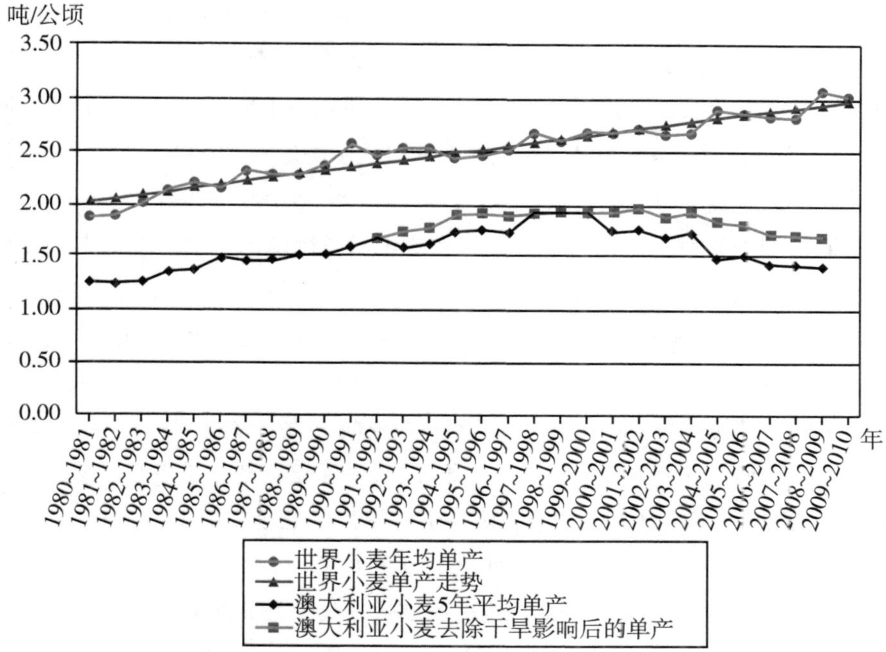

图 5－9　1980～2010 年世界小麦单产和澳大利亚小麦单产对比①

总之，未来的澳大利亚小麦产业如果再不进行变革，那么在自由贸易和市场经济的推动下，该产业有可能会发生较大的变化，包括小麦农场大面积转产，进口小麦大量提升，澳大利亚从原来的小麦出口大国变成小麦进口国。

（三）澳大利亚对小麦产业问题的应对

在 GRDC 于 2016 年推出关于乌克兰小麦产业的研究报告后，澳大利亚小麦行业参与者并没有太过激烈的反应，而同在南半球的阿根廷在国内政策调整后，小麦产量和出口量已成超越澳大利亚之势，并且都与北半球国家存在季节差，特别是阿根廷的小麦价格几乎是澳大利亚小麦价格的 1/3，对澳大利亚小麦产业构成了直接威胁，澳大利亚小麦业界开始有所应对。

1. 贸易协定。在澳大利亚传统的小麦出口市场区域，加快与各国（地区）建立双边或多边的贸易协定。包括与中国、日本、韩国、印度尼西亚、泰国、马来西亚、中国香港特别行政区签订了双边的自贸协定；同时参与了东盟主导的“10＋6”平台

① “Climate Change and Food Systems”, https://www.fao.org/3/a－i4332e.pdf, Oct. 19, 2019.

(在东盟10国之外还有中国、日本、韩国、澳大利亚、新西兰和印度),并和中国一起在"10+6"平台基础上推动亚太地区的《区域全面经济伙伴关系协定》(RCEP);另外,在美国退出《跨太平洋伙伴关系协定》(TPP)之后,澳大利亚连同日本推动其更名为《全面与进步跨太平洋伙伴关系协定》(CPTPP),截至2019年年初,已有日本、澳大利亚、新加坡、新西兰、加拿大、越南和墨西哥7个国家签署审批通过,剩下智利、马来西亚、秘鲁和文莱4国尚待国内审批。特别是印度尼西亚,其曾经是进口澳大利亚小麦高达400多万吨的单一最大市场,澳大利亚于2019年3月和印度尼西亚签署了《印度尼西亚-澳大利亚全面经济伙伴关系协定》(Indonesia-Australia Comprehensive Economic Partnership Agreement, IA-CEPA)。该协议规定在第一年,印度尼西亚将颁发自动进口许可证,允许免税进口澳大利亚50万吨包括小麦在内的谷物,关税配额量每年将增加5%。IA-CEPA已于2020年7月生效。该协议将削减澳大利亚小麦的价格劣势,提高澳大利亚小麦相对黑海小麦和阿根廷小麦的竞争力。①

2. 进口外国小麦。澳大利亚小麦的品质优良是受到北亚和东南亚国家认可的,在通过贸易协定,提高对其他出口国家小麦的价格竞争力以外,减小澳大利亚小麦出口变异系数,稳定每年的小麦出口量是保持澳大利亚传统出口市场份额的重要考量因素。

2019年5月,澳大利亚农业部批出了进口加拿大小麦的许可证,大约是26万吨。这是澳大利亚12年来第一次进口大宗谷物,同时也承担了一定的生物入侵风险,履行了成本较高、时间较长的审批要求,包括检验检疫要求。进口小麦尽量在港口区就近加工,即使需要运输,也要采用严格密封的方式,因为哪怕是一粒小麦种子或者杂草种子掉落,都将带来生物入侵灾害。预计2019~2020年度将进口加拿大小麦30万~50万吨,目前,进口还仅限于加拿大的小麦,因为生物安全方面足够符合澳大利亚的要求,如果申请其他国家的小麦进口,进口商还需要高成本和长时间的审批。

3. 优化国内资源。澳大利亚小麦出口商不仅将面临日益激烈的国际价格竞争,而且还将面临一些为小麦产业提供补贴的其他国家的竞争。在放松管制之

---

① See "Indonesia-Australia Comprehensive Economic Partnership Agreement", https://dfat.gov.au/trade/agreements/not-yet-in-force/iacepa/pages/indonesia-australia-comprehensive-economic-partnership-agreement.aspx, Oct. 19, 2019.

前,由澳大利亚小麦局提供一系列的行业服务,但现在的澳大利亚小麦行业的各种组织和机构需要资金保障,活动也需要良好的协调,以便从小麦育种、品种分类、供应链基础设施提供、小麦研究和贸易发展等方面进行协调,为小麦生产商和最终用户提供战略利益。

澳大利亚在小麦育种上有一定的竞争优势。传统的小麦育种有很长的交货时间和路径依赖效应,但澳大利亚的主要小麦育种公司可以迅速开发出对小麦种植者和最终用户有吸引力的小麦类型,并与其他活动(例如,分类变更、新的隔离、更有效的供应链和良好的行业营销)结合使用,能更有效地发挥澳大利亚小麦育种优势,增强澳大利亚小麦在国际上的竞争力。

倡导小麦种植者多元化经营。澳大利亚过去20多年来种植者的经验表明,小麦生产的商业风险较大,包括多变的季节、不同年份的价格以及不断增加的投入成本,应对这些商业风险是通过种植一些不同的作物(例如,谷物豆类、谷物和油籽)以及发展一些牲畜及其他副业来规避风险,增强农业企业的生存和投资能力。

管理和优化澳大利亚国内供应链。当前供应链成本约占出口小麦FOB的30%,科学规划和有效管理物流和营销可以极大增加商业收益。另外,通过协同基础设施投资,在自动化、信息技术和组织变革的创新,也能大大降低澳大利亚的供应链成本。①

① See "International Grain Competitors-What Can We Do at The Farm and Industry Level?", https://grdc.com.au/resources-and-publications/grdc-update-papers/tab-content/grdc-update-papers/2019/02/international-grain-competitors-what-can-we-do-at-the-farm-and-industry-level, Oct. 19, 2019.

第六章　肉牛产业

一、澳大利亚肉牛产业的历史概况

(一)历史渊源

澳大利亚的第一批肉牛是随着英国殖民者,在舰队司令菲利浦率领的船队中,于1788年抵达悉尼附近的,登陆时有6头牛(后文第七章乳业中有资料记载是9头牛,无法考证)。在殖民地建立后的几年中,尽管从印度和好望角引进肉牛,但牲畜数量增长缓慢,然而,在接下来的50年里,畜牧业迅猛发展,到了1900年,肉牛已攀升至860万头。其后,尽管两次世界大战和经济大萧条存在一定的影响,但在20世纪的前50年里,肉牛产业发展相对稳定,到了1950年,澳大利亚的肉牛的数量达到970万头。

尽管在20世纪30年代引入了婆罗门(Brahman)牛,但澳大利亚的牛群继续由英国起源的金牛座(Bos Taurus)品种占主导地位,包括赫里福德(Hereford)牛、亚伯丁安格斯(Aberdeen Angus)牛和肉用短角(Beef Shorthorn)牛等品种。直到20世纪50年代,引入了更多的Bos indicus品种,它们及其杂交的后代已被证明非常适合澳大利亚大陆的北部地区。这些牛在澳大利亚北部牛群的发展和对东南亚活牛贸易的增长发挥了重要作用。在20世纪60年代后期,欧洲大型金牛座品种,包括利穆赞(Limousin)、夏洛莱(Charolais)和西门塔尔

(Simmental)被引入澳大利亚,并与英国品种杂交,以生产后期的大型品种。随着新的品种组合,澳大利亚的肉牛数量在1960~1976年迅速增加,到1976年达到2980万头的峰值(如图6-1所示)。这个时期,在全球的牛肉产量趋高时,主要国际买家开始对进口实行数量限制,导致1976年后全球牛肉价格暴跌。20世纪80年代初,澳大利亚的干旱天气和持续的低价导致牛群数量在1984年3月下降到1940万头的低谷,然后在接下来的5年中,牛群的规模保持相对稳定。从1989年开始恢复数量,至2002年,澳大利亚肉牛数量逐渐增加到2470万头。

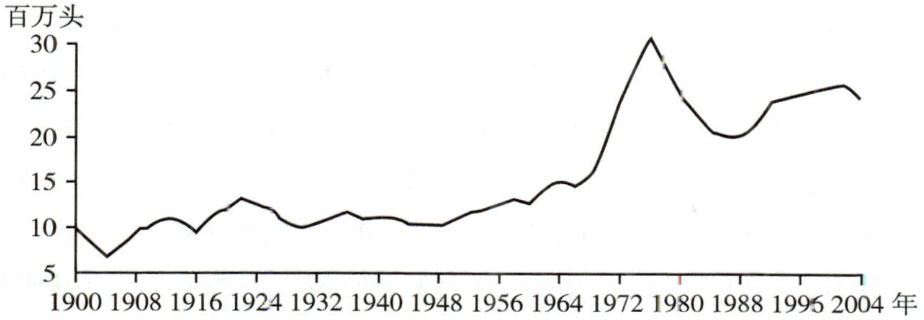

注:澳大利亚农业和资源经济局2004年预测。

图6-1　澳大利亚1900~2004年肉牛数量的变化①

(二)产业发展

1997年亚洲经济危机导致澳大利亚活牛贸易价值在截至1998年6月前的一年中下降了22%,次年的销售情况并没有好转。然而,亚洲活牛贸易的下降部分被出口到北非的活牛贸易增加所抵消,这是因为牛海绵状脑病(Bovine Spongiform Encephalopathy, BSE,或"疯牛病")和口蹄疫(Foot and Mouth Disease, FMD)的爆发使北非的传统欧洲供应商无法提供货源。自2000年以来,一系列因素导致了澳大利亚牛肉和活牛贸易的波动,其中包括日本、加拿大和美国的疯牛病检测(以及相关的消费下降);澳元的汇率变化;美国餐饮服务行业的下滑(影响牛肉的进口);其他市场对牛肉消费的态度改变(如菲律宾和埃及);美国的肉牛畜群重建;伊拉克战争;2003年年底开始的美国和亚洲的经济增长等因素。

---

① See "Australia's Beef Cattle Industry", https://www.abs.gov.au/ausstats/abs@.nsf/Previousproducts/1301.0Feature%20Article232005?opendocument, Oct. 24, 2019.

(三)产业结构

在过去的50多年里,澳大利亚的肉牛产业在整个畜禽行业的比例逐渐升高,1960年为5%,1980年为19%,1990年为15%,1995年为25%,到了2002～2003年度,有36,200家机构被列为"肉牛"农场,占133,000家农业机构的27%。这种肉牛企业越来越多的趋势恰好与"乳制品""绵羊"企业的数量减少相吻合,特别是,乳制品企业在1980～2003年减少了9500多家企业(约46%),其中大部分转型肉牛行业。在2002～2003年度,在2360万头肉牛群中,分类为肉牛业的企业持有1720万头牛(约占总畜群的73%),而分类为"粮食—羊—牛肉"混合产业的企业拥有410万头牛(约占总牛群的18%)。在这一年中,农业经营规模估值(Estimated Value of Agricultural Operations,EVAO)低于20万澳元的肉牛企业占该行业数量的72%,但企业持有牛群数量只占该行业牛群总量的30%。在规模的另一端,EVAO超过100万澳元的肉牛企业占该行业企业数量的3%,但其持有牛头数占整个牛群的32%。相应的牛群规模也在增长,在1979～2003年的20多年的时间里,平均牛群的规模增加了52%,从20世纪80年代每家企业平均218头牛,上升到21世纪10年代的331头牛,其中60%的企业平均少于150头牛,而单个农场超过2000头牛规模的企业数量占该行业的2%。

(四)饲养场模式

该模式于20世纪20年代首次出现在美国,但直到20世纪50年代才被引进澳大利亚,主要源于海外客户对牛肉脂肪的专门定制和全年始终如一的高品质的特定需求,饲养场模式的定义是"将肉牛圈养在一个有限的院落区域,院落中有饮水和喂食设施,完全用手工或机械饲喂以便催肥生长"。① 传统上,澳大利亚的消费者更喜欢偏瘦的牛肉,而一些海外市场,特别是日本人,更喜欢牛肉中有大量的大理石花纹。为了满足海外市场这些要求,以及不断增长的国内需求,在屠宰或活体出口之前,肉牛要完成饲养场模式的高营养粮食饲料催肥程序,大麦和高粱是最常用的催肥饲料用的谷物。根据特定客户所需的大理石花纹和重量水平,牛在此催肥程序上停留的时间从大约30天到300天不等。饲养场模式开

① See "Australia's Beef Cattle Industry", https://www.abs.gov.au/ausstats/abs@.nsf/Previousproducts/1301.0Feature%20Article232005?opendocument, Oct. 24, 2019.

始于昆士兰州的 Darling Downs，随着饲养场模式的引入，澳大利亚的饲养场模式企业在 1996 年增长到 830 个饲养场，从该年开始了饲养场模式的首次认证，大量的小规模企业无法通过认证，到 2000 年 6 月，通过认证的饲养场数量减少到 710 个，到 2004 年 3 月，通过认证的数量进一步减少到 575 个。虽然饲养场数量下降了，但饲养场模式下的肉牛数量上升至 926,000 头，其中近一半在昆士兰州，新南威尔士州超过 1/3，55% 的肉牛由 23 个饲养场持有，每个饲养场的许可容量为 10,000 头或更多。另外，大约 481 个饲养场持有 17% 的肉牛数量，每个饲养场的许可容量小于 1000 头。截至 2004 年 3 月 31 日，经过饲养场模式的肉牛大部分都被运往日本市场，约占可供应量的 53%，第二大市场是澳大利亚国内的消费，约占可供应量的 37%。

（五）屠宰率

随着澳大利亚牛群的增长以及消费者的需求和偏好发生变化，肉牛屠宰率随着时间的推移而逐渐增加，1901 年，860 万头牛群中约有 1/8 被屠宰，而在 1950 年，当时的 970 万头牛群中有 1/4 被屠宰。在 2003～2004 年度，屠宰了 880 万头牛和牛犊，约占牛群总数的 33%，其中，昆士兰州屠宰了最多的牛和牛犊（370 万头），其次是维多利亚州（220 万头）和新南威尔士州（180 万头）。肉牛的平均胴体重量也从 1950 年的 171 公斤增长了 36%，达到 232 公斤。屠宰行业产值也从 1949 年的 17 亿澳元（按 2004 年价值折算）增长到 2004 年的 60 亿澳元。

（六）牛肉出口

澳大利亚牛肉很早就是出口的重要产品，早在 1901 年，澳大利亚出口了 43,400 吨牛肉（约占牛肉总产量的 25%，占全国出口贸易总额的 2%），价值 1.223 亿澳元（按 2004 年价值折算）。主要出口目的地是英国（50%），南非（36%）和菲律宾（8%）。到了 2003～2004 年度，澳大利亚出口了 886,400 吨牛肉和小牛肉（约占牛肉总产量的 44%），价值 390.8 亿澳元（占全国商品贸易总额的 3.5%）。如表 6－1 所示，澳大利亚牛肉出口的最大客户是美国和日本，出口量分别约 36 万吨和 33 万吨，其次是韩国、印度尼西亚；出口总量是 40 年前的近 5 倍。

表 6-1 澳大利亚 1899~2004 年出口牛肉和小牛肉的目的地国家及相应数量①

单位:千吨

国家	1899~1900年	1909~1910年	1919~1920年	1929~1930年	1939~1940年	1949~1950年	1959~1960年	1969~1970年	1979~1980年	1989~1990年	1999~2000年	2003~2004年
美国	—	—	0.1	0.2	0.3	—	89.3	234.8	343.6	349.8	317.9	363.8
日本	—	—	—	2.8	0.2	0.1	2.0	16.5	98.2	190.8	326.9	331.5
韩国	—	—	—	—	—	—	—	—	8.2	68.8	72.7	80.5
印度尼西亚	—	—	—	0.2	0.1	—	—	—	0.3	0.3	16.0	11.8
马来西亚和新加坡	—	—	—	1.3	2.6	0.1	4.1	2.5	9.4	4.6	12.9	10.7
加拿大	—	—	—	—	—	—	—	23.4	23.9	30.4	34.4	8.9
菲律宾	3.6	4.5	1.3	3.3	0.6	—	1.1	1.2	3.8	0.3	17.9	7.5
英国	21.8	41.4	48.0	35.6	112.1	62.1	81.7	27.1	6.1	5.6	7.4	4.9
埃及	0.1	0.6	3.0	2.7	6.4	3.9	—	—	4.0	—	1.2	0.5
南非	16.0	1.7	—	—	—	—	—	—	—	—	2.5	0.3
其他	2.1	1.4	2.6	25.0	1.3	16.5	11.7	22.4	74.6	28.4	32.0	35.7
总计	43.6	49.6	55.0	71.1	123.6	82.7	189.9	327.9	578.8	708.7	871.3	886.4

(七)活牛出口

早在 20 世纪初,澳大利亚还有进口活牛,在 1901 年,进口了 114 头活牛,出口了 2413 头活牛。从那时起,澳大利亚的活牛就以出口为主,进口活牛逐渐停止。到了 2003~2004 年度,澳大利亚共出口了活牛 683,000 头,价值 4.6 亿澳元,成为当时世界上出口活牛最多的国家,而当年澳大利亚总共只进口了 4 头活

① "Australia's Beef Cattle Industry", https://www.abs.gov.au/ausstats/abs@.nsf/Previousproducts/1301.0Feature%20Article232005?opendocument, Oct. 24, 2019.

牛(育种用),价值168,000澳元,平均4.2万澳元/头。澳大利亚活牛出口的大部分被归类为“非纯种繁殖用途”,通常用于目的地国的屠宰,占出口活牛总量的84.74%。亚洲一直是澳大利亚活牛出口的重要市场,发生在1997~1998年的亚洲金融危机导致澳大利亚活牛出口量下降了20%,在1997年6月至1999年6月的下滑期间,主要活牛进口国印度尼西亚减少了80%进口量,但同期非洲的利比亚和埃及各自增加了4倍的活牛进口量,弥补了那一段时期亚洲需求降低的大部分活牛出口数量。2000年以后,随着印度尼西亚经济的改善,以及马来西亚、沙特阿拉伯和文莱的需求增加,加上欧洲和南美洲受疯牛病和口蹄疫的影响以及澳元汇率走低,澳大利亚活牛出口量在2002~2003年度达到了历史高峰97.7万头。

(八)澳大利亚国内牛肉消费历史

在20世纪的下半叶里,澳大利亚人的饮食习惯发生了很多变化,这些变化的原因包括新的文化影响、健康因素、不同食品和替代品的相对价格变化、产品营销等,虽然牛肉仍然是澳大利亚人最受欢迎的肉类之一,但它也受到这些变化的影响,如图6-2所示,澳大利亚人均每年牛肉消费量从20世纪60年代后期的每人40公斤上升到1976~1977年度的人均年消费70公斤的顶峰,此后,澳大利亚人的饮食习惯开始变化,人均年牛肉消费量在10年内下降到39公斤,然后这种下降趋势开始缓和,到了1995~1996年度,澳大利亚人均年牛肉消费量降至每人36公斤,并在此基础上上下浮动,这反映了牛肉价格、人群健康态度和经济状况的变化。特别是消费者对替代蛋白质来源的偏好发生了变化,主要是鸡肉的消费量增加了,人均鸡肉年消费量由1988~1989年度的24公斤在10年内增加了28%,在1998~1999年度达到了每人31公斤,在2002~2003年度达到人均年鸡肉消费量达到35公斤,并随后超过了牛肉的人均年消费量。羊肉的人均年消费量在1988~1999年的10年期间,从每人22公斤降至16公斤,并在2003~2004年度进一步下降至14公斤。相比之下,在20世纪90年代,澳大利亚的猪肉人均年消费量保持相对稳定,每人约19公斤,一直到21世纪人均猪肉年消费量也维持在20公斤左右。澳大利亚的海鲜人均年消费量在20世纪90年代保持在11公斤左右,进入21世纪后与羊肉消费量相仿。

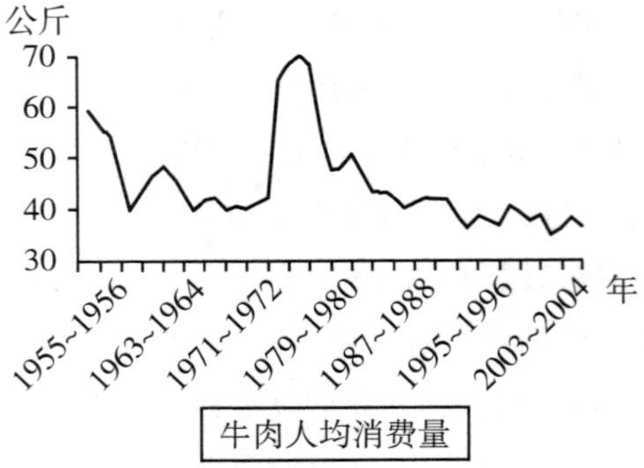

图 6－2　澳大利亚 1955～2004 年牛肉人均年消费量①

二、肉牛产业现状

（一）肉牛产业的规模

澳大利亚肉牛产业为澳大利亚的经济作出了重要贡献，全国农场中约有 40% 的农场是与肉牛产业有关的，这使肉牛产业成为澳大利亚最常见且分布最广的农业活动。在澳大利亚几乎所有地区，肉牛养殖场都是农村经济的重要组成部分，肉牛产业经营所占的土地面积占澳大利亚全国农业用地总面积达 79% 以上。

在 2017～2018 年度，澳大利亚肉牛产业的产量达 224 万吨，产值约有 114 亿澳元，占全国农业生产总值约 20%，出口额 60.5 亿澳元，约占农业产品出口收入总值的 19%。截至 2017 年 6 月 30 日，澳大利亚肉牛企业有 47,776 家，包括肉牛在内的畜禽行业直接雇佣员工达 19.18 万人，屠宰场大约有 300 家，雇佣 29,800 名员工。澳大利亚牛群共有 2620 万头牛，较上一年同期增长 4.8%，其中，90% 为肉牛，其余 10% 为奶牛。牛群数量在全国的分布为：昆士兰州的牛群数量占全国数量的 43%，新南威尔士州的牛群占全国数量的 20%，维多利亚州的牛群占全国数量的 14%，西澳大利亚州和北领地的牛群各占 8%，南澳大利亚州的牛群占全国数量的 4%，塔斯马尼亚州占剩余的 3%（详见图 6－3）。

① See "Australia's Beef Cattle Industry", https://www.abs.gov.au/ausstats/abs@.nsf/Previousproducts/1301.0Feature%20Article232005? opendocument, Oct. 24, 2019.

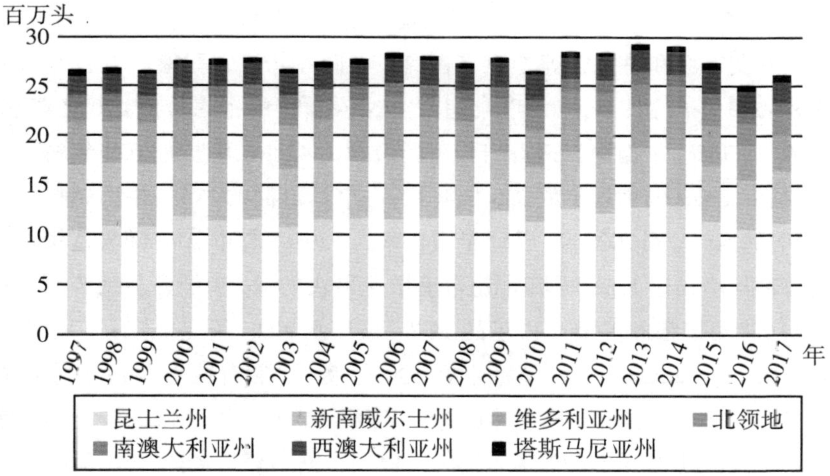

图6－3　澳大利亚牛群1997～2017年在各州的数量分布和变化①

(二)肉牛产业的国内消费

澳大利亚国内牛肉消费量占据牛肉行业总产量的30%，价值86亿澳元，澳大利亚人平均吃掉26公斤牛肉，使澳大利亚成为世界上人均牛肉消费量最大的国家之一，人均牛肉消费价值占肉类消费值的比例达到35%，位居肉类第一名(详见图6－4)。②

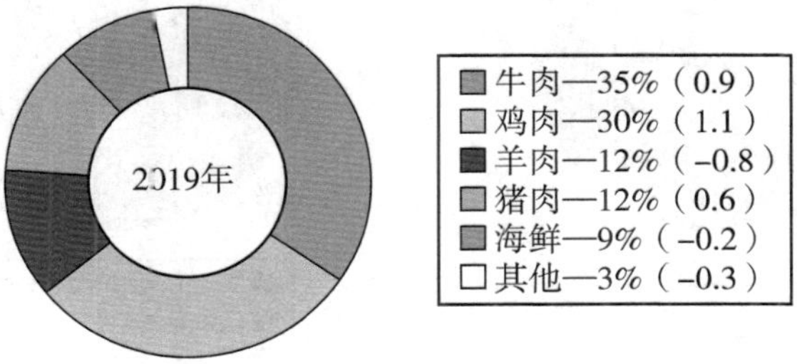

图6－4　澳大利亚国内新鲜肉类消费零售在2019年6月15日各品类占比及与上一年同期比③

---

① "State of the Industry Report 2018", https://rmac.com.au/wp-content/uploads/2018/09/SOTI18.pdf, Oct. 24, 2019.

② See "Fast Facts Australia's Beef Industry", https://www.mla.com.au/globalassets/mla-corporate/prices—markets/documents/trends—analysis/fast-facts—maps/mla_beef-fast-facts-2018.pdf, Oct. 24, 2019.

③ See "Market Snapshot", https://www.mla.com.au/globalassets/mla-corporate/prices—markets/documents/os-markets/red-meat-market-snapshots/2019/mla-ms-australia-beef-sheep-2019.pdf, Oct. 24, 2019.

超市是澳大利亚新鲜肉类的主要销售市场，占据鲜肉市场份额的83%，其次是肉店、农贸市场和熟食店等专业零售商。如图6-5所示，澳大利亚几大超市在2018~2019年的日杂销售额中，超市Woolworths的销售价值470亿澳元，占市场份额的36%，牛肉销售额占细分市场份额的42%，预计到2023年每年增长3.5%；超市Coles的销售价值350亿澳元，占市场份额的27%，牛肉销售占细分市场份额的40%，到2023年，预计年增长率为1.9%；超市Aldi随着连锁快速扩张，销售额年增幅达12%，是四大超市里增速最快的，2019年日杂销售额占市场份额7%，牛肉销售额占细分市场的12%，预计到2023年在全国经营757家商店；超市IGA（Metcash）销售额稳定在130亿澳元，牛肉销售额占细分市场的2%，预计到2023年的年增长率为0.3%；美国会员大卖场Costco计划由目前的11家门店拓展到14家，2019年的牛肉销售额占据细分市场的1%，预计到2023年，销售额将保持年增长9%。① 未来澳大利亚的零售业将会发生一些重大变化，随着Woolworths和Coles在线销售的加强促使这两家超市销售额迅速增长，另外，美国亚马逊商城的进入和世界第四大零售商德国Schwarz Group背景的Kaufland的进入，都影响着澳大利亚国内零售市场。

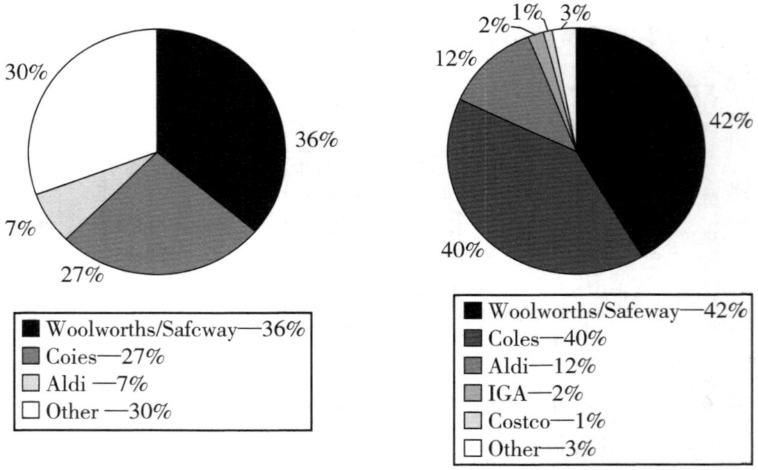

零售市场份额　　主要牛肉零售超市

图6-5 澳大利亚2018~2019年零售市场中的超市在牛肉销售细分市场的份额②

① See "Market Snapshot", https://www.mla.com.au/globalassets/mla-corporate/prices—markets/documents/os-markets/red-meat-market-snapshots/2019/mla-ms-australia-beef-sheep-2019.pdf, Oct. 24, 2019.

② Ibid.

(三)肉牛产业的出口

澳大利亚出口的牛肉数量占其全国总产量约71%,使澳大利亚成为世界第三大牛肉出口国,仅位于印度和巴西之后。在2017~2018年度,澳大利亚向全世界100多个国家出口了牛肉,出口额达80亿澳元,出口量达150万吨,其中,活牛出口96万头,出口额为13亿澳元。日本(30.73万吨)、美国(23.48万吨)和韩国(15.62万吨)是前三大进口市场,中国虽然排在第四位,但到了2018~2019年度,中国进口澳大利亚牛肉量价齐涨,排名第三位,超过了韩国。

澳大利亚牛肉出口经历了4个主要时代:(1)1973年之前的英国时代;(2)1973~1987年的美国时代,在此期间,澳大利亚牛肉出口大幅增加;(3)1987~2009年的日本和韩国的北亚时代,在此期间,由于国际贸易自由化的发展,澳大利亚对日本和韩国的牛肉出口大幅增加;(4)自2009年以来的发展中亚洲时代,特别是对中国和印度尼西亚的出口增长迅速,中国更是在2019年进入澳大利亚出口牛肉市场的前三名。

中国自2018年8月首次报告发生非洲猪瘟以来,2019年3月,欧盟向中国出口冷冻猪肉的年增长率为32%,澳大利亚牛肉对华出口也因替代蛋白质的需求增加而受益。在最新统计的2018~2019年度数据中,澳大利亚牛肉对华出口24.0986万吨,较2017~2018年度的出口量增幅达39.5%,出口金额19.88亿澳元,较2017~2018年度增长更是高达46.9%。澳大利亚2018~2019年度对中国出口牛肉相关统计数据如图6-6所示。

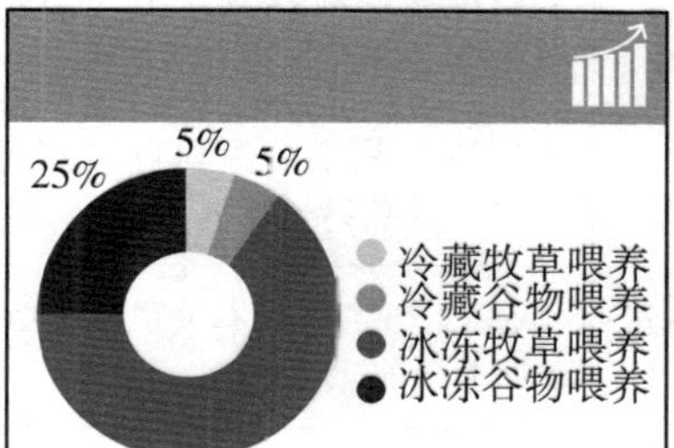

(a)澳大利亚牛肉出口量

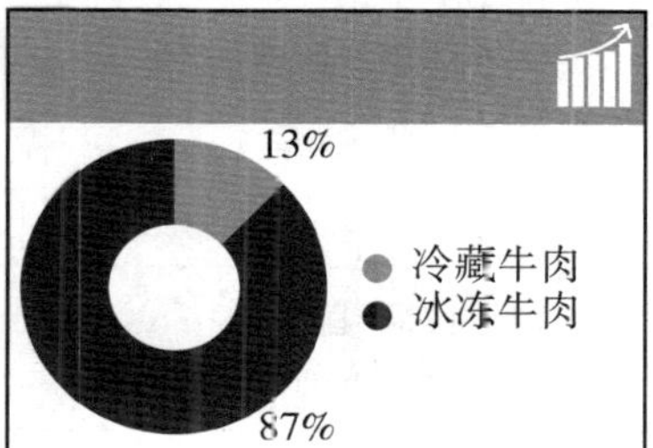

(b)澳大利亚牛肉出口价值

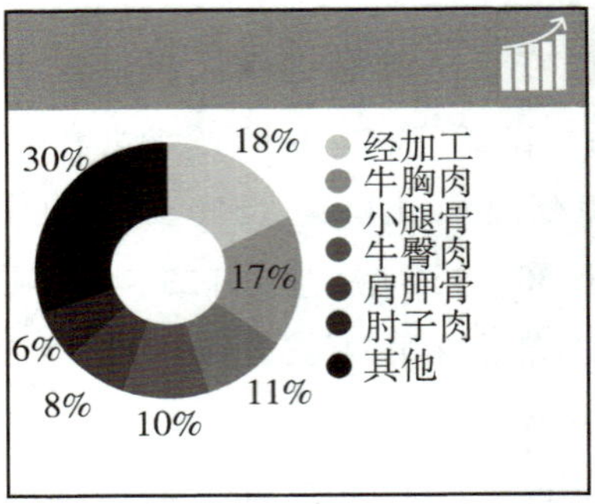

(c) 关键肉块分布(牛肉)

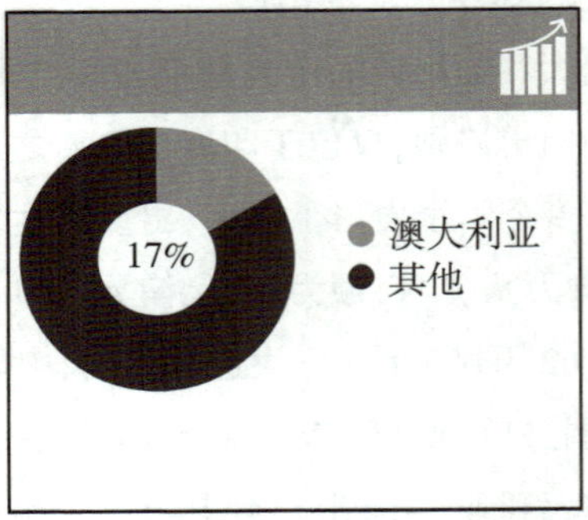

(d) 澳大利亚的牛肉进口份额

注:只包括中国数据。

图 6-6 澳大利亚 2018~2019 年度对中国出口牛肉相关统计数据①

出口市场准入:澳大利亚的牛肉出口面临许多国家的贸易壁垒,这种边境保护通常采取关税和/或关税配额的形式。关税是对从一个海关区域运输到另一个海关区域的货物征收的税金;配额是对进口的数量限制,低于该数量限制的进口产品将减少或按比例征收关税,如果进口量超过关税配额,则超过限额的商品将被收取更高的配额关税(详见表 6-2)。

表 6-2 澳大利亚于 2019 年与世界各国(地区)之间牛肉出口适用的关税和配额②

目的地	2019 年适用的关税/配额(如适用)	评论
加拿大	35,000 吨配额 配额关税:0% 超额配额关税:17.6%	根据 CPTPP,在 2023 年 1 月 1 日前,超过配额的部分减少 26.5% 的基本关税
智利	0%	根据澳大利亚—智利自由贸易协定的基本关税减了 6%
中国	174,454 吨配额内按 6% 征税,超过配额按 12% 征关税	根据 ChAFTA,基本关税将在 2024 年 1 月 1 日前减少 12% ~25%

① See "Market Snapshot/Beef & Sheepmeat", https://www.mla.com.au/globalassets/mla-corporate/prices—markets/documents/os-markets/red-meat-market-snapshots/2019/mla-ms-greater-china-beef-sheep-2019.pdf, Oct. 24, 2019.

② See "Beef", https://www.mla.com.au/prices-markets/overseas-markets/market-access/beef/, Oct. 24, 2019.

续表

目的地	2019 年适用的关税/配额(如适用)	评论
欧洲联盟	在 7150 吨“希尔顿”配额内的关税按 20% 征收,另在共享配额 45,000 吨以内关税为 0%。超出“希尔顿”配额和共享配额的关税按 12.8% +(141.4 – 304.1 €)/ 100kg 征收	A-EUFTA 谈判正在进行中
印度尼西亚	0% ~5%	根据 AANZFTA,大多数关税在 2020 年 1 月 1 日之前最多减少 5%。另外,IA-CEPA 尚待批准
日本	在 JAEPA 项下:2019 年 4 月 1 日起,冷藏肉 28.8%、冷冻肉 26.7%。在 CPTPP 项下:2019 年 4 月 1 日起,配额 60.18 万吨,超额的冷藏肉和冷冻肉都是 39% 关税	在 JAEPA 项下,冷藏和冷冻牛肉的 38.5% 的基本关税分别在 2028 年 4 月 1 日前降至 23.5% 和 2031 年 4 月 1 日前降至 19.5%。在 CPTPP 项下,冷藏和冷冻牛肉基础关税在 2033 年 4 月 1 日前降至 9%
韩国	配额 170,673 吨内的关税税率是 24%,超额的适用 30% 的税率	根据 KAFTA,2028 年 1 月 1 日前消除 40% 的基本关税
马来西亚	0%	根据 AANZFTA 和 MAFTA 基本关税为 0%
墨西哥	冷藏肉 16% 关税、冷冻肉 20% 关税。与 CPTPP 其他国家共享 20 万吨配额,配额内 0% 关税(直到 2019 年年底)	根据 CPTPP,2027 年 1 月 1 日前消除了冷藏肉 20% 关税和冷冻肉 25% 基本关税
新西兰	0%	根据 CER 基本关税限制在 0%
秘鲁	11% ~17%	根据 CPTPP,在 10 年内取消 11% 至 17% 的基本关税(等待批准)。PAFTA 尚待批准
菲律宾	0%	根据 AANZFTA,基本关税限制为 0%

续表

目的地	2019年适用的关税/配额（如适用）	评论
俄罗斯	共享11,000吨冷藏肉和407,000吨冷冻肉的配额，配额内的关税15%，超出配额的关税50%。优质牛肉免配额，关税15%	进口到俄罗斯目前暂停
新加坡	0%	根据SAFTA基本关税限制为0%
泰国	配额1536.43吨内关税2.67%，超出配额关税50%	根据TAFTA，在2020年1月1日之前取消50%的基本关税，并取消配额限制
美国	配额428,241吨关税0%，超出配额关税10.56%	根据AUSFTA，在2022年1月1日之前，取消配额内的US4.4c / kg关税，配额增加到4,422,214吨
越南	0%	根据AANZFTA，取消了之前的10%的基本关税

AANZFTA：东盟—澳大利亚—新西兰自由贸易区；A-EUFTA：澳大利亚—欧盟自由贸易协定；AUSFTA：澳大利亚—美国自由贸易协定；CER：澳大利亚—新西兰更紧密经济关系；CPTPP：全面与进步跨太平洋伙伴关系协定；ChAFTA：中澳自由贸易协定；IA-CEPA：印度尼西亚—澳大利亚经济合作协议；KAFTA：韩国—澳大利亚自由贸易协定；JAEPA：日本—澳大利亚经济伙伴关系协定；SAFTA：新加坡—澳大利亚自由贸易协定；TAFTA：泰国—澳大利亚自由贸易协定。

（四）澳大利亚肉牛的品种

澳大利亚牛肉的品质具有“天然优势”，截至2019年6月，全国有近2900万头牛，其中大约2/3的牛是草饲（Grass Fed）的，一生都在牧场上吃草；剩下的1/3是谷物喂养（Grain Fed）的，他们大部分时间都在牧场放牧，然后用饲料谷物喂养。

谷饲牛肉，澳大利亚大约34%的肉牛是屠宰前在饲料场里用谷物饲养的。虽然它们可能是在牧场里出生的，但小牛会在断奶后被送到饲料场喂养一段时间，这段时间可能长达60～600天。一旦进入饲料场，牛将被称重、接种疫苗并贴上标签，并经常使用激素生长促进剂（HGP）进行处理，然后被喂以密集的谷物和切碎的饲料，以确保它们尽可能有效地增肥。谷物饲养可保障肉牛的营养均衡，保证牛肉品质的一致性，丰富的大理石花纹有助于改善牛肉的口感，柔软多汁和鲜美的味道。饲养方式分为：短饲（100～150天），中喂（150～200天）和长喂(200 天以上)。谷物饲养的牛肉在出口市场上受很多国家推崇,澳大利亚在谷饲牛肉生产方面享有盛誉。

草饲牛肉,谷饲牛肉一直被批评为资源密集型和环境不可持续性,同时在饲料中使用激素生长促进剂(HGPs)和抗生素,再加上牲畜的集约化饲养,使许多消费者逐渐倾向于草饲牛肉。草饲牛一生都以草为食,针对销售目标是澳大利亚国内市场还是出口市场,而被加工成与选定的目标市场相匹配的重量。草饲牛达到理想体重的年龄通常是由种畜的遗传选择决定的。而牧场的季节性和地理性的变化因素会影响草饲牛肉的风格和质量。随着消费者对天然、健康食品的需求增加,在全球范围内,澳大利亚草饲牛被视为健康饮食的重要组成部分。当前,澳大利亚草饲牛已应用了专门提高自然脂肪和胆固醇含量更低的 Omega 3 技术,使草饲牛的市场需求逐渐增加。

肉牛类别和品种,主要分热带和温带两大类别。热带牛的品种以瘤牛(Bos Indicus)为主(如图 6-7 所示),如婆罗门(Brahman)牛和抗旱牛(Droughtmaster),这些肉牛品种非常适合澳大利亚北部地区,这里的热带气候在夏季有丰富的季风降雨,肉牛产业经营用地占据农业活动用地 75%,但牛群数量只占全国牛群的一半不到,而牛肉的质量也低于南方温带的肉牛质量,因此北部热带地区肉牛以亚洲为目标,通过实时出口市场出口活牛,或者在屠宰前被送去南方喂食谷物以提高牛肉质量;温带牛的品种以博斯金牛座(Bos Taurus)为主,通常包括欧洲赫里福德(Hereford)和安格斯(Angus)等衍生品种,这些品种适应于南部温带地区,气候温和、土地肥沃、牧草丰富,能够生产出优质的牛肉,在不同年龄的屠宰后,被出售给高价值市场,这些市场包括:日本、美国、韩国。

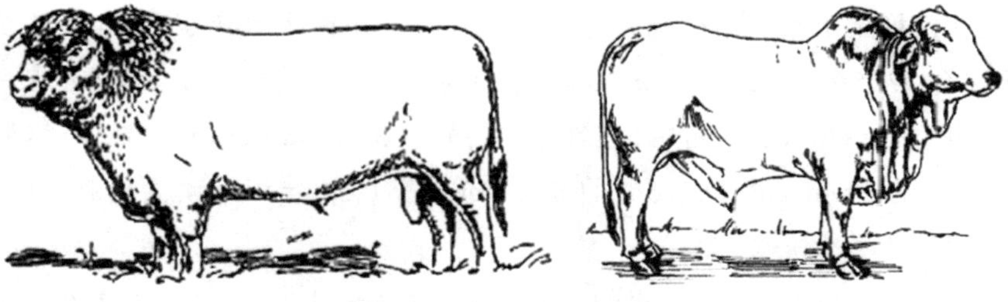

图 6-7　澳大利亚肉牛博斯金牛座(左)和瘤牛(右)①

---

① See "Breeds of Beef Cattle", https://www.agriculture.vic.gov.au/agriculture/livestock/beef/breeds/breeds-of-beef-cattle, Oct. 24, 2019.

博斯金牛座源于欧洲,适合于温带,与博斯金牛座有关的品种包括:(1)安格斯(Angus),源于苏格兰,大约1840年引入澳大利亚,外表黑色;(2)赫里福德(Hereford),源于英格兰,1826年引入澳大利亚,有角,外表红色为主,脸部和腹部有白色;(3)波尔赫里福德(Poll Hereford),源于美国,于1920年左右引入,与赫里福德差别较小;(4)默里格雷(Murray Grey),源于维多利亚州沃东加,于1905年由Angus Shorthorn开发,外表灰色或间杂银灰色;(5)短角(Shorthorn),源于英格兰,于1825年引入澳大利亚,外表红色杂白色;(6)夏洛莱(Charolais),源于法国,于1969年引入澳大利亚,外表白色;(7)利穆赞(Limousin),源于法国,于1973年引入澳大利亚,外表浅棕色,有角,肌肉发达,以高产肉量而闻名,脂肪含量最低,适合杂交育种;(8)西门塔尔(Simmental),产于西欧(瑞士、德国、奥地利、法国等),于1970年引入澳大利亚,外表红色,杂白色斑纹,有角。

瘤牛,源于南亚,与欧洲品种的区别在于脊背有脂肪驼峰,下垂赘肉,适合澳大利亚的热带,因为它们更耐热,并且能抵抗热带常见的疾病"蜱"。澳大利亚主要的瘤牛品种包括:(1)贝尔蒙特红(Belmont Red),源于昆士兰州,是澳大利亚在1968年研发出来的,配种源于50%的Africander、25%的Hereford、25%的Shorthorn,外表红色,有角。(2)婆罗门,源于美国,于1933年引入澳大利亚,外表银灰色,有角。易产犊、奶水好、护幼犊。(3)Brangus,是澳大利亚在1950~1960年,由37.5%的Brahman和62.5%的Angus混合配种发展而来的品种,外表黑色,有合理的蜱热容忍度,胴体没有多余脂肪。(4)Braford,是澳大利亚于1946~1952年在昆士兰州混合50%的Hereford和50%的Brahman研发出来的,现在已稳定下来。耐热且耐蜱。(5)抗旱牛,由澳大利亚于1956年在昆士兰州混合37.5%~50%的Brahman和50%~62.5%的Shorthorn,还有一些Red Poll和Hereford的种源,外表红色,有角。(6)Santa Gertrudis,源于美国,混合37.5%的Brahman和62.5%的Shorthorn,于1952年引入澳大利亚,外表红色,有角。

肉奶牛,某些在奶牛畜群里的小牛适合作为肉牛生产,这比产奶更有经济效益,也有利于节省饲料,其中品种有:(1)弗里斯兰(Friesian),源于荷兰,于1850年引入澳大利亚,外表黑色间杂白色,有角;(2)泽西(Jersey),源于海峡群岛,于1800年年初引入澳大利亚,外表浅黄褐色间杂红色或银灰色或白色,有角。

(五)肉牛行业的生产系统

澳大利亚牛肉生产包括:(1)生产前的预备阶段,包括遗传育种优化,购买牛犊充实库存;(2)生产阶段,主要在牧场里完成;(3)饲养阶段,主要是在饲养场用谷物饲料喂养,催肥;(4)屠宰加工阶段。

牧场是生产系统的起点。黄牛生产最终是将草或谷物转化为体重和随后的牛肉。肉牛产业的从业者首先要根据他们所在地区自然生长环境来决定生产迎合什么市场的牛,通常肉牛农场只会从事整个生产系统的一个部分,而不会从头到尾经营,他们的目标市场包括:小牛市场(收购9个月的小牛)、一岁市场(收购12个月大的牛)、饲养场市场(收购18个月以上的牛)或草饲市场。一旦作出市场选择这个决定,肉牛农场就会在专业机构的帮助下选择合适的肉牛品种。目前,安格斯品种是澳大利亚最受欢迎的品种,主要是安格斯肉牛的品质优良并有大理石花纹。其他受欢迎的品种还有夏洛莱和婆罗门,这两个品种可以抵御恶劣的条件。专业服务机构帮助农场寻找合适的遗传资源,这涉及选择用来繁殖的雄性公牛。虽然有些农场主依赖视觉评估,但更科学的是视觉与估计育种值(EBVs)相结合,并结合种牛的母亲、父亲和兄弟姐妹的特征为遗传描述特征范围。在生长阶段(2个月),牛奶供应是保持小牛按计划生长的重要基础。在4~9个月体重在200~300公斤时,南方的肉牛农场会出售,北方的肉牛农场会定期集合并将其中状态较佳的出售。进入饲养场的牛将按照市场需求倒推回来的重量来确定,一般目标市场为日本的通常以380~480公斤的重量进入饲养场,然后饲喂一种特殊配方的饲料以最大化地增加体重,同时进行疫苗接种。图6-8为澳大利亚肉牛生产流程。饲养场通常靠近谷物生产区域,可节省大量饲料造成的运费,例如,澳大利亚最大的饲养场位于昆士兰州南部,由澳大利亚日本肉类包装公司(Nippon Meat Packers Australia)所有,其可以在任何时候喂养75,000头牛。澳大利亚的屠宰加工正在提高市场集中度,前五大加工商占红肉加工的50%份额以上,这些企业要么是联合所有,要么与外国公司合资,包括嘉吉(Cargill)、斯威夫特(Swift)、泰斯和日本肉类包装商(Teys and Nippon Meat Packers)。由于靠近肉牛牧群和饲养场,全国的40%的屠宰企业位于昆士兰州。

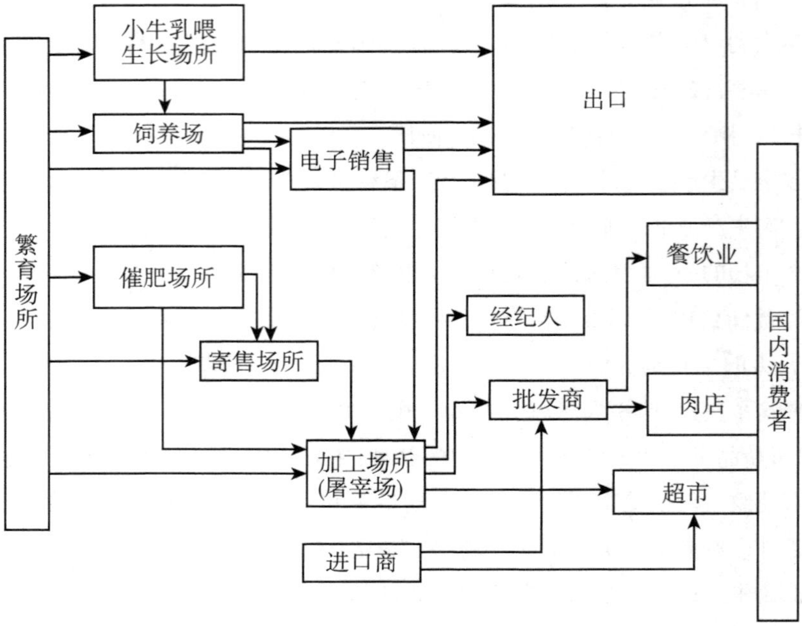

图6－8　澳大利亚肉牛生产流程①

（六）澳大利亚牛肉的规格和标准

由澳大利亚肉类行业资助成立的“AUS-MEAT”是一个负责制定、维护肉类规格和标准的组织，包括规范术语、颜色、部位、品级、标签等，指导行业内各方、买卖双方及其他利益相关者能够准确地使用规范语言、快速指定相应的肉品，为此，AUS-MEAT 制定了《澳大利亚肉类手册》（Handbook of Australian Meat，HAM）。AUS-MEAT 规格基于产品描述和各种胴体特征的客观测量，例如，热重、脂肪深度、性别和年龄。并对原始切割部位和内脏都作了 4 位数的编码，以便买家在下单时引用这些代码。另外，“冷却评估”机制使肉类加工商能保证肉的品质，AUS-MEAT 会定期对加工商进行审计，以评估其加工、保鲜的工艺和流程对应肉类能达到的品级，方便买家订购时有依据可用，包括肋骨脂肪、肉色、大理石花纹、脂肪颜色、肉眼区域等，而大理石花纹会依据花纹分布的密度、数量及大小有专门的评估标准。

① See “Current Situation and Future Prospects for the Australian Beef Industry—A Review”, https://www.ncbi.nlm.nih.gov/pmc/articles/PMC6039327/, Oct. 24, 2019.

从订购牛肉的角度出发,AUS-MEAT 也有规范的操作标准:第一步,在确定牛肉的种类时,买家要确定肉牛的年龄、性别和切块,也可以选择基本的分类方法,如"V"代表小牛肉,70 公斤以下没有成年牙齿的小牛(Veal);"A"代表 70 公斤以上最多有 8 颗成年牙齿的公牛或母牛;"B"代表 70 公斤以上最多有 8 颗成年牙齿的公牛。另外,还有更细化的分类方法。第二步,确定产品的规格,包括:(1)部位名称;(2)HAM 编码;(3)草饲还是谷饲;(4)大理石花纹、脂肪颜色、肌肉颜色;(5)脂肪深度、修理程度、肉骨保持完整还是分离。第三步,确定其他要求,包括:(1)冷藏或冷冻;(2)包装(真空包装、层包装、多包装等);(3)价格;(4)数量;(5)运输条款;(6)交货日期。

人们常接触到的牛肉切块部位的名称,都是 AUS-MEAT 的《澳大利亚肉类手册》规定的,详见图 6-9。

所有澳大利亚牛肉的包装都必须有标签,标明关于产品的详细信息,其中强制性的信息受澳大利亚联邦政府监管,牛肉加工商还可以在标签上添加用于贸易目的的描述性信息。如图 6-10 所示,各项信息内容如下:①通用声明:无骨或有骨和品种识别;②EAN 条形码:符合国际肉类行业指南的条形码;③胴体识别:分类密码,识别胴体年龄和性别(* PR *);④产品识别:原始切割密码描述(STL-TRIPLOIN);⑤包装类型:IW / VAC 分别表示该产品已经单独包装和真空包装;⑥原始重量范围:表示每个纸盒中的原始切割块如标签上列明的最小/最大重量;⑦打包日期:表示打包入箱的具体时间和日、月、年;⑧"Best Before"或"Use By"日期:标有"Best Before"日期的肉在包装没有受损、恶化的情况下可以出售,而标有"Use By"日期的肉在该日期之后禁止销售;⑨净重:纸箱里的肉类减去所有包装材料的净重,以公斤和磅为单位显示精确到小数点后两位数;⑩纸箱序列号:序列号与条形码相同;⑪制冷声明:"保持冷冻"表示纸箱中的产品从包装时起就已冻结;⑫原产国:这是出口要求,并适用于出口企业的所有纸箱包装;⑬AI 印戳:澳大利亚检查章;⑭块数:表示包装箱中的原始切割块数量;⑮批号:公司内部识别产品生产批次的编号,在需要追溯时用的;⑯公司代码:纸箱内产品的内部识别生产者代码;⑰交易公司名称:表示交易产品的加工商名称。

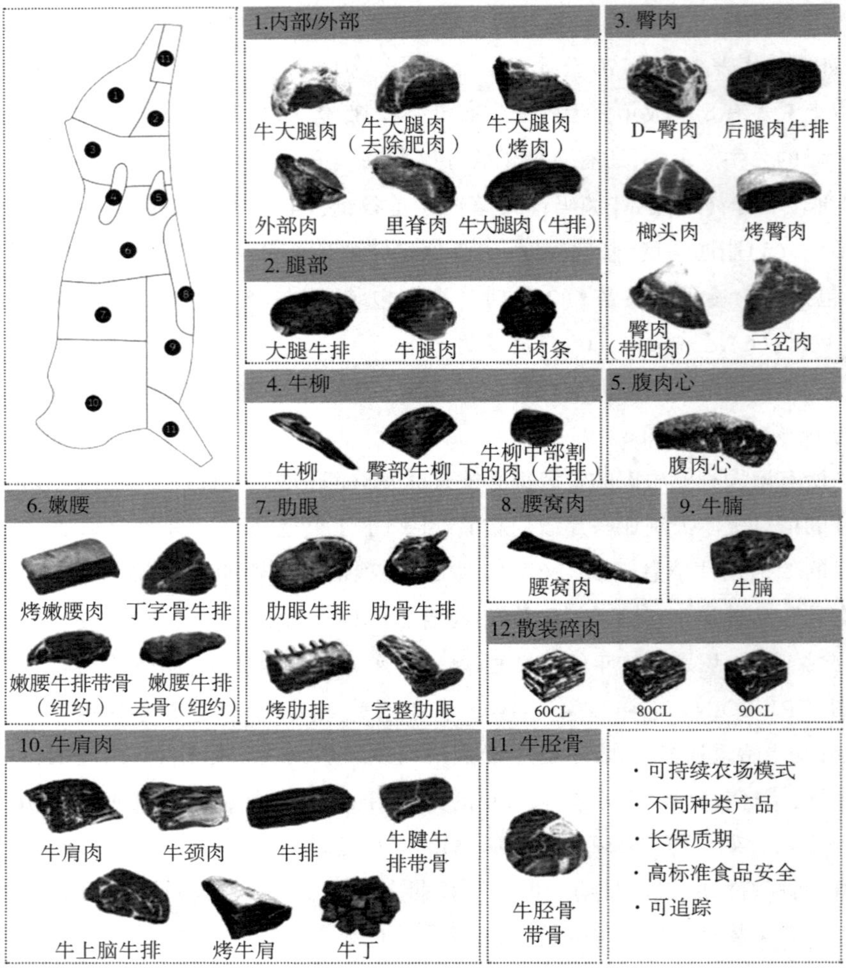

图 6-9　澳大利亚牛肉各部位名称①

---

① See "Australian Beef Product Guide", https://www.trueaussiebeefandlamb.com.au/globalassets/true-aussie—template/protein/beef/beef-product-guide-global.pdf, Oct. 24, 2019.

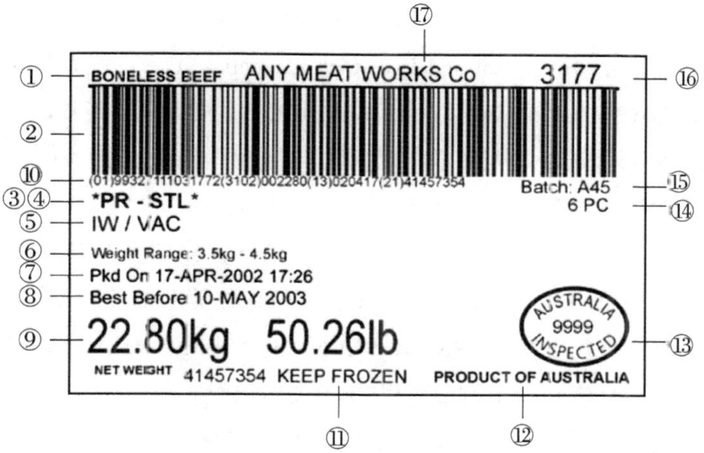

图 6－10　澳大利亚牛肉包装箱标贴样①

三、肉牛产业的监管

(一)监管组织

肉牛产业属于禽畜(livestock)行业中的红肉子行业中的三级细分产业,一级禽畜行业还包括白肉行业(如鸡、鸭、蛋),而二级子行业红肉还包括羊肉和猪肉等,所以,对肉牛的行业管理,实际上就是对禽畜行业或者对二级红肉子行业的管理,除非一些专门针对肉牛的管理与其他一级、二级行业的管理有所不同。

肉牛的行业的管理是依据《1997 年澳大利亚肉类和畜牧业法案》(Australian Meat and Live-stock Industry Act 1997)②的规定展开的,在该法案项下,与畜禽行业相关的各方,包括政府和行业组织及企业代表一起签署谅解备忘录(Memorandum of Understanding,MOU),签署方有:澳大利亚政府、澳大利亚牛理事会(Cattle Council of Australia,CCA)、澳大利亚羊肉委员会(Sheepmeat Council of Australia,SCA)、澳大利亚饲养协会(The Australian Lot Feeders' Association,ALFA)、澳大利亚肉类工业委员会(Australian Meat Industry Council,AMIC)、澳

---

① See "Australian Beef Product Guide", https://www.trueaussiebeefandlamb.com.au/globalassets/true-aussie—template/protein/beef/beef-product-guide-global.pdf, Oct. 24, 2019

② "Australian Meat and Livestock Industry Act 1997", https://www.legislation.gov.au/Details/C2017C00013, Oct. 24, 2019.

大利亚畜牧出口商理事会（Australian Livestock Exporters' Council，ALEC）、澳大利亚肉类和牲畜业协会（Meat and Livestock Australia，MLA）、澳大利亚肉类加工联盟（Australian Meat Processor Corporation，AMPC）、澳大利亚畜牧出口有限公司（LiveCorp）等，该备忘录规定了各方之间的行业合作关系，包含：（1）参与各方的角色和责任的定义；（2）资金、计划和服务的提供安排；（3）肉类产业战略计划（Meat Industry Strategic Plan，MISP）；（4）行业储备；（5）研究与开发；（6）执行时间表；（7）资金流和危机问题管理；（8）知识产权保护等基础性的安排；（9）另外，还发起设立红肉咨询委员会（Red Meat Advisory Council，RMAC）并确定其核心职能；（10）设立 AUS-MEAT 有限公司、肉品安全组织。

澳大利亚政府，负责提供匹配的研究和开发资金，收集和分散征税，并促进对具有国家重要性的问题的管理，此外，政府要在市场准入和发展机会方面与业界密切合作，并在与海外政府打交道和多边谈判中促进业界的利益。

红肉顾问委员会（RMAC）①负责领导跨部门的事务，与农业部长商议行业的全部事宜。RMAC 是谅解备忘录（MOU）和产业战略计划的管理人并负责行业储备。RMAC 还负责管理和使用储备金，用以支付最高级别会员参与的费用、协调 MISP 的维护、审查并为行业发展提供支持。RMAC 会员仅限于代表征税者（CCA、SCA、ALFA、AMIC 和 ALEC）的高峰机构的主席，澳大利亚政府在 RMAC 会议上具有观察员地位。RMAC 作为行业管理的最高机构，该组织必须做到在国家层面代表行业的高峰机构，并使农业部长满意该组织正在追求符合整个行业利益的目标，而且对整个行业开放会员资格。RMAC 作为会员的高峰机构的职责包括：（1）提供领导、制定战略方向、制定政策；（2）就整个行业问题及其所代表的行业向农业部长提供政策建议；（3）通过 RMAC 与其他高峰行业委员会（Peak Industry Councils）合作制定 MISP 愿景和要求；（4）与行业服务公司共同制定实现 MISP 战略要求的目标；（5）咨询其他 Peak Industry Councils 以确保一致的 MISP 方法；（6）评估行业服务公司在服务提供和目标实现方面的表现；（7）广泛征询意见，并在服务公司会议上提出收费动议，供会员考虑并向部长提出建议。

---

① See https://www.rmac.com.au/.

MLA,[①]肉类和牲畜有限公司(Meat & Livestock Australia Ltd.,MLA),是由CCA、SCA、ALFA和GICA发起成立的为所有畜禽肉品生产商提供服务的公司,其业务是为整个行业提供营销、推广、研发和其他商定的联合功能。MLA是一家根据《2001年公司法》担保的公司。澳大利亚政府不是MLA的股东,也没有MLA董事会成员席位。MLA的会员资格对任何在牲畜(牛、羊、山羊)中饲养(生产者)、完成(批次饲养者)或交易(交易者)的人开放。MLA的资金来自:生产者的法定税、来自牲畜出口商的法定费用和来自加工者的联合活动的法定征费、独立参与者。MLA依据与政府之间的法定资助协议,将政府收取上来的资金和税费用于整个行业的研究和开发。

澳大利亚肉类加工公司(AMPC)[②]和澳大利亚畜牧出口公司(Live Corp)[③],分别是为肉品加工商和牲畜出口商服务的公司,都是独立运作,但会与MLA配合开展相关工作。这两个公司均由本行业成员拥有和控制,其主要职能是管理各自行业的资助计划及服务的方向和交付;资金来源都是政府征税或行业收费(AMPC通过屠宰征收资金、Live Corp通过动物出口的海关收费);AMPC和Live Corp都是依据《2001年公司法》注册成立的担保有限公司,作为所在行业的公认服务机构运作,他们与MLA一起开展的研发项目有资格获得澳大利亚政府的研发资金。两家公司都是由董事会控制和指导的,而董事会是由行业内的代表和特殊资格成员组成。

AUS-MEAT Ltd.,[④]是由MLA和AMPC资助的合资企业,职责是维护肉类生产和加工的国家行业标准,包括行业语言,并提供商业培训和审计服务。

澳大利亚畜牧业出口商委员会(Australian Livestock Exporters' Council,ALEC),其是代表畜牧业出口行业的全国最高理事会机构,Live Corp通过该机构与工业和出口商进行磋商。ALEC负责制定行业政策,由畜牧出口商组成,以及供应链参与者(包括生产商、注册的场地运营商、船东和其他贸易供应商),其成员直接参与澳大利亚牲畜的出口。ALEC由会员费和红肉咨询委员会(RMAC)管理的安排提供资金。

---

① See https://www.mla.com.au/.
② See https://www.ampc.com.au/.
③ See https://www.livecorp.com.au/.
④ See https://www.ausmeat.com.au/.

LEP,[①]即畜牧出口计划(Livestock Export Program,LEP),该计划是由 Live Corp 和 MLA 合作推出的动物福利提升资助计划,包括:(1)畜禽的管理、健康和福利;(2)市场准入和发展;(3)供应链改良;(4)沟通及与利益相关者关系维护;(5)研究与开发。LEP 被广为推崇,是为畜牧出口行业提供 RD&E 和市场技术支持最有效的机制。

SAFEMEAT,[②]其是澳大利亚政府、州/地区政府和行业之间建立的合作组织,旨在通过监督和促进管理系统来确保澳大利亚红肉产业链的完整性,从而提供安全卫生的产品。SAFEMEAT 还确保充分实施与肉类安全和卫生相关的法规和国家级的政府标准,并制定有效的危机管理战略。

动物健康组织(Animal Health Australia,AHA),[③]由澳大利亚联邦政府、州/地区政府、主要畜牧业和其他利益相关者共同发起设立的合作组织,是一家非营利性上市公司,致力于促进政府与利益相关方之间的创新合作,以保护动物健康和澳大利亚畜牧业的可持续性发展,使澳大利亚免于新出现的疾病、改善动物健康、增加市场准入、促进澳大利亚动物卫生系统的改进和提升。AHA 的一项重要职能就是促进行业和政府之间在动物健康问题上建立信任与合作,旨在加强澳大利亚的国家动物卫生系统,并最大限度地提高国内外市场对澳大利亚畜产品安全和质量的信心。

(二)饲养场模式认证

前文已述及饲养场模式,是因由海外对牛肉大理石脂肪花纹需求而形成的圈养谷物催肥模式,由美国首次应用,并于 20 世纪 50 年代引入澳大利亚。但该模式是在 1995 年澳大利亚实施“国家饲养场认证计划”(National Feedlot Accreditation Scheme,NFAS)后真正成熟起来的。NFAS 作为质量管理体系,支持保障澳大利亚谷物饲养牛肉成为完整地、安全地和负责任地养殖出来的牛肉产品。NFAS 由澳大利亚饲养场模式从业者协会(Australian Lot Feeders' Association,ALFA)发起,由 AUS-MEAT 通过饲养场行业认证委员会(Feedlot Industry Accreditation Committee,FLIAC)进行管理。在 NFAS 计划实施后,从 FLIAC 获得 NFAS 认可的饲养场里采购牲畜是获得 AUS-MEAT 认可的加工牛

---

① See https://www.livecorp.com.au/about-us/introduction.

② See https://safemeat.com.au/.

③ See https://www.animalhealthaustralia.com.au/.

肉企业的先决条件。目前，经过 NFAS 认证的饲养场在澳大利亚共有 400 多个，每年都要进行独立的审计。在更广泛的行业层面，NFAS 提供了一种基于系统对行业进行持续性的改进方法，以便在动物福利、环境、食品安全和产品完整性认证等方面，将行业的独立性、完整性和透明度提供给行业外部的利益相关者，改善行业市场准入，同时防止政府和/或客户对该行业施加额外的要求和成本。

要获得 NFAS 认证，须满足：(1)企业要有完善的规章制度，特别是符合饲养场行业标准要求的流程；(2)所有在饲养场养殖的牛都遵守了这些流程并保持完整的记录；(3)由独立三方对饲养场的这些流程、记录和设施进行了审核。

通过 NFAS 认证后，牛肉企业会享有如下好处：(1)允许在出口市场中使用"谷物美联储"牛肉(GF、GFYG 或 GFF)密码来获得价格溢价；(2)可获得保险费和年度环境许可费折扣的机会；(3)提供技术支持，帮助牛肉企业更有效地管理运营中的风险。

(三)活体出口监管

澳大利亚是牲畜活体出口的世界领先者，其出口商的动物福利表现是全球的标杆。牲畜活体出口行业是澳大利亚农业部门的重要组成部分，每年为澳大利亚经济带来 10 亿澳元的出口收入。该行业还雇用了大约13,000名员工，主要在澳大利亚的城市郊区和农村地区，也为澳大利亚北部的土著人民提供了重要的就业机会。

澳大利亚活畜出口监管的法律框架有：《1982 年出口管制法》(Export Control Act 1982)；[①]《2004 年出口管制(动物)令》[Export Control (Animals) Order 2004]；[②]《1997 年澳大利亚肉类和牲畜畜牧业法案》(Australian Meat and Live-stock Industry Act 1997)；[③]《1998 年澳大利亚肉类和畜牧业(出口许可)条例》[Australian Meat and Live-stock Industry (Export Licensing) Regulations

---

① See Export Control Act 1982, https://www.legislation.gov.au/Series/C2004A02606, Oct. 24, 2019.

② See Export Control (Animals) Order 2004, https://www.legislation.gov.au/Details/F2006C00731, Oct. 24, 2019.

③ Australian Meat and Live-stock Industry Act 1997, https://www.legislation.gov.au/Details/C2017C00013, Oct. 24, 2019.

1998];[1]《1998 年澳大利亚肉类和畜牧业条例》(Australian Meat and Live-stock Industry Regulations 1998);[2]《2012 年澳大利亚肉类和畜牧业(活畜出口许可证条件)令》[Australian Meat and Live-stock Industry(Conditions on live-stock export licences)Order 2012]。[3]

整个牲畜出口过程(从农场到屠宰点)由澳大利亚政府根据两个主要监管系统进行管理:澳大利亚畜牧业出口标准(Australian Standards for the Export of Livestock,ASEL)和出口商供应链保证计划(Exporter Supply Chain Assurance Scheme,ESCAS)。此外,所有携带牲畜的船只必须持有澳大利亚海事安全局(Australian Maritime Safety Authority,AMSA)颁发的许可证,并遵守"《航海法》第 43 号海事法令"(Marine Order 43 of the Navigation Act)[4]的规定。

在活体出口监管框架下,澳大利亚畜牧出口商和供应链参与者必须遵守一系列严格的要求,包括:(1)出口商必须获得澳大利亚政府的许可;(2)必须根据法定的动物福利标准选择、准备和照顾牲畜;(3)只能在澳大利亚政府批准的检疫场所里准备牲畜;(4)技术人员(包括行业认可的储存人员,以及在某些情况下有政府批准的兽医[5])必须在航行中(通过海运或空运)陪伴和照顾牲畜;(5)牲畜出口船舶必须持有澳大利亚海事安全局(AMSA)颁发的澳大利亚牲畜运输许可证书;(6)出口商必须保持控制、可追溯性,并确保从出口到海外市场屠宰的牲畜的动物福利;(7)出口商必须报告每次航行的结果,包括死亡情况,然后每 6 个月向澳大利亚议会报告。如果牲畜死亡率超过法定水平,则会进行全面调查,并可能对未来的货运设置条件以降低风险;(8)出口商还必须向澳大利亚政府提供处理结束(End of Processing Report,EOP)报告(在屠宰牛和水牛的货物中的最后一只动物后 10 天内)。出口商还必须提交独立的绩效审计报告(Independent

---

① Australian Meat and Live-stock Industry (Export Licensing) Regulations 1998, https://www.legislation.gov.au/Details/F2009C01303, Oct. 24, 2019.

② Australian Meat and Live-stock Industry Regulations 1998, https://www.legislation.gov.au/Series/F1998B00099, Oct. 24, 2019.

③ Australian Meat and Live-stock Industry (Conditions on live-stock export licences) Order 2012, https://www.legislation.gov.au/Details/F2012L00440, Oct. 24, 2019.

④ "Marine Orders-Part 43: Cargo & Cargo Handling—Livestock, Issue 6", https://www.legislation.gov.au/Details/F2006L03643, Oct. 24, 2019.

⑤ See "Australian Government Accredited Veterinarians (AAVs)", https://www.agriculture.gov.au/export/controlled-goods/live-animals/livestock/information-exporters-industry/vet, Oct. 24, 2019.

Performance Audit Report,IPAR),IPAR 摘要报告可供公众使用。

上述监管措施,具体通过 ASEL 标准和 ESCAS 体系实施。

澳大利亚畜牧业出口标准(Australian Standards for the Export of Livestock, ASEL)。[①] 该标准是澳大利亚政府响应牲畜出口审查制定的,自 2004 年 12 月 1 日生效的。ASEL 明确了从澳大利亚农场到目的地国家的基本动物健康和福利要求,ASEL 还对澳大利亚出口商提出了严格的报告要求,以确保澳大利亚政府能够在整个航程中监控动物健康和福利,并在出现紧急情况时对其作出反应。在所有航行期间,由经过培训和认可的库存人员饲养牲畜,在长途航行期间,还有一名澳大利亚政府认可的兽医。Live Corp 负责为行业提供船上储存器的培训和认证。ASEL 的要求是在航行结束时报告所有牲畜死亡事件,这些统计数据每 6 个月提交议会一次。

出口商供应链保障体系(Exporter Supply Chain Assurance System, ESCAS)。[②] 该保障体系框架于 2011 年 7 月开始实施,适用于饲养或屠宰为目的的出口澳大利亚牲畜。ESCAS 旨在改善澳大利亚出口牲畜的福利,并在该行业内实现了重大而广泛的变革。ESCAS 框架要求经营者须持有出口商执照和出口饲养或屠宰牲畜的许可证,而要获得执照和许可证,出口商必须证明在整个海外市场的供应链中,做到:(1)根据世界动物卫生组织(OIE)制定的国际公认的动物福利要求,动物将通过指定的供应链进行处理和加工;(2)出口商能控制供应链中动物的运动;(3)出口商可以在整个供应链中跟踪或报告动物;(4)在牲畜装运前和到达后的管理期间对供应链进行了独立审核;(5)作为 ESCAS 的一部分,出口供应链需要进行独立的绩效审计,以确保优化对框架和动物福利的遵守。独立审计报告的副本在澳大利亚农业部网站上发布,供人查阅;[③](6)不遵守 ESCAS 体系要求的,可能会导致澳大利亚政府吊销其出口执照、撤销其申请许可证条件、不批

---

① See "Australian Standards for the Export of Livestock", https://www.agriculture.gov.au/export/controlled-goods/live-animals/livestock/australian-standards-livestock, Oct. 24, 2019.

② See "Independent Audit Summary Reports of an Exporter Supply Chain Assurance System", https://www.agriculture.gov.au/export/controlled-goods/live-animals/livestock/regulatory-framework/escas-audit-reports#table-1-number-of-ipars-received, Oct. 24, 2019.

③ See "Independent Audit Summary Reports of an Exporter Supply Chain Assurance System", https://www.agriculture.gov.au/export/controlled-goods/live-animals/livestock/regulatory-framework/escas-audit-reports, Oct. 24, 2019.

注其未来申请,甚至进行刑事制裁。图 6 – 11 为澳大利亚畜禽出口流程和监管框架示意。

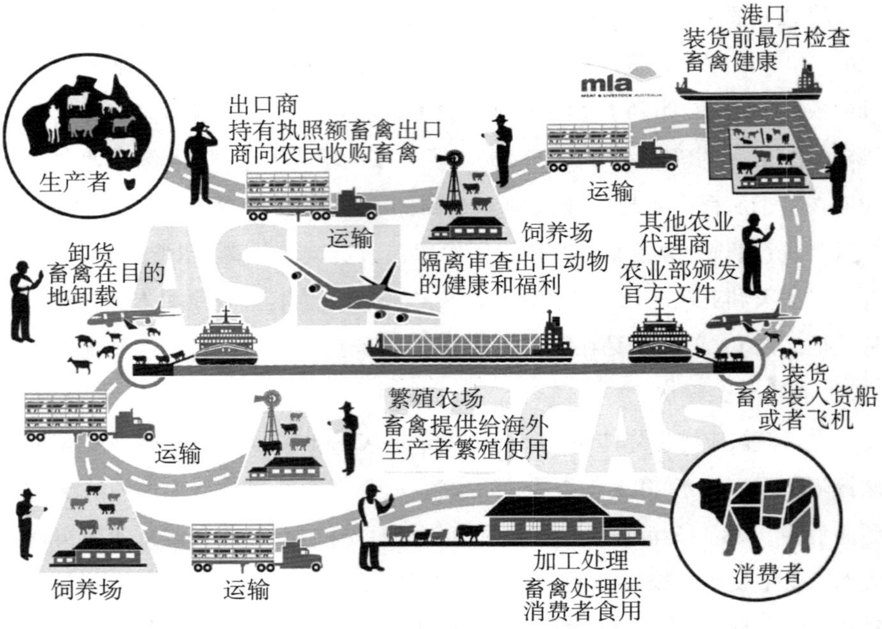

图 6 – 11　澳大利亚畜禽出口流程和监管框架示意①

四、肉牛产业的财务分析

(一)财务业绩分析

1. 现金收入。澳大利亚养牛场的平均农场现金收入在 2017 ~ 2018 年增加了约 5%,平均每个农场约为 190,900 澳元。尽管肉牛价格略有下降,但 2017 ~ 2018 年的牛肉销量增加导致澳大利亚牛肉生产农场的现金收入大幅增加。预计 2018 ~ 2019 年度,由于现金收入总额下降,现金收入平均将减少 20%,这是由于养牛场持续关闭量高企和出口市场竞争加剧导致肉牛价格下降,现金收入总额也将下降,但 2018 ~ 2019 年度的肉牛农场的平均农场现金收入仍为过去 30 年间的第五高(详见图 6 – 12)。

① See https://www.livecorp.com.au/industry-information/an-overview.

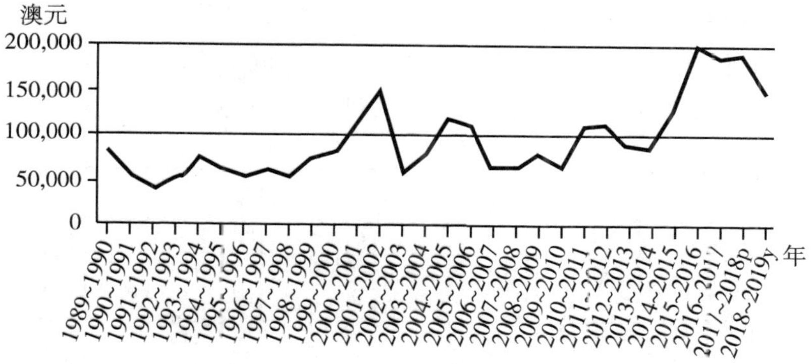

注：p：初步估计、y：临时估计。

图 6－12　澳大利亚养牛场 1989～2019 年 30 年间现金收入变化①

2. 农场总收入。在 2017～2018 年度，肉牛农场（一般都有混业经营，肉牛为主）的平均总收入增加了 12%，达到每个农场约 565，000 澳元，其中肉牛约占总收入的 59%，其次是作物（约 13%），羊毛和羊（每种不到 10%）。预计在 2018～2019 年度，由于肉牛价格下降和作物收入减少，预计每个农场的收入总额将减少约 8%，至 521，000 澳元。尽管产量减少，但由于价格高，羊毛和绵羊的收入预计将保持相对不变。由于许多地区持续干旱，预计 2018～2019 年度的肉牛农场关闭数量将增加，而农场关闭将部分抵销牛价下跌造成的行业平均收入下降。

3. 总成本。在 2017～2018 年，澳大利亚养牛场的平均总现金成本增加了 17%，达到平均每个农场约 374，100 澳元，主要是饲料、牲畜购买和雇佣劳动力的支出增加，但 2018～2019 年度的平均总成本预计将略微下降约 1%。

4. 利润。养牛场的商业利润是衡量长期盈利能力的标准。它说明了资产折旧、家庭劳动力支付以及农场饲养的牲畜、饲料和粮食库存的变化。在 2018～2019 年，由于肉牛价格下跌，现有牲畜数量减少以及随之而来的每个农场牲畜价值下降，农场商业利润预计将减少 77%。预计 2018～2019 年，每个养牛场的商业利润平均为 16，000 澳元。

5. 亏损牛场的占比。在 2017～2018 年度之前的 10 年里，经营亏损的肉牛农场的比例平均每年约为 59%，就是在 2017～2018 年，约 50% 的肉牛农场亏损，预

① See "Beef Farms", https://www.agriculture.gov.au/abares/research-topics/surveys/beef#detailed-farm-financial-performance-findings, Oct. 24, 2019.

计2018～2019年度的亏损比例将增加到60%左右（详见图6－13）。当收入波动时，许多农场会亏损，这意味着农场没有支付无偿家庭劳动力的成本或预留资金来更新贬值的农场资产，持续的低利润或负利润会影响农场的长期生存能力。

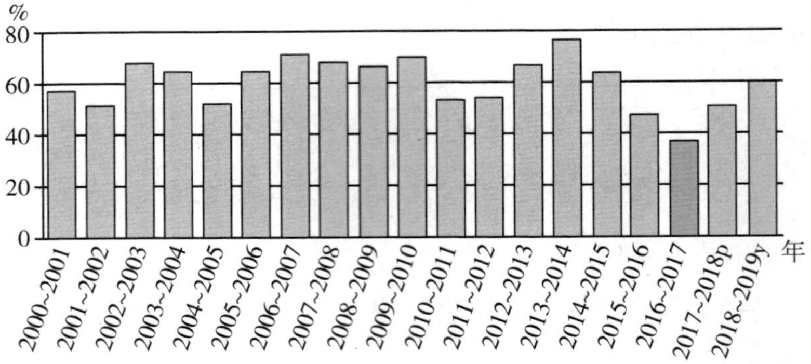

注：p：初步估计、y：临时估计。

图6－13 澳大利亚肉牛农场在2000～2019年亏损农场占行业的比例①

6. 区域不同的影响。2018～2019年肉牛农场的财务表现因所在地区而异，反映了干旱风险的差异。对于北部地区，当2018～2019年度与2017～2018年度相比时，季节性状况略有恶化，干旱或低于平均季节条件的农场比例略有增加。而在南部地区，干旱情况要严重得多。

在北部地区，2017～2018年度每个农场的总收入增加了约3%，达到679 100澳元。在南部地区，2017～2018年度每个农场的总收入增加了约18%，估计为510,600澳元。预计在2018～2019年度，北部地区的总收入下降约9%，南部地区下降约为10%。如图6－14所示，这两个地区的肉牛收入占总收入的比例不同，在北部地区，从2000～2001年度到2018～2019年度，平均肉牛收入占总收入的73%，在南部地区，平均肉牛收入占总收入的45%。预计在2018～2019年度，由于牲畜价格下降以及干旱影响了许多农场，两个地区的肉牛和作物收入都将下降。然而，由于羊肉和羊毛价格强劲，相关的收入预计将略有增加，并将为现金收入提供一些支持。从2000～2001年度到2018～2019年度，北部和南部两个地区成本结构的主要差异是，北部地区的饲料支出增加，而南部地区是

① See "Beef Farms", https://www.agriculture.gov.au/abares/research-topics/surveys/beef#detailed-farm-financial-performance-findings, Oct. 24, 2019.

肥料的支出增加。在北部地区，2017～2018 年度的现金总成本增加了 11%，预计在 2018～2019 年度将下降约 5%。在南部地区，2017～2018 年度的现金总成本增加了 19%，但 2018～2019 年度预计将下降约 2%。由于南部地区部分地区持续干旱，预计作物和牧草化学品，种子和肥料的平均总支出将略有减少。

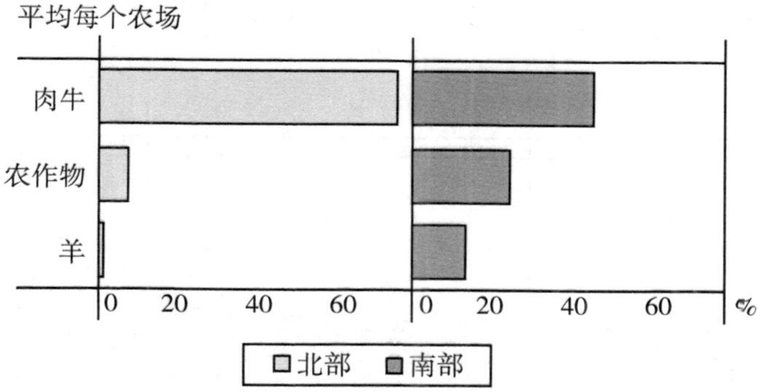

图 6－14　澳大利亚北部和南部地区肉牛农场在 2000～2019 年平均收入组合中的各项收入占比①

7. 牧群规模不同的影响。北部和南部地区之间的平均农场现金收入和运营规模之间存在显著差异。在 2017～2018 年度，北部地区农场现金收入平均下降 10%，每个农场减少 224, 800 澳元，但南部地区增加 15%，每个农场增加 174, 800 澳元。

除大型肉牛农场外，所有规模的肉牛农场的现金收入在 2017～2018 年度都有增加，尽管农场现金收入较高，但农场的经营利润都有所下降，这是因为干燥的季节性条件开始影响许多肉牛农场。预计在 2018～2019 年，所有规模的农场现金收入都将减少，但大型肉牛农场（1600～5400 头牛）预计会略有增加。尽管同比上一年有所下降，但所有规模牧群农场的平均现金收入明显高于 2000 年以来的平均水平。从牧群规模不同来看，超大型的肉牛农场（超过 5400 头牛）的农场现金收入在 2017～2018 年度增加了约 10%，主要是由于肉牛销售的现金收入增加，但预计在 2018～2019 年度将减少 13%；大型肉牛农场（1600～5400 头牛）在 2017～2018 年度的收入下降约 25%，主要原因是肉牛收入减少，但预计

① See "Beef Farms", https://www.agriculture.gov.au/abares/research-topics/surveys/beef#detailed-farm-financial-performance-findings, Oct. 24, 2019.

2018～2019 年度将增加约 6%;中型肉牛农场(400～1600 头牛)的现金收入在 2017～2018 年度保持相对稳定,但预计 2018～2019 年将减少约 29%,主要原因是总现金成本增加。由于羊和羊毛的收入增加,2017～2018 年度小型肉牛农场(100～400 头牛)的农场现金收入增加了 13%,但预计在 2018～2019 年度将下降约 19%,主要原因是种植收入减少(详见图 6－15)。

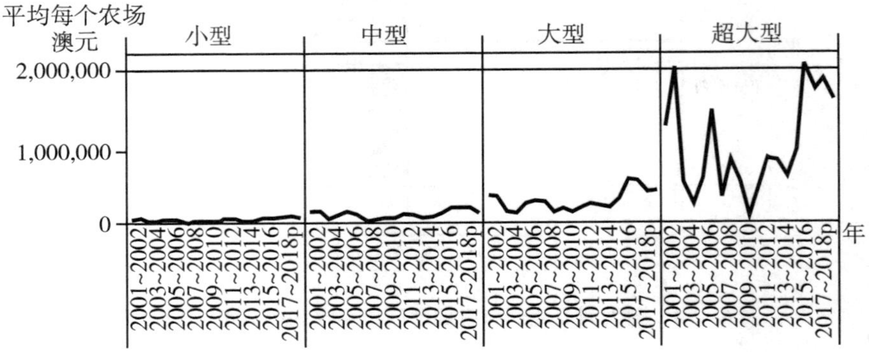

注:p:初步估计、y:临时估计。

图 6－15 澳大利亚不同规模的肉牛农场的现金收入在 2001～2018 年的变化①

(二)回报率

农业企业的长期表现取决于利润的水平和可变性。回报率的变化反映了每个地区在平均季节性条件下,商品价格和农业投入成本随时间的变化。个别农场在此期间的回报率可能会有不同的变化。这些是农场特定因素的结果,如季节性条件、收到的价格、企业组合和经理的技能。北部地区的牛肉生产商通常比南部地区的牛肉生产商表现更好,平均回报率更高,平均值波动幅度相似。

澳大利亚肉牛养殖场的平均回报率(不包括资本增值)从 2016～2017 年度的 2.7% 下降到 2017～2018 年度的 1.7%。由于牛肉价格下降和作物减产,收入下降,平均年回报率也将下降。在 2017～2018 年度和 2018～2019 年度,肉牛养殖场的表现差异很大,在 2017～2018 年度,大约 68% 的肉牛农场的回报率(不包括资本增值)为正,大约 14% 的肉牛农场的回报率超过 5%。平均而言,较大的肉牛农场的回报率高于较小的肉牛农场。

---

① See "Beef Farms", https://www.agriculture.gov.au/abares/research-topics/surveys/beef#detailed-farm-financial-performance-findings, Oct. 24, 2019.

（三）债务和权益比率

1. 债务。债务是肉牛农场投资和持续营运资金的重要资金来源。从全国层面来看，在 2000～2010 年的 10 年间，肉牛农场的平均债务金额显著上升，从不到 267, 500 澳元升至 597, 200 澳元，然后开始下降，至 2014～2015 年度的 473, 000 澳元后，又开始回升。在 2016～2018 年，平均每个农场的债务金额实际增长约 16%，至 629, 700 澳元，这在很大程度上可归因于购买土地导致的债务增加，土地购买占农场债务的 51%，另有 30% 的债务资金用于营运，剩余的债务资金用于包括车辆、机械、建筑物等。

2. 权益比率。从中长期来看，每个农场的平均债务变化在很大程度上与农场总资本的变化相匹配，在 2000～2018 年的 18 年里，全国肉牛农场的平均权益比率相对稳定，约为 90%。其中，2017～2018 年度有 73% 的肉牛农场的权益比率超过 90%，平均而言，这些农场规模相对较小，大部分位于南部地区，这些农场主要关注肉牛生产，从肉牛销售中获得比例相对较高的现金收入。而权益率低于 70% 的农场占所有肉牛农场的 5%，这些农场相对较大，更有能力负债，经营多样化（详见表 6－3）。

表 6－3　澳大利亚肉牛农场权益比率与经营规模的关系①

衡量科目	权益比率			
	单位	超过 90%	70%～90%	低于 70%
肉牛农场比例	%	73	21	5
总面积	公顷	5645	11, 566	13, 205
总现金收入	澳元	341, 600	800, 200	1, 180, 900
牛肉收入占总收入的比例	%	69	50	50
总现金成本	澳元	200, 700	556, 800	988, 600
农场现金收入	澳元	141, 000	243, 400	192, 400
北方地区农场比例	%	65	27	8
南部地区农场比例	%	77	19	4

① See "Beef Farms", https://www.agriculture.gov.au/abares/research-topics/surveys/beef#detailed-farm-financial-performance-findings, Oct. 24, 2019.

3. 偿债能力。农场的长期生存能力受其偿债能力的影响。偿还债务包括支付利息和支付本金,用于支付利息的农业收入比例是衡量短期偿债能力的有用指标,2017～2018年度支付利息所需的农业收入比例约为6%,低于2016～2017年度之前的10年平均值9%。在2018～2019年,支付的利息预计约占现金收入总额的7%。

在全国范围内的2017～2018年度里,约有32%的肉牛农场减少了债务,有27%的肉牛农场增加了债务,约3%的肉牛农场的债务没有增减,其余37%的肉牛农场没有债务。在区域分布上,北部地区大约40%的肉牛农场减少了债务,而25%的肉牛农场增加了债务;在南部地区,有29%的肉牛农场减少了债务,约28%的农场增加了总债务。北部地区的肉牛农场的债务金额较高,权益比率低于南部地区的肉牛农场,这是因为北部地区的大型肉牛农场比例较高,而大型农场的权益比率往往低于小型农场,源于较大的农场通常具有较高的营业额,并且能够更好地偿还债务;另外,较大的肉牛农场通常也可以获得非农业股权,而较小的农场主要是家庭拥有的企业,这些企业严重依赖农民自有资本,负债能力弱。从2000～2001年度到2015～2016年度,超大型的肉牛农场的权益比率从88%下降到79%,而其他规模的肉牛农场权益比率保持相对稳定。然而,从2015～2016年度至2017～2018年度,超大型的肉牛农场的权益比率回升至86%,是因为是农场关闭数量增加导致一些农场改变规模类别的结果。

(四)资本和投资

肉牛农业投资的资本回报涉及两个标准,即包括资本增值在内和不包括资本增值在内的两种。由于土地是肉牛农场总资本的最大组成部分,因此,它在确定农场总回报方面起着关键作用。

1. 资本结构。农业的资本投资对于澳大利亚肉牛产业的持续发展非常重要。其中土地投资、固定资产改良、工厂和设备是肉牛农业产出能力的关键驱动因素。2017～2018年度澳大利亚肉牛养殖场的总资本价值比2000～2001年度高出约60%,按每个农场计算,2017～2018年度每个农场的资本增加135%,估计为700万澳元,主要原因是平均肉牛农场规模增加和土地价值升值。2017～2018年度,北部地区占肉牛农场总资本的40%,南部地区占其余资本的60%。与南部地区相比,北部地区的经营面积更大,每个农场的资本更高,但南部地区拥有更多的农场,因此拥有更多的总资本。如图6－16所示,在2017～2018年度的资本结构上，土地平均占每个农场总资本的79%，畜群占总资本的16%，工厂和设备占5%。

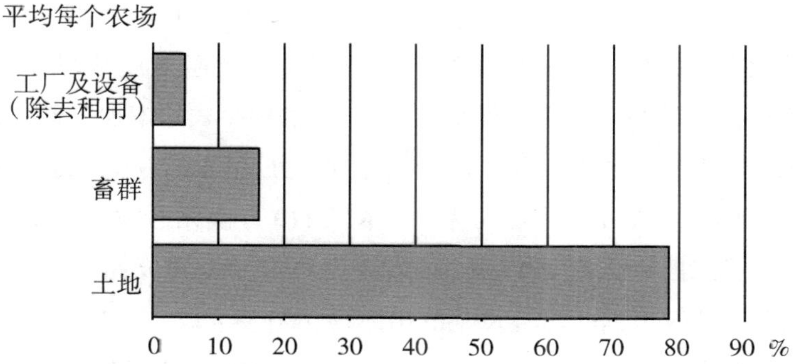

注：基于初步估计。

图6－16　澳大利亚肉牛农场2017～2018年的资本结构①

2. 土地价值变化。在肉牛场土地增值方面，从1990～1991年度到2000～2001年度，土地价值保持相对稳定。随后，农场土地需求增加导致2001～2002年度至2006～2007年度土地价值的急剧上升，在此期间，土地增值的平均年回报率为每年12.6%。然后，土地价值在2006～2007年度至2014～2015年度又下降了几年，随后自2015年开始回升（详见图6－17）。

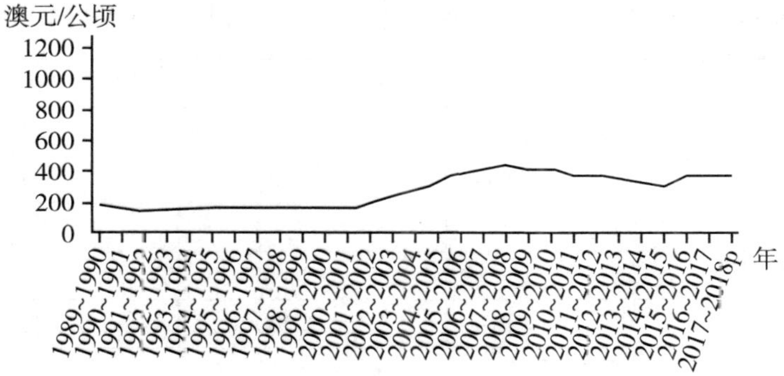

注：p：初步估计。

图6－17　澳大利亚肉牛农场土地1990～2018年的土地价格变化②

① See "Beef Farms", https://www. agriculture. gov. au/abares/research-topics/surveys/beef # detailed-farm-financial-performance-findings, Oct. 24, 2019.

② Ibid.

3. 新增投资。肉牛行业的大多数经营者每年都会进行新的投资,以增加现有的资本存量或替换已达到使用寿命终点的资本项目,农场投资通常考虑长期结果,并基于投资期限内的预期回报。平均而言,2008~2018 年每年有 53% 的肉牛农场增加了总资本,这些增加投资的农场每年投入的金额与农场现金收入的波动大致相合。在 2017~2018 年度,约有 62% 的肉牛农场增加了资本投资,新增投资的结构中,土地是增加资本的最大组成部分,尽管只有 7% 的肉牛农场购买了土地,但购买土地平均支出约为每个农场 110 万澳元;另外,约有 59% 的肉牛农场增加了工厂和设备,平均每个农场支出约 70,000 澳元;大约有 10% 的肉牛农场增加了建筑物,平均每个农场支出约 64,000 澳元。

4. 农场管理存款(Farm Management Deposit,FMD)。持有 FMD 的肉牛农场比例在 2007~2015 年平均约为 19%,然后在 2017~2018 年度增加至约 26%,平均每个农场持有 FMD 的金额约为 252,000 澳元。其中,北部地区估计有 26% 的肉牛农场持有 FMD,平均每个农场持有金额为 336,000 澳元;而南部地区约 25% 的肉牛农场持有 FMD,平均每个农场持有金额为 211,000 澳元(详见表 6-4)。

2017~2018 年度持有 FMD 的养牛场都有优异的财务表现,包括农场现金收入、回报率和股本权益比率,都高于未持有 FMD 的肉牛场。

表 6-4 澳大利亚在 2017~2018 年度持有 FMD 的肉牛农场的财务表现①

	单位	持有 FMD 的肉牛场	未持有 FMD 的肉农场
农场比例	%	26	74
农场现金收入	澳元	279,400	160,600
回报率[a]	%	2.4	1.4
权益比率	%	82	67
总农场资本	澳元	7,709,700	6,187,400
按地区划分的有未持有 FMD 的农场比例			
北部	%	26	74
南部	%	25	75

a:不包括资本增值。

① See "Beef Farms", https://www.agriculture.gov.au/abares/research-topics/surveys/beef#detailed-farm-financial-performance-findings, Oct. 24, 2019.

（五）生产成本

肉牛行业的生产成本根据畜群规模、农场位置、农场管理的质量以及年内的气候和其他生产条件不同而有差异。澳大利亚的肉牛行业采用“每公斤活重”对应生产成本的方法，来衡量农作物、牧场化学品、肥料、饲料、燃料、维修和保养、支付合同、兽医和牲畜材料以及雇工和家庭劳动力的支出。澳大利亚在2017～2018年度有超过95%的肉牛养殖场是家庭经营的，该类型的农场大都使用业主、合伙人和家庭劳动力，而不向这些自雇者支付工资或薪水。平均而言，这些小型畜牧场的固定（间接费用）现金成本较高，每公斤活重对应的可变成本也较高。

回顾过去的3年，2015～2016年度的肉牛价格上涨导致农场现金流增加。相应地，北部和南部地区的生产者增加了农业投入的支出，特别是维修和保养、雇用劳动力和合同的支出大幅增加；2016～2017年，南部地区的每公斤肉牛活重对应生产成本略有减少，北部地区减幅稍大。这两年的变化反映出饲料和雇用劳动力的支出略有减少。2017～2018年度，北部和南部地区的平均每公斤牛肉生产活重成本变化不大，在南部地区，由于一些地区干燥季节性条件的开始和饲料价格上涨，饲料支出增加（每公斤活重对应成本10澳分）。在北部地区，饲料支出有所增加，但增幅低于南部地区，购买肉牛的支出有所增加。

生产成本在农场规模上有着较明显的差异，许多小型畜牧场使用其他农场和非农业来源的收入来帮助满足其本身运营的费用。如果小型农场（100～400头），特别是专业牛肉生产者（牛肉销售超过总收入50%）没有其他农场或非农业收入来源，则每公斤生产成本会很高。对于规模较大的畜牧场（超过400头），肉牛的平均价格足以支付所有生产成本，包括无偿劳动力的价值。澳大利亚的北部地区大型的肉牛农场每公斤牛肉的平均价格略低，这在一定程度上反映了2013～2014年度至2016～2017年度干旱季节性条件的影响，较高比例的农场被关闭，以及活体出口或转移到其他农场进行整理。在南部地区，在2015～2016年度至2017～2018年度，每公斤牛肉的平均成本价格随着牧群规模略有增加，表明南部地区畜群规模较大的农场生产出质量更好的成品肉牛（详见图6－18）。

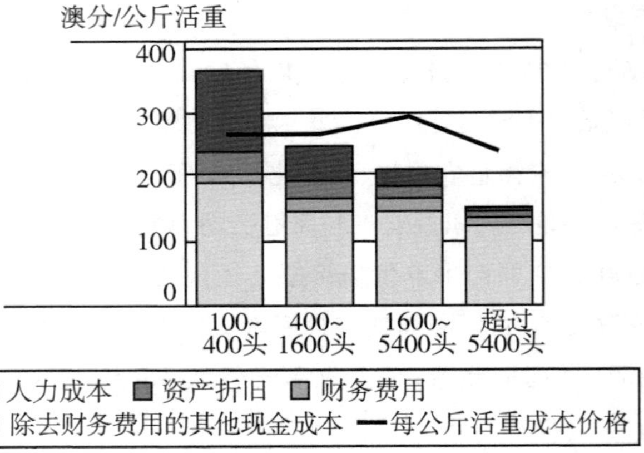

(a)北部地区

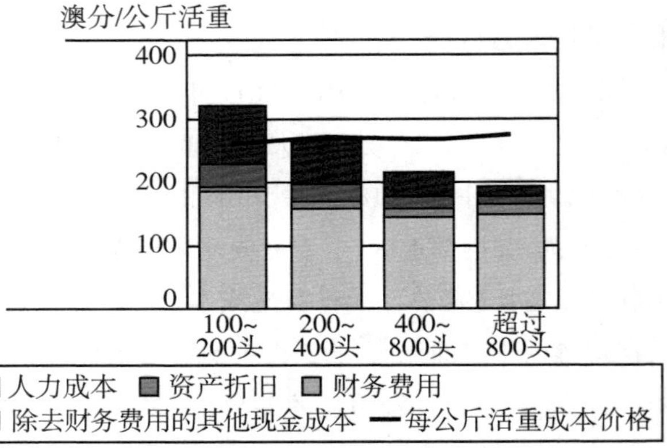

(b)南部地区

图 6-18 澳大利亚北部和南部地区的肉牛农场 2015~2018 年的生产成本与畜群规模的关系①

(六)利润

由于肉牛的平均价格较高,南部地区肉牛生产者的平均营业利润率在 2015~2016 年度至 2016~2017 年度显著增加;在北部地区,由于成本下降(主要是饲料、维修和维护以及劳动力成本),2016~2017 年度的营业利润率与上年相比略有增长,平均牛肉价基本保持不变。

在 2017~2018 年度,肉牛的平均价格下降,因为更多肉牛未出栏养殖场的关

① See "Beef Farms", https://www.agriculture.gov.au/abares/research-topics/surveys/beef#detailed-farm-financial-performance-findings, Oct. 24, 2019.

闭导致两个地区的经营利润率下降。由于季节性干旱的开始，南部地区的价格下降幅度较大，导致与北部相比，经营利润率下降幅度较大。北部和南部地区的营业利润率分别下降至每公斤活重47澳分和20澳分（详见图6－19）。

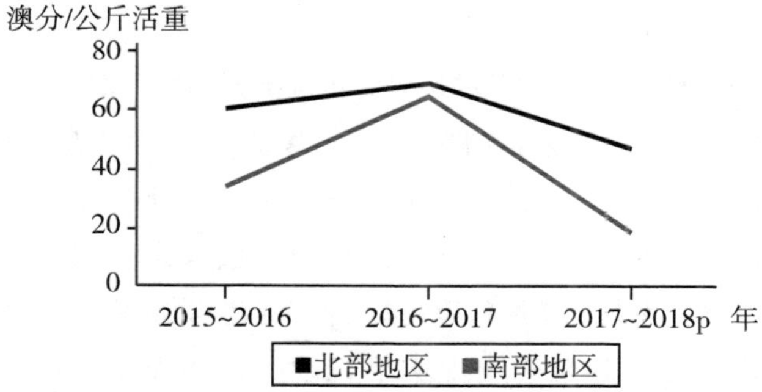

注：p：初步估计。

图6－19 澳大利亚肉牛行业2015～2018年北部和南部两个地区的平均每公斤活重的营业利润①

（七）生产率

生产率是相对投入而产出的结果的比率。该比率的任何改善都意味着生产率的提高，农业一般采用增长核算方法生成全要素生产率（Ttotal Factor Productivity，TFP），澳大利亚的肉牛行业在1977～1978年度至2017～2018年度的生产率平均每年增长1.0%，产量增加0.9%，投入每年下降0.1%。通过改善牧场、群体遗传和疾病管理，降低了死亡率，部分实现了该行业的生产率改善。

1977年至2018年的40年间，肉牛行业的平均生产率增长（每年1.0%）仍低于种植业的生产率增长（每年1.5%），尽管超过了绵羊产业（每年0.3%）。另外肉牛行业的劳动投入使用量平均每年下降了0.7%，是广亩农业中下降最小的行业，而资本投入在40年间持续增加（每年0.3%），也是广亩农业中唯一的一个细分行业。

澳大利亚北部和南部的气候、牧场、工业基础设施和距离市场远近程度差异很大，这些因素导致了生产系统的差异，例如，畜群结构和农场经营。南部地区的牛肉养殖场面临着更加多变的气候，对干旱条件更为敏感，这可能导致饲料成

① See "Beef Farms", https://www.agriculture.gov.au/abares/research-topics/surveys/beef#detailed-farm-financial-performance-findings, Oct. 24, 2019.

本增加以及影响产量增长的去库存和补库周期,并且南部地区的肉牛农场也较小,利润较低,导致降低平均生产率的增长。

五、肉牛农场的管理

19 世纪刚到达澳大利亚大陆的殖民者传统上开始“征服”土地,采用传统的欧洲农业方法,后来意识到这条道路是不可持续的,农业生产者必须在限制范围内与土壤植被及气候一起共谋发展。其中,肉牛作为农业活动的主要部门,尤其需要注重:可持续发展、维护生物多样性、土壤管理、水管理、减少温室气体排放(包括气味和灰尘)、有效利用燃料等资源、库存管理、动物福利、负责任地使用化学品、建筑物管理规划、风险管理、监测和记录系统、良好的社区关系和空气管理等。

(一)可持续的牧场管理

牛放牧的方式可以养护牧场,也可以破坏牧场。肉牛的生产者传统上会将其牲畜的需求放在首位,然而,在动物和植物的要求可能发生冲突的情况下,不应忽略植物的保护,牺牲多年生禾本科植物很难在短期内恢复回来。在干旱条件下,为了确保牧场植被,可能需要开始手动喂食,或者提前屠宰畜群以减轻压力,并在有降雨时加速恢复。通常恢复牧场土壤和植被的成本比喂养牛更加昂贵。

牧场植被的增长可分为三个阶段:第一阶段,牧草非常短(小于 3 厘米),其根系储备通常很低,小叶面积限制了植物从太阳获得的能量,因此生长缓慢;第二阶段,有足够的叶子让植物快速生长;第三阶段,当植物成熟并产下种子时,生长减缓并且质量下降。牧场植被越短,在第一阶段停留的时间越长,如果发生干旱时,越晚开始手动喂养,后期的损失越大,因为这意味着当降雨最终来临时,长期恢复 的“绿色干旱”阶段会持续更长时间。在正常的季节,保持牧场处于活跃的生长阶段(第二阶段)将使牧场和动物生产最大化,然而,在某个阶段,牧场必须休息,以使植被成熟并产下种子,即使其质量会因此而下降。也有需要控制某些植被蔓延时,在特定时间段里增加放牧畜群的压力,但通常不会采取连续放牧,这对稳定生产系统和环境至关重要。

在可能的情况下,根据肉牛市场的目标,牧场应采取混合类型,即原生和引进相结合,以增加放牧管理的选择。在干旱的季节,原生牧场的植被(更好地适应澳大利亚不可靠的降雨和贫瘠的土壤）可能比引进的能产生更多有用的饲料，这些引进的物种会在良好的季节提供更多的产量。使用放牧管理来维持或改善牧场质量，这种方法具有明显的优势，因为它几乎不会花费任何成本，如果没有实施放牧管理，可能需要更昂贵的投入，如肥料和除草剂，以及更频繁地变换放牧牧场。

在围场水平应用的放养率，通常称为放养密度，是一种非常强大的牧场管理工具。它可用于主动控制所提供饲料的质量和数量以及所需或不希望的植物物种的存活。或低或高的放牧率，有着显著改变牧场植物组合的潜力，不同的植物种类对放牧压力的反应不同，一年生草本植物往往更具竞争力，它们比多年生草本植物发芽和生长更快。因此，如果高放养率保持太长时间，过度放牧可能使一年生植物占主导地位并取代多年生植物，导致一年生植物之外的牧草短缺。另外，在低放养密度下，长期会让不太理想的未放牧植物占主导地位，丢失更理想的物种，使整个牧场的质量下降。①

成功可持续的放牧管理需要技能和经验，关键是灵活性，结合牧场的生长和季节条件，合理地调整牧场的轮休次序和时间长度。

（二）土壤管理

由于牛蹄的影响，土壤压实或"土壤压榨"在养牛生产中是不可避免的，土壤压实会导致损害植被，减少水渗透和减少通气，破坏土壤结构。压实严重程度随土壤类型而变化，在黏土含量高的湿土壤中最差，因此，当大雨降临时，应尽一切努力将牛移到较轻质的土壤上避免土壤压实。

如果牛正在踩踏成径，如通往水槽的路径，要记住这些可能成为地表水流的通道，可能引发更严重的侵蚀。如果这种情况开始发生，则需要采取轮流放牧做法来防止踩踏成径对土壤的伤害。一旦径流变得过多，水就没有机会较多的渗入需要的土壤中，因此牧草的生长可能远远低于其潜力，并且过度的径流会造成土壤侵蚀问题。

过度放牧通常发生在澳大利亚的大部分地区，因为降雨和饲料供应往往不稳定。在地面覆盖受到不利影响之前和库存开始失去状态之前应开始补充喂

---

① See "Responsible, Sustainable Beef Production", https://www.dpi.nsw.gov.au/animals-and-livestock/beef-cattle/husbandry/general-management/production, Oct. 24, 2019.

养，否则将影响牧场植物的增长率。有些过度放牧严重到牛吃掉围场中的每片草叶的程度，一旦地面植物覆盖率下降到侵蚀风险增加的水平，应通过销售牛或移除牛或限制并喂养完全的配给量，不要让牛继续徘徊牧场以寻找稀缺的植被，这既会浪费动物的能量，从而增加维持体重或状况所需的饲料量，又会增加土壤侵蚀的风险并威胁牧场的生存。

在规划围栏的位置时，应尽可能多地考虑土壤类型、地形、坡向、牧场类型和畜群大小：如果在一个围场内存在多种土壤类型，或者倾斜和平坦的土壤，传统的"方形"牧场可能会使管理变得更加困难，例如，一些牧场物种可能在南坡（往往更凉爽和更潮湿）上生存，但在北坡就不能满足更进一步的要求；由于地形或土壤类型的变化，不同的牧场增长率可能需要以不同方式进行管理；具有统一特征的土地应尽可能围栏并作为一个单元进行管理；与单一的大型牧场相比，拥有几个小牧场在放牧管理方面具有更大的灵活性；在混合农业的情况下，可能值得建造临时电围栏，这将有助于降低建造围栏成本。

在选择庭院场地时，必须考虑土壤类型和排水。重黏土在潮湿的条件下会变质，并且干燥很慢。轻质沙质土壤可能使污水渗透并污染地下水，在干燥的条件下，它们也会变得尘土飞扬。如果可能的话，选择一个土壤肥沃，排水良好的土地建造牛休息停留的庭院。如果要将牛长时间限制在院子里，例如，断奶期间，最好在土壤表面下方有一层黏土，以限制流出物进入地下水。①

（三）水管理

优质水可能是澳大利亚大陆最稀缺的资源，需要尽可能有效地利用。饮水点的可用性将影响围场布局，并且可能限制放牧财产上可能的细分量。如果饮水点相距太远，牛会在靠近水的地方过度放牧，并对围场的其余部分利用不足，另外，必须长途跋涉才能到达饮水点，将浪费牛的能量并减轻体重。

在水槽或地面水箱中给牛提供水，而不是允许牛自由进入水道，避免牛侵蚀河岸和污染水，导致泥沙沉积和污染并可能在下游大量繁殖藻类。研究表明，即使水道没有围栏，如果在正常的水路上提供一个水槽，牛也会喜欢在水槽中饮水，而不是进入水道或水坝饮水。此信息非常有用，尤其是在没有资金用于防护

---

① See "Responsible, Sustainable Beef Production", https://www.dpi.nsw.gov.au/animals-and-livestock/beef-cattle/husbandry/general-management/production, Oct. 24, 2019.

水道的情况下,最好是挡住水坝并将水坝里的水通过管道输送到水槽,因为牛会污染水坝并降低水质,特别是在供水不足时。使用肥料时必须小心,确保不会污染水道。应避免在水道(在强烈的夏季风暴期间可能遭遇径流)上方或附近播撒肥料。①

(四)空气管理

尽量减少温室气体排放,澳大利亚的牛和羊估计占温室气体排放量的10.8%,主要是甲烷和二氧化碳。平均而言,每头牛产生约49公斤的甲烷,甲烷是由瘤胃中的微生物产生。饲料越粗糙,纤维越多,作为甲烷损失的消化能量的比例越大。目前,澳大利亚一些州和联邦研究小组正试图通过选择性地改变瘤胃群体的微生物来减少反刍动物的甲烷产生,但反刍动物的排放不能不含甲烷。大多数牛肉生产商已经致力于尽可能催肥以尽快达到屠宰标准,可以提前3个月达到屠宰重量,在其生命周期内产生的甲烷较少,因此每公斤肉产品对应的甲烷排放量相应减少了。因此,通过管理牧场以保持高消化率,并通过选择更高的饲料效率和快速生长,生产者已经在帮助减少牛群排放的温室气体。②

(五)最大限度地降低油耗

化石燃料的燃烧是温室气体的主要来源,这种燃料也是不可再生资源。生产食物的资源总消耗量是未来需要考虑的一个越来越重要的因素。与谷物喂养的牛肉生产相比,澳大利亚牧场喂养的牛肉生产相对省油,仅在土壤耕作、播种、收获和运输谷物方面有燃油消耗。从长远来看,需要最少燃料的牧场系统将更具可持续性,通过施肥现有的原生牧场,来实现降低油耗。

(六)病虫害管理

疾病控制是良好农场管理的正常部分。一些疾病应通过疫苗接种来控制,如钩端螺旋体病和弧菌病。对于市场准入控制的其他疾病,如约翰氏病(Johne's Disease,JD),生产者需要注意遵守当地州内不同区域之间贸易的法律要求。疾病控制不仅对提高自身企业的生产力至关重要,也能最大限度地减少对邻居生产产生不利影响。栅栏应保持良好状态,以避免疾病在与邻居畜群之间的蔓延。

---

① See "Responsible, Sustainable Beef Production", https://www.dpi.nsw.gov.au/animals-and-livestock/beef-cattle/husbandry/general-management/production, Oct. 24, 2019.

② Ibid.

(七)动物福利管理

澳大利亚有三级政府,每个政府都有动物福利责任,尽管这些政府在不同的司法管辖区之间有所不同。根据《联邦宪法》,州和地区在澳大利亚拥有动物福利的主要管辖权。澳大利亚联邦政府在对外贸易和条约方面拥有特定权力,其中包括一些动物福利问题,它还对出口屠宰场、活体动物出口贸易和检疫动物负有立法责任。包括向州/地区政府提供反馈,以便修订立法以及促进和维护动物福利行为。

1. 动物福利法律法规。澳大利亚联邦级别涉及动物福利的有《1913 年防止虐待动物法》(Prevention of Cruelty to Animals Act 1913)①和《澳大利亚有关牛的动物福利标准和指南》(Australian Animal Welfare Standards and Guidelines for Cattle,以下简称《标准和指南》)②,其中,《标准和指南》在许多方面被视为"最佳实践指南",可以提供有用的信息,例如,当人们亲自饲喂食肉牛时,该指南列出了每头牛所需的空间。指南具有一定的法律地位,因为未遵守指南的一部分可以作为证据,通常用于涉及违反《1979 年防止虐待动物法》案件。并且澳大利亚各州和领地的政府已于 2016 年同意,将《标准和指南》纳入地方法律框架作为监管的依据。在州一级的立法层面,也有涉及动物福利的法律法规,例如,新南威尔士州的《1979 年防止虐待动物法》(Prevention of Cruelty to Animals Act 1979)③和《2012 年防止虐待动物条例》(Prevention of Cruelty to Animals Regulation 2012)④。

2. 福利范围。澳大利亚动物福利标准和指南涵盖了生产者的责任,并规定了动物对饲料和水的需求;极端天气、自然灾害、疾病、伤害和捕食的风险管理;设施和设备;处理和管理/饲养;育种管理;人道的屠宰。涉及牛,上述标准和指南还包括公牛的阉割、去角和喷洒、小牛饲养系统、乳品管理、饲养场管理。

---

① Prevention of Cruelty to Animals Act 1913, https://www.legislation.gov.au/Details/C2015C00208, Oct. 24, 2019.

② See "Australian Animal Welfare Standards and Guidelines for Cattle", https://www.animalwelfarestandards.net.au/files/2011/01/Cattle-Standards-and-Guidelines-Endorsed-Jan-2016-061017_.pdf, Oct. 24, 2019.

③ Prevention of Cruelty to Animals Act 1979, https://www.dpi.nsw.gov.au/about-us/legislation/list/prevention-cruelty-animals, Oct. 24, 2019.

④ See "Prevention of Cruelty to Animals Regulation 2012", https://www.legislation.nsw.gov.au/#/view/regulation/2012/408, Oct. 24, 2019.

3. 具体操作。根据法律规定，动物有权得到人道和完善的对待，生产者应该尽可能地寻找减少动物压力和疼痛的方法。随着围栏标准的提高，许多肉牛农场已经停止了对牛安装标牌，而其他识别方法正变得越来越普遍。在许多肉牛品种中，对公牛要实施削除牛角，现在已经有几种方法可以用创伤较小的方法去除牛角。了解牛的心理安全距离对减轻牛的心理压力至关重要。通常牛的心理安全距离约为 2 ~ 3 个身体距离，如果这个空间被侵入，牛将试图逃脱。在庭院里工作时，最好不要在实际需要之前入侵这个空间，如果靠近，牛将向前或向后移动，对于大多数有经验的养殖工人来说，以从牛肩部方向接近是比较妥当的。牛的心理压力大，或在装载和运输过程中感到恐慌，这反过来会导致肉的颜色变暗、质量变差。要给牛提供遮阴和保暖袮护所的福利，不要想着树木会影响生长更多的草，不利于养活更多的牛，树木和灌木提供的遮阴和遮蔽通常可以弥补草地生长可用面积的损失。在寒冷的天气里，动物的能量需求可能会增加一倍以上，只是为了维持动物体内的热量，通过在顺风处提供较温暖的小气候，可以减少对额外饲料的消耗，它还提高了恶劣天气条件下新生动物的存活率和福利。研究表明，在寒冷的季节里，袮护所会增加温度和湿度。在炎热气候下，遮阴可以保持土壤水分，并延长可用于生产的牧草植物种类的放牧时间，牛的重要食物三叶草在阴凉处存活时间更长，在那里它们免受热和水分的压力。①

（八）负责任地使用化学品

农业（或兽医）化学产品的使用者在使用产品前必须始终阅读产品标签和相关许可证，并严格遵守标签上的说明和许可证规定的条件。每个使用化学品的人都有责任确保遗留化学残留物。尽管产品零污染始终是一种不切实际的期望，但公众往往不去区分可接受的残留水平，即使远低于对人类健康构成威胁的残留水平，但无论是否合理，生产者都要认真对待这些问题，因为它们可以深刻影响市场。因此，残留物控制涉及两个问题：安全性和质量保证。

当对牛及牛肉施用任何化学品或其他处理时，应对化学品进行称重以确保施用正确的剂量。必须保留良好的记录，以显示哪些动物得到治疗以及何时接受治疗，以便可以观察到扣留期（With Holding Periods，WHP）结束。如果要出口

---

① See "Australian Animal Welfare Standards and Guidelines for Cattle", https://www.animalwelfarestandards.net.au/files/2011/01/Cattle-Standards-and-Guidelines-Endorsed-Jan-2016 - 061017_.pdf, Oct. 24, 2019.

活牛,那么还必须遵守出口屠宰间隔期(Export Slaughter Intervals,ESI)。ESI可能比WHP长几倍。应检查用于放牧牛的土地以前的用途,如果怀疑使用了有机氯等持久性化学品,则应将土壤样品送去分析,旧洼地或类似地区周围的地面也应采样或应与牲畜分离开来。在干旱期间,不可接受的残留物的风险会增加,造成这种情况的原因,包括在靠近地面放牧时摄入受污染的土壤颗粒,以及喂食不寻常的饲料,而这些饲料通常是不会被关注的,但有可能其已经使用了化学品。饲料中的任何化学污染物,如果浓度足够,都会在畜产品中产生不可接受的残留物。购买任何饲料时,购买者应告知饲料原料的预期用途,并询问是否有任何化学品已经施加到饲料上或者是否有任何其他残留物来源。清除动物组织残留物所需的时间差异很大,取决于以下因素:涉及的化学品、摄入量、喂食的持续时间、动物体重和状况的变化。如果怀疑动物可能已暴露于化学物质,则最好由兽医采集活检样本并检测残留物,而不是冒着风险,屠宰并使市场准入处于危险之中。①

(九)抗生素使用

越来越多的证据表明,在动物中使用一些抗生素可以影响人类的耐药菌株的发展。法律要求兽医仅针对特定条件开出抗生药物,是为了减少抗生素的不当使用,从而降低人类抗药性的发展风险。

在肉牛农场的管理实践中,如果可能的话,在用抗生素治疗之前应该准确地称量牛的体重,只靠估计是不准确的,有可能发生使用剂量不足或剂量过量。剂量不足或未完成抗生素的全部疗程可能会导致一些最具抗药性的个体存活,这将导致人类将对所使用的抗生素产生更大的抵抗力。许多细菌具有交换基因的能力,从而赋予抗生素对其他细菌的抗性。过量服用可能导致毒性问题,特别是使用在牛犊和小牛身上,同时必须完成抗生素的全部疗程,即使动物似乎已经康复。

目前,已知使用低剂量的选择性抗生素(如Rumensin ©,Lascalocin ©,Avoparcin ©和Eskalin ©,其用于改变瘤胃功能)虽然会增加肠道菌群中的抗生素亢性,但是,它们的使用会导致更高的瘤胃效率、更少的甲烷产生和更快的生

① See "Responsible, Sustainable Beef Production", https://www.dpi.nsw.gov.au/animals-and-livestock/beef-cattle/husbandry/general-management/production, Oct. 24, 2019.

长速率,从这一方面来看是对环境友好的。另外对万古霉素(vancomycin)等糖肽抗生素的抗性在人类中变得越来越普遍,并且有证据表明,这部分是由于在动物饲料中使用 Avoparcin ©(也是糖肽)导致的。①

(十)资产管理

资产管理规划涉及规划所有资源的有效综合利用,包括人力和财力资源以及物质资源。资产管理计划是一个持续的过程,它帮助生产者提高盈利能力,实现更可持续的自然资源利用。生产者应确定业务目标,然后制订实现这些目标的计划。

在农场围栏建设方面,需要与邻居一起协商更好地规划围栏的修补或等高线的位置,或者对物业的其他方面的改变,这有助于确保在一个农场上所做的事情不会对相邻财产或流域下游的财产产生不利影响。在畜群存栏组合方面,要与当地环境相匹配选择品种,有效利用农场所在土地可以经济地生产的饲料,而不是试图生产饲料以支持特定品种的牛,这会使效益比率更高。在恶劣的环境中,生产有些品种的牛比其他品种会更划算,例如,来自欧洲的体格较大的品种,在边远区域或降雨不稳定的地方难以生存。另外,并非所有牧场都适合养牛,必须考虑牛和其他资源是否能够满足特定市场需求的规格。

(十一)风险管理

气候对澳大利亚的农业气候是一种高风险,谨慎的做法是假设大多数年份的气候都不会达到理想的条件,并通过保护饲料来作出相应的应急计划,以应对假设的持续干旱情况。包括制定一些关于首先销售哪种库存的规则,以及启动计划的触发条件。可以优先考虑处理畜群的存栏数量,如果存栏畜群里的小牛(vealer)、一岁阉牛或 Jap ox 比例高就具备较高的应急处理灵活性。

(十二)监控和记录

农场的良好记录保存系统至关重要,能评估农场有关计划的实施是否有效,以及该企业是否具有财务和环境可持续性。

大多数肉牛生产者熟悉记录与企业生产力和农场财务相关的信息和数据,

---

① See "Responsible, Sustainable Beef Production", https://www.dpi.nsw.gov.au/animals-and-livestock/beef-cattle/husbandry/general-management/production, Oct. 24, 2019.

但无法应用。现在有许多高效的计算机程序可以帮助监控和应用这些数据，包括：(1)奶牛加入、妊娠试验结果、小牛出生，标记和断奶；(2)繁殖记录，以便可以识别和剔除表现不佳的牛，并且可以比较不同公牛的后代；(3)牛的增长率，以便可以比较遗传价值或喂养方式；(4)买卖牛的数量；(5)销售牛的年龄、重量和价格；(6)每公顷产量，即出售牛的总重量除以放牧土地的总公顷数；(7)每公顷的肉类收入，即出售牛的收入除以放牧土地的总公顷数；(8)畜群、作物和牧场的健康问题；(9)抗生素、虱子和蠕虫的处理，给动物施药的日期，任何扣留期(WHP)或出口屠宰间隔(ESIs)，以及处理结果；(10)围场记录、牧场增长、地面植被覆盖、库存进出日期等；(11)肥料、除草剂、杀虫剂、喷雾剂应用日期，以及任何WHP；(12)所有成本，包括动物的处理成本、作物和牧场的成本、播种成本、机器维护成本、销售成本等；(13)用水，水质等。①

对环境以及自然资源的影响和反馈持续的监控和记录，也是评估农业可持续性的重要基础。有用的监测包括以下内容：(1)定期土壤测试，将表明土壤肥力是否下降或土壤酸度问题是否正在发展；(2)监测地下水位，将评估正在采取的降低水密水平的步骤；(3)监测评估牧场原生植被区域的健康状况以及是否存在本地动植物，改善原生植被的健康，将促进本地动物的生长；(4)评估河岸内植被的健康和多样性；(5)对野生动物的观察，将评估树木和其他原生植被留出的面积是否足够大；(6)监测地面植被覆盖百分比，将表明侵蚀风险；(7)对于灌溉，应监测牧场的用水效率并与基准水平进行比较，如低于基准水平，则存在低用水效率造成的环境损失。②

(十三)肉牛场管理结论

牛肉生产者的管理目标应该是以最人性化和最有效的方式进行农场管理，生产出安全、一致、高质量的牛肉产品，同时，保持或提高资源质量和保护自然环境。

为了实现盈利，又能保持可持续发展，牛肉生产者需要做到：(1)制订一个农场计划，其中包括明确的业务目标；(2)确保企业经营在商业上有利可图；(3)积极寻求、解释和使用专业的建议和新信息；(4)有灵活的管理策略来应对气候和

---

① See "Responsible, Sustainable Beef Production", https://www.dpi.nsw.gov.au/animals-and-livestock/beef-cattle/husbandry/general-management/production, Oct. 24, 2019.

② Ibid.

市场的变化；(5)确保其产品符合市场要求；(6)确保他们的生产系统在动物福利和对环境的保护方面满足消费者的期望；(7)农场的财产(主要是土地和植被)没有明显的退化迹象。①

① See "Responsible, Sustainable Beef Production", https://www.dpi.nsw.gov.au/animals-and-livestock/beef-cattle/husbandry/general-management/production, Oct. 24, 2019.

第七章　乳　业

一、澳大利亚乳业发展概况

(一)历史渊源

澳大利亚的乳业,源于英国殖民者 1788 年首次抵达澳大利亚,当时第一舰队在新南威尔士州靠岸,随船队从英格兰长途跋涉而来的 2 头公牛和 7 头母牛,在抵达后不久,就逃到附近的丛林中。然而,这 9 头牛幸存了下来,6 年后,它们发展成为拥有 61 头牛的基础种群。相应的第一批奶农迅速适应了他们的新环境,在春季和夏季制作黄油和奶酪,并在秋冬季节保存这些产品,乳制品行业迅速发展。1800 年,澳大利亚通过育种和进口,已有 322 头公牛和 712 头奶牛。1805 年,约翰·哈里斯博士在现在悉尼的内城区 Ultimo 建造了第一家商业乳品店,而凡迪门土地公司(Van Diemen's Land Company)则于 19 世纪 20 年代在塔斯马尼亚州建立了澳大利亚第一家商业奶酪工厂。不久之后,来自新南威尔士州伊拉瓦拉地区的农民开始通过海路将他们的奶酪和黄油送到悉尼,随着越来越多澳大利亚的港口开放,奶牛场一直延伸到新南威尔士州南部的贝加。1832 年,约翰·福克纳带着 2 头母牛和 2 头小牛抵达了墨尔本,菲利普港湾周围的理想乳制品条件帮助牛群快速成长,该区域的牛群在一年内就增长到 155 头牛,1850 年,牛群增长到 347,000 头牛。整个澳大利亚在 1891 年有近百万头奶牛,到了

1900 年，几乎每一个澳大利亚乡镇，即使位于内陆地区，也都有供应新鲜牛奶的奶牛场。①

（二）乳业发展

1834 年，爱德华·亨蒂定居维多利亚州西南部的波特兰地区，成为维多利亚州第一批农民。他生产了少量的黄油和奶酪，并最终向塔斯马尼亚州出口了一桶奶酪，这是维多利亚州的第一个出口。到 1836 年，维多利亚州的菲利普港区域的大部分牛都用于生产牛奶、黄油和奶酪。澳大利亚直到 19 世纪 80 年代，乳业只是供应当地消费的工业，在农场生产乳制品，如奶油、牛奶、黄油和奶酪，商业化的奶制品只能在靠近奶牛场的地区销售，产品无法在变质前运往 100 公里以外的市场销售，缺乏冷藏设备和技术手段都限制了大部分乳制品的远距离运输和分销，即使是保质期较长的黄油，在 1881 年之前出口到达英国最终也是被用作低附加值的轴承油脂。

在 19 世纪 80 年代和 90 年代，澳大利亚引入了许多技术，使澳大利亚的乳业迅速发展并在商业基础上建立起来。第一，也是最重要的技术就是制冷，这促使 1881 年 1 月第一次成功出口运送黄油抵达英格兰；第二，引入更有生产力的外来草种——英国黑麦草和三叶草，替代原生牧草，这使农民能够大大提高用于乳业目的的可用土地的放养率和产奶量；第三，1881 年手动奶油分离器的应用，使小农户能够在农场有效地生产奶油，这为建立奶油运输工厂，制作黄油和奶酪的工厂开辟了道路；第四，促进乳制品行业快速增长的技术是挤奶机的引入，虽然第一台挤奶机在 1836 年就获得了专利，但挤奶机直到 1900 年左右才被引入澳大利亚，并且直到 20 世纪 30 年代后期，农场电力条件改进后，挤奶机才被广泛应用；第五，牛奶的巴氏杀菌技术，有助于提高牛奶的分装卫生，从而扩大国内牛奶销售的市场范围。随着这些技术的采用和改进，农民开始提高生产力和利润率，3 英亩的改良牧场能够支撑每年生产 125 磅乳脂的母牛，根据农场规模和劳动力供应情况，新南威尔士州的一个奶农在 19 世纪后期挤奶 30 头奶牛可以预期每年净收入为 136 英镑，而 19 世纪 90 年代中期的农民工平均工资为 39 英镑，挤奶工为 47 英镑。到了 20 世纪初，几乎所有的乳制品都是在工厂生产的，这些新工厂

① See "Our Story", https://www.dairy.com.au/our-industry-and-people/our-history, Oct. 10, 2019.

的很大一部分是由生产黄油、奶酪和培根的农民合作社建造、拥有和经营的。合作社通常将牛奶从农场运到自己的工厂，由工厂制造产品，将其保存在冷藏库中，然后将其出售并运输到批发商和零售商。在某些情况下，合作社还经营自己的零售业务，向农民出售和提供面包和杂货。在许多情况下，合作社还组织向英国出售和运输剩余产品。在铁路发展起来以后，通常情况下，大型合作社会在交通枢纽火车站收集附近农民的牛奶，称重、取样、快速巴氏杀菌、冷却，然后导入中央仓库。到达中央仓库后，它将再次被冷却，分发到郊区的一个牛奶库。然后，合作社的零售中心将把仓库 40 加仑罐中的牛奶，分装进较小的容器中并运运到客户的门口。

20 世纪 30 年代之前，英国一直是澳大利亚的乳制品出口目的地国，随着第二次世界大战的爆发，澳大利亚和英国政府达成了一系列合同，英国同意按照等级确定的价格购买澳大利亚的黄油和奶酪。这一系列战时合同对澳大利亚的乳业有很大的推动作用，并帮助澳大利亚稳定了该行业，使其渡过了不确定的萧条时期。

第二次世界大战后，至 20 世纪 70 年代之前，乳制品行业由大量的小型家庭农场组成。其中很大一部分是混合农场，生产用于制造黄油和奶酪的奶油，脱脂奶通常喂给猪，这类企业依赖向英国出口黄油和奶酪，以及受到严格保护的国内市场。但是在英国于 1973 年加入欧洲经济共同体后，乳制品关税骤然提高，许多小型家庭农场的模式不再可行，许多奶牛场转向牛肉生产或其他农业活动，以求生存。在 1973 ~ 1974 年之前的 5 年中，英国从澳大利亚进口的黄油和黄油脂肪产品平均每年 44,000 吨，但是当英国加入欧洲经济共同体时，这些进口几乎停止了。好在澳大利亚乳业从业者提前开拓了中国香港特别行政区、日本和沙特阿拉伯等新市场，避免了英国市场关闭这一灾难性打击，并为未来 30 年的澳大利亚奶农带来福音。

（三）乳业监管方式的变化

1924 年，随着《1924 ~ 1938 年乳制品出口管制法》（Dairy Produce Export Control Act 1924 – 1938）的出台，联邦成立了乳制品控制委员会，负责组织和监督澳大利亚乳制品的海外营销。该委员会与另一机构澳大利亚乳业委员会合作，向政府提供有关乳制品生产相关问题的建议，这有助于促进第二次世界大战前几年澳大利亚乳制品的生产和销售。1935 年，这两个机构合并成为澳大利亚乳制品委员会(后来成为澳大利亚乳业公司),负责控制所有出口海外的黄油和奶酪。

2000年7月1日之前,澳大利亚的乳制品行业一直分为两个细分行业:一个是受管制的市场鲜奶的部门;另一个是不受管制的成品奶部门。每个州都有一个乳制品行业管理部门;澳大利亚联邦政府负责总协调,州政府负责具体的监管干预。

在20世纪80年代和90年代,州政府负责控制鲜奶价格和质量监管,并为市场鲜奶行业制定政策。例如,维多利亚州乳业局和新南威尔士州乳业公司的成立就是为了对各自州的鲜奶营销实施高度控制,包括通过设定行政许可管控鲜奶的生产数量和质量,这种严格管制导致了鲜奶的奶牛场出场价高于不受管制的成品奶的出厂价,虽然二者的产品没有本质的不同。

在澳大利亚各地监管鲜奶的领域里,存在各种不同的管制计划,这些计划按比例向所有奶农分配了大量的保证价格,鼓励农民生产的鲜奶产量远超正常市场条件下的产量,州政府还参与制定立法,管制州际市场之间鲜奶的准入。而成品奶的行业特点是开放进入,并可自由跨州交易。自1986年7月起,由农业和能源部长推出了“科林计划”(Kerin Plan),该营销计划针对成品奶采用了支持国内价格、限制进口、补贴出口和限制替代品生产等多项措施,从而使成品奶业具备了一个长期特点“国内市场支持”,即澳大利亚将努力使该成品奶行业更具市场反应能力,并确保成品奶业的所有参与者都支持出口回报的产业发展方向,其中一项强力措施是对全部奶农征税,用来作为出口补贴分配给成品奶制造商,该措施的出发点是保证专门从事乳制品出口的制奶商能够盈利,以促进国内市场成品奶产品出口至境外。“科林计划”还包括立法允许各州在洲际牛奶流入威胁本地市场全脂奶的溢价时,可以终止上述的“全牛奶税”。

到20世纪90年代中期,鲜奶价格相对成品奶的价格有了明显下降,需要消除或大幅减少价格控制和供应配额,为此,澳大利亚政府开始逐步取消乳制品行业的市场支持,这符合其在制造业和其他农业领域减少保护的承诺,出口补贴于1995年7月终止。然而,为支持成品奶生产商出口而征收的“全牛奶税”在2000年中期之前基本保持不变。虽然许多州的乳制品管理部门不愿接受放松管制,但行业正在发生变化,由于监管未来的不确定性,牛奶配额的价值也降低了。

经过乳制品行业的大量政治游说,澳大利亚联邦政府承诺向各州奶农调整支付,条件是州政府同意放松对其奶业的管制。乳制品调整局(Dairy Adjustment Authority,DAA)根据2000年4月的《2000年乳制品调整法案》(Dairy Industry Adjustment Act 2000)①,制订了乳品结构调整计划(Dairy Structural Adjustment Program,DSAP)管理奶农的援助申请。自2000年7月1日起,澳大利亚对新鲜牛奶价格的放松管制对价格产生了重大影响。2000年,澳大利亚牛奶总产量中的约18%被用作新鲜牛奶,其中,新南威尔士州、昆士兰州和西澳大利亚州的比例则高达45%。2001年7月,《2001年乳制品立法修正案(补充援助)法》[Dairy Produce Legislation Amendment (Supplementary Assistance) Act 2001]②为DAA提供了立法框架,以便其根据乳品结构调整计划提供额外援助措施16亿澳元,还有1.11亿澳元的补充援助计划,在2000~2008年的8年内分发。如今澳大利亚的乳制品行业完全放松管制,每个奶农的农场出场价完全由市场供需来决定,甚至受到世界国际贸易价格的影响。③

(四)产业结构

自20世纪70年代以来,澳大利亚的乳品企业数量明显下降,在20世纪90年代稳定在13,000~14,000家。在2000年对该行业放松管制之后,截至2001年6月30日,乳制品企业的数量降至13,000家以下,占农业企业总数的9%。乳制品行业在过去30年的这种下降,是由于政府对该行业的干预减少(包括自2000年开始的全面放松管制)以及随着市场竞争,该行业一些规模较大的企业得以生存发展并更具竞争力。在2000~2001年度,大多数奶牛场的农业经营估计值(Estimated Value of Agricultural Operations,EVAO)在100,000~499,999澳元,占所有乳品企业的73%和奶牛群的68%,高于以往。平均奶牛群的规模有所增加,年均增长率略低于4%,在1970~1971年,平均牛群规模为71头奶牛,11%的企业储存150头或更多的奶牛,在2001~2002年,平均牛群数量为263头奶牛,约有一半的奶牛饲养场超过200头奶牛(如图7-1所示)。总之,澳大利亚的乳业在放松管制后的2002年,牛奶产量比15年前增加了83%,乳制品企业减

① See Dairy Industry Adjustment Act 2000, https://www.legislation.gov.au/Details/C2004A00614, Oct. 27, 2019.

② See Dairy Produce Legislation Amendment (Supplementary Assistance) Act 2001, https://www.legislation.gov.au/Details/C2004B00860, Oct. 27, 2019.

③ See "History of Australian Dairy Industry Deregulation", https://www.dairyaustralia.com.au/about-dairy-australia/about-the-industry/history-of-australian-dairy-industry-deregulation, Oct. 27, 2019.

少了37%,平均牛群增加了92%。

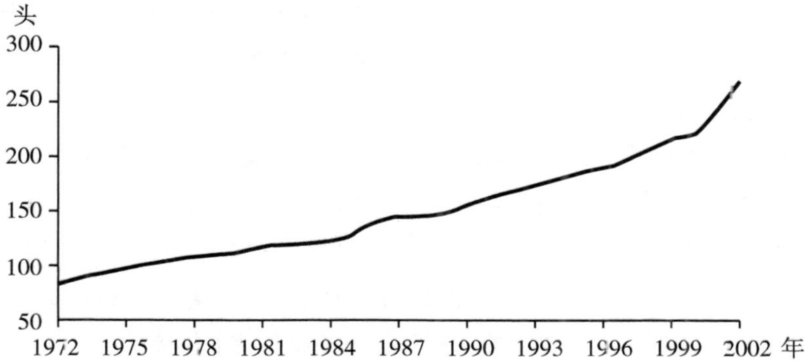

图7-1 澳大利亚1972~2002年30年的奶牛群规模变化①

(五)奶牛品种

自澳大利亚乳业开始以来,澳大利亚奶牛品种一直在不断改进和完善。与许多澳大利亚工业一样,乳制品行业最初是按照英国的方式建模的。第一批引入澳大利亚的奶牛主要是英国品种,如泽西牛(Jersey)、根西牛(Guernsey)、奶牛(Dairy)、短角牛(Shorthorn)、长角牛(Longhorn)和埃尔郡奶牛(Ayrshire),这些牛以及来自荷兰和德国的荷斯坦弗里斯兰牛(Holstein Friesians),都是优质牛奶的生产体,并且成为19世纪到20世纪90年代中期澳大利亚乳业的特征之一。在澳大利亚乳业开始的150年里,泽西牛最受欢迎,特别是在维多利亚州。然而,在20世纪下半叶,由于英国品种奶牛产奶的脂肪和蛋白质产量水平高于平均水平,开始被新的澳大利亚品种和荷斯坦弗里斯兰牛所取代,因为市场的重点已从重点生产黄油转移到每头奶牛的奶产量上来了。到了21世纪初,荷斯坦弗里斯兰品种奶牛占奶牛总数约2/3,并且广泛分布在澳大利亚的所有乳业地区。

(六)成品奶制造业

与奶牛养殖业一样,通过乳品加工企业之间的合并、收购和战略联盟,成品奶制造业经历了较大的重组优化。在21世纪初,仅有约206家加工企业(比30年前的1975年减少了35%)由约120家乳品公司经营。该行业主要由牛奶和奶油加工商以及黄油、奶酪和奶粉制造商组成,雇用了19,400人(占食品,饮料和

① See "The Australian Dairy Industry", https://www.abs.gov.au/Ausstats/abs@.nsf/0/B006A83A9127B0F5CA256DEA00053965? Open, Oct. 27, 2019.

烟草制造业总人数的10.2%)并支付了8.32亿美元工资。与维多利亚州作为最大产奶州的地位一致,维多利亚州的乳制品生产企业生产的牛奶产量占全国总产量的64%,其次是新南威尔士州和昆士兰州,分别占13%和7%。

(七)乳制品消费

乳制品一直是西方饮食中的主要食物来源,特别是在欧盟(EU)和北美地区成为主要食品组成部分,消费者严重依赖乳制品作为钙和蛋白质的来源。近些年由于大豆等替代性非乳制品可用性增加以及消费者担心乳制品中的过量脂肪不利健康,液态奶的摄入量呈下降趋势。但是在发展中国家,特别是亚洲,对乳制品的需求逐渐增加,随着该区域人们的收入增加和城市化进程的加快,食品消费习惯也发生了相应的改变。例如,日本、韩国、泰国、中国和印度等国家对牛奶和乳制品的需求大幅增长。特别是在日本,人均牛奶年消费量增加了15倍,从1960年的5升增加到2000年的75升。相对欧美发达国家和亚太国家对乳制品的消费变化,澳大利亚乳制品的总体消费量在20世纪下半叶保持相对稳定,牛奶消费量在年人均100~104升的范围内徘徊。

(八)乳制品的国际贸易

与20世纪初期相比,20世纪80年代以来的澳大利亚乳制品出口格局发生了重大变化。以前,澳大利亚的大部分出口都流向英国(和前英国殖民地),自20世纪80年代初以来,越来越多的澳大利亚乳制品出口到亚洲市场。至21世纪初,澳大利亚和新西兰主导着世界牛奶市场,尽管它们的产量仅占世界牛奶产量的4%,但这两个国家的乳制品出口量占据了近一半的乳制品国际贸易市场。从数量上看,在21世纪初,澳大利亚乳制品出口的大部分(70%)流向亚洲国家,如日本(17%)、菲律宾(13%)、新加坡(8%)、印度尼西亚(8%)、马来西亚(7%)和中国台湾地区(5%)。对亚洲的贸易集中反映了澳大利亚与这些市场的地理位置接近,同时,欧盟和美国等市场通过使用保护主义政策和出口补贴对澳大利亚乳制品造成了较大影响(详见表7-1)。

在过去的20世纪近100年的时间里,澳大利亚乳制品出口的产品结构也发生了重大变化。在20世纪上半叶,黄油占澳大利亚乳制品出口的绝大部分,但到了21世纪初,“黄油和其他油脂”的出口仅占全部乳制品出口额的11%,而“粉末或其他固体形式的牛奶和奶油”以及“奶酪和凝乳”占比较高。

表 7-1 澳大利亚 1989～2002 年乳制品出口量和出口额的变化

种类	单位	1989～1990 年		1994～1995 年		1999～2000 年		2000～2001 年		2001～2002 年	
		数量（千）	价值（百万）	数量（千）	价值（百万）	数量（千）	价值（百万）	数量（千）	价值（百万）	数量（千）	价值（百万）
牛奶和奶油	升	27.5	18.1	64.8	51.8	86.1	81.4	83.1	82.1	86.9	98.2
粉末或其他固体形式的牛奶和奶油（不包括脱脂牛奶）	吨	55.3	152.0	120.7	296.3	224.9	577.8	241.7	798.9	256.3	879.0
脱脂奶粉	吨	83.7	196.0	166.0	373.7	210.0	466.7	190.2	673.8	198.7	673.8
黄油和其他油脂	吨	47.9	116.0	76.8	159.4	123.6	290.5	107.5	291.0	107.5	297.5
奶酪和凝乳	吨	53.3	184.4	116.4	401.9	219.9	807.1	219.0	951.0	218.3	1034.4
酸奶	吨	1.6	2.9	3.0	7.6	2.8	7.0	3.0	8.1	2.6	8.3
乳清	吨	14.4	10.0	35.2	36.2	45.8	67.3	41.3	83.1	45.8	84.5
酪蛋白	吨	4.0	22.8	5.0	35.2	13.6	80.7	10.0	89.5	8.5	76.9
其他奶制品	吨	10.5	23.2	21.7	46.0	19.2	38.1	13.8	44.5	15.1	39.7

二、澳大利亚乳业的产业特色

（一）行业集中度较高

乳制品行业是澳大利亚最主要的农业产业之一，基于农场的生产价值 2017～2018 年度的收入为 44 亿澳元，占农业生产总值 7%，排在小麦和牛肉之后，位列第三，约 42,600 人直接在奶牛场以及乳品公司工作，有更多的人员（乘数 2.5 倍）在关联的运输、配送、农场服务和研究行业工作。澳大利亚的乳制品一直维持较高的品质，包括一系列鲜牛奶、奶粉、黄油、炼乳、酸奶、奶酪、乳清和酪蛋白。该行业的集中是从 20 世纪 80 年代开始的，并于澳大利亚 21 世纪的放松管制后开始加剧，整个乳制品行业的经历了较大重组，尤其是 2000 年后的严重长期干旱，导致乳业的利润率波动性加剧，许多规模较小的奶牛场在放松监管后退出了乳制品行业，随后总产量下降。然而，这段时期的生产率增长是由投入速度快于产出推动的，因为土地、劳动力和资本等资源都流向了效率最高的奶牛场。特别是,放松管制促进了资源从使用全年生产制度的农场向使用季节性生产制度的农场流动,在原来的制度下,产奶量全年平均分配,而在季节性生产制度下,产奶量和放牧时间更同步,这种资源重新配置效应提高了行业生产率,从宏观上减少了奶牛场的数量,奶牛场由 1980 年的 21,994 家减少了 74.19%,截至 2019 年,注册在案的奶牛场为 5699 家。(详见图 7-2)相应地,奶牛场的畜群规模在扩大,从 1985 年平均一个奶牛场拥有 93 头奶牛,到 2018 年的平均畜群有 273 头奶牛,并且单个奶牛场超过 1000 头规模的趋势明显。奶牛场的平均面积比 2000 年高出约 29%,达到 300 公顷(详见图 7-3)。

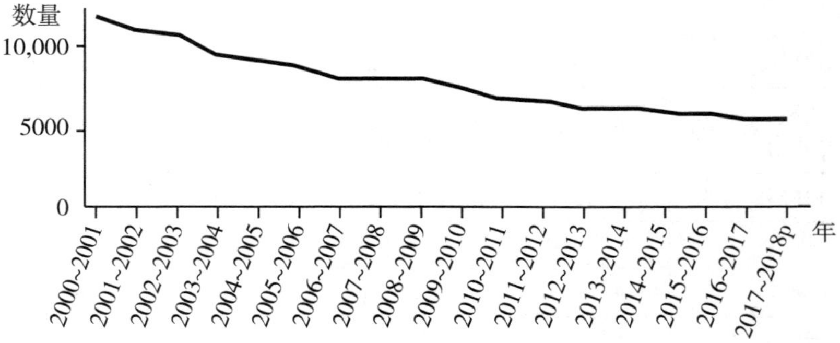

注:p:初步估计。

图 7-2 澳大利亚 2000 ~ 2018 年奶牛场的数量变化①

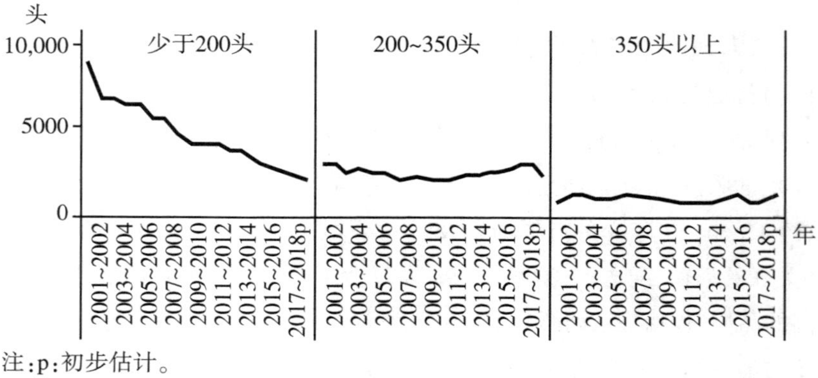

注:p:初步估计。

图 7-3 澳大利亚不同规模的奶牛场在 2001 ~ 2018 年各自数量增减的幅度②

① See "Dairy Industry", https://www.agriculture.gov.au/abares/research-topics/surveys/dairy#detailed-physical-characteristics-findings, Oct. 27, 2019.

② Ibid.

重组促进了行业的效率，使每个农场的乳制品生产总值相应增长。乳制品企业通过增加经营规模和强度提高效率，每个农场有更多的奶牛、更高的放养率和更多的补充喂养。另外，育种和遗传学的进步使奶农能够选择奶牛的一系列特性，如更高的产奶量、更长的寿命和更少的疾病，各种管理措施被运用来提高奶牛的生育能力，包括人工授精、遗传选择、热量检测计划，这些技术进步和措施促成 2000～2018 年，澳大利亚所有州的奶牛场里的每头奶牛的产奶量大幅上升，平均每个农场的产奶量从 70 万升提高到 150 万升（详见图 7－4）。对于小规模奶牛场，则是处境艰难，据澳大利亚乳业局 2019 年的一项调查，约有 6% 的奶牛场主表示，他们打算在未来两年退出该行业，与此同时，有约 11% 的奶牛场主表示他们正在“逐步减少”，而这些打算退出这一行业的奶牛场主，大多拥有的是不到 300 头奶牛的农场。①

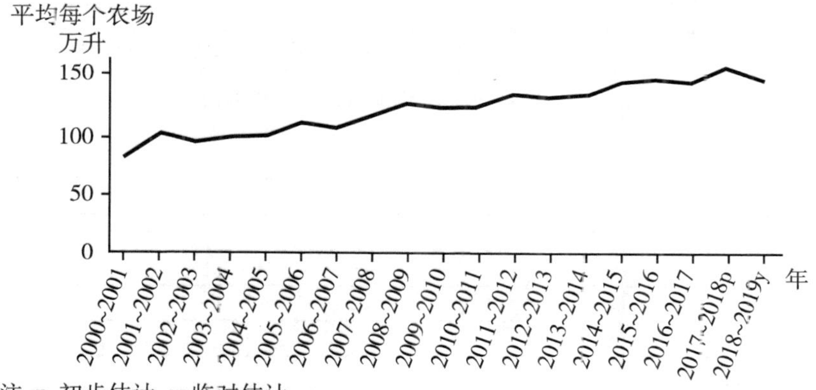

注：p：初步估计、y：临时估计。

图 7－4 澳大利亚 2000～2019 年平均每个农场的牛奶产量②

（二）产业分布不均

澳大利亚的乳业主要分布在澳大利亚的温带和一些亚热带地区，虽然所有的州都有自己的乳制品行业，向所在地附近的城市供应新鲜饮用牛奶，但大部分牛奶生产都发生在澳大利亚东南部，全国 5699 家奶牛场，其中约 68% 的奶牛场在维多利亚州，11% 在新南威尔士州，7% 在塔斯马尼亚州，7% 在昆士兰州，4%

① See “Situation and Outlook June 2019”, https://www.dairyaustralia.com.au/industry/dairy-situation-and-outlook/situation-and-outlook-june-2019, Oct. 27, 2019.

② See “Dairy Industry”, https://www.agriculture.gov.au/abares/research-topics/surveys/dairy#detailed-physical-characteristics-findings, Oct. 27, 2019.

在南澳大利亚州,3% 在西澳大利亚州。如图 7 – 5 及图 7 – 6 所示,维多利亚州是最大的牛奶生产州,约占 2017 ~ 2018 年牛奶总生产量的 64% ,其次是新南威尔士州(12%)和塔斯马尼亚州(10%)。从 2000 ~ 2018 年,各州之间牛奶产量的集中度大致保持稳定,只有塔斯马尼亚州的产量变化较大,在过去的 8 年间,塔斯马尼亚州的牛奶产量增加了 55% 。

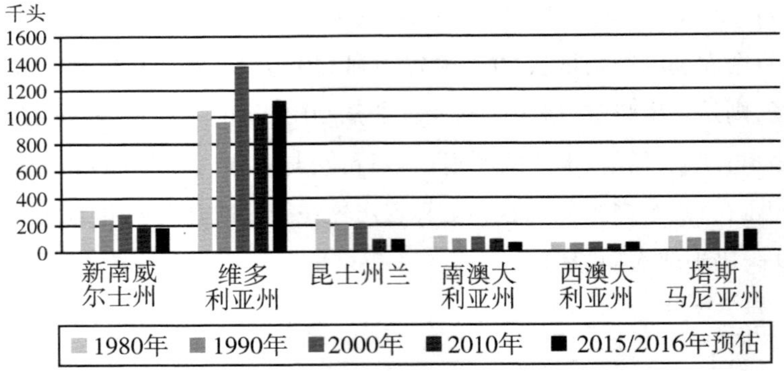

图 7 – 5　2016 年澳大利亚各州的奶牛数量①

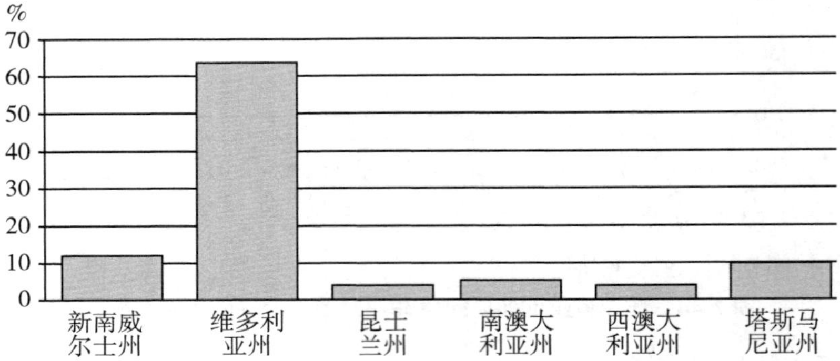

图 7 – 6　2018 年澳大利亚各州的牛奶产量占比②

(1)吉普斯兰(Gippsland)区域,是一个位于墨尔本中央商务区(Central Business District,CBD)东部的高降雨量乳业区。该区非常关注牧区生产,支持灌

① See "A Guide for Investment and the Australian Dairy Industry", https://www.dairyaustralia.com.au/dairyaustralia/about-dairy-australia/about-the-industry/investment-and-the-australian-dairy-industry?keyword = A%20guide%20for%20investment%20and%20the%20Australian%20dairy%20industry, Oct. 27, 2019.

② See "Dairy Industry", https://www.agriculture.gov.au/abares/research-topics/surveys/dairy#detailed-physical-characteristics-findings, Oct. 27, 2019.

溉。该区域的土地被严格控制，交易价格也较其他乳业区有溢价，主要是附近的几个重要乳制品商收购力度强于其他区域的加工商。（2）维多利亚州北部和新南威尔士州南部区域，这个区域遍布墨累河和古尔本河灌溉区，依靠灌溉来支持集约化生产。该地区的饲养多样化（从牧场基地到全混合饲料）支撑了一系列生产系统。该地区还包括维多利亚州东北部的较高降雨量的高山峡谷地区。（3）维多利亚州西部区域，该乳业区域从墨尔本 CBD 的西部一直分散至南澳大利亚州的边界，主要沿海岸线。该地区的特点是降雨量变化小、土壤肥沃、长期的牧草和饲料谷物的生长季节。整个地区散布着小规模的灌溉工程，该区域大规模、小规模的乳制品加工厂都有，专注于出口和国内市场。（4）新南威尔士州区域，该州的乳业区是澳大利亚各州中分布最广阔的一个，从南部的沿海地区和山谷，到滨河沿岸（Riverina）地区，以及西悉尼、北海岸下游、猎人谷和中西部的内陆灌溉区域。新南威尔士州的奶业有着悠久的历史，围绕悉尼 CBD 及其周边市场分布着全年生产饮用牛奶及新鲜乳制品的制造商，他们不仅专注于国内消费市场，也从事出口业务。（5）新南威尔士州北部和昆士兰州区域，该乳业区位于亚热带，从新南威尔士州北部的海岸向北延展到昆士兰州北部，跨越各种各样的环境、气候和生产条件。几乎所有农场都是全年生产，向该区域供应新鲜牛奶，专注于国内市场。（6）南澳大利亚州区域，该州的乳业区包括几个区域，其中最大的产区位于该州东南部邻近维多利亚州边境，而更多的传统产区位于距离阿德莱德很近的墨累河区域。整个地区的生产情况各不相同，制造商专注于国内市场，并努力实现全年生产。（7）塔斯马尼亚州区域，该区域近年来在乳业方面取得了显著增长，这主要源于当地温和气候结合肥沃土壤而有利于牧场的生长系统，在北部一些有实力的制乳企业的支持下，有很多牧场（肉牛和绵羊）转型为奶牛场。制造商在本州的市场相对较小的情况下，更关注出口市场。在塔斯马尼亚州的内部灌溉区域，乳业正在扩大，并提升乳制品的转换率，已远超一般水准。（8）西澳大利亚州区域，该乳业区位于西澳大利亚州的西南部，以州首府珀斯为主要国内消费市场。该地区拥有稳定的气候、良好的供水、高效的谷物和饲料供应。邻近亚洲主要出口市场，影响了一些制造商。少数关注本地市场的制造商拥有强大的本地市场地位。

（三）牛奶生产的季节性

通常，奶农会根据牧草生长和牛奶加工商价格激励计划来安排奶牛场的育种生产计划,因为奶牛只有产犊时才产奶,怀孕期 280 天,产奶期 1 年左右,多数采用人工授精,产下来的小公牛会卖给肉牛农场,小母牛留作奶牛。产犊模式的选择,决定了牛奶供应的季节性和饲料需求。通常产犊模式分为季节性的、全年性的和半年性的 3 种。在 2017 ~ 2018 年度之前的 5 年间,澳大利亚全国平均 57% 的奶牛场使用全年性产犊模式,25% 的奶牛场使用季节性产犊模式,只有 18% 的奶牛场使用半年性产犊模式。使用半年性产犊模式的奶牛场在 2017 ~ 2018 年度之前的 5 年间,平均产奶量较大。半年性产犊模式会有更多的奶牛被挤奶,每头牛的平均产奶量高于季节性和全年性产犊模式。这 3 种产犊模式的使用因州而异,如图 7 – 7 所示,昆士兰州、新南威尔士州、西澳大利亚州和南澳大利亚州的奶牛场主要使用全年产犊模式来维持全年对国内市场的新鲜牛奶的供应,而维多利亚州的奶牛场混合使用 3 种模式,在塔斯马尼亚州,奶牛场主要采用季节性产犊模式。

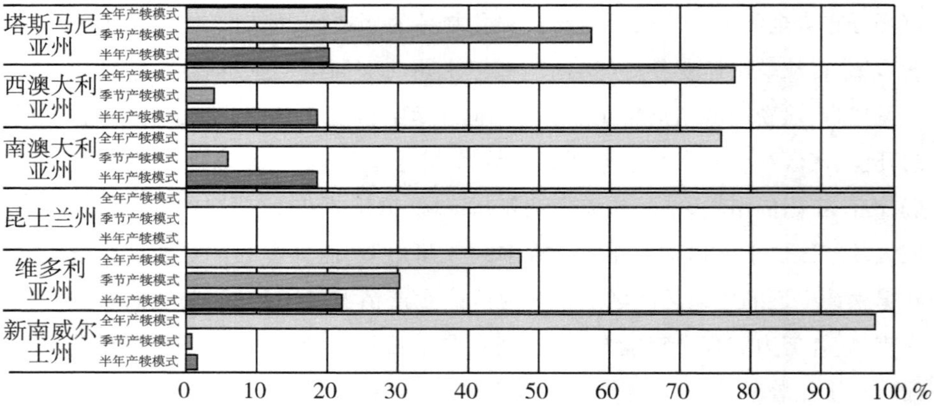

图 7 – 7 澳大利亚各州乳业在 2013 ~ 2018 年不同牛奶生产模式在奶牛场中的占比①

(四) 国际贸易参与度高

从历史上来看,澳大利亚的牛奶总产量早已超过了国内消费所需的数量,从而为出口市场创造了可销售的盈余储备量。如图 7 – 8 所示,在 2000 年时,出口量占总产量的近 60%,然后随着总产量逐年下降以及国内消费量的逐年上升,导致牛奶出口量逐渐减少,近年来,澳大利亚牛奶的出口量维持在总产量的 30% ~ 40%。

---

① See "Dairy Industry", https://www.agriculture.gov.au/abares/research-topics/surveys/dairy#detailed-physical-characteristics-findings, Oct. 27, 2019.

2017~2018年度，乳业出口总值35亿澳元，占澳大利亚农业行业出口总额的7%。

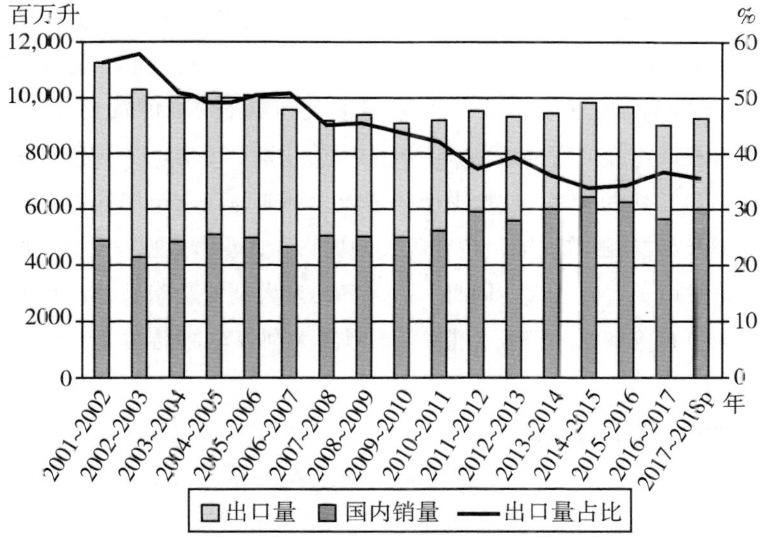

注：p：初步估计。

图7-8 澳大利亚2001~2018年乳制品国内消费总量与出口总量及其占比①

尽管澳大利亚的牛奶产量在世界上的总产量占比不到2%，但它仍是国际市场上乳制品的重要出口国，目前在世界乳制品贸易方面排名第四，仅次于新西兰、欧盟和美国，占全球乳制品贸易额6%的份额，并以高品质著称（详见图7-9）。

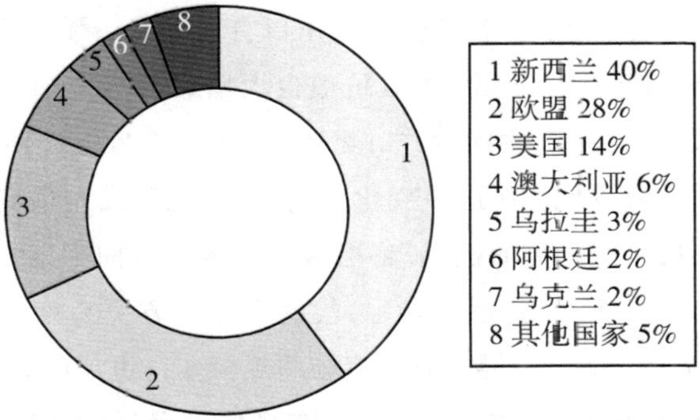

图7-9 澳大利亚2017~2018年度乳制品出口额在世界乳制品国际贸易总额中的占比②

---

① See "Australian Dairy Industry in Focus 2018", https://www.dairyaustralia.com.au/publications/australian-dairy-industry-in-focus-2018? id = B81A5CE26AAE4C0F898E8F3BFF0014D9, Oct. 24, 2019.

② Ibid.

澳大利亚乳制品的出口市场在过去几年里发生了较大的变化，对中国的出口量增速最快，目前该区域已经是澳大利亚乳制品出口的最大市场，占出口总量的27%，出口总额11.88亿澳元；其次是东南亚（包括印度尼西亚、马来西亚和新加坡），出口总额8.49亿澳元；日本仍然是澳大利亚出口商的重要贸易伙伴，其是一个拥有长期业务关系的成熟、高价值市场。澳大利亚的乳制品对亚洲的出口额占其出口总额的85%，这集中反映了澳大利亚与亚洲市场的邻近地理位置所带来的积极影响，随着亚洲消费者收入的提高和饮食方式变得更加"西化"，亚洲市场的消费增长潜力巨大。同时，几十年来，澳大利亚乳制品公司在为这些市场供应方面也有着良好的记录和信誉，这为澳大利亚乳制品在亚洲打开市场奠定了基础。①

（五）对中国出口比重大

图7－10反映了2013～2018年澳大利亚乳制品出口量在各区域的分布。2018年3月至2019年2月，中国内地、中国澳门特别行政区和中国香港特别行政区对乳制品的进口量增长了4.7%，至290万吨。其中很大一部分增长发生在2018年年末，当时中国在经历了一段有限制的购买和国内生产增长放缓之后，重新进入了国际买方市场，同时中美之间持续不断的贸易摩擦继续影响国际市场的竞争态势。同一时期，尽管澳大利亚牛奶产量总体下降，对华牛奶出口却增长0.3%，至21.8万吨，占澳大利亚牛奶出口总量的45%，婴儿奶粉出口下降45.5%，至1.4万吨，这是3年来婴儿奶粉出口首次下降。婴儿奶粉仍然是澳大利亚对中国最有价值的出口产品，但其价值也大幅缩水，下降了50.5%，至1.75亿澳元。自2018年1月起，中国对进口婴幼儿奶粉产品实施严格管理，允许进入市场的注册品牌大幅减少。在这一变化之前，许多乳制品制造商利用已经进入市场的产品仍将被允许销售的机会，将更多的乳制品推向中国。尽管该类产品对中国的官方出口有所下降，但实际上，代购等非官方贸易渠道起到了更大作用，这可能会使未来正确判断婴儿奶粉市场的规模变得更加困难，代购将是澳大利亚乳业的一个关键市场渠道。不论国际市场如何变化，中国作为澳大利亚乳制品最大的出口市场不会轻易改变。

① See "International Market Overview", https://www.dairyaustralia.com.au/industry/exports-and-trade/international-market-overview, Oct. 27, 2019.

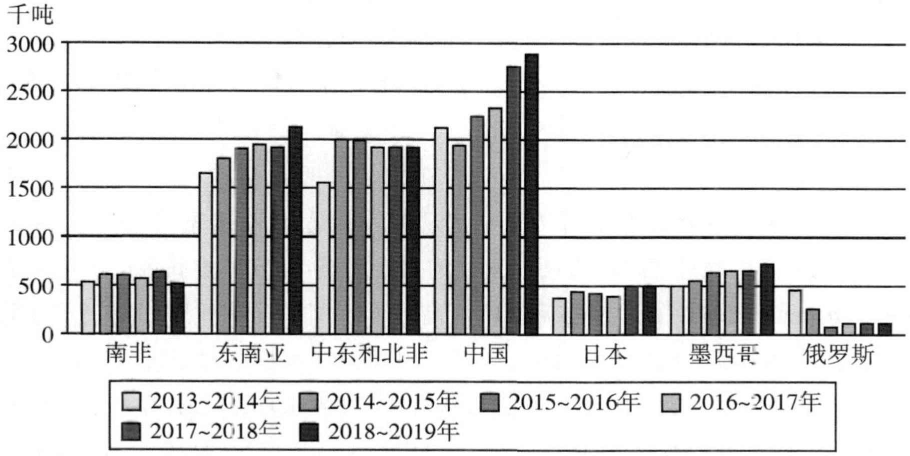

图 7－10　澳大利亚乳制品 2013～2018 年出口量在各区域的分布①

（六）受气候影响较大

奶牛场的现金支出成本中的饲喂一项占比最大，达 30%，包括牧场草、干草、谷物饲料，而这些原材料的价格受降雨干旱天气影响极大，尤其干草对降雨量的变化反应非常灵敏，供应随降雨量减少变得有限，许多干草卖家只卖干草给固定买家。而在干旱天气情况下，灌溉牧场所需用水的购买成本也会上升，所以在 21 世纪初开始的长期干旱直接导致奶牛场的成本升高，只有那些大规模的奶牛场，通过提高牧草利用率、降低灌溉用水价格、最大限度地提高饲料和粮食作物产量等措施，才能生存下来，小规模奶牛场则大量倒闭。截至 2019 年 3 月的前 12 个月中，澳大利亚全国因为干旱共宰杀了 76,283 头奶牛，这一数字比上一年又增长了 11%，只低于巅峰值的 2016 年。②

三、澳大利亚乳业的产品结构

澳大利亚主要的消费乳制品是鲜牛奶、奶酪、黄油、酸奶、奶粉和乳清。人均消费趋势的变化远超过了过去 20 年的表现，这些变化体现在消费者的多元文化、健康观念、食物味道和包装创新。澳大利亚目前人均年饮用牛奶消费量估计

---

① See "Situation and Outlook June 2019", https://www.dairyaustralia.com.au/industry/dairy-situation-and-outlook/situation-and-outlook-june-2019, Oct. 27, 2019.

② Ibid.

为103升,在发达国家里也处于高水平,这部分归功于澳大利亚浓郁的“咖啡文化”和风味奶制品的增长。近年来奶酪消费已稳定在人均年消费约13.6公斤;人均黄油年消费量大约4.7公斤;酸奶具有健康和零食属性,人均年消费9公斤。

(一)鲜牛奶

鲜奶油是一种受欢迎、食用方便的多功能乳制品,含有丰富的蛋白质、维生素和矿物质。牛奶是许多澳大利亚家庭的主要消费产品,其中高温灭菌(Ultra-Heat Treatment,UHT,经过2~5秒140度高温杀毒,非冷藏保质期6~9个月)牛奶的销售份额有所增加,然而,澳大利亚消费者仍然非常喜欢新鲜的巴氏杀菌(High Temperature Short Time,HTST,经过15秒74度杀毒,冷藏保质期14天)牛奶,这种偏好要求奶牛养殖场接近主要人口中心和广泛可靠的冷链物流,以便全年提供新鲜牛奶。普通或全脂牛奶的乳脂含量为3.4%至3.6%,低脂和脱脂牛奶经过改良含有少于1.5%和0.15%的乳脂,其在加工过程中去除了奶油,可以作为佐餐品装瓶或制成黄油或其他乳制品。大多数鲜牛奶是标准化的,以确保始终如一的口味和营养状况。

2019年牛奶市场有一较大变化,即自有品牌牛奶取消了1澳元/升的白牛奶价格,改变了自2011年开始的超市新鲜白牛奶长达8年的1澳元/升的价格。2019年年初,澳大利亚大型超市Aldi和Coles决定效仿Woolworths的做法,提高超市自有品牌牛奶的零售价格,按年率计算上涨2.3%,至每升1.05澳元。这使自有品牌牛奶的销量稍有下降1%,但销售额增加了3.8%,并在鲜奶销售总额中所占的份额不断扩大,约占58%的市场份额(详见图7-11)。同期,公司品牌牛奶销量增长1%,至1.19亿升,导致新鲜白牛奶销量总体持平。但自有品牌UHT牛奶的售价1.05澳元/升相比于公司品牌牛奶售价的1.76澳元/升就低了很多。①

① See “Situation and Outlook June 2019”, https://www.dairyaustralia.com.au/industry/dairy-situation-and-outlook/situation-and-outlook-june-2019, Oct. 27, 2017.

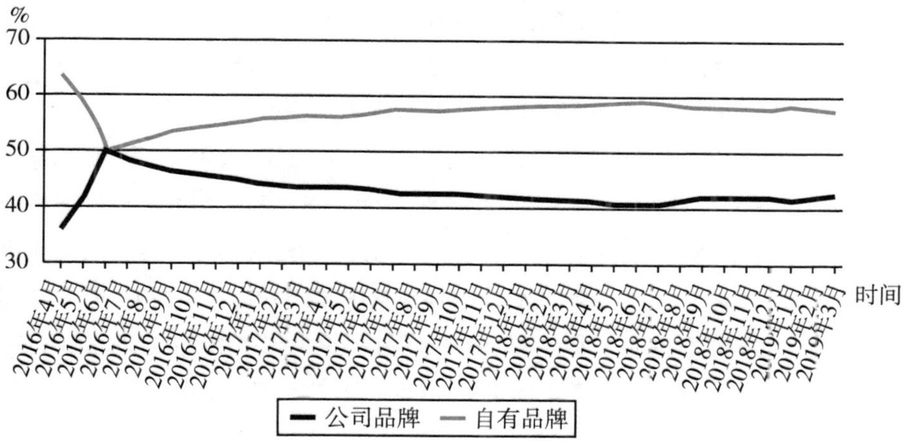

图 7－11 澳大利亚公司品牌和自有品牌的新鲜白牛奶市场占比①

虽然白色(无味)牛奶仍然占据了绝大多数饮用牛奶销售份额,但调味牛奶也开始占据了一定市场份额。调味牛奶由于更高的单位价格,对乳企是一个重要的收入来源。2018 年 3 月至 2019 年 3 月,调味奶销量增长 0.6%,至 1.55 亿升,销售额增长 2.8%,至 5.64 亿澳元,调味奶的平均零售价格上升 2.2%,至每公升 3.65 澳元。调味牛奶也通过非食品店出售,澳大利亚乳业局国内销售数据库的数据显示,约 36% 的调味奶在超市之外销售。由于调味奶能够在国内市场创造价值,因此在未来很可能仍将是一种重要的产品。另外,调味牛奶销售有明显区域化特色,例如,南澳大利亚州对调味奶的消费量一直是全国平均水平的 2～3 倍。

澳大利亚的鲜牛奶出口量相对较小,然而近年来,液态奶的出口量大幅增长。在 2017～2018 年度,澳大利亚出口了近 2.2 亿升牛奶,与上一年相比增长了 15%,虽然有些较小公司现在正在空运新鲜牛奶给亚洲客户,但绝大多数产品类型还是保质期较长的 UHT 牛奶。液态奶出口总量的 90% 以上进入亚洲,其余的进入太平洋岛国。②

(二)奶酪

无论是在澳大利亚国内还是出口海外,奶酪都是乳制品需求的关键驱动因

---

① See "Situation and Outlook June 2019", https://www.dairyaustralia.com.au/industry/dairy-situation-and-outlook/situation-and-outlook-june－2019, Oct. 27, 2019.

② See "Australian Dairy Industry in Focus 2018", https://www.dairyaustralia.com.au/publications/australian-dairy-industry-in-focus-2018? id = B81A5CE26AAE4C0F898E8F3BFF0014D9, Oct. 27, 2019.

素。2017～2018 年度,澳大利亚奶酪产量增长 8%,达到 377,000 吨,这是接近 21 世纪初的产量。奶酪是澳大利亚乳制品的主要产品,有几家大型乳制品公司专注于奶酪生产,国际价格趋势使奶酪生产具有很强的吸引力,超过总产量 1/3 的牛奶被用来生产奶酪,且近一半的产品用于出口,在 2017～2018 年度,澳大利亚奶酪的出口量接近 170,000 吨,价值 9.45 亿美元。澳大利亚奶酪出口目的地多达 60 个国家,日本连续成为澳大利亚最重要的海外奶酪市场,占据澳大利亚出口奶酪总量的 51%。其他重要的海外市场包括中国、韩国、马来西亚、菲律宾和新加坡。切达奶酪(cheddar cheese 的音译,一种源于英国西南部的 Cheddar 村的广受欢迎的干酪)在出口总额中的份额从 20 年前的 60%,稳步增长至 2019 年的 75%。

在澳大利亚国内,乳酪是乳制品行业的第二大价值创造者。在截至 2019 年 1 月的前 12 个月里,超市对奶酪的需求增长了 1.9%,至 15.1 万吨。其中,熟食奶酪销量飙升 7.4%,至 2.6 万吨,澳大利亚消费者对熟食奶酪的喜爱程度持续上升,熟食奶酪的销量占奶酪销量的 17%。与 11 年前的 2009 年相比,这一销量增长了近 6%,因为越来越多的人喜欢吃各种各样的奶酪。与冷冻奶酪相比,熟食奶酪的零售价格要高得多,而且仍然是价值增长的主要驱动力。整体而言,奶酪的销售额上升 4.9%,至 23 亿澳元,而熟食奶酪的销售额则上升 8.1%,至 6.49 亿澳元。奶酪另外一个品类是冷冻奶酪,2019 年 1 月之前的 12 个月的销量仅小幅增长 0.9%,至 12.6 万吨,冷冻奶酪(如切达奶酪)的价值增长了 3.9%,达到 17 亿澳元。冷冻奶酪的平均零售价格上涨 2.8%,至每公斤 13.25 澳元,增幅主要来自包装尺寸较大的奶酪。一块 1 公斤～1.5 公斤块状奶酪的平均零售价达到每公斤 7.91 澳元,较上年上涨 2.9%。这对乳制品行业来说是一个积极的信号,此前多年,超市对乳制品进行了大幅打折。自有品牌在冷冻奶酪销量中所占份额增长 1.8%,占市场份额的 22.5%。自有品牌奶酪较公司品牌冷冻奶酪而言,折扣较大,这也是奶酪平均零售价下降的部分原因。由于价格优惠,自有品牌销售额仅占该品类总销售额的 14.2%。

(三)酸奶和乳制品零食

澳大利亚制造商生产一系列新鲜的乳制品零食,包括酸奶、乳制品甜点、奶油冻、乳制品蘸料和冷冻冰激凌等产品。在过去 20 年中,酸奶类有了较大增长,能够满足现代消费者的便利要求,以及健康的零食生活方式。该部分包括强大的国际品牌，如 Ski、Yoplait 和 Nestlé。在酸奶细分品类中，没有风味的酸奶类型，即希腊式酸奶，被认为更健康、更自然，其销售超过甜味的和调味的酸奶，占市场的 50% 以上，2018 年 1 月至 2019 年 1 月，销量达 8.7 万吨，平均零售价同比上涨 1.3%，至每公斤 7.26 澳元。虽然传统风格的酸奶推动了销量增长，但甜酸奶的销量在创造价值增长方面发挥了重要作用。整体而言，酸奶和奶类零食的销售额增长了 3%，而甜酸奶的销售额增长了 9.7%。甜酸奶的平均零售价格增长了 9.9%，至每公斤 6.30 澳元，这使甜酸奶的销售额占总销售额的 25% 以上，乳制品公司可能会继续将甜酸奶视为该行业创造价值的一个重要来源，这可能导致平均零售价格进一步上涨，以弥补销量下降的影响。

酸奶的定期产品创新支持了销售的增长，这些创新发生在包装、风味组合和益生菌培养的使用。乳制甜点是一种低容量、高价值的乳制品类别，产品包括慕斯、奶油焦糖和奶酪，通常针对成年消费者。针对儿童的乳制品包括新鲜奶酪和调味奶油蛋糕，且包装上都有卡通人物设计。传统的最受欢迎的冷藏奶油蛋糕近年来增长乏力，尽管制造商采用了小型单体包装，但效果不明显。奶油是一种重要的新鲜乳制品，广泛应用于餐饮烹饪，像黄油一样，消费者喜欢奶油的高级口味和烹饪功能。

在截至 2019 年 1 月的前 12 个月里，酸奶和乳制品零食的自有品牌销售额占总销售额的 7.2%。这明显低于其他乳制品，但增幅为 1.7%。这已经是酸奶市场的自有品牌连续第二年扩张，主要原因是单价下降。对于酸奶产品和乳制品零食，自有品牌的进一步渗透和普及是有可能的。

（四）黄油

澳大利亚在 2017 ~ 2018 年度的黄油和无水乳脂（Anhydrous Milk Fat，AMF，类似酥油）产量约为 93,000 吨，主要用于出口和国内食品制造业，如面包店和糖果业。大部分国内黄油销售都是通过零售和餐饮服务网点。2017 ~ 2018 年度，国际黄油价格全年上涨，导致澳大利亚黄油的价格也相应飙升，零售额比上年增长 18%，超过 5.55 亿澳元。在传统黄油价格上涨时，价格较低的混合黄油受到消费者的青睐，混合黄油的平均零售价格较上年下跌 0.2%，至每公斤 10.84 澳元。大多数购买混合黄油的消费者购买的是 500 克包装的产品，与其他包装尺寸（10.05 澳元/公斤）相比，该产品的零售价格更低。在超市销售的所有混和物几乎都是公司品牌的混和物，在截至 2019 年 3 月以前的 12 个月里，混和黄油的销售额增长 6.6%,至 2.83 亿澳元,混合黄油销量首次占到黄油市场总销量的 51.3%。

澳大利亚在出口黄油的同时,也在进口黄油,进口总量 36,000 吨中约有 90% 来自新西兰,剩下的部分都是来自欧洲各国。澳大利亚出口的主要市场是泰国、新加坡、马来西亚和中国,而进口则来自包括新西兰等近 40 个国家。

(五)奶粉

澳大利亚的乳业制造商生产一系列奶粉,主要是全脂奶粉(Whole Milk Powder,WMP)和脱脂奶粉(Skim Milk Powder,SMP)。澳大利亚奶粉以前是以全脂奶粉为主,自 2001 年开始,脱脂奶粉逐渐逆转成为主导,2017 ~ 2018 年度,脱脂奶粉产量达 19 万吨,占总产量近 70%。

澳大利亚生产的奶粉只有 10% ~ 15% 在国内销售,主要用于本土的食品加工,另外,婴儿配方奶粉也是在澳大利亚本土奶粉应用的一个高附加值的产品。澳大利亚奶粉总产量的 85% ~ 90% 用于出口,近年来,澳大利亚的乳制品公司针对境外不同的市场需求,制造特定的小批量奶粉,灵活利用国际商品价格和不同的市场准入,将澳大利亚的奶粉销往出口市场。在脱脂奶粉的出口市场上,印度尼西亚是澳大利亚脱脂奶粉最大的单一出口市场,随后是中国、马来西亚、新加坡和泰国,总共出口大约有 30 个目的国或地区;在全脂奶粉的出口市场上,中国是最大的单一市场,其次是泰国、孟加拉国、新加坡、阿尔及利亚,总共有 58 个出口目的国或地区。

(六)乳清和酪蛋白

乳清是牛奶在制作奶酪过程中的副产品。食品级乳清粉应用于制造冰激凌、烘焙食品(蛋糕、饼干)、巧克力调味料、婴儿配方奶粉、酸奶、饮料和加工肉类。工业级乳清应用于动物饲料(包括猪、马和家禽)、幼牛喂养替代品,甚至作为除草剂的载体。乳清蛋白浓缩物可用于休闲食品、果汁、糖果、冰激凌、饼干、加工肉类、蛋白质饮料、甜点、婴儿食品和餐饮配料,甚至化妆品中的护肤霜、沐浴盐和洗涤剂也含有乳清蛋白质浓缩物。乳清在澳大利亚国内主要应用于生产婴儿配方奶粉、饼干和冰激凌,其出口主要市场包括印度尼西亚、日本、中国、新加坡和泰国。

酪蛋白的食品级应用主要在于加工食品,如面条、巧克力、糖果、蛋黄酱、冰激凌和奶酪制造。酪蛋白的工业用途包括:塑料(纽扣、织针)、合成纤维和化学品的制造(植物、胶水、釉面纸、腻子和化妆品)、幼牛营养补充剂和黏合剂替代品以及其他技术应用。近年来,澳大利亚的酪蛋白主要靠进口,其中70%来自新西兰,其余来自欧洲和美国。

四、乳业投资的财务分析

(一)奶牛场的现金收入和利润

澳大利亚奶牛场的收入每年都会出现大幅波动。这在很大程度上反映了交易乳制品的世界价格变化、不同季节条件对产奶量的影响以及农业投入的成本。澳大利亚奶牛养殖场的平均现金收入从2017~2018年度的每个农场平均161,000澳元下降到2018~2019年度的93,000澳元,奶牛场平均营业利润为亏损5.5万澳元。

1. 在现金收入方面,将财务分析时间拉长至1989~2019年来看,澳大利亚乳业的平均农场现金收入在20年期间起伏较大,波峰出现在2001年、2008年、2011年、2014年、2018年,奶牛场平均现金收入超过16万澳元,而波谷出现在2003年、2007年、2013年,平均现金收入3万~5万澳元。笔者发现,平均现金收入的起伏震荡从2000年放松管制以后开始加剧,放松管制之前的起伏差距振幅在2万澳元之内,之后的振幅扩大到12万澳元左右,增强了6倍左右,一个完整震荡周期在3~4年(详见图7-12)。

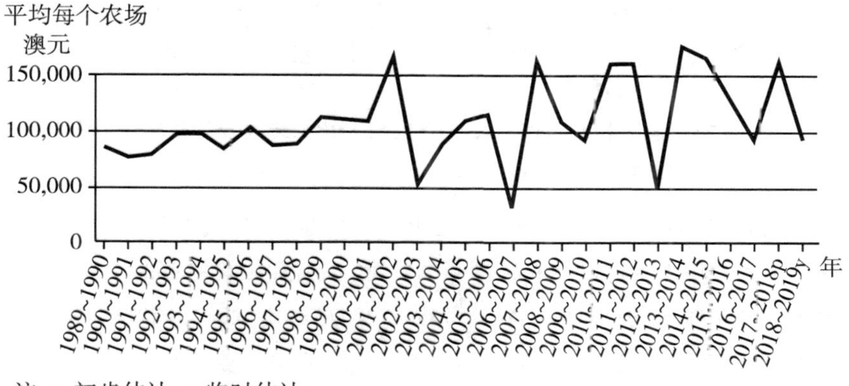

注:p:初步估计、y:临时估计。

图7-12 澳大利亚1989~2019年奶牛场平均现金收入变化①

---

① See "Dairy Industry", https://www.agriculture.gov.au/abares/research-topics/surveys/dairy#detailed-farm-capital-and-investment-findings, Oct. 27, 2019.

2. 在总现金成本方面,澳大利亚 2017～2018 年度多个地区的干旱气候导致奶牛场的支出增加,平均总现金成本增加了约 9%,达到每个农场 674,000 澳元,这一增长主要是由于饲料粮价格上涨和季节性干旱导致采购饲料支出的增加。2017～2018 年度,雇佣劳动力、使用化肥和维修保养也有所增加。在 2018～2019 年度,平均总现金成本预计将进一步增加 5%,主要是饲料的支出增加。从 2000～2001 年度到 2018～2019 年度,饲料支出是总现金成本的最大部分,在此期间占 30%。2000～2019 年,利息、维修和保养、肥料和雇工是总现金成本的第二大的组成部分(详见图 7－13)。大多数澳大利亚奶农通过给牛饲喂谷物、浓缩物和副产品来补充以牧场牧草为基础的生产,以提高每头奶牛的产奶量。因此,近几十年来,谷物和浓缩物作为补充饲料的使用已成为奶牛场投入中越来越大的组成部分,对补充饲料的依赖导致奶农更多地遭受不利气候条件和饲料(干草和饲料谷物)价格变化带来的不确定影响。

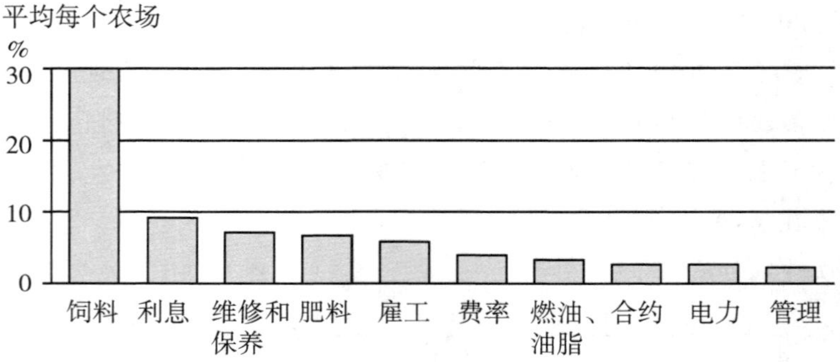

图 7－13 澳大利亚 2000～2001 年度至 2018～2019 年度奶牛场平均现金总成本的组成占比①

3. 在利润方面,奶牛场业务利润是衡量长期盈利能力的标准。它说明了资本贬值,家庭劳动力支付以及农场饲养的牲畜,饲料和粮食库存的变化。从全国看,2016～2017 年度的平均每个农场亏损 8230 美元,但 2017～2018 年度的平均每个农场盈利 92,700 澳元,在 2018～2019 年度,奶牛场业务利润预计将大幅下降至平均每个农场 55,000 澳元。

在 2000～2018 年的 18 年里,经营亏损的奶业农场占比每年达到 30% 以上,

① See "Dairy Industry", https://www.agriculture.gov.au/abares/research-topics/surveys/dairy#detailed-farm-capital-and-investment-findings, Oct. 27, 2019.

在2007～2018年度之前的10年间,经营亏损的比例平均每年达到48%,只有2001～2002年度亏损的农场占比接近28%,在2018～2019年度,亏损的农场比例预计约为66%,可见经营奶牛场亏损是大概率事件,具体可见图7－14。奶牛场营收利润为负(亏损),意味着农场没有能力支付家庭劳动力的成本或预留资金来取代贬值的农场资产。当农场收入波动时,许多农场偶尔会亏损,然而,持续的低利润或亏损会减少设备更新、高效技术投入从而导致农场的长期生存能力降低。

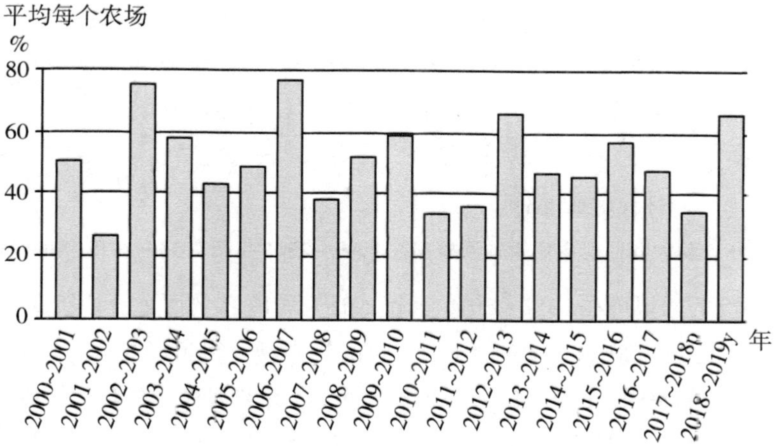

注:p:初步估计、y:临时估计。

图7－14 澳大利亚2000～2019年奶牛场营业利润为负的奶牛场占比①

4.在回报率方面,农业企业的长期表现取决于利润的水平和可变性。回报率的变化反映了每个地区平均季节性条件、商品价格和农业投入成本随时间的变化。个别农场在此期间的回报率可能会有不同的变化,这些是季节性条件和商品价格以及农场特定因素(如企业组合和经理技能)综合作用的结果。从图7－15可以看出,自2000年乳业放松管制之后,乳业的回报率普遍不高,2002～2003年度的回报率更是降到－1.0%,在2015～2017年澳大利亚奶牛场的平均回报率(不包括土地的资本增值)起伏不大,约为1.3%。预计2018～2019年平均回报率将下降至0.3%左右,远低于2.2%的长期平均水平,只有回报率一直偏

① See "Dairy Industry", https://www.agriculture.gov.au/abares/research-topics/surveys/dairy#detailed-farm-capital-and-investment-findings, Oct.27, 2019.

高的塔斯马尼亚州奶业产区达到4.3%,但也从2017~2018年度的5.6%回调了一个多百分点。

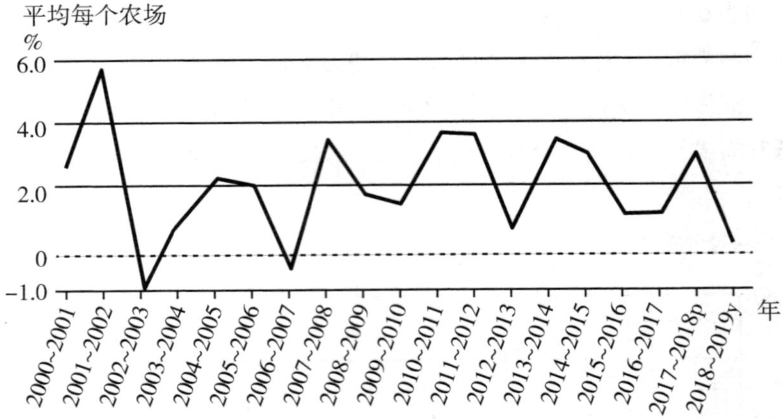

注:p:初步估计、y:临时估计。

图7-15 澳大利亚奶牛场平均回报率在2000~2001年至2018~2019年的变化①

奶牛场的回报率在2017~2018年和2018~2019年的两个会计年度里,分布差异很大。2017~2018年度内,约有17%的奶牛场录得负回报率(不包括资本增值),41%的奶牛场录得0%~5%的回报率,其余42%的奶牛场的回报率高于5%。而在2018~2019年度内,44%的奶牛场将出现负回报率,46%的奶牛场的回报率介于0%~5%,其余10%的奶牛场回报率将高于5%。

5.按地区划分的奶牛场表现,在2016~2017年,大多数地区的奶牛场现金收入很低,但预计2017~2018年墨累河、吉普斯兰、西维多利亚州和南澳大利亚州的乳业产区奶牛场现金收入将大幅增加,这些增加是由于平均牛奶产量增加和牛奶平均价格上涨所致。由于收入减少和成本增加,亚热带产区、新南威尔士州和西澳大利亚州等产区在2017~2018年度的平均农场现金收入预计将下降。(详见图7-16)

① See "Dairy Industry", https://www.agriculture.gov.au/abares/research-topics/surveys/dairy#detailed-farm-capital-andvinvestment-findings, Oct. 27, 2019.

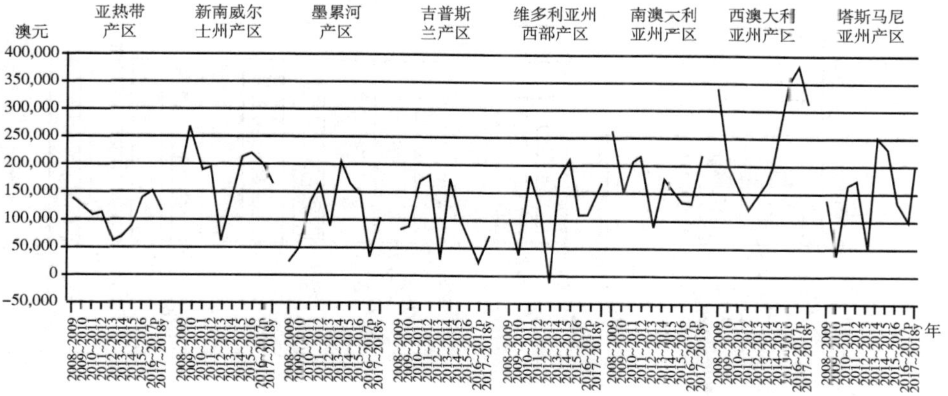

注:p:初步估计、y:临时估计。

图 7-16 澳大利亚乳业各产区在 2008~2009 年度至 2017~2018 年度的奶牛场平均现金收入①

(二)奶牛农场的债务和债务权益比率

1. 债务趋势,举债是许多奶牛场投资和持续营运的重要资金来源。在国家层面上,2000~2016 年,奶牛场的平均债务实际呈现上升趋势,主要是由于平均农场规模的增加,而到了 2016~2017 年度,奶牛场的平均债务减少约 3%,2017~2018 年奶牛场的平均债务增加了约 10%,但预计 2018~2019 年将下降 8%,至每个农场约 985,000 澳元(详见图 7-17)。所有奶牛场的总债务已经下降,因为一些奶牛场已被出售用于非乳制品用地。

2. 在债务结构上,截至 2014~2017 年的 3 年间,土地购买占奶牛场债务的比例最大,平均约为 44%,正在营运的资金占了平均总债务的 32%(详见图 7-18)。2016~2017 年度重建债务增加约 60%,而土地购买债务减少约 12%,营运资本债务减少 9%。

① See "Australian Dairy: Financial Performance of Dairy Farms, 2015-16 to 2017-18", data.gov.au/dataset/ds-dga-2761d950-3568-4248-a3ee-99e694c1bfbc/details, Oct. 27, 2019.

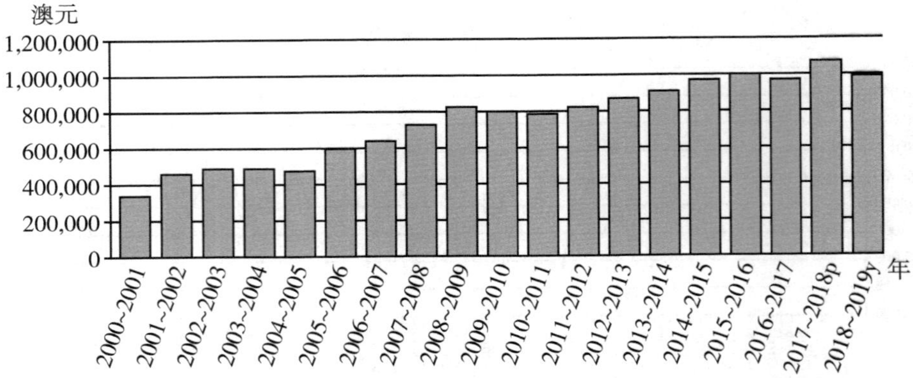

注:p:初步估计、y:临时估计。

图 7-17 澳大利亚奶牛场在 2000~2019 年平均每个农场的债务总额的变化①

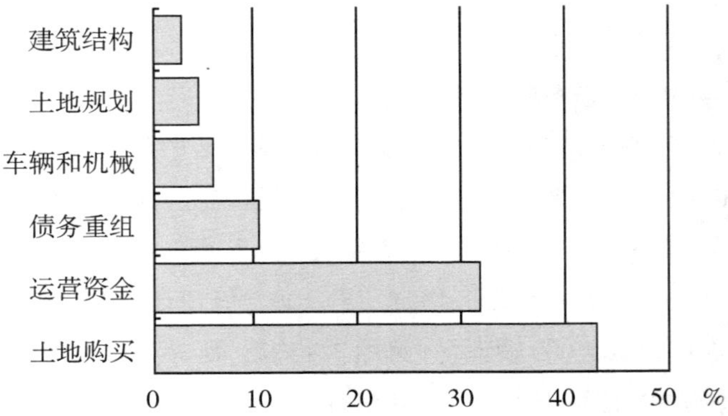

图 7-18 澳大利亚奶牛场在 2014~2017 年的平均债务结构②

3. 在债务权益比率上,自 2005 年以来,每个奶牛场的平均债务增长速度都快于农场股本投资,因为债务水平随着平均牛群规模和牛奶产量的增加而增加,全国奶牛场的平均债务权益比率从 2004~2005 年度的 85% 下降到 2016~2017 年度的估计 80%,这是由于一些地区(主要是塔斯马尼亚州、维多利亚州和南澳大利亚州)的大型乳制品业务的土地价值下降和新投资水平较高。据估计,27% 的奶牛场(规模较小)的债务权益比率超过 90%,另有约 52% 的农场的债务权益

① See "Dairy Industry", https://www.agriculture.gov.au/abares/research-topics/surveys/dairy#detailed-farm-capital-and-investment-findings, Oct. 27, 2019.

② See "Australian Dairy: Financial Performance of Dairy Farms, 2015-16 to 2017-18", data.gov.au/dataset/ds~dga-2761d950-3568-4248-a3ee-99e694c1bfbc/details, Oct. 27, 2019.

比率为70%至90%,其余22%的奶牛场的债务权益比率低于70%,通常这些奶牛场都是相对较大的农场,产奶量高于平均水平(详见表7-2)。

表7-2 澳大利亚2016~2017年度奶牛场平均债务权益比率与农场规模业绩关系①

项目	单位	债务权益比率		
		超过90%	70%至90%	低于70%
占农场总数比例	%	27	52	22
农场面积	公顷	304	290	355
奶牛数量	头	194	252	259
产奶量	升	1,184,900	1,374,500	1,552,200
牛奶销售收入	澳元	512,700	578,500	629,700
现金总收入	澳元	614,800	679,900	776,400
牛奶收入占总收入的比例	%	83	85	81

4. 在偿债能力上,农场的长期生存能力受其偿债能力的影响。偿还债务包括支付利息和支付本金,用于支付利息的农业收入比例是评估短期偿债能力的有用指标。2000~2017年,支付利息所需的农业收入比例平均波动约为8%。2018~2019年支付利息的支出与现金总收入之比预计约为6%(详见图7-19)。降低利率、增加现金收入和减少总债务都导致支付利息的支出与现金总收入的比例下降。

① See "Australian Dairy: Financial Performance of Dairy Farms, 2015-16 to 2017-18", data.gov.au/dataset/ds~dga-2761d950-3568-4248-a3ee-99e694c1bfbc/details, Oct. 27, 2019.

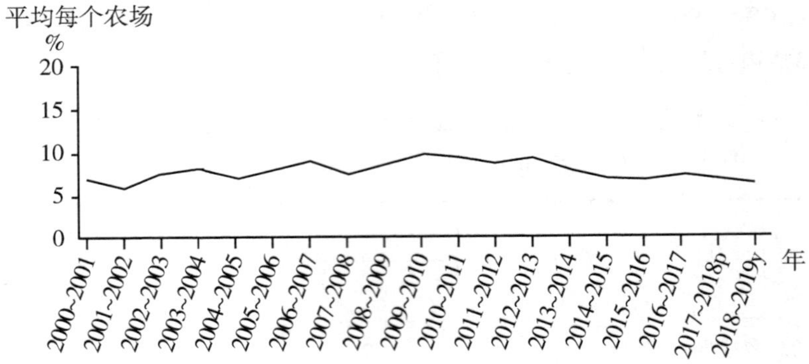

注：p：初步估计、y：临时估计。

图 7－19 澳大利亚奶牛场在 2000～2019 年平均支付利息支出占现金收入总额的比例①

5. 奶牛场的债务和债务权益比率因地区而异（详见图 7－20 及图 7－21）。塔斯马尼亚州的奶牛场平均负债最高，这是由于该地区大型农场的比例相对较高以及该地区近期乳制品生产的扩张导致的。

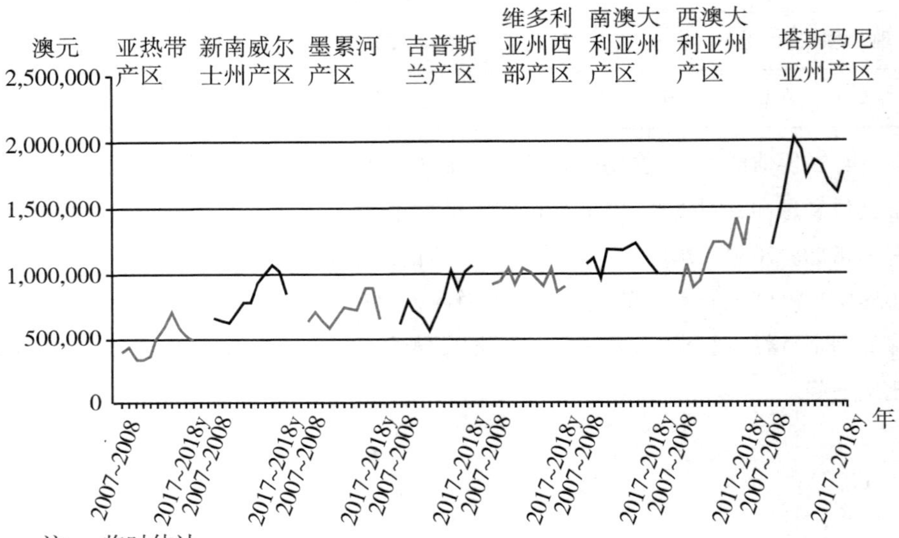

注：y：临时估计。

图 7－20 澳大利亚在 2007～2018 年按地区划分的奶牛场的平均债务总额变化②

① See "Dairy Industry", https://www.agriculture.gov.au/abares/research-topics/surveys/dairy#detailed-farm-capital-and-investment-findings, Oct. 27, 2019.

② See "Australian Dairy: Financial Performance of Dairy Farms, 2015－16 to 2017－18", data.gov.au/dataset/ds－dga－2761d950－3568－4248－a3ee－99e694c1bfbc/details, Oct. 27, 2019.

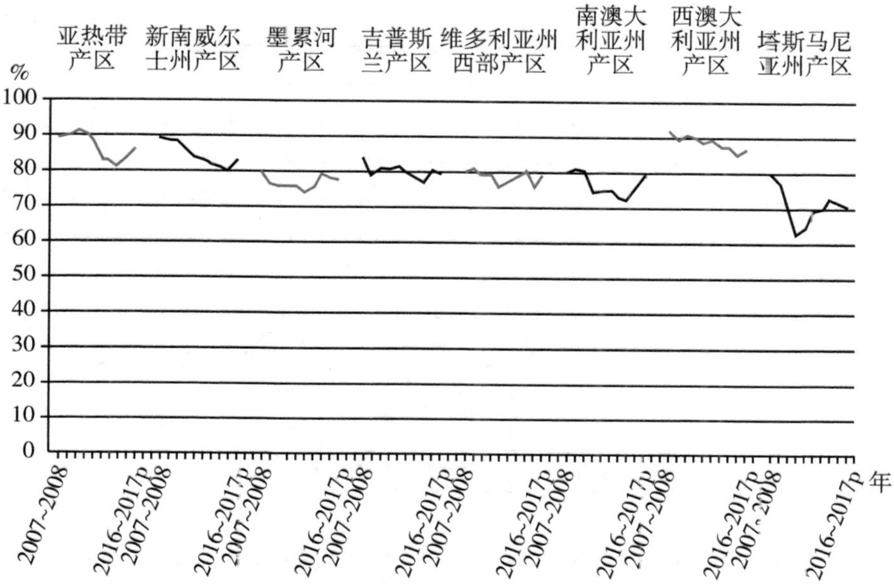

注:p:初步估计。

图 7－21　澳大利亚各产区奶牛场在 2007～2017 年的债务权益比率变化①

(三)奶牛场的资本和投资

农业资本的投资对于澳大利亚乳业的持续发展非常重要。投资能带来新的和更有效的技术,这对于农业生产力非常重要,另外,对土地、工厂和设备的投资是奶农创造农业产出能力的关键驱动因素。从 2000～2001 年度到 2016～2017 年度,澳大利亚乳制品总产值下降了 16%,实际总产值为 37 亿澳元。在同一时期,奶牛场的数量下降了 42%,因此每个农场的生产总值增加了。如图 7－22 所示,尽管奶牛场数量下降了,但平均每个农场的资本增加了,达到约 480 万澳元,主要原因是平均农场规模增加和土地价值升值。

① See "Australian Dairy: Financial Performance of Dairy Farms, 2015－16 to 2017－18", data. gov. au/dataset/ds－dga－2761d950－3568－4248－a3ee－99e694c1bfbc/details, Oct. 27, 2019.

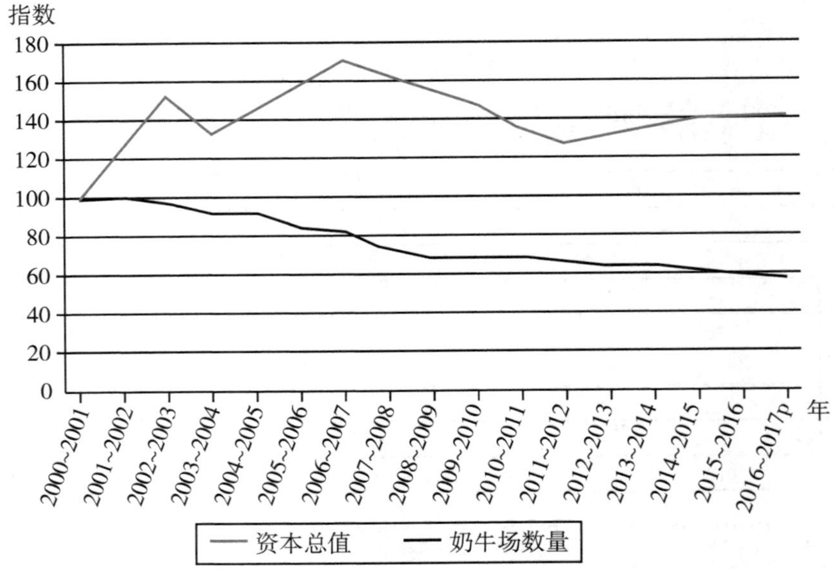

注:p:初步估计。

图7-22　澳大利亚奶牛场在2000~2017年的平均奶牛数量和资本总值变化(以2000年的数值为100作为基础指标)①

1.奶牛场的资本结构。从2012~2018年,土地平均占每个农场总资本的74%,牲畜占总资本的16%,工厂和设备约占10%(详见图7-23)。

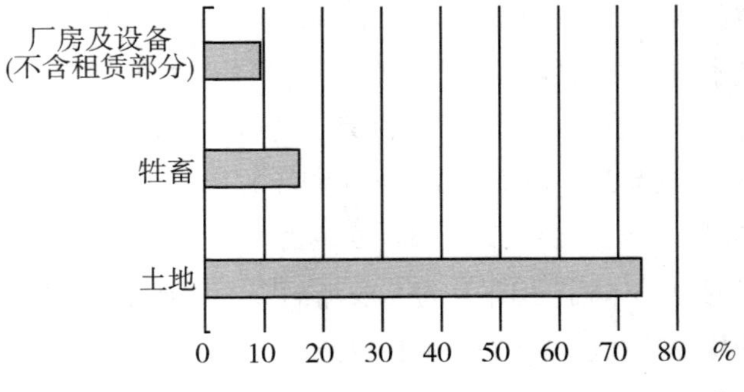

图7-23　澳大利亚在2012~2018年奶牛场的资本构成②

① See "Australian Dairy: Financial Performance of Dairy Farms, 2015-16 to 2017-18", data.gov.au/dataset/ds-dga-2761d950-3568-4248-a3ee-99e694c1bfbc/details, Oct. 27, 2019.

② See "Dairy Industry", https://www.agriculture.gov.au/abares/research-topics/surveys/dairy#detailed-farm-capital-and-investment-findings, Oct. 27, 2019.

2. 土地收益。澳大利亚农业行业涉及资本回报率时，分两种：一是不包括资本增值的；二是包括资本增值在内的。由于土地是农场总资本中最大的组成部分，因此它在确定投资的中长期总回报变化方面起着关键作用。图 7－24 显示了澳大利亚 1989～2018 年奶牛场每公顷土地及固定改良的平均价值变化情况。按实际价值计算，从 1990～1991 年度到 1999～2000 年度，澳大利亚的农业土地升值的平均年回报率为负值，每年为－1.6%，土地价值保持相对稳定。2000～2007 年，市场上对农场土地需求的增加导致土地价值急剧上升，土地增值平均年回报率为每年 12.1%。之后，土地价值在 2007～2013 年呈下降趋势，2013 年又开始回升，直至 2018 年都处于上升趋势。

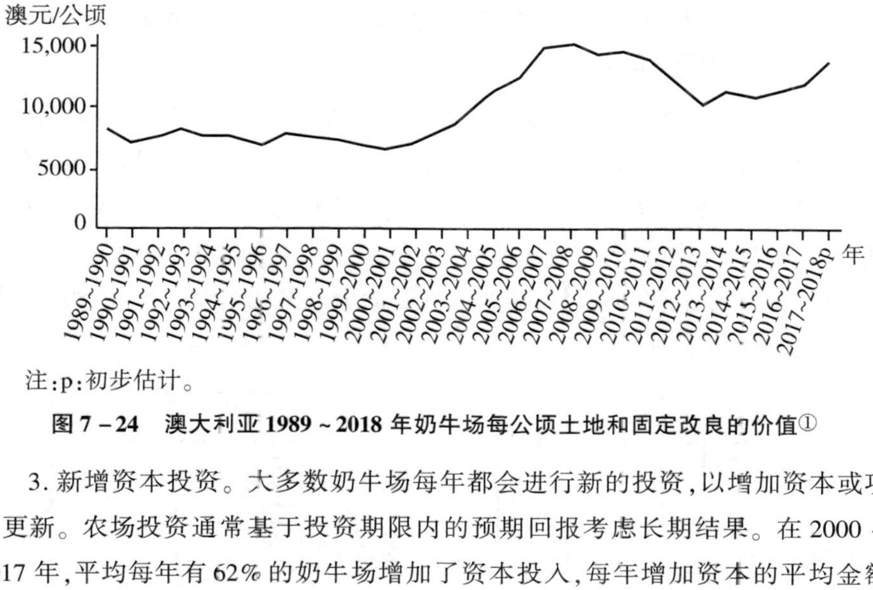

注：p：初步估计。

图 7－24 澳大利亚 1989～2018 年奶牛场每公顷土地和固定改良的价值①

3. 新增资本投资。大多数奶牛场每年都会进行新的投资，以增加资本或项目更新。农场投资通常基于投资期限内的预期回报考虑长期结果。在 2000～2017 年，平均每年有 62% 的奶牛场增加了资本投入，每年增加资本的平均金额为 214,000 澳元，大致与农场现金收入的变动一致。在 2017～2018 年度估计有 55% 的奶牛场会增加资本投资（详见图 7－25）。

① See "Dairy Industry", https://www.agriculture.gov.au/abares/research-topics/surveys/dairy#detailed-farm-capital-and-investment-findings, Oct. 27, 2019.

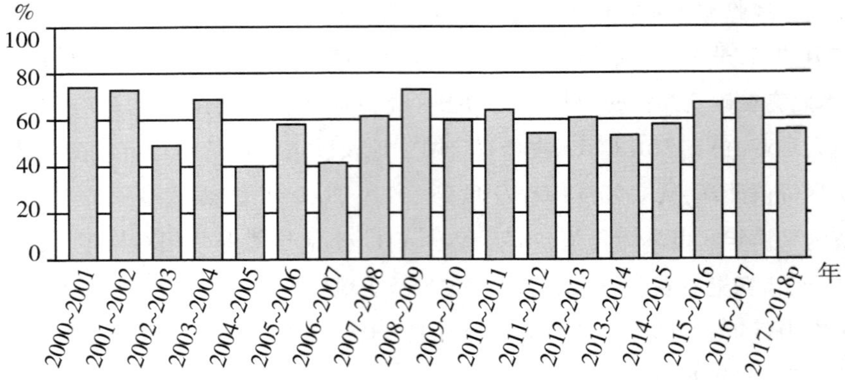

注：p：初步估计。

图7－25 澳大利亚2000～2018年每年有新增投资的奶牛场数量占总奶牛场数量的百分比①

4. 新增资本投资结构。在2012～2013年度至2016～2017年度，新增资本主要投资在土地购买、厂房和设备以及建筑物这三个类别。土地是增加资本的最大组成部分，尽管2017～2018年只有15%的奶牛场购买了土地，购买土地的平均支出平均每个农场约为554,000澳元。在2017～2018年度，约52%的奶牛场增加了工厂和设备，平均每个农场支出约为83,000澳元。大约7%的奶牛场增加了建筑物，平均每个农场支出约为116,000澳元（详见图7－26）。

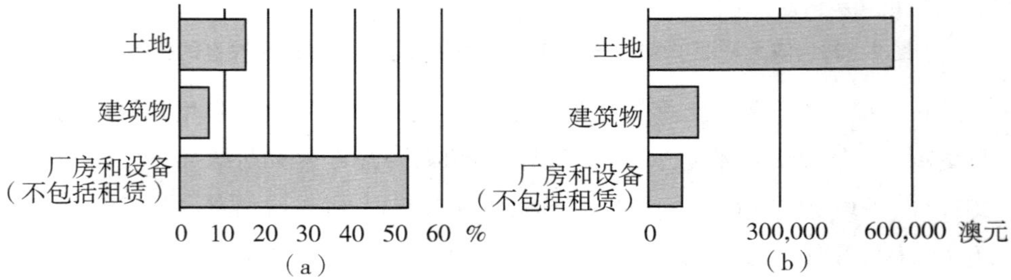

图7－26 澳大利亚在2017～2018年度奶牛场新增资本投资的组成比例及投资额②

5. 乳业各产区的资本和投资情况。维多利亚州的3个产区对整个国家资本投资趋势的影响最大，因为这些地区的产量占澳大利亚牛奶总产量的2/3。随着

① See "Dairy Industry", https://www.agriculture.gov.au/abares/research-topics/surveys/dairy#detailed-farm-capital-and-investment-findings, Oct. 27, 2019.

② Ibid.

2000年放松管制，全国的奶牛场数量下降的大趋势显现，其中：（1）墨累河产区的奶牛场数量减少了44%，但自2010～2011年度以来，该产区奶牛场的资本总值一直在增加，资本总值实际增长了38%，墨累河产区占澳大利亚奶牛场总资本价值的21%。（2）吉普斯兰产区的农场数量随着时间的推移趋于下降，2000～2017年，吉普斯兰产区农场数量减少了21%，而自2011～2012年度以来，奶牛场的资本总值有所增加，资本实际增长了122%，从而使吉普斯兰产区的资本总值在2016～2017年度占全国奶牛场总资本价值的25%。（3）新南威尔士州产区的奶牛场数量在2000～2017年下降了45%，但该产区奶牛场的总资本价值实际上涨了24%，在2016～2017年度约占澳大利亚奶牛场总资本价值的9%。（4）在塔斯马尼亚州产区，同期其资本总值实际增长了86%，奶牛场数量下降了约34%，塔斯马尼亚州产区奶牛场资本总值占2016～2017年度全国奶牛场总资本价值的8%。（5）南澳大利亚州产区奶牛场的资本总值在2000～2017年实际增长了10%，奶牛场数量下降了59%，平均总资本达到每个农场570万澳元，南澳大利亚州产区的奶牛场占2016～2017年度国家奶牛场总资本价值的5%（详见图7－27及图7－28）。

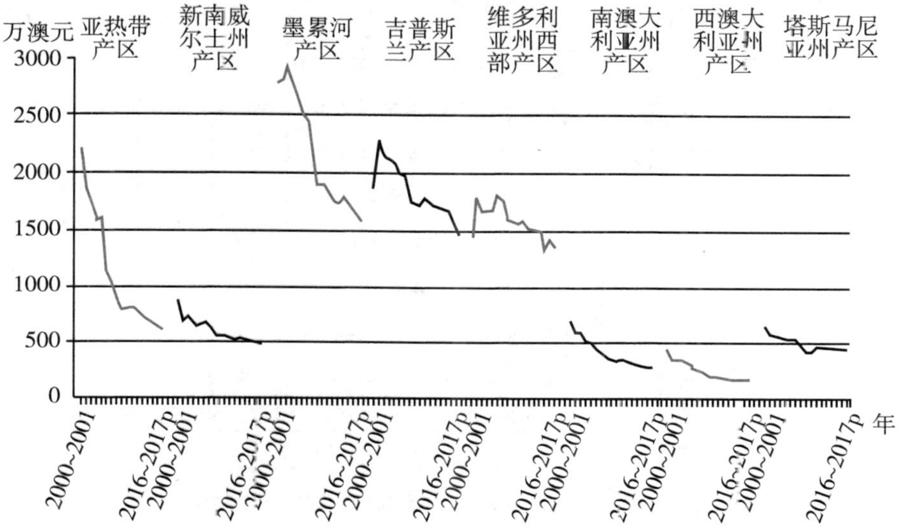

注：p：初步估计。

图7－27 澳大利亚乳业各产区的奶牛场数量在2000～2017年的变化①

① See "Australian Dairy: Financial Performance of Dairy Farms, 2015－16 to 2017－18", data.gov.au/dataset/ds－dga－2761d950－3568－4248－a3ee－99e694c1bfbc/details, Oct. 27, 2019.

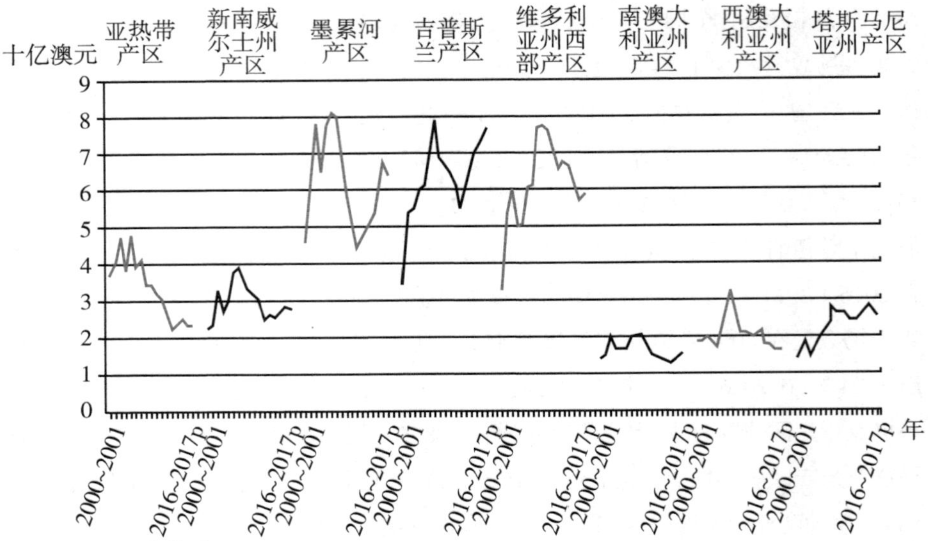

注:p:初步估计。

图 7-28 澳大利亚乳业各产区的奶牛场资本总值在 2000~2017 年的变化①

乳业各产区的奶牛场 2012~2017 年新增资本的投资分配比例情况详见图 7-29。

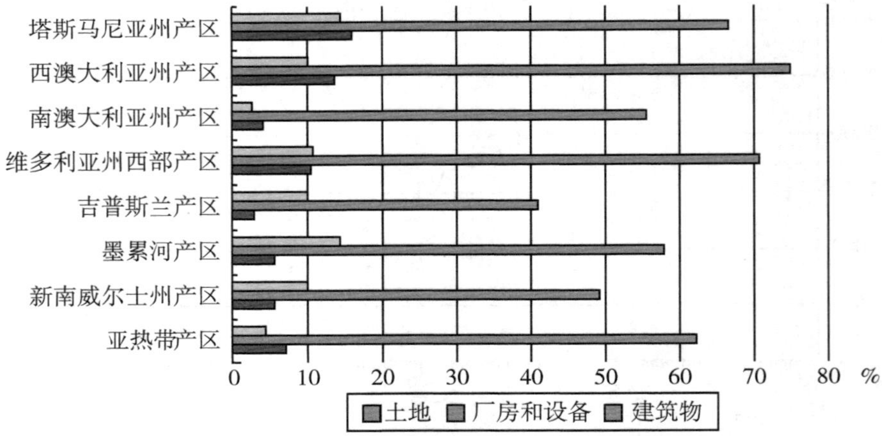

图 7-29 澳大利亚乳业各产区的奶牛场 2012~2017 年新增资本在土地、厂房和设备以及建筑物三项分配比例②

---

① See "Australian Dairy: Financial Performance of Dairy Farms, 2015-16 to 2017-18", data.gov.au/dataset/ds-dga-2761d950-3568-4248-a3ee-99e694c1bfbc/details, Oct. 27, 2019.

② Ibid.

（四）奶牛场的存款管理

作为对农业企业的支持政策“存款管理计划”（详见第十一章相关内容）在乳业领域的应用也较普遍，在 2007 ~ 2008 年度至 2014 ~ 2015 年度，持有存款管理计划的奶牛场比例平均约为 18%，然后在 2015 ~ 2016 年度增加至约 20%，但在 2017 ~ 2018 年度内，估计会降为 15% 的奶牛场持有存款管理计划。在 2007 ~ 2008 年度至 2017 ~ 2018 年度，实际每个农场平均持有存款管理计划金额约 170,000 澳元（详见图 7 – 30）。

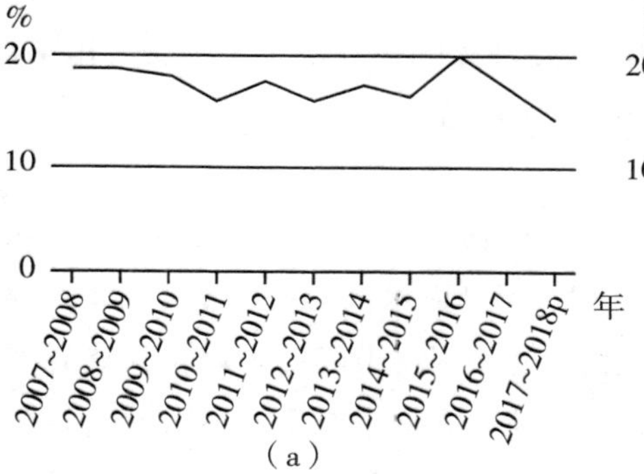

（a）

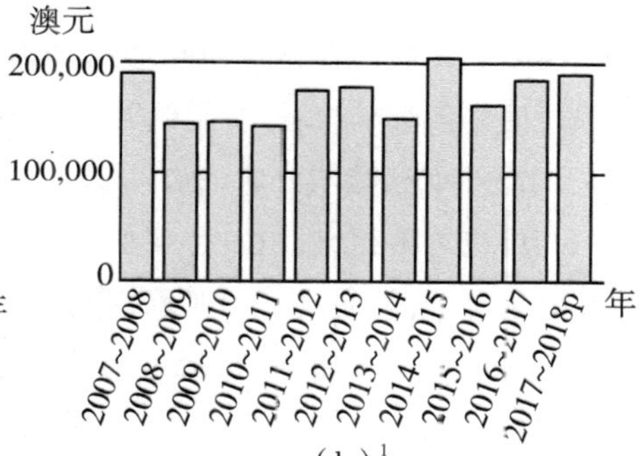

（b）[1]

注：p：初步估计。

图 7 – 30　澳大利亚奶牛场 2007 ~ 2018 年持有存款管理计划的比例和平均持有金额①

注：1：截至每年 6 月 30 日平均每个农场持有的存款管理计划金额。

五、澳大利亚乳业的发展预期

（一）乳业发展驱动力

（1）全球供应。随着新西兰的牛奶产量迅速下降，北半球产量增长相对缓慢，全球牛奶产量与当前市场需求非常匹配。（2）全球需求。在截至 2019 年 2 月的前 12 个月中，全球乳制品需求增长 3.2%。这有助于维持乳制品价格，大部分增长发生在中国和东南亚。（3）全球经济。美国和中国之间的贸易紧张，加上主要市场的经济增长疲软，导致全球经济放缓。（4）澳大利亚市场。超市销售的

① See “Dairy Industry”, https://www.agriculture.gov.au/abares/research-topics/surveys/dairy#detailed-farm-capital-and-investment-findings, Oct. 27, 2019.

主要乳制品继续为乳制品行业带来价值增长,其中乳制品价差和奶酪分别增长7.3%和4.9%。尽管整体销量略有下降,但1澳元/升的牛奶在国内牛奶市场的价值有所上升。(5)投入。有限的降雨继续对澳大利亚全国各地的饲料和供水造成压力。干草价格在初秋时企稳,接近2018年的高点;水的交易价格接近历史最高水平;由于干旱,农民减少了他们的牧群规模,全国的牧群数量减少。(6)本土行情。由于干旱和饲料价格高企,农民大量宰杀奶牛,因此,澳大利亚的牛奶产量继续下降。(7)汇率。在截至2019年4月的前4个月中,澳元兑美元持续贬值,这有助于提高澳大利亚乳制品出口的成本竞争力。然而,由于美元兑其他主要乳制品出口国的货币也有所升值,这种影响在一定程度上是有限的。如果中国经济继续放缓,澳元兑美元可能会继续贬值。

(二)牛奶价格与奶农信心

与历史价格相比,2019年牛奶的农场平均价格(出场价)相对较高。但澳元兑美元已经贬值,使澳大利亚乳制品出口相对更具成本竞争力。澳大利亚国内超市已经取消了1澳元/升的牛奶价格限制,这使国内市场的牛奶价格略有上涨。尽管受到这些积极影响,但奶农的信心仍降至34%,如图7-31所示,这是澳大利亚奶业局开展调查以来的历史最低纪录,主要是受2016年牛奶价格下跌的持续影响,另外,干旱天气和高饲料成本已经显著影响了乳业企业和奶农的情绪。未来一段时间,奶农面临的最大挑战是投入成本的上升。64%的奶企认为饲料短缺和饲料成本提高是主要问题,其中,86%的奶企表示这些高成本正在影响他们的业务,而74%的奶企预计,这种对盈利能力的影响将在未来一段时间内持续。但如果天气条件变得更加有利,农场牛奶价格将会保持强劲,市场情绪可能会迅速改善。这加强了监测牛奶价格以外的市场信号的重要性。因为好的天气会提高牧草利用率,降低灌溉用水价格,最大限度地提高饲料和粮食作物产量,降低投入成本。

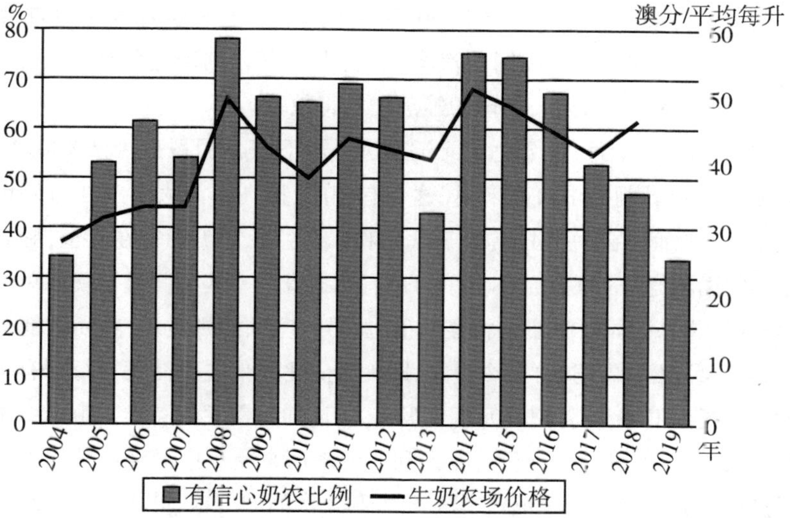

图7-31 澳大利亚2004~2019年有信心奶农占比与牛奶的农场价格呈正相关的关系①

(三)澳大利亚本土经济环境

澳大利亚乳业局的食品服务指数显示,所有主要渠道的消费者在食品和食品服务上的支出都有所增加。调查显示,在2019年2月的前12个月内,超市消费者支出增长了4.2%,同时,咖啡厅和饭店的消费支出增长放缓至3.1%。消费者把更多的钱花在基本用品上(在超市购买),而花在非基本服务上的钱却减少了,如饭店。超市占澳大利亚乳制品需求的很大一部分,超市消费支出的增加是一个积极的信号,这通常支持乳制品需求的增长,因此在未来一段时间,澳大利亚国内市场对牛奶的消费会呈增长趋势,有利于乳业发展。

(四)全球经济和汇率

2018年,全球经济增长前景恶化,国际货币基金组织(IMF)2019年4月的《世界经济展望》(World Economic Outlook)报告显示,2018年全球经济增长3.6%,较之前的预测下调了0.1%。这一修正是下半年经济放缓的结果。IMF预计,2019年全球经济增长将进一步收缩,降至3.3%。中国经济增长放缓是这种下降的部分原因,由于中国是全球最大的乳制品消费市场,任何经济增长放缓都可能影响全球乳制品需求。另外,美国和中国之间持续的贸易紧张是导致全

① See "Dairy Situation and Outlook June 2019", https://www.dairyaustralia.com.au/industry/dairy-situation-and-outlook/situation-and-outlook-june-2019, Oct. 27, 2019.

球增长放缓的主要原因之一。同时,欧盟较弱的经济发展也加剧了全球经济的下滑,新的排放标准扰乱了德国的汽车工业,也对意大利制造的产品需求疲软。据 IMF 预测,未来一段时间,全球的经济增长将放缓。

2019 年的前 4 个月,澳元兑美元汇率进一步下跌,4 月跌至 1 澳元兑 0.71 美元。对澳大利亚乳制品出口商来说,这是有利的,提高了澳大利亚在海外市场的成本竞争力。然而,在同一时期,由于欧元和新西兰元对美元也在贬值,导致澳大利亚牛奶的国际竞争对手的成本竞争力也有所提高。一些预测显示澳元兑美元汇率已"触底",未来一段时间澳元将会升值,但另一些预测则显示,美元可能会进一步走强,后一种观点源于这样一个事实,即美联储比其他主要储备银行更有可能以更快的速度提高汇率,这将使美元更具吸引力,增加对美元的需求。由于中国作为澳大利亚最大贸易伙伴的重要性,澳大利亚汇率历来受到中国经济的影响。如果中国经济增长放缓,可能会影响中国对澳大利亚产品的需求,进而可能导致澳元兑其他主要货币进一步贬值,这有利于澳大利亚乳制品在国际市场的价格成本优势。

(五)全球乳制品需求

当前全球对乳制品的需求依然强劲,并继续支撑着全球大宗商品价格。在截至 2019 年 2 月的前 12 个月里,六大乳制品供应商(新西兰、欧盟、美国、澳大利亚、阿根廷和乌拉圭)的乳制品出口增长 3.2%,至 880 万吨。这一增长得到了中国和东南亚等关键市场需求不断增长的支持(详见图 7-32)。

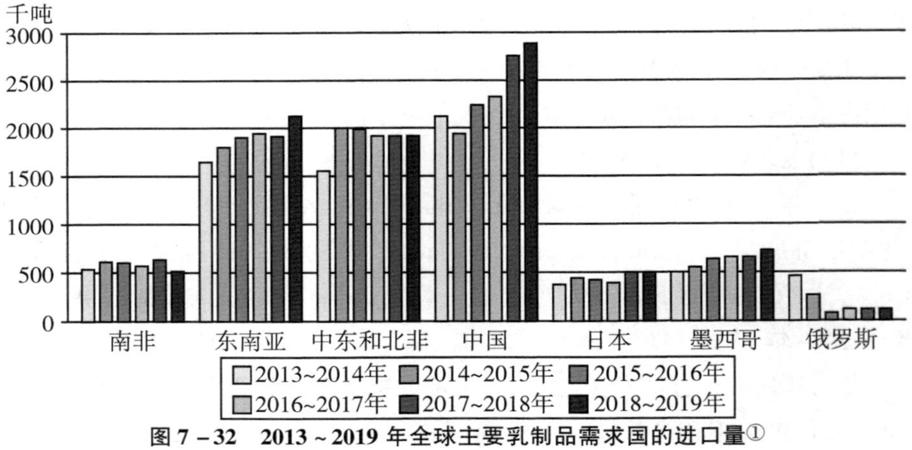

图 7-32　2013~2019 年全球主要乳制品需求国的进口量[①]

① See "Dairy Australia Situation and Outlook June 2019", https://www.dairyaustralia.com.au/industry/dairy-situation-and-outlook/situation-and-outlook-june-2019, Oct. 27, 2019.

1. 中国内地、中国澳门特别行政区和中国香港特别行政区。在截至2019年2月的前12个月里，全球对中国的乳制品出口量增长了4.7%，至290万吨。其中很大一部分增长发生在2018年年末，奶粉增长尤其显著，全脂奶粉和脱脂奶粉出口分别增长16.4%和10.3%。但出口额却下降了0.7%，至85亿澳元。美国对华出口下降16%，而南美（乌拉圭和阿根廷）和新西兰对中国的出口分别增长了54.3%和12.6%，新西兰已超过欧盟，成为中国最大的出口国。同期，澳大利亚对中国出口增长0.9%，至21.8万吨，占牛奶出口总额的45%，婴儿奶粉出口下降45.5%，至1.4万吨，这是澳大利亚3年来婴儿奶粉对华出口首次下降。婴儿奶粉仍然是澳大利亚对华最有价值的出口产品，但其价值也大幅缩水，下降了50.5%，至1.75亿澳元。未来对华出口在代购和跨境电商渠道方面，将有更多机会。

2. 日本。日本是乳制品出口的高端市场，也是全球主要供应商的主要战场。在截至2019年2月的前12个月里，全球对日本乳制品的出口增长了1.7%，达到50.9万吨，价值17亿澳元。其中，黄油增长96.5%，至2万吨，奶酪增长6.4%，至11亿澳元。同期，澳大利亚对日本脱脂奶粉和乳清粉出口下降4.5%，奶酪出口增长1.8%，至8.6万吨，价值3.61亿澳元。传统上，澳大利亚一直是日本最大的奶酪供应国，但自《全面与进步跨太平洋伙伴关系协定》（CPTPP）和《欧盟－日本经济伙伴关系协定》（EU-Japan Economic Partnership Agreement）签署以来，澳大利亚、新西兰和欧盟对日本的市场准入处于同等水平，这降低了澳大利亚奶酪市场的竞争力。未来一段时间，美国和日本将开始一项贸易安排谈判，日本政府已公开表示，愿意向美国提供与《全面与进步跨太平洋伙伴关系协定》期间谈判达成的相同协议，这可能也会让美国获得同等的市场准入，这将使澳大利亚乳制品进入日本市场的贸易优势逐渐缩小。

3. 东南亚。在截至2019年2月的前12个月里，全球对东南亚的乳制品的出口量飙升10.5%，至210万吨，出口总值增长2.6%，达46亿澳元。其中，对越南和菲律宾的出口增长最快，分别增长17.9%和19.7%。奶粉出口的大幅增长推动了整体乳制品的增长，尤其是脱脂奶粉出口增长16.3%，占对东南亚乳制品出口总量的32.7%。对该地区的乳糖出口量也大幅增长32.9%，至14.1万吨。澳大利亚设法保持了在东南亚乳制品市场的竞争力，出口量同比增长12.6%，至28.4万吨。液态奶出口量已超过脱脂奶粉，增长10.2%，至9.8万吨。乳清粉出口也出现强劲增长,增长70.2%,至3万吨。在价值方面,脱脂奶粉出口仍然是澳大利亚对市场最有价值的出口,其次是奶酪。过去几个月,东南亚地区,如越南和柬埔寨,由于受非洲猪瘟的影响,对乳制品动物饲料产品的需求可能产生波动,并可能增加对牛肉的需求,这将为澳大利亚牛肉提供一些机会,并支撑被扑杀的奶牛的价格。

4.中东和北非。在截至2019年2月的前12个月里,全球对中东和北非的乳制品出口基本持平,为190万吨。脱脂奶粉是向中东和北非地区出口的数量最大的产品,但出口量下降了7.1%,而婴儿奶粉出口增长7%,至12.6万吨。澳大利亚对该市场的出口仅占该地区贸易总额的一小部分,在2018年,澳大利亚对中东和北非的出口量下降了34.4%,至2.3万吨,为多年来的最低水平。未来一段时间,澳大利亚不太可能扩大其在该地区的市场份额。

5.俄罗斯。由于实施了贸易禁运,俄罗斯不再是全球乳制品的主要出口市场。在截至2019年2月的前12个月里,俄罗斯仅占全球乳制品贸易的1.5%,在禁令解除之前,市场可能仍将受到限制。截至2019年5月,仍没有明确迹象表明将取消禁运。在未来一段时间里,澳大利亚乳制品出口不用考虑俄罗斯市场。

(六)全球乳制品供应

1.欧盟。欧洲牛奶产量在2018年进入冬季后进一步放缓,2019年2月仅略有回升,同比增长0.1%。这一相对平稳的涨幅是乳制品生产成员国之间涨跌平衡后的结果。其中,上涨的有爱尔兰(2.5%)、英国(3.1%)、波兰(4%)和意大利(2.4%),而德国(-0.1%)、法国(-2.5%)和荷兰(-1.8%)则出现下跌。尽管2019年春天后,天气有所好转,但整个春季的牛奶产量仍不足以扰乱乳制品期货市场,尽管欧盟委员会(European Commission)持有的脱脂奶粉库存大幅减少,支撑了脱脂奶粉价格的持续复苏,但奶酪仍是有生产流程选择的加工商最喜欢的产品,除了提供最好的回报,奶酪价格保持相对稳定,预计欧洲牛奶产量2019年将有所增长,总产量将接近1540亿升。由于欧盟重视日本市场,对澳大利亚乳制品中的高端产品出口构成竞争压力。

2.美国。2019年3月美国牛奶产量出现多年来首次同比下降,较2018年3月下降0.4%。2017年美国农业部农业普查数据显示,自2012年以来,威斯康星州、明尼苏达州、俄亥俄州、印第安纳州和肯塔基州都有超过1/4的企业退出该行业,总数达5591家乳制品企业,比当前的澳大利亚全国奶牛场总数还多,其中大约一半位于威斯康星州。如果美国农业部（United States Department of Agriculture，USDA）有关玉米产量将接近创纪录水平、价格将触及10年低点的预测得到证实，那么喂养奶牛可能仍将有利可图。截至2019年3月，美国近15%的牛奶产量用于出口，向北亚、东南亚、中东和北非以及中美洲的关键市场输送了创纪录的奶酪。然而，中国已大幅降低了对美国乳制品的需求，尤其是占美国对华出口一半以上的乳清产品。在未来一段时间，由于预期饲料价格将会下降，美国的奶牛群将进入新一轮扩张阶段，预计到2020年，牛奶产量将进一步增长1.8%，首次超过1000亿升，将对澳大利亚乳制品在国际市场构成竞争压力。

3. 新西兰。截至2019年5月，新西兰的牛奶产量增长了3.2%，出口强劲增长，尤其是对中国的奶粉出口。新西兰乳制品对中国、东南亚、中东和北非的出口量都出现了增长，在某些情况下，这填补了欧洲和南美供应商的供应缺口。最近，新西兰乳业企业威斯兰（Westland Milk）董事会接受了一份5.88亿新西兰元（合5.6亿澳元）的收购要约，将该合作社出售给中国乳业巨头伊利（Yili），该出售协议有待股东批准，并保证对农民股东在未来10年内的牛奶收购价格至少不低于新西兰恒天然集团的价格。此前，伊利已经拥有总部位于坎特伯雷的加工企业大洋洲乳业（Oceania dairy）。在未来一段时间，新西兰仍然是澳大利亚在对华乳制品出口方面最主要的竞争对手。

（七）澳大利亚本土的乳业发展

2019年的牛奶产量将继续低于2017～2018年度的水平。未来一段时间，奶农信心恢复较难，虽然白牛奶每升价格上涨10%使奶农的现金流有所改善，但用水、干草和饲料的高价格仍不足以提振奶农信心。除西澳大利亚州以外，其他各州乳业产区未来的牛奶产量不容乐观，乳业进入下行通道。澳大利亚乳业局对2018～2019年牛奶产量的全国预测与2017～2018年相比，将减少7%～9%，即总产量预计约有84.5亿至86.5亿升。对于2019年至2020年，澳大利亚乳业局的预测是，销量将进一步下降3%～5%，牛奶总产量预计下降至81亿至83亿升。

（八）加拿大SDA公司对澳大利亚的乳业投资

虽然牛奶产量下降及收购价格上升减缓了企业对乳业的投资，但加拿大著名乳企Saputo Dairy Australia（SDA）继续在澳大利亚乳制品行业中进行扩张，其刚收购了Lion Dairy & Drinks的专业奶酪品牌，收购价格为2.8亿澳元（约合

2.495 亿加元),无现金且无债务。特种奶酪业务在位于塔斯马尼亚州伯尼和金岛的两个制造工厂进行,拥有大约 400 名员工。这家加拿大公司 SDA 在澳大利亚的几笔收购是其在全球快速扩张的一部分,此前该公司还收购了英国的 Dairy Crest,并在 2018 年收购了澳大利亚著名的乳企——墨累古本(Murray Goulburn)。

特种奶酪业务以南澳大利亚州、塔斯马尼亚州、默西河谷等地区和金岛乳业等企业为主进行生产销售。截至 2018 年 12 月 31 日的前 12 个月,特种奶酪业务的收入约为 1.92 亿澳元。

第八章　渔业与水产养殖

渔业与水产养殖业是澳大利亚农业细分行业里覆盖领域较多、涉及问题最复杂的一个行业，体现在：(1)该细分行业本身就分渔业(野生鱼捕捞)和水产养殖(人工养殖)两大领域；(2)海洋生物是游动的，公海与领海是相通的，这就涉及国际领域的合作；(3)渔业包含众多科目种类，不仅有动物植物之分，还有海水和淡水之分；(4)渔业产品以食用为主，还广泛用于工业饲料、健康美容、服饰箱包，国际贸易色彩浓重；(5)渔业资源涉及生态平衡及生物品种保护、病虫害传染防治；(6)政府及法律监管体系复杂，涉及许可证配额、捕鱼方法和工具、水质保持及环境保护等。本章在介绍澳大利亚捕捞业和水产养殖的概况和行业特点后，着重阐述澳大利亚相关的法律法规、监管体制、经济效益以及未来的发展，至于同属于澳大利亚渔业管理项下的休闲钓鱼和土著渔业管理，因其与投资关系不大，不作重点介绍。

一、澳大利亚渔业与水产养殖业概况

(一)全球数据

如图8－1所示，根据联合国粮农组织2018年的《世界渔业和水产养殖状况》报告统计，2016年，全球捕捞渔业产量为9090万吨，略低于此前两年，其中海洋捕捞产量为7930万吨，占捕捞总量的87.2%，较2015年的8120

万吨减少了近 200 万吨；内陆水域捕捞渔业产量为 1160 万吨，占总捕捞渔获量的 12.8%，较 2015 年增加了 2.0%。而水产养殖尽管不再延续 20 世纪 80 年代和 90 年代的高年增速（分别为 11.3% 和 10.0%，不含水生植物），但增速仍高于其他主要食品生产部门。2016 年，全球水产养殖产量包括了 8000 万吨食用鱼、3010 万吨水生植物和 3.79 万吨非食用产品，养殖食用鱼类产量包括了 5410 万吨鳍鱼、1710 万吨软体动物、790 万吨甲壳类和 93.85 万吨其他水生动物，超过了捕捞渔业产量。2016 年，渔业和水产养殖初次销售总额约为 3620 亿美元，其中水产养殖产量占 2320 亿美元，也超过了捕捞渔业产量。近几十年来，渔业产品在全球的贸易日益增多，用于食品贸易的渔业产品占比从 1976 年的 11% 增加到 2016 年的 27%，包括鱼粉在内，这一比例更是增加到 2016 年所有渔业产量的 35% 左右。渔业产品出口总值实际上从 1976 年的 330 亿美元增加到 2016 年的 1430 亿美元，达到全球渔业产值的 39.5%，可见全球范围内渔业产品的国际交易非常旺盛。

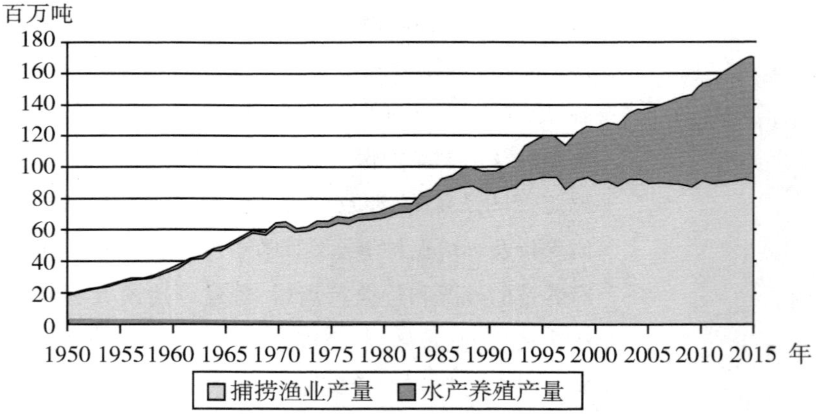

图 8-1　1950～2015 年世界捕捞渔业产量和水产养殖产量①

注：不含水生哺乳动物、鳄、短吻鳄和凯门鳄、海藻和其他水生植物。

如图 8-2 所示，1961～2015 年，全球食用鱼品利用量年均增速 3.2%，超过人口增速 1.6%，也高于全部陆生动物肉类消费量增速 2.8%。从人均上来看，食用鱼品利用量从 1961 年的 9.0 千克增加到 2015 年的 20.2 千克，年均增长约

① See https://www.fao.org/3/I9540ZH/i9540zh.pdf.

1.5%。2015 年，鱼类约占全球人口动物蛋白消费量的 17%。此外，鱼类提供了约 32 亿人口的人均动物蛋白摄入量的近 20%。尽管发展中国家人口鱼品消费量相对处于低水平，但鱼蛋白在他们的膳食中所占比重高于发达国家，尤其是大洋洲的岛国区域，人均鱼品消费量超过 50 千克，远高于平均水平，而中亚地区国家和若干内陆国家，人均鱼品消费量最低，略高于 2 千克。

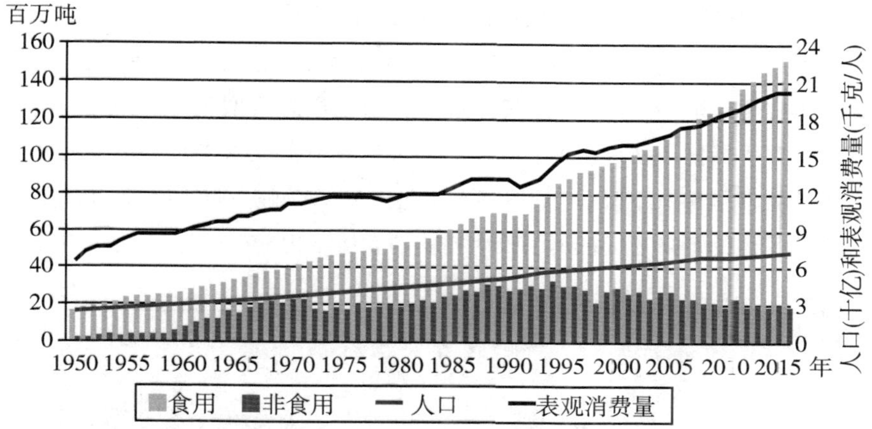

图 8-2 1950~2015 年世界鱼品利用量和人均消费量①(表观消费量是对水产消费总量的估计，假设库存为零。表观消费量是一种经常用来跟踪农产品消费随时间变化的指标)

注：不含水生哺乳动物、鳄、短吻鳄和凯门鳄、海藻和其他水生植物。

（二）澳大利亚渔业

澳大利亚渔业跨越太平洋和印度洋两大洋，海岸线长达 59,681 公里（包括所属岛屿），拥有世界第三大专属经济区（Exclusive Economic Zone, EEZ）。跨越领海和专属经济区的澳大利亚渔业区面积超过 820 万平方公里，面积大于其国土面积。② 澳大利亚的海洋环境包括了世界上 5 大气候区：赤道气候、热带气候、亚热带气候、温带气候以及极地和副极地气候。澳大利亚渔业资源非常丰富，海域中生活着 3000 多种已知的鱼类以及数量类似的甲壳纲动物和软体动物。这些鱼类只有 10% 用于商业捕捞。允许捕获的鱼类也多种多样，主要有金枪鱼、鲑

---

① See https://www.fao.org/3/I9540ZH/i9540zh.pdf.

② See "Dimensions", https://www.ga.gov.au/scientific-topics/national-location-information/dimensions, Nov. 2, 2019.

鱼、龙虾、对虾、鲍鱼、扇贝、对虾、海胆和鱿鱼以及一些沿海鱼类,如石首鱼和赤梢鱼,还有珊瑚鱼,如石斑鱼、美露鳕、金枪鱼和长嘴鱼等。澳大利亚也是全世界野生鲍鱼和龙虾的主要产地之一。中国香港特别行政区、日本、美国和中国内地是澳大利亚海鲜出口的主要市场。尽管澳大利亚拥有世界上最大的捕鱼区之一,但它是渔业产品的次要生产国,这主要是因为其海洋环境的生物生产力相对较低,而且管理精细,以确保长期可持续开发的海产品。

图 8-3 大致反映了 1990~2016 年澳大利亚水产品总产量变化情况。2016~2017 年,澳大利亚野生捕获和水产养殖生产总值增长 1%,至 30.6 亿澳元。其中野生捕捞产品占澳大利亚渔业和水产养殖生产总值的 56%(17.4 亿澳元),野生捕获量略有下降,产量下降 5%,至 166,022 吨。野生捕获的鳍类和甲壳类动物价值的下降远远抵消了野生捕获的软体动物生产价值的增加。①

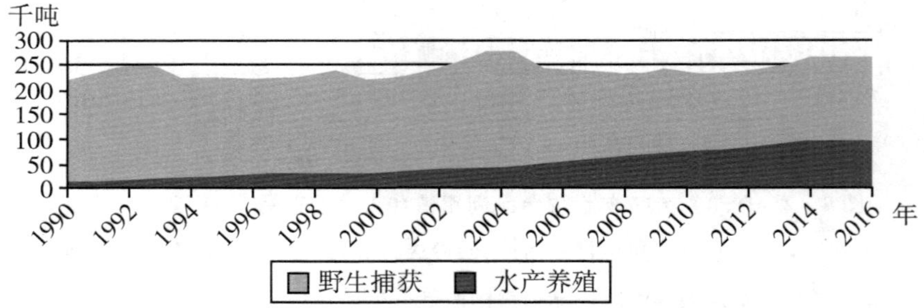

图 8-3 澳大利亚 1990~2016 年野生捕获和水产养殖的产量②

数据来源:经合组织—粮农组织农业展望 2014~2023 年。

ABARES 的 2018 年《渔业状况报告》评估了澳大利亚 95 个鱼类种群(见图 8-4),对澳大利亚渔业管理局(Australia Fisheries Management Authority, AFMA)代表澳大利亚政府单独管理的 65 种库存,以及其他澳大利亚管辖区或与其他国家共同管理的 30 种库存进行了评估。未过度捕捞的种群数量仍为 69 个;正在遭受过度捕捞的种群数量下降至 2 个(2016 年为 3 个);已过度捕捞的种群数量减少至 10 个(2016 年为 11 个)。截至 2018 年,报告已经连续 5 年没有将澳

① See "Australian Fisheries and Aquaculture Statistics 2017", https://www.agriculture.gov.au/SiteCollectionDocuments/abares/publications/AustFishAquacStats_2017_v1.2.0.pdf, Nov. 2, 2019.

② See "Australian Aquaculture-a Sustainable Solution to Depleted Global Fisheries?", https://www.2.deloitte.com/au/en/pages/consumer-industrial-products/articles/australian-aquaculture-sustainable-solution-depleted-global-fisheries.html, Nov. 2, 2019.

大利亚政府单独管理的渔业库存归类为过度捕捞。

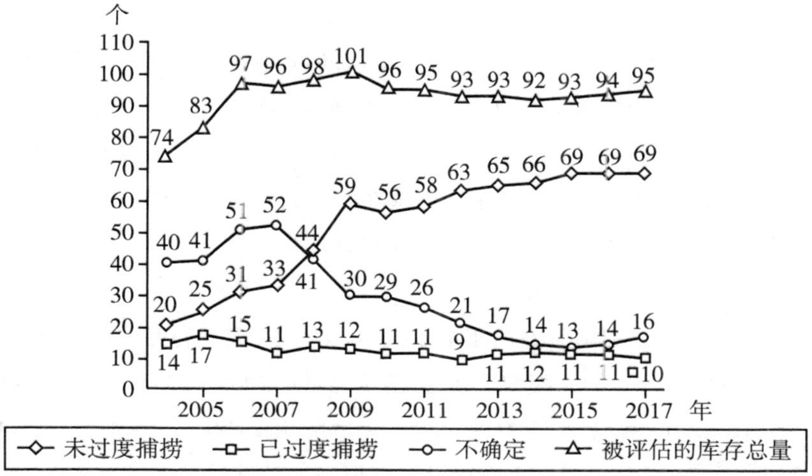

图 8－4　澳大利亚 2004～2017 年渔业的鱼类生物种群的生存情况①

（三）澳大利亚的水产养殖

澳大利亚的水产养殖历史可以追溯到数千年以前，当时的澳大利亚土著在水坑之间运送螯虾或淡水泥河螯虾，这或许是澳大利亚最早的粗放水产养殖。直到 20 世纪 60 年代，才开始在农场水坝和自然水道试验性地养殖和收获螯虾，螯虾养殖者目前正在朝着修建专用水坝、利用谷物进行补充投饲和对水质进行管理的方向发展。最早的商业化水产养殖产品是 1872 年来自新南威尔士州的悉尼岩牡蛎（生蚝），新南威尔士州的牡蛎养殖者协会成立于 1928 年，目的是处理与正在新南威尔士州出现的大型牡蛎产业相关的问题，该协会现有大约 200 家公司会员，是代表新南威尔士州牡蛎养殖者和加工者利益的主要组织。如今，水产养殖是澳大利亚增长最快的农业细分产业，2006～2017 年的 11 年间，水产养殖产品的数量增长了 53%，其中养殖鲑鱼带动了这一增长的大部分，尤其是塔斯马尼亚州的养殖业发展，已占到全国产量的近 60%。②

95% 以上的澳大利亚水产养殖产品来自海水，淡水养殖的很少，2016～2017 年，澳大利亚水产养殖生产总值增长 4%，至 13.5 亿澳元，水产养殖产量增长

---

① See "Fishery Status Reports 2018", https://www.agriculture.gov.au/SiteCollectionDocuments/abares/publications/fsr2018.pdf, Nov. 2, 2019.

② See https://www.fao.org/fishery/countrysector/naso_australia/zh.

4%,至93,968吨。价值的增加主要是由于三文鱼(鲑鱼的一种)的生产价值增加了5%,达到7.56亿澳元。这使水产养殖在整个渔业和水产养殖产值中所占的份额从2006~2007年的36%上升到2016~2017年的44%。水产养殖部门价值的增加主要是由于塔斯马尼亚州三文鱼产量的增加,其他大型水产养殖品种包括南部蓝鳍金枪鱼(1.15亿澳元)、食用牡蛎(1.12亿澳元)、对虾(8600万澳元)和珍珠牡蛎(7000万澳元)。水产养殖在澳大利亚海产品供应中所占的比重不断上升,符合全球海产品需求不断增长的趋势。①

(四)澳大利亚的国内消费

如图8-5所示,2006~2007年至2016~2017年,澳大利亚的海产品表观消费量平均以年均1.3%的速度增长,海鲜消费总量从2006~2007年的313,450吨增长至2016~2017年的约35万吨。2006~2007年至2013~2014年,进口海产品增加,填补了海产品消费与本地海产品供应之间的缺口。澳大利亚的海产品

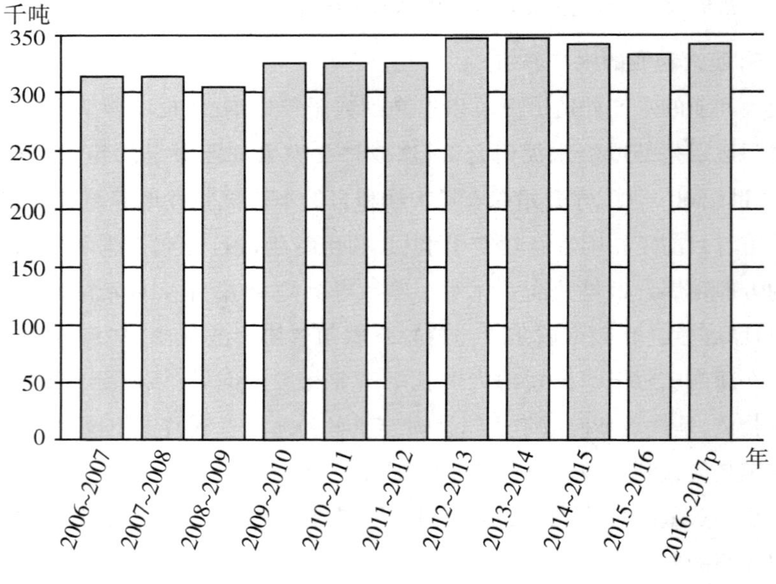

注:p:初步估计。

图8-5 澳大利亚2006~2017年海鲜消费总量②

① See "Australian Fisheries and Aquaculture Statistics 2017", https://www.agriculture.gov.au/SiteCollectionDocuments/abares/publications/AustFishAquacStats_2017_v1.2.0.pdf, Nov.2, 2019.

② Ibid.

进口从2006～2007年约198,424吨增加了20%,2013年至2014年达到237,511吨的峰值。2013～2014年至2016～2017年,进口海产品数量下降了5%,这在很大程度上反映出冷冻虾和腌制鱼的减少。2016～2017年,澳大利亚国内供应大幅增加,导致进口量占当年澳大利亚海鲜总消费量的63%(这是自2007～2008年以来的最低比例)。2016～2017年,国内海鲜消费总量的增长主要是由于当年产量的增加和出口的减少。

澳大利亚的海鲜人均消费量在经过几十年的连续增长后于2006年开始下降。在20世纪30年代末,澳大利亚的海产食品消费量为每年每人4.9公斤,1998～1999年,每年人均消费量增加了一倍,达到10.9公斤,大约占该国未加工肉类摄入总量的10%。但是当2006～2007年度到达人均15公斤时开始,人均海产品表观消费量(可食用当量)平均以0.3%的年率下降,到2016～2017年度时降至人均消费量为14.5公斤。海鲜的表观消费量通常排在家禽、牛肉和猪肉之后,但高于羊肉。2009～2010年至2015～2016年,人均海产品表观消费量下降了7%,家庭在鱼类和海产品上的实际支出下降了2%,根据澳大利亚统计局家庭支出调查,2015～2016年度,澳大利亚家庭每周在鱼和海鲜上的花费为5.46澳元。鲜鱼和海鲜占鱼和海鲜总开支的45%,其次是冷冻鱼类和海鲜(24%)、罐头和瓶装鱼类和海鲜(23%)。

(五)澳大利亚水产品国际贸易

澳大利亚渔业和水产养殖业是一个较小的全球参与者,产量约占全球渔业和水产养殖业供应量的0.15%,产值不到世界贸易的1%。然而,澳大利亚渔业专长于出口一系列高单位价值的渔业和水产养殖产品,是日本南部蓝鳍金枪鱼的主要供应商,也是中国内地、中国香港特别行政区和越南活龙虾和鲍鱼产品的主要供应商。图8－6反映了澳大利亚2001～2018年渔业和水产养殖业出口额的变化及各品种组成情况。

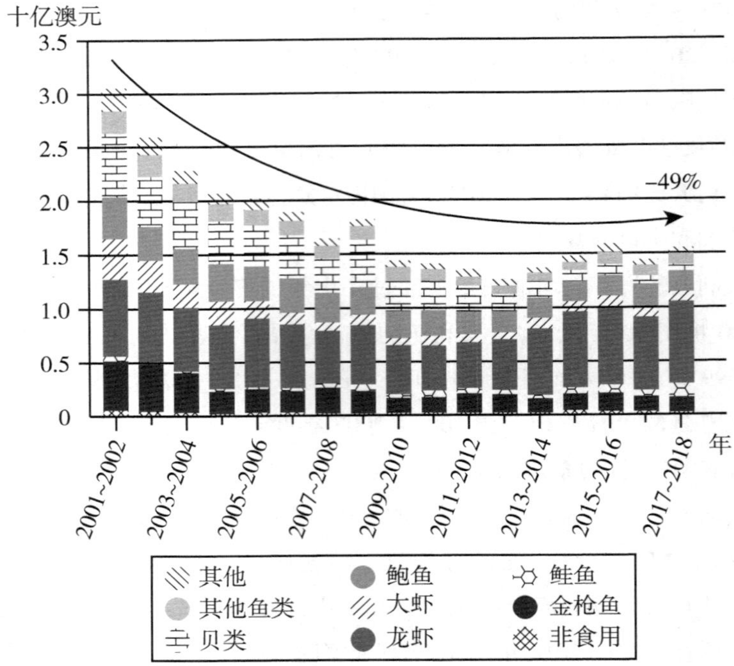

图 8-6 澳大利亚 2001~2018 年的渔业和水产养殖业出口额变化及各品种组成①

澳大利亚渔业和水产养殖部门的贸易受到几个因素的推动,包括澳大利亚靠近亚洲不断增长的海鲜市场,以及澳大利亚作为高单位价值渔业和水产养殖产品的可靠和高质量供应商的声誉。人口、收入水平、城市化趋势和主要出口市场偏好的变化也是重要因素。此外,澳大利亚与其贸易伙伴之间的贸易协定以及相互竞争的出口国家的宏观经济因素,也在一定程度提升了澳大利亚在全球市场上的全面竞争力。

中国内地、中国香港特别行政区和越南是澳大利亚水产品的主要出口目的地。其中,中国内地进口的大部分产自澳大利亚的渔业和养殖水产品都是从中国香港特别行政区和越南转口而来的。2016~2017 年,澳大利亚渔业和养殖水产品出口额为 14.4 亿澳元。2016~2017 年,澳大利亚渔业和养殖水产品(食用和非食用)的主要出口市场包括越南(5.75 亿澳元)、中国香港特别行政区(2.32

① See https://www.agriculture.gov.au/abares/publications/insights/snapshot-of-australias-commercial-fisheries-and-aquaculture.

亿澳元)、日本(2.23 亿澳元)、中国内地(1.71 亿澳元)和美国(5300 万澳元),合计占出口总额的 87%。①

二、渔业和水产养殖的法律和政策规定

澳大利亚政府倡导以生态系统为基础的渔业管理方法,作为实施生态可持续发展的一部分。这需要采用整体管理方法,考虑渔业与兼捕物种[包括受威胁、濒危和受保护(TEP)物种]、海洋生态系统的相互作用和影响。自 2012 年以来,澳大利亚开始建立新的联邦海洋保护区,以履行国际和国家承诺。澳大利亚是 1982 年《联合国海洋法公约》(United Nations Convention on the Law of the Sea)、1995 年《联合国鱼类种群协定》(United Nations Fish Stocks Agreement)、1995 年粮农组织《负责任渔业行为守则》(Code of Conduct for Responsible Fisheries)的缔约国,也是粮农组织《关于港口国预防、制止和消除非法、未报告及不受管制捕捞的港口国措施协定》(Agreement on Port State Measures to Prevent, Deter and Eliminate Illegal, Unreported and Unregulated Fishing, IUU)的签署国。澳大利亚制定了"鲨鱼和海鸟养护和管理国家行动计划"(National Plan of Action for the Conservation and Management of Sharks and of Seabirds),以及"防止、制止和消除非法、不报告和不受管制捕捞的国家行动计划"(NPOA-IUU)。只有通过国际合作的区域行动才能有效管理对澳大利亚具有商业意义的若干渔业资源。②

在澳大利亚国内,联邦和州两级分别对渔业和水产养殖进行立法和制定政策,联邦侧重渔业的管制,而州侧重水产养殖的管制。联邦和州的两级立法和政策管制如有交叉重叠的部分,以联合管理局(下文会论及)确定的方案决定适用哪些法律,而不是简单地以联邦的法律优先。在相关的法律领域里,不仅有直接针对渔业和水产养殖的管制法律法规和政策,还有关联其他领域的法律法规,包括环境保护、生物多样性保护、水生害虫和疾病防控、土地规划、食品安全等相关的法律法规。

在构成上,包括法律(Act)、规则和计划(Rule and Management Plan)、条例

---

① See "Australian Fisheries and Aquaculture Statistics 2017", https://www.agriculture.gov.au/SiteCollectionDocuments/abares/publications/AustFishAquacStats_2017_v1.2.0.pdf, Nov. 2, 2019.

② See "Fishery and Aquaculture Country Profiles-Australia", https://www.fao.org/fishery/facp/AUS/en#CountrySector-Overview, Nov. 2, 2019.

(Regulation)、指令(Order)、部长指示(Ministerial Guidelines)。法律由议会(联邦议会或州或地区议会)讨论通过;规则和条例,又称授权立法,是政府行政部门在议会授权下制定的法律,包括法规、规章、章程等;指令为授权某一部门负责特定事项的决议;部长指示一般为具体决策、行为提供指导。

(一)联邦的法律和政策

1. 主要法律:《1991 年渔业管理法》(Fisheries Management Act 1991)①、《1991 年渔业行政法》(Fisheries Administration Act 1991)②、《1991 年渔业立法(相应规定)法》[Fisheries Legislation (Consequential Provisions) Act 1991]③、《1991 年法定捕鱼权收费法案》(Statutory Fishing Rights Charge Act 1991)④、《1991 年渔业协定(付款)法》[Fisheries Agreements (Payments) Act 1991]⑤、《1984 年渔业税法》(Fisheries Levy Act 1984)⑥、《1991 年捕鱼税法》(Fishing Levy Act 1991)⑦、《1991 年外国捕鱼许可证征税法》(Foreign Fishing Licences Levy Act 1991)⑧、《1999 年环境保护和生物多样性保护法》(Environment Protection and Biodiversity Conservation Act 1999, EPBC Act)⑨、《1975 年大堡礁海洋公园法》(Great Barrier Reef Marine Park Act 1975)⑩、《2013 年海上权利法》

---

① Fisheries Management Act 1991, https://www.legislation.gov.au/Details/C2016C01062, Nov. 2, 2019.

② Ibid.

③ Fisheries Legislation (Consequential Provisions) Act 1991, https://www.legislation.gov.au/Details/C2013C00665, Nov. 2, 2019.

④ Statutory Fishing Rights Charge Act 1991, https://www.legislation.gov.au/Details/C2004A04232, Nov. 2, 2019.

⑤ Fisheries Agreements (Payments) Act 1991, https://www.legislation.gov.au/Details/C2004A04226, Nov. 2, 2019.

⑥ Fisheries Levy Act 1984, https://www.legislation.gov.au/Details/C2016C00295, Nov. 2, 2019.

⑦ Fishing Levy Act 1991, https://www.legislation.gov.au/Details/C2011C00045, Nov. 2, 2019.

⑧ Foreign Fishing Licences Levy Act 1991, https://www.legislation.gov.au/Details/C2004A04225, Nov. 2, 2019.

⑨ Environment Protection and Biodiversity Conservation Act 1999, https://www.legislation.gov.au/Details/C2018C00440, Nov. 2, 2019.

⑩ Great Barrier Reef Marine Park Act 1975, https://www.legislation.gov.au/Details/C2018C00453, Nov. 2, 2019.

(Maritime Powers Act 2013)①、《1984 年托雷斯海峡渔业法》(Torres Strait Fisheries Act 1984)②。

2. 条例与政策规定:《1992 年渔业管理条例》(Fisheries Management Regulations 1992)③、《1992 年渔业行政条例》(Fisheries Administration Regulations 1992)④、《2007 年联邦渔业收获战略政策》(Commonwealth Fisheries Harvest Strategy Policy 2007, HSP)⑤、《2000 年联邦渔业兼捕政策》(Commonwealth Policy on Fisheries Bycatch 2000)⑥、《2005 年联邦渔林保护部长对渔业管理局的指示》(2005 Ministerial Direction to AFMA)⑦、《2017 年国家合规与执法政策》(National Compliance and Enforcement Policy 2017)⑧、《2007 年渔业生态可持续管理准则》(Guidelines for the Ecologically Sustainable Management of Fisheries 2007)⑨。通过上述的法律和政策,澳大利亚联邦确定了海洋物种的捕捞总额、法定捕捞权、许可证配额;负责与邻国渔业问题的政策咨询和协调,寻求与共享资源的国家开展合作,以提高这些国家的渔业管理标准;与各州和领地一起合作来影响区域渔业管理的计划和标准。

3. 关键内容介绍:联邦的法律、条例和政策均侧重在渔业领域上述诸多的

---

① Maritime Powers Act 2013, https://www.legislation.gov.au/Details/C2017C00123, Nov. 2, 2019.

② Torres Strait Fisheries Act 1984, https://www.legislation.gov.au/Details/C2016C00677, Nov. 2, 2019.

③ Fisheries Management Regulations 1991, https://www.legislation.gov.au/Details/F2017C00241, Nov. 2, 2019.

④ Fisheries (Administration) Regulations 1992, https://www.legislation.gov.au/Details/F2006C00570, Nov. 2, 2019.

⑤ Commonwealth Fisheries Harvest Strategy Policy and Guidelines, https://www.agriculture.gov.au/fisheries/domestic/harvest_strategy_policy, Nov. 2, 2019.

⑥ "Commonwealth Fisheries Bycatch Policy", https://www.agriculture.gov.au/fisheries/environment/bycatch/review, Nov. 2, 2019.

⑦ https://www.agriculture.gov.au/SiteCollectionDocuments/fisheries/domestic/harvest-strategy-policy/ministerial-direction-2005.pdf.

⑧ National Compliance and Enforcement Policy - 2017, https://www.afma.gov.au/sites/default/files/uploads/2017/07/2017-National-Compliance-and-Enforcement-Policy-with-signed-page.pdf, Nov. 2, 2019.

⑨ Guidelines for The Ecologically Sustainable Management of Fisheries, https://www.environment.gov.au/marine/publications/guidelines-ecologically-sustainable-management-fisheries, Nov. 2, 2019.

规定中与外国投资人投资澳大利亚渔业有关联的主要内容可以归纳如下:

(1)立法宗旨:在维护澳大利亚环境生态健康和长期可持续性的前提下,有效开发和利用渔业资源价值,实现最佳经济效益;行政管理有效和成本效益;遵守国际条约及合作协议的义务。①

(2)管理计划制度:澳大利亚渔业管理局针对不同的渔业种群制订管理计划,并按照管理计划对渔业实施管理。因为管理计划涉及各鱼种群的捕捞总额、法定捕捞权的分配、捕捞许可证的分配等,事关各种细分渔业的多方参与者的利益和行为准则,所以管理计划于草案阶段就必须在社会上公示,同时向登记在册的个人和组织邮寄相关文件,相关人员可以在1个月内提出申诉修订。②

(3)法定捕捞权:包括在特定区域捕获特定数量的鱼类或从特定种类鱼群中捕获特定数量的鱼类的权利;对特定鱼群的一部分按特定比例捕捞的权利;在特定时间段从事渔业的权利;在被管理渔业中使用特定尺寸、功率(发动机)、种类、数量的捕捞船只和设备的权利。③ 渔业管理局依据管理计划通过拍卖或招标方式授予出捕捞权,并将持有人登记注册,予以公告;法定捕捞权可以转让和租赁,需要登记注册备案;信托不能注册(这一点对投资人很重要。有关信托内容详见第十二章)。④

(4)捕捞许可证:渔业管理局在法定捕捞权项下的行政许可证明文件,针对个人或船只,列明所有与捕捞所有相关的事项,经营者必须在许可证规定的范围内操作。可以转让许可证,但必须得到渔业局批准并在登记后才能生效。⑤

(5)科研许可证:渔业管理局向某人授予关于指定船只(包括外国船只)的科学许可证,授权该人使用该船只,用于AFZ特定区域或特定渔业的科研目的,一般自授予之日起生效,不超过6个月,免费申请。⑥

(6)外国渔船许可证:在澳大利亚与某一国家有协定或公约义务的前提下,可以授予某人在该国船只上,在澳大利亚渔业区内进行有规定性的捕捞的许可

① 参见《1991年渔业管理法》第3条的规定、《1991年渔业行政法》第6A条的规定。
② 参见《1991年渔业管理法》第17条的规定、《1984年托雷斯海峡渔业法》第15A条的规定。
③ 参见《1991年渔业管理法》第21条的规定。
④ 参见《1991年渔业管理法》第24~31条的规定、《1991年渔业管理条例》第5~8条的规定。
⑤ 参见《1991年渔业管理法》第32条的规定。
⑥ 参见《1991年渔业管理法》第33条的规定、《1984年托雷斯海峡渔业法》第12条的规定。

证明文件。①

(7)电子监测:澳大利亚渔业局通过电子监控设备对渔船捕捞行为是否符合法定捕捞权和捕捞许可证的规定进行观察和记录。②

(8)公海捕鱼许可:澳大利亚渔业局对澳大利亚船只去公海捕捞授予许可证,登记注册,并同时通知联合国粮农组织,以符合澳大利亚签署的国际公约和海洋法。③

(9)联合管理局:由联邦主管渔业的部长和各州及领地的部长组成的针对各州和领地的多个联合管理机构,决定适用哪些法律,确定渔业管理计划。联合管理局下设咨询委员会,由其认为合适的专业人士组成,向联合管理局提供有关任何渔业事宜的信息和建议。④

(10)监督和执法:联邦渔业局可依法书面任命联邦或州的雇员为执法时的负责官员,警务、海关和边境部队协助执行,享有检查、搜查、扣押、移除、保管违法行为证据和工具、船只、车辆、设备的权力,在执法受到阻碍时,警务、海关和边境部队有权使用武器强制执行。⑤

(11)鱼类接收许可证:对于接收商业捕鱼渔获的加工商、零售商和鱼市场须持有特定的许可证,持证人须按照许可证的要求接受相应的鱼群种类,并做好记录备案工作。⑥

(12)外国船只管理:未授予港口许可证的外国船只不能进入澳大利亚港口,没有捕捞许可证的外国船只进入澳大利亚渔业区内捕鱼违法,将会受到罚款或被提起公诉。⑦

(13)审查小组:由部长指定高水平的专业人士组成法定捕捞权分配审查小

---

① 参见《1991 年渔业管理法》第 34 条的规定。

② 参见《1991 年渔业管理法》第 40A 条的规定、《1991 年渔业管理条例》第 9C 条、第 9D 条的规定。

③ 参见《1991 年渔业管理法》第 57 条的规定。

④ 参见《1991 年渔业管理法》第 61 条、第 71 条的规定,《1991 年渔业行政法》第 64 条的规定。

⑤ 参见《1991 年渔业管理法》第 83 条、第 84 条、第 87 条的规定,《2013 年海上权利法》第 7 条、第 20 条、第 31 条、第 37 条的规定。

⑥ 参见《1991 年渔业管理法》第 91 ~ 93 条的规定、《1991 年渔业管理条例》第 9H 条、第 9I 条、第 10A ~ 10D 条的规定。

⑦ 参见《1991 年渔业管理法》第 99 ~ 103 条的规定、《1991 年渔业管理条例》第 11 条的规定。

组,一届任期最长 4 年,连任不得超过 3 届。①

(14)船只识别码:如果渔业管理局授予船舶法定捕捞权或捕捞许可证,则必须为船舶分配识别码,由字母和数字组成,以显著的方式涂刷在船首水线以上。如果不涂刷识别码,将被罚款。②

(二)州和领地的法律和政策(以塔斯马尼亚州为例)

州一级的法律法规主要侧重水产养殖方面。包括新南威尔士州、维多利亚州、昆士兰州和西澳大利亚州都有管理商业捕鱼、休闲捕鱼和水产养殖的一般渔业和水产养殖法律法规,其中,塔斯马尼亚州有两个分别规范海水和内陆渔业的法律,维多利亚州的《1958 年土地法》、塔斯马尼亚州的《1995 年海洋生物资源管理法》以及昆士兰州的《1994 年土地法案》都有规定海水养殖租约的单独法律,而南澳大利亚州更是有专门的单一的《2001 年水产养殖法案》,西澳大利亚州也有关于养殖珍珠的专门法律《1990 年珍珠养殖法案》。

鉴于塔斯马尼亚州和南澳大利亚州是澳大利亚最大的水产养殖州,分别占据澳大利亚全国总产值的 59.4% 和 20.6%,两州合计占据全国总产量的 80%。下面仅就塔斯马尼亚州的法律法规和政策作简要介绍。

1. 塔斯马尼亚州的相关法律和政策:(1)法律,包括《1995 年海洋生物资源管理法》③、《1995 年海洋养殖规划法》④、《2001 年捕鱼(许可证所有权和利益)登记法》⑤;(2)管理计划里的规则,包括《2009 年渔业规则》⑥、《2017 年渔业(鲍

---

① 参见《1991 年渔业管理法》第 124 ~ 138 条的规定、《1991 年渔业管理条例》第 23 ~ 28 条的规定。

② 参见《1991 年渔业管理条例》第 12 条的规定。

③ Living Marine Resources Management Act 1995, https://www.legislation.tas.gov.au/view/whole/html/inforce/current/act-1995-025, Nov. 2, 2019.

④ Marine Farming Planning Act 1995, https://www.legislation.tas.gov.au/view/html/inforce/2019-07-23/act-1995-031, Nov. 2, 2019.

⑤ Fishing (Licence Ownership and Interest) Registration Act 2001, https://www.legislation.tas.gov.au/view/html/inforce/current/act-2001-096, Nov. 2, 2019.

⑥ Fisheries Rules 2009, https://www.legislation.tas.gov.au/view/html/inforce/current/sr-2009-126, Nov. 2, 2019.

鱼)规则》①、《2011年渔业(商业潜水)规则》②、《2019年渔业(鲭鱼)规则》③、《2011年渔业(岩龙虾)规则》④、《2013年渔业(巨蟹)规则》⑤、《2010年渔业(扇贝)规则》⑥、《2010年渔业(加工和处理)规则》⑦、《2017年渔业(贝类)规则》⑧、《2017年渔业(海洋植物)规则》⑨;(3)条例,包括《2016年渔业(一般和费用)条例》⑩、《2011年渔业(罚款)条例》⑪、《2012年渔业登记(费用)条例》⑫;(4)部长指引,包括《鲍鱼捕捞许可证限制》⑬、《海洋植物捕捞许可证限制》⑭、《许可证转让指引》⑮、《鲍鱼养殖和加工场许可证申请指引》⑯等。

2. 塔斯马尼亚州立法中的特色规定:塔斯马尼亚州的立法中与联邦的规定相同或者相近的,在此不作重复介绍,下面介绍笔者通过比对分析后得出的塔斯

---

① Fisheries(Abalone)Rules 2017, https://www.legislation.tas.gov.au/view/html/inforce/current/sr-2017-094, Nov. 2, 2019.

② Fisheries(Commercial Dive)Rules 2011, https://www.legislation.tas.gov.au/view/html/inforce/current/sr-2011-006, Nov. 2, 2019.

③ Fisheries(Mackerel)Rules 2019, https://www.legislation.tas.gov.au/view/html/inforce/current/sr-2019-005, Nov. 2, 2019.

④ Fisheries(Rock Lobster)Rules 2011, https://www.legislation.tas.gov.au/view/html/inforce/current/sr-2011-092, Nov. 2, 2019.

⑤ Fisheries(Giant Crab)Rules 2013, https://www.legislation.tas.gov.au/view/html/inforce/current/sr-2013-002, Nov. 2, 2019.

⑥ Fisheries(Scallop)Rules 2010, https://www.legislation.tas.gov.au/view/html/inforce/current/sr-2010-003, Nov. 2, 2019.

⑦ Fisheries(Processing and Handling)Rules 2010, https://www.legislation.tas.gov.au/view/html/inforce/current/sr-2010-137, Nov. 2, 2019.

⑧ Fisheries(Shellfish)Rules 2017, https://www.legislation.tas.gov.au/view/html/inforce/current/sr-2017-010, Nov. 2, 2019.

⑨ Fisheries(Marine Plant)Rules 2017, https://www.legislation.tas.gov.au/view/html/inforce/current/sr-2017-057, Nov. 2, 2019.

⑩ Fisheries(General and Fees)Regulations 2016, https://www.legislation.tas.gov.au/view/html/inforce/current/sr-2016-030, Nov. 2, 2019.

⑪ Fisheries(Penalties)Regulations 2011, https://www.legislation.tas.gov.au/view/html/inforce/current/sr-2011-012, Nov. 2, 2019.

⑫ Fishing(Licence Ownership and Interest)Registration(Fees)Regulations 2012, https://www.legislation.tas.gov.au/view/html/inforce/current/sr-2012-030, Nov. 2, 2019.

⑬ See dpipwe.tas.gov.au/Documents/MGFishingLicence(Vessel)-Abalone-Only.PDF.

⑭ See dpipwe.tas.gov.au/Documents/MGRestriction_MarinePlant_Harvesting_Licences.pdf.

⑮ See dpipwe.tas.gov.au/Documents/MGLicenceTranfers.pdf.

⑯ See dpipwe.tas.gov.au/Documents/MIN-Guideline-Abalone-Marine-Farming—Processing-Licences.pdf.

马尼亚州立法和政策中有一定自己特色的规定。

(1)所有权:海洋里的生物资源归州所有,养殖的物种资源归许可证持有人所有。①

(2)与警方的合作:渔业管理局局长每年至少4次与警务处处长开会,讨论执法活动。②

(3)业务守则:塔斯马尼亚州"初级产业、公园、水和环境部"的部长可以指定一些行业机构和咨询委员,组织相关行业参与者一起在法律的框架内起草行业的行为守则(Code of Practice),用以自律。③

(4)管理规则:塔斯马尼亚州的渔业管理计划是由各方面的规则构成的,这些规则是由部长与各种渔业机构磋商制定并予以公告的,涉及渔业和水产养殖的方方面面。④

(5)养殖许可证取决于租约:如果对海洋和陆地的租赁到期后被取消,则相关的养殖许可证也随之终止。⑤

(6)海洋保护区和栖息地计划:部长主持制订海洋保护区和栖息地的管理计划,如有与其他法律权利相冲突的,需要对其评估,以保护计划优先。⑥

(7)渔业主任:渔业局长可以任命1名渔业主任(与渔业无相关的利益),任期不得超过3年,授予其职务证件,该证件在任期结束时交回;渔业主任在执法时拥有一定的警察、军队执法权力。⑦

(8)处置病虫害:在生物安全方面,如果养殖区域发生海洋病虫害,为了防止扩散,部长可以下令控制区域养殖鱼群不得取出或移动,甚至可下令直接销毁。⑧

(9)对举报人的奖励:部长依法有权对提供定罪信息或协助定罪的任何人给

① 参见《1995年海洋生物资源管理法》第9条的规定。

② 参见《1995年海洋生物资源管理法》第21条的规定。

③ 参见《1995年海洋生物资源管理法》第28~31条的规定。

④ 参见《1995年海洋生物资源管理法》第32~42条的规定。

⑤ 参见《1995年海洋生物资源管理法》第66A条的规定。

⑥ 参见《1995年海洋生物资源管理法》第105~124条的规定及《2009年渔业规则》第15条的规定。

⑦ 参见《1995年海洋生物资源管理法》第164~202条的规定及《1995年海洋养殖规划法》第125~138条的规定。

⑧ 参见《1995年海洋生物资源管理法》第270~273条的规定。

予资金奖励。①

(10)海洋养殖审核小组:该小组由9名成员组成,1名小组主席、1名由部长提名,剩下7人均是环保、规划、海洋资源、海洋养殖、划船航行、政府运营等各方面的专家,小组承担制订海洋养殖计划所涉及的各方面的职责。②

(11)应急安排:在养殖区域水质大幅下降、污染即将发生和病虫害即将大规模发生时,养殖区承租人及其雇员有义务立即通知规划局,规划局在发出应急令后24小时之内通知环保署署长,应急令在14天内有效,必要时可延期,应急令的优先等级高于渔业养殖规划。在应急令后视情况决定启动应急计划,期限为2年,包括限制或禁止使用目标养殖区域,应急计划也优先于海洋养殖规划。③

(12)养殖参议董事会:由部长(初级产业、公园、水和环境部)指定的3人组成(1名法律人士、1名有养殖经验的人士、1名有商业经验的人士),主要职责是养殖区域的租约分配,以及部长交付的其他事务。董事会成员在履行职责时,享有与高级法院的法官同等的受保护权以及豁免权。④

(13)养殖租约:部长按照参议董事会建议的程序和人选邀请租约申请人提交表格,并按照参议董事会建议的分配方法和标准,对申请人以批准的形式发出租约。租约不超过30年,可在到期前15年内申请续期不超过30年。租约可申请转让,须经部长批准登记有效,如有相应的养殖许可证则不能转让,除非养殖许可证一起转让。租约须经部长批准才能分租,但分租人的违法犯罪行为的后果须由承租人承担(此规定很重要)。租约可继承,但承租人去世后6个月内无人占用租赁区域,则租约自动终止。⑤

三、澳大利亚渔业和水产养殖的行政管理

澳大利亚从不同的角度出发对渔业和水产养殖的管理有不同的权责划分和配合体系。(1)从管理的着眼点可分为:研究和培训,需要对海洋生物及环境气

① 参见《1995年海洋生物资源管理法》第299条的规定。

② 参见《1995年海洋养殖规划法》第8~14条的规定。

③ 参见《1995年海洋养殖规划法》第43~47条的规定。

④ 参见《1995年海洋养殖规划法》第49~51条的规定。

⑤ 参见《1995年海洋养殖规划法》第52~59条、第65~66条、第73条、第74条、第78条的规定,以及《关于租约转让的部长指引》。See dpipwe. tas. gov. au/sea-fishing-aquaculture/sustainable-fisheries-management/legislation.

候和生物安全性进行研究和统计,了解资源情况,同时也对渔业和养殖业从业人员以及监管人员进行培训,提高自觉守法意识,降低管理成本;制定政策法规、行业标准以及配额和许可数量,相关法律是行业的行为准则,也是执法的依据,澳大利亚渔业的国际合作较其他农业细分行业更多一些,参与国际公约就要调整国内法,在标准方面更需要明确捕鱼的方法和工具以及养殖饲喂的标准和动物福利,另外,确定每个鱼的种群的年捕捞总量后再以许可证的形式分配给渔民;监管和执法是保障渔业可持续发展的必备手段,包括各种技术手段和人员队伍。(2)从管理部门的分工:针对不同区域的权责归属,联邦政府内部的部门之间的权责划分,州政府的相应部门配合,行业协会研究机构的职责。(3)从行业的划分:总的有渔业和水产养殖之分。在产品方面有不同生物种群之分;在渔业方面有海洋捕捞与内陆捕捞之分;在养殖方面有咸淡水养殖之分。各种划分都有相应的管理制度和措施。图8-7为澳大利亚渔业管理的大致框架。

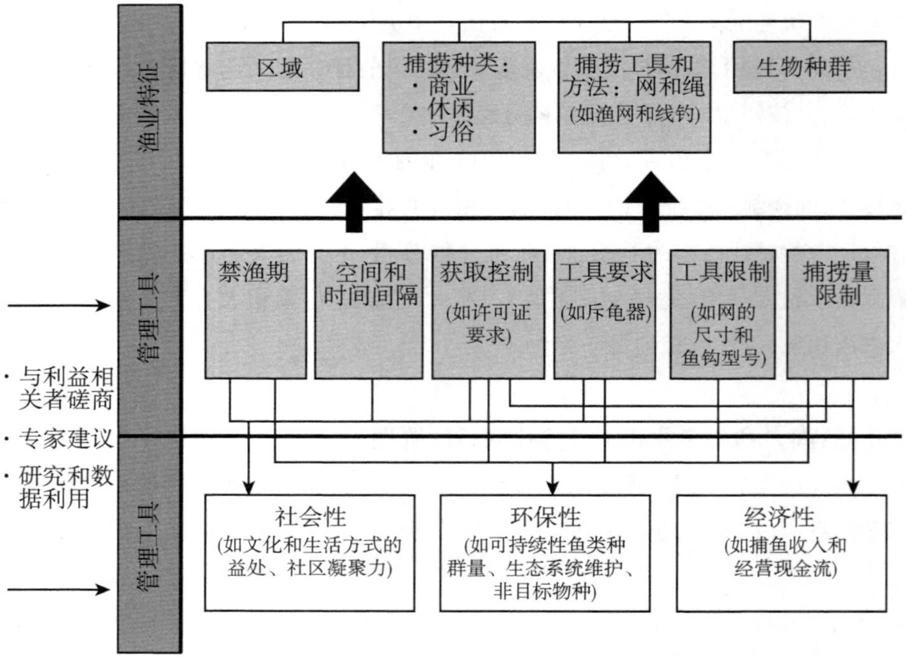

图8-7 澳大利亚渔业管理示意①

① See Regulation of Australia's Marine Fisheries and Aquaculture, https://www.pc.gov.au/news-media/pc-news/previous-editions/pc-news-november-2016/fisheries, Nov. 2, 2019.

(一)以联邦为主的渔业管理

1. 管理体制。澳大利亚几乎所有的渔业活动都由国家联邦和州政府严格管理。1979 年,通过"离岸宪法安排"(Offshore Constitutional Settlement, OCS)达成了划分联邦和州的管辖权和责任,同时回应了 1982 年联合国海洋法的安排。如图 8-8 所示,根据 OCS,州和领地对本辖区的近海渔业拥有管辖权,具体为辖区领海基线离岸 3 海里以内,每个州政府都有单独的渔业立法和不同的目标;而联邦政府对远洋渔业及延伸至毗邻州政府管辖水域的渔业拥有管辖权,具体为离岸 3 海里以外至 200 海里以内,跨界渔业是由英联邦渔业机构管理,澳大利亚渔业管理局(AFMA)负责管理 OCS 划分领域内的所有联邦渔业。AFMA 的一个重要目标是:确保开发渔业资源和进行任何相关的活动,以符合生态原则的方式进行可持续发展和行使预防原则,特别是需要考虑捕捞活动对非目标物种的影响和长期海洋环境的可持续性。州和领地的渔业管理机构也有类似的目标,同时更侧重关注社会、经济和社区利用渔业资源和公平利益在竞争用户之间共享渔业资源。①

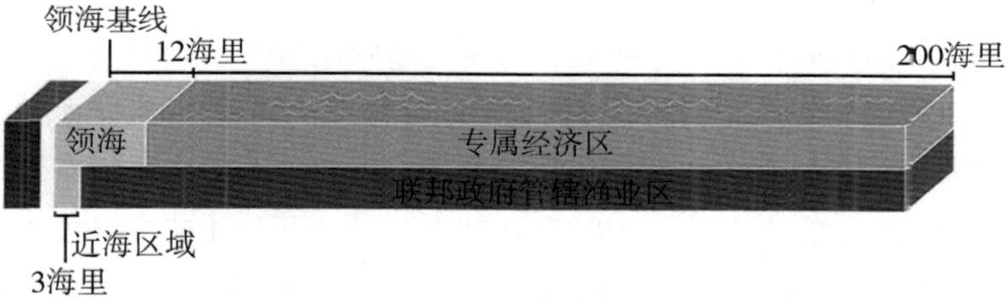

图 8-8 水域管辖权划分示意(3 海里是州政府管辖的近海区域,12 海里是澳大利亚国家领海,12~200 海里是专属经济区,3~200 海里是联邦政府管辖的渔业区)②

在联邦和州两级政府的管理对社会都具有高度的开发参与性,建立各种政府和行业的联合机构,就渔业管理问题进行研究、咨询、决策和推广。这些机构通常还包括社区代表以及生物种群保护代表。AFMA 和各州使用的具体管理战略,通常是基于通过这些管理咨询委员会和协商委员会,制订的公开可用的渔业

① See "Fishery Country Profile", https://www.fao.org/fishery/docs/DOCUMENT/fcp/en/FI_CP_AU.pdf, Nov. 2, 2019.

② See https://www.agriculture.gov.au/abares/publications/insights/snapshot-of-australias-commercial-fisheries-and-aquaculture.

管理计划。具体机构包括:(1)AFMA代表联邦管理渔业;(2)联邦渔业协会代表联邦政府管理渔业中的商业性捕捞行业;(3)农业部负责政策与计划的制定与开发实施,确保澳大利亚渔业和水产养殖的长期竞争性、营利性和可持续性;(4)渔业研究和发展公司(Fisheries Research and Development Corporation, FRDC)是澳大利亚政府与行业之间的合作机构,主要负责澳大利亚的渔业研究、开发和推广活动的规划和投资;(5)国家水产养殖委员会是代表养殖行业的国家机构;(6)澳大利亚海产品实践委员会主要从事海产品的营销、推广和知识传播。

在联邦与州和领地的协调方面,在联邦层面设立了联合管理局(Joint Authority),由联邦农业部长和各州和领地相应的管理部门的部长组成,负责协调联邦与州和领地在渔业管理方面的配合工作,包括辖区划分、立法协调等。

2. AFMA的管理。(1)检查。渔业官员对联邦认可的经营者(这些经营者包括实际的渔船和从渔船接收鱼的人)进行有针对性的检查,以阻止渔民从事非法活动;所有进入澳大利亚港口的外国渔船都须经联邦渔业管理局检查,联邦渔业管理局有权拒绝任何已知非法捕鱼的外国渔船进入。(2)监控船只。所有英联邦渔船都通过船只监测系统(Vessel Monitor System, VMS)进行跟踪,卫星跟踪是联邦渔业管理局监测联邦舰队捕捞活动的主要方式,联邦渔业管理局有权针对未能正常运行监控系统始终运行的船只,强令其停泊在港口直到恢复正常跟踪监测为止。关于船只监测系统更多的信息可点击书页脚注链接的网址查看。[①](3)跟踪捕获量。联邦渔业管理局要监控渔船上报正确的捕获量,避免那些自觉诚实遵守规定的经营者受到不公平对待,最终对澳大利亚渔业的未来产生负面影响。具体监测方式包括:电子日志、渔获处置记录、电子监测、日志、观察员、审计和检查。(4)督促自愿遵守。教育是提高自愿遵守的关键因素,渔业官员在所有澳大利亚联邦渔业季节开始之前举办教育会议,渔业官员还在检查期间帮助渔民,提供一对一的教育。(5)监督执法。联邦渔业管理局有权监督并调查澳大利亚的和外国的渔船在澳大利亚渔业区的非法活动,执行《1991年渔业管理法》、《1984年托雷斯海峡渔业法》和《2013年海上权力法》的规定。(6)对外合作。联邦渔业管理局利用澳大利亚最好的监管资源打击非法捕捞,并将相关资

① See "Satellite Monitoring of Fishing Boats", https://www.afma.gov.au/monitoring-enforcement/satellite-monitoring-fishing-boats, Nov. 2, 2019.

源提供予其他政府机构，包括州和领地渔业机构以及海关和边境保护局，与这些机构进行合作和交换信息。① 图 8－9 反映了澳大利亚船只监控系统。

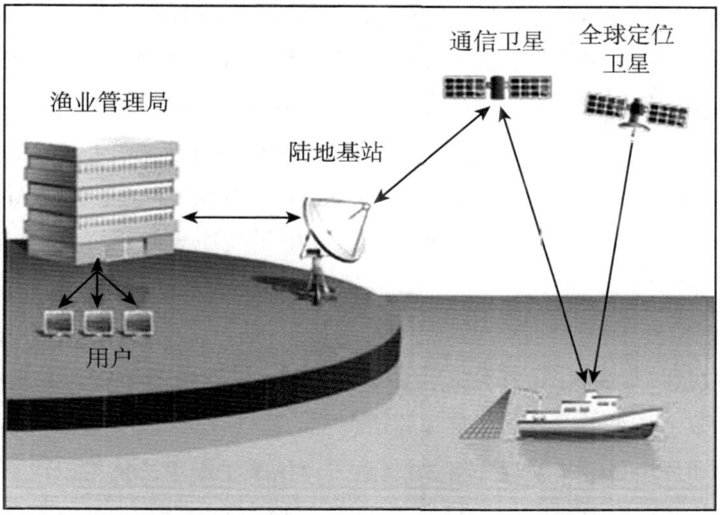

图 8－9 澳大利亚船只监控系统示意（海外上空由全球定位卫星通过渔船将信息传递给联络卫星，联络卫星与陆地基站互动，渔业管理局委托的管理机构再将信息提供给使用者）

3. 联邦的监管措施。AFMA 下列 4 项监管措施非常有特色。（1）电子监控计划。电子监控（Electronic Monitoring），是一种能够监控和记录捕捞活动的摄像机和传感器系统，可以事后查看，以验证渔民在捕捞日志中是否准确报告他们捕获的鱼的数量和类型，同时节省监控成本，不用联邦渔业管理局向渔船上派驻观察员。对于东部金枪鱼和比尔鱼渔业、西部金枪鱼和比尔鱼渔业以及采用刺网、钩和陷阱捕渔模式的多数商业渔船来说，安装这些系统是强制性的。通过电子监测，AFMA、科学家和公众可以确信独立监测捕捞活动并准确报告渔业数据，这反过来又有助于提高科学评估和决策的整体质量。在澳大利亚使用电子监测将更好地了解捕捞作业，包括鱼类种群状况和捕捞对海洋环境的影响，这将提高 AFMA 管理联邦渔业的能力，并使消费者相信他们从联邦管理的渔业中购买的海产品来自可持续资源，并对环境的影响很小。通常，电子监控系统包括若干关

---

① See "Domestic Compliance", https://www.afma.gov.au/domestic-compliance, Nov. 2, 2019.

键部件：3 个或更多个摄像机、液压齿轮传感器、鼓传感器、GPS 接收器、卫星通信和控制中心，传感器安装在液压拖拽线缆和转轴以及控制箱用来测量牵引力和档位，并在机械启动时激活多个摄像头，对捕鱼过程进行无死角全覆盖记录，同时监控信息存储在系统的硬盘上，以便详细分析并和渔民的日志进行比对，向渔民反馈以帮助他们提高日志的准确性，也能确认渔船靠岸前鱼的丢弃量，其他诸如船只位置之类的一些信息被传输到 AFMA 以进行实时监控。这套 E-Monitoring 系统由 AFMA 委托 Archipelago Marine Research 的子公司 Archipelago Asia Pacific（AAP）设计和安装电子监控以及电子监控数据分析，是签订了合同的外包商业行为。①

（2）观察员计划。观察员是 AFMA 的员工，他们接受过专业采样技术方面的培训，包括收集耳石（鱼耳骨）、生物样本（如性别和鱼的长度）、环境观察（如在钓鱼之旅中是否可以看到鸟类和其他野生动物以及天气好坏），观察员具有捕鱼业经验和环境科学或管理资格，由观察员提供关于渔船的捕捞组成、目标和非目标物种的状况以及捕捞量的最可靠数据。观察员计划可以为渔业管理人员、研究组织、环境机构、渔业和更广泛的社区提供独立、可靠、经过验证的准确信息，记录并报备在澳大利亚内陆和外海定期运行的各种船只的渔获量。联邦渔业管理局在必要时可以将训练有素的观察员派出，安置在一些相邻的公海区域内根据国际安排捕鱼的外国船只上。观测员的数据以及渔民捕捞记录等其他来源的数据，可帮助 AFMA 设定每个配额物种的总允许捕捞量。观察员的数据对于衡量与非目标物种（包括受威胁物种、濒危物种和受保护物种）的相互作用水平也很重要。当联邦渔业管理局提出要求时，所有渔船都必须无条件携带 AFMA 派出的观察员。② 如果渔船拒绝携带观察员，将导致 AFMA 暂停其捕捞特许权或采取其他执法行动，同时将该渔船从对观察者友好的船只登记册中移除。③

（3）渔获处置记录。澳大利亚的渔业基本上属于配额制度下的管理，通过渔

---

① See "Electronic Monitoring Program", https://www.afma.gov.au/monitoring-enforcement/electronic-monitoring-program, Nov. 2, 2019.

② See "Observer Program", https://www.afma.gov.au/monitoring-enforcement/observer-program, Nov. 2, 2019.

③ See "Observer Services", https://www.afma.gov.au/fisheries-services/observer-services, Nov. 2, 2019.

获处置记录的计划来收集和维护捕获物种的数据是渔业管理非常基础和关键的措施之一。具体操作：①渔船靠岸登陆时，捕鱼许可证持有人、法定捕鱼权利人或指定的授权人员必须填写1份捕捞处置记录表、1份正本、3份副本，详细说明捕获的物种及其准确重量，根据鱼的种群情况，渔民可能还必须记录每种鱼的托运数量，以及鱼类在船上的加工状态（全重、头部、鳃/内脏等）和鲨鱼尸体的数量；②然后捕捞经营者保留一份已完成和签名的表格的副本，将正本原件转发给AFMA，并将两份表格副本与渔获一起给接收者；③当渔获在到达第一个持有鱼类接收者（必须有接收许可证，截至2019年7月12日有220个持有人[①]）时，接收者必须对鱼进行称重，鱼类接收者（可能是加工商、零售商或鱼市场）必须记录鱼种和重量（以及鲨鱼胴体数量），并签署特许权持有人托运鱼的表格副本；④接收者将表格的第二份副本转发给AFMA，并将第三份副本保留在自己的场所，如果需要，可以配合管理部门在那里进行检查；⑤表格中的数据将被输入AFMA的渔业数据库，将捕获信息与配额权利记录集成在一起，便于将定期更新的剩余配额信息提交给管理层和行业。渔获处置记录也可用于非配额渔业，这时候就需要登记渔获的详细信息以进行存量评估或用于其他用途。[②]

（4）日志（Logbooks）。日志是对渔船每天捕捞信息的记录，旨在提供联邦渔业特许权持有人进行的捕捞作业的连续记录，用于收集的信息包括捕捞鱼的时间和地点、正在使用的齿轮类型、捕获的组成、与濒危或受保护鱼种的互动信息。这些信息对于确定鱼类种群状况和制定管理决策非常重要，包括设定总允许捕捞量。所有联邦渔业都需要完成日志，可以使用电子日志或使用纸质日志，手动将日志提交给AFMA。捕捞特许权的持有者，有责任确保该日志已完成并且经过认证是完整和正确的，而且日志必须由捕鱼行程的负责人（船长）提交，如果船长与特许权持有人不是同一人，则特许权持有人必须授权船长作为代理人代为提交日志，持有人需要在AFMA网站或GoFish（AFMA的在线商业机构）上填写注册授权代理表格，完成授权手续。

4. 联邦的特许权管理（Statutory Fishing Rights，SFR）。澳大利亚对渔业的管

---

① See "Fish Receiver Permit Holders - 12 July 2019", https://www.afma.gov.au/sites/default/files/fish_receiver_permits_12_july_2019.xlsx, Nov. 2, 2019.

② See "Catch Disposal Records", https://www.afma.gov.au/monitoring-enforcement/catch-disposal-records, Nov. 2, 2019.

理实施的特许权和配额制度。特许权持有人有 28 天的调整期，即在特许权季节内，持有人可以在卸货之日起 28 天内获得并协调（或平衡）超额配额，SFR 持有人可以在 GOFish 轻松找到他们的捕获和配额持有声明，都是以易于阅读的格式显示 SFR 持有人所做的捕获以及拥有的租赁或转移的权利，其中额外的配额持有量将首先与最早的捕捞量自动核对后显示。①

（1）法定捕捞权。根据《1991 年渔业管理法》第 31 条的规定，实施法定捕捞权限制，覆盖南部蓝鳍金枪鱼渔业、北虾渔业、巴斯海峡中央区扇贝渔业、赫德岛和麦当劳群岛的渔业、南部和东部鳞鱼和鲨鱼渔业、东部金枪鱼和比尔鱼渔业、西部金枪鱼和比尔鱼渔业、小型远洋渔业、每种渔业都有单独的权利，并允许这些权利的持有者捕捞特定数量的鱼（配额法定捕捞权）、船只（船的法定捕鱼权）、使用特定数量的捕鱼设备（渔具法定捕捞权）。根据《1991 年渔业管理法》第 4 条的规定，法定捕捞权只能被提名为澳大利亚船。法定捕捞权可以永久转让给他人或公司，或者租赁。这些法定捕捞权交易将在 AFMA 登记变更。法定捕捞权是针对渔业种群的一种保护措施。②

（2）捕捞许可证。根据《1991 年渔业管理法》第 32 条的规定，对拥有法定捕捞权的人授予联邦捕捞许可证，允许对联邦管理物种和公海进行商业捕捞（如果适用）。许可证规定了作业区域、使用的船只和其他条件，包括使用的捕捞方法和捕捞的物种。许可证也可用于携带或加工另一艘船捕获的鱼以及测试捕鱼设备。根据《1991 年渔业管理法》第 4 条的规定，提名捕捞许可证的船必须是澳大利亚船。许可证最多可以授予 5 年，但在大多数渔业中，它们一次授予一年，并且这些许可证的持有者可以申请每年授予许可证。目前，没有批准额外的捕捞许可证，但大多数许可证可以转让给另一个人，或者在许可证是最新的时候，可以提名另一艘船来代替原始船只。在某些情况下，AFMA 可以暂停或取消许可证。捕捞许可证是针对渔业经营者的经营资格的管理措施。③

笔者认为，澳大利亚这种渔业特许权制度类似该国的水权制度，是用市场经

---

① See "28 - day within Season Quota Reconciliation", https://www.afma.gov.au/fisheries-services/28-day-quota-reconciliation, Nov. 2, 2019.

② See "Fishing Rights and Permits", https://www.afma.gov.au/fisheries-services/fishing-rights-permits, Nov. 2, 2019.

③ Ibid.

济配置资源的手段，赋予捕捞资格一定的市场价值，并限制资格的总量，让捕捞资格在市场交易中流转，达到优化配置，发挥管理措施的最大价值，也能有效保障渔资源的可持续性。法定捕捞权针对不同的鱼种，有数量、工具、方法的规制，许可证是对权利持有人实际去操作捕捞的资格确认，两者都可以转让给他人，但对一个渔业捕捞者来说二者缺一不可。

（3）鱼接收许可证：如果特定渔业的管理安排要求鱼类接收者（如鱼类加工商，批发商和零售商）持有鱼类接收许可证，则必须根据《1991 年渔业管理法》第 91 条授予这些许可。目前，必须持有鱼类接收许可证才能接收的鱼类有：南部蓝鳍金枪鱼渔业、珊瑚海渔业、巴斯海峡中央区扇贝渔业、南方鱿鱼夹具渔业、南部和东部鳞鱼和鲨鱼渔业、东部金枪鱼和比尔鱼渔业、西部金枪鱼和比尔鱼渔业、鲣鱼和金枪鱼渔业、小型远洋渔业、南塔斯曼 Rise。鱼类接收许可证有效期为 12 个月，持有人不许转让。另外有个南部蓝鳍金枪鱼保护计划规定鱼接收许可证适用于在国内或出口的所有南部蓝鳍金枪鱼，根据该计划，每条金枪鱼必须进行标记、称重和测量，并具有正确的随附文件，然后才能在国内销售或出口。①

（4）科学许可证：为在澳大利亚渔业区或指定渔业的特定区域进行科学研究而授予科学许可证。申请科学许可证的申请必须包含 AFMA 正确考虑申请所需的信息，科学许可证不可转让，也不适用申请费。科学许可最长可达 6 个月。这些许可证根据《1991 年渔业管理法》第 33 条授予，“渔业管理第 11 号文”规定了 AFMA 授予科学许可的政策，向 AFMA 寻求批准开展新研究项目的科学许可申请需要使用 AFMA 批准的表格提交，并附上详细的提案，概述项目的目标，目标和方法。AFMA 可根据需要寻求进一步的信息或文件。②

（5）特许权交易价格定期公示：AFMA 根据立法和政策框架会定期发布以往特许权交易价格信息，仅以汇总形式发布，单一交易的 SFR 交易价格将不会公布以保护商业和敏感信息。定期公示交易价格有以下功效：①有助于参与各方了解配额价格（租赁和永久转让）以及其他关键成本（燃料）和收入（鱼）价格，可以帮助 AFMA 了解拥有租赁配额的渔民之间的盈利能力和成本结构差异；②关于

---

① See “Fishing Rights and Permits”, https://www.afma.gov.au/fisheries-services/fishing-rights-permits, Nov. 2, 2019.

② See “Scientific Permits”, https://www.afma.gov.au/sites/default/files/uploads/2014/12/fmp11.pdf, Nov. 2, 2019.

SFR 配额价值的信息是渔业的一项重要资产，可以帮助确定该部门的重要性；③配额价格也可以帮助 AFMA 了解推动行为的因素（例如，低于鱼销售价格的高租赁价格可能会导致渔民丢弃没有配额的物种）；④准确的配额价格还将向决策者发出有关渔业经济和生物生态健康的信号，并允许创建有助于监测管理决策影响的经济指标。①

5. 联邦对渔业方法和装备的管理。（1）丹麦围网（Diving and Hand Collection）。其主要用于捕捞在海底发现的鱼类，也称为底层鱼类。物种目标主要是虎头和东部学校鳕鱼。用液压绞缆部署围网，其中一根加重绳索连接在锚固浮标上，当船只以大圆圈扫过时，绳索下沉到底部，然后是围网和另一根加重绳索，直到船只返回锚泊浮标。一旦形成一个完整的圆圈，就会将齿轮拖曳约 30 分钟，直到绳索结合在一起，然后拖曳操作停止，并且将围网绞回到船上，舀起已经被绳索堆积在其路径上的鱼，其中绳索一起在底部拖上，该操作大约需要 1 小时 20 分钟。丹麦围网渔具在网的任何部分都不得有小于 38 毫米的网眼。丹麦围网钓鱼方法对环境的影响很小。但最近的生态风险评估确定了一个物种，即澳大利亚海豹，会受到丹麦围网捕鱼的威胁（详见图 8－10）。

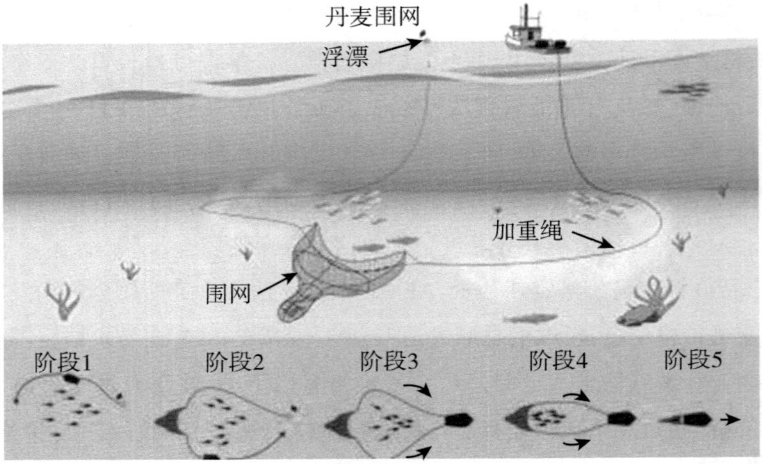

图 8－10　丹麦围网示意②

① See "Quota and Gear SFR Trading Price Information", https://www.afma.gov.au/fisheries-services/quota-and-gear-sfr-trading-price-information, Nov. 2, 2019.

② See "Danish Seine", https://www.afma.gov.au/fisheries-management/methods-and-gear/danish-seine, Nov. 2, 2019.

（2）潜水和手工收集（Diving and Hand Collection）。其是指用手从海底或岩石上移除物种，采集目标物种主要是神仙鱼、雀鲷、虾虎鱼、刺尾鱼、濑鱼和龙虾、锥螺以及海参。方式是用手拾取，从结构中取出需要的部分或手工挖出目标物种。珊瑚海渔业要求操作员使用水下呼吸器。手部采集方法具有高度选择性，对环境的影响极小，并能避免捕获非目标物种（详见图 8－11）。

图 8－11 潜水手工收集示意①

（3）下落线（Droplines）。其被用于捕获生活在海床上或附近的鱼，是一种简单的方法，仅需要很少的装备和很少的船员，非常适合较小的船只。物种目标的主要种类是鳍鱼，包括蓝眼蛙、粉红鲮和海洋鲈鱼。方式是使用一条主线，一端是锚，另一端是浮线。每个钩子单独连接到一根短的 30 厘米～50 厘米的单丝或绳子，然后夹在主线上，下落线还可以使用连接到底部附近的主线的分支线，使用此类型的线时，各个围栏将连接到分支线而不是主线，每条线上的钩子数量在 20～100 个变化，下落线通常在被拖运前被“浸泡”约 6 小时，使用固定在船甲板上的液压绞车牵引下线，每天设置的线数将取决于船只的大小和船上人员的数量。较小的船舶通常每天设置少于 5 条线路，而拥有更多船员的较大船舶可以设置超过 10 条线路，下落线的深度根据目标物种而变化，但通常在 250～600 米的范围内，也可以在下落线添加和移除额外的绳索，设置在更浅或更深的水中。下落线捕鱼对海底造成的破坏非常小，只有非常有限的兼捕水平，就像用杆和卷轴钓鱼一样，鱼类慢慢地被带到地面，当它们到达船只时它们经常活着，这极大

① See "Diving and Hand Collection", https://www.afma.gov.au/fisheries-management/methods-and-gear/diving-and-hand-collection, Nov. 2, 2019.

地增加了非目标物种返回水中的生存能力（详见图 8－12）。

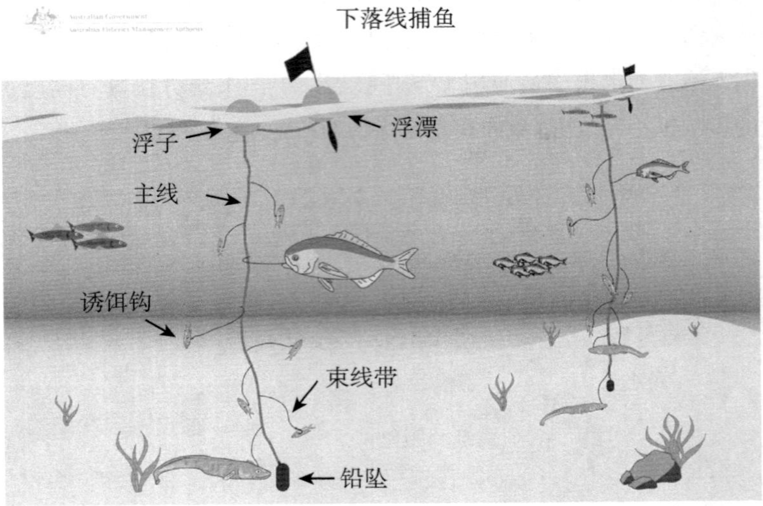

图 8－12　下落线捕鱼方式示意①

（4）刺网（Gillnets）。其是长矩形网，沿海底水平设置。物种目标主要包括软糖鲨鱼、锯鲨和大象鱼。刺网是长方形的网状面板，带有菱形网状物，垂直固定在水柱中，两端固定在海底，鱼游入网中，被鳃、鳍和刺缠住，通过顶部的浮子和沿底部的重物使网保持垂直。AFMA 只允许使用底层刺网（触及海底），刺网通常用于深度小于 100 米的货架水域。刺网对基材的影响很小，因为它们在固定时是静态的。刺网有可能与海洋哺乳动物相互作用，但如果设置得当，较大的捕食性鲨鱼和海洋哺乳动物会从紧密的网状物中弹回，尺寸过小的鲨鱼能够穿过网状物，留下了没有机会繁殖的小鲨鱼（详见图 8－13）。

① “Droplines”，https://www.afma.gov.au/fisheries-management/methods-and-gear/droplines，Nov. 2，2019.

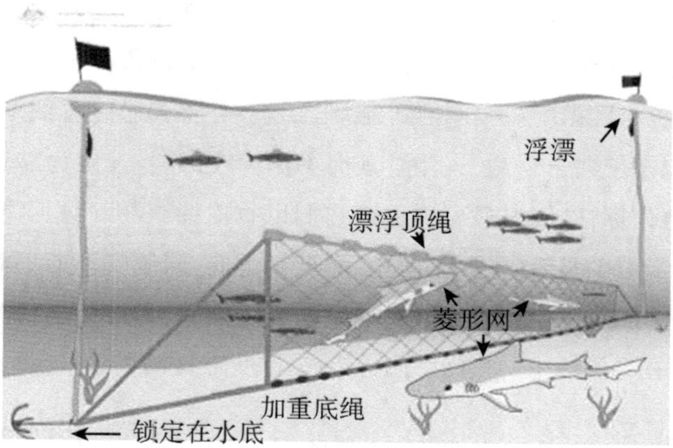

图 8－13 刺网示意①

(5)收割机(Harvesters)。收割机用于从海底收集贝类,操作方式将由重型钢框架构成的收割机下沉至海底,钢框架覆盖有钢网但在前侧开放 被拖曳并用于从沙子和泥土中挖出扇贝。将收割机沿海底部拖曳直至其充满,然后将其抬到船上并将内容物倾倒出来。用收割机捕捞方法会影响海床上的物种和环境,扇贝收割机只能适用于海床是泥沙的情况,以避免对环境造成影响(详见图 8－14)。

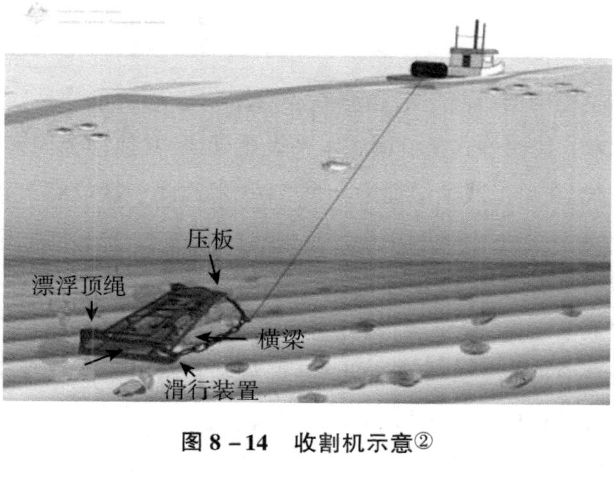

图 8－14 收割机示意②

① See "Gillnets", https://www.afma.gov.au/fisheries-management/methods-and-gear/gillnets, Nov. 2, 2019.

② See "Harvesters", https://www.afma.gov.au/fisheries-management/methods-and-gear/harvesters, Nov. 2, 2019.

（6）浮游延绳（Longlines）。根据延绳在水下的深浅分为浮游（中水）延绳和底部（底层）延绳两种，浮游延绳通常用于捕获大型金枪鱼和长嘴鱼，使用方式是将诱饵钩通过称为围裙的短线连接到延绳上，这些线条悬挂在主线上，延绳可以长达数公里，可以携带数千个钩子；浮游延绳不用固定，并且设置为靠近海洋表面漂移，附有无线电信标，以便船只可以追踪它们以收取捕获物。对延绳方式的管理，主要侧重在尽量减少兼捕（主要是海龟、海鸟），因此，限制安装捕捉海龟的圆形钩以及设置更深的线以减少海龟等海洋哺乳动物的捕获，另外可以使用鸟类惊吓线（Tori 线）以及在鸟类较少的夜间下网等措施，减少兼捕海鸟数量（详见图 8－15）。

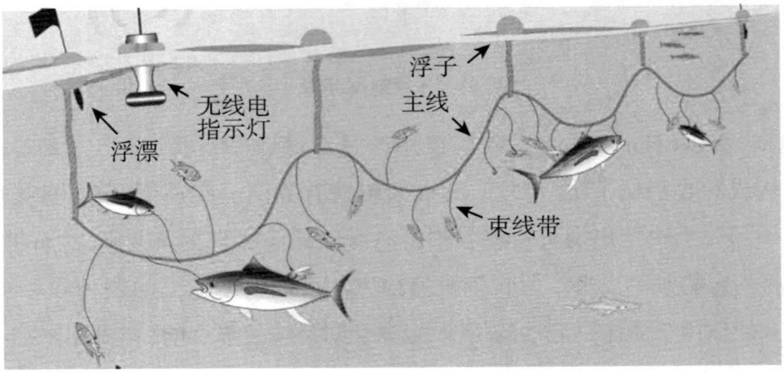

图 8－15　浮游延绳示意①

底部延绳主要用于捕获生活在海底或海床附近的鲨鱼物种，这些物种通常深度小于 100 米。使用方式是沿海底水平设置延绳，并使用锚固定在适当位，延绳包括绳索主线，在单丝或编织绳索上每 2～5 米间隔一次设有饵钩。主线在两端连接到下线，在下表面上具有用于定位齿轮的大浮标，并且在底部具有用于将齿轮保持在适当位置的锚，使用固定在船甲板上的液压绞车进行牵引，可以从任一端拖运齿轮取回延绳，设置后，延绳可以长达数公里，并有数千个钩子。底部延绳钓捕捞对海底造成的破坏非常小，并且只有非常有限的兼捕水平。虽然齿轮可能会在底部被钩住并被折断，但这种情况并不常见。另外，已经被钩住的鱼会被缓慢地带到船上并活着，这极大地增加了非目标物种返回水中的生存能力（详见图 8－16）。

① See "Longling", https://www.afma.gov.au/fisheries-management/methods-and-gear/longlining, Nov. 2, 2019.

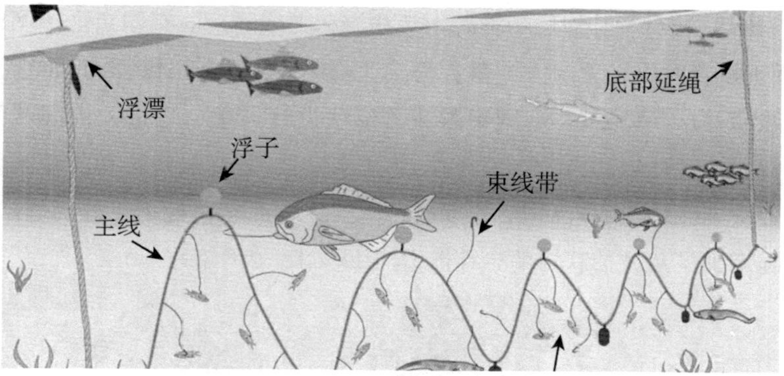

图 8－16 底部延绳示意①

（7）小钓线（Minor Lines）。其类似钓竿钓鱼（Poling），休闲的渔民经常使用这些方法。其主要用于捕捉黄鳍金枪鱼，但许多其他物种也可以使用这种渔具捕获。小钓线不会对海洋环境造成太大损害，因为它们通常不会与海底接触。这种方式的兼捕率也很低，捕获后可以释放任何意外捕获量（详见图 8－17）。

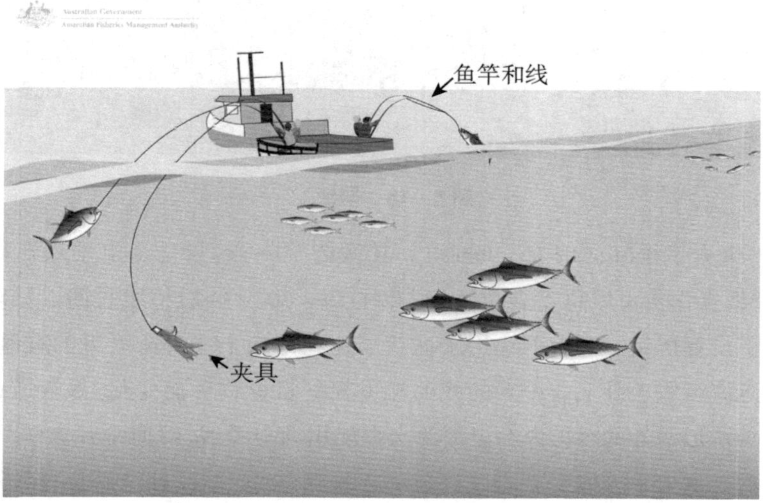

图 8－17 小钓线示意②

① See "Longlining", https://www.afma.gov.au/fisheries-management/methods-and-gear/longlining, Nov. 2, 2019.

② See "Minor Lines", https://www.afma.gov.au/fisheries-management/methods-and-gear/minor-lines, Nov. 2, 2019.

(8)网罐(Pot)。其被用于捕获生活在海床上或附近的有鳍鱼类。网罐底部加重,便于设置时以正确的方式落在海床上,罐子里装有诱饵,因此鱼会被诱饵的气味吸引并从入口处游入,网罐的花盆形状设计使鱼一旦进入内部就无法逃脱。网罐对海洋环境的影响微乎其微,兼捕水平低,与受保护物种的相互作用很少。已经被捕获的鱼通常活着,并且当它们到达表面时仍处于良好的健康状态,这极大地增加了鱼被捕获后的生存能力(图8-18为网罐照片)。

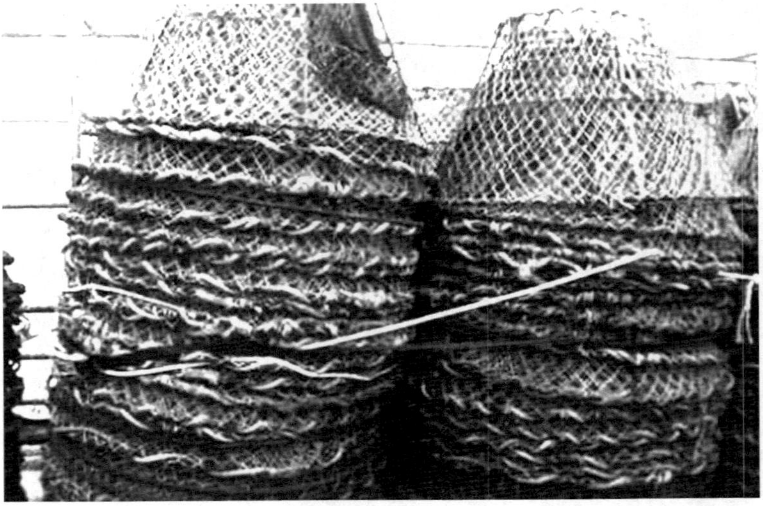

图8-18　网罐①

(9)电力手线(Power Handlines)。其像钓竿一样,只是由电动液压卷动收线,手持线操作员可以感受到鱼咬钩,并在15~30分钟后将线收回以移除捕获物和重新设置诱饵。电力手线用于捕获居住在海床上或海床附近的有鳍鱼,主要是在近海海底山脉上。设置的线的深度根据目标物种而变化,尽管通过简单地向卷轴添加额外的线可以在更深的水中使用动力手线,但通常在250~600米的范围内。电力手线捕捞对海底造成的损害非常小,并且对兼捕具有较高的选择性。由于鱼类是慢慢地被带到船只上,非目标物种返回水中的生存能力通常非常好,试验表明,使用电力手线方法捕获的鲨鱼的生存能力水平高达93%(图8-19电力手线照片)。

---

① See "Pots", https://www.afma.gov.au/fisheries-management/methods-and-gear/pots, Nov. 2, 2019.

图 8 – 19　电力手线①

（10）围网（Purse seine）。围网捕鱼主要用于捕捉在海洋表面附近的大型鱼类，物种目标的主要种类有南部蓝鳍金枪鱼、澳大利亚沙丁鱼、蓝鲭鱼和竹荚鱼。在围网中，网的顶部浮在海洋表面，网的底部有重物，将网的墙壁向下拉。网的底部有一根穿过拉动并收紧网，就像一个钱包将鱼捕获在里面。收获时，将网拉近，用小网从中提起渔获物，或将整个网带上船。围网的大小可以根据目标物种的不同而变化。围网捕鱼方法非常有选择性，因为它通常一次仅针对一个物种，这意味着围网捕鱼对其他海洋物种的影响很小。围网设置在海面附近，不接触海底，因此它们对海洋环境的影响也很小。在一些国家，围网可以围绕诸如残骸的漂浮物体设置。这些物体被称为鱼类聚集装置（Fish Aggregating Devices，FADs），会吸引大量鱼类，这意味着如果围绕 FADs 设置围网，可能会捕获许多其他非目标海洋物种，所以澳大利亚是不允许使用 FADs 进行围网捕鱼的（详见图 8 – 20）。

① See "Power Handlines", https://www.afma.gov.au/fisheries-management/methods-and-gear/power-handlines, Nov. 2, 2019.

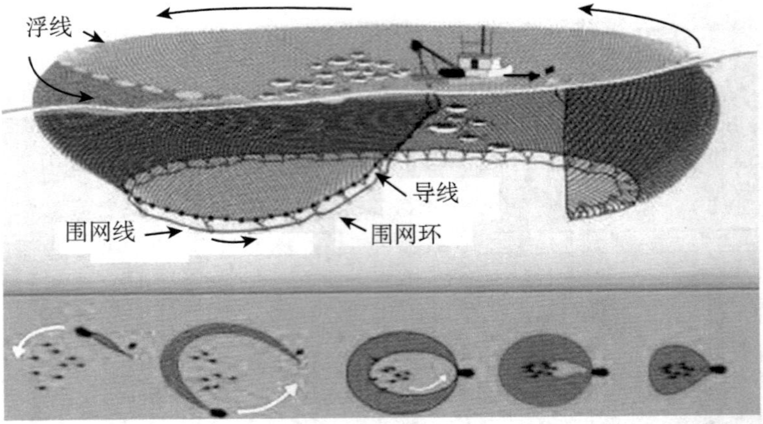

图 8－20 围网示意①

(11)鱿鱼夹具(Squid Jig)。使用机械动力夹具主要捕获目标是鱿鱼,鱿鱼夹具船通常是夜间在大陆架水域中运行,下夹具的深度为 60～120 米,每条线上连接 20～25 个夹具,船用顶灯照亮水面吸引鱿鱼,然后鱿鱼聚集在船底下的阴影区域。在单丝钓鱼线上使用无倒刺诱饵,通过机器动力将钓鱼线在水中上下颠簸,使用的夹具是圆柱形的,间隔约 1 米,每个夹具不是普通的钓鱼钩,而是包含多层紧密间隔的钉,其朝向夹具的顶部。当鱿鱼试图攻击夹具时,它们会在垂直朝向的钉子周围缠结。每个船的侧面向外延伸的滚轮,允许夹具远离船的边缘下降到水中,并且上下跳动而不会对绳索造成磨损。使用无倒刺诱饵,以便在回收渔获时,鱿鱼掉入船中,减少从诱饵中单独除去鱿鱼所需的处理时间。由于鱿鱼夹具的高度选择性,通常没有兼捕或与受保护物种的相互作用。此外,由于渔具不与海床底部接触,因此不会损坏海床或丢失渔具(详见图 8－21)。

① See "Purse Seine", https://www.afma.gov.au/fisheries-management/methods-and-gear/purse-seine, Nov. 2, 2019.

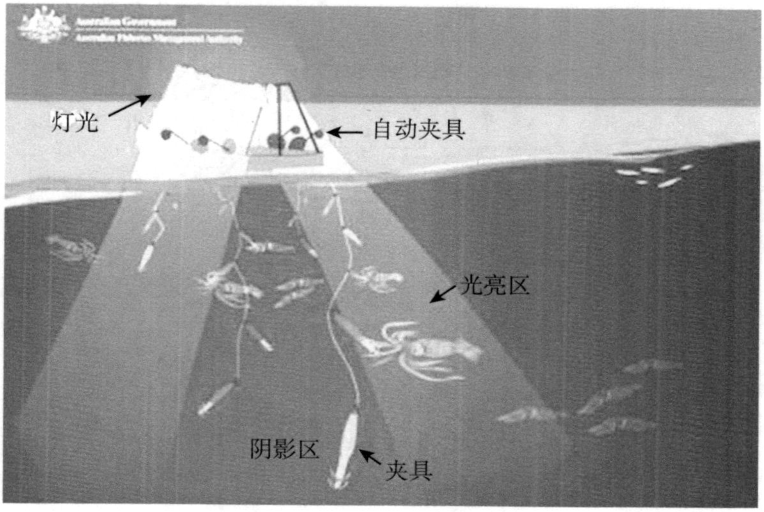

图 8－21　鱿鱼夹具示意①

（12）陷阱（Traps）。其被用于捕获生活在海床上或附近的有鳍鱼类物种，通常设在海底山脉和大陆架上，深度为 300～700 米的水域。物种目标主要是南部和东部的鳞鱼和鲨鱼，也有红皇帝和玫瑰鲷鱼。类似网罐，鱼陷阱在底部加重便以正确的方式落在海底。陷阱里设置诱饵，鱼会被诱饵的气味吸引，并通过入口游入。陷阱的设计使鱼一旦陷入陷阱就无法逃脱。陷阱具有最小尺寸的逃逸间隙，以确保幼鱼和非目标鱼能够逃脱。AFMA 管理渔业中使用的陷阱只允许有一个入口，并且必须满足与捕集器大小和逃逸间隙有关的其他最低要求。陷阱对海洋环境的影响微乎其微，兼捕水平也低，与受保护物种的相互作用很少。捕获在陷阱中的鱼通常活着并且当它们到达船上身体健康，这大大增加了捕获后的生存能力（详见图 8－22）。

---

① See "Squid Jig", https://www.afma.gov.au/fisheries-management/methods-and-gear/squid-jig, Nov. 2, 2019.

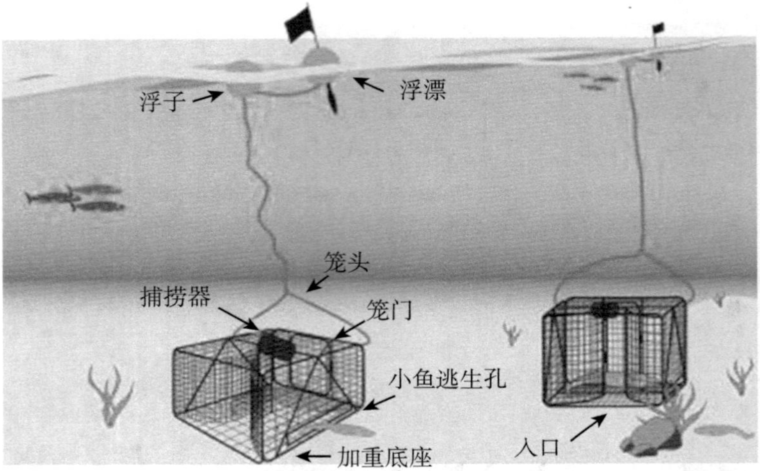

图 8－22 陷阱示意①

(13)拖网(Trawling)。拖网捕鱼是最常见的捕鱼方式之一。拖网分中水拖网和底部拖网。拖网的形状像锥形或漏斗形,有宽阔的开口,可以捕获鱼类或甲壳类动物,还有一个狭窄,封闭的"鳕鱼尾"。拖网可以在不同深度使用,网眼的尺寸不同。中层拖网用于捕捉小型浮游物种,如竹荚鱼、蓝鲭鱼、红鱼和澳大利亚沙丁鱼。底层拖网用于捕获生活在海床上或附近的鱼和虾,如平头、粉红鲮、蓝色掷弹兵、银器。在下网时,船长会结合声学技术决定网在水中的深度、网的开口大小以及进入网的鱼的体积。拖网使用由木材或钢制成的拖网板门,以保持网口和底部的开口,拖网在地面装备上有筒子或滚筒,允许网在海床上移动而不会产生阻碍,并使底部接触最小化。拖网的尺寸各不相同,但对某些渔业存在最小的网格尺寸限制。中水拖网对环境的影响极小,主要是因为它不会与海床接触;底部拖网可以捕获不需要的鱼类或其他海洋生物,这种兼捕由船上渔业观察员监测,但如果对珊瑚、海绵和海草床等敏感栖息地区进行拖网,则可能会造成严重破坏,为确保这些敏感的栖息地区域免受拖网捕捞,渔业管理广泛使用区域封闭等管理措施(详见图 8－23)。

① See "Traps", https://www.afma.gov.au/fisheries-management/methods-and-gear/traps, Nov. 2, 2019.

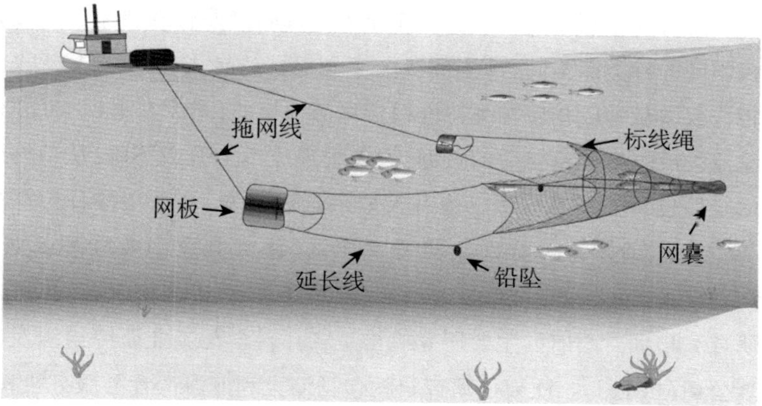

图 8－23　拖网示意①

6. 联邦征收管理费。联邦渔业管理局每年都会向特许权持有人征收税费，以支付与管理联邦渔业相关的年度费用，每年的费用会根据成本计算，发布“成本回收声明”（Cost Recovery Implementation Statement，CRIS），明确政府费用的组成百分比和从特许权所有人征收的百分比。2018～2019 年度征收渔业管理费的成本预算构成如图 8－24 所示。

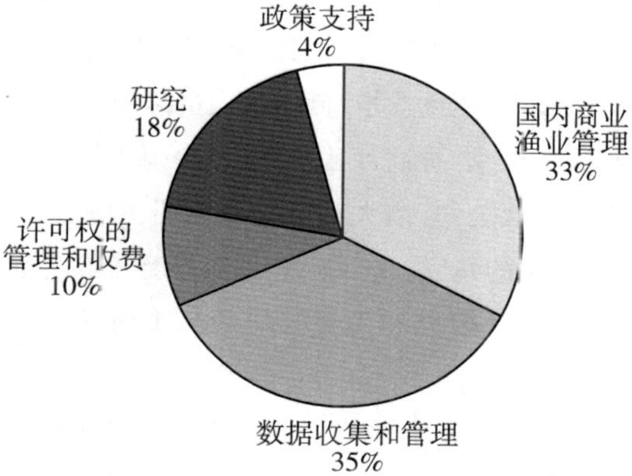

图 8－24　澳大利亚 2018～2019 年度征收渔业管理费的成本预算构成②

① See “Trawling”, https://www.afma.gov.au/fisheries-management/methods-and-gear/trawling, Nov. 2, 2019.

② AFMA Levy Arrangements Guide 2018－19, afma.govcms.gov.au/sites/default/files/afma_levy_arrangements_guide_for_2018－19.pdf, Nov. 2, 2019.

特许权持有人必须缴纳他们拥有渔业特许权的渔业管理费用。征收费率依据特许权不同的种类而不同,具体征费金额是根据持有人在 AFMA 开收费发票当天的特许权数量乘以相应种类特许权费额来计算的,AFMA 根据 CRIS 恢复管理每个渔业的成本来确定对应的费额,如果管理成本上升或下降,从特许权持有人收取的金额也会上升或下降。持有人如果延迟交费,将承担按日计算的年利率 20% 的罚息。具体每种特许权的费率详见《澳大利亚渔业管理征费指南》(AFMA Levy Arrangements Guide 2018 – 19)中第 13 页的表格内容。①

7. 研究和培训。政府的主要研究机构是联邦科学与工业研究组织及渔业研究和发展公司(FRDC)。次要的研究机构包括澳大利亚海产食品服务机构、农村科学局(BRS)、澳大利亚农业部的农业资源经济与科学局以及澳大利亚海洋科学研究所(AIMS)。通过联邦科学与工业研究组织开展的研究项目包括下列领域:环境管理、健康生产与安全产品、改良繁育、营养、新的海产品。渔业研究和发展公司负责整个澳大利亚渔业研究和发展的规划、投资和管理。它对自然资源可持续性、行业发展及人员发展等 3 项研究和发展计划进行投资。在自然资源可持续性方面所面临的挑战是"改进自然资源对野生捕捞和水产养殖支持的可持续性"。行业发展计划面临 3 项挑战:"满足对鱼和鱼产品的长期需求,增加鱼和鱼产品的价值及社会经济回报,以及提高经营和捕捞行业内其他实体的效率。"人员发展计划面临的两项挑战是"满足对人员的长期需求,这些人员将帮助使渔业满足未来的需要"以及"提高社区对渔业和行业赖以生存的自然资源的支持"。随着渔业研究和发展公司、澳大利亚金枪鱼船主协会、南澳大利亚州政府及日本政府之间伙伴关系的建立,世界首个与蓝鳍金枪鱼养殖有关的研究和发展项目于 1991 年启动,渔业研究和发展公司还从事对大西洋鲑的实地参与性研究。②

澳大利亚的大学、学院和技术学校可以提供广泛和程度不同的水产养殖课程。与此同时,还有澳大利亚海产食品培训机构制定的以水产养殖行业资格培训计划为基础的海产食品行业培训。澳大利亚没有由科学和研究机构拥有的养鱼场,虽然开展了一些涉及鱼类营养以及特有品种的选育和生产的实验活动,但

---

① AFMA Levy Arrangements Guide 2018 – 19, afma. govcms. gov. au/sites/default/files/afma_levy_arrangements_guide_for_2018 – 19. pdf, Nov. 2, 2019.

② See https://www. fao. org/fishery/countrysector/naso_australia/zh.

开展的活动还不充分。

澳大利亚海产品行业培训计划(SITP),是职业教育以及澳大利亚海产品行业培训的依据。它涵盖了水产养殖、捕捞操作、海产品加工、渔业法规以及海产品销售和分销。SITP包含了澳大利亚国内外涉及鱼类和海产品捕捞、饲养、养殖、加工、存储、运输、推广或销售的一切商业活动。从事该行业所需要的知识和技能在海产品行业4个部门的标准中有详细的描述。澳大利亚渔业是本国拥有澳大利亚标准局认证的标准开发机构的5个行业之一。该标准开发机构目前已经成功开发出一个标准:AS SSA 5300 - 澳大利亚鱼类名称标准。这是世界上首个以避免鱼类名称混淆为目的的方案,贯穿于从捕捞到消费者食用整个过程的每个阶段。①

8. 州一级的渔业管理。澳大利亚80%以上的海鲜捕捞量都是在州管辖水域捕获的,而且州辖渔业的价值是联邦渔业的7倍以上,因此州政府管辖渔业在澳大利亚的渔业管理中发挥着重要作用。州和领地的渔业管理机构有着与联邦类似的管理战略,但重点是渔业管理计划,即在特定渔业资源的基础上确定目标,描述捕捞特许权[法定捕捞权,个人转让配额(Individual Transferable Quotas, ITQs),捕捞许可证和外国捕捞许可证],分配程序和管理渔民细则。

州一级对渔业的管理方法和措施基本和联邦保持一致,更侧重投入控制和输出控制,其中投入控制包括装备限制、有限进入许可、区域和季节性关闭;输出控制包括总捕捞额(Total Allowable Catches, TAC)、ITQs、袋子(针对捕鱼数量)和尺寸(针对鱼的大小)的限制、物种和栖息地保护措施。②

在与联邦的关系上,通过1979年的"离岸宪法安排",从根本上界定了联邦与州双方在渔业和水产养殖方面的地位和区域划分。总的来讲,州的管理是遵从联邦的法律和政策规定,再结合各州自己的特殊情况,在不违背联邦的规定前提下,制定自己的法律法规和政策,例如,南澳大利亚州就有自己的《2007年渔业管理法》(Fisheries Management Act 2007)③、《2017年渔业管理通用条例》[Fisheries

---

① See "Aquaculture-and-fisheries-industry-capability Report", https://www.austrade.gov.au/Article Documents/2814/Aquaculture-and-fisheries-Industry-Capability-Report.pdf.aspx, Nov. 2, 2019.

② See https://www.fao.org/fishery/docs/DOCUMENT/fcp/en/FI_CP_AU.pdf.

③ Fisheries Management Act 2007, https://www.legislation.sa.gov.au/LZ/C/A/Fisheries%20Management%20Act%202007.aspx, Nov. 2, 2019.

Management(General)Regulations 2017]①。

在行政体制上,联邦与州和领地创制了联合管理局(Joint Authority, JA)的制度安排,这种安排是基于可能与邻近的州和领地共享海洋物种的现实考虑。例如,在澳大利亚北部水域,针对几种鲨鱼的渔业监管,联邦自 1988 年起就与西澳大利亚州设立了联合渔业管理局(Joint Authority Fisheries, JAFs),在联合管理局框架内,战略方向由成员提供,而渔业的日常管理由相关的州或地区政府根据其立法进行。其后,澳大利亚更是把联合机构写进了联邦的《1991 年渔业管理法》第 61 条至第 81 条的规定里,②然后,根据 1995 年"离岸宪法安排",将西澳大利亚州北部西海岸 123°45′E 的有鳍鱼资源(金枪鱼和金枪鱼类除外)的管辖权移交给西澳大利亚州政府。同时,北领地渔业联合管理局(NTFJA)和昆士兰州渔业联合管理局(QFJA)获得管理北部有鳍鱼(金枪鱼和金枪鱼类物种除外)和邻近水域的鲨鱼的管辖权,管辖区域界定到联邦负责管辖的渔区的边界。托雷斯海峡渔业由《1984 年托雷斯海峡渔业法》设立的保护区联合管理局根据物种的不同安排进行管理。南澳大利亚州在自己州的立法《2007 年渔业管理法》第 30 条至第 37 条作出规定,对联合管理局如何在南澳大利亚州开展工作,以及具体权限分工作出了详细规定。

另外,南澳大利亚州针对自己特殊的渔业资源制定了《2005 年阿德莱德海豚保护法》(Adelaide Dolphin Sanctuary Act 2005)③、《2005 年阿德莱德海豚保护条例》(Adelaide Dolphin Sanctuary Regulations 2005)④,还有针对近海渔业资源的《2007 年海洋公园法》(Marine Parks Act 2007)⑤,进行因地制宜的渔业监管。值得重点关注的是,塔斯马尼亚州针对内陆的捕鱼制定了一部非常有特色的《2019~2020 年塔斯马尼亚内陆捕鱼法则》(Tasmanian Inland Fishing Code

---

① Fisheries Management(General)Regulations 2017, https://www.legislation.sa.gov.au/LZ/C/R/Fisheries%20Management%20(General)%20Regulations%202017.aspx, Nov. 2, 2019.

② Fisheries Management Act 1991, https://www.legislation.gov.au/Details/C2016C01062, Nov. 2, 2019.

③ Adelaide Dolphin Sanctuary Act 2005, https://www.legislation.sa.gov.au/lz/c/a/adelaide%20dolphin%20sanctuary%20act%202005/current/2005.5.auth.pdf, Nov. 2, 2019.

④ Adelaide Dolphin Sanctuary Regulations 2005, https://www.legislation.sa.gov.au/lz/c/r/adelaide%20dolphin%20sanctuary%20regulations%202005/current/2005.134.auth.pdf, Nov. 2, 2019.

⑤ Marine Parks Act 2007, https://www.legislation.sa.gov.au/lz/c/a/marine%20parks%20act%202007/current/2007.60.auth.pdf, Nov. 2, 2019.

2019－2020)①,该法以生动有趣、图文并茂的形式来向公众普及内陆捕鱼的各方面法律规定和实用指南信息,可资借鉴。

(二)以州为主的水产养殖管理

澳大利亚在水产养殖方面,由于水面大部分都处于近海和内陆地区,多属于州的管辖区域,所以,州和地区政府对水产养殖生产的监管负有主要责任,联邦政府通过《1999年环境保护和生物多样性保护法》、《1993年土著产权法》和《1908年检疫法》对州一级的水产监管机构进行一些参与,另外,通过大堡礁海洋公园管理局监管附近的水产养殖,审查陆地水产养殖对通往海洋公园水道的排放。一般而言,州的初级产业部(农业部门)、规划、环境和土地管理以及环境保护部门负责管理监管框架和相关审批,地方政府(市)通常负责陆地水产养殖活动的开发批准。水产养殖监管框架包括海洋和沿海管理、环境管理、土地使用规划、土地使用权、土著产权、检疫和转运。在某种程度上,该框架反映出水产养殖包括一系列不同的活动,涉及公共和私人资源的使用,可能产生不同程度的环境影响。由于水产养殖生产受到一系列不必要的复杂立法和机构的影响,水产养殖业的细分部门是多种多样的,每个部门都有不同程度的潜在环境影响,所以各州的水产养殖立法都有多个目标,但最主要的立法目标还是以环境和生物多样性的保护为主。②

1. 水产养殖的物种。澳大利亚现有商业化养殖的种类超过40个,然而,仅5个主要种类就占水产养殖总产值的90%以上,它们是珍珠、牡蛎、大西洋鲑、虾和蓝鳍金枪鱼,其他还有虹鳟鱼和鳟鱼。(1)珍珠,在澳大利亚水域存在和养殖数种珍珠,主要养殖的珠母贝类是金唇或银唇珠母贝(Pinctada maxima),从西澳大利亚州的埃克思茅斯到北方领土的达尔文都有珍珠养殖。(2)牡蛎,从历史来看,悉尼岩牡蛎一直是澳大利亚生产的主要可食用牡蛎,但是在20世纪80年代引进长巨牡蛎(Crassostrea gigas)之后,悉尼岩牡蛎的产量开始下降,而在塔斯马尼亚州和南澳大利亚州生产的长巨牡蛎产量开始大幅增加,目前澳大利亚养殖的主要牡蛎种类包括悉尼岩牡蛎(Saccostrea Glomerata)、长巨牡蛎、本地平牡蛎

---

① Tasmanian Inland Fishing Code 2019－2020, https://www.ifs.tas.gov.au/media/publications/Tasmanian_Inland_Fishing_Code_2019－20_corrected.pdf, Nov.2, 2019.

② See "Assessing Environmental Regulatory Arrangements for Aquaculture", https://www.pc.gov.au/research/completed/aquaculture, Nov.2, 2019.

(Ostrea Angasi)、北方牡蛎(Saccostrea Amasa)和棘刺牡蛎(Saccostrea Echinata)。(3)大西洋鲑(Salmo Salar),在19世纪首先引进塔斯马尼亚州,然后在20世纪60年代中期,又从加拿大引进新南威尔士州,用于雪山计划的湖泊中放养,然而,新南威尔士州的气候太温暖,鲑鱼不能自然繁殖。商业化生产于20世纪80年代中期在塔斯马尼亚州重新开始,目前开展海水养殖活动的有塔斯马尼亚州和南澳大利亚州。(4)虾,虾类养殖始于1984年,斑节对虾(Penaeus Monodon)是在澳大利亚养殖的主要种类,并在昆士兰州、新南威尔士州和北方领土生产。在澳大利亚养殖的其他种类是墨吉对虾(P. merguiensis)、食用对虾(P. esculentus)和日本对虾(P. japonicus)。(5)蓝鳍金枪鱼(Thunnus Maccoyii),该品种的初次商业化生产始于20世纪90年代中期,那时开始对野生金枪鱼渔业实行配额限制,促成了养殖业发展,目前15个金枪鱼养殖场在18个地点建立了养殖设施,面积从20公顷到30公顷不等。①

尽管澳大利亚拥有本地水产养殖产品,但是大西洋鲑、日本对虾、长巨牡蛎、虹鳟鱼和鳟鱼以及外来观赏鱼类都是从国外引进的。由澳大利亚环境和遗产部实施的《1999年联邦环境保护和生物多样性保存法》,以及由澳大利亚检疫检验局负责实施的《1908年检疫法》,均对活体动物输入澳大利亚实行管制。这些法律适用于所有输入澳大利亚的外来活体动物。

2. 养殖方式。(1)长条池,可以通过水的流通进行高密度养鱼的系统被称为流水系统。这类系统包括长条池、水箱(不包括循环系统)、专门建造的底部排水池塘和可使水从进水口流到出水口的其他人造容器。由于换水频繁确保了废物的排出,长条池的生产比池塘的生产更为集约化。(2)网箱,在澳大利亚,网箱用于诸如蓝鳍金枪鱼、大西洋鲑和笛鲷等有鳍鱼类的养殖。由于它可以用于在池塘进行淡水种类的生产,而其他方式则不特别适用于这些种类的养殖,因此它是一种重要的养殖系统。(3)池塘,利用挖土设备建造水坝或堤来存水,它们的规格为0.05~20公顷或更多,深度为1~2.5米不等。最成功的池塘是那些专门为了鱼类养殖而按照特定规格和形状(可保持和监测水深和水质)而建设的池塘。银鲈(Bidyanus Bidyanus)、红螯虾(Cherax Quadricarinatus)、麦龙螯虾(Cherax Tenuimanus)、亚比虾(Cherax Destructor)和尖吻鲈(Lates Calcarifer)是池塘生产

① See https://www.fao.org/fishery/countrysector/naso_australia/zh.

的最常见种类。(4)水箱,用于水产养殖的水箱可以采用流水系统或静水系统。它们更多地被用于封闭系统中,采用通过过滤器将水送回水池的再循环系统。一般采用优质塑料或玻璃纤维以及混凝土或玻璃来建造水箱,用于观赏鱼类的生产或水箱面积相对较小但可以养殖大量鱼类的孵化场。水箱可以有效地利用水,但是它们的建造和经营费用昂贵。(5)绳索,绳索用于延绳或木筏系统的贻贝养殖。延绳是两头系住的水平绳索,与大型筏相连并包含一条或两条上纲,由于使用方便并可沉到水里,不影响船只行驶,它们得到较为普遍的应用。在木筏系统中,绳索悬挂在木筏上并依靠贝苗的自然附着。(6)网架/木筏(插杆和盘),网架和木筏也被称为插杆式和盘式养殖。这种系统是传统上最常用的岩牡蛎养殖方式。在潮间带岩石上安置插杆,牡蛎苗可以自然地附着在上面。当幼牡蛎牢牢地定殖后,插杆被移至江河上游,让这些牡蛎在没有其他牡蛎苗附着的情况下生长。这些插杆在那里保留 2 ~ 4 年直到牡蛎达到可以收获的规格。较大的牡蛎被取下后供出售,其余的放在养殖盘中再放回潮间带的岩石上,继续养殖 3 ~ 15 个月,以便长到更大规格。①

3. 评估规划。养殖业管理的前提是要先评估环境和资源承载能力,然后对土地和用水面进行规划,才能有依据的授予养殖许可证。各州都会依据法定规划程序来评估和分配用于水产养殖目的的资源,并提供环境管理。塔斯马尼亚州(自 1995 年起)和南澳大利亚州(自 2001 年起)分别制订了海水养殖规划安排,其中包括与海水养殖租赁相关的海水养殖计划和区域;维多利亚州和昆士兰州也有法定的海水养殖规划安排,其中维多利亚州规划了 9 个海水养殖区。②

4. 海洋租约。根据规划安排,各州政府会选择不同的租约向养殖产业经营人提供占用一段时间海水资源的权利。新南威尔士州、南澳大利亚州和塔斯马尼亚州有专门的海水养殖租赁安排,并且在租赁数量和租赁面积方面都大量使用这些租赁安排;西澳大利亚州有专门的海水养殖租赁安排,但更多的是使用年度水产养殖许可证;维多利亚州和昆士兰州以许可证的形式将海洋区域用于水产养殖目的。租约是一种物权,其权利保障有利于产业发展和融资,租约相当于

---

① See https://www.fao.org/fishery/countrysector/naso_australia/zh.

② See "Assessing Environmental Regulatory Arrangements for Aquaculture", https://www.pc.gov.au/research/completed/aquaculture/aquaculture.pdf, Nov. 2, 2019.

拥有了生产场地的资格证明,而下面介绍的许可证则类似于中国工商局颁发的营业执照。在法律上可参见上文中塔斯马尼亚州的《1995 年海洋养殖规划法》第 52 ~ 59 条、第 65 ~ 66 条、第 73 ~ 74 条、第 78 条的规定,以及塔斯马尼亚州的《关于租约转让的部长指引》。

5. 陆地租约。以陆地为基础的水产养殖业务需要获得或保留公共土地,如沿海海岸、沿海保护区或牧场租赁,这些地方适用于陆地水产养殖本身,也可能租来用于铺设管道以从沿海岸取水和排放海水。在某些州,由于缺乏明确的租赁评估和批准程序,可能难以获得沿海海滩和水产养殖用途的储备。对于在牧区里的土地租赁,需要相关管理当局对非牧业土地用途的土地调整租赁条件和租金,用于水产养殖。

6. 许可证。在澳大利亚,对进入水产养殖业实行政府授权许可,由州政府主管农业食品渔业部门的部长授予水产养殖许可证,并有权就许可证条件以及租赁条件和条款作出决定。如无水产养殖许可证,任何人都不得进行水产养殖,无论是海水养殖、陆地沿海养殖还是陆地淡水养殖。水产养殖许可证的一般有效期为 10 年,也有较短的期限,可连续续期。如果许可证是与租赁相关的(如海洋租赁),则许可证的条款与租赁期限共同延续,并且可以续展。许可证授权水产养殖场在特定地点开展业务,并规定在该地点开展农业活动的种类和类型。只有在该地区位于州水域和/或邻近的海底土地内时,才能对租赁区域授予海水养殖许可证。租约和许可证持有人可以是相同的人,也可以是由不同的人持有。值得注意的是,如果许可证持有人违反了任何与水产养殖、捕鱼或环境保护有关的法律,则政府可以暂停或取消许可证,如许可证取消,则租约也会相应终止,反之亦然。这类规定可参见西澳大利亚州《1995 年渔业管理条例》第 69 条的规定。①

7. 环境监管。与水产养殖相关的潜在环境影响将根据养殖的物种类型、生产系统类型、使用的管理方法、养殖场的位置、环境承载能力以及环境的条件和价值而变化。还有一个因素是累积影响,例如,虽然个别养殖场运营的影响可能很小,但许多养殖场运营和长期累积可能超过环境阈值。

---

① See https://www.legislation.wa.gov.au/legislation/statutes.nsf/main_mrtitle_1458_homepage.html.

为了识别影响,将潜在的环境影响分为两类:场地位置和施工影响、生产运营影响。养殖场的实际位置和施工建设可能会产生许多潜在的环境影响,养殖场的位置通常会导致一些物种一定程度的栖息地的改变,并对生物多样性产生相关影响,改变的程度取决于存在的动植物的类型和种类以及施工过程。例如,海水网箱和牡蛎架,可能通过放置柱子和锚来影响海草和其他大型底栖动植物群。利用潮汐的生产系统还可能减少特定物种的栖息地数量,如涉水鸟类。生产经营过程中,养殖密度对环境有较大的影响,例如,养殖有鳍鱼的网箱太密集,这种"开放"系统会将养分(如鱼类废物和未吃的食物)和化学物质排放到笼子所在的水域中,可能会破坏笼子下方和附近的大型底栖动物群落,并对整体水质产生影响。另外,不利影响还包括海床光线被遮挡、化学放电、有机废物积累降低水质、营养物质排放、化学排放、染病的鱼类或饲料、养殖鱼类逃脱与野生鱼类竞争、野生鱼类遗传减弱、养殖鱼和野生鱼的杂交导致野生物种消失、吸引掠食者被笼养材料中的缠困(如海豹和鸟类)等。

在监管上,除严格要求养殖密度、投放饲料、监测病害及药物使用、控制污染以及防止逃逸外,也采取一些生产和管理系统的创新,以减少对环境的影响,如使用养分沉淀池,可以减少养分排放。①

四、澳大利亚的渔业和水产养殖的经济效益分析

(一)2018 年渔业和水产养殖业概况

1. 产量和产值。2016 ~ 2017 财务年度,与上一年度相比,澳大利亚的野生渔获量略有下降,产量下降 5%,至 166,022 吨。野生捕获的鳍类和甲壳类动物价值的下降远远抵销了野生捕获的软体动物生产价值的增加。2016 ~ 2017 年,水产养殖生产总值增长 4%,至 13.5 亿澳元,水产养殖产量增长 4%,至 93,968 吨,价值的增加主要是由于三文鱼的生产价值增加了 5%,达到 7.56 亿澳元,养殖三文鱼是 2016 ~ 2017 年度最有价值的水产养殖品种。

与 2006 ~ 2007 年相比,10 年间,2016 ~ 2017 年澳大利亚野生捕捞和水产养殖的实际生产总值仅增长了 9%,水产养殖产值实际增长 32%,主要反映了三文

---

① See "Assessing Environmental Regulatory Arrangements for Aquaculture", https://www.pc.gov.au/research/completed/aquaculture/aquaculture.pdf, Nov. 2, 2019.

鱼产业的扩张，由于鳍类和软体动物的产值下降，野生捕捞的实际产值下降了5%（详见图 8－25）。而10 年间增长最明显的是三文鱼养殖业，三文鱼产量翻了一番，达到 52, 799 吨。

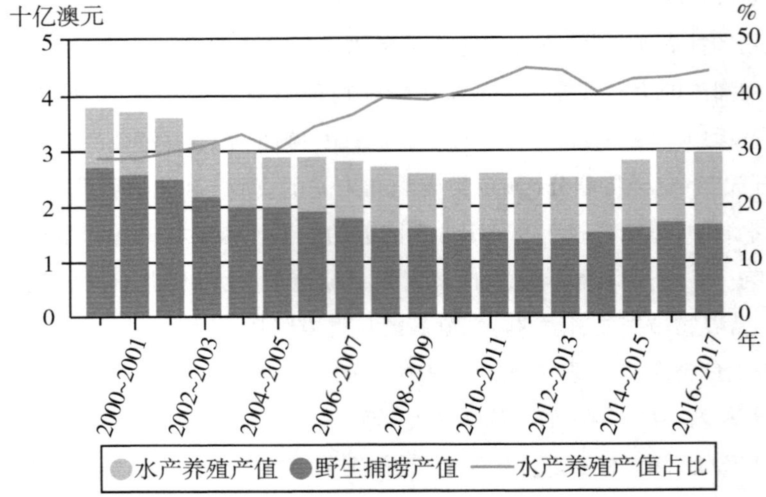

图 8－25　澳大利亚 1999～2017 年的野生捕捞、水产养殖产值及养殖产值占比①

尽管澳大利亚的商业渔业和水产养殖业生产各种各样的产品，但相对较少的物种构成了 GVP 的大部分。生产主要集中在 3 个物种群（鲑科鱼类、三文鱼、岩龙虾和虾），其共占澳大利亚渔业和水产养殖 GVP 的 60% 左右。

2. 渔业细分行业分析。2006～2007 年至 2013～2014 年野生渔获量呈下降趋势，这种减少主要是由于上岸的有鳍鱼类数量减少，其成因较复杂，包括某些鱼种的允许渔获量较低，以及影响上岸数量的市场因素，例如，澳元持续走高导致进口竞争加剧；另外，捕捞在此期间的高投入成本（如燃料成本）也导致了上岸的有鳍鱼类数量减少。之后在 2015～2016 年，野生渔获量增长 14%，达到 17. 4247 万吨的 8 年高点，这主要是由于小型远洋鱼类的捕获量大幅增加，以及自 2006～2007 年以来配额最高的金枪鱼捕获量。然而，由于有鳍鱼类捕获量下降 9%，至 115, 495 吨，2016～2017 年，野生捕捞渔业产量下降 5%，至

① See “Snapshot of Australia’s Commercial Fisheries and Aquaculture”, https://www.agriculture.gov.au/abares/publications/insights/snapshot-of-australias-commercial-fisheries-and-aquaculture, Nov. 2, 2019.

166,022 吨。

2011～2012 年野生捕捞产品的实际价值比 2006～2007 年的水平低 22%，这是由于岩龙虾、对虾和鲍鱼的生产价值下降的结果，在 2006～2007 年至 2011～2012 年，岩龙虾、对虾和鲍鱼的生产价值总共下降了 2.92 亿澳元（按 2016～2017 年价格水平计算）。由于岩龙虾生产价值的强劲增长，2011～2012 年至 2015～2016 年，野生捕获的生产总值每年都在增长。2016～2017 年，野生捕鱼业的生产总值小幅下降至 17.4 亿澳元，所有主要野生捕获软体动物物种产值的增加，都被有鳍鱼类和甲壳类动物产值的减少所抵销。

岩龙虾为野生捕获的生产总值贡献了 39%（6.73 亿澳元），是所有物种中最多的。岩龙虾生产的大部分发生在西澳大利亚州野生捕捞渔场。2016～2017 年，西澳大利亚州岩龙虾的产值增长了 2%，达到 4.01 亿澳元，反映了 2017 年捕捞季节允许的商业捕捞总量（TACC）的增长。

金枪鱼是澳大利亚唯一一种最有价值的野生捕获的有鳍鱼类，主要在联邦渔业中捕捞。2016～2017 年，联邦渔业捕捞的金枪鱼总价值下降 14%，至 6400 万澳元，这在很大程度上反映了捕获量的下降，南部蓝鳍金枪鱼是 2016～2017 年捕捞的最有价值的金枪鱼品种，价值 3900 万澳元。野生捕获的南部蓝鳍金枪鱼主要是在林肯港地区（Port Lincoln region）专门建造的海围栏中养殖和生长的。林肯港是南澳大利亚州的一个重要海鲜中心。通过养殖野生的南部蓝鳍金枪鱼获得了巨大的价值。2016～2017 年，南部蓝鳍金枪鱼的农场门出栏价值为 1.15 亿澳元。

2016～2017 年，野生对虾生产总值增长 3%，至 3.1 亿澳元。（详见图 8－26）联邦北领地对虾渔业是澳大利亚最宝贵的一个对虾渔业，其对虾产值下降了 7%，至 1.14 亿澳元。相比之下，昆士兰州野生对虾的价格上涨了 26%，达到 7900 万澳元，这是 2009～2010 年度以来的最高水平。

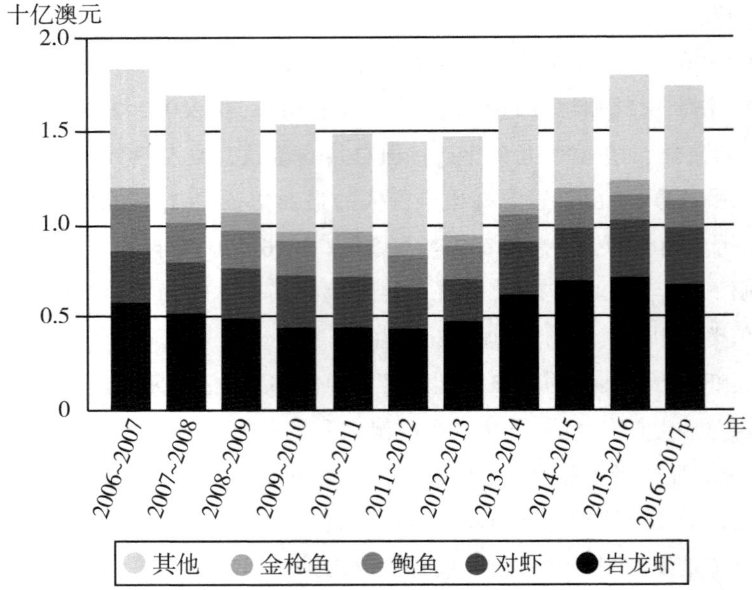

注:p:初步估计。

图 8-26 澳大利亚渔业各细分行业的产值在 2006~2017 年的变化①

3. 水产养殖细分行业分析。2006~2007 年至 2016~2017 年的 10 年间,澳大利亚水产养殖产量增长 53%,达到 93,968 吨,产值实际增长 32%,这使水产养殖在整个渔业和水产养殖产值中所占的份额从 2006~2007 年的 36% 上升到 2016~2017 年的 44%。水产养殖部门价值的增加主要是由于塔斯马尼亚州三文鱼产量的增加。水产养殖在澳大利亚海产品供应中所占的比重不断上升,符合全球海产品需求不断增长的趋势。

2016~2017 年,澳大利亚生产的三文鱼是最有价值的单一物种,养殖场出栏的产值为 7.56 亿澳元。在 2006~2007 年至 2016~2017 年,三文鱼生产的实际价值增加了一倍多,从 3.69 亿澳元增至 7.56 亿澳元。(详见图 8-27)这在很大程度上反映了塔斯马尼亚州三文鱼生产价值的增加。2016~2017 年养殖的其他大型水产养殖品种包括南部蓝鳍金枪鱼(1.15 亿澳元)、食用牡蛎(1.12 亿澳元)、对虾(8600 万澳元)和珍珠牡蛎(7000 万澳元)。

① See "Australian Fisheries and Aquaculture Statistics 2017", https://www.agriculture.gov.au/abares/research-topics/fisheries/fisheries-and-aquaculture-statistics#download-full-report, Nov. 2, 2019.

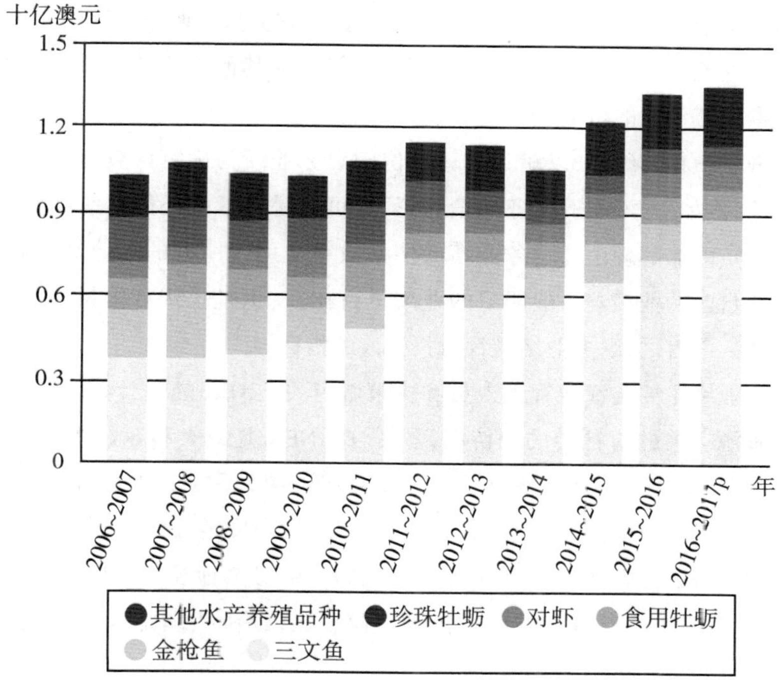

注：p：初步估计。

图 8－27　澳大利亚水产养殖细分行业的产值在 2006～2017 年的变化①

（二）渔业的经济效益分析

1. 统计方法。自 20 世纪 90 年代初以来，澳大利亚农业资源经济科学局定期对主要的联邦渔业进行调查，所得数据用于评估渔业经营者的财务业绩和整个渔业的经济业绩，这些绩效指标是渔业管理者的重要指标。为了对渔业水平的绩效提供更全面的评估，ABARES 在 2013 年扩大了前澳大利亚渔业调查报告系列，纳入其他经济指标，这些指标包括生产率和贸易条件指数、管理成本和配额延迟措施，并对两个主要指标“财务业绩和经济业绩”作了区分。财务业绩估计数是为渔场的平均船只计算的，包括在调查期间赚得和发生的所有现金收入和现金费用，这些估计数反映了所有商业活动的平均渔船损益表，包括渔船在若干渔场作业的情况；而经济业绩的关键指标是经济净收益（Net Economic Revenue，

① See “Australian Fisheries and Aquaculture Statistics 2017”，https://www.agriculture.gov.au/abares/research-topics/fisheries/fisheries-and-aquaculture-statistics#download-full-report，Nov. 2，2019.

NER),NER 估计数与财务业绩估计数不同,因为它们只与调查的渔业有关,结果不包括在其他渔业和非渔业的收入和费用,但包括其他经济费用,例如,资本的机会成本和劳动力的机会成本。

财务业绩相对纯粹,以船为核算单位的财务业绩为确定调查渔业的趋势提供了背景,例如,当渔船的财务业绩为正,这可能是经营者还能继续经营一个经济业绩为负的船的理由。财务业绩的估计数字适用于所有的行业经营者,使他们能够将自己的业绩与一般船只的业绩进行比较,也是投资者衡量经济效益的重要标准。简言之,财务业绩是针对投资人的指标。

经济业绩主要与渔业管理人员和决策者有关。NER 的估计数,指的是与捕捞渔业资源有关的对社会的经济回报。因此,NER 是澳大利亚《1991 年渔业管理法》中提到的关键经济绩效指标。根据该法案,澳大利亚渔业管理局被要求通过管理联邦渔业,在生物可持续性的范围内,最大限度地为澳大利亚社区服务。对 NER 趋势的解释,连同贸易条件和生产力指数等其他经济指标,可以协助评估 AFMA 在实现这一目标方面的表现。简言之,经济业绩是针对渔政管理的指标。

2. 南部和东部的鳞片鱼、鲨鱼的拖网部门(Commonwealth Trawl Sector, CTS)和刺、钩、陷阱部门(Gillnet, Hook and Trap Sector, GHTS)的经济效益。CTS 是悉尼和墨尔本市场上澳大利亚鲜鱼的主要来源,具有较高商业价值的主要品种有牛鳅鱼、蓝鳕鱼、羽鼬鳚、银鲛、鱿鱼和沙鲮。2015 ~ 2016 年,这 6 个物种的总渔获量约占总渔获量的 63%,占生产总值的 63%。如图 8 – 28 所示,这些关键物种的捕获量在 2002 ~ 2003 年至 2005 ~ 2006 年急剧下降,然后在 2006 ~ 2007 年至 2015 ~ 2016 年以较慢的速度下降,与整个渔业的捕获量波动一致。2015 ~ 2016 年,所有物种的总捕获量为 10, 625 吨,远低于 2002 ~ 2003 年 30, 558 吨的峰值,这一减少是由于蓝鳕鱼渔获量减少了 7150 吨(81%)和银鲛渔获量减少了 3890 吨(93%)。此外,曾是渔业主要组成部分的橙鲷鱼,在 2006 年以后无法在海底小喀斯喀特高原区域以外进行商业捕捞,在调查年份中所占渔获量比例相对较小。橙鲷鱼东区渔场于 2015 ~ 2016 年重新开放,在 2015 ~ 2016 年、2016 ~ 2017 年和 2017 ~ 2018 年的捕鱼季节,多年渔获量为 500 吨。2016 ~ 2017 年的数据显示,渔业所有主要物种的捕获量都有所增加。在捕鱼量下降的推动下,CTS 部门的生产总值从 2002 ~ 2003 年至 2005 ~ 2006 年急剧下降,然后以更温和的速度下降到 2014～2015 年，生产总值在 2015～2016 年温和上升到 4280 万澳元，高于 2014～2015 年的 3840 万澳元。这一增长是由 2015～2016 年牛鳅鱼的生产总值显著上升推动的。2014 年，每公斤牛鳅鱼的价格上涨了 16%，比 2015～2016 年上涨了 15%，由于产量和价格的增长，2016～2017 年度的初步生产总值增长到 4710 万澳元。CTS 部门的实际净经济收益自 2010～2011 年 751 万澳元的峰值下降至 2014～2015 年的 18 万澳元。预计 2015～2016 年和 2016～2017 年 NER 将会上升，因为生产总值更高，而运营成本更低（详见图 8－29）。

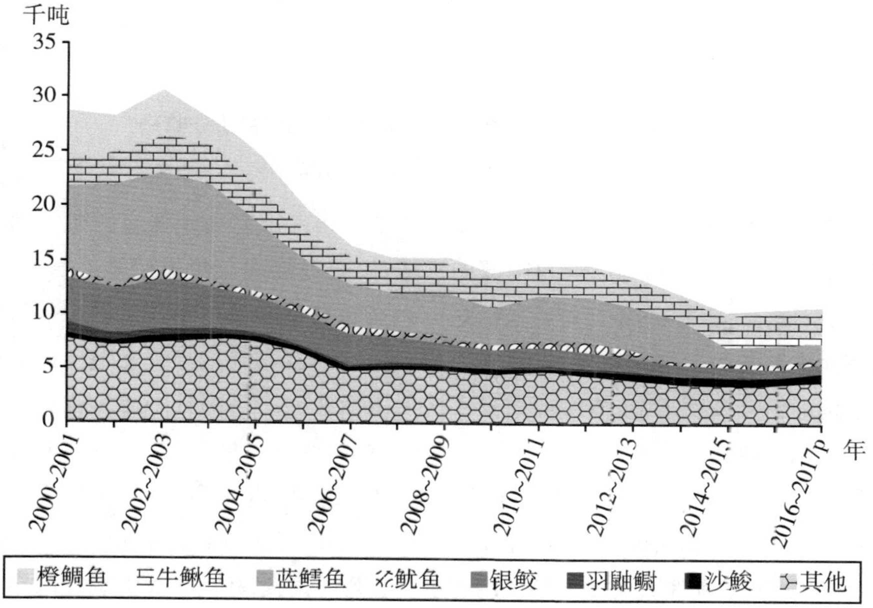

注：p：初步估计。

图 8－28　2000～2017 年，联邦拖网渔业部门落地渔获量①

---

① See Andrea Bath, David Mobsby and Alexander Koduah, "Financial and Economic Performance of the Southern and Eastern Scalefish and Shark Fishery", https://data. daff. gov. au/data/warehouse/9aam/9aame/2018/FinEconPerfSESSF/FinEconPerfSESSF20180410_v1. 0. 0. pdf, Nov. 2, 2019.

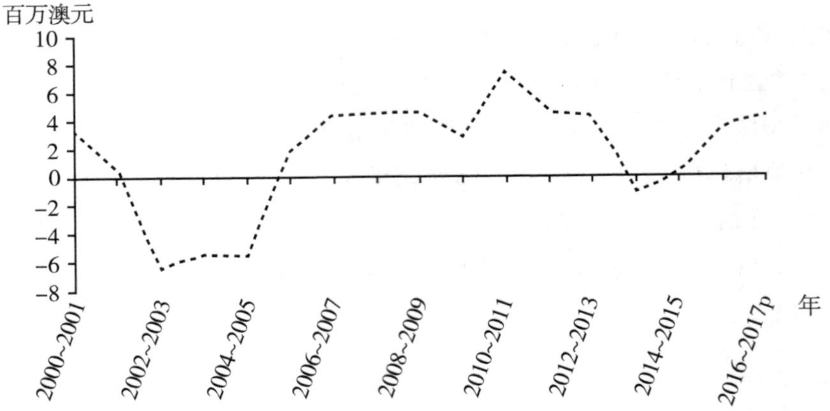

注:p:初步估计。

图 8-29 2000~2017 年联邦拖网渔业部门的经济净收益

(按 2016~2017 年价格水平计算)①

GHTS 部门(刺网、钩和陷阱)从新南威尔士州南部向南延伸至南澳大利亚州西部边境,包括塔斯马尼亚州南部的水域,主要登陆港口包括阿德莱德港、林肯港、罗博港、德文港、霍巴特港、湖区入口、圣雷莫港和威尔士普尔港。部门允许使用的装备类型包括刺网、垂线、底脚延绳、自动延绳,在较小程度上还包括陷阱。渔业活动高度集中,捕捞面积只占所界定渔业的一小部分。捕鱼业的大部分渔获物是由在维多利亚海岸外从事刺网作业的经营者捕获的,鲨鱼和鳍类鱼是用钩子钓上来的。钩法在渔业捕捞的非鲨鱼种类中占大多数(如南极栉鲳和鲟鳕)。近年来,钩法捕捞鲨鱼的比例从 2010~2011 年的 5% 上升到 2016~2017 年的 15%,是目前澳大利亚南部使用的主要装备形式,这是由于澳大利亚海狮聚居地附近实施空间封闭用来刺网捕捞之后导致的。

如图 8-30 所示,GHTS 部门的总捕获量在 2004~2005 年达到顶峰,仅略高于 5000 吨,但自 2007~2008 年以来,该部门的总捕获量普遍下降,捕鱼量最低的时期是 2012~2013 年,为 3517 吨,2013~2014 年至 2015~2016 年有所增加。GHTS 捕捞的主要物种是南极星鲨,平均占总捕鱼量的一半以上,从 2010~2011

① See Andrea Bath, David Mobsby and Alexander Koduah, "Financial and Economic Performance of the Southern and Eastern Scalefish and Shark Fishery", https://data.daff.gov.au/data/warehouse/9aam/9aame/2018/FinEconPerfSESSF/FinEconPerfSESSF20180410_v1.0.0.pdf, Nov. 2, 2019.

年的 52% 增加到 2016～2017 年的 63%。2013～2014 年，生产总值为 2040 万澳元，2015～2016 年增至 2240 万澳元。2016～2017 年数据显示，生产总值进一步增加至 2530 万澳元。相比之下，2008～2009 年的峰值为 3640 万澳元。与 2008～2009 年相比，2016～2017 年的生产总值水平较低，这在很大程度上是由于南极星鲨、翅鲨和羽鼬鳚价格下降和捕获量减少的综合作用。自 2008～2009 年以来，该行业的净经济收益一直为负，而在为保护澳大利亚海狮和海豚而实行空间封锁之后，2009～2010 年的净经济回报率进一步下降。这些关闭使渔场的可行面积减少到用刺网捕鱼，并影响该部门的经济收益。在 2008～2009 年之前，NER 的表现是积极的，因为为了确保渔业结构调整方案，效率较低的船只退出了该行业，提高了生产率。截至 2014～2015 年，NER 一直为负，预计 2015～2016 年将为正，这是自 2008～2009 年以来的首次，原因是运营成本较低。

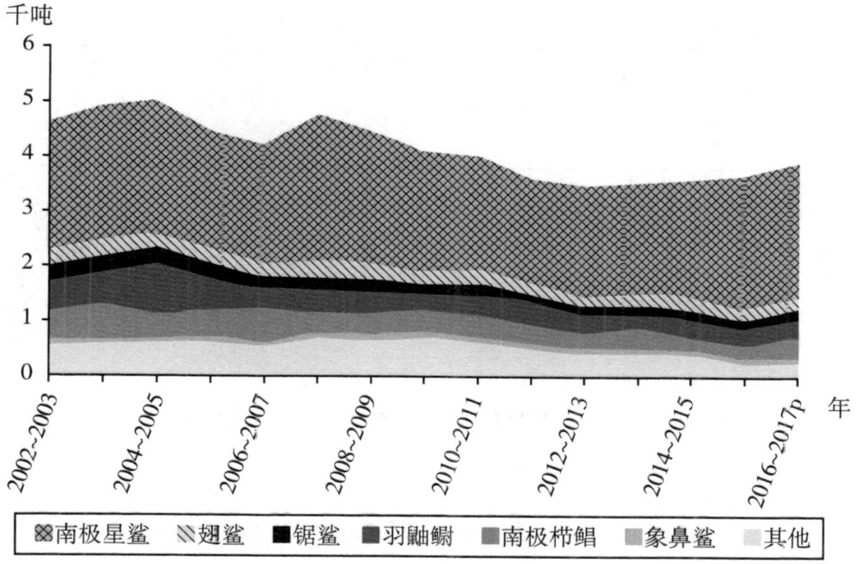

注：p：初步估计。

图 8－30　GHTS 部门 2002～2017 年的落地渔获量①

---

① See Andrea Bath, David Mobsby and Alexander Koduah, "Financial and economic performance of the Southern and Eastern Scalefish and Shark Fishery", https://data.daff.gov.au/data/warehouse/9aam/9aame/2018/FinEconPerfSESSF/FinEconPerfSESSF20180410_v1.0.0.pdf, Nov. 2, 2019.

3. 北部的对虾部门的经济效益。北部对虾部门(Northern Prawn Fisheries, NPF)是澳大利亚最有价值的渔业之一。位于澳大利亚北部海岸,最受欢迎的是产卡奔塔利亚(Carpentaria)的南部和西部海湾,但沿着阿纳姆地和达尔文海岸和约瑟夫波拿巴海湾也有重要的捕获。2016 ~ 2017 年,NPF 部门的 GVP 为 1.19 亿澳元,占整个渔业的 29%,而最近 14 年以来产值最高的年份是 2015 ~ 2016 年的 1.24 亿澳元,原因是虎虾的高捕捞量。NPF 部门的净经济收益趋势与总产值的波动趋同,产值主要取决于落地产量(详见图 8 - 31 与图 8 - 32)。

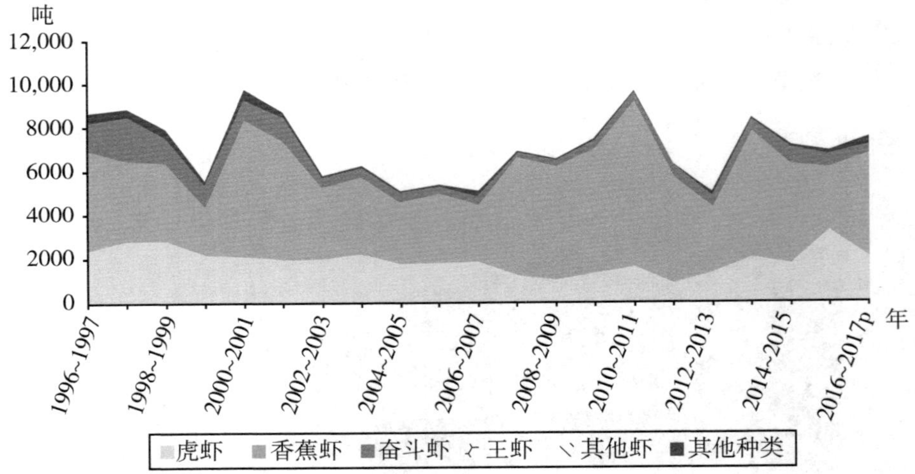

注:p:初步估计。

图 8 - 31 NPF 部门 1996 ~ 2017 年的各虾种的落地产量变化①

① See David Mobsby, Robert Curtotti and Andrea Bath, "Financial and economic performance of the Northern Prawn Fishery", https://www.agriculture.gov.au/SiteCollectionDocuments/abares/publications/FinEconPerfNPF20190221_v1.0.0.pdf, Nov. 2, 2019.

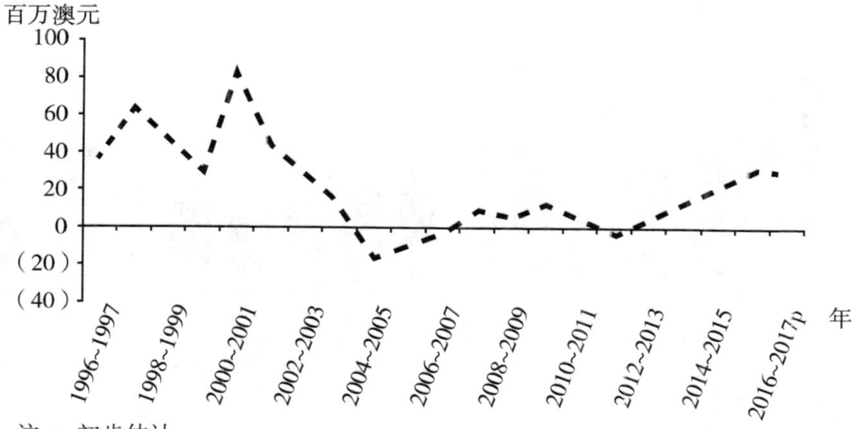

注：p：初步估计。

图 8－32 NPF 部门 1996～2017 年的经济净收益变化①

4. 东部金枪鱼和比尔鱼部门（Eastern Tuna and Billfish Fishery，ETBF）的经济效益。ETBF 部门是一种多种类渔业，分布在从约克角到维多利亚州和南澳大利亚州边境的水域中，包括塔斯马尼亚州周围的水域和太平洋的公海。大部分渔获沿昆士兰州和新南威尔士州海岸进行。渔业的主要登陆港口是凯恩斯、科夫斯港、穆卢拉巴和乌拉杜拉。ETBF 部门主要使用浮游延绳钓来捕捞金枪鱼（主要是长鳍金枪鱼、黄鳍金枪鱼和大眼金枪鱼）、箭鱼和条纹马林鱼。如图 8－33 所示，在 2002～2003 年至 2016～2017 年，ETBF 的捕获量发生了变化，在 2002～2003 年，2006～2007 年和 2015～2016 年达到顶峰，落地渔获量从 2006～2007 年的 7695 吨下降至 2012～2013 年的 4374 吨。在此期间，活跃船只的数量和捕捞量显著下降，表明渔业的经济条件不利，包括价格下降和投入成本上升。在 2012～2013 年至 2014～2015 年，落地捕捞量增加了 17%，达到 5109 吨。这反映了捕捞努力量的增加，得益于贸易条件的改善（产出价格与投入价格的比率）。在 2015～2016 年，ETBF 的捕捞量是 2006～2007 年度以来的最高值，主要原因是黄鳍金枪鱼捕捞量的增加，在随后的 2016～2017 年总捕捞量下降主要是由于黄鳍金枪鱼捕捞量减半。

---

① See David Mobsby, Robert Curtotti and Andrea Bath, "Financial and economic performance of the Northern Prawn Fishery", https://www.agriculture.gov.au/SiteCollectionDocuments/abares/publications/FinEconPerfNPF20190221_v1.0.0.pdf, Nov. 2, 2019.

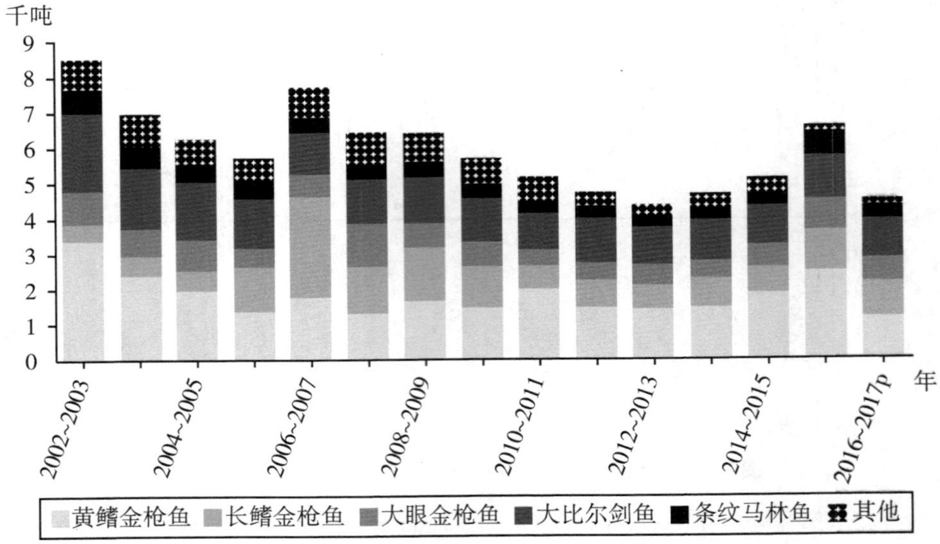

注:p:初步估计。

图 8-33　ETBF 部门各品种 2002~2017 年的落地产量①

在 2016~2017 财政年度,ETBF 产生的估计总产值为 3580 万澳元。2013~2014 年度和 2014~2015 年度运营商的平均盈利能力为正。渔船的平均船只的利润从 2013~2014 年的 63,074 澳元增加到 2014~2015 年的 250,973 澳元。渔业普通船的回报率从 2013~2014 年的 4% 增加到 2014~2015 年的 11%,利润增长很大程度上是由于现金收入总额按比例增加而高于总现金成本。船员成本在 2013~2014 年度占现金成本的最大份额,尽管有所增加,但在 2014~2015 年度的总现金成本中并没有显著变化,燃料成本是现金成本的另一大因素,2014~2015 年燃料成本下降了 17%,反映出燃料价格下降和捕捞天数减少。

(三)水产养殖的经济效益

水产养殖行业的财务分析数据查到资料不多,笔者搜集到一份联邦科学与工业研究组织于 2016 年发布的《水产养殖可行性研究》(Aquaculture Viability)、2016 年 12 月发布的《新南威尔士州沿海水产养殖的社会和经济价值评估》

① See David Mobsby, Andrea Bath, "Financial and economic performance of the Eastern Tuna and Billfish Fishery", https://data. daff. gov. au/data/warehouse/9aam/9aame/2018/FinEconPerfETBF/FinEconPerfETBF2017_v1.0.0.pdf, Nov. 2, 2019.

(Social and Economic Evaluation of NSW Coastal Aquaculture)两份报告;同时,在澳大利亚证券交易所(ASX)里有澳大利亚水产养殖行业中两个上市公司TGR和HUO的财务报告可以作为参考。通过上述资料来了解水产养殖行业的成本构成、业务收入、利润和回报率等数据,其中,两家上市公司的规模较大,其利润及回报率表现卓越(仅供参考)。

1. 澳大利亚北部的水产养殖行业。澳大利亚北部的特点是气温普遍高于30℃,这是一个养殖大多数热带水生物种的理想气候,包括澳大利亚肺鱼和对虾。北部陆地水产养殖有广阔的发展潜力,北部海岸线适合以海水池为基础的水产养殖,菲茨罗伊(Fitzroy)、达尔文(Darwin)和米切尔集水区(Mitchell Catchments),有超过50万公顷和70万公顷的土地被确定为适合海洋养殖的区域,适合淡水养殖的土地面积有300万公顷、带衬里池塘有1300万公顷。

在北部养殖对虾、肺鱼和红爪小龙虾的可行性分析方面,主要针对成本和内部回报率。如表8-1所示,水产养殖场的成本主要分为开发的初始资本成本和持续的运营成本。资本成本包括所有土地开发成本、建筑、工厂和设备,在生产开始的年度中计入。资本开发成本在水产养殖选择中大致相似,建造池塘和建筑物的成本在总初始资本投资中占据主导。运营成本既包括不随产量变化的间接费用,也包括随产量增加而增加的可变成本,水产养殖的固定费用是总生产成本中相对较小的一部分,包括与许可、批准和其他管理相关的成本,剩余的运营成本是可变的,饲料、劳动力和电力通常主导可变成本。水产养殖需要大量的饲料投入,这种饲料转化为市场产品的效率是企业绩效的关键指标,劳动力成本包括长期工作人员和临时工作人员的工资,这些工作人员承担密集的采集和加工活动。加气器需要大量的能量,随着池塘中水产品的生物量增加而增加,这导致了大量的电力成本。运输虽然成本较小,但物料价格较低,因此,这使偏远地区的养殖场相对邻近饲料供应商和市场的养殖场处于劣势,况且,如果道路被阻断(需要更昂贵的空运或经备用的、更长的道路)或附近的市场变得饱和而转运其他市场,运输成本也可能变高。包装是可变成本中最小的组成部分。

表 8-1 水产养殖场的开发成本与运营成本结构①

(对虾松散养殖和密集养殖、肺鱼、红爪小龙虾)

参数	单位	虾(松散)	大虾(密集)	澳洲肺鱼	红爪(小规模)
发展规模					
池塘面积	公顷	20	100	30	4
总农场面积	公顷	25	150	100	10
收获时的产量	吨	30	800	600	32
每个池塘面积收获时的产量	吨/公顷	2	8	20	3
资本成本					
土地和建筑物	%	56	26	23	30
车辆	%	5	2	2	11
池塘相关资产	%	27	67	70	41
其他设施与资产	%	11	6	5	17
首年总资本成本	澳元/公顷	60,000	115,000	120,000	135,000
等效年化成本	澳元/公斤	3.35	1.20	0.50	1.41
	澳元/公顷	5022	9626	10,045	11,300
营运成本					
育苗费用	%	12	9	7	1
饲料成本	%	0	26	30	8
劳动力成本	%	47	13	12	57
电费	%	16	24	30	9
包装费用	%	2	4	3	2
运输费用	%	6	16	16	11
间接费用(固定)	%	17	8	1	12
年度总运营成本	澳元/公斤	15.73	10.16	10.13	14.50
	澳元/公顷	23,595	81,280	202,600	116,000
总生产成本					
年度总成本	澳元/公斤	19.08	11.36	10.63	18.27
	澳元/公顷	28,617	90,906	212,645	54,800

① See Simon Irvin, Greg Coman, Dean Musson, Amar Doshi and Chris Stokes, "Aquaculture viability", publications. csiro. au/rpr/download? pid = csiro:EP181756&dsid = DS3, Nov. 2, 2019.

不同类型的水产养殖场的资本和运营成本不同，这些成本在不同地点之间可能也会有所不同（取决于特定因素，如偏远、土壤特性、水源距离和电源类型）。此外，某些成本可能存在相当大的不确定性，并且为产品支付的价格会随着时间的推移而大幅波动。鉴于这种变化和不确定性，需要采用一种通用的方法来确定新的水产养殖企业在商业上可行性，即在给定的运营成本和开发成本前提下，计算养殖场每年必须产生的总收入，得出每公顷养殖池塘的目标内部收益率（Internal Rate of Return，IRR）。例如，拟开发项目的资本成本为 125,000 澳元/公顷，运营成本为 20 万澳元/公顷/年，需要产生 210,463 澳元/公顷/年的总收入才能达到 7% 的目标内部收益率。在新的水产养殖企业中，运营成本高，每年在投入上花费的金额可能超过前期的开发成本（以及农场资产的价值），这意味着，与持续运营和投入成本相比，开发成本对于实现盈利能力的影响要小得多。另外，高运营成本还意味着需要大量资本储备，因为在开始获得养殖的水产品收入之前，对于在收获前需要多年生长期的较大尺寸产品类别来说，现金流出较多，因此，管理现金流量将是企业的重要考虑因素。另外，水产养殖的可变成本主导了水产养殖生产的总成本，因此，随着产量的增加，大部分成本也将增加。这意味着，生产的增加本身对实现新企业的盈利能力几乎没有贡献。从经济学的角度看，边际效益极低，只能通过提高生产效率，从而减少每单位产品的投入，来提高边际效益和收益率，例如，饲料转化率或劳动效率的操作。表 8－2 反映了水产养殖场达到盈亏平衡点所需的总收入。

表 8－2　水产养殖场达到盈亏平衡点所需要的总收入

运营成本（澳元/公顷/年）	收支平衡所需的总收入								
开发成本（澳元/公顷）									
—	60,000	70,000	80,000	90,000	100,000	110,000	125,000	150,000	175,000
3% 内部回报率									
20,000	23,203	23,737	24,271	24,805	25,339	25,873	26,674	28,008	29,343
50,000	53,203	53,737	54,271	54,805	55,339	55,873	56,674	58,008	59,343
100,000	103,203	103,737	104,271	104,805	105,339	105,873	106,674	108,008	109,343
150,000	153,203	153,737	154,271	154,805	155,339	155,873	156,674	158,008	159,343
200,000	203,203	203,737	204,271	204,805	205,339	205,873	206,674	208,008	209,343
250,000	253,203	253,737	254,271	254,805	255,339	255,873	256,674	258,008	259,343

续表

运营成本(澳元/公顷/年)	收支平衡所需的总收入								
7% 内部回报率									
20,000	25,022	25,859	26,696	27,533	28,371	29,208	30,463	32,556	34,648
50,000	55,022	55,859	56,696	57,533	58,371	59,208	60,463	62,556	64,648
100,000	105,022	105,859	106,696	107,533	108,371	109,208	110,463	112,556	114,648
150,000	155,022	155,859	156,696	157,533	158,371	159,208	160,463	162,556	164,648
200,000	205,022	205,859	206,696	207,533	208,371	209,208	210,463	212,556	214,648
250,000	255,022	255,859	256,696	257,533	258,371	259,208	260,463	262,556	264,648
10% 内部回报率									
20,000	26,574	27,669	28,765	29,861	30,956	32,052	33,695	36,434	39,174
50,000	56,574	57,669	58,765	59,861	60,956	62,052	63,695	66,434	69,174
100,000	106,574	107,669	108,765	109,861	110,956	112,052	113,695	116,434	119,174
150,000	156,574	157,669	158,765	159,861	160,956	162,052	163,695	166,434	169,174
200,000	206,574	207,669	208,765	209,861	210,956	212,052	213,695	216,434	219,174
250,000	256,574	257,669	258,765	259,861	260,956	262,052	263,695	266,434	269,174

2.新南威尔士州的水产养殖行业。新南威尔士州虽然有较多的水产养殖细分行业,牡蛎(Oyster,也称蚝)是主要行业,新南威尔士州的水产养殖行业在2014~2015年的产值为6066万澳元,其中67%的行业价值在于牡蛎养殖和孵化场(其中悉尼岩石牡蛎的产值约占牡蛎产值的86%),剩下的产值中大约9%来自生产对虾(Prawn)和小龙虾(Yabby),还有16%的产值来自陆上养殖的有鳍鱼类、澳大利亚肺鱼,包括虹鳟鱼和银鲈鱼。

在表8-3中,将水产养殖细分为牡蛎和非牡蛎两个部门,分别以一个具有代表性的养殖场财务数据为例,其中,总可变成本(Total Variable Cost,TVC)包括燃料、船维修、养殖设备维修、运费和工资,总固定成本(Total Fixed Cost,TFC)包括船舶和车辆登记费、保险费、养殖管理费、利息、工商管理费用。在牡蛎养殖场的财务数据中,年毛收入39.2万澳元、可变成本28.01万澳元,占毛收入的72%;固定成本2.58万澳元,占毛收入的7%;毛利8.57万澳元,占毛收入的22%。而非牡蛎养殖场的毛收入49.18万澳元,可变成本28.98万澳元,占毛收入的57%,其可变成本的绝对金额等同于牡蛎养殖的可变成本,但毛收入额高,所以,可变成本的占比就远低于牡蛎养殖的72%,这说明非牡蛎养殖产品的销售收入在成本投入相同的情况下,高于牡蛎养殖。报告中提供的投资回报率披露,牡蛎养殖场为8%,非牡蛎养殖场为9.8%,这和多数来自中国的投资人士想象的不同。

表8-3　新南威尔士州2015年牡蛎和非牡蛎两个行业代表性养殖场的收入、成本和毛利及其占比①

收入或成本	牡蛎		非牡蛎	
	费用/澳元	占总收入的百分比/%	费用/澳元	与总收入的百分比/%
总收入	391,614	100	491,811	100
可变成本(TVC)	280,055	72	281,976	57
总固定成本(TFC)	25,830	7	62,992	13
总费用(TVC+TFC)	305,885	78	344,968	70
营业毛利	85,729	22	146,843	30

3.塔萨尔集团有限公司(Tassal Group Limited,澳大利亚上市代码TGR)效益分析:TGR是一家位于塔斯马尼亚州的澳大利亚鲑鱼(三文鱼)养殖公司,成立于1986年。2003年在澳大利亚证券交易所挂牌上市,是水产养殖行业的龙头企业。TGR是澳大利亚最大的塔斯马尼亚州大西洋鲑鱼养殖生产商,为澳大利亚国内和国际市场提供鲑鱼。截至2018年6月30日,TGR共雇用了1261人。TGR经营5个加工厂、3个孵化场和4个养殖区,每年可提供1000万条鲑鱼幼苗,自产鲑鱼3.08万吨。表8-4反映了TGR 2017年与2018年年报中的利润情况。2018年9月14日,TGR宣布以3190万澳元收购澳大利亚最大的对虾养殖企业——财富集团,收购包括该集团位于新南威尔士州亚姆巴(Yamba)、昆士兰州普罗瑟平(Proserpine)和米申海滩(Mission Beach)等3个地方的对虾养殖场的土地、资产和库存,这将使TGR在2019年能够提供700吨对虾,并在3~5年之内提高到年产3000吨对虾,TGR由此拓展进入对虾养殖行业。2018年经营业绩较为平稳,营收5.1亿澳元,息税折旧摊销前利润(EBITDA)为1.1亿澳元,税后

① See "Social and Economic Evaluation of NSW Coastal Aquaculture", https://www.uts.edu.au/sites/default/files/fass-report-social-economic-evaluation-nsw-coastal-aquaculture.pdf. Nov.2, 2019.

净利5729万澳元，资产回报率维持在10.2%（详见图8-34）。

表8-4 TGR的2017年、2018年的年报中的利润情况①

2018年	法定利润/千澳元	或有对价调整/千澳元	基本利润/千澳元	AASB 14的影响	经营成果/千澳元
收入	509,504	0	509,504	0	509,504
息税折旧摊销前利润	110,003	588	110,590	(10,809)	99,781
息税前利润	86,978	588	87,565	(10,809)	76,756
税前利润	79,316	588	79,903	(10,800)	69,094
所得税费用	(22,023)	0	(22,023)	3243	(16,780)
扣除所得税费用后的净利润	57,293	588	57,880	(7567)	50,313
2017年	法定利润/千澳元	或有对价调整/千澳元	基本利润/千澳元	AASB 14的影响	经营成果/千澳元
收入	460,463	0	450,453	0	460,463
息税折旧摊销前利润	114,553	6727	121,280	(32,312)	88,968
息税前利润	93,618	6727	100,345	(32,312)	68,033
税前利润	85,556	6727	92,283	(32,312)	59,971
所得税费用	(27,473)	0	(27,473)	9694	(17,779)
扣除所得税费用后的净利润	58,083	6727	64,810	(22,618)	42,192

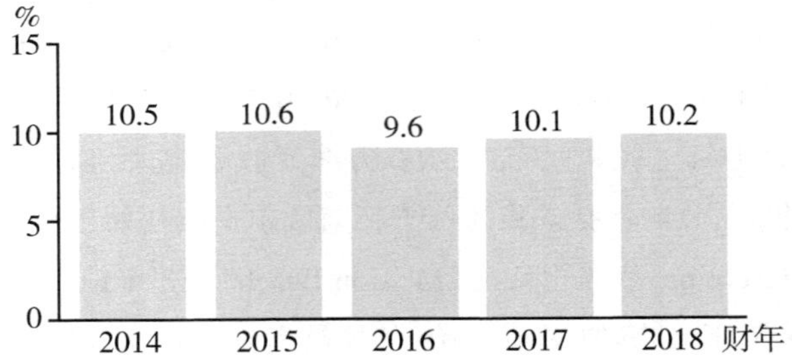

图8-34 TGR的2014~2018财年资产回报率（Return On Assets，ROA）

① See "Annual Report 2018", https://www.asx.com.au/asxpdf/20180927/pdf/43yqbw3wg0gpg0.pdf, Nov.2, 2019.

4. 辉安水产集团有限公司（Huon Aquaculture Group Limited，澳大利亚上市代码 HUO）效益分析：HUO 是一家位于塔斯马尼亚州的大型水产养殖和食品加工企业，通过孵化、养殖、加工、营销和销售鲑鱼和鳟鱼产品获得收入。HUO 成立于 1986 年，于 2014 年在澳大利亚证券交易所挂牌上市，拥有约 600 名员工，总部设在塔斯马尼亚州的多佛市，目前已发展成为该州第二大鲑鱼生产商，年生产 2.3 万吨鲑鱼。该集团专注于生产主要面向当地市场的 HUON 品牌鲑鱼和鳟鱼产品。业务包括孵化场和选择性育种计划、苗圃和海洋养殖场饲养、管理和收获、三文鱼增值加工、市场营销与销售。产品包括优质鱼子酱，冷熏、热熏、腌制、新鲜鲑鱼和肉酱。

2018 年，HUO 公司保持了连续 3 年的营业增长，营收达到 3.18 亿澳元，息税折旧摊销前利润（EBITDA）达到 5890 万澳元，税后净利润 2640 万澳元，资产回报率 6.7%，各项指标基本都处于上述的行业排名第一的 TGR 公司的一半多的水平。

五、未来发展预期（2019～2024 年）

从全球的范围来审视渔业和水产养殖行业的发展，该行业有较大的发展空间，无论是在解决粮食安全方面，还是在完善人类营养结构方面，都有重大的战略意义。虽然澳大利亚的渔业和水产在国际市场上占据的份额不高，但却是高端产品的主要原产地代表，有较强的投资价值属性，所以了解该行业 2019 年至 2024 年 5 年展望期内的发展，有利于来自中国的投资人作出正确的投资决策。

1. 全球趋势。据经济合作与发展组织（Organization for Economic Co-operation and Development，OECD，以下简称经合组织）和粮农组织的 2018 年预测，2027 年全球渔业和水产养殖的产量将达到 1.95 亿吨（比 2016 年高出 14%）。全球野生捕获量预计将保持在每年 9000 万吨左右的水平，自 20 世纪 90 年代初以来一直保持这一水平，相比之下，在预测期间，世界水产养殖产量将继续扩大，到 2020 年将超过野生捕捞的产量。然而，水产养殖部门可能面临增长方面的限制（如寻找新的合适的养殖生产地点），因此，与截至 2016 年的前 10 年相比，产量增速预计将有所放缓。

全球海产品消费将主要受到人口增长、收入增长和城市化进程的推动，预计水产品消费增长最大的将是发展中经济体。如图 8 – 35 所示，2017 年至 2027

年,这些经济体的海鲜直接消费量预计将增长16%,人均消费量将从20.3公斤增加到21.0公斤。改善供应链将是这一增长的核心,使供应地区的海鲜贸易能够更好地满足关键市场的需求。

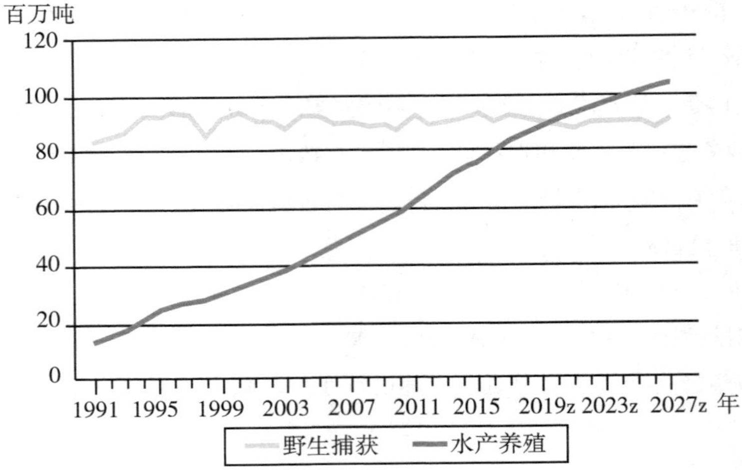

注:z:ABARES 推测。

图8-35 全球渔业和水产养殖产量预计到2027年的增长趋势①

2. 中国渔业改革与世界价格。2016年,中国是世界上产量最大的渔业产品生产国、价值最大的渔业产品出口国和第三大进口国。自2016年起,中国的渔业主管部门就开始大力推广一系列新的养殖技术和高产养殖系统,大规模实施农业综合种养一体化,包括稻田养鱼。这些行动对鱼类产量的直接影响尚未有效统计,但预计对鱼类供给总量的影响,不会如同有计划削减捕捞能力的影响那么显著。②

中国的"十三五"规划对澳大利亚水产品行业的影响,取决于中国相关改革的时间和范围、受影响的种类以及澳大利亚渔业产品的贸易风险程度和可替代性。销售与中国具有竞争关系产品的澳大利亚生产商(如鲍鱼)受到的影响,要比那些销售中国不生产的产品的生产商(如岩龙虾)受到的影响更大。

3. 澳大利亚渔业和水产养殖业的行业发展预期。在2019~2020年,澳大利

① See https://www.agriculture.gov.au/SiteCollectionDocuments/abares/agriculture-commodities/AgCommodities201903_FisheriesOutlook_v1.0.0.pdf.

② See https://www.fao.org/3/I9540ZH/i9540zh.pdf.

亚渔业和水产养殖业产值预计将增长4%，达到33亿澳元，预计到2023～2024年，这一产值将进一步增长3%（9600万澳元），主要是由于三文鱼、岩龙虾和鲍鱼生产价值的预期增长，这3个品种的增长值合计占展望期内整个行业增长值的89%。塔斯马尼亚州养殖三文鱼产量的增加将对提高澳大利亚养殖三文鱼的产值作出最大贡献，预计在2023～2024年，澳大利亚养殖三文鱼的产值将增加3600万澳元，至近9亿澳元。对于岩龙虾来说，预计在2023～2024年，更高的价格和产量将使其实际产值增加3400万澳元，达到7.97亿澳元。鲍鱼产值预计也将对增长作出重大贡献，在展望期间将增加1600万澳元，至2.09亿澳元。鲍鱼主要是野生捕捞的，但鲍鱼产值的大部分增长可能是由水产养殖部门的产量增长推动的。综合下来，三文鱼、岩龙虾、对虾、金枪鱼和鲍鱼这5个部门产值将占澳大利亚渔业和水产行业生产总值的73%，在展望期内的剩余时间里，它们仍将是主要的产品类别。①

4. 澳大利亚三文鱼。2016年，全球三文鱼（包括鳟鱼和胡瓜鱼）养殖产量下降2%，至330万吨。挪威（占全球产量的37%）和智利（占全球产量的22%）这两个世界最大生产国的产量问题导致全球供应量下降。挪威养殖的三文鱼受到了海虱爆发的影响。在智利，海藻泛滥导致大量鱼类死亡。因此，2015～2016年和2016～2017年，国际三文鱼价格上涨。其后，全球三文鱼产品的生产开始复苏。挪威在2018年将总体海鲜出口量（主要是三文鱼）提高了5%，预计2019年还会有进一步的产量增长。随着全球三文鱼产业的复苏，预计在2023～2024年，全球三文鱼的实际价格将下降7%，这将对澳大利亚的农场门出栏价格（农场门出栏价格等于产品的市场价值减去销售成本）产生一些影响。

澳大利亚是一个相对较小的水产养殖三文鱼的生产国，三文鱼产量约占全球产量的2%。2019～2020年，澳大利亚国内三文鱼产值预计将达到8.62亿澳元。塔斯马尼亚州的三文鱼产量占澳大利亚三文鱼总产量的99%以上。自20世纪90年代初以来，塔斯马尼亚州三文鱼业的快速增长得到了成功营销活动的支持，这些营销活动促进了澳大利亚国内三文鱼产品的消费，人均三文鱼消费量由1998～1999年的0.8公斤增加至2016～2017年的2.1公斤左右。

---

① See "Annual Fisheries Outlook-March 2019", https://www.agriculture.gov.au/SiteCollectionDocuments/abares/agriculture-commodities/AgCommodities201903_FisheriesOutlook_v1.0.0.pdf, Nov. 2, 2019.

展望期内,养殖三文鱼行业预计将进一步增加产量,扩大新的养殖租赁区域,尤其是在布鲁尼岛(Bruny Island)、暴风湾(Storm Bay)和奥克汉普顿湾(Okehampton Bay)等地。预计在2023~2024年,澳大利亚三文鱼产量将增至71,061吨,预计生产总值为8.98亿澳元,这一增长将主要通过生产增长来实现。如图8-36所示,在展望期间内,澳大利亚本地三文鱼的农场门出栏价格可能会随着国际市场价格的下降而下降。

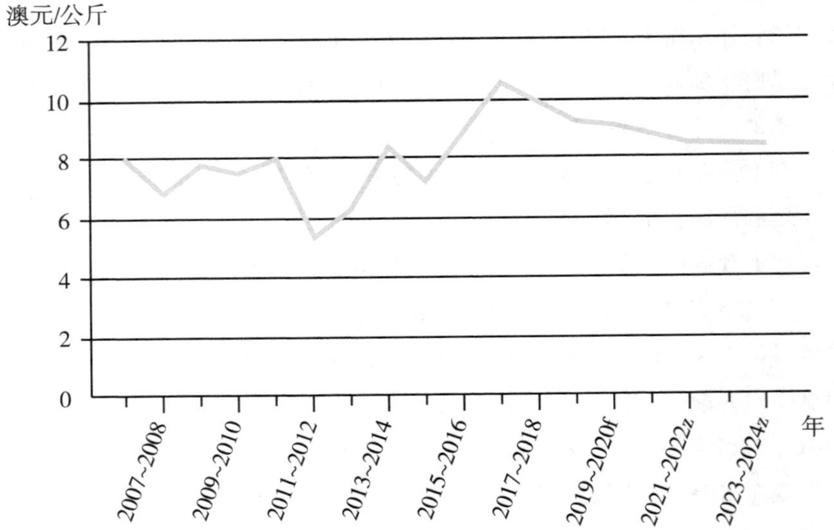

注:f:ABARES 预计、z:ABARES 推测。

图8-36 2006~2007年至2023~2024年展望期的国际三文鱼价格①

澳大利亚三文鱼产品的出口比例相对较小。2006~2017年,每年平均出口15%的产品(按食用重量计算)。由于智利和挪威在国际市场上的竞争加剧,2019~2020年,澳大利亚三文鱼出口量将下降12%,至10,700吨左右(详见图8-37)。出口总额预计将从2018~2019年的1.46亿澳元高点下降至2019~2020年的1.31亿澳元。在2019~2020年至2023~2024年,扩大国内生产将支持出口量增加13%,达到1.2万吨左右,价值1.39亿澳元。

① See "Annual Fisheries Outlook-March 2019", https://www.agriculture.gov.au/SiteCollectionDocuments/abares/agriculture-commodities/AgCommodities201903_FisheriesOutlook_v1.0.0.pdf, Nov. 2, 2019.

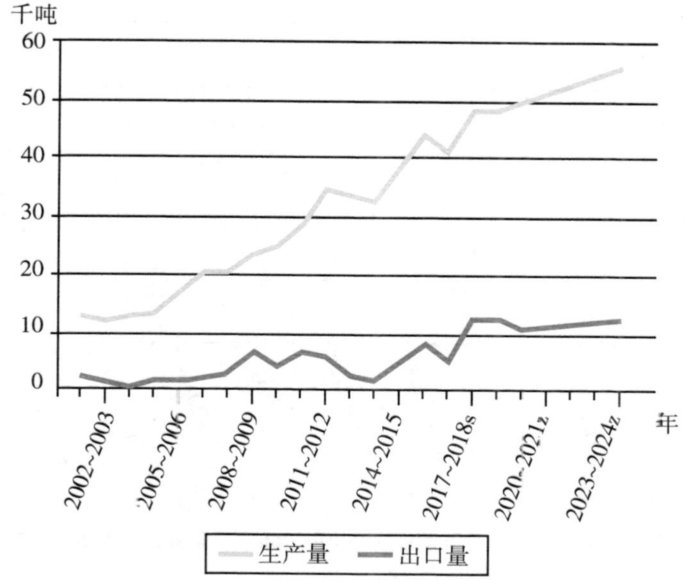

注：s：ABARES 估计、z：ABARES 推测。

图 8－37　澳大利亚 2001～2002 年至 2023～2024 年展望期的三文鱼产量及出口量①

5. 澳大利亚岩龙虾。2019～2020 年至 2023～2024 年，澳大利亚岩龙虾的实际产值预计将增长 4%，达到 7.97 亿澳元，实际出口价值预计将达到 8.06 亿澳元（详见图 8－38）。澳大利亚主要的岩龙虾渔场通过允许的捕捞总量来控制产量，岩龙虾产量的增长将受产量增加以及实际出口单位价值增加的推动，预计产量在预测期间会有适度增长。在预测期间，全球龙虾供应将受到限制，因为野生捕捞产品数量的增加受到限制，水产养殖产量有限。但是，预计来自亚洲的进口需求将会增加，尤其是来自中国不断壮大的中产阶级的进口需求。这些因素预计将导致澳大利亚岩龙虾出口商获得更高的出口单位收益。

① See "Annual Fisheries Outlook-March 2019", https://www.agriculture.gov.au/SiteCollectionDocuments/abares/agriculture-commodities/AgCommodities201903_FisheriesOutlook_v1.0.0.pdf, Nov. 2, 2019.

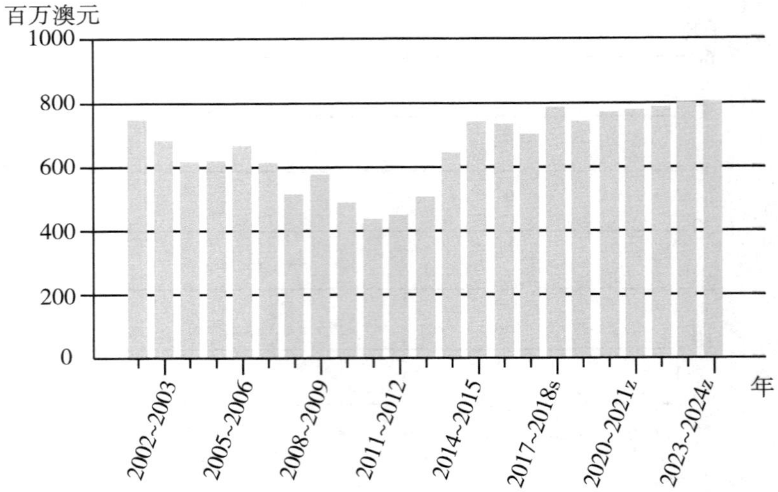

注:s:ABARES 估计、z:ABARES 推测。

图 8－38 澳大利亚岩龙虾在 2001～2002 年至 2023～2024 年的出口价值预计变化 ①

根据《中澳自贸协定》(ChAFTA),从 2019 年起,澳大利亚对中国的活龙虾出口将免税,这将提高澳大利亚在中国市场的竞争力,使澳大利亚与龙虾出口大国新西兰处于更加平等的地位。自 2012 年起,新西兰根据《中新自由贸易协定》向中国免税出口龙虾。美国和加拿大是世界上最大的龙虾出口国,北美对中国的出口有所增长,这加大了澳大利亚出口商的竞争压力,美国龙虾以比澳大利亚龙虾更便宜的价格,为中国市场的消费者提供了一定程度的替代选择;在预测期间,加拿大龙虾出口价值预计将保持高位,并将继续与澳大利亚在对中国的龙虾出口方面进行竞争。

6. 澳大利亚鲍鱼。2006～2016 年,世界鲍鱼产量从 2006 年的 34,867 吨增加到 2016 年的 162,771 吨。这是由于鲍鱼养殖的增加,主要来自中国的产量增长。全球鲍鱼养殖大幅增长,但野生鲍鱼的数量继续下降。

澳大利亚主要生产野生鲍鱼,但在未来一段时间内,预计产量增长的大部分将来自水产养殖。澳大利亚出产的鲍鱼约占全球野生鲍鱼总量的 55%。2006～2016

① See "Annual Fisheries Outlook-March 2019", https://www.agriculture.gov.au/SiteCollectionDocuments/abares/agriculture-commodities/AgCommodities201903_FisheriesOutlook_v1.0.0.pdf, Nov. 2, 2019.

年,全球野生鲍鱼产量从9229吨下降到6446吨,部分原因是全球野生鲍鱼存量下降和配额限制。尽管全球野生鲍鱼产量下降,但鲍鱼的全球价格却在逐渐下降,这反映了全球的养殖鲍鱼供应量的增加,通过替代可以影响野生鲍鱼产品的价格(详见图8－39)。鲍鱼单位出口价格在最近几个财政年度有所上涨,2017～2018年的实际平均价格为2006～2007年以来的最高水平,这反映了中国需求的增长和对该市场关税的降低。自2015年年底《中澳自贸协定》生效以来,中国对澳大利亚鲍鱼出口的关税每年都在下降,至2019年1月1日起免征关税。在供应方面,澳大利亚野生捕鱼量预计仍将受到保守设定的允许捕鱼量总量的限制。因此,未来鲍鱼的生产增长将来自水产养殖,澳大利亚鲍鱼的实际产值预计将增长11%,达到2.26亿澳元。

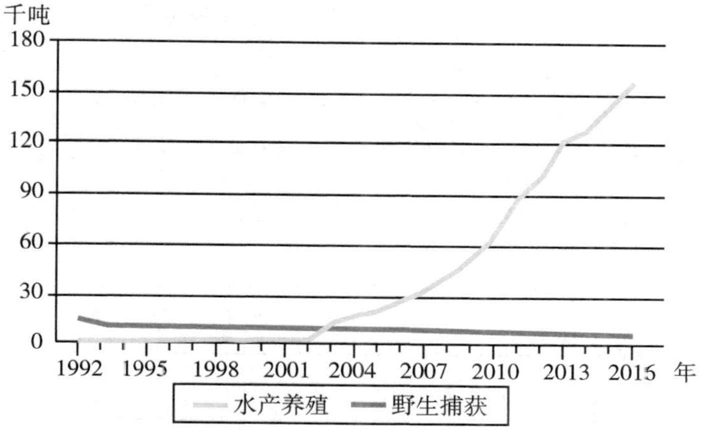

图8－39　1992～2016年世界鲍鱼产量①

7. 澳大利亚金枪鱼。全球金枪鱼市场主要由罐装金枪鱼(来自鲣鱼等品种)和优质新鲜或冷冻金枪鱼(来自北方和南部蓝鳍金枪鱼等品种)组成。澳大利亚出口商在优质金枪鱼市场上有较强竞争力,该市场主要包括向日本出口冷冻的整个南部蓝鳍金枪鱼。日本仍然是全球蓝鳍金枪鱼的主要市场,因此对世界价格有重大影响。日本高档金枪鱼(用于寿司和生鱼片等产品)的消费量在过去几年有所下降,反映出日本消费者的偏好变化。随着金枪鱼的贸易日益多样化,日本在全球蓝鳍金枪鱼进口价值中所占的份额也有所下降。自2012年以来,随着

---

① See "Annual Fisheries Outlook-March 2019", https://www.agriculture.gov.au/SiteCollectionDocuments/abares/agriculture-commodities/AgCommodities201903_FisheriesOutlook_v1.0.0.pdf, Nov. 2, 2019.

蓝鳍金枪鱼供应量的增加,全球进口价格普遍下降。

澳大利亚的南部蓝鳍金枪鱼是最有价值的金枪鱼品种,是通过野生捕捞和水场养殖的结合而生产的。在南澳大利亚州重要的海鲜中心林肯港地区,野生捕捞的南部蓝鳍金枪鱼主要是在专门建造的海围栏中养殖和生长的,当野生捕获的南部蓝鳍金枪鱼变肥后,其价值显著增加,通常90%以上的南部蓝鳍金枪鱼都是人工养殖的。澳大利亚南部蓝鳍金枪鱼的允许商业捕捞总量由国际管理机构"保护南部蓝鳍金枪鱼委员会"(Commission for the Conservation of Southern Bluefin Tuna)来决定,这确保了全球南部蓝鳍金枪鱼渔业的可持续发展。该委员会将澳大利亚2018~2020年的商业捕鱼量定为每年6165吨(高于2016~2017年的5665吨)。在剩余的预测期间至2023~2024年,预计允许的商业渔获量大致相同。蓝鳍金枪鱼平均出口单价在2002~2018年的16年间大幅下降了71%,预计澳大利亚蓝鳍金枪鱼的出口额在2019~2020年至2023~2024年4年基本保持不变,每年约1.62亿澳元,从而导致未来一段时间内的南部蓝鳍金枪鱼的价格将保持稳定(详见图8-40)。

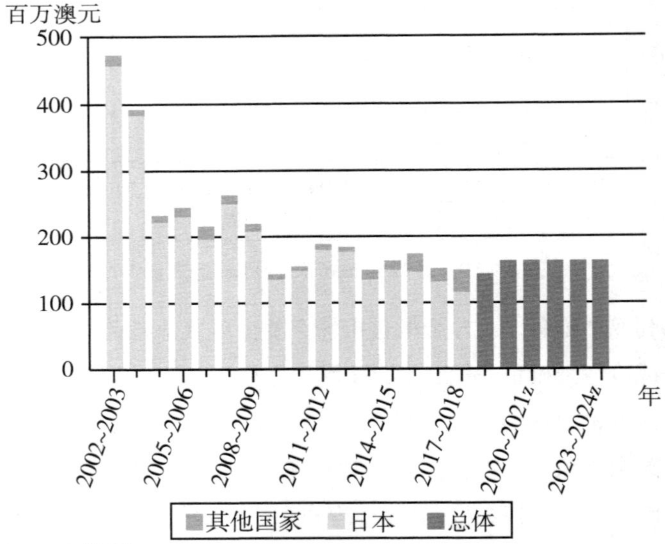

注:z:ABARES推测。

图8-40　澳大利亚南部蓝鳍金枪鱼2002~2003年至2023~2024年展望期的出口价值(2019年之后尚未统计目的地)①

① See "Annual Fisheries Outlook-March 2019", https://www.agriculture.gov.au/SiteCollectionDocuments/abares/agriculture-commodities/AgCommodities201903_FisheriesOutlook_v1.0.0.pdf, Nov.2, 2019.

8. 澳大利亚对虾。澳大利亚对虾的产量相对较小，但供应和出口一系列高品质品种，澳大利亚也大量进口对虾来满足国内消费。澳大利亚出口的对虾往往是高单位价值的产品，而进口往往是加工较多、单位价值较低的品种。大多数澳大利亚对虾的生产是野生捕获的，但水产养殖对虾的份额正在增加。大多数养殖对虾生产在昆士兰州。2016～2017 年，昆士兰州南部洛根河地区（Logan River region）的对虾养殖场在白斑病暴发后被清仓。随着养殖场开始从白斑病的影响中恢复过来，预计昆士兰州养殖对虾的产值将在 2018～2019 年增加。未来在展望期内，澳大利亚对虾的产值预计会上升（详见图 8－41），主要反映在养殖业对虾产量的增加方面。如果计划在北领地建立的大型对虾养殖场产量超出预期（如"海龙项目"），则对虾出口的到岸价格将不会上升，而是在一段时间内保持稳定，这主要是由于预计全球对虾产量将会增长，抵消了产量大增的影响，同时在此期间汇率的稳定也是一大影响因素。

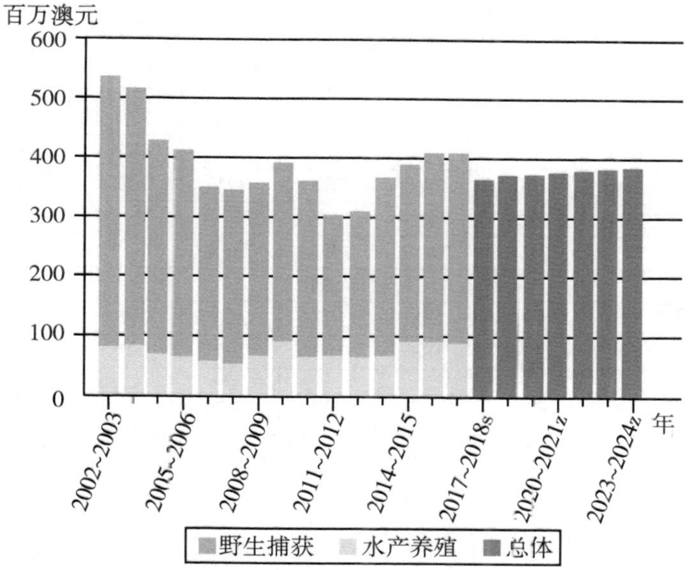

注：s：ABARES 估计、z：ABARES 推测。

图 8－41　澳大利亚对虾产值在 2002～2003 年至 2023～2024 年展望期的变化（2017 年之后尚未统计野生和养殖的各自数量）①

① See "Annual Fisheries Outlook-March 2019", https://www.agriculture.gov.au/SiteCollectionDocuments/abares/agriculture-commodities/AgCommodities201903_FisheriesOutlook_v1.0.0.pdf, Nov. 2, 2019.

9. 其他渔业和水产品。除上述的占行业总产值73%的5个主要部门的生产和价格变化以外，澳大利亚渔业和水产养殖各细分行业的价格，澳大利亚农业资源经济科学局（ABARES）也在展望期内给予了预估（详见表8－5）。

表8－5　澳大利亚渔业和水产养殖各细分行业在2016～2024年的展望期内价格预测

单位：百万澳元

项目	2016～2017年	2017～2018年s	2018～2019年f	2019～2020年f	2020～2021年z	2021～2022年z	2022～2023年z	2023～2024年z
鱼类								
金枪鱼	148	150	160	171	176	180	185	189
实际价格a	154	153	160	167	168	168	168	168
三文鱼b	756	881	849	881	899	919	965	1013
实际价格a	787	900	849	862	858	855	876	898
其他鱼类	508	472	483	494	506	519	533	547
实际价格a	529	482	483	483	483	483	484	484
甲壳类								
对虾	396	357	372	382	394	407	420	433
实际价格a	412	364	372	374	376	379	381	384
岩龙虾c	673	736	729	779	808	837	868	899
实际价格a	700	751	729	762	771	779	788	797
其他甲壳类	70.6	73.2	74.6	75.9	77.3	78.8	80.2	81.7
实际价格a	73.5	74.8	74.6	74.3	73.8	73.3	72.8	72.4
软体动物								
鲍鱼	177	175	188	197	206	216	227	235
实际价格a	184	179	188	193	197	201	206	209
其他软体动物	254	232	234	243	249	255	262	269
实际价格a	264	237	234	237	237	238	238	238
其他别处不含的	75.0	72.0	74.5	76.1	77.8	79.7	81.5	83.4
实际价格a	78.1	73.5	74.5	74.4	74.3	74.2	74.0	73.9
总价值	3058	3148	3163	3299	3394	3492	3620	3751
实际价格a	3182	3214	3163	3227	3238	3251	3288	3323
渔业出口价值								
鱼类								
金枪鱼	144	145	142	166	170	174	179	183
实际价格a	150	148	142	162	162	162	162	163
三文鱼	58.9	137	146	134	145	145	150	156
实际价格a	61.3	140	146	131	139	135	137	139

续表

项目	2016～2017年	2017～2018年s	2018～2019年f	2019～2020年f	2020～2021年z	2021～2022年z	2022～2023年z	2023～2024年z
其他鱼类	103	111	107	115	116	118	121	123
实际价格a	107	113	107	112	111	110	110	109
甲壳类和软体动物								
鲍鱼	187	189	205	209	218	229	241	255
实际价格a	195	193	205	204	208	213	219	226
对虾	114	90.3	90.4	103	111	115	119	124
实际价格a	119	92.2	90.4	101	106	107	108	109
龙虾	676	771	740	786	815	846	877	910
实际价格a	704	788	740	769	778	787	797	806
珍珠	75.4	56.8	54.7	57.9	57.9	57.9	57.9	57.9
实际价格a	78.4	58.0	54.7	56.6	55.3	53.9	52.6	51.3
其他甲壳类和软体动物	48.5	50.5	50.8	50.8	52.3	53.8	55.4	57.1
实际价格a	50.5	51.6	50.8	49.7	49.9	50.1	50.4	50.6
其他渔业产品	27.3	23.9	26.1	26.6	26.6	26.6	26.6	26.6
实际价格a	28.4	24.4	26.1	26.0	25.3	24.7	24.1	23.5
渔业产品总值	1435	1575	1562	1648	1713	1765	1827	1893
实际价格a	1494	1608	1562	1611	1635	1643	1659	1677

a：按2018～2019年澳元计算；b：主要是三文鱼，也包括鳟鱼和类似鲑鱼的产品；c：包括昆士兰琵琶虾（状似龙虾尾）；f：ABARES预计；s：ABARES估计；z：ABARES推测。

六、投资案例和招商示例

由于渔业和水产养殖的行业管理要求较为复杂和严格，同时澳大利亚秉承生态可持续性的价值观，使该行业的投资回报率并不高，同时还充满了病虫害、自然灾害和监管加强的风险，所以外国投资进入该领域并不像进入其他农业领域那么容易。下面介绍一起日本公司投资澳大利亚对虾养殖案例和两则招商信息,以便读者了解外资进入该领域的大概情况。

(一)日资收购澳大利亚 SFG 案例

2018 年 5 月 22 日,世界最大水产商之一——日本水产株式会社(Nippon Suisan Kaisha, Ltd., NISSUI)在东京宣布,NISSUI 已与澳大利亚上市公司 Seafarms Group Ltd.(SFG,1998 年上市)签署协议,通过发行新股,以 2500 万澳元(约合 21 亿日元)认购 SFG 14.99% 的已发行股份。①

SFG 在昆士兰州现有的对虾养殖业务,占澳大利亚国内养殖对虾总产量的 1/3 以上。在澳大利亚,环境标准的要求造成了很高的准入门槛,日资 NISSUI 决定投资 SFG,因为它对 SFG 在澳大利亚北领地开发的大型对虾养殖项目"海龙项目"(Project Sea Dragon)非常关注,该项目已获得政府的必要批准。"海龙项目"计划于 2018 年开始建设黑虎虾养殖基地,2021 年将产品推向市场。其目标产量为收获的第一年是生产 1 万吨优质新鲜对虾。"海龙项目"位于澳大利亚北部(主要在北领地、部分在西澳大利亚州),开发面积为 1 万公顷,将建设全球最大的规模化优质黑虎虾水产养殖基地,项目总价值超过 14.5 亿澳元。按规划,整个项目建设完成后,年产量最终将达到 10 万吨,对接拥有庞大需求的本地市场和需求快速增长的亚洲市场。预计项目在投产且全负荷运营下,有望每年创造 30 亿澳元的收入。

通过此次参股,NISSUI 还和 SFG 签订了一系列承销合作协议,将为 SFG 带来优质的营销渠道,NISSUI 将独家在日本、澳大利亚和新西兰市场销售"海龙项目"的黑虎虾产品,并通过 NISSUI 全球链接网络进行全球分销,NISSUI 和其下属企业也被指定为独家服务商,在澳新地区为 SFG 的明虾产品提供销售服务。NISSUI 集团还将在日本和大洋洲地区每年分销约 2000 吨黑虎虾和其他来自 SFG 现有昆士兰州对虾养殖业务的对虾,包括其完整养殖周期的产品。尽管日本对虾市场呈下降趋势,但美国、欧洲和中国市场在不断扩大,以其稳定的品质、数量和价格,支撑了对养殖对虾的巨大需求。帝王虾占据了全球养殖对虾市场的 80%,曾经占据主导地位及价格更高的黑虎虾占据了 20%,但由于黑虎虾的体积更大、熟后色泽鲜艳、质地丰富,使人们对黑虎虾的需求持续旺盛,近年来扩大

① See https://www.nissui.co.jp/english/news/20180522.html.

了与帝王虾的价格差距。

建立差异化养殖对虾的经营基地和产品，对 NISSUI 在全球布局具有重要的战略意义，NISSUI 将“水产养殖业的复杂性”作为其海产品业务的主要主题之一，并已在日本开展了生食帝王虾的陆上养殖可行性研究。根据 NISSUI 的中期计划“MVIP＋2020”，从 2018 年开始，该日资机构将在全球范围内投资发展农业企业，而在澳大利亚对 SFG 的投资将扩大其养殖虾产品系列，并使可持续的长期交付成为可能，是其中期计划的一个重要节点。NISSUI 也将把对虾业务发展成为与其业务结构中三文鱼、鳟鱼和白鱼业务一样的核心业务。

对于 SFG 来说，日本水产 NISSUI 的加入不但形成了强大助力，而且也体现了 SFG 本身的公司价值以及“海龙项目”的战略价值，正因如此，SFG 的股价也从 NISSUI 入股那时起，出现了一波明显的上涨，创造了历史高位。

“海龙项目”在提升产业规模上的作用以及对当地经济和就业的提升效果已经引起了澳大利亚本土官方的重视，因此，SFG 公司先后成功获得北领地、西澳大利亚州和联邦政府授予的重大项目资质，享有诸多政策利好及项目融资协助。相关政府为该项目提供了一系列基建基金，用于当地基建升级，例如，升级基普河（Keep River）公路，升级后的公路将连接西澳大利亚州库努纳拉（Kununurra）和北领地的 Legune Station。Legune Station 是海龙项目的重点地区，此外，目前 Gunn Point 公路升级已完成。海龙项目完全投产后可创造大量工作岗位，预计可为 Legune Station 带来 700 个工作岗位，为处于达尔文的孵卵育种所带来 300 个工作岗位，并给 Kununurra 带来 600 个工作岗位。自 2011 年开始，SFG 已经先后投入超过 1 亿澳元推动“海龙项目”的发展，并发起多次融资，尽管开发风险较高，但该公司仍然顺利获得了投资者们的支持。笔者把 SFG 公司“海龙项目”达成的里程碑成就归纳列举如下，以供参考：（1）土地使用协议：与土地产权持有人达成协议；（2）重大项目资质：被北领地、西澳大利亚州和联邦政府授予重大项目资质；（3）环境许可：被联邦政府环境部、北领地环境局授予 Legune Station 地区一阶段环境许可，被北领地环境局授予 Bynoe Harbour 地区养殖设置环境许可；（4）其他许可：北领地 Gunn Point 及 Darwin 地区孵化场的规划批准（Subdivision and Planning）；（5）牌照：获得了一系列初步阶段项目相关牌照，如地表水提取、废物排放、清除原生植被、水产养殖许可。这些也是未来中国投资人投资澳大利亚水产养殖必须经历的。

(二)水产养殖招商项目示例

澳大利亚有很多水产项目可以在相关网站上搜集到,大部分都有一定的时效性,笔者仅将其中3个作为例子,以示读者。①

1. 珊瑚海水产养殖场整体出售②

该项目为运营中的对虾养殖场,拟出售价格为695万澳元。该水产养殖场在昆士兰州的汤斯维尔市和欣钦布鲁克岛之间,占地172公顷。其中在32公顷的地上建有38个池塘,另外27公顷土地已开发为牧场。建筑方面包括住宅、员工宿舍、机械棚和有冷库的加工棚。澳大利亚最大的资产评估机构Herron Todd White曾于2010年对该养殖场由进行资产评估。养殖场现生产新鲜的和冰冻的黑虎虾(Penaeus Monodon,斑节对虾)。产品现在销售给Woolworths(澳大利亚最大连锁超市),有可能进一步扩大产量以供应出口市场。该养殖场自2010年开始养殖盲曹鱼(Barramundi)和金石斑(Gold Spot Cod)。资产评估报告和经营数据请向招商单位索要。珊瑚海农场主人年龄已高,没精力有效地控制管理养殖场,因此委托Swanshell China公司代理出售。养殖场现在由他的邻居马克在帮助管理,已减少了虾苗投养,以减轻工作量。该项目的吸引力在于其已在澳大利亚建立了市场,并有潜在的能力将产品出口到亚洲市场。该项目的大量土地也带来了未来的发展空间。

2. 澳大利亚东海岸水产海鲜养殖项目500万澳元(详见表8-6)③

表8-6　澳大利亚东海岸水产海鲜养殖项目介绍

编号:161121	地点:新南威尔士州
价格:500万澳元	类型:综合
面积:42英亩	降雨量:1300毫米
属性:永久产权	—

该水产海鲜养殖场位于新南威尔士州北部的扬巴,距黄金海岸以南200多公里,2.5小时车程,交通便利,运输方便。扬巴气候温暖湿润,是非常著名的旅

① 更多信息,可查询相关网站:https://www.raywhite.com、https://www.realestate.com.au https://www.domain.com.au、https://www.farmbuy.com、property.cbre.com.au、australia.businessesforsale.com、https://www.gslg.com.au/farm/、https://www.cnzsyz.com/aozhou/ShowSpecial.asp?SpecialID=22。

② See https://www.cnzsyz.com/aozhou/info/368917.html.

③ See https://www.gslg.com.au/farm/nsw17ha.html.

游城市。水产养殖场位于克拉伦斯河入海口,包括255亩的海滨土地,划分为12块池塘,每块面积为13.5亩。海边设有现代化的大型处理设施(已有出口许可,免认证),沉降池、孵化水库和两个有小围塘的育苗池,包括孵化虾或鱼的所有必要设备,其中虾孵化场虽然有点过时,但仍在运作中。大型加工设备包括加工各种类型的鱼虾所需的所有设备,包括虾分类机、炊具、单体速冻机和两个冷藏集装箱。这些带有小围塘的池塘可以最大限度地开发养殖潜力,也可以更好地控制水温,节约干燥时间和未来的维护费用。在目前的养殖条件下,石首鱼在12个月内可以增长到700克,可以实现每公顷20吨左右的养殖密度。该养殖场运营中所涉及的所有生产加工各种各样的鱼、虾、螃蟹的许可和执照都已被批准。其曾被作为养虾农场来运营,目前养殖南极石首鱼(Mulloway),为澳大利亚国内市场供货超过8年。农场可以每年产100多吨的2公斤重的南极石首鱼,如果加工成亚洲市场的罐装食品并改进生产成本,预计销售额增加30%以上。

养殖场包括一套2居室住宅、1个浴室、3间车库。此外,该养殖场在新的商业计划中表示,通过预算,将引进燃木取暖系统用于目前池塘里的小围塘,以保证冬季时海鲜类生长需要的水温。还将逐步推出另一项计划,生产更大的石斑鱼来取代目前的石首鱼,这将有更高的销售价值并有效地吸引亚洲市场。现任物主可以继续管理养殖场来帮助新业主接手,并进行一系列的监管。

3. 悉尼北部水产、养殖、旅游、餐饮综合农场(详见表8－7)[①]

表8－7　悉尼北部水产、养殖、旅游、餐饮综合农场

编号：N171027	地点：新南威尔士州
价格：700万澳元	类型：综合
面积：43英亩	降雨量：1300毫米
属性：永久产权	—

该农场是经营非常成功的农场典范。整个物业的运作可以看出业主敏锐的商业视角和勤奋务实的企业家精神。这是悉尼北部斯提芬森港(Port Stephens)地区的绝佳投资机会,增值潜力巨大。农场位于悉尼北部190多公里的沿海,距悉尼两个多小时车程的距离。农场主要经营水产养殖、蔬菜种植、游客接待、餐饮提供等业务。每年水权102兆升,用水便利。该农场是新南威尔士州最大的

① See https://www.gslg.com.au/farm/191.html.

盲曹鱼供应商，同时还有很大的扩展空间，拥有现代化蔬菜种植灌溉系统，旅游中心和餐饮区可容纳 320 人，会议、婚礼和平常就餐都可以在此进行，加工车间目前没有运作。设备有 2 个冷库（8m × 5m），并有批文同意其扩大目前功能的一倍。

该农场拥有一套 3 居室的住宅、电力系统、混凝土车道、鱼塘，农场设备包括 2 个发动机、车辆、拖拉机、卡车、挖土机、工具和零件设备。无论是渔业还是旅游都有极大潜力。

第九章　葡萄酒业

一、澳大利亚葡萄酒的概况

（一）历史渊源

1788 年，第一批英国殖民者在船队领导者菲利普的指挥下，将从好望角上船的一批葡萄藤剪枝种植在悉尼的农场湾（Farm Cove），但由于高温和高湿，葡萄藤腐烂了。1788 年葡萄酒的引入，标志着澳大利亚葡萄酒酿造的开始。1792 年，农场主菲利普·谢弗（Philip Schaeffer）在海塞尔（Hesse）种植了约一英亩的葡萄园，他也成为澳大利亚第一个私人葡萄园庄主，他的葡萄园 1797 年扩展到 8.5 英亩，最初几年发展很好，酿出了较好的餐桌酒，但因葡萄藤疾病和缺乏管理经验，这次尝试最终失败了。1820 年，澳大利亚羊毛业的先驱和活动家约翰·麦克阿瑟（John Macarthur, 1767 ~ 1834 年）及其两个儿子在悉尼西南约 50 公里的卡姆登公园（Camden Park）种植葡萄树，并频繁去欧洲考察引进品种，开始几年屡屡失败，就在他们开始失望并准备放弃时，葡萄种植却获得了成功。麦克阿瑟家族因其在澳大利亚培育了第一个商业葡萄园和酿酒厂，并以营利方式出售葡萄酒，而载入历史，同时标志着澳大利亚葡萄酒产业的开始。澳大利亚引进葡萄栽培之所以艰难，一是因为找到适合澳大利亚的葡萄品种需要时间和过程；二是因为当时法国革命战争阻断了交流，市场上充斥伪劣和带有疾病的藤枝；三是澳大利亚的种植者缺少经验和对当地气候土壤情况的研究。[①]

另一个对澳大利亚葡萄酒起源具有重要作用的历史人物是詹姆斯·巴斯比(James Busby, 1801～1871年),他可以称得上是澳大利亚葡萄栽培的伟大宣传者和推广者。巴斯比曾在法国进行过葡萄种植的研究,收集了一系列插条,并带着插条于1824年抵达新南威尔士州,在猎人谷获得了2000英亩的土地补助金后开始试验种植,他还在悉尼附近的卡巴玛塔(Cabramatta)的男性孤儿学校进行了葡萄栽培的职业教育。巴斯比认为,葡萄藤特别适合于澳大利亚殖民地种植,他在1825年翻译了法文版的《葡萄藤栽培和葡萄酒艺术》,并于1830年撰写了《新洲葡萄园种植和酿酒操作指南》。他还向感兴趣的人分发了20,000多件切割品。1831年,巴斯比去西班牙、法国和英国的葡萄园收集了大量不同品种的葡萄藤,包括著名的西拉子(Shiraz)、霞多丽(Chardonnay),并将这一大型系列藏品运往澳大利亚捐赠给澳大利亚政府,种植在悉尼植物园,免费提供给想要从事葡萄种植和酿酒的人。巴斯比在葡萄种植知识的推广和葡萄品种的引进方面对澳大利亚葡萄酒行业产生了巨大影响。[②]

(二)葡萄种植和酿酒业的历史发展

1830年开始,欧洲移民在澳大利亚海岸周围也建立了新的定居点,葡萄种植延伸到西澳大利亚州、维多利亚州和南澳大利亚州,1838年William Ryrie用从姆登公园带来的葡萄插条,在维多利亚州建立了第一个商业葡萄园。1837年J. B. 海克、理查德·汉密尔顿、乔治·史蒂文森和A. H. 戴维斯用巴斯比引进的葡萄藤在阿德莱德和格莱内尔格周围种植了第一批葡萄藤,为今天澳大利亚南部的葡萄酒产业开启了历史进程。

1840年起,随着澳大利亚移民的增多,葡萄种植的面积迅速扩大,今天在新南威尔士州和南澳大利亚州的几个著名的葡萄园和葡萄酒厂就源于1840年后的这10年。为了鼓励葡萄酒行业的发展,新南威尔士州政府立法允许葡萄种植者不必再申请许可证,1843～1850年的葡萄园数量翻倍,达到1000多个,葡萄酒的产量也首次超过10万加仑。在南澳大利亚州,来自德国的移民开创了巴罗莎山谷葡萄种植区域,到1850年,维多利亚州有超过160英亩的葡萄园。

---

① See https://artserve. anu. edu. au/raid1/student_projects/wine/wia. html.

② See https://sedimentality. com/wine-history/the-history-of-wine-in-australia/.

19 世纪后半叶，澳大利亚葡萄酒开始出口。1854 年前后，每年出口英国 7000 加仑，1863～1885 年出口量增至每年 3.2 万加仑，1885～1900 年的每年出口量大幅增加至 50 万加仑，主要是浓郁的勃艮第类型的葡萄酒。1901 年，澳大利亚联邦成立，有两个因素促进了葡萄酒产业的发展：一是州和州之间的贸易壁垒消除了；二是联邦立法只允许用葡萄提炼的酒精强化葡萄酒以及只能用葡萄酿造白兰地。随着行业的发展，澳大利亚出现了一些规模较大的公司，包括 Penfolds、Seppelts 和 Hardys 等。其后，过度种植和根瘤蚜病害，使澳大利亚葡萄酒业受到了打击。1925 年，澳大利亚政府设立了葡萄酒委员会对酿酒葡萄征税，整顿行业秩序，葡萄酒产量开始增加，至 1939 年前，出口英国的葡萄酒数量达到了 280 万加仑。①

澳大利亚葡萄酒 1955～1957 年产量变化如图 9－1 所示。第二次世界大战后，澳大利亚葡萄酒的行业发生了较大变化，大公司从批发散装改为以营销自己标签瓶装酒为主，同时国内消费增长。1953 年老牌公司格兰普及其子公司奥兰多采用了“冷压还原发酵”技术，发明了“巴罗莎珍珠”起泡酒，这是第一项革新；第二项革新，即使用螺旋盖替代易污染的软木塞；第三项革新，为种植方面的“根部单侧干燥”和“控制缺水灌溉”技术，使葡萄产量高且品质好，以上三项革新对澳大利亚的葡萄酒行业产生了深远影响，使度数较低的佐餐红酒替代强化红酒，成为澳大利亚人的消费主流，并推动了世界葡萄酒的进步，澳大利亚每年的红酒消费量也从 1960 年的每人 5 升增加到 1977 年的每人 13.7 升。从 20 世纪 70 年代开始，澳大利亚葡萄种植面积激增，但伴随经济周期，该行业也受到供给成本增加、需求波动、产量过剩、价格折扣、税收结构改变等各种因素影响，整个行业发展呈波动形态。1990～2005 年，经过一段生产增长强劲的时期，葡萄从 2006 年开始进入了 10 年供过于求、葡萄价格较低的时期，葡萄酒产业直到前几年才摆脱了这种局面。自 2014 年以来，国际上对澳大利亚葡萄酒的需求有所增加，这是由几个因素推动的，包括来自中国的需求不断增长，以及欧洲、南非和智利葡萄酒产量下降。与此同时，澳大利亚 19% 左右面积的种植者退出了这个行业，修正了澳大利亚长期持续的供需失衡，导致自 2014 年以来葡萄价格有所回升，

① See https://artserve.anu.edu.au/raid1/student_projects/wine/wia.html.

但仍远低于长期平均水平。①

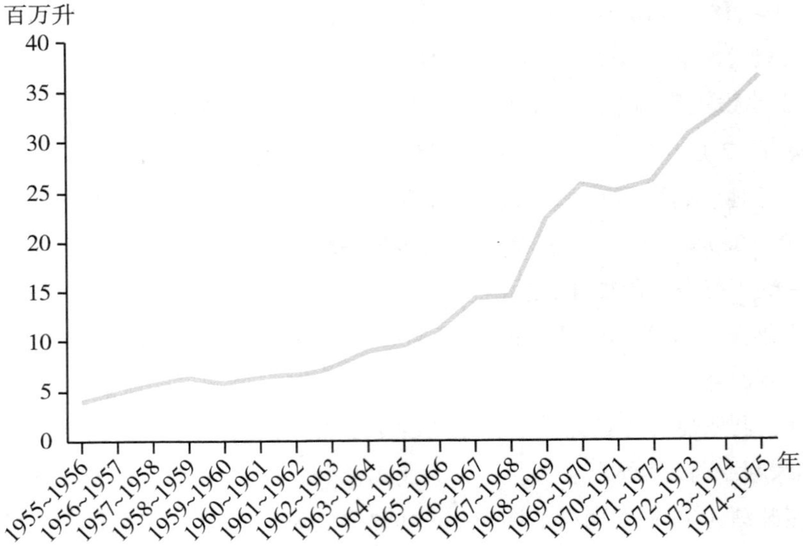

图 9-1 澳大利亚葡萄酒 1955~1975 年产量变化②

(三)澳大利亚葡萄酒产业现状

澳大利亚是世界上第五大葡萄酒生产国,排在法国、意大利、美国、西班牙之后,与阿根廷不分上下;澳大利亚同时是世界第四大葡萄酒出口国。澳大利亚种植的品种超过 130 种,但产量最多的品种包括西拉子、赤霞珠、霞多丽、梅洛、赛美蓉、黑皮诺、雷司令和长相思。澳大利亚葡萄酒管理局发布的 2018 年葡萄收获报告显示,澳大利亚葡萄种植总面积为 135,133 公顷,其中,西拉子占 39,893 公顷(占比 30%)。霞多丽是最大的白葡萄品种,有 21,442 公顷(占比 16%)。2018 年澳大利亚共压榨酿酒葡萄 179 万吨,同比上年减少了 10%,但略高于历年平均值,其中,南澳大利亚州占 879,000 吨(占比 49%)。酿酒产量方面,2018 年澳大利亚生产了 12.9 亿升葡萄酒,平均提取率为 716 升/吨。酿酒葡萄收购均价

① See "Australian Wine—A History Of Innovation", https://www.wineaustralia.com/whats-happening/stories-of-australian-wine/science/australian-wine-a-history-of-innovation, Nov. 7, 2019.

② See "Uniquely Australian: Fresh, Authentic, Exciting-State of the Sector 2018", https://www.wineaustralia.com/news/market-bulletin/issue-94, Nov. 7, 2019.

增长了8%,至每吨609澳元,创2008年以来最高纪录。①

据统计,澳大利亚65个葡萄种植区共有2468家葡萄酒厂和6251家葡萄种植者,共有172,736名全职和兼职员工,每年为澳大利亚经济贡献超过400亿澳元,包括雇工工资、红酒旅游及税收。② 2018年澳大利亚葡萄酒出口总额为28亿澳元,其中,出口中国10亿澳元,位居第一;出口美国4.24亿澳元,位居第二;出口英国3.89亿澳元,位居第三。出口葡萄酒8.49亿升,占澳大利亚总产量的68.99%,其中,红葡萄酒占61%、白葡萄酒占38%,这与澳大利亚国内的红、白葡萄酒销量基本对等有较大不同。在澳大利亚国内市场,葡萄酒的消费数量达到5.96亿升,其中,消费本土产葡萄酒达5亿升,占据消费总量的84%,进口葡萄酒的消费量为0.96亿升,仅占消费总量的16%,由此可见澳大利亚人对本土产葡萄酒的偏爱。

澳大利亚的酿酒商涵盖了多种商业模式,尽管他们的规模与一些可观察到的趋势相关。酿酒市场高度集中,1%的企业占葡萄酒产量的80%以上,2017年,澳大利亚四大葡萄酒生产商——美誉酒业(Accolade Wines)、富邑葡萄酒集团(Treasury Wine Estates Vintners)、保乐力加(Pernod Ricard)和德保利葡萄酒(De Bortoli Wines)占据了56.7%的市场份额。值得注意的是,美誉酒业在2017年获得了25.1%的市场份额。③ 按产量计算,60%以上的葡萄酒用于出口。澳大利亚国内消费总体稳定,每人年消费量达29.6升。消费者尤其青睐本土产的葡萄酒,进口葡萄酒只占澳大利亚市场的20%,在消费结构上,白葡萄酒占据45%,红葡萄酒占据40%,这一点不同于世界其他国家和地区。澳大利亚国内酒类零售市场高度集中,四家零售商(Wesfarmers、Woolworths、Metcash和Aldi)的销售额占销售额的80%以上。酒庄等直接渠道的销售额合计只占国内总销售额的10%④。澳大利亚有65个葡萄酒产区,每个产区都有自己独特的地形、地理、气

---

① See "National Vintage Report 2018", https://www.wineaustralia.com/getmedia/fce5bf18-468b-4e1b-a478-d6ca231d40f6/VintageReport2018_full.pdf, Nov. 7, 2019.

② See "Economic Contribution of the Australian Wine Sector", https://www.wineaustralia.com/WineAustralia/media/WineAustralia/PDF/Market-Insights/2016/Final-AgEconlus-Economic-Contribution-Australian-Wine-Sector.pdf, Nov. 7, 2019.

③ See "Wine in Australia", https://store.marketline.com/report/ohmf6103—wine-in-australia/, Nov. 7, 2019.

④ See "Wine Grapes-A Market Study by the ACCC Issues Paper", https://www.accc.gov.au/system/files/Wine-grapes-Issues-Paper-26-Sept-2018.pdf, Nov. 7, 2019.

候和土壤,主要分布在南澳大利亚州、新南威尔士州、维多利亚州、西澳大利亚州和塔斯马尼亚州 5 个区域,它们占据整个澳大利亚葡萄酒产量的比例分别为 48.6%、29.1%、17.6%、4.3%和0.5%。其中,南澳大利亚州有世界上最古老的葡萄藤,位于巴罗莎山谷的 Longmeil's Freedom 葡萄园是澳大利亚最古老的葡萄园,于 1843 年种植,当欧洲葡萄园遭到根瘤蚜灾害摧毁而重新种植时,南澳大利亚州因为严格的检疫而未受影响。①

澳大利亚葡萄酒产业链分布:(1)上游的种植者栽培葡萄藤、生产酿酒的葡萄,也有酿酒商自己收购或租赁葡萄园种植葡萄,但大部分还是向种植者采购;(2)酿酒商通过供货协议向附近区域内的种植者收购葡萄,利用自己的设备和资产进行压榨、发酵、混合、陈酿来生产葡萄酒;(3)酿酒商自己或通过贸易商以散装或瓶装葡萄酒的方式进行出口国际销售,国内销售主要有批发给大型零售商、专卖店、餐饮店和酒庄等方式(详见图 9-2)。

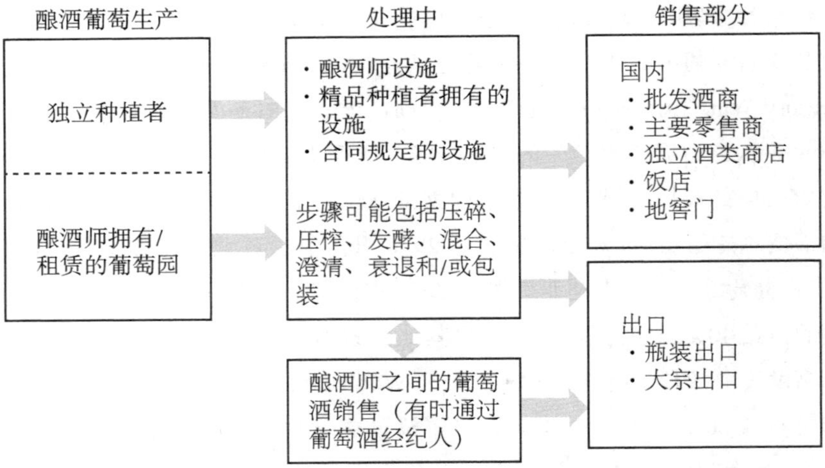

图 9-2 澳大利亚葡萄酒产业链示意②

葡萄酒产业的供应链:图 9-3 是澳大利亚农业部网站上登载的,对从澳大利亚种植的西拉子品种酿制的葡萄酒出口到中国消费者酒杯里的供应链示意

---

① See https://www.wineselectors.com.au/selector-magazine/wine/10-facts-about-australian-wine.

② See "Wine Grapes-A Market Study by the ACCC Issues Paper", https://www.accc.gov.au/system/files/Wine-grapes-Issues-Paper-26-Sept-2018.pdf, Nov. 7, 2019.

图，据图可知：(1)从葡萄园开始，葡萄藤在种植园里被精心栽培，防治虫害，并做农药最大残留限量(Maximums Residue Limits，MRLs)检测；(2)采收葡萄时，根据澳大利亚国内生物安全协议规定，用机械防治根瘤蚜方法以确保葡萄无虫害；(3)储运过程中的葡萄按澳大利亚规定，不能有存在果蝇或根瘤蚜的风险；(4)在酒庄的磅桥过秤，交割葡萄所有权，并按 MRLs 规定进行分类，例如，按中国的要求不得含有亚磷酸；(5)压榨酿制葡萄酒时，所有添加剂均符合进口国(中国)的要求，并审核流程以确保葡萄品种和压榨年份的正确性；(6)在酒庄装瓶，酒标须符合中国的要求，例如，经澳大利亚葡萄和葡萄酒管理局(Australian Grape and Wine Authority，AGWA)验证酒标符实；(7)上船运输，由 AGWA 出具西拉子葡萄酒出口证书；(8)在进口国对西拉子葡萄酒进行商检卫检，包括农药最大残留限量、添加剂和酒标的合规性；(9)进入零售市场，中国消费者在国家进口标准之上还有关注葡萄酒品质和年份的偏好；(10)品味澳大利亚特有的美妙的西拉子品种葡萄酒。

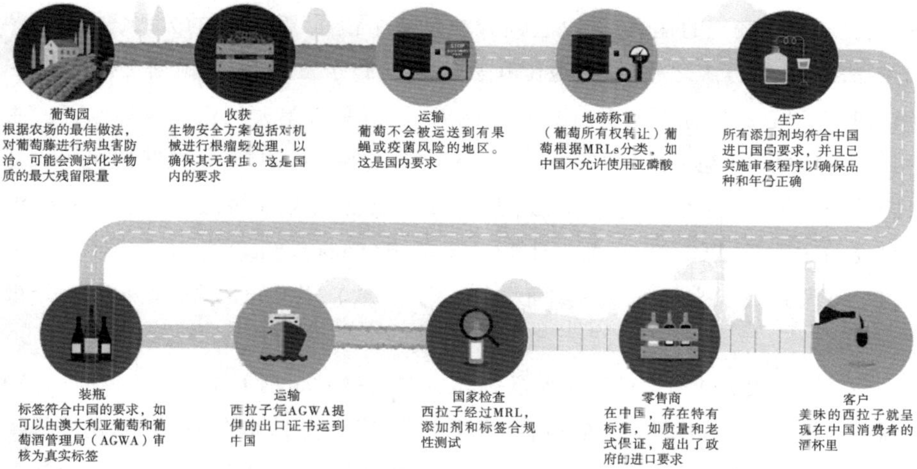

图 9－3　澳大利亚西拉子品种葡萄酒，从澳大利亚本土种植园到酒庄，再出口到中国消费者酒杯中的供应链示意①

① See "From Grape to Glass", https://www.agriculture.gov.au/SiteCollectionDocuments/market-access-trade/ntm-infographics/Wine.pdf, Nov. 7, 2019.

二、评级和产区分布

(一)评级和评分

澳大利亚对本土葡萄酒有较系统的分级和评分,影响力最大的是"兰顿"分级(Langton's Classification),它是一项针对具体酒款的分级。也就是说,一家酒庄可能有多款葡萄酒入选这个分级系统。兰顿分级是根据澳大利亚领先的兰顿拍卖行(Langton)通过拍卖市场上对澳大利亚各年份的葡萄酒综合评估,计算得到的排名。要有资格参加排名,酒庄的酒款必须至少有10个已经酿造好的年份(不一定都已经上市),同时,在二级市场(包括拍卖市场在内)要有可以被查询到的交易记录。这些数据都在兰顿的网站上可以查询到,从理论上来说,任何人都可以用这些公开数据重现这份排名的结果,所以该排名有极高的公信力。当然也有一些品质非常好的葡萄酒并没有进入兰顿分级系统,那是因为它们在二级市场上没有足够的流通量而无法参评,但也正因为需要有足够的在二级市场交易的出色表现才能获得分级的认可,才保证了能够入列分级的葡萄酒都是有长期稳定优秀表现的佳酿,所以兰顿分级是一个慎重、负责任的分级,成为世界上除法国1855分级之外,最有地位和威信的一个分级系统,兰顿拍卖行在2009年被澳大利亚零售巨头Woolworths收购时,还遭受过澳大利亚政府的调查。兰顿分级自1990年第一次发布以来,历经25多年,约5年更新一次,2018年9月1日是最近的一次更新,是第7版,共有3个级别,从高到低依次为:至尊级(Exceptional)有22款酒(增加了1款),卓越级(Outstanding)有46款酒(减少了6款)和优秀级(Excellent)68款酒(增加了3款),共136款酒入列兰顿分级系统。①

另外,澳大利亚著名的酒评家詹姆斯·哈雷德(James Halliday)先生从1979年起就开始品评澳大利亚的葡萄酒,著作70多部。从1986年开始,老先生每年都不辞辛苦地、尽可能地品遍澳大利亚所有红酒,客观公正地评分,认真编写葡萄酒年鉴。该年鉴已成为澳大利亚的权威酒评书,以及世界各国酒商对澳大利亚葡萄酒的采购指南,被誉为澳大利亚的"红酒圣经"。哈雷德先生于2010年因对澳大利亚葡萄酒的杰出贡献而荣获"澳大利亚勋章"。他将酒庄从三星半到五

---

① See https://www.langtons.com.au/classification.

星及红五星共分为6个等级，将酒款评分从75分到100分也分为6个等级。①2018年5月14日，兰顿拍卖行与哈雷德先生达成战略联盟，这将会更好地规范澳大利亚葡萄酒的市场竞争秩序，促进行业的良性发展。

（二）产区分布

澳大利亚葡萄酒酒庄有近2500家，酒款有上万种，大部分散布在南澳大利亚州、新南威尔士州、维多利亚州、西澳大利亚州和塔斯马尼亚州5个区域，每个区域有地理和气候自成小天地的65个产区，每个产区都有自己的地理标志保护（Geographical Indication，GI）。在每一个地理标志产区内，又有众多不同风格、工艺及历史传承的酒庄以及不同定位的酒款。

（三）南澳大利亚州

南澳大利亚州以得天独厚的优良环境成为澳大利亚最重要的葡萄酒产区，这里自然条件十分多样，气候从凉爽到炎热，地形有山谷、河地，塑造出丰富的葡萄酒风格，葡萄酒浓郁而丰满。这里出产全澳近一半的葡萄酒，澳大利亚最著名、最昂贵、荣获国际大奖的葡萄酒几乎都产自这里，并以拥有世界上最古老的一些葡萄藤为荣。当地最著名的产区有以下这些：阿德莱德山区（Adelaide Hills）、巴罗莎山谷（Barossa Valley）、伊顿山谷（Eden Valley）、克莱尔山谷（Clare Valley）、库纳瓦拉（Coonawarra）、麦拉伦维尔（McLaren Vale）。②

1. 阿德莱德山区。位于阿德莱德以东，由于海拔相对较高，气候凉爽，当地红白葡萄酒的比例是4∶6，以白葡萄酒为主。主要品种为：长相思（Sauvignon Blanc）、霞多丽、黑皮诺（Pinot Noir）、雷司令（Riesling）等。这里出产的长相思因品质超群而被奉为澳大利亚标杆。这些酒清爽、芳香，拥有爽脆的酸度、良好的集中度和干净的回味。Geoff Weaver酒庄的长相思曾被詹姆斯·哈雷德多次评为“澳大利亚最佳长相思”，并被给予96~97分的高分。黑皮诺和霞多丽在当地同样占据重要地位。霞多丽保留了充分的酸度，口感复杂而不失优雅。黑皮诺则代表了南澳大利亚州的最高水准，单宁柔顺，成熟的莓果风味非常突出。同时，这两个品种也被用来酿造高品质的起泡酒。该区域较有代表性的酒庄有Penfolds Magill Estate及Petaluma等。进入兰顿分级系统的酒款有优秀级的

---

① See https://www.winecompanion.com.au.

② See https://www.winefolly.com/review/barossa-valley-and-the-wines-of-south-australia/.

Penfolds Magill Estate。

2. 巴罗莎山谷。其以生产西拉子葡萄品种而闻名,是澳大利亚著名葡萄酒的发源地。1830 年由德国移民建立,位于南澳大利亚州首府阿德莱德的东北部,约 1 小时车程,这里的第一批移民是来自西里西亚的德国人,产区小镇塔伦达至今还保留了很多德国文化和习俗。山谷拥有连绵的山脉、肥沃的土壤,昼夜温差大、炎热少雨,属于地中海式气候,这些条件使其生产出丰满的红酒和精致的白葡萄酒。主要品种有:西拉子、赤霞珠、歌海娜、雷司令,红白葡萄酒的比例为 8∶2。西拉子是当之无愧的明星,占据约一半的种植面积。这里出产的西拉子红葡萄酒浓郁饱满,单宁成熟顺滑,果味丰富,带有明显的辛香料风味,且拥有非常不错的陈年潜力。种植于 19 世纪中期的老藤西拉子尤其珍贵且品质超群,当地最老的西拉子是 Langmeil 酒庄在 1843 年种下的,这可能是世界上最古老的西拉子葡萄藤,至今仍在出产葡萄酒。该区域较有代表性的酒庄有洛克福(Rockford)、托布雷(Torbreck)、御兰堡(Yalumba)等。该产区的酒款进入兰顿分级系统的至尊级的有克里斯·瑞兰德(Chris Ringland)、洛克福古法西拉干红葡萄酒(Rockford Basket Press)、托布雷小地块干红(Torbreck Run Rig)、沙普帕拉百年茶色波特风格加强酒(Seppeltsfield 100 Year Old Para Vintage Tawny);卓越级的有查尔斯莫顿九教皇混酿干红(Charles Melton Nine Popes)、格兰特柏奇米沙西拉子红葡萄酒(Grant Burge Meshach)、格林诺克伦费尔特路赤霞珠干红葡萄酒(Greenock Creek Roennfeldt Road)、凯勒斯老家伙西拉干红(Kaesler Wines Old Bastard)、兰迈酒庄自由 1843 西拉(Langmeil Winery The 1843 Freedom)、美石西拉子红葡萄酒(Peter Lehmann Stonewell)、洛克福红色西拉子起泡酒(Rockford Sparkling)、御兰堡旗舰赤霞珠(Yalumba The Signature);优秀级的有德顿酒庄统帅西拉干红葡萄酒(Elderton Command)、格莱佐酒庄苍穹之眼西拉子红葡萄酒(Glaetzer Wines Amon Ra)、亨特利酒庄洛斯奥托西拉红葡萄酒(Hentley Farm Clos Otto)、约翰杜瓦尔荟萃(John Duval Wines Plexus)、克拉斯乔治老藤西拉干红葡萄酒(Kalleske Johann Georg Old Vine)、圣哈利特老区西拉干红葡萄酒(ST Hallett Old Block)、托布雷后裔干红葡萄酒(Torbreck Descendant)、御兰堡巴罗萨八音堡老藤西拉子干红葡萄酒(Yalumba The Octavius Old Vine)。

3. 伊顿山谷。紧邻巴罗莎山谷,气候凉爽,海拔较高,葡萄园位于起伏的山丘上。主要品种有:雷司令、西拉子、赤霞珠、霞多丽等。雷司令是这里的重要品种，酿成的酒款，“年轻时”有浓郁的青柠果汁风味，陈年后则呈现更多橘子果酱的味道。优质的雷司令可以储存10年以上，普西河谷（Pewsey Vale）酒庄的雷司令最为知名，这些雷司令的葡萄藤源自1847年，也是整个伊顿山谷最早的一批葡萄藤。伊顿山谷也出产非常棒的西拉子，这里的西拉子没有那种显著的辛香料气息，但是有丰富的甜李子和黑莓风味，同时带一点甘草气息。最著名的酒款来自翰斯科（Henschke）酒庄的神恩山（Hill of Grace）和宝石山（Mount Edelstone），这两款酒同时位列兰顿分级的最高级别——至尊级。其他较有代表性的酒庄有利奥博林（Leo Buring）、蒙特达姆（Mountadam）等。该产区的酒款进入兰顿分级系统的至尊级的有翰斯科神恩山干红葡萄酒（Henschke Hill of Grace）、翰斯科酒庄宝石山干红葡萄酒（Henschke Mount Edelstone）；卓越级的有西里尔·翰斯科红葡萄酒（Henschke Cyril Henschke）；优秀级的有利奥博林莱纳雷司令干白葡萄酒（Leo Buring Leonay）、普西河谷雷司令白葡萄酒（Pewsey Vale The Contours）。

4. 克莱尔山谷。位于巴罗萨谷西北，这里被詹姆斯·哈雷德称为澳大利亚最美丽的产区之一。当地属于温和的大陆性气候，夏季炎热，昼夜温差大，以红葡萄酒为主导，红白葡萄酒的比例大约为7∶3，但雷司令格外有名，以“澳大利亚雷司令的故乡”而著称。种植的主要品种为：西拉子（约占35%的面积）、赤霞珠、雷司令（约占25%的面积）等。雷司令是当地的代表性品种，全澳20%的雷司令葡萄酒来自克莱尔山谷。这里的雷司令朴素冷峻，并饱含矿物质风味，酸度细腻，具有极佳的陈年潜力，有些可达20年以上。著名的Grosset Polish Hill Riesling是“兰顿分级”最高级别——至尊级中唯一的雷司令。产自这里的西拉子芳香、强劲、结构平衡且优雅细腻，有典型的红色浆果、香料和巧克力味道。一些酒有极强的陈年潜力。克莱尔山谷同时也出产一些混酿葡萄酒，如西拉子和赤霞珠、赤霞珠和马尔贝克等。较有代表性的酒庄有金百利（Jim Barry）、歌浓（Kilikanoon Wines）、文多（Wendouree）等。该产区的酒款进入兰顿分级系统的至尊级的有格罗斯酒庄波利山雷司令白葡萄酒（Grosset Polish Hill）、金百利酒庄古风西拉干红葡萄酒（Jim Barry The Armagh）；卓越级的有文多（Wendouree）（不同葡萄品种共4款入选）；优秀级的有格罗斯酒庄盖亚女神园红葡萄酒（Grosset Gaia）、格罗斯酒庄春之谷雷司令白葡萄酒（Grosset Springvale）、凯利神谕西拉干红（Kilikanoon Wines Oracle）。

5. 库纳瓦拉。其位于南澳大利亚州的东南角,距离海岸线仅 100 公里,由一个世纪前的苏格兰移民建立。受寒流影响,这里气候较为凉爽。在葡萄成熟期间天空云层较多,减少了光照且降低了温度,保证了葡萄的品质。库纳瓦拉最宝贵的是石灰层地形和其丰富的红土,造就出世界其他葡萄产区无法匹敌的赤霞珠葡萄,西拉子、梅乐其他品种也荣获很多奖项,同样以红葡萄酒占主导。赤霞珠是当地最具标志性的品种,种植面积是西拉子的 3 倍之多,同时也是全澳大利亚赤霞珠种植面积最大的产区(近 3400 公顷)。库纳瓦拉产区的赤霞珠果味集中,有黑醋栗、黑莓、黑李子等黑色水果风味,同时还会带有薄荷、桉树等独特的味道。产区最出名也是最大的酒庄是酝思酒庄(Wynns Coonawarra Estate),最初的葡萄园建立于 1891 年,也是当地最古老的葡萄园之一。其他较有代表性的酒庄还有佳诺酒庄(Katnook Estate)、玛杰拉酒庄(Majella)、巴内夫酒庄(Balnaves of Coonawarra)等。该产区的酒款进入兰顿分级系统的至尊级的有酝思库酒庄约翰里德赤霞珠干红葡萄酒(Wynns Coonawarra Estate John Riddoch);卓越级的有巴内夫泰利珍藏赤霞珠红葡萄酒(Balnaves of Coonawarra The Tally Reserve)、佳诺酒庄奥德赛赤霞珠红葡萄酒(Katnook Estate Odyssey);优秀级的有宝云酒庄葡萄酒(Bowen Estate)、杰卡斯圣雨果库纳瓦拉赤霞珠红葡萄酒(Jacob's Creek Orlando St. Hugo)、佳诺酒庄红葡萄酒(Katnook Estate)、玛杰拉酒庄玛丽亚红葡萄酒(Majella The Malleea)、帕克一级酒庄红土干红葡萄酒(Parker Coonawarra Estate Terra Rossa First Growth)、奔富 128(Penfolds Bin 128)、葡萄之路库拉瓦拉干红葡萄酒(Petaluma Coonawarra)、酝思酒庄葡萄酒(Wynns Coonawarra Estate)、酝思古纳华纳迈克尔设拉子干红(Wynns Coonawarra Estate Michael)。

6. 麦拉伦维尔。位于阿德莱德以南,紧邻圣文森(StVincent)海湾,拥有悠久的酿酒历史。1838 年 John Reynell 到达南澳大利亚州并于次年在这里种下了南澳大利亚州第一批葡萄藤。如今,这里是公认的绿色环保产区先锋,许多酒庄都实行有机甚至是生物动力种植模式(追求封闭生态系统内各生物之间自然互动产生葡萄的个性)。当地以酿造红葡萄酒为主,红白葡萄酒的比例为 9∶1,主要品种有:西拉子、歌海娜、赤霞珠、霞多丽等。西拉子在当地表现十分出众,占据约一半的产量,拥有浓郁的黑巧克力、蓝莓和辛香料等风味,质感丰满,余味复杂。另外一个品种歌海娜一度在澳大利亚非常流行,用于酿造度数较高的强化酒。而随着强化酒的没落,歌海娜品种也逐渐被人遗忘。近十多年来,歌海娜逐渐在麦拉伦维尔兴起，有些源自19世纪末20世纪初的老藤也在酒农的悉心照料下焕发生机。除了在海娜西拉慕合怀特干红葡萄酒[GSM(Grenache-Syrah-Mourvedre)]混酿中作为主力，很多酒庄都出品了单一歌海娜葡萄酒，尤其拥有老藤歌海娜的酒庄，认为这里的歌海娜比西拉子更具有陈年潜力。值得推荐的酒庄有亚加拉(Yangarra Estate)、巴耐尔(S. C. Pannell Winery)和最出名的星光园(Clarendon Hills Astralis)，其他较有代表性的酒庄有黛伦堡(Arenberg)、凯氏兄弟(Kay Brothers Amery Vineyards)、狐狸湾(Fox Creek)等。该产区的酒款进入兰顿分级系统的至尊级的有星光园(Clarendon Hills Astralis)；卓越级的有黛伦堡枯藤(D'Arenberg The Dead Arm)、狐狸湾(Fox Creek Reserve)、凯氏兄弟庄园艾美丽6号红葡萄酒(Kay Brothers Amery Vineyards Block 6 Old Vine)；优秀级的有可利乐洛珍藏(Coriole Lloyd Reserve)、黛伦堡铜矿路赤霞珠干红葡萄酒(D'Arenberg Wines The Coppermine Road)、奥利弗塔兰加珍藏(Oliver's Taranga Vineyards HJ Reserve)。

(四)新南威尔士州

新南威尔士州是澳大利亚最早的葡萄种植地，这里的葡萄酒产量约占全澳大利亚的30%。主要有3个产区：滨河沿岸地区(Riverina)和墨累—达令河岸地区(Murray Darling)出产大量物美价廉的餐酒，最著名的产区是猎人谷(Hunter Valley)，其出产的赛美容以独特的风格享誉全球。

猎人谷是澳大利亚最古老的产区，在19世纪20年代就有葡萄种植记录。由于地理位置偏北，这里气候温暖甚至偏热，同时云层较多减少了光照，长期降雨量相对较多，比较潮湿，这些独特的风土条件也决定了猎人谷葡萄酒的独特风格。主要品种有：赛美蓉、西拉子、霞多丽等，该产区的白葡萄酒产量略胜一筹。猎人谷的赛美蓉以风格独特而称著，尤其是下猎人谷的赛美蓉，在完全成熟之前提早采收，不经过橡木桶，而是在不锈钢桶中发酵陈酿，酸度充沛、酒体轻盈、酒精度仅10%~11.5%，同时也有清新的果味，其独特之处在于瓶陈之后，会慢慢发展出柠檬果酱、蜂蜜、烘烤、矿物质的复杂风味，与其"年轻时"风格大相径庭，拥有出色的陈年能力。西拉子在猎人谷也非常出色，与那些热情饱满、酒体厚重的西拉子不同，猎人谷的西拉子更加优雅，酒体中等，伴随红色和黑色浆果的味道，同时也有非常好的陈年潜力。猎人谷还是澳大利亚第一个商业种植霞多丽的产区，1971年Tyrell's推出第一款澳大利亚霞多丽，之后霞多丽才在澳大利亚遍地开花。该产区较有代表性的酒庄有恋木传奇(Brokenwood)、麦克威廉(McWilliam's)等。该产区的酒款进入兰顿分级系统的至尊级的有恋木传奇宝帝园西拉子(Brokenwood Wines Graveyard Vineyard);卓越级的有 Tyrrell's Vat 1 Semillon;优秀级的有 Lake's Folly White Label、McWilliam's Mount Pleasant Lovedale Semillon、Tyrrell's Vat 47。

(五)维多利亚州

维多利亚州位于澳大利亚东南角,这里气候相对凉爽,出产非常不错的黑皮诺和霞多丽佳酿,以及品质不俗的起泡酒。最著名的产区是莫宁顿半岛(Mornington Peninsula)、雅拉谷(Yarra Valley),还有以加强型甜酒闻名的路斯格兰(Rutherglen),以及新兴的产区吉普斯兰(Gippsland)。

1. 莫宁顿半岛。位于墨尔本以南,其酿造历史可以追溯至19世纪末,但和其他维多利亚产区类似也经历了一段低潮期,真正发展是在20世纪20年代之后。这里是典型的凉爽型海洋性气候,夏季潮湿且日照充足,较晚的成熟期及温和漫长的秋季使葡萄能够完全成熟,天然酸度高,单宁成熟细腻。主要品种有:黑皮诺、霞多丽、灰皮诺(Pinot Gris)等。黑皮诺是当地重要的品种,种植最广泛。这里连绵起伏的山丘、山谷为黑皮诺提供了最佳的生存场所。产区的黑皮诺始终保持了其品种清晰的风味特点,充满樱桃及覆盆子的味道,单宁柔和,优雅宜人。另一个品种霞多丽品质也非常高,富含柑橘、核果及无花果香气,并有丰富的矿物质感,同时伴随柔和细腻的奶香口感。正脊(Main Ridge)酒庄是莫宁顿半岛首屈一指的精品酒庄,葡萄园仅3公顷,其旗舰酒款是正脊半亩黑皮诺干红葡萄酒(Main Ridge Estate "Half Acre" Pinot Noir),选用小果粒皮诺,单宁紧致,品质出众,有很好的陈年潜力。莫宁顿半岛其他有代表性的酒庄有 Paringa 等。该产区的酒款进入兰顿分级系统的卓越级的有正脊半亩(Main Ridge Estate Half Acre);优秀级的有 Kooyong Wines Haven、Paringa Estate The Paringa、Yabby Lake Vineyard Single Vineyard。

2. 雅拉谷。是维多利亚州最古老的产酒区,被誉为世界上最佳的寒冷气候的葡萄酒生产区域之一,相对寒冷的气候非常适合黑皮诺和霞多丽的生长,独特精美的施赫和赤霞珠也受到品酒师的青睐。该产区的葡萄种植可追溯至1838年,曾在19世纪六七十年代达到高峰期,但随后因市场对加强型葡萄酒的需求增长而衰落,直至20世纪60年代晚期才得以复苏。作为澳大利亚最凉爽的产区之一,当地主要品种为:霞多丽、黑皮诺、西拉子、赤霞珠等。这里被誉为澳大利亚最著名的黑皮诺产区之一,酿成的酒款有典型的草莓、李子、樱桃的味道,风格精致且余味绵长。这里的霞多丽带有典型的蜜瓜、无花果和白桃的芳香,和黑皮诺同为酿造高品质起泡酒的重要原料。这里也出产一些赤霞珠(通常会和梅洛、品丽珠等混酿)和西拉子,由于气候凉爽,这里的红葡萄酒单宁都非常精致柔和,同时也有不错的陈年潜力。Mount Mary 酒庄出产的 Quintet 赤霞珠混酿十分出众,其混酿了赤霞珠、梅洛、品丽珠、马尔贝克和小薇尔多,并经历了 22 个月的橡木桶陈酿(30% 新桶),口感浓郁复杂,且极具陈年潜力。该酒庄出品的黑皮诺同样品质出众,获得过多个酒评家的高分。其他较有代表性的酒庄还有冷溪山(Coldstream Hills)、温特娜(Wantirna Estate)等。该产区的酒款进入兰顿分级系统的至尊级的有玛丽山五重奏(Mount Mary Quintet);卓越级的有玛丽山(Mount Mary)、雅拉优领 1 号干红葡萄酒(Yarra Yering Dry Red Wine No. 1)、雅伦堡(Yeringberg);优秀级的有 Oakridge Estate 864 Vineyard、雅拉雅拉干红葡萄酒(Yarra Yarra Vineyard The Yarra Yarra)、雅拉优领 2 号干红葡萄酒(Yarra Yering Dry Red Wine No. 2)。

3. 路斯格兰。该产区的发展史和澳大利亚历史上著名的淘金潮紧密关联。1850 年开始的澳大利亚淘金潮吸引了大量移民到维多利亚,移民到来的同时也带来了葡萄酒文化。到 1880 年,路斯格兰的葡萄酒产量占当时全澳大利亚总产量的 1/3,同时这里的酒也在国际市场上获得了很多荣誉。如今的路斯格兰是澳大利亚无可争议的“强化酒之都”,这里独特的加强型甜酒是全球加强型葡萄酒拼图中不可或缺的一部分。路斯格兰加强酒的主要葡萄品种有两种:棕色麝香葡萄(Brown Muscat)和托凯(Tokay)。路斯格兰麝香葡萄品种(Rutherglen Muscat)的味道非常浓郁复杂,并伴有浓厚的玫瑰花瓣、水果蛋糕和葡萄干的香气,缓慢的橡木桶氧化过程会带来更多焦糖、太妃糖、奶油糖果、甜香料、糖浆和黑醋栗利口酒之类的风味。托凯葡萄就是法国波尔多的白葡萄品种“密斯卡岱”(Muscadelle),用其生产的陈酿型加强酒有柑橘、桃子和葡萄干香气,相比路斯格兰麝香的厚重,托凯显得更加轻盈、精致,常带有蜜饯、麦芽糖和蜂蜜等风味,口感柔滑,酒体饱满,余味复杂持久。该产区较有代表性的酒庄有康贝尔(Campbells)、钱伯斯(Chambers Rosewood)、布勒(R. L. Buller & Son)等。该产区的酒款进入兰顿分级系统的只有优秀级的钱伯斯限量麝香甜白葡萄酒

(Chambers Rosewood Winery Rare Muscat)、钱伯斯限量密斯卡岱(Chambers Rosewood Winery Rare Topaque)。

4. 吉普斯兰。其是维多利亚州覆盖区域最大的产区,但其名气却非常“小”。相邻的雅拉谷、莫宁顿半岛都要更加有名。这个产区在维多利亚州东南沿海区域也是非常年轻的,是20世纪70年代才逐渐兴起葡萄种植,直到1996年才获得地理产区标识(Geographical Indication, GI)。该产区整体气候凉爽非常,主要以黑皮诺霞多丽为主。贝思菲利普(Bass Phillip)是吉普斯兰(Gippsland)产区的最著名的酒庄,其旗舰款珍藏黑皮诺位列兰顿分级至尊级,也是这个澳大利亚权威分级最高级中的黑皮诺之一。酒庄建立于20世纪70年代末,现在被称为“澳大利亚一流黑皮诺酿造者”。其他较有代表性的酒庄有威廉唐妮(William Downie)等。该产区的酒款进入兰顿分级系统的至尊级的有钱伯斯珍藏(Bass Phillip Reserve);卓越级的有钱伯斯精选(Bass Phillip Premium);没有优秀级的入选。

(六)西澳大利亚州

西澳大利亚州是澳大利亚最大的州,占据整个大陆1/3的面积,但已经开发的葡萄园的面积却相对比较少,但是整体比较精品。最早的葡萄种植历史可追溯到1840年,最初的葡萄园集中在首府珀斯附近,如今西澳大利亚州葡萄园已遍及大部分西南沿海地区,出产很多风格优雅价格亲民的葡萄酒。这里最著名的产区是从20世纪60年代崛起的玛格丽特河(Margaret River),其出产很多品质绝佳的葡萄酒,且通过其日益增长的影响力,将西澳大利亚州带到澳大利亚一线产区之列。

玛格丽特河,是澳大利亚葡萄酒主要产区中最年轻的,直到20世纪60年代约翰·格莱斯通(John Gladstone)博士通过研究认为,这里有出产顶级酒的潜力,之后才涌现了产大量优质酒的酒庄。该产区三面临海,有非常明显的海洋性气候,加上有利于排水的砾砂质土壤,很多人都把这里和波尔多进行比较。产区的红、白葡萄酒种植比例相当,主要品种有:赤霞珠、霞多丽、长相思、赛美蓉等。赤霞珠以及其与梅洛的混酿(又被称为波尔多混酿,Bordeaux Blend)是当地最备受赞誉的红葡萄酒类型,其单宁结构细致紧密,浓郁复杂,结构性强,陈年潜力也得到广泛认可。该地区仅占澳大利亚葡萄总产量的3%,却占据逾20%的澳大利亚高端葡萄酒市场,Cullen酒庄的Diana Madeline可谓是该产区此类酒的杰出代表，位列澳大利亚兰顿分级至尊级，并获得多个酒评家及媒体的高分评价（97 ~ 99 分）。白葡萄酒以霞多丽最为重要，酒体集中浓郁，口感复杂饱满，同时也保持了不错的酸度，而不会显得过于笨重和腻味。产区最知名的霞多丽当属 Leeuwin 酒庄的艺术系列，这个系列每个年份酒标都是委托澳大利亚知名画家所作。其他较有代表性的酒庄有慕丝森林（Moss Wood）、曼达岬（Cape Mentelle）、菲历士（Vasse Felix）、伍德兰斯（Woodlands）、露纹皮耶诺（Pierro）等。该产区的酒款进入兰顿分级系统至尊级的有露纹酒庄艺术系列霞多丽干白葡萄酒（Leeuwin Estate Art Series Chardonnay）、库伦酒庄黛安娜玛德琳干红葡萄酒（Cullen Diana Madeline）、慕丝森林（Moss Wood）；卓越级的有豪园酒庄阿伯克朗（Howard Park Abercrombie）、露纹酒庄艺术系列赤霞珠葡萄酒（Leeuwin Estate Art Series Cabernet Sauvignon）、露纹皮耶诺（Pierro）、菲历士汤姆·卡利缇（Vasse Felix Tom Cullity）、伍德兰斯（家庭系列）[Woodlands（Family Series）]。

（七）塔斯马尼亚州

塔斯马尼亚州是澳大利亚最南端的小岛，与澳大利亚大陆隔海相望。这里是澳大利亚最凉爽的产区之一，同时也是少数白葡萄酒占比高于红葡萄酒的产区之一。这里的环境使葡萄酒保持了不错的酸度，酿造出口味新鲜、口感平衡的佳酿。主要的葡萄品种有：黑皮诺、霞多丽、雷司令、长相思等。黑皮诺是当地种植面积最广的红葡萄品种，这里的黑皮诺柔和、醇厚且香气饱满，以红果味为主，非常优雅。霞多丽则是最主要的白葡萄品种，带有独特的柑橘、苹果香气和发酵产生的奶油糖果味。使用二者酿造的起泡酒品质不俗，一般采用瓶中二次发酵的传统法，达到酸度和风味的完美平衡。菲瑟涅（Freycinet）酒庄出品的 Radenti Sparkling 堪称最佳代表作之一，其采用香槟法工艺，由 60% 的霞多丽和 40% 的黑皮诺混酿，并经历了长达 8 年的酒泥陈酿，口感复杂，奶油感十足，余韵长久。其他较有代表性的酒庄还有亘古酒庄（Domaine A）、詹姆斯·道森酒庄（Dawson James）、哈迪酒庄（Hardy）旗下的火焰湾（Bay of Fires）、艾朗仕（House of Arras）和 Eddystone Point 等。该产区只有一款酒进入了优秀级，即弗雷酒庄（Freycinet Vineyards）。

三、行业特点

（一）葡萄种植的长期性

葡萄树从种植开始，到采摘出符合商业酿酒所需数量和质量的葡萄，需要大约3年的时间,批量生产需要在四五年之后,在8~15年之后才能稳定下来。对于一些优质的葡萄品种来说,葡萄树需要长达10年的时间才能达到最高品质。葡萄树可以存活几十年。较老的葡萄树比年轻的葡萄树产量更少,但质量可能更高。种植者可能会根据特定酿酒商的建议或承诺,或根据对市场趋势的预测,决定种植特定的品种和面积,在种植新的葡萄藤时,种植者必须要决定葡萄树的行距、葡萄藤和架子的间距以及土壤的处理。不同品种的新种植的投入成本是相似的,拔下一片葡萄树并重新种植,每公顷的成本可达2.5万~4万澳元。葡萄树一旦成熟,就会通过每年的生长周期对葡萄园进行管理。周期的确切时间、增长技术和所需投入因区域而异,但大致相同。特定季节的气候和天气事件也会影响所需要的投入。例如,在非常潮湿的季节,葡萄树可能需要加强对病害的监测和管理,而在非常干燥的季节,对水的需求可能会大得多。

(二)葡萄种植者普遍规模偏小、易亏损

2018年,澳大利亚有6251个酿酒葡萄种植者,大多是小型企业,很多都是家族企业。约80%的葡萄种植企业经营的农场面积不足50公顷,近98%雇佣的员工不足20人。与许多(但不是所有)气候凉爽地区的种植者相比,气候温暖地区的大多数种植者并不参与葡萄酒生产。气候温暖地区的种植者通常根据供应协议向酿酒商供应葡萄,并根据产量和质量获得报酬。根据大多数供应协议,种植者面临与葡萄生产、收获、葡萄价格和财政有关的各种风险。澳大利亚酿酒商联合会(WFA)的分析显示,2012年,77%的种植者出现亏损,2014年和2015年分别有84%和85%的种植者出现亏损。[①]

(三)酿酒是一个复杂的、多步骤的过程

从酿酒厂收到葡萄开始,到最终产品的包装,是一个步骤多和工艺复杂的过程。最早的白葡萄酒通常至少需要半年时间才能进入消费者市场,而需要陈酿的葡萄酒则需要更长的时间。成品葡萄酒受多种因素的影响,生产的步骤因葡萄酒的品种和风格而异。生产过程通常遵循与表9-1所示大致相似的模式。

---

① See https://www.wineaustralia.com/market-insights/small_winemaker_survey.

表 9-1　葡萄酒酿制过程①

压榨	• 到达酒庄秤桥后，对葡萄进行称重和质量评估，然后压碎并去核。 • 添加有助于稳定和保存葡萄酒的添加剂，在这个阶段可以添加酵母培养物
葡萄皮发酵及压榨（只适用于红酒）	• 对于红色品种，必须在与葡萄皮接触的情况下进行部分发酵，以提取颜色。 • 把葡萄汁经过沥干，再把果皮压榨出汁，然后混合
澄清	• 将葡萄汁澄清并转罐，通过离心或过滤澄清并去除沉淀物
发酵	• 葡萄汁发酵成酒。 • 在这个阶段可能会使用更多的添加剂来辅助发酵，或调整风味或酸度
过滤	• 葡萄酒经过稳定、转罐和粗过滤。 • 可能进一步添加（如甜味剂、维生素 C 或二氧化钠）
陈酿	• 葡萄酒可以在橡木桶（大多数红葡萄酒）、钢容器（白葡萄酒）或塑料容器中陈酿。桶或其他容器的选择和发酵时间取决于所需的类型。红葡萄酒也可能在装瓶后陈酿
过滤	• 如有必要，对葡萄酒进行无菌过滤以澄清
包装	• 葡萄酒被包装成瓶装或散装。 • 白葡萄酒可在葡萄收获加工后 3～6 个月内装瓶，红葡萄酒可在收获加工后 1～2 年内装瓶。 • 根据葡萄酒的类型和目标市场，使用不同的瓶盖类型

（四）酿酒厂的模式多样、市场集中度高

澳大利亚酿酒厂的业务模式多种多样，从家族拥有的精品酿酒厂，到上市的跨国公司都有。酿酒厂用于酿酒的葡萄品种、产区和风格各异，销售渠道、市场细分和价格也各不相同。一般把酿酒厂按每年压榨葡萄的数量分：小型酿酒厂（不足 500 吨）、中型酿酒厂（500～10,000 吨）、大型酿酒厂（1 万吨以上包括 10 万吨以上的大型企业）。但小型酿酒厂生产的葡萄酒往往比大型酿酒厂的价值更高。2016～2017 年，小型酿酒厂的葡萄酒平均售价为每升 11.41 澳元，而所有酿酒厂的平均售价为每升 6.60 澳元。总体而言，小型酿酒厂占国内销量的 18%，但占国内销售价值的 35%。同样，小型酿酒厂占出口销量的 3%，但占出口销售额的 10%。此外，与大型酿酒厂相比，小型酿酒厂自己种植葡萄的比例更高、更依赖合同加工、出口的葡萄酒比例较小。除了传统的酿酒厂，澳大利亚零

---

① See "Wine Grape Market Study", https://www.accc.gov.au/system/files/Wine%20Grape%20market%20study-June.pdf, Nov. 7, 2019.

售巨头伍尔沃斯(Woolworths)旗下的奋进(Endeavour)饮料集团和科尔斯(Coles)酒类集团等零售商也是重要的酿酒厂。另外,澳大利亚超过90%的酿酒厂是小型酿酒厂,其中75%的小型酿酒厂每年产量不足100吨,合计产量占全国总产量不到1%。而数量不到总数1%的大型酿酒厂,却生产了全国总产量83%的葡萄酒。前四大生产商——美誉酒业、富邑葡萄酒集团、保乐力加和德保利酒庄,占2017年全国销量的56.7%,其中值得注意的是,美誉酒业获得25.1%的市场份额。① 同时按销售收入计算,澳大利亚前四大酿酒厂的市场份额加起来约占总额的37%。在出口市场上,集中度也达到了类似的水平。据统计,澳大利亚最大的5家葡萄酒生产商占葡萄酒出口总量的87%。相比之下,小型酿酒厂尽管企业数量占比超过90%,但仅占出口葡萄酒总量的3%。②

澳大利亚生产的葡萄酒约有40%在国内零售市场销售。本土产葡萄酒占国内销售量的80%以上,进口葡萄酒每年约9500万升,其中2/3来自新西兰。在过去几年里,澳大利亚国内零售市场变得越来越集中,这在很大程度上是由于零售巨头Woolworths和Coles在酒类零售市场的业务增长(两家占国内零售60%)。四大零售商合计占据了酒类零售市场84%的份额,这四家最大的零售商还使用大量的自有品牌来销售葡萄酒,因为自有品牌葡萄酒能带来更高的利润率,也能用来提高客户忠诚度,Woolworths拥有200余款自有品牌葡萄酒,而Coles拥有75余款葡萄酒。澳大利亚葡萄酒协会(Wine Australia)委托撰写的一份报告显示,直接渠道销售占国内葡萄酒销售的10%。直接渠道销售的最大来源是酒庄(占2017~2018年直接渠道销售的44%)和葡萄酒及忠诚俱乐部(占2017~2018年直接渠道销售的14%)。葡萄酒旅游是许多酿酒厂的卖点和收入来源,据统计,2017~2018年,88%的澳大利亚酿酒厂开设了酒庄零售店。其中86%的酿酒厂还提供食物,有些还提供参观和举办活动、展览的服务。小型酿酒厂通常比大型酿酒厂更依赖直接渠道。③

---

① See "Wine Industry Profile: Australia, Nov. 2018", https://web.b.ebscohost.com.ezproxy1.library.usyd.edu.au/bsi/detail/detail? vid = 4&sid = 91abe1ab - b6fb - 46c5 - 8bf9 - 33b0bb9f7a12%40sessionmgr101&bdata = JnNpdGU9YnNpLWxpdmU%3d#AN = 134111272&db = bsu, Nov. 7, 2019.

② See https://www.wineaustralia.com/market-insights/small_winemaker_survey.

③ See "2018 Cellar Door & Direct to Consumer Research", https://www.wineaustralia.com/getmedia/658d8b4f - 0db9 - 4087 - a3a8 - 5efab3626505/20181030 - DTC - Research - Report - final.pdf, Nov. 7, 2019.

（五）垂直整合是稳定生产的保障

大多数酿酒厂在葡萄生产上都有一定程度的垂直整合，即自己种植或控制种植葡萄，使用他们拥有的或租赁的葡萄园生产的葡萄，近几年垂直整合较平稳，没有大的动作。2018年，酿酒厂使用自己种植的葡萄比例为31%，而2017年和2012年这一比例分别为33%和30%。一些大型酿酒厂表示，他们的葡萄园投资倾向于特定的品种，这些品种更难从气候凉爽地区的种植者那里获得。这反映在2012年酿酒商葡萄园的平均产量相对较低（每公顷8.6吨），而非酿酒商葡萄园的平均产量为每公顷12.3吨。垂直整合使酿酒厂能够保证他们的葡萄供应来自特定地区的特定品种、等级和其他特性。垂直整合的酿酒厂也在一定程度上避免了这些葡萄的价格竞争，尽管他们在决定使用或销售这些葡萄时面临机会成本。他们控制着葡萄园的管理和生产决策，以保证葡萄的质量和产量，但其也暴露在相关的农业风险中。由于规模大，大型酿酒厂通常比小型独立葡萄种植者更能管理与葡萄种植相关的风险。小型酿酒厂通常比大型酿酒厂更具有垂直整合属性。2016～2017年，小型酿酒厂使用自己种植的葡萄进行压榨占67%，其中有一半的小型酿酒厂（52%）压榨自己种植的葡萄占比高达90%以上。同时，小型酿酒厂里的少数厂家（约占18%的数量）垂直整合程度却非常低，没有多少自己的葡萄园，90%以上的压榨葡萄是从种植者那里购买的。①

（六）葡萄供需变化周期长以致影响行业整合

从历史上看，澳大利亚葡萄酒市场的供需走势一直遵循长达20多年的长周期。在20世纪80年代末开始的最近一轮周期中，出口总量和葡萄园总面积大幅快速增长，在21世纪头10年末达到顶峰。这归因于澳元的低汇率和新技术提高葡萄酒生产率两个原因，国际市场对澳大利亚葡萄酒的强劲需求，推动了澳大利亚葡萄酒的平均出口价格由1986年的每公升不足2澳元，上升至2001年的每公升逾5澳元，而业界亦迅速增加葡萄酒产量。1991～2004年，澳大利亚压榨葡萄酒总产量从不足4亿升增加3倍多，至14亿多升，出口总量从6500多万升增加近10倍，至6.4亿多升，葡萄种植者也从源源不断的国际需求中获益匪浅。1986～2001年，酿酒用的葡萄平均价格从每吨略高于200澳元上升到每吨1000澳元以上，同期葡萄园总面积增加了1倍多。21世纪初，开始进入调整期，国际

---

① See https://www.wineaustralia.com/market-insights/small_winemaker_survey.

上其他葡萄酒生产国（主要是意大利、西班牙、智利和阿根廷）的产量和出口开始出现增长，包括2008年的全球金融危机使流入全球市场的欧洲葡萄酒供应过剩，导致澳大利亚葡萄酒在出口市场的竞争加剧。此外，澳元在2001年后大幅升值，降低了澳大利亚葡萄酒的国际价格竞争力。这两个因素导致澳大利亚葡萄酒出口需求下降，葡萄价格也开始下降。在澳大利亚国内，由于澳元走强也鼓励了国外葡萄酒的进口，因此澳大利亚葡萄酒在国内零售市场的竞争也同步加剧。

2007年之后，葡萄园和酿酒厂的资产价值大幅下跌，原因是葡萄和葡萄酒出口价格暴跌。一些葡萄园以未改良的土地价值出售，尽管为此平均已投入成本每公顷3万澳元。自2008年以来，大量种植者退出了这个行业，葡萄园的资产得到了显著的整合。如图9－4所示，2008年到2015年，葡萄园总面积从16.6万公顷下降了19%，至13.5万公顷，种植者总数从7915家下降了35%，至5160家。这导致每个种植者葡萄园的平均面积从21公顷增加了25%，至26.19公顷。从2006年到2014年，压榨量2万吨以上葡萄的酿酒商从23家减少到13家，而压榨量不足1000吨的酿酒商从1827家增加到2330家，说明在调整期，大型酿酒厂在整合，小型酿酒厂也有一些新进入行业的。

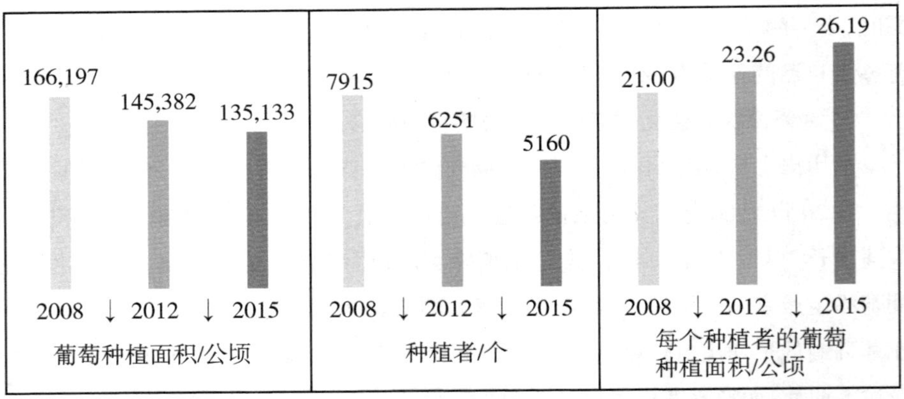

图9－4　澳大利亚2008～2015年在葡萄园种植面积（左）、种植者数量（中）和每个种植者平均葡萄园面积（右）的变化①

（七）产业受气候影响很大

澳大利亚葡萄酒行业内有个共识，即气候凉爽的地区能种植出有特性、品质

① See "Wine Grape Market Study", https://www.accc.gov.au/system/files/Wine%20Grape%20market%20study-June.pdf, Nov. 7, 2019.

高的酿酒葡萄,而气候温暖地区的环境条件、产量和投入成本与气候凉爽地区有很大差异,葡萄产量大、品质一般。这种观念对葡萄价格、种植者和酿酒商之间的商业关系以及酿酒商之间的竞争程度有非常重大的影响。气候温暖地区的葡萄产量占全国的2/3,价格比凉爽地区的葡萄更低,价格区间也更窄;温暖地区的大多数葡萄是由种植者与主要酿酒商签订书面或口头供应协议而生产的,而气候凉爽的地区有更多的小型酿酒厂种植自己酿酒的葡萄,产生高品质的葡萄酒的概率较高;在酿酒商之间,有实力的酿酒厂往往在温暖和凉爽气候地区都有布局,既能获取温暖气候区大量低价的葡萄以保证产量,也能从凉爽地区的特定品质的葡萄酿造高端葡萄酒,通常是通过收购而非新建葡萄园的方式在凉爽地区获取资源。

温暖气候区:通常温暖气候区域专指河地、墨累谷[包括墨累—达令和天鹅山(Swan Hill)地区]和滨海沿岸(Riverina)3个区域,气候温暖区域远离海岸的内陆地区,大约有1500家种植者在这些地区经营。气候温暖的地区平均气温较高,生长季节较长,生长在那里的葡萄藤更不容易生病。2018年,来自气候温暖地区的葡萄占澳大利亚加工葡萄的67%,尽管这些地区的葡萄园仅占全国葡萄园总面积的37%。大多数的大型酿酒厂将主要生产基地设在气候温暖的地区,以量取胜。这些地区生产的葡萄酒大部分出口,通常以散装形式装在集装箱中,在目的地单独装瓶,也可以与当地酿造的葡萄酒混合饮用。剩下的小部分在国内以低价桶装或瓶装零售。用气候温暖地区出产的葡萄酿造的葡萄酒,一般不会根据产地来销售。有些时候用澳大利亚"东南部"标签的葡萄酒就是这类葡萄酿制的,"东南部"不是特定的产区,而是对温暖地区的葡萄酿制的统称。

凉爽气候区:气候凉爽地区的葡萄被用来生产中高档葡萄酒,其价格区间要比气候温暖地区的葡萄宽广得多。根据市场细分的重点,大型酿酒厂可以在凉爽气候地区的小型葡萄园收获与其在温暖气候区产量相当的葡萄,而在生产凉爽气候型葡萄酒时,往往有目的地去寻找与口味、地区、品种和价格相关的属性,以便在整个产品组合中加以运用。品牌认知度在一定程度上决定了来自凉爽气候地区的葡萄酒和葡萄能吸引到高价。凉爽气候葡萄酒的标签通常会标明葡萄生长的地区,尤其是那些拥有很高品牌认知度的地区,比如,巴罗莎谷(Barossa Valley)或莫宁顿半岛(Mornington Peninsula)。即使品牌认知度较低的凉爽气候地区的葡萄,也会比温暖气候地区的葡萄有更高的价格。根据《2018年澳大利亚葡萄酒法规》[①]的规定,允许酿酒商在标签上标注至多15%的葡萄产量来自原产地以外的地区,这使酿酒商可以将来自温暖气候地区的葡萄混合酿酒以降低生产成本。[②] 从图9-5可以看出,2018年80%的温暖气候地区的红葡萄售价在每吨254~502澳元,而80%的凉爽气候地区的红葡萄的售价在每吨681~2139澳元,白葡萄的情况也类似。结论是不同气候区域的价格差距非常明显,并且价格分布区间的宽窄也有显著区别。

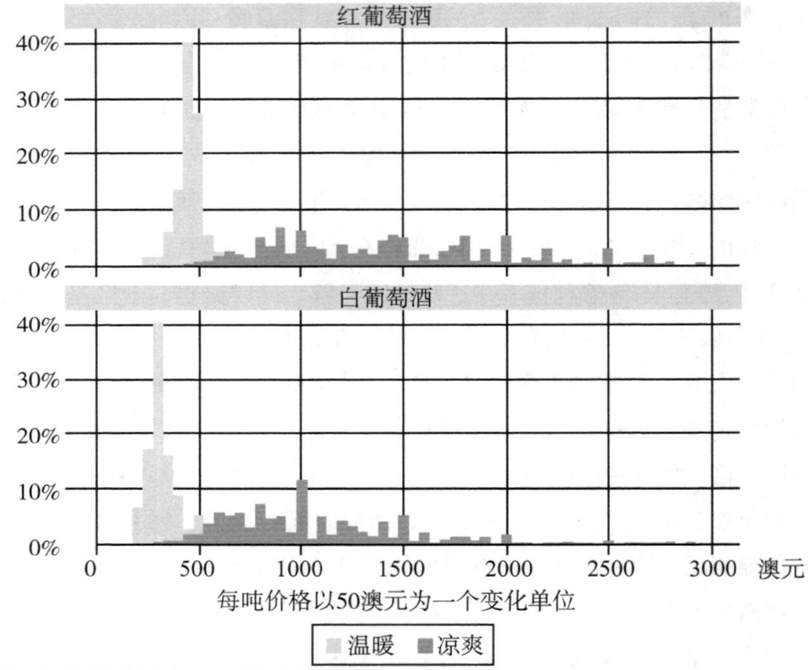

注:价格超过每吨3000澳元的未统计在表格内。

图9-5 产自温暖气候地区的葡萄与产自凉爽气候地区的葡萄在收购价格区间分布(上半部分是红葡萄的收购价格区间分布和产量占比,下半部分是白葡萄的情况)[③]

---

① See Wine Australia Regulations 2018, https://www.legislation.gov.au/Details/F2018L00286, Nov. 7, 2019.

② See For Australian Wine producers Current-June 2016 Compliance Guide, https://www.wineaustralia.com/WineAustralia/media/WineAustralia/PDF/Selling-wine/Wine-Australia-Compliance-Guide-June-2016.pdf, Nov. 7, 2019.

③ See "Wine Grape Market Study", https://www.accc.gov.au/system/files/Wine%20Grape%20market%20study-June.pdf, Nov. 7, 2019.

四、行业内的博弈

澳大利亚葡萄酒产业最主要的利益主体包括葡萄种植者、葡萄酒酿制商、销售渠道商三者，其中主要的博弈发生在种植者和酿酒商这二者之间，影响了整个行业的发展和规制。澳大利亚 2018 年统计数据表明，酿酒商有 2468 家，葡萄园种植者有 6251 家，大部分的种植者必须将葡萄卖给酿酒商，而酿酒商使用自己种植的葡萄酿酒仅占其总压榨量的 15%，其余的葡萄也是需要从市场上的种植者处购买。但 21 世纪初发生的持续 10 多年的葡萄供过于求，直接影响种植者非常重视为他们的葡萄争取一个中长期的买家。种植者常为确保他们的产品有买家而放弃竞争带来的好处，因形势所迫，他们倾向于同意潜在的不公平和不确定的合同条款；此外，种植者担心遭到报复，往往不愿向澳大利亚竞争与消费者委员会申诉不公平待遇，这造成了一个低效的不良秩序的买方市场。同时，澳大利亚葡萄酒行业受出口市场影响（出口占其行业总产量的 67%）非常明显，而国际市场的状况和价格每年都可能发生重大变化，这对葡萄酒酿造和种植周期长达几年的行业来讲，完全反应不及，存在市场失灵的现象，造成酿酒商在国内买方市场的环境下通常将风险转嫁到种植者身上，形成了在二者博弈过程中，种植者一方弱势的局面。但从整个葡萄酒产业来看，上游种植者的利益长期受损必将不利于产业和市场的健康发展，所以需要改革澳大利亚葡萄酒的行业惯例、解决市场失灵问题、提高市场透明度和公平性、提升行业的生产效率，使行业内各利益群体都有自己合理的市场地位和利润空间，风险可控，才是澳大利亚葡萄酒未来发展的正确道路。

1. 酿酒葡萄收购的区域竞争不足。相对葡萄的易腐性而言，其长途运输成本较高，另外，出于生物安全条例的规定，使跨域区运输葡萄有一定的障碍。因此，邻近地区的酿酒商之间在收购葡萄时应该有一定程度上的竞争才对，但事实却相反。市场集中度高、价格不透明以及转换收购方的障碍多导致了区域竞争并不高。

大多数区域的葡萄收购市场很集中，少数几家大型酿酒厂在每个地区收购了大部分葡萄，而许多小型酿酒厂的购买量相对较小。在河地（Riverland）和滨海沿岸（Riverina）尤其如此，每个区域只有一到两个主要的葡萄买家。而大多数葡萄种植者优先考虑的是获得中长期的固定葡萄买家，他们看重的是长期的销售确定性，而不是在市场环境更为有利的时期寻求更高价格的灵活性以及最优惠的价格。

澳大利亚的葡萄市场定价缺乏透明度，酿酒商不公布他们支付的价格，并在收购协议中使用保密条款，以防止种植者向其他种植者和酿酒商透露他们的指示价格和最终价格，因为价格透明度的提高可能会导致酿酒商之间展开更激烈的竞争，所以最终价格通常都是在收获季节完成后几个月才公布。

许多种植者在更换酿酒商时也面临诸多的障碍，包括多年期的协议、延期条款、较长的通知期、对转产种植者的不利待遇以及对过剩产品销售的限制。许多酿酒商在他们的供应协议和商业惯例中至少包含了两到三个这样的限制性措施，以此阻碍种植者的转变。有些种植者在ACCC的支持下，尝试采用集体谈判的方式来扭转不利的市场地位，但实践中应用并取得成功的比率很低，因为酿酒商避免和拒绝种植者的集体谈判，而法律又没有规定酿酒商有这样的义务。

上述三个因素限制了种植者决定选择供应哪个酿酒商、种植什么葡萄品种、使用多少关键的投入（如水和化肥）、如何优化其他葡萄栽培决策等。市场的竞争度不够，只能导致低效率的行业水平，可能最终会影响澳大利亚葡萄酒在国际上的竞争力。

2. 在收购葡萄的品质评估方面。葡萄品质评估的措施、方法和程序因酿酒商对葡萄的品种、地点和葡萄的用途不同而有差别；评估的特征可能与葡萄的成熟度、纯度、条件、风味和特性有关；酿酒商又根据评估结果，决定种植者的葡萄何时收割，接受与否，以及是否会调整种植者的报酬。这些关系种植者切身利益的事项都缺乏透明度，而且种植者很难对此提出异议。

一些酿酒商单方面保留，等待葡萄中所含花青素与其他地区进行比较后的定价权利。事实上，葡萄的质量评估涉及一定程度的主观性，因为葡萄中的糖和颜色含量的测量没有注册的标准。虽然在葡萄供应协议和酿酒商发布的种植者手册中，清楚地规定了质量评估规范和相关的惩罚和奖金。但是，它们并不总是指定什么时候进行测试，或者使用什么精确的方法。一些酿酒商还在供应协议中保留了在葡萄酒季节单方面改变质量规格的广泛权利，这给种植者带来了很大不确定性。[①]

对葡萄成熟和采收时机的评估，也是影响葡萄价格的重要因素。酿酒商通常对收获的时间有绝对的决定权，这使他们能够控制种植者何时向酿酒厂发货。这会导致种植者面临葡萄延迟采收而造成的质量恶化或产量损失的风险，从而减少了收入。[②]

3. 在葡萄定价方面。澳大利亚酿酒葡萄的收购价格有一系列的定价机制，包括国际葡萄酒价格、澳大利亚的气候对收成的影响、区域葡萄种植者之间的竞争、葡萄的质量和条件、酿酒商与种植者收购协议的特点、以前的价格和当地价格趋势的影响。

（1）双方地位不对等。与大型酿酒商相比，种植者的议价能力往往要弱得多。造成这种议价能力失衡的因素有：①严重的信息不对称，包括收购的葡萄实际的用途，如果是用来酿造高档酒款的葡萄就应该定价更高，但酿酒工艺复杂，分清具体种植者的葡萄的使用量和混合比例及用途，无疑会增加管理成本，所以酿酒商不会与种植者共享信息，因此种植者无法得知自己的葡萄的真实价值，而酿酒商更清楚种植者愿意接受的价格范围；②买方市场地位，收购市场集中度使酿酒商可以从许多不同的来源购买合适的葡萄，这削弱了种植者基于产品差异化进行谈判价格的能力；③葡萄的自然属性降低议价能力，葡萄若过了盛年还留在葡萄树上，就会枯萎，在收获后很快就会变质，因此，种植者无法延迟收获或交货，以找到更好的价格；④种植者的弱势心理，虽然近年来市场对大多数品种的需求增长较大，但存在酿酒葡萄再次供过于求的风险，而种植者会担心现在因为与酿酒商重新谈判价格而遭到未来的惩罚，从而放弃了当前有利的市场地位，所以价格仍是酿酒商主导；⑤种植规模无助于议价，酿酒商似乎并不认为交易数量是他们为特定批次葡萄支付价格的决定因素，销售大量葡萄的种植者通常与销售少量葡萄的种植者获得相同的或相似的价格，这表明规模大的种植者并不比规模小的种植者有更好的议价能力。

（2）协议价格条款不公平。酿酒商一般在葡萄供应协议里规定了复杂的、可

---

① See https://www.awri.com.au/industry_support/winemaking_resources/laboratory_methods/chemical/colour/.

② See https://www.wineaustralia.com/research/strategy-4-improving-resource-management/climate-adaptability/awri-1701-4-1-1.

变的定价条款,虽然行业内共有固定价格、现货价格与可变价格三种方式,但在气候温暖地区只有可变价格是广泛应用的。可变价格是在协议中规定一年以上的期间内,种植者供应一定数量的酿酒葡萄,酿酒商有全权在接近收获时参照"公平市场价格"确定的收购价格,但"公平市场价格"这个术语并没有任何可见的、客观的或可核实的基准。鉴于此,澳大利亚葡萄酒协会根据地区和品种,发布了一些关于一般市场状况和历史平均价格的信息,用于指导当地市场价格,然而,单个酿酒商的收购价格信息仍是保密的,只有在季节结束和最终价格已经确定的几个月后才会公开,这使种植者很难评估他们收到的价格是否具有竞争力,以及应该转向哪一个酿酒商(如果有的话)。①

(3)酿酒商自订价格机制。酿酒商确定葡萄收购价格的基础是对葡萄酒市场的预测,预测不同价位葡萄酒的需求量,再据此确定相应的葡萄品种和数量需求,从而制定收购价格。通常大型的葡萄酒酿制商在关键的销售区域都拥有专门的团队、信息搜集和预测流程软件来进行需求规划。对于产品出口到海外市场的酿酒商,侧重关注国际散装和瓶装葡萄酒价格的变化、外汇汇率和地缘政治影响;对于产品进入国内市场的酿酒商,侧重关注国内的销售趋势、竞争对手活动和客户决策。大多数酿酒商对各自的酒款保持长期(3~5年)和短期(12个月)的需求预测。

(4)国际市场影响。由于气候温暖地区的葡萄多用于散装出口,所以决定该区域葡萄收购价格的主要因素是国际大宗葡萄酒出口价格和该区域当地的采收条件,即国际市场推动需求量,而国内市场的季节性采收因素影响供应量,供需决定了葡萄收购的价格。根据国际葡萄与葡萄酒组织(International Organisation of Vine and Wine)的数据,2017年,澳大利亚葡萄酒出口量仅占全球市场的8%。国际葡萄酒贸易由西班牙、意大利和法国主导,它们加起来占全球葡萄酒市场总量的55%以上。② 智利、南非、德国和美国也出口了大量葡萄酒。这些国家的葡萄收获结果会影响全球市场上可获得的葡萄酒数量,进而影响国际批发商愿意为澳大利亚葡萄酒支付的价格,尤其是散装的商业葡萄酒很容易被其他国家的

---

① See "Wine Grapes-A Market Study by the ACCC Issues Paper", https://www.accc.gov.au/system/files/Wine-grapes-Issues-Paper-26-Sept-2018.pdf, Nov. 7, 2019.

② See "State of the Vitiviniculture World Market April 2018", https://www.oiv.int/public/medias/5958/oiv-state-of-the-vitiviniculture-world-market-april-2018.pdf, Nov. 7, 2019.

葡萄酒替代，因为散装的商业葡萄酒的定义并不取决于其地理来源，是否产自澳大利亚并不重要。出口需求水平的直接变化也会影响澳大利亚葡萄的价格。例如，2008 年的全球金融危机降低了全球对葡萄酒的需求，导致葡萄酒出口价格和葡萄价格大幅下降。另外，在出口影响葡萄价格这个领域中，汇率是主要因素，自 1997 年以来，澳大利亚葡萄酒的平均出口价格一直与澳元的汇率密切相关，澳元走弱往往伴随着葡萄酒出口价格的上涨（详见图 9－6）。

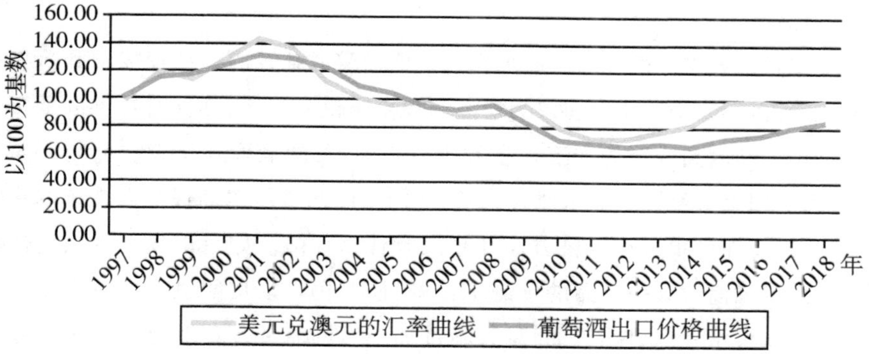

图 9－6　澳大利亚 1997～2018 年美元兑澳元的汇率曲线和葡萄酒出口价格曲线①

4. 在葡萄供应协议的文本方面。葡萄种植者和酿酒商之间的供应协议差别很大。在气候温暖地区，多年的、可变价格的、大吨位的供货协议是最常见的供应协议类型。大多数种植者更偏好多年供应协议的确定性，为此，他们可以牺牲一部分利益，接受许多不公平的协议条款。

在气候温暖的地区，最常见的是可变价格的年度或多年供应协议。根据这些供应协议，种植者承诺供应特定品种的特定吨位的葡萄，酿酒商承诺在收获前购买。种植者有一个长期稳定的买家，但承担着很高的价格风险。种植者收到的价格要到接近收获时才会确定，议价能力稍强的种植者可能会争取到在协议中对每年价格的变动幅度予以一定的限制。另外一些采用固定价格的供应协议则规定了固定的吨位和固定的价格，种植者享受了免受需求和价格波动影响的好处，但如果收获季节时的现货市场价格高于供应协议中的固定价格，则种植者

① See "Wine Grape Market Study", https://www.accc.gov.au/system/files/Wine%20Grape%20market%20study-June.pdf, Nov. 7, 2019.

无法与酿酒商谈判提价。

大多数供应协议都规定了酿酒商拥有广泛的、单方面调整验收葡萄质量和规格权利的条款，实践中，酿酒商会在收获季节确定最终价格时设置相应的质量评估参数，而这些参数可以不同于供应协议或相关材料（如种植者手册或指南）中规定的内容。而这种改变质量规格的行为可能会对种植者造成损害，这不仅是因为改变带来了不确定性和现金流问题，还因为它扭曲了在签订供应协议时的报价比较。

5.在风险分担方面。酿酒商承担的是葡萄酿成葡萄酒后市场需求和价格波动的风险，多年的葡萄供应协议为酿酒商提供了供应保障，确保有足够的葡萄来有效利用酿酒商高成本的加工设备和资产。然而，酿酒商在批发层面与买家打交道时，仍面临着巨大的需求风险，尽管他们与国内外零售商保持着持续的贸易关系，但他们在订单量和价格方面几乎没有什么保障。如果市场上的买家需求变化导致酿酒商对某一产品的预测不正确，他们仍必须按照供应协议规定的数量和价格从种植者那里购买葡萄，只不过加工后的瓶装葡萄酒是一种可储存的产品，缓解了一部分酿酒商的市场需求风险。

种植者承担的是农业生产的风险，种植者有责任确保葡萄藤得到水、营养和照料，以及防止潜在的疾病和害虫。与此相关的成本包括购买水、化肥、农药（如杀虫剂、除草剂和杀菌剂）以及劳动力和机械成本（如修剪和喷洒）。这些费用可能会发生变化。例如，水的成本在最近几年显著增加。鉴于酿酒葡萄是永久性种植的，种植者别无选择，只能承担水涨价的成本。与其他一些依赖灌溉的农业生产者不同，葡萄种植者在选择水分配权或交易方面的时间上没有很大的灵活性。由于种植者是价格接受者，因此没有一种切实可行的机制来转嫁不断增加的农业投入成本。

另外，种植者也承担了财务风险，大多数供应协议在最终付款前都规定了很长一段时间，酿酒商通常在收到葡萄后的 9～12 个月才需要支付全部货款。长周期结款的理由是，葡萄在交付后需要一段时间酿制发酵和存放，短时间内不会销售，至少在葡萄交付 1 年后，酿酒商才能从产品中获得收入。而种植者仍然需要在 30 日内支付农业生产投入的账单，多数种植者是通过透支来为自己的生意融资的，很容易出现资金链断裂的风险。

五、产业的财务分析

（一）葡萄及葡萄酒的市场变化

前文已论述过，澳大利亚葡萄酒产业有15～20年的景气周期，从1990年开始，至2004～2005年，澳大利亚葡萄的产量触底反弹，迅速增长，主要是由于出口市场对澳大利亚葡萄酒的强劲需求。葡萄产量在2004～2005年达到顶峰，约190万吨，然后开始下降。由于出口市场竞争加剧和对澳大利亚葡萄酒需求下降，以及澳元汇率升高等原因，澳大利亚葡萄的价格增长的时候已经提前于2001年开始迅速下降，从750澳元/吨降到2006年的510澳元/吨，降幅达32%，至此，澳大利亚葡萄的产量才滞后反应地从2005年的190万吨骤降到2007年的140吨左右，降幅达26.3%，葡萄园资产暴跌，直到2014年开始在底部稳定下来（详见图9－7）。

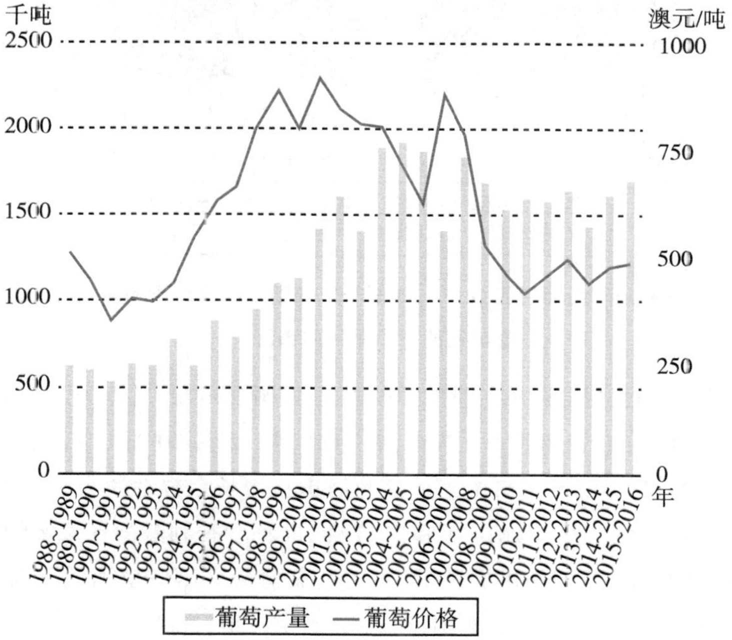

图9－7　澳大利亚1988～2016年的葡萄产量和葡萄价格变化

（ABARES从2006～2007年开始对灌溉葡萄园进行调查）①

① See Dale Ashton and Jay Gomboso, "Grape Farms in the Murray-Darling Basin", https://www.agriculture.gov.au/abares/research-topics/surveys/irrigation/grapes, Nov. 7, 2019.

澳大利亚葡萄酒销量近几年在逐步改善,已从 2013 年 11.8 亿升的 10 年低点增长逾 14%,至 2017 年的 13.5 亿升。销售增长几乎完全是由出口推动的,同期出口增长逾 22%。与此同时,国内销量基本保持稳定。如图 9－8 所示,出口的增长几乎完全是由红酒推动的。红酒出口从 2013 年的 3.85 亿升(14 升)增加到 2017 年的 5.29 亿升(18 升),增幅超过 37%,说明国际市场对红葡萄酒的需求增长超过白葡萄酒。

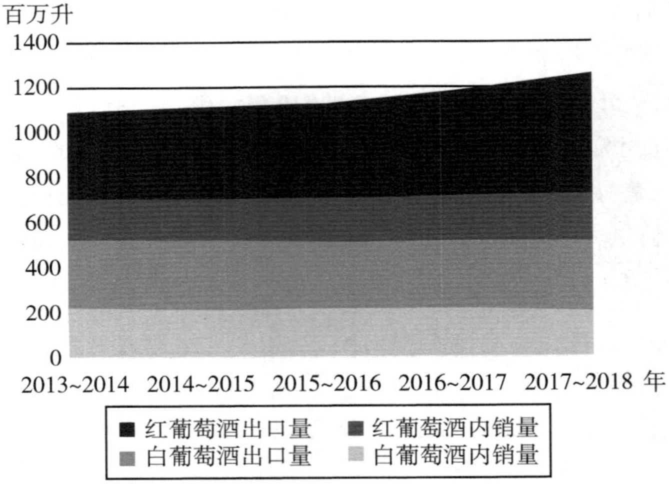

图 9－8 澳大利亚 2013～2018 年红葡萄酒的出口量和内销量,以及白葡萄酒的出口量和内销量①

由于澳大利亚葡萄酒总产量的 60% 供出口国际市场,所以国际需求和销售总值对葡萄酒行业影响重大,其中,在 2015 年 12 月 20 日《中澳自贸协定》(ChAFTA)签订生效后,出口中国的葡萄酒迅猛增长是拉动澳大利亚葡萄酒行业复苏的主要因素。另外 2016 年和 2017 年,欧洲和智利酿酒葡萄歉收,导致全球散装葡萄酒市场葡萄酒供应减少,澳大利亚葡萄酒出口也因此受益,同时自 2012 年以来,澳元兑主要葡萄酒出口国货币普遍贬值,提高了澳大利亚葡萄酒在全球市场上的价格竞争力。从图 9－9 可以看出澳大利亚对其他国家葡萄酒出口额的相对平稳。

① See "2018 National Vintage Report", https://www.wineaustralia.com/market-insights/national-vintage-report, Nov. 7, 2019.

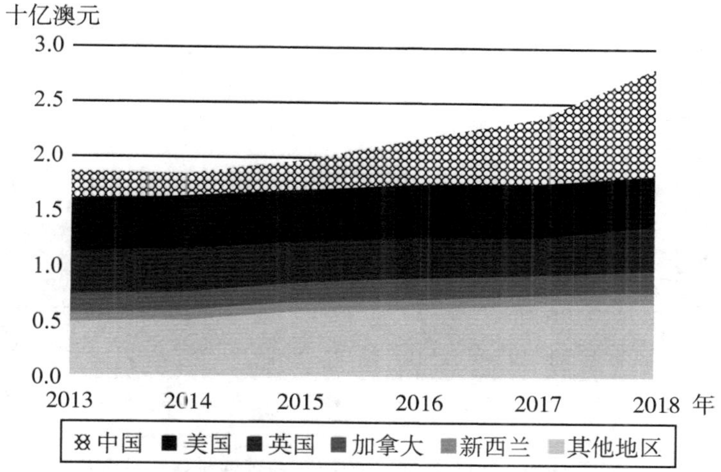

图 9－9 澳大利亚 2013～2018 年对中国、美国、英国、加拿大、新西兰和其他地区的葡萄酒出口金额①

澳大利亚葡萄酒管理局发布的 2018 年葡萄收获报告显示，2018 年澳大利亚共压榨酿酒葡萄 179 万吨，同比减少了 10%，但略高于历年平均值，酿酒葡萄收购均价增长了 8% 至 609 澳元每吨，创 2008 年以来最高纪录，2017 年的收购价格是 565 澳元每吨，过去 10 年间酿酒葡萄的收购均价是 508 澳元每吨。红、白葡萄的价格均有上涨，红葡萄价格每吨上涨 11% 至 768 澳元，白葡萄价格平均每吨上涨 5% 至 444 澳元。这已经是酿酒葡萄均价连续第 4 年上涨。在经历了 2011 年的低点之后，酿酒葡萄的价格在过去 7 年中，年均复合增长率为 6%，不过与 2001 年的峰值相比，此均价仍然大概是 2001 年的 2/3（详见图 9－10）。这轮上涨与国际市场需求增加以及澳元贬值有密切关系。笔者注意到，本轮复苏周期自 2013 年开始已有 6 年左右，距 2006 年开始的暴跌已有 13 年，理论上再有 2～7 年将会终止上升（前文论述过澳大利亚葡萄酒行业周期为 15～20 年），又要开始一个下跌周期，即 2021～2026 年是葡萄酒行业的景气波峰，资产价值处于高位，然后可能会进入下行通道，资产价值和收入利润双双下跌。因此，对来自中国的投资者来说，未来 3～5 年内收购澳大利亚葡萄园和酿酒庄园必须审时度势，谨慎小心，特别是收购位于温暖气候区域的葡萄园。

① See "2018 National Vintage Report", https://www.wineaustralia.com/market-insights/national-vintage-report, Nov. 7, 2019.

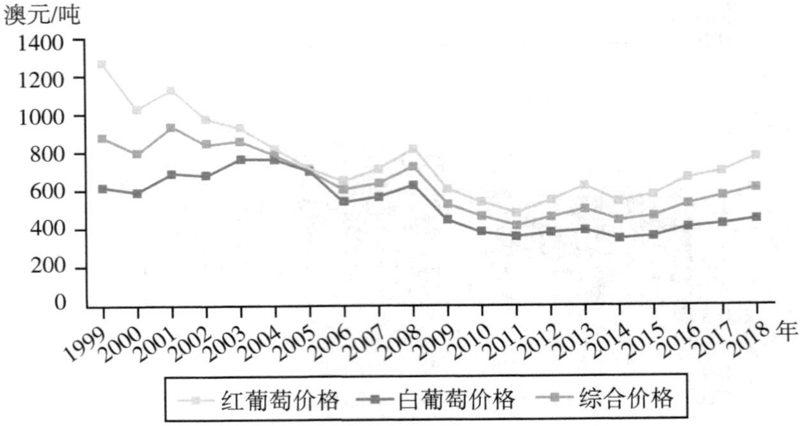

图 9-10 澳大利亚 1999~2018 年红葡萄价格、白葡萄价格和综合价格变动趋势①

(二)葡萄园的投资回报

根据澳大利亚农业资源经济科学局(ABARES)2017 年 8 月 1 日发布的一份墨累—达令盆地葡萄园调查报告,当前的葡萄园投资回报并不乐观,这份报告具有一定的代表性,澳大利亚灌溉葡萄种植总面积的 60% 以上位于该盆地,产量约占整个澳大利亚灌溉葡萄总产量的 80%。墨累—达令盆地的许多地区都有葡萄种植,但大多集中在新南威尔士州、维多利亚州和南澳大利亚州的墨累河沿岸的南部盆地地区以及新南威尔士州的马兰比吉河(Murrumbidgee)地区。盆地中约 90% 的葡萄用于酿造葡萄酒,但干葡萄和鲜食葡萄也是一些葡萄园的重要作物。其他区域的葡萄园,尤其是凉爽气候区域的葡萄园通常规模较小,种植的品种和酿造的酒款相对高端,投资回报高于平均水平,不具有普遍性,下面还是以墨累—达令盆地的葡萄园的财务数据来分析葡萄及葡萄酒行业的经济效益。

葡萄园的财务业绩是葡萄种植业变革的关键驱动因素,主要关注现金收益和投资收益率(不含资本增值收益)两项指标。

1. 现金收益。其是现金总收入减去现金总成本的净额。现金总收入是葡萄种植业务收到的现金收入,在大多数情况下,主要组成部分是葡萄和其他园艺作物的销售收入,此外还包括水分配权的销售和政府援助付款。现金总成本是用于材料

① See "National Vintage Report 2018", https://www.wineaustralia.com/getmedia/fce5bf18-468b-4e1b-a478-d6ca231d40f6/VintageReport2018_full.pdf, Nov. 7, 2019.

和服务的支付,包括管理成本、与栽培葡萄有关的费用、利息以及全职和临时工的劳动力成本(资本和家庭支出不包括在总现金成本中)。2005 年至 2014 年,葡萄种植农场的平均现金收益约为每个农场 69,000 澳元,2015 ~ 2016 年度的平均现金收益约为 77,000 澳元。而现金总收入中的大部分(约 70%)来自酿酒葡萄,其他收入源于其他作物和临时水销售。成本构成中的劳工成本和合同费用占总额的 13%,利息、维修和保养费用和水费占总额的 28%。墨累—达令盆地区域葡萄园 2006 ~ 2016 年的现金收益情况及现金总成本构成情况如图 9 - 11 及图 9 - 12 所示。

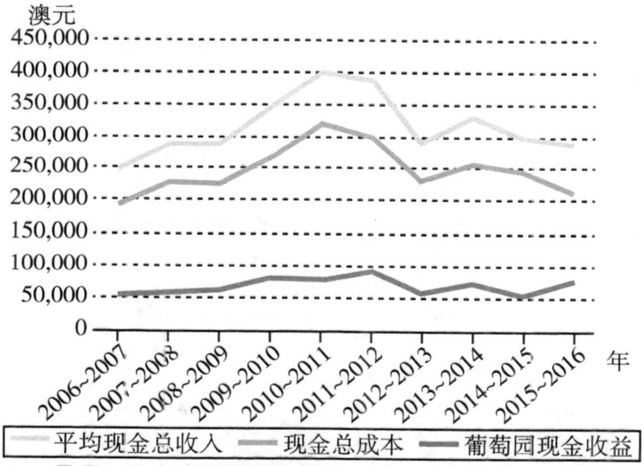

图 9 - 11　墨累—达令盆地区域葡萄园 2006 ~ 2016 年的平均现金总收入、现金总成本、葡萄园现金收益①

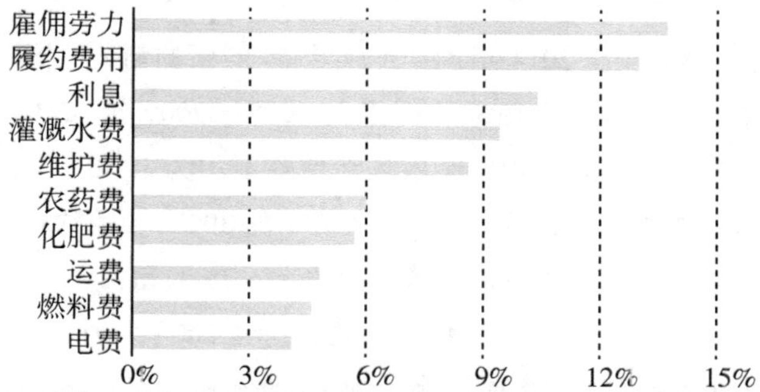

图 9 - 12　墨累—达令盆地区域 2006 ~ 2016 年葡萄园平均现金总成本构成②

① See "National Vintage Report 2018", https://www.wineaustralia.com/getmedia/fce5bf18-468b-4e1b-a478-d6ca231d40f6/VintageReport2018_full.pdf, Nov. 7, 2019.

② Ibid.

2. 收益率。收益率是一种衡量企业年度利润的方法,它以产生利润的资本价值的百分比表示。该指标显示了葡萄种植者的平均资本回报率(不包括资本增值)。葡萄种植农场的收益率可以与其他投资或农业资本的潜在用途(如其他农场类型、养老金计划或银行存款)进行比较,因为它们也是用比率表示的。自2006~2016年以来,墨累—达令盆地葡萄种植者的平均资本回报率一直很低,平均回报率为0.9%,其中,2008~2009年度达到1.75%左右,而2012~2013年度低至0.1%左右(详见图9-13)。

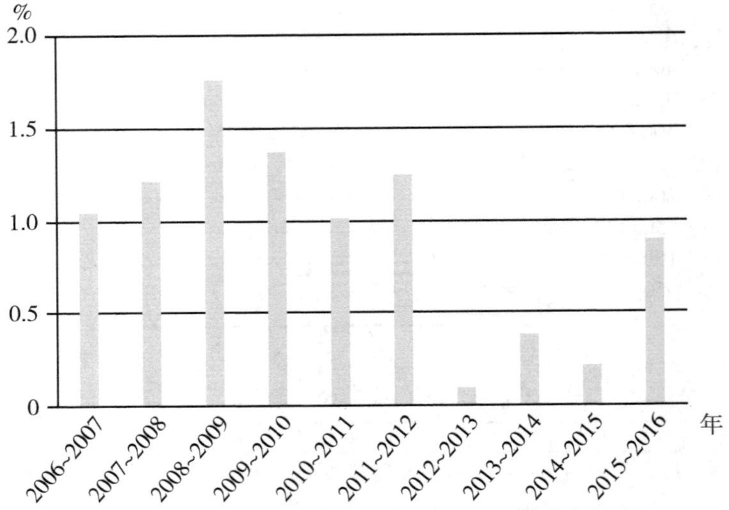

图9-13 墨累—达令盆地区域2006~2016年葡萄园平均收益率①

3. 再投资。2006年至2014年,平均每年约有27%的葡萄种植者进行了新的资本投资,从2012~2013年16%的低点到2008~2009年42%的高点不等。2014~2015年,葡萄种植者平均每个农场新增资本约为12万澳元,其中增加的工厂和设备(包括灌溉基础设施)约占新增资本的39%,土地约占56%,建筑和构筑物占其余的5%。据ABARES调查,大约有64%的葡萄园愿意维持或进行再投资,他们的财务状况普遍比平均水平要好,平均水平为种植面积222公顷、现金收益8.43余万澳元、负债31.7余万澳元、股本权益率66%、收益率2.1%;另外那些经营不好的约占35%,其中30%表示在未来3年内愿意出售葡萄园退

① See "National Vintage Report 2018", https://www.wineaustralia.com/getmedia/fce5bf18-468b-4e1b-a478-d6ca231d40f6/VintageReport2018_full.pdf, Nov. 7, 2019.

出此行业，将要退休的占5%，他们的财务数据具体表现为：平均种植面积60公顷、现金收益2.57余万澳元、负债17.36余万澳元、股本权益率84%。剩下1%左右的葡萄园表示要转向其他作物或非农产业（详见表9-2）。

表9-2　2016年墨累—达令盆地区域葡萄园财务数据①

每个农场平均数	单位	继续维持的葡萄种植者	想要退休和出售的种植者	其余葡萄园
种植面积	公顷	222	60	160
灌溉农作物面积	公顷	42	26	36
旱地农作物面积	公顷	36	4	24
灌溉用水量	百万公升	253	144	211
现金总收入	澳元	351,240	154,960	279,560
现金总成本	澳元	266,950	129,240	218,340
农场现金收益	澳元	84,300	25,720	61,220
农场商业运营利润	澳元	15,100	-33,050	-2860
财务年度负债	澳元	317,250	173,620	279,510
收益率	%	2.1	-1.4	1.3
权益率（净资产收益率）	%	66	84	70

（三）酿酒商的财务分析

澳大利亚的酿酒商虽然在与葡萄园种植者的博弈中占据强势地位，但在对接国际出口市场和国内销售市场时，也有很多无奈的弱势角色成分。面对国际市场的激烈竞争和替代、主要进口国的需求变化以及澳元汇率的升降，这些影响葡萄酒价格的主要因素都不是澳大利亚酿酒商能够把控的；面对国内消费市场被零售巨头把控，酿酒商并没有太好的市场地位，只有那些大型的有较高品牌知名度的酿酒商能够实现较高的利润率，而中小规模的酿酒商一旦发生预测之外的市场价格波动，无法将成本转嫁给供应商（种植者），因为葡萄采购价格是在装瓶上市的一年前即供货时就确定了，同时，酿酒商也没能力和零售商议价，价格波动时只能自己承担，好在瓶装葡萄酒保质期较长，不是易耗品，通过时间可以

① See "National Vintage Report 2018", https://www.wineaustralia.com/getmedia/fce5bf18-468b-4e1b-a478-d6ca231d40f6/VintageReport2018_full.pdf, Nov. 7, 2019.

消化。根据澳大利亚酿酒商联合会（WFA）披露的数据，澳大利亚酿酒商行业的平均利润率不到1%。[①]

在澳大利亚的葡萄酒市场，大型连锁超市和超市是主要买方，2018年占市场总销量的80%以上。大型连锁超市往往能够与葡萄酒生产商就价格进行强有力的谈判。买方的转换成本并不是特别高；然而，消费者需求可能会影响零售商的进货决定。另外，葡萄酒并不是大多数零售商提供的唯一产品，他们还有啤酒和烈酒提供给消费者，并不仅依赖葡萄酒的销售。特别是香槟和白葡萄酒需要储存在冰柜里，这使它们的储存成本更高，而浓缩的烈酒可能比大量的葡萄酒会带来更好的回报，还有一些针对特定人群的酒吧和俱乐部，则非常专注啤酒和烈酒，而没有葡萄酒的空间。这都增加了买方的议价能力，致使酿酒商处于弱势地位。

从财务分析的角度来看，酿酒商生产葡萄酒的主要投入包括：收购酿酒葡萄、投资发酵设备和资产、采购装瓶用品和印刷包装品。笔者尚未找到酿酒商平均的投资收益信息，只收集到了两家大型酿酒商的财务数据，其属于头部水平，可以供投资者参考。

1. 保乐力加（Pernod Ricard），是世界葡萄酒和烈酒市场的领导者之一。集团自成立以来，一直采用分散的管理结构。保乐力加在全球24个国家拥有101个生产基地。集团下设品牌公司和市场公司两类子公司。集团旗下的葡萄酒和烈酒种类繁多，包括威士忌（Chivas Regal）、格兰维特（Glenlivet）、香槟（Mumm and Perrier-Jouet）、朗姆酒（Havana Club）、伏特加（Absolut）、干邑（Martell）、杜松子酒（Kahlua and Malibu）以及茴香（Ricard and Pacific）。在澳大利亚的葡萄酒领域，该公司以杰卡斯红酒庄（Jacob's Creek）、布兰卡特酒庄（Brancott Estate）、格雷菲娜酒庄（Graffigna）等品牌生产和销售产品。截至2018财年6月，该公司实现收入101.49亿澳元，比2017财年下降0.3%。该公司前一年的净利润为15.73亿澳元，2018财年的净利润为17.81亿澳元，增加13.2%，资产回报率为5.3%。从图9-14可以看出，该公司的利润率除2015年下探过10.1%外，其余年度都保持在15%左右，2018年更是高达17.5%，这和该公司产业在全球布局和产品线

① See https://www.aph.gov.au/Parliamentary_Business/Committees/Senate/Rural_and_Regional_Affairs_and_Transport/Australian_wine_industry/Submissions.

比较丰富有关。

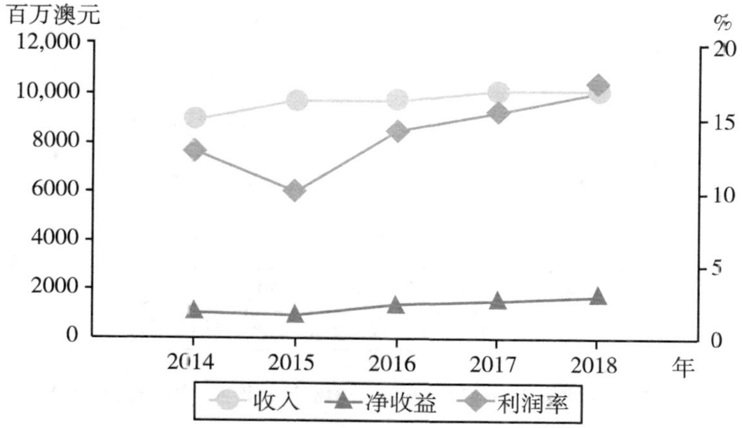

图 9-14　保乐力加 2014~2018 年的收入、净收益、利润率①

2. 富邑葡萄酒集团(Treasury Wine Estates, TWE),是一家生产及供应酒精饮品的公司。该公司销售的葡萄酒产品包括安妮巷(Annie's Lane)、佩珀杰克(Pepperjack)、嘉比安诺城堡(Castello di Gabbiano)、圣让酒庄(Chateau St. Jean)、魔鬼谷(Devil's Lair)、格雷格诺曼庄园(Greg Norman Estates)、冷溪山(Coldstream Hills)、赫姆斯格(Heemskerk)、马腾(Matua)、莎普(Seppelt Wines)、酝思酒庄(Wynns Coonawarra Estate)、鹿跃(Stags' Leap Winery)和黄色峡谷(Yellowglen)等品牌。TWE 同时拥有并经营葡萄园,向分销商、零售连锁店、独立零售商、特许经销店和消费者推销产品。该公司在澳大利亚、新西兰、新加坡、美国和英国都有业务,总部位于澳大利亚维多利亚州墨尔本。截至 2018 年 6 月,该公司实现收入 19.15 亿澳元,比 2017 财年下降 1.5%。该公司 2018 财年的净利润为 2.76 亿澳元,而前一年的净利润为 2.06 亿澳元,利润大增 34%,资产回报率为 6.7%。从图 9-15 可以看出,TWE 的利润率从 2014 年的 -5.6% 连年上涨至 2018 年的 14.4%,典型地代表了澳大利亚葡萄酒行业自 2013 年的触底反弹行业景气周期。

① See "Wine in Australia", https://store.marketline.com/report/ohmf6103—wine-in-australia/, Nov. 7, 2019.

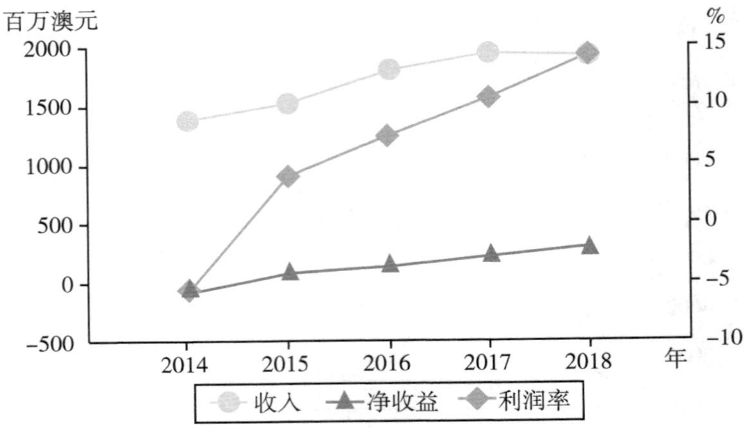

图 9-15 富邑葡萄酒集团 2014~2018 年的收入、净收益、利润率①

六、行业规制

澳大利亚葡萄酒行业规制涉及产品标准、地理标志、交易行为、产业发展、消费者保护等方面,相关的法律法规包括:《2013 年澳大利亚葡萄酒法案》(Wine Australia Act 2013)②、《葡萄酒行业行为准则》(Australian Wine Industry Code of Conduct)、《2018 年澳大利亚葡萄酒条例》(Wine Australia Regulations 2018)③、《2010 年竞争和消费者法案》(Competition and Consumer Act 2010)④。

1.《葡萄酒行业行为准则》⑤。其是 2008 年由葡萄种植者协会(Wine Grape Growers Australia, WGGA)和葡萄酒酿酒商联合会(Winemakers Federation of Australia, WFA)共同制定的自愿行业准则,于 2009 年 1 月 1 日起开始实施。该准则旨在规范葡萄种植者与酿酒商之间的公平交易关系,为葡萄酒葡萄采购协

① See "Wine in Australia", https://store.marketline.com/report/ohmf6103—wine-in-australia/, Nov. 7, 2019.

② Wine Australia Act 2013, https://www.legislation.gov.au/Details/C2019C00110, Nov. 7, 2019.

③ Wine Australia Regulations 2018, https://www.legislation.gov.au/Details/F2018L00286, Nov. 7, 2019.

④ Competition and Consumer Act 2010, https://www.legislation.gov.au/Details/C2019C00264, Nov. 7, 2019.

⑤ The Australian Wine Industry Code of Conduct, https://www.agw.org.au/assets/industry-code-of-conduct/AWICOC-Final-dec2014.pdf, Nov. 7, 2019.

议设定了最低标准,并为有关价格和质量评估的纠纷提供了解决机制,从而提高市场的有效性,包括推出指导性收购价格、葡萄质量评估标准、付款条件和期限、终止合同的提前通知时间等,对指导行业的行为有一定的积极作用,但该行为准则没有强制性,所以,在种植者和酿酒商的市场博弈过程中,尚未见成效。酿酒商认为,政府对葡萄定价机制的干预与保护一个具有强大竞争力的国际产业的目标不符,也将与国际条约相冲突,势必会破坏澳大利亚的自由市场原则。而ACCC 则认为在必要的时候,赋予该行为准则以强制性。

2. 均等退税的改革。2000 年,澳大利亚实行葡萄酒均等税,即所有葡萄酒销售都要缴纳葡萄酒批发价值 29% 的税(Wine Equalisation Tax, WET),2004 年推出了葡萄酒均等税退税政策。由于葡萄酒在生产过程中可能会发生多次买卖,允许葡萄酒批发商通过免除前面每个批发商的部分葡萄酒销售而抵销其葡萄酒均等税责任。均等税退税的目的是让澳大利亚农村和地区的小型葡萄酒生产商受益,他们将受益于葡萄酒均等税收责任的减少或完全抵销。均等退税实施到了 2015 年,澳大利亚税务局(ATO)认为并没有取得最初设计的效果,现实中已经出现了一些不正当的取得退税的办法,包括人为混合、合同和商业结构安排,其唯一目的是取得退税甚至是骗税。从某种角度看,均等税退税政策补贴了效率低下的酿酒厂和种植者,鼓励了散装葡萄酒的过度生产,抑制了行业重组,侵蚀了优质葡萄酒的价值,并抑制了并购。

自 2018 年 7 月 1 日起,均等税退税的改革性措施生效。生产商可申领的最高金额已减至 35 万澳元,限制了大宗葡萄酒出口商和廉价葡萄酒生产商获得退税的机会,重新调整行业激励措施,确保葡萄酒生产商是退税的受益者,而不是葡萄酒交易商和零售商,并阻止同一种葡萄酒在整个供应链上多次被要求退税。目前,葡萄酒业界普遍认为,2018 年的这项退税改革,将会推动葡萄酒行业的结构型转变。①

3. 出口及许可证。根据 2018 年 4 月 1 日生效的《2018 年澳大利亚葡萄酒条例》(Wine Australia Regulations 2018),所有澳大利亚出口葡萄酒将申请出口许可证,而澳大利亚葡萄酒管理局对是否颁发出口许可证将做多角度考量,其尺度

---

① See "Wine Equalisation Tax", https://www.ato.gov.au/Business/Wine-equalisation-tax/, Nov. 7, 2019.

将延展至出口商在外国市场的商标侵权问题、收款问题以及是否会影响澳大利亚葡萄酒在海外推广的问题。具体来说,确定一家澳大利亚企业是否可以合格地拥有葡萄酒出口许可证,澳大利亚葡萄酒管理局会持续考察出口商在目的地市场的行为,是否对澳大利亚葡萄酒的名声带来不利的影响,例如,出口商是否涉及"山寨"或假冒伪劣产品。出口许可证可以阻止某些在澳大利亚国内不能被合法地销售的产品,却被销售到国外的行为。大多数国家在国际贸易方面,都是重视严管进口,鼓励放松出口,但澳大利亚通过出口许可证措施,对澳大利亚葡萄酒出口进行了一定管控,体现出澳大利亚官方对葡萄酒可持续发展的重视,维护和提高了澳大利亚葡萄酒在国际市场的信誉度和品质。许可证申请费用为1084 美元,从第二年起每年为 700 美元的年费。①

葡萄酒出口流程:(1)出口执照→出口商提交申请及相关文件→澳大利亚葡萄酒管理局(Wine Australia,WA)→每年需续期;(2)葡萄酒认可→出口商向 WA 递交葡萄酒样品→WA 鉴定葡萄酒,检测化学分析,并确定标签上符合描述→WA 提供葡萄酒认可;(3)装箱许可→出口商递交申请→WA 检查后发给许可号→出口商向海关递交许可号→葡萄酒可进行清关(装船出口到欧洲有额外的具体要求)。

当葡萄酒并非用瓶装,而是散装出口时,监管更为严格。上述的规定仍然适用,但是有两条附加的要求。首先,货物必须依照澳大利亚葡萄酒管理局制定的规格发运,这些规格的设计用于控制葡萄酒在装载和运输期间品质退化的风险;其次,只有在货物是发往一家经过认可的装瓶厂时,才会颁发出口许可。只有那些经过独立评估,拥有国际认可的质量管理系统的装瓶厂才能获得认可。②

4. 地理标志。在澳大利亚,葡萄酒地理产区标志的保护依照《2013 年澳大利亚葡萄酒法》和《2018 年澳大利亚葡萄酒条例》进行。根据《2013 年澳大利亚葡萄酒法》确定的产区命名葡萄酒,各命名均有其所代表的品质和保证。澳大利亚共有 65 个 GI,本章前文有详细论述。而"东南部"相对宽泛,基本用于散装商业葡萄酒标明产地来源。在规则使用上,如果葡萄酒的描述和展示使用了特定的

---

① See https://www. wineaustralia. com/selling/further-information/exporting-wine/licence-to-export.

② See Wine Australia Regulations 2018, https://www. legislation. gov. au/Details/F2018L00286, Nov. 7, 2019.

注册地理标志,则必须有85%的葡萄酒产量来自该标志所界定的地区种植的葡萄。这一要求限制了用来自该地区以外的葡萄进行替代,在受地理标志保护的产区,酿酒商希望使用该地区的品牌,因为人们对优质葡萄酒产区的认识使酒的档次和价格存在差异,通常凉爽气候区域的葡萄品质和价值要高于温暖气候区域的葡萄。举例来说,如果一个酿酒商想要生产标有巴罗萨河谷(Barossa Valley)的葡萄酒,他将被限制只能混合其他区域产的葡萄酒不超过15%。相比之下,如果一个酿酒商想要生产标有"澳大利亚东南部"字样的葡萄酒,那么他就可以不受限制混合使用不同区域的葡萄。①

5. 酒类广告。澳大利亚现有的酒精广告监管制度,以监管酒类饮料广告和包装规范的酒饮料广告代码(Alcohol Beverages Advertising Code,ABAC)计划为核心,大多数葡萄酒从业者都自愿加入,确保了葡萄酒广告符合公认的社会标准。② ABAC计划,是澳大利亚酒精营销准监管体系的简称,涉及澳大利亚所有主要的酒精饮料行业协会和主要的广告、媒体和消费者团体,还包括联邦政府的代表。该计划旨在反映社会的期望,并以成熟、均衡和负责任的态度对待酒精饮品的消费;防止对儿童或青少年产生强烈或明显的吸引力;避免酒精饮品的消费促成情绪或环境的重大改变。酒精广告预审服务(Alcohol Advertising Prevetting Service,AAPS)对酒精饮品的广告在发布前进行预审核,以确保没有违反ABAC的宗旨,审核费用由企业承担。③

6. 酒类执照。每个州和领地都有自己的酒类许可法,许可证类型分类系统也有差别。酒类酿造执照(Liquor Producers License)表明澳大利亚对酒类生产商有严格的行业生产要求,由政府机构对酒庄进行实地评估,经审核符合资质后颁发执照。持有酒类酿造执照的酒类生产商,是酒类产品的源头生产商,在任何场合经营销售其酒庄生产的酒类产品。经营范围涵盖:葡萄酒生产、批发、零售、出口。在澳大利亚葡萄酒生产必须符合《食物标准法规》(Food Standards Code)的要求,尤其是葡萄酒生产标准第4.5.1条中规定的标准。这个标准对葡萄酒、葡

① See Wine Australia Act 2013, https://www.legislation.gov.au/Details/C2019C00110, Nov. 7, 2019.

② See https://www.abac.org.au/wp-content/uploads/2019/06/ABAC-Responsible-Alcohol-Marketing-Code-21-June-2019.pdf.

③ See https://www.abac.org.au/wp-content/uploads/2018/09/ABAC-Rules-and-Procedures-approved-14-9-18.pdf.

萄汽酒以及加度葡萄酒等进行了定义,列明了在生产过程中允许添加的相应原辅料,并详细说明了诸如挥发性酸类等成分的限量规定。需要了解的一个重要方面是,虽然《食物标准法规》适用于所有在澳大利亚销售的酒类,但是标准第4.5.1条中的限制只适用于在澳大利亚生产的产品。因此澳大利亚的葡萄酒适用比其他国家生产的葡萄酒产品更为严格的技术要求。澳大利亚要求葡萄酒从葡萄园到超市上货架的整个过程,生产者都要保持相应记录,便于随时进行追踪查询。澳大利亚的葡萄酒生产者必须随时准备提交记录备查,澳大利亚葡萄酒管理局有一个专门的审计小组,经常出差到全国各地进行抽查,以确保葡萄酒标签上的有关说明能从生产记录中得到核实。如果标签名不副实或误导消费者,最高处罚为入狱2年。①

《食物标准法规》规定,澳大利亚的葡萄酒生产者的生产标准要求严过进口的产品。相应法规还明确规定了葡萄园里果实上残留物的限量。澳大利亚杀虫剂和兽医用药监管局一向坚持对澳大利亚葡萄种植方面使用的相关化学物质在认可之前进行广泛的测试,许可残留物限量方面,必须与国际上许可的最高标准至少持平或更低。为了保证葡萄酒品质达到法律规定,生产商们坚持葡萄种植者必须在相关季节登记所有使用过的农业化学品,并允许他们随时审核这些记录,这确保了公众的健康和安全。但是,有关葡萄酒的产品说明和上市标准都是由澳大利亚葡萄酒管理局来规范的。标签上标明了某种葡萄酒的来源,产品生产年份、地区或葡萄的品种,都必须如实标明。澳大利亚葡萄酒标签不仅明晰易懂,便于记忆,而且还以名副其实而著称。葡萄酒生产商遵从相关法律中葡萄酒生产的相关规定,同时,澳大利亚葡萄酒管理局的审计小组负责监管,如果有任何出入,都会吊销葡萄酒生产执照,一旦被吊销,就不能够再拿到生产执照,终身不能再从事葡萄酒行业。②

根据联邦《2005年酒法》(Liquor Act 2005)的规定,各种酒销售须持有执照。③

酒类销售执照(Direct Sale License):由澳大利亚各州酒类和博彩管理局评

① See https://www.legislation.gov.au/Details/F2019C00225.

② See https://foodregulation.gov.au/internet/fr/publishing.nsf/Content/implementation-and-enforcement-of-food-laws.

③ See https://www.legislation.gov.au/Details/C2016Q00031.

估发放执照。持有酒类销售执照便可以通过邮件、电话、传真、互联网等方式销售酒类产品，但持有此执照不具有生产葡萄酒的资质，所以只能作为销售方经销酒类产品，适用于酒类产品分销商。

酒类产品批发执照（Wholesale Liquor Merchant's Licence）：由澳大利亚各州酒类和博彩管理局评估发放执照；持有此类执照可以在规定地点批发酒类产品，单次交易不能小于4.5升（6瓶750毫升的酒类产品）。此执照只适用于澳大利亚本地酒类分销商。

酒类产品零售执照（Retail Liquor Merchant's Licence）：由澳大利亚各州酒类和博彩管理局评估发放执照；持有此类执照可以在规定地点零售酒类产品，对零售数量没有限制。此执照只适用于澳大利亚本地酒类零售商店。

七、对澳大利亚酒庄收购及经营实例分析（以珍宝谷酒业有限公司为例）

自2009年2月起，来自中国的山东珍宝谷酒业有限公司（以下简称珍宝谷酒业）收购了位于澳大利亚著名顶级葡萄酒产区巴罗莎山谷的"1847"酒庄，开启了持续10年连续收购7个庄园的进程。截至2019年11月，已形成了以"1847"为核心品牌，出口额达3000多万澳元的酒业集团。

（一）收购过程

2009年2月，整个澳大利亚葡萄酒产业处于低谷时期，位于南澳大利亚州巴罗莎山谷占地200多亩的"1847"酒庄，因庄主约翰·克劳（John Curnow）已年过60岁，两个儿子无心接手酒庄生意，而将酒庄出售给来自中国的珍宝谷酒业，庄主克劳因其父亲参加过第二次世界大战而对中国素有好感，愿意留在酒庄作为名誉庄主参与酒庄的管理和后期的扩张。该酒庄的名称源于巴罗莎山谷的葡萄种植肇始于1847年，并把"1847"注册为独属的商标，使该酒庄成为巴罗莎山谷极具象征意义的酒庄，其他巴罗莎山谷知名酒庄就只能在酒标上用小字标注"始自1847"。

2014年7月，澳大利亚红酒业在主板上市的澳大利亚佳酿（上市代码AVG），将其旗下在巴罗莎山谷排名前五的雅德莱（Yaldara）酒庄出售以减轻集团的债务，而珍宝谷酒业前后投入2000多万澳元得以成功接盘，为其在澳大利亚葡萄酒产业的种植、生产、储运、门店、品牌和技术员工等诸多方面实现了实质性的提升，成为巴罗莎产区的头部企业之一，为此，巴罗莎山谷地方政府给予了

"1847"横跨市政道路品牌拱门的待遇,成为截至2019年,继奔富(Penfolds)、杰卡斯(Jacob's Creek)之后第三个享有此声誉的品牌。

在过去的10年间,珍宝谷酒业除收购上述的两个酒庄之外,还陆续收购了5个葡萄园和两块用于红酒体验及培训设施的用地:2012年10月,珍宝谷酒业收购了溪谷红酒(Gully Wine)庄园,占地450多亩,该葡萄园拥有1928年就种下的老藤及6个珍贵品种;2013年7月收购了Mattner庄园,占地330多亩;2014年2月收购了Liebich庄园,占地300多亩,该葡萄园拥有50~70年的西拉子老藤,以及大量富裕的水权;2015年,收购Kraft庄园和Lily庄园,合计占地70多亩,并持有住宿许可证及完备的旅游设施;2016年,收购了麦克拉伦山(McLaren Hill)53号,该山坡占地375亩;2018年,收购了318号,该山坡占地390亩。

综上所述,珍宝谷酒业累计投资额达6000多万澳元,在巴罗莎山谷控制了12,000多亩葡萄园(包括托管和长期协议统购的葡萄园),酒的产能跻身澳大利亚前20名,出口中国的单瓶平均价格位列澳大利亚前5名。

(二)经营和管理

1. 本土化原则。所有收购的庄园都尽量留用原来的庄主和员工,原庄主所住的别墅均以年租金1澳元的价格返租给原庄主继续居住使用;收购其他庄园时,由已收购酒庄的老庄主代表中国投资人出面洽谈并出席签约仪式,新购入庄园的原庄主均作为名誉庄主参与葡萄园后续的管理和维护。

2. 精品化原则。定位酒庄酒,走精品路线。以"1847"品牌为核心打造集团的知名度;以雅德莱(Yaldara)本土知名品牌主导种植、采购、生产加工和销售推广;以溪谷红酒(Gully Wine)为补充,针对差异化市场拓展子品牌。在品质管控上,中国投资人拥有一票否决权,例如,2013年、2014年连续两年由于天气影响,导致酿制的顶级"优选"款葡萄酒不如往年的出色,中国投资人在五名本土酿酒师多数通过的情况下,仍然行使否决权将该款酒降级,导致"优选"款连续两年断档。另外,雅德莱(Yaldara)庄园在波特酒(强化葡萄酒)方面保持着传统的优势地位,并拥有巴罗莎山谷排名第二的地位,拒绝了澳大利亚其他著名酒庄提出的具有诱惑力的短期效益合作要求,保留了提升整个"1847"品牌价值的长期资源。

3. 多线条管理原则。设立董事会,由中国投资人担任董事长,负责经营和管理决策;取消原来酒庄经理岗位,设定总经理,主管酿酒和当地营销,对董事长负责;财务独立垂直管理,负责人直接对董事长负责;出口及中国国内门店拓展和销售及品牌建设实行独立垂直管理，负责人对董事长负责。

（三）文化融合

来自中国的投资人，是否在与澳大利亚本土文化融合方面能够用心尽力，是决定其能否成功持续经营企业的基石。珍宝谷酒业通过一些具体且微末的实际做法，赢得了巴罗莎山谷当地人的认可和支持，这为其能够连续收购酒庄和稳定经营团队奠定了基础。

1. 尊重当地人。投资人明确规定，来自中国的员工驾车进入葡萄园后，车速不得超过 30 公里时速，在土石路面上不得急刹车，有事情找原庄主须带上糖果等小礼物；收购酒庄后，对于具有家族传承历史寓意的建筑和老物件，出资修缮和精心维护；免费提供酒庄场地给儿时成长于庄园的当地人举办生日和婚礼等纪念活动；对于多年工作于酒庄的老员工，给予认可和鼓励，例如，对一直在 Yaldara 酒庄勤恳工作了 42 年的工程师 Chappy 先生，在工作满 40 年时奖励了他一台福特皮卡，并将其太太 Marrie 也聘为餐厅管理人员，方便老两口的互相照顾；出现问题，坦诚面对，不隐瞒、不推诿，勇于承担，例如，酿酒废水因本土的管理人员疏忽而泄漏，投资人主动带领该管理人员去相邻庄园道歉并采取补救措施；涉及企业合法权益事项，也会有理有据地向市政府提出行政复议和依法起诉，不会息事宁人。

2. 展现自身素质。投资人以身作则，定期率领员工拾捡庄园和厂区内的垃圾；投资人明确规定中方员工在巴罗莎山谷区域活动时注意言行，即使下班以后也不许穿拖鞋出入公共场合；将原庄主的创业历史作为酒庄文化予以提升，例如，将雅德莱（Yaldara）已过世老庄主 Hermann Thumm 的自传出版成书《雅德莱之路》（*The road to Yaldara*），令其家族及好友赞许不已。

（四）发展

1. 专营。“1847”系列葡萄酒以中国市场为新增长点，不进商超，不作批发和经销，只做专营店，统一市场价格，目前在中国已有近 300 家专营店。

2. 体验。结合“1847”品牌策略，凭借澳大利亚巴罗莎山谷葡萄酒产区和酒庄的便利条件，为目标客户提供红酒主题的旅游度假、定制酒采摘酿制、红酒知识培训、SPA 养生休闲等体验式服务，拓展客户和营建品牌。

3. 联盟。凭借 10 年的经验积累，已托管了两个中资并购酒庄的管理和营销，以“1847”品牌带动托管酒庄的品牌，实现共赢。

第十章　农场管理

一、澳大利亚农场及农企的概况

(一)农企统计数据

截至2018年6月30日,澳大利亚约有85,681家农业企业(比2017年减少了3%),另有1万多家企业将农业作为次要业务。99%的农业企业为澳大利亚人独资经营,大约97%的农场被归类为小型企业——年营业额不足200万澳元。每个澳大利亚农民生产的食物足够养活600人,其中150人是澳大利亚人,450人是海外的其他国家的人。截至2016年,澳大利亚农业直接就业人数为304,200人。完整的农业供应链包括附属食品和纤维产业,为澳大利亚经济提供了160多万个就业机会。农业部门占澳大利亚国内生产总值(GDP)的3%。2017~2018年度澳大利亚农业生产总值为589亿澳元。2017~2018年度,农作物总产值下降11%至293亿澳元,回归与2014~2015年度和2015~2016年度相似的产值(详见图10-1)。导致2017~2018年度下降的原因是小麦价格下跌23%至57亿澳元,大麦价格下跌14%至23亿澳元,但来自园艺作物(增加5%至100亿澳元)和棉花(增加49%至25亿澳元)的增值抵消了减值幅度。① 澳大利亚农场1991~

---

① See "Agribusiness Research and Forecast Report 2019", https://www.colliers.com.au/find_research/agribusiness/2019_agribusiness_rfr/, Nov. 11, 2019.

2018 年的产值、出口额及农业贸易平衡情况分别如图 10－2 及图 10－3 所示。

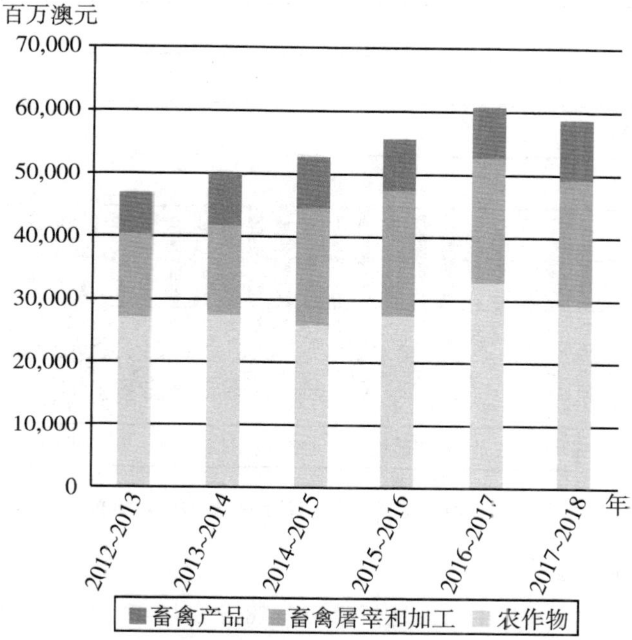

图 10－1　澳大利亚 2012～2018 年的农业总产值及结构①

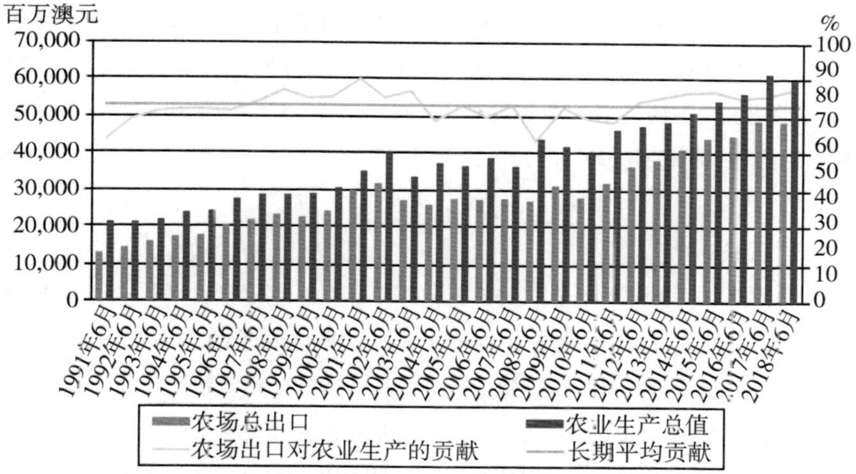

图 10－2　澳大利亚农场 1991～2018 年的产值及出口额

① See https://www.abs.gov.au/ausstats/abs@.nsf/Latestproducts/7121.0Media%20Release12017－18? opendocument&tabname = Summary&prodno = 7121.0&issue = 2017－18&num = &view = .

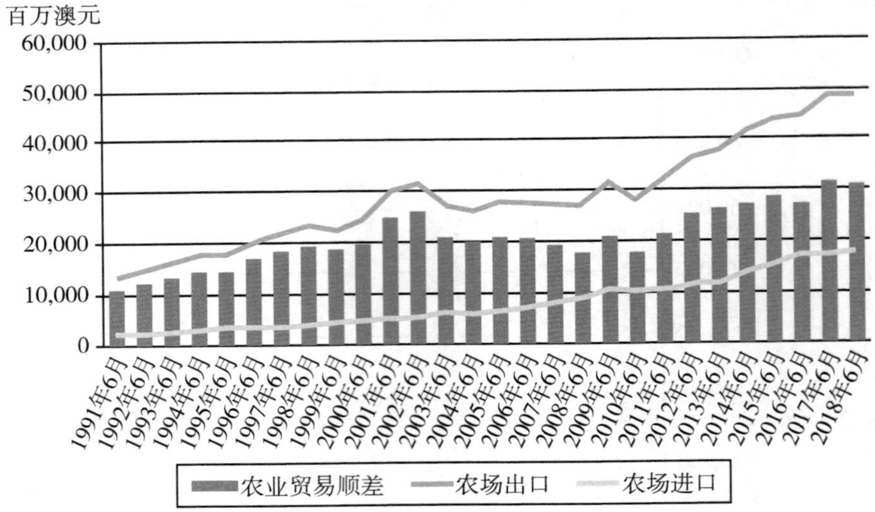

图 10－3 澳大利亚农业贸易平衡(1991 年 6 月～2008 年 6 月)①

(二)农业用地

澳大利亚 2018 年度的农用地规模为 3.78 亿公顷(比 2017 年度下降 4%)，其中，3.28 亿公顷用于放牧、3100 万公顷用于农作物、73.1 万公顷用于林业种植、1700 万公顷未用于农业生产(其中一半用于保护目的)。根据由 NCREIF 提供支持的澳大利亚农地指数显示，截至 2018 年 12 月底，澳大利亚农地回报(包括园艺、畜牧业、集约化畜牧业和种植业)同比增加 13.84%。由于农业综合企业的资本密集性，升值回报率为 8.10%，加上营业收入回报率为 5.49%，回报表现优异。②

(三)农民

澳大利亚农民的平均年龄是 57 岁，有 37 年的农业经验；平均女性农民年龄为 55 岁，比男性农民平均年龄 58 岁年轻 3 岁。男性农民的性别比例为 77%，女性农民的性别比例为 23%。各州农民性别和年龄的平均数情况如图 10－4 所示。在经合组织(OECD)成员方中，澳大利亚农民获得的生产者补贴排名倒数第二，仅占农业收入的 1.7%。相比之下，欧盟政府支付的农业补贴(gross farm

---

① See "Agribusiness Research and Forecast Report 2019", https://www.colliers.com.au/find_research/agribusiness/2019_agribusiness_rfr/, Nov. 11, 2019.

② Ibid.

receipts)平均为 18.3%，韩国、挪威和日本约为 50%。澳大利亚农业企业在 2017～2018 年度从农业生产中获得的大部分收入组成：85% 来自农业生产、11% 来自农场外就业或商业活动、0.6% 来自补助金及政府转移支付和救济资金。

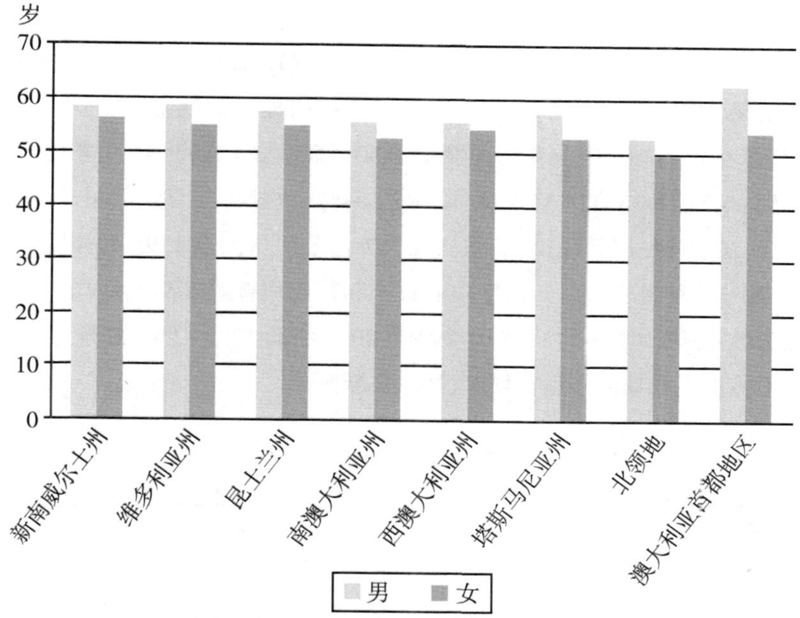

图 10－4　各州农民性别和年龄的平均数①

二、农场发展特点与投资收益

澳大利亚农场发展的特点：一是企业数量呈现长期下降的趋势；二是农场的投资收益与规模呈正相关性，且细分行业有不同的收益率；三是农场企业所有权面临着继承和转让的安排；四是在一些农业细分行业中以生产销售合同或企业纵向一体化的形式进行纵向产业链协调；五是农场更多地使用非家庭劳动力；六是农场企业的债务融资和股权融资结构调整；七是使用信息技术提高农场生产效率；等等。这些变化将涉及农场和农业企业、农户及家庭成员、土地和劳动力、农业资本和管理服务等诸多因素，而各方面因素又是互相联系发生作用的。例如，一个农场在面临是否要进行一项长期投资决策时，就会受到农场经营者是否

① See https://www.abs.gov.au/ausstats/abs@.nsf/mf/7121.0.

有继任者的影响。所以,作为农业各产业的承载主体,农场和农企本身就有复杂的系统性运行机制,要做好澳大利亚农场及农企的生产经营,就需要了解其内部涉及的各方面因素及其变化趋势,顺势而为,才能获得良好的回报。

(一)农场的整合

澳新银行(ANZ Bank)的一份研究报告在对 ABARES 农场调查数据分析的基础上发现,一个农场合并以及大规模农场利润提升的趋势正在发生。如图 10－5 所示,1990～2015 年,年营业额少于 50 万澳元的农场从 1991 年的 3.09 亿公顷降到 2015 年的 1.117 亿公顷,降幅达 64%。相反,年营业额超过 100 万澳元的农场,在相同的时间段里,面积从 0.787 亿公顷增加至 1.95 亿公顷,增幅达 150%。虽然这种转变可以归因于农业收入和营业额普遍提高,但农场企业在澳大利亚的数量从 2008 年的 14.1 万个降至 2015 年的 12.3 万个,降幅达 12%,可以明确地体现出农场的体量在增加、数量在减少。

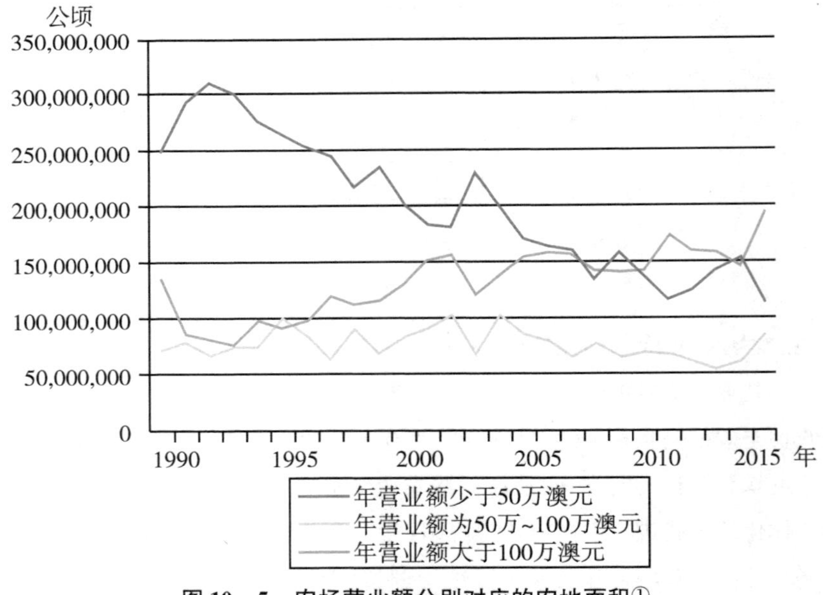

图 10－5　农场营业额分别对应的农地面积①

自 1990 年起,小农场经营的农业用地平均每年减少 550 万公顷,而大型农场

① See "Australian Agriculture: Funding our Future", https://phx.corporate-ir.net/External.File?item=UGFyZW50SUQ9MzU5MDI5fENoaWxkSUQ9LTF8VHlwZT0z&t=1&cb=636149328686628849, Nov. 11, 2019.

面积每年增加240万公顷，中型农场每年增加50万公顷。同时，不同规模农场的每公顷收入也有差异，虽然在1990年，小型农场每公顷收入比中型或大型农场多出许多，但随着时间的推移，中型和大型农场每公顷收入开始显著增加，在图10-6中，大型农场线条的增速曲率最高，最后在2015年，大型农场每公顷收益超过80澳元，高于中型农场的70多澳元回报，而小型农场的收入则没有变化，从2010年开始就一直低于中大型农场，2015年每公顷只有60多澳元的收益。从理论上看，农场规模与效益呈正相关性，对此通常有两种解释：一种是"规模经济"的存在或规模报酬递增；另一种是新兴技术有利于相对较大规模的农场，从而扩大了投入替代的范围，并改善了资金投入，以便为新的管理和耕作方法进行融资。①

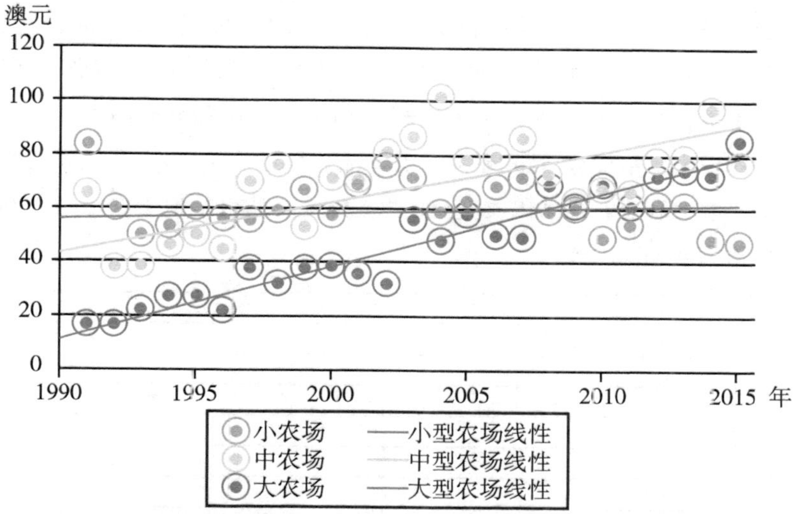

图10-6 澳大利亚1990~2015年不同规模农场每公顷回报变化②

(二)农业劳动力紧缺、成本升高

澳大利亚农业劳动力短缺的特征日益明显，包括劳动力普遍短缺和熟练工人短缺，这直接影响农场农企的生产力。虽然精确的数字仍然难以确定，但这个问题的规模和重要性已得到充分的证明。研究表明，水果和蔬菜部门60%以上

---

① See Yu Sheng, Shiji Zhao, Katarina Nossal and Dandan Zhang, "Productivity and Farm Size in Australian Agriculture: Reinvestigating the Returns to Scale", https://onlinelibrary-wiley-com.ezproxy1.library.usyd.edu.au/doi/full/10.1111/1467-8489.12063, Nov. 11, 2019.

② See "Australian Agriculture: Funding our Future", https://phx.corporate-ir.net/External.File?item=UGFyZW50SUQ9MzU5MDI5fENoaWxkSUQ9LTF8VHlwZT0z&t=1&cb=63614932868662849, Nov. 11, 2019.

的种植者在招聘方面遇到困难,经常发生农产品无法及时采摘,损失有时达到数百万澳元。更令人担忧的是,部分农场发生的欠薪和不当扣减薪资、虐待合法工人、虚假安排等问题。澳大利亚政府也非常重视农业劳工问题,针对全国农民联合会关于解决劳动力短缺问题的诉求,特别是为夏季丰收时劳工短缺问题出台了相关措施。2018 年 11 月,澳大利亚政府宣布对澳大利亚农民为其农场引进海外工人而实施的许多关键移民项目进行修订。其中,专门的农业签证(Ag Visa)将为那些有意从事农业工作的海外人士提供合法和有针对性的签证,在减少剥削机会的同时,具体解决农业劳动力短缺的问题。农业签证将消除现行签证制度的漏洞,现存的漏洞使移民工人容易受到伤害,并迫使他们在遭受虐待时保持沉默。农业签证将给这些工人提供更有保障的选择。但现实情况是,即使推广农业签证,也满足不了农场农企对大规模劳工的需求,致使澳大利亚农业劳动力成本居高不下,远高于美国和加拿大(详见图 10 - 7),进而导致澳大利亚农产品在国际市场没有价格优势,特别是大宗农产品。最近几年,澳大利亚农业研究人员倡导基于澳大利亚农产品优质安全的“澳洲溢价”,也是迫于农产品成本中的劳动力价格指数偏高所致。

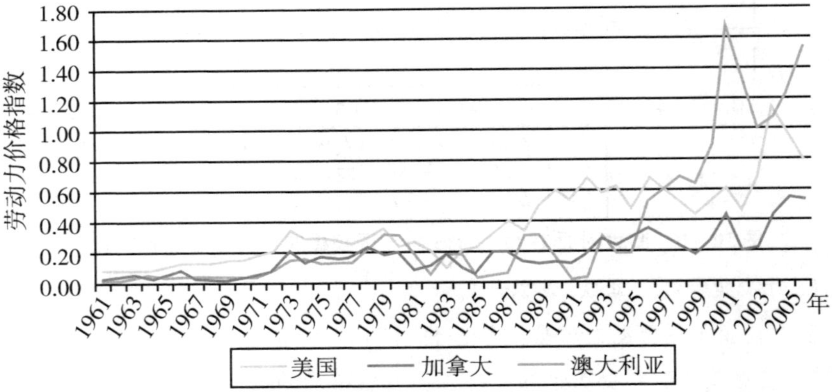

图 10 - 7 美国、加拿大、澳大利亚 1961 ~ 2005 年的农业劳动力价格指数变化①

① See Yu Sheng, Katarina Nossal and Alistair Davidson, “Comparing Agricultural Total Factor Productivity between Countries: the Case of Australia, Canada and the United States”, https://www.business.unsw.edu.au/research-site/centreforappliedeconomicresearch-site/Documents/Y.%20Sheng,%20K.%20Nossal,%20A.%20Davidson%20 -%20Comparing%20Agri%20TFP%20between%20Countries,%20the%20case%20of%20Australia,%20Canada%20and%20US.pdf, Nov. 11, 2019.

澳大利亚农业劳动力成本高企，导致农业全要素生产力（Total Factor Productivity，TFP）低于美国和加拿大等世界上主要农产品出口大国（详见图10－8）。

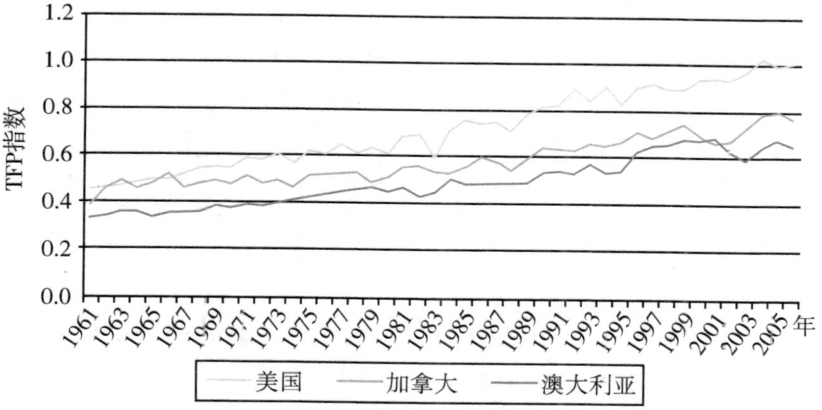

图10－8　美国、加拿大、澳大利亚3个国家1961～2005年的农业全要素生产力TFP指数水平比较①

通常农业产业中在劳动力支出占产品成本比率最高的是蔬菜、园艺和棉花，其中蔬菜和园艺业的劳动力在使用季节工和海外农业签证劳工的比率最高，而棉花产业的工人大部分是全职的，即使有部分劳工是季节工，他们也基本上是来自澳大利亚本土和新西兰的劳工。2017年1月1日，澳大利亚政府将农业签证的劳工所得税由原来的零收入起点征税32.5%调整到15%，在收入3.7万澳元以下按此税率收取，这个所谓的"背包客税"税率甚至比澳大利亚本地人对应的标准所得税率19%都要低，但超过3.7万澳元部分的收入的"背包客税"税率估计会与澳大利亚本土人的32.5%税率保持一致了。目前，笔者尚未找到澳大利亚新"背包客税"税率对农业签证人数的影响数据，但是笔者预计会有正相关性的影响。从澳大利亚农业资源经济科学局（ABARES）的统计图表分析，棉花和蔬菜的工资较高，但从农企经营的角度看，园艺和蔬菜的劳工成本占比最高，特

① See Yu Sheng, Katarina Nossal and Alistair Davidson, "Comparing Agricultural Total Factor Productivity between Countries: the Case of Australia, Canada and the United States', https://www.business.unsw.edu.au/research-site/centreforappliedeconomicresearch-site/Documents/Y.%20Sheng,%20K.%20Nossal,%20A.%20Davidson%20-%20Comparing%20Agri%20TFP%20between%20Countries,%20the%20case%20of%20Australia,%20Canada%20and%20US.pdf, Nov. 11, 2019.

别是棉花行业的劳工工资占现金成本比例高达30%,即使是乳业和广亩农业(规模化种养殖)也才10%以上(详见图10-9)。

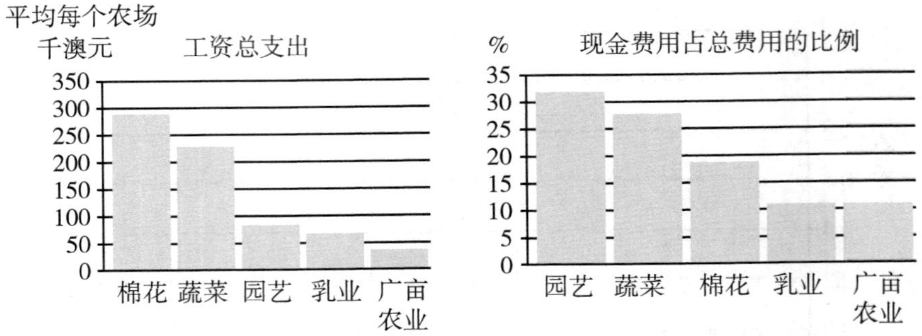

图10-9 2015年澳大利亚农业各行业(棉花、蔬菜、园艺、乳业和广亩农业)的劳工的工资金额和人工在产品成本中的占比①

(三)投资收益有规模和细分行业的差异性

澳大利亚农场正在发生整合的表象是大型农场的每公顷收益较高,其本质是投入相应的资本,才能获取规模效益。在澳大利亚,较大的农场使用更多的资金投入,特别是那些规模超大的农场。在广亩农业的行业中,规模超大的前10%的农场使用的资本是规模排序第九的10%农场的2倍,而规模排序第二的10%的农场使用的资本只是比排序第九的10%的农场使用资本多14%而已,这反映了农业每个子行业头部的10%的超大农场企业群们倾向于投入高比例的资本,并使用相应的技术先进的生产系统,享受因此而产生的规模效益(详见图10-10)。

在规模最大的前10%的头部农场集群资本投入较多的情况下,特别是广亩农业头部集群投资平均1700多万澳元而排序第二的集群投资只有800多万澳元时,农场的产出占据行业整体比例明显要超过正常比例,特别是牛肉行业,头部集群的产量占据整个行业近55%的产量(详见图10-11)。

---

① See Haydn Valle, Niki Millist and David Galeano, "Labour Force Survey", https://data.daff.gov.au/data/warehouse/9aaam/2017/ABARESLabourForceSurvey/LabourForceSurvey_%2020170518_v1.0.0.pdf, Nov. 11, 2019.

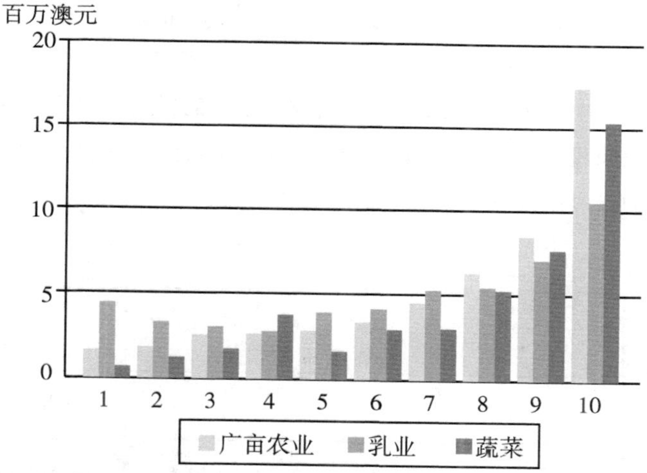

图 10－10　澳大利亚 2015～2018 年按 10%为一个单位划分 10 个农企群，在广亩农业、乳业、蔬菜 3 个方向的平均资本投入①

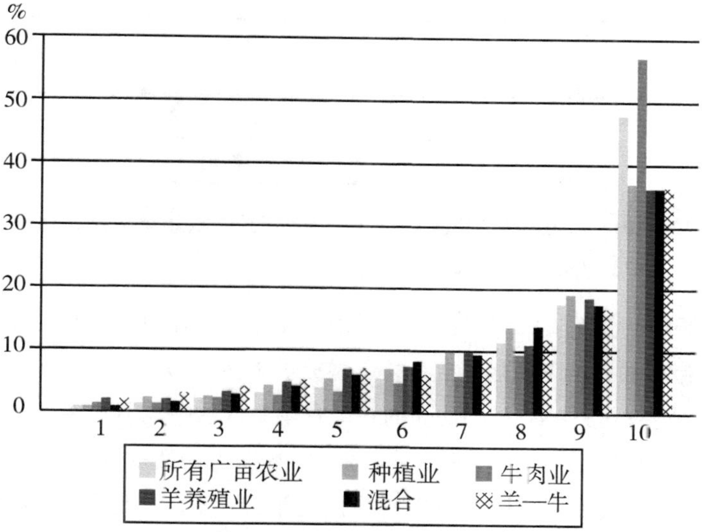

图 10－11　2015～2018 年广亩农业及其细分子行业将农场规模分为 10 个集群的平均产出占整个行业的比例②

---

① See Christopher Boult and Thomas Jackson, "Disaggregating Farm Performance Statistics by Size, 2017 － 18", https://www. agriculture. gov. au/abares/research-topics/productivity/related-research/disaggregating-farm-size#farm—characteristics-and-performance, Nov. 11, 2019.

② Ibid.

在收益方面，大型农场比小型农场在单位投资和收益比率上更有利可图。在广亩农业的行业中，排序最低的农场集群的平均回报率为-1.6%。排序越高的农场集群回报率越高，排序最高的广亩农场集群的投资回报率为9.3%。另外蔬菜行业也很明显，排序最低的农场集群回报率为近-4%，而最大的十分位蔬菜农场集群的投资回报率近12%（详见图10-12）。

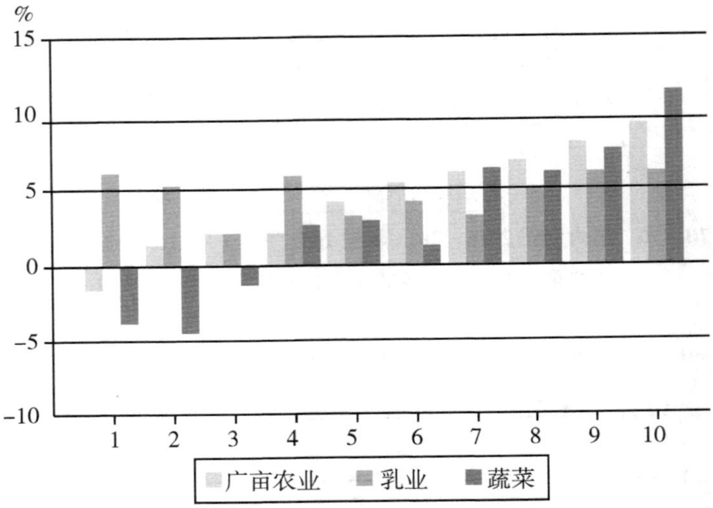

图10-12 2015~2018年广亩农业、乳业、蔬菜行业按农场规模分为10个集群的平均投资回报率的分布①

农场债务往往随着农场规模的绝对值和总资本的比例而增加。较大农场的较高盈利能力通常允许所有者为农场运营提供更多的债务融资。如表10-1所示，在广亩农业的行业中，排序前6的6个农场集群的平均所有者股份权益率都超过93%，表明农场主的借贷水平非常低，基本投入的都是自有的资金，这也注定其资金投入额度有限。随着农场规模的增加，农场主的平均股权权益占比开始下降，表明借贷水平越来越高。这可能是由规模经济推动的，允许较大的农场按比例增加产量并获得更高的单位投入回报，也有能力获得贷款进行投资，甚至通过贷款的债务融资用来整合其他农场以扩大规模，形成良性循环。

---

① See Christopher Boult and Thomas Jackson, "Disaggregating Farm Performance Statistics by Size, 2017 - 18", https://www.agriculture.gov.au/abares/research-topics/productivity/related-research/disaggregating-farm-size#farm—characteristics-and-performance, Nov. 11, 2019.

表 10-1 广亩农业按十分位分 10 组的相关财务数字①

规模排序	占整个行业比例/%	现金收入/澳元	现金成本/澳元	利润/澳元	资本/澳元	新增投入/澳元	收益率/%	股份权益率/%
1	0.9	48,985	51,560	-53,179	1,692,855	-11,803	-1.6	94.0
2	1.3	80,098	65,843	-38,662	1,931,857	-10,661	1.4	97.0
3	2.2	127,173	90,393	-22,402	2,681,141	-6568	2.2	95.1
4	3.1	182,216	122,254	-8721	2,731,780	6573	2.2	95.8
5	4.0	241,728	163,875	9060	2,993,731	50,341	4.2	94.6
6	5.4	325,323	210,852	27,503	3,503,130	10,430	5.5	93.4
7	7.8	466,226	304,471	92,196	4,676,806	41,643	6.1	89.3
8	11.1	667,394	420,046	154,584	6,438,767	104,432	6.9	89.5
9	17.3	1,038,939	676,712	281,725	8,587,664	204,239	8.1	86.4
10	47.1	2,818,379	1,896,537	847,090	17,481,985	529,091	9.3	81.2

(四)农场收益的周期性

在 2018～2019 年，澳大利亚东南部大部分地区的干旱对澳大利亚广亩农业和奶牛养殖业的财务表现起着主导作用，由于干旱，澳大利亚东南部的作物产量远低于平均水平，导致全国饲料和饲料谷物价格上涨。干旱还减少了畜牧场的供应，增加了购买牲畜饲料的支出成本。虽然当前干旱的地理范围不如“千年干旱”(2002 年至 2007 年的干旱)那么广泛和持续时间长，但就整个澳大利亚而言，2017 年至 2019 年所有的广亩农场的平均现金收入将下降 18%，从 2017～2018 年的平均每个农场 20.13 万澳元的收入降至 2018～2019 年的每个农场 17.3 万澳元。当然，2018～2019 年度的收益仍处于高位，高于之前 10 年的 14 万澳元的长期平均值。而平均农场业务利润(根据牲畜和粮食库存变化调整的农场现金收入，以及资本折旧和家庭劳动力的估算值)将从 2017～2018 年的每个农场 6.25 万澳元降至 2018～2019 年的每个农场 3.3 万澳元，这远低于长期平均

① See Christopher Boult and Thomas Jackson, “Disaggregating Farm Performance Statistics by Size, 2017 - 18”, https://www.agriculture.gov.au/abares/research-topics/productivity/related-research/disaggregating-farm-size#farm—characteristics-and-performance, Nov. 11, 2019.

值。从 2000 年起，受“千年干旱”影响，农企收入和利润都在波动中下行，尤其 2006～2007 年度，农企平均亏损 10 万澳元，其后随着气候恢复正常，农企的收入和利润开始触底反弹，并达到 2016～2017 年度的高点，2018 年的旱情又将农场的收入和利润打压下行，从图 10－13 可以看出，农场的收入和利润在过去的近 20 年中都是处于波动的状态，无论上升还是下降，都在 1～3 年的周期内发生转折。

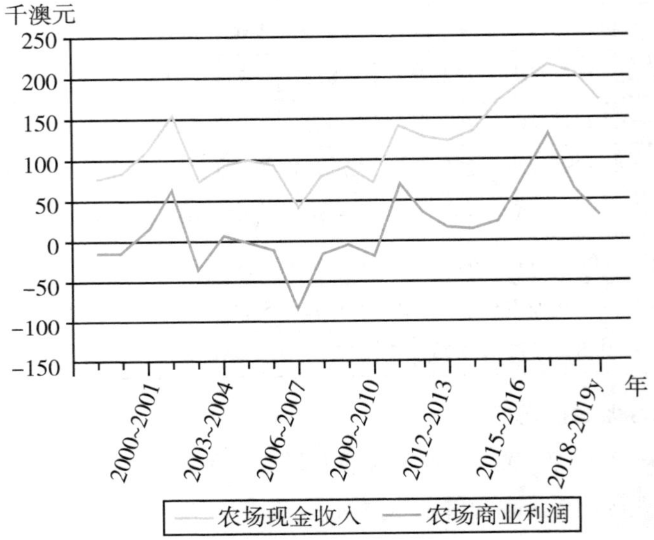

注：y 临时估计。

图 10－13　澳大利亚农场 2000～2019 年平均收入和利润变化①

干旱对平均广亩农场盈利能力的不利影响不会像以前的干旱那样严重，但总体和平均结果掩盖了重要的区域和行业差异。例如，在新南威尔士州西北部和昆士兰州南部的部分地区，2018～2019 年的农场现金收入将大幅降低，因为这些地区的较少降雨持续时间长。在新南威尔士州的西北斜坡和平原地区，2018～2019 年农场的平均现金收入预计仅为 1000 澳元，而上年每个农场的收入为 22.1 万澳元。这是由于作物生产严重减少以及购买牲畜饲料的费用增加所致。同时，某些区域的收益却创新高，在西澳大利亚州，2018～2019 年度，广亩农

① See Peter Martin and Vernon Topp, “Farm Performance: Broadacre and Dairy Farms, 2016－17 to 2018－19”, https://www.agriculture.gov.au/abares/research-topics/surveys/farm-performance#performance—by-state-and-region, Nov. 11, 2019.

场的平均农场现金收入预计将达到每个农场近49万澳元，比上一年增加30%（每个农场368,800澳元），这将是该州40多年来最高的平均农场现金收入。原因在于，及时的季节性降雨导致冬季作物产量高，以及全国的谷物、羊肉和羊毛价格高企。从表10－2中可以看出：种植小麦和其他农作物的农场收入和利润，3年来都一直高出其他农场很多，在投资回报率上也是保持高位，不含土地增值的回报率也在2%～6%，算上土地增值的回报率就达到了8%～11%，非常优异，这种表现已经引起了欧美资本和澳大利亚本土养老基金的关注。

表10－2　澳大利亚农场2016～2019年的每个农场平均收入利润明细和不包括/包括资本增值的投资回报率（资本增值主要指土地增值，按广亩农场、小麦和其他农作物、家畜与作物混合农场、羊、牛、羊牛混合农场来划分）①

平均每个农场

广亩农业	单位	农场现金收入			农场商业利润		
		2016～2017年	2017～2018年p	2018～2019年y	2016～2017年	2017～2018年p	2018～2019年y
所有广亩农业	澳元	206,960	201,300	173,000	126,290	62,500	30,000
小麦和其他农作物	澳元	431,900	390,400	295,000	307,810	149,200	97,000
家畜与作物混合	澳元	240,010	237,300	211,000	142,930	79,000	33,000
羊	澳元	118,740	131,600	142,000	56,230	22,000	30,000
牛	澳元	141,370	130,900	113,000	75,480	41,400	－4000
羊牛混合	澳元	163,250	207,500	162,000	98,350	40,800	28,000

p：初步估计、y：临时估计。

（a）

① See Peter Martin and Vernon Topp, "Farm Performance: Broadacre and Dairy Farms, 2016－17 to 2018－19", https://www.agriculture.gov.au/abares/research-topics/surveys/farm-performance#performance—by-state-and-region, Nov. 11, 2019.

平均每个农场

广亩农业	单位	不包括资本增值的回报率			包括资本增值的回报率		
		2016～2017年	2017～2018年p	2018～2019年y	2016～2017年	2017～2018年p	2018～2019年y
所有广亩农业	%	3.5	1.9	1.3	8.9	5.6	na
小麦和其他农作物	%	6.0	3.4	2.8	10.8	7.9	na
家畜与作物混合	%	3.9	2.3	1.5	11.6	5.5	na
羊	%	2.4	1.1	1.2	8.3	7.4	na
牛	%	2.1	1.2	0.4	6.2	2.9	na
羊牛混合	%	2.8	1.3	1.0	9.8	7.9	na

注:7月1日农场资金回报率。p:初步估计、y:临时估计、na:不适用。

(b)

(五)农场投资回报率的区域差异性

在澳大利亚的州一级,2017年至2019年农场财务绩效的变化差异很大。在受干旱影响最严重的州,新南威尔士州、昆士兰州、维多利亚州和南澳大利亚州,2018～2019年的平均农业收入将比上一年下降,其中新南威尔士洲下降幅度达51%,昆士兰州下降21%,这些变化反映了农场的产量下降(特别是在种植农场)和更高的采购饲料成本。在西澳大利亚州、塔斯马尼亚州和北领地3个区域,2018～2019年的平均农场现金收入将比上一年增加,其中西澳大利亚州收入增加33%,塔斯马尼亚州增加32%,这几个州的农场产量和收入的增加抵消了现金成本的预期增长,特别是采购饲料的价格上涨(详见图10-14)。

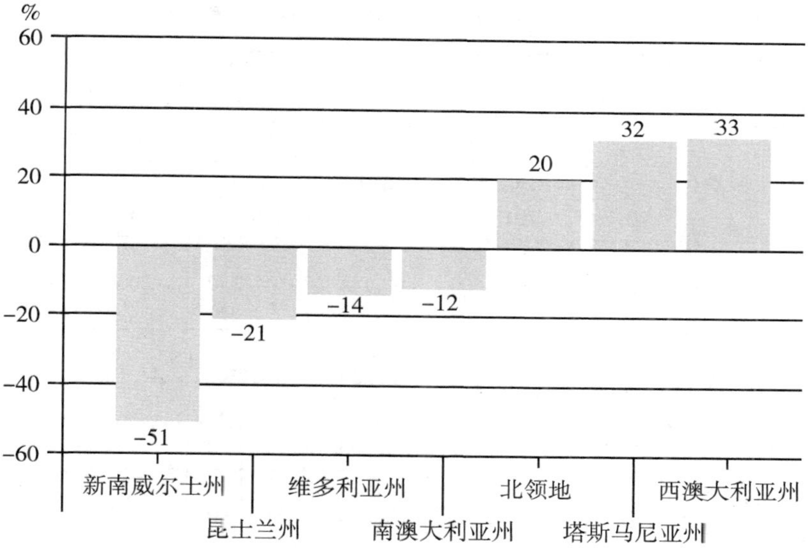

图 10－14　澳大利亚各州 2017～2019 年农场平均现金收入的增减百分比变化①

从澳大利亚的州一级农场收入和利润分析统计上可以看出，北领地一枝独秀，平均每个农场的收入和利润连续 3 年均超过百万澳元，甚至 2017～2018 年度的利润已超过收入（笔者猜测可能有其他非经营性收入或补贴以及统计平均数原因），仿佛没有成本分摊一样，当然这与该区域的农场规模偏大有很大关系。从投资回报的角度看表 10－3，北领地的农场的回报率同样最高，特别是 2016～2017 年的包括资本增值的投资回报率达到 14.5%，对比同年度的经营利润回报率 5.7%，说明该年度北领地的农场土地增值达 8.8%，虽然下一年度的增值幅度降至 2.2%，但也令人惊叹。西澳大利亚州的农场投资回报率也比较亮眼，经营利润回报率 3 年均在 4%～6%，但算上土地增值后的年均回报率仅在 7% 左右，说明西澳大利亚州的农场土地的增值在这 3 年并不明显，徘徊在 2% 左右，但这也孕育着投资机会，因为现在去西澳大利亚州购买农场在土地增值这一块不会带来太多估值，价格不会太高，而投资后的农场经营利润还比较好，将来土地增值尚有空间，退出时会收获更多的溢价。

① See Peter Martin and Vernon Topp, "Farm Performance: Broadacre and Dairy Farms, 2016－17 to 2018－19", https://www.agriculture.gov.au/abares/research-topics/surveys/farm-performance#performance—by-state-and-region, Nov. 11, 2019.

表 10 - 3 澳大利亚各州 2016 ~ 2019 年广亩农场平均收入、利润和不包括/包括资本增值的投资回报率(资本增值主要指土地增值)①

平均每个农场

地区	单位	农场现金收入			农场商业利润		
		2016 ~ 2017 年	2017 ~ 2018 年 p	2018 ~ 2019 年 y	2016 ~ 2017 年	2017 ~ 2018 年 p	2018 ~ 2019 年 y
新南威尔士州	澳元	176, 140	175, 600	87, 000	104, 250	2000	- 69, 000
维多利亚州	澳元	120, 930	141, 400	122, 000	76, 830	44, 100	10, 000
昆士兰州	澳元	216, 240	179, 100	142, 000	121, 470	55, 400	- 1000
西澳大利亚州	澳元	378, 900	368, 800	490, 000	233, 140	184, 500	304, 000
南澳大利亚州	澳元	255, 540	248, 100	219, 000	160, 600	114, 300	79, 000
塔斯马尼亚州	澳元	127, 240	140, 000	185, 000	64, 630	87, 100	128, 000
北领地	澳元	1, 569, 610	1, 074, 500	1, 288, 000	1, 481, 180	1, 454, 600	1, 119, 000
澳大利亚	澳元	206, 740	201, 300	173, 000	126, 040	62, 500	30, 000

p:初步估计、y:临时估计。

(a)

平均每个农场

地区	单位	不包括资本增值的回报率			包括资本增值的回报率		
		2016 ~ 2017 年	2017 ~ 2018 年 p	2018 ~ 2019 年 y	2016 ~ 2017 年	2017 ~ 2018 年 p	2018 ~ 2019 年 y
新南威尔士州	%	3.1	0.7	-0.5	11.8	6.0	na

① See Peter Martin and Vernon Topp, "Farm Performance: Broadacre and Dairy Farms, 2016 - 17 to 2018 - 19", https://www.agriculture.gov.au/abares/research-topics/surveys/farm-performance#performance—by-state-and-region, Nov. 11, 2019.

续表

地区	单位	不包括资本增值的回报率			包括资本增值的回报率		
		2016～2017年	2017～2018年p	2018～2019年y	2016～2017年	2017～2018年p	2018～2019年y
维多利亚州	%	2.8	1.9	1.1	8.4	5.6	na
昆士兰州	%	2.8	1.5	0.7	6.8	3.6	na
西澳大利亚州	%	5.3	4.2	5.9	7.4	7.0	na
南澳大利亚州	%	4.1	2.9	2.1	7.3	6.9	na
塔斯马尼亚州	%	2.4	2.8	3.7	5.5	4.3	na
北领地	%	5.7	5.2	3.9	14.5	7.4	na
澳大利亚	%	3.5	1.9	1.3	8.9	5.6	na

注:7月1日农场资金回报率。p:初步估计、y:临时估计、na:不适用。

(b)

三、农场的融资和补助

农场的融资有三种主要的资金类型——债务融资、股权融资和政府补助。

1. 债务融资。截至2017年6月30日,澳大利亚的农场债务总额为717亿澳元,这相当于授权存款机构(Authorized Deposit-taking Institutions, ADIs)作为资产持有的净贷款和垫款的2.3%左右,不包括其他ADIs。银行持有的农场债务比例从2007年的89%左右增加到2017年的96%,成为农村农企的最大债主。在1965～2002年这一较长的时期内,银行持有农场的债务占比维持在50%左右;在2002～2007年的全球金融危机时,银行持有农场债务才开始大幅增加。对于规模较大的农企,银行持有债务的份额也相应有所增加。如图10－15所示,拥有200万澳元或以上信贷额度的农业企业持有的贷款数量已从2002年12月占农业贷款总额的约21%增加到2017年12月的农业贷款总额约45%,而10万澳元以下和10万～50万澳元信贷额度的中小规模农场贷款额占比从1993年一路下降,特别是10万澳元以下的小规模农场从占比25%降至2008年的5%～6%,并保持到2017年,凸显了银行贷款对大规模农场的偏好。

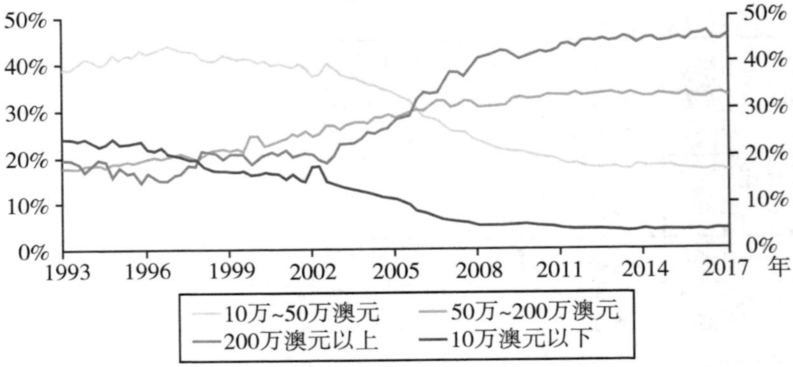

图 10-15 澳大利亚 1993~2017 年对农、林、渔行业内不同规模企业贷款数量占比变化①

澳大利亚 ABARES 发布的 2017 年 4 月农场调查报告指出,农村债务并非在各个行业或地区均匀分布,不是所有农场都承担大量的银行债务。截至 2016 年 6 月 30 日,12% 的农场持有超过 2/3 的总体广义债务,截至 2017 年 6 月 30 日,广亩农场债务平均为每个农场 61.69 万澳元(比上一年增加 5%)。对于广亩农场,借贷的最常见原因是为购买土地提供资金(占总贷款的 43%);而对于乳业奶牛场来说,支付经营费用是贷款的最常见用途(占 26%),其次是购买土地(占 24%)。虽然澳大利亚许多银行,包括四大银行(联邦银行 CBA、国民银行 NAB、澳新银行 ANZ、西太平洋银行 Westpac),都为农业、林业和渔业提供金融产品和服务,包括农业企业贷款、租赁、交易账户、信贷额度、透支和财富管理,但位于偏远农村地区的银行分行数量还是呈现下降趋势。澳大利亚储备银行声称,自 1993 年以来,减少了 557 个分行,但即使农村地区的银行机构减少了,但农场和农企的主要融资仍然依靠银行贷款。②

澳大利亚农业研究所(Australian Farm Institute)2014 年的一篇研究报告指出,澳大利亚农业企业非常依赖债务融资,这可能导致将来农业生产力增长因缺乏新投资和年轻劳动力而放缓,进而更缺乏向银行申请贷款的资质。而反观新西兰的农企融资模式就很灵活,其中一项"sharemilking"模式(一家企业拥有奶

---

① See "Some Features of Finance in the Agriculture, Forestry and Fishing Industry", https://financialservices.royalcommission.gov.au/publications/Documents/fsrc-paper-16.DOCX, Nov. 11, 2019.

② Ibid.

牛，另一家拥有土地）就非常有创意，利用股权合作伙伴关系获得资金，同时农场土地在出售时不收取资本利得税，这意味着，投资人可以相对容易地购买和出售合伙企业的股权，使针对拥有土地的农企的股权投资摆脱了高额的土地增值的税负，打开了股权融资的大门，值得澳大利亚农业融资借鉴，毕竟澳大利亚期望保持农业生产及出口市场的稳定。据2016年澳新银行ANZ的调查报告，预计在2025年之前，需要投入的资本额度尚有1100亿澳元至1600亿澳元的缺口，其中，三大行业谷物、牛肉和乳制品将分别需要额外的99亿澳元、97亿澳元和126亿澳元，这个接近当前贷款总额700多亿澳元两倍的缺口无法通过银行解决，因为这1100多亿澳元新增贷款没有对应的价值在10年之内生成。①

2. 股权融资。目前，农业投资只占澳大利亚机构投资者投资组合的很小一部分。最重要的原因是缺乏可投资的产品和具有农业专门知识的基金经理。然而，越来越多的资本开始对投资农业感兴趣，因为农场主们也越来越清楚地意识到银行贷款已不足以解决他们的融资需求。在这其中，退休养老基金等追求稳定回报的投资机构对澳大利亚农业比较感兴趣，超澳产业（Industry Super Australia）于2017年6月发布的关于退休基金投资农业的报告指出，理论上执行良好的农业投资会为基金投资组合提供多样化的利益，但受托人、高管和资产管理人员缺乏对农业的了解、绩效数据不足、农业经营分散且规模小，以及资产配置和回报的不确定性都会困扰机构投资者对澳大利亚农业投资的决心。相较海外的投资基金，澳大利亚的养老基金对农业投资比较保守，其2015年的年报披露对农业的投资仅占0.3%，而最近两个澳大利亚本土基金进入农业领域使局面有了改变的迹象。昆士兰投资公司（QIC）收购了北澳大利亚牧区公司（NAPCo）80%的股权，其投资策略是通过养牛业务为基金提供定期回报，同时提高整体资产的价值。另外，First State Super 基金投资了由 Select Harvest 管理的杏仁种植园，该基金对杏仁行业的基本面和专业经理的农业综合企业技能都充满了信心。

海外资本对澳大利亚农业兴趣颇浓，全球最大的农业基金的分析表明，其基金配置的资本中约有12%投资于澳大利亚，与投资到加拿大和南美洲的资本相

---

① See "Australian Agriculture: Funding our Future", https://phx.corporate-ir.net/External.File?item=UGFyZW50SUQ9MzU5MDI5fENoaWxkSUQ9LTF8VHlwZT0z&t=1&cb=636149328686628849, Nov. 11, 2019.

等,但考虑澳大利亚对全球粮食生产的贡献比例远远低于这两个区域的贡献比,表明基金和投资者均认为澳大利亚是一个有吸引力的资本目的地。另外,对澳农业投资越来越多地来自新兴国家,包括中国、印度、巴西和马来西亚。投资者既可能是私人行为者,如来自美国和欧洲的投资人,也可能是公共或国有公司的投资者,尤其是来自海湾国家和中国的公司。这为澳大利亚寻求扩张的传统农场主提供了额外的买家竞争所带来的好处。目前,比较有代表性的有来自美国和加拿大养老金计划投资委员会的 TIAA-CREF 基金,其直接大规模收购澳大利亚农业资产;中国上海中房置业公司参与收购 Kidman 牧场;拉古纳湾牧业公司(Laguna Bay Pastoral Company)和麦格理牧业基金(Macquarie Pastoral Fund)等澳大利亚本土农业基金吸引了来自离岸资本提供的大规模国际投资,其中养老基金占 1/3 左右。同时,也有一些投资者,如离岸高净值个人或家庭,已与澳大利亚个体农民组建合资企业或持股,注入资金,提高生产力和盈利能力,这需要对农场主经营管理能力进行识别。

股权融资的另一个途径是众筹资金,农业企业可以直接从公众处获得资金,但澳大利亚的现行法律对农业类投资企业的股权结构有一定的要求,所以对澳大利亚来说,想要改变现在农场和农企的股权融资窘困现状,必须创新思路才能破局。

做好股权融资的准备:在农场物业上,精确控制可管理因素并优化,制定流程以确保执行,在农场的日常管理方面制订详细的业务计划;在财务管理上,透明和准确的账户、准确的预算和预测、已知和可控制的生产成本、能满足投资人通常寻求的约 10% 的回报(包括 5% 的土地增长率和 5% 的经营收益率);在运营上,现代技术的使用、供应链管控、对外联络推广营销、与社区的良好沟通协作。

3. 政府补贴和税务优惠。澳大利亚政府一直是对农业实行低补贴,平均补贴水平维持在 2.3% 左右,远低于世界其他国家,这反映了澳大利亚产业政策奉行市场经济自由竞争的价值观。从历史上看,澳大利亚联邦和州政府有过力度较大的支持举措,通过维持各种不同的农业援助措施来帮助农民,在“特殊情况”(Exceptional Circumstances,EC)期间补充农民的收入。这些措施包括获得廉价资金和免除一系列不同的州政府收费,以及以赠款和利率补贴的形式提供家庭福利措施和农业企业资助。在 1980 ~ 2010 年,触发例外情况措施的频率越来越高。2010年开始的一系列审查导致了2013年州政府间关于国家干旱项目改革的协议(从2014年7月开始实施)。近些年,澳大利亚逐步取消了直接对农场农企的补贴和资助,用农业家庭福利支持措施取代了现有的干旱和特殊情况措施,基本上取消了利率补贴等农业企业支持措施。另外,还有一些间接支持计划,包括提供最高2500澳元的补助,该项补助专门用于建议、评估进而帮助农民准备和申请新的保险,应对干旱和其他在生产及市场上的风险。①

在税务上,从2019年4月2日起,财政法修正案生效(Increasing the Instant Asset Write-off for Small Business Entities)②允许符合规定的小农场购买设备和当年(而不是之前的4年)库存全部折旧抵税,将适用此规定的农场营业额门槛从1000万澳元调高到5000万澳元。其他还有:在农场遇到干旱和其他灾害时,免受贷款逾期处罚和免息;对于特困户,税务专员可以减免税务、提供资助;农业收入5年内均摊后计税;偏远地区居住183天以上的区域税抵扣;研发类农企营业额低于2000万澳元的可退税43.5%;加速折旧农场设施,即当年折旧围栏(原来3年)和水设施,例如,水坝、水渠、水塔、风车(原来30年);3年内折旧储存谷物和饲料的设施,例如,筒仓、储罐、干草棚(原来50年);园艺植物和葡萄藤的折旧;农场电力和电话线接入抵扣;土壤保护抵扣;防护林种植抵扣;农场机械燃油税抵扣;农场豪华车退税8%(最多3000澳元);减少附加福利税;营业额低于1000万澳元的小企业税收减免,包括所得税(Income Tax,I/T)、资本利得税(Capital Gains Tax,CGT)和商品和服务税(Goods and Services Tax,GST)等。③

4.其他支持。澳大利亚在农场农企贷款的还贷方面有良好记录,截至2014年7月金融系统调查(Financial System Inquiry)的中期报告披露,农村贷款拖欠90天以上偿还的不到1.5%,银行在农村贷款组合方面的损失低于0.5%,这在其他国家不可想象,说明了澳大利亚的农场及农企有很强的还债能力和良好的资信,当然也与澳大利亚农业贷款政策的完善分不开。其中,一些州和地区实施农业债务调解计划,通过债务期限的调整来避免短期困难而导致违约的情况发

---

① See https://www.agriculture.gov.au/ag-farm-food/drought/assistance/.

② Treasury Laws Amendment (Accelerated Depreciation for Small Business Entities) Act 2018, https://www.legislation.gov.au/Details/C2018A00109, Nov. 11, 2019.

③ See https://www.agriculture.gov.au/ag-farm-food/drought/assistance/tax-relief.

生,为此,新南威尔士州、维多利亚州和昆士兰州还实施了相应的立法计划,其他州包括西澳大利亚州,实施的是自愿计划。另外,澳大利亚还有一些特色支持措施,包括政府向遭受经济困难或即将遭受经济风险的农村客户提供农村金融咨询服务(Rural Financial Counselling Service,RFCS),帮助符合条件的农场主、渔业企业,林业种植者和收割者以及小型相关企业解决偿还贷款困难的问题,该RFCS由澳大利亚、州和北领地政府出资予以运营。①

四、农场发展模式

澳大利亚农业领域在农场规模和生产力方面各不相同,因此,没有固定的融资模式或业务规划可以解决行业内所有生产者的资本限制。对于许多农业企业而言,这些农场有很多机会成为更成功的企业,而无须扩大规模。未来一段时间,澳大利亚小型家庭经营农业企业将始终发挥作用,不可能快速消失。由于资金供应不足,现实情况是企业需要确定他们在行业中的位置,并适当有效地分配可用资金,以满足他们的发展需求。从逻辑角度研究问题,可以将澳大利亚农场可分为4类(小型农场、中型农场、大型农场、公司农场),通过分类,每类群体内农场发展的途径变得更加清晰(详见表10-4)。

表10-4 澳大利亚农场的分类②

分类	小型农场	中型农场	大型农场	公司农场
在农场总数中占比	50%	30%	18%	2%
平均销售额(大致估计)	<150,000澳元	150,000澳元~500,000澳元	500,000澳元~1,200,000澳元	>1,200,000澳元

1.小型农场。其虽没有规模经济,但也有许多商业优势,对于许多澳大利亚农民来说,增加规模既不是理想的选择,也不是现实的选择。有些小农场主本身

① See "Some Features of Finance in the Agriculture, Forestry and Fishing Industry", https://www.financialservices.royalcommission.gov.au/publications/Documents/fsrc-paper-16, DOCX, Nov. 11, 2019.

② See "Australian Agriculture: Funding our Future", phx.corporate-ir.net/External.File? item=UGFyZW50SUQ9MzU5MDI5fENoaWxkSUQ9LTF8VHlwZT0z&t=1&cb=636149328686628849, Nov. 11, 2019.

就是把它作为一种生活方式，或者本就不依靠农场收入生存。营业额相对较低的小型农场面临的主要挑战是获得足够多的现金盈余以充分支付成本。例如，如果营业额为150,000澳元，成本占农业总收入的60%，那么现金盈余仅限于60,000澳元。因此，小型农场希望通过土地并购以降低每单位面积产量的成本，但这种增长形式需要大量的前期资本，所以不现实。而在许多情况下，小型农场已经开发了特色营销和替代供应渠道进行直销，以使其产品差异化和增加价值以确保溢价收益，此类策略不需要大量资本支出，旨在优化当前收入，而不是通过规模来寻求效益。许多规模较小的农业经营往往缺乏时间去培养商业营销策略等对其至关重要的技能。因此，明确自身的角色，充分利用外部的资源以及专业营销顾问的意见，对小型农场的成功非常重要。

2. 中型农场。澳大利亚的中型农场大致适合两类农民：具有有限扩张雄心和资本回报率足以保证扩张的农民，他们将农场发展成为更大的农场。面临财务压力的农场或缺乏明确业务战略的农场可以从与小型农场类似的营销策略中受益，这部分中型农场首先需要确定其核心业务战略及其实施方式，扩展可能不是正确的选择，只有在解决和优化当前的生产效率后，才能实现增长。然而，对期望成为大型农场主的农民来说，需要大量的资本支出是一个不可回避的问题，他们不应该冒险承担更多的债务，尤其是那些通常负债率很低的广亩农业中的农场主。妥当的方式是可以直接买地或者与其他农场主合作，甚至是通过合作分享农作安排来增加农场规模，从而提高整体收益。

3. 大型农场。澳大利亚较大的农场仍然是家族企业。大型农场商业运营已经从大规模的发展中获得足够的效率，这些业务中的大多数已经具备了复杂的财务和运营管理，加上其规模庞大，使这些农场占据了澳大利亚农业生产的最大份额。但这些农场往往也承担着大量的债务，特别是在乳制品这个行业，为了资助扩张和投资最新技术，大型农场需要明确其战略定位，以获取资源型的外部资产。这涉及农业实务操作的创新展示，以及以高度商业化为中心的业务开展。因为来自外部投资的基金都认为澳大利亚农业是可信赖的，符合更高水平的职业健康、安全、合规、可追责及透明的要求，至少不低于澳大利亚其他行业和资产类别的标准。

4. 公司农场。据估计，澳大利亚只有不到2%的农业企业采用公司模式，具有外部董事和多个外部资产的结构。公司农场模式的典型结构是各种外部资产来源互相平等,聘请外部董事来确保战略得到有效实施,这样的结构仍然可以归家族所有。公司农场运营空间很大,可以灵活地将资源在不同区域进行转移整合,以适应合适的条件,应对气候风险。外部董事技术先进、专业知识丰富,能有意识地分清资本回报和业务回报。澳大利亚最大农场里的许多都是家族企业,但仍然进行公司化运营,同样强烈地吸引外部各方的资本和投资。

五、农场的运营管理

农场的运营管理包含很多要素,核心是提高生产率,主要涉及:(1)扩张土地、加大农场规模;(2)应用和更新生产设备和高新技术;(3)有效利用劳动力、加强管理水平、科学安排种养殖计划;(4)合理做好财务预算、融资和申请各项补贴优惠及税务优化;(5)管理气候风险及市场风险;(6)平衡困难年份与良好年份之间的资源安排等。总的来讲,就是控制成本、提高利润、管理风险(后文会详述风险管理)。在澳大利亚过去的20余年里,大部分的农场收入增加了3倍,但成本也相应地增加了同等规模,从而导致利润没有太大的增幅。从经济学的角度来看,就是没有边际效益,所以,未来农场的利润增加途径还需要仔细研究和探索。对于中国投资者来讲,没有国内的市场来放大产业链综合收益,澳大利亚农场确实不是回报显著的投资领域。

(一)农场运营分析

在澳大利亚谷物研究与开发公司(GRDC)对农场成本与利润的研究报告中详细分析了澳大利亚各州的具体数据,如维多利亚州的威默拉(Wimmera)地区的农场,其对我们有一定的借鉴意义。威默拉位于维多利亚州的西南部,属于墨累—达令分流域,气候干旱,农业以谷物和绵羊混合农场为主,面积215万公顷,人口5.4万人,以农业为主。1995~2013年的18年间,农场收入呈起伏式上升,尤其自2008年开始急速上升,而成本基本呈稳步上升态势(详见图10-16)。

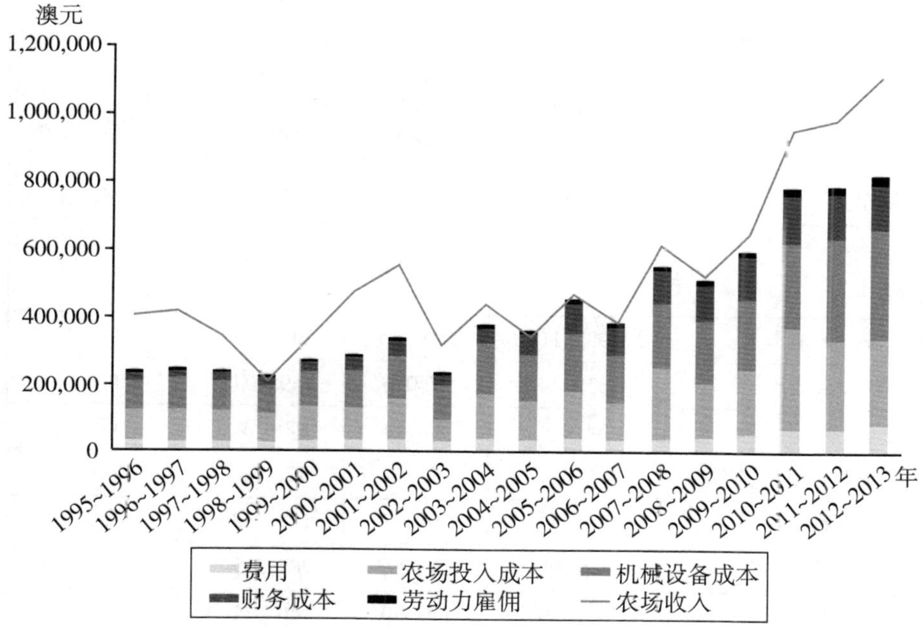

图 10－16　威默拉地区的农场 1995～2013 年 18 年间的收入与各项成本支出①

从农场 18 年间的收入和成本及利润构成分析来看，其最近 5 年的平均收入比最早 5 年的平均收入增长了 145%，但相应的利润仅增长了 44%。合计成本增长了 184%，其中财务成本增长 388%、劳动力雇佣成本增长了 228%，可见澳大利亚在自 1995 年来的近 20 年里，农场成本与收入的增长幅度不成正比，边际效益不理想（详见表 10－5）。

① See "Cost of Production-implications for Profitability", https://www.grdc.com au/resources-and-publications/grdc-update-papers/tab-content/grdc-update-papers/2015/03/cost-of-production-implications-for-profitability, Nov. 11, 2019.

表 10－5 威默拉地区的农场 1995～2013 年 18 年间的收入减去各项成本后利润构成明细①

项目	第一个 5 年平均利润/澳元	长期平均利润/澳元	最后 5 年的平均利润/澳元	第一个 5 年与最后 5 年平均数的变化率/%
农场收入	344, 812	529, 823	843, 117	145
减去成本费用	25, 011	40, 818	64, 102	156
农场投入成本	98, 311	150, 265	240, 393	145
机械设备成本	57, 744	97, 076	159, 404	176
折旧	34, 054	60, 812	92, 189	171
劳动力雇佣成本	5481	10, 994	17, 965	228
财务成本	26, 281	70, 327	128, 252	388
农场合计成本	246, 883	430, 293	702, 305	184
农场利润	97, 929	99, 530	140, 812	44

(二)农场的财务管理

本书探讨农场的管理不会关注动植物的牧养栽培技术，也不探讨企业管理的组织人事问题，而是从投资的角度观察澳大利亚的农场如何管理，以保障投资人的投资回报。农场的生产特性决定了财务周期与生物的生长周期挂钩，不能等一年结束再来研判，而应在每个季节生长加工周期之前设立目标、组织资源、跟踪监控反馈、统计分析结果，然后选择制定解决方案，再重新开始，确保良性循环。这些都可以落实在两个关注点上：(1)流动性，这里指的不是投资变现的流动性，而是指现金流量管理，确保更多现金进入农场业务而不是出去；(2)效率，指在成本可控的有限时间内获得较高的收益。由这两个关注点出发，流动性覆盖现金流预算，而效率覆盖盈亏预算、资产负债表、毛利预算，这样才能纲举目张，对农场的管理产生清晰的脉络，然后发力，农场必有更大的可持续发展空间。

① See "Cost of Production-implications for Profitability", https://www.grdc.com.au/resources-and-publications/grdc-update-papers/tab-content/grdc-update-papers/2015/03/cost-of-production-implications-for-profitability, Nov. 11, 2019.

下面分别阐述现金流量、盈亏、资产负债表、毛利率的含义。

1. 现金流量。投资界有句老话为“现金为王”，说的就是现金的重要性。在农场的经营中，现金越多地进入业务，超过了流出的现金量，则农场业务越“健康”。知易行难，关键是要是不断监测它，最好每月1次，每年进行12次的现金流量预算，还要为更具挑战性的季节预留一部分现金流，同时要判断农场能否在需要的时间节点向银行和其他融资渠道借到现金。

2. 盈亏。利润是一个关键的业务指标，因为农业受季节、气候影响及农产品价格受市场波动影响较大，获得的利润水平将取决于业务的规模和成本结构。澳大利亚的农场正常年份的利润至少为50,000澳元，这是底线，这样在澳大利亚发生旱灾时农场也会有一定的抵抗力。

3. 资产负债表。首先，银行在为农场贷款作评估时，很多关键指标都来自资产负债表。其次，表中的净资产是农场表现好坏的最有力的表现指标，观察连续几年的净资产增长率可以判断投资的最终结果，如果没有增长，意味着投资农场的危险在积聚。再次，股权权益率是衡量净资产的另一个指标，但是以百分比衡量企业的总资产，表明了农场的财务安全性，也是按商业净值计算总资产有多少归投资者所有。作为金融稳定的指标，旱地农场的投资者应该争取超过70%的股权率。最后，资本回报率是效率的最直接的表现，就是将利润除以总资产，如果高于银行贷款利率，投资者将会得到更好的投资回报率。例如，如果农场的年资本回报率为8%，银行贷款利率4%，贷款占总资产一半，则投资人的投资回报率将升到12%，回报率非常高。但不幸的是，大多数澳大利亚旱地农场的资本回报率为2%～3%，这时如果银行利率仍为4%，则投资人的投资回报率将只能维持在1%左右。

4. 毛利率。农场的毛利率就是主营业务毛收入（产量×价格）减去现金成本（也称变量成本）除以毛收入，毛利率通常用来比较不同业务农场之间的盈利能力差异，因为净利润是可以通过财务做账调整的，而毛利率是调整前比较纯粹的收入盈利指标，较真实、直观。在澳大利亚，由于土地是农场最固定的资源，所以比较不同农场之间毛利率时通常用每公顷土地产生多少毛利来比较单位盈利能力。如果一个农场种植小麦的毛利率是350澳元/公顷，而另一个农场种植大麦的毛利率是275澳元/公顷，则可比较出种植小麦比种植大麦更有利可图。

管理现金流量，将提高农场的风险抵抗力；管理盈亏，将提供更好的业务衡量标准绩效;管理资产负债表,将准确地衡量股权权益和财务风险;管理毛利率,将对农场转型决策提供数据支持。这些管理需要配套的财务工具和计划手段,最好外聘专业的会计师,外加工具软件,包括 Phoenix、Agrimaster 和 P2Pagri 等,才能进行专业的分析评估,进而做到真正的管理。

(三)农场的流程管理

在一个农业季节开始时,首先要制定目标,包括项目的盈亏、现金流、资产负债表和毛利率都要达到什么目标;接着每个月要监控现金流;再接下来待农业季度结束,对该季度的绩效指标进项评估分析,包括利润、现金流、股权、毛利率、净值、资本回报率、行业基准;最后为调整后再重新开始,如图 10－17 所示。

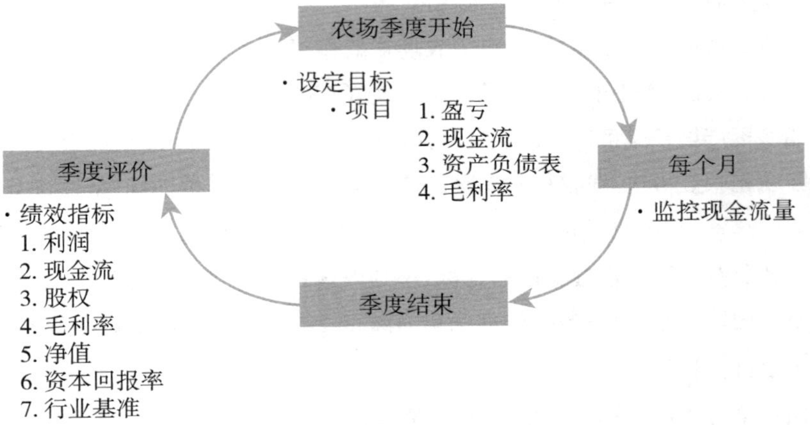

图 10－17 农场业务计划循环①

分析流程,也有一个循环。如图 10－18 所示:(1)在制订种植计划时,要决策农场的产量、种植面积、轮耕,进入收获;(2)在收获时,要用产量乘以价格得出收入减去变量成本得出毛利率,进入预决算;(3)在决算时,用收入减去可变成本、利息成本、间接费用,得出盈余或亏损,进入资产负债表制定;(4)在资产负债表制作时,用总资产减去负债,得出净资产,进入分析;(5)在分析各种比率,包括盈利能力、流动性、偿付能力、基准测试分析后,进入调整;(6)在"如果这样如何做"阶段,调整预算、调整资产负债表,然后评估结果。后可以重新作决算,同时

① See "Farm Business Overview Fact Sheet", https://www.grdc.com.au/__data/assets/pdf_file/0018/126513/8104-farm-business-overview-fs-pdf.pdf.pd, Nov. 11, 2019.

开始新一轮的农业生产。

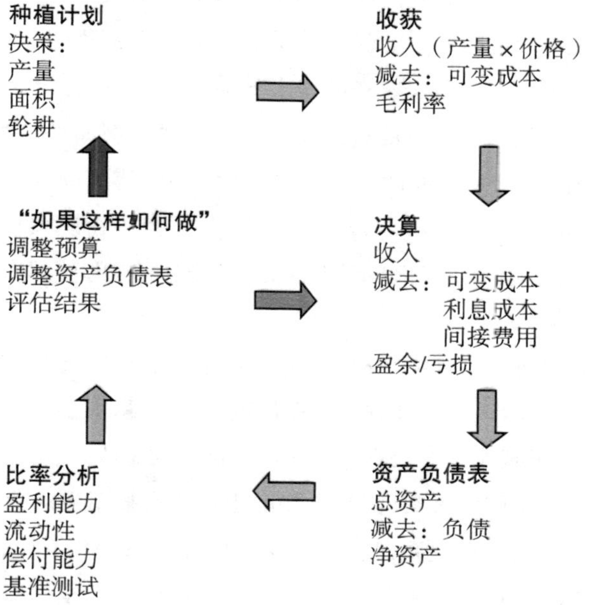

图 10－18　农业流程分析循环①

（四）农场新商业模式

农场提高收益的快速方法是扩大规模。在澳大利亚农业水平已经非常发达的情况下，想要在当前的机械化和科技化水平上再提高农业行业利润，难度较大。影响利润的一个因素是价格，但以出口为主导的澳大利亚农业是国际农产品价格的接受者，所以不能指望靠提高价格来支撑利润，剩下只有扩大农场规模一途径可行。近些年，澳大利亚农场出现了新的扩张商业模式：合资承销和分享安排，二者都是区别于以往收购土地的新型农场扩张模式，可供来自中国的投资者借鉴。

1. 合资承销。合资承销是指两个或多个存在上下游供应链关系的企业，同意在一段时间内汇集资源，下游向上游企业注入资本成立合资企业，而上游企业

① See "Cost of Production-implications for Profitability", https://www.grdc.com.au/resources-and-publications/grdc-update-papers/tab-content/grdc-update-papers/2015/03/cost-of-production-implications-for-profitability, Nov. 11, 2019.

可以借此扩大生产规模,借助下游企业的渠道低成本进入新市场;下游企业通过承销合同获得安全稳定的上游供货,确保其供应链持续发展,这一模式在乳制品和园艺行业体现得较为明显。随着中国、印度尼西亚和越南等国家经济的发展,其国民对优质安全的澳大利亚农产品需求日益旺盛,保证稳定地提供澳大利亚农产品对这些国家相关的企业的持续发展至关重要。例如,澳大利亚很多肉牛农场已成功与约50家私营国际零售商建立合资企业,零售商为购买肉牛提供所需的前期资金,并支付任何投入(包括兽医费用)。肉牛在澳大利亚的牧场里养肥,然后将它们通过承销协议出口至零售商,通过他们在海外国家自己的超市和餐馆网络直接分销。

2. 分享安排。分享安排指"分享农业"和"租赁安排",通常是成熟的农场获得规模效率的有效策略,也为新进入者提供进入该行业的途径,这个模式无须大量资本支出,可以低成本地扩展规模或谋取更高的现金收入,同时为澳大利亚农场主提供可行的继承解决方案,因为农场的土地所有权不受影响。"分享农业"通常涉及两方之间的合作关系,其中一方将提供诸如土地、渠坝、水权之类的基础设施,另一方将提供库存、机器和劳动力,而运营的利润根据双方承担最大比例的成本而分配;"租赁安排"只涉及一方以预定的价格从土地的业主那里租用农田,好处是承租人享受比"分享农业"更大的规模和自主权,弊端是他们须承担更大的风险,因为所有可变成本通常都由承租人承担。签订租赁或分享农业协议不需要大量资本支出,但它确实对企业的营运资金周期产生重大影响,"分享农业"和"租赁安排"为熟练专业的农场经理团队提供了与农场投资者合作的重要机会。创新的农业/租赁协议允许农民逐步建立机构土地投资的公平性,使协议更多地成为合伙而非通用租赁。例如,澳大利亚联合奶业公司(ACM)与泰国乳业巨头荷兰磨坊公司(Dutch Mill)签订合资协议,购买奶牛场并将其出租给经过证实的奶农,最终,农民能够在农场中建立自己的股权。

六、农场的风险管理和应对

风险管理一直是经营农场的重要方面,综观历史,大多数国家政府都对农业生产和农产品市场进行干预,这些行为都可以被定性为管理风险,无论是在个体农场业务层面,还是在粮食安全的国家层面。所有商业经营行为都有一系列的风险,但与农场经营有关的风险主要在于:(1)生产风险,这是由与作物和牲畜生长有关的不确定性引起的，因为天气、疾病、害虫和其他因素都会影响农产品的数量和质量，相应出现了农业保险和气候指数产品；(2)市场风险，这是由生产者价格的不确定性引起的，从经济学的角度看，产品价格是由市场上的供需决定的，但由于农业的生产先期性与未来市场价格预测的不可能性，存在不可调整顺序的客观矛盾，导致投入成本进行农业生产成为一种冒险行为，进而促成了一些大宗农产品期货避险等金融工具；(3)制度风险，指一系列生产或市场因素之外的因素，如政策变化或贸易限制，这些因素有可能会影响农场农企的运营和生存，其中一些制度风险(如竞争程度和限制性合同安排)已经在澳大利亚农业中存在了一段时间，而另一些风险(如受许可证影响的破坏性监管变革)正迅速成为新的风险。由于制度风险往往具有潜在性，所以监测和认识新的和正在发展的制度风险是农业行业机构和团体的持续职能，而协调一致的政策反应和行业战略可能会减轻一些制度风险，在某些情况下，澳大利亚竞争与消费者委员会等机构可能需要监管干预，以确保机构风险可控，才不会对澳大利亚农业的盈利能力和竞争力产生不利影响。以上是主要的农场经营需要面对的风险及对策，研究并掌握具有澳大利亚自身特点的农业风险管理，是投资澳大利亚农业不可或缺的一个环节。①

(一)农业行业的波动性

行业的波动性是风险的根源，由于澳大利亚独特的自然条件和国情，包括地理环境、气候变化多样和商品价格波动，这些因素导致农业产值出现大幅变化，其波动性远大于世界其他大多数国家，并且也大于澳大利亚国内其他行业的企业所经历的变化。图 10－19 反映了世界各主要农业生产国的农产品产量波动指数，联合国粮农组织对多个发达的和发展中的农业生产国在过去近 50 年的产值变化度进行计算，平均数为 100。可以看出，澳大利亚农业产值的波动性超越平均水平 86%，位列第二，虽然第一是不在图 10－19 里的乌拉圭(超过平均值 101%)，但乌拉圭在细分行业中的谷物产值和畜牧业产值的波动性都不如澳大利亚大。图 10－20 反映了澳大利亚国内农业部门与其他经济部门在 1975～2011 年产值变化的波动性对比，农业年产值的波动性超过其他行业的平均值

① See "Research Report: Australian Agriculture: an Increasingly Risky Business", https://farminstitute.org.au/publications-1/research-reports/research-report-australian-agriculture-an-increasingly-risky-business, Nov. 11, 2019.

130%,其中包括20世纪70年代牛肉价格暴跌和羊毛在1991年年底时的剧烈波动等异常情况,也包括长期受气候影响产量不确定的谷物和油籽作物。集约化生产的猪肉和家禽,以及灌溉范畴的蔬菜和水果相对波动不剧烈。但农业仍为澳大利亚国内各行业波动之首。

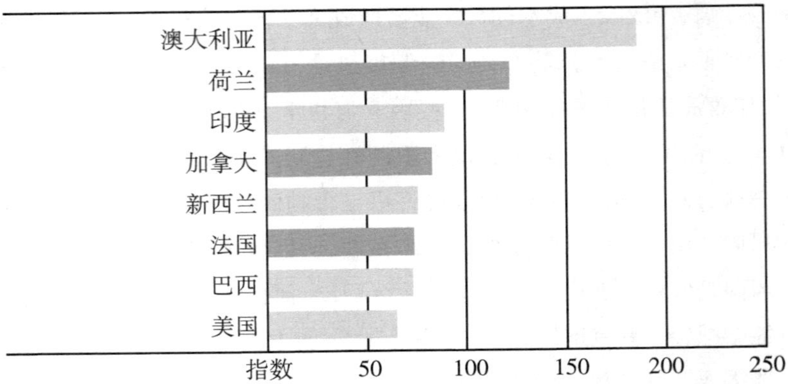

图10-19 世界各国1961~2009年农产品产量变化波动指数

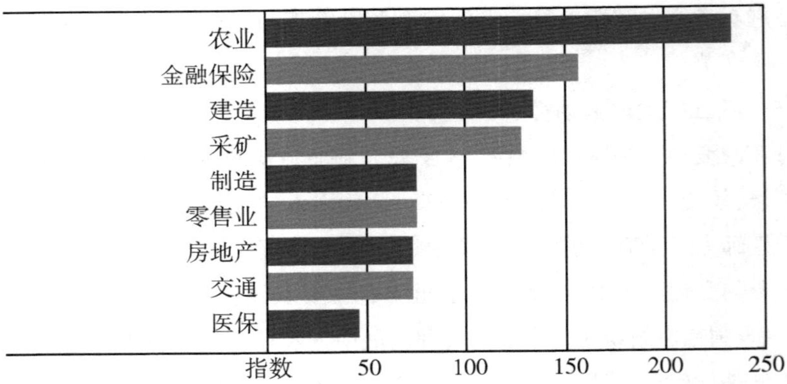

图10-20 澳大利亚农业与其他经济部门1975~2011年的年产值相对波动指数①

(二)农业内部各细分行业的风险情况

在澳大利亚农业领域有一系列不同的细分行业,每个细分行业的产量和产值都有不同的波动性,产量波动的剧烈程度取决于该行业对气候风险的关联度。

① See "Australian Farmers Manage Significant Risk and Variability", https://www.agriculture.gov.au/abares/publications/insights/snapshot-of-australian-agriculture#references-and-further-reading, Nov. 11, 2019.

例如，与任何其他分部门相比，小麦的生产波动率一贯高得多，但是，即使在小麦部门内，仍然有与气候有关的不同的生产波动期。2000～2009 年（与“千年干旱”相对应）的产量波动明显高于 2000～2016 年。棉花生产也经历了很大的波动，因为作物要么是雨水种植的，要么是使用与小麦相同的气候压力下的低安全用水权利灌溉的。然而，糖的生产波动较小，因为作物的大部分要么是使用相对安全的灌溉权利灌溉的，要么是在相对安全的降雨环境中种植的。在乳制品、猪肉和家禽等集约化畜牧业领域，由于系统没有直接暴露于气候风险，生产波动往往较小，产量的变化也以更可预测的方式发生，以响应市场趋势或行业结构问题。以出口为重点的二级子行业，如小麦和棉花，市场波动尤其明显。另外，禽蛋的价格也极不稳定，这很可能是由于自由放养和有机鸡蛋等产品类别的超市价格趋势迅速变化造成的。表 10－6 从生产和市场风险机构风险管理框架出发，将各细分行业的生产和市场波动指标转化为具体的风险得分，让投资人对这两类传统的风险的分布和高低程度产生直观的了解。

表 10－6　澳大利亚农业子部门的生产和市场风险评分①

部门	生产波动指数	生产风险评分	市场波动指数	市场风险评分
肉用牛	97	5	79	4
羊肉	215	10	93	5
羊毛	43	3	88	5
谷物（小麦）	296	10	127	7
棉花	115	6	138	8
糖	62	3	87	5
乳制品	34	2	77	4
猪肉	39	2	56	3
家禽蛋	55	3	154	8

注：评分：1—极低，2—非常低，3—低，4—较低，5—中等，6—较高，7—高，8—很高，9—非常高，10—极高。

① See “Research Report: Australian Agriculture: an Increasingly Risky Business”, https://farminstitute.org.au/publications-1/research-reports/research-report-australian-agriculture-an-increasingly-risky-business, Nov. 11, 2019.

新兴的"制度风险"主要源自竞争管制、供应链、合同和其他风险,相应地利用科学方法,对与制度风险相关的市场竞争的程度、合同安排的灵活性、政府政策改变影响生存能力的可能性(例如,本地植物或受威胁物种立法、动物福利立法、活畜出口要求的改变或其他社会许可引起的变化)、贸易限制或贸易的不确定性、供应链的优化整合及基础设施的老化或不可靠等进行测算归纳,得出制度风险在农业各细分行业的评分,具体如表 10-7 所示。

表 10-7 制度风险在农业细分行业的评分①

制度风险	肉用牛	羊肉	羊毛	谷物(小麦)	棉花	糖	乳制品	猪肉	家禽蛋	家禽肉	园艺学
竞争	2	2	2	1	1	4	3	4	3	4	4
合同安排	2	2	2	2	2	4	4	3	3	5	4
政策变化	4	4	3	2	4	4	2	4	4	4	2
贸易规定	3	4	1	3	1	2	2	3	1	1	1
供应链	3	3	2	4	2	4	4	3	4	4	3
总计	14	15	10	12	10	18	15	17	15	17	14
风险评分	6	6	4	5	4	7	6	7	6	7	6

注:评分:1—极低,2—非常低,3—低,4—较低,5—中等,6—较高,7—高,8—很高,9—非常高,10—极高。

将农业面对的生产风险、市场风险和制度风险三项综合起来进行比较,可以看出谷物(小麦)、棉花、羊肉、家禽蛋的风险较大且全面,而羊毛风险较小。家禽肉和园艺学只有制度风险,至于在生产和市场方面的风险近乎为零(详见图 10-21)。

---

① See "Research Report: Australian Agriculture: an Increasingly Risky Business", https://farminstitute.org.au/publications-1/research-reports/research-report-australian-agriculture-an-increasingly-risky-business, Nov. 11, 2019.

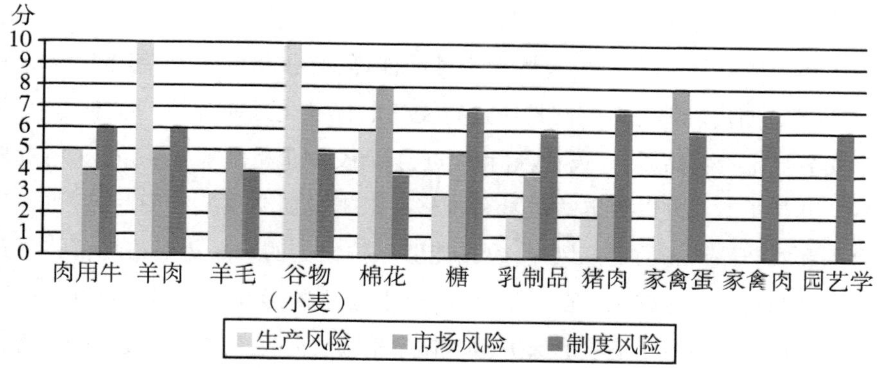

图 10－21　澳大利亚农业各细分行业在生产、市场和制度三方面的风险的综合评分①

（三）农场的风险应对方法

针对农场所面对的生产风险、市场风险和制度风险这三类风险，目前澳大利亚存在的应对方法主要有：（1）期货（Futures）；（2）远期合约（Forwards）；（3）指定危险保险（Named Peril Insurance）；（4）多种危险作物保险（Multi-Peril Crop Insurance）；（5）天气衍生品（Weather Derivatives）；（6）业务多元化（Diversification）；（7）高股本（High Equity）；（8）替代收入来源（Alternative Income Sources）；（9）共同基金（Mutual Funds）；（10）政府项目（Government Programs—FMDs）。其中，替代收入来源、业务多元化、高股本、政府项目在一定程度上能同时降低所有的风险。但这些选择属于业务或财务管理性质，农场主会从成本收益的角度考虑如何选择方法组合，而不是简单地像选择某种保险产品那样作决策。剩下的金融和商业保险应对手段，任何单独一种都不能兼顾生产风险和市场风险，例如，以解决市场风险为主要目标的期货手段，在对降低生产风险的作用方面功效甚微；而远期合同，其以降低市场风险为重点，反而甚至可能因需要交割合约而增加生产风险。同时，金融和商业保险的手段对于第三种风险——制度风险，没有任何选项可以专门减轻。因此，农场主在管理风险时，应借助外部的专业机构结合自身农场的具体情况进行定制设计，即使农场本身就是一家强大、财务弹性强、业务多样化的企业，但利用金融和商业保险手段

① See "Research Report: Australian Agriculture: an Increasingly Risky Business", https://farminstitute.org.au/publications-1/research-reports/research-report-australian-agriculture-an-increasingly-risky-business, Nov. 11, 2019.

也能更进一步地管控和缓解风险。

上述十项风险应对方法,有些大家耳熟能详,有些相对陌生,笔者简单作一些说明:(1)期货。其是通过交易所进行交易的标准化远期合约。在期货中,买方和卖方规定货物品质、等级、数量和地点,只有交割价格是唯一变量。(2)远期合约。其是买卖双方以固定的数量和价格在未来日期交换某种商品,这可以降低食品和农产品市场的定价风险,农民能够保护他们的产品免受市场价格下跌的影响,同时,买家能够保护自己免受市场价格上涨的影响。(3)指定危险保险。其为农民提供针对特定危险的保护,如霜冻、冰雹或火灾。这些风险的影响通常是局部的,因此几乎不存在系统性风险。此外,由于农民无法控制这些事件的影响,不存在农民投保的道德风险。(4)多种危险作物保险,也被称为产量保险。因为赔付仅仅是基于产量的损失,损失的原因不需要评估。这种保险类型允许农民保护他们的作物免受所有与天气有关的事件(包括害虫和疾病)。(5)天气衍生品。基于表示天气变量(如降雨量或温度)的指数,农民选择距离其农场最近的气象站,根据经人设计的指数进行购买,一旦天气达到约定的变化程度,就可以得到资金支付,与是否发生损失无关,但能在发生对农业不利的天气时收到额外的补偿,算是一种对冲。(6)业务多元化。农场种养殖的品种和区域尽量有差异,以避免损失发生的波及面和深度。(7)高股本。减少债务比率,避免风险发生时资不抵债。(8)替代收入来源。增加其他投资,减少对单一收入渠道的依赖性。(9)共同基金。虽然从法律角度看其不是保险产品,但运作方式与保险产品非常相似。共同基金将允许成员农民每年将部分收入(保费)集中到一个投资基金中,当一个事件引发农业产量损失时,农民可以从基金中提款(赔偿或支出)。(10)政府项目。其指农场存款管理计划(Farm Management Deposits scheme, FMDs),是政府帮助农场主通过建立现金储备来帮助他们管理风险,在高收入的年份存款收入不交税,在未来几年出现风险时,可以从存款中调出资金用于补充库存或重新种植,具体操作对存款的农场主有一些具体要求,比如,存款中的非农收入须低于10万澳元,存款管理的上限是80万澳元。①

图10-22是上述的十种风险管理方法在应对生产、市场和制度这三种风险

① See "Options for Insuring Australian Agriculture", https://www.agriculture.gov.au/ag-farm-food/drought/assistance/mfrp/agricultural-insurance-feasibility/options, Nov. 11, 2019.

时的有效性评分，从图 10－22 中可以看出，在解决市场风险方面有一定效果的方法包括期货、远期合约、业务多元化、高股本、替代性收入来源和政府项目等六项措施；在解决生产风险方面有一定效果的方法包括指定危险保险、多种危险作物保险、天气衍生品、业务多元化、高股本、替代性收入来源、共同基金、政府项目等八项措施；在解决制度风险方面有一定效果的方法包括业务多元化、高股本、替代性收入来源、政府项目（FMDs）等四项措施。

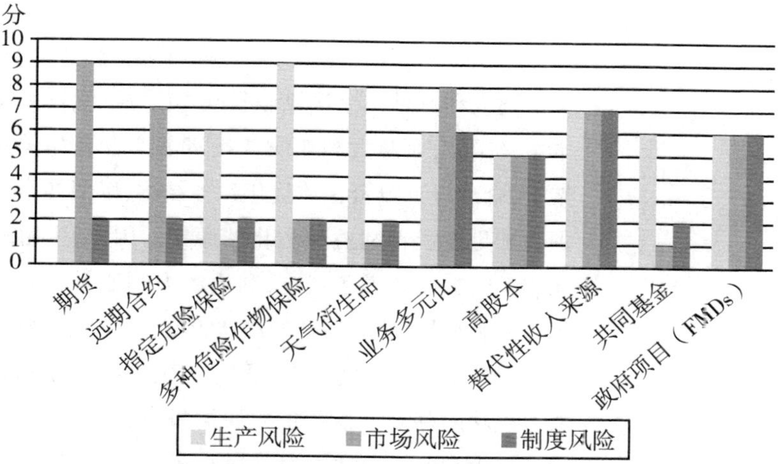

图 10－22　风险管理的 10 种方法在降低风险方面的有效性评分①

农场的经营管理是降低各类风险最有效的途径。管理的方法包括保持高股本、创造替代性收入来源和业务多元化，可以同时减轻多种类型的风险，有财务弹性的农场能够承受生产、市场或机构冲击，并能快速地从冲击中复苏。然而，这些方法都有一些缺点，例如：（1）高股本，壁垒明显，创新投资减少；（2）替代性收入来源，需要产生可观的收入，才能将农业企业的利润转移到其他投资上；（3）业务多元化，需要高水平的管理技能来有效地管理多个企业。要综合运用各种风险解决方案，需要提高农场的经营管理水平，优化投融资结构，才能以更强的能力来管理农场。

① See "Research Report: Australian Agriculture: an Increasingly Risky Business", https://farminstitute.org.au/publications-1/research-reports/research-report-australian-agriculture-an-increasingly-risky-business, Nov. 11, 2019.

第十一章　投资实体

澳大利亚是一个法制较健全、市场经济较成熟的资本主义国家，对澳大利亚农业投资需要在其相关法律框架下，合理设计投资主体优化税务结构，以便在合法的范围内满足投资者利益最大化的原则。因此，了解澳大利亚相关的法律和税务规定，利用澳大利亚本土专业机构的经验和指导，建立适合的法律投资主体，规划好资金的路径以及未来退出的方案，承担合理的税负，是投资能否取得成功的基础。本章主要厘清投资框架的选择标准，阐述澳大利亚法律法规对外国投资实体的组织形式、经营管理、税务、上市和退出的规定。然后在下一章提出笔者推荐优选的框架与路径设计方案。

一、选择标准

1. 投资的实体：(1)设立程序繁简；(2)设立成本高低；(3)投资者的偏好；(4)外国投资者的待遇；(5)维持的成本。

2. 运营管理：(1)对本土董事、员工的要求；(2)政府监管及对报表要求；(3)日常管理的控制；(4)决策程序；(5)企业内部劳务关系。

3. 融资：(1)股东投资；(2)银行贷款；(3)第三方借款；(4)上市融资；(5)澳大利亚本土的资助和补贴。

4. 风险及回报：(1)责任有无限制；(2)董事的刑事

责任;(3)企业的社会及环境责任;(4)利益分配机制的合理性;(5)收益回流的路径选择。

5. 税务:(1)税率的不同适用;(2)利润分配的流向损失;(3)合理优化空间。

6. 退出:(1)股东之间的转让;(2)对第三方的转让;(3)证券市场减持。

以上六个方面,是我们探讨对澳大利亚农业投资的框架设计的着眼点,不同的投资人会有不同的偏好和出发点,特别是来自中国的投资者,性质是国有企业还是民营企业,在选择上的差异较大。当前,在中国对外投资中,民营企业占据了相当大的比重,并且,随着澳大利亚对外国投资者审查越来越严,民营企业在对澳投资中具有比较优势。因此,本章以民营企业甚至是中国的高净值人群的个人投资角度来分析和设计投资框架,国有企业和政府资本可以参考本书相关的观点和判断。

二、设立主体

本书探讨的是对澳大利亚农业投资,指的就是直接投资,即在澳大利亚设立从事农业的实体(绿地投资)或者收购已有的农业企业股权,从而进入澳大利亚农业行业,因此投资有两个途径:新设和并购。在新设实体方面,涉及的法律法规有澳大利亚证券与投资委员会(Australian Securities and Investment Commission,ASIC)负责的《2001 年公司法》(Corporations Act 2001)①、《2001 年公司条例》(Corporations Regulations 2001)②、《2011 年商业名称登记法》(Business Names Registration Act 2011)③;在并购方面,涉及的法律法规有《1975 年外国投资收购与接管法》④、《2015 年外国收购与接管条例》(Foreign Acquisitions and Takeovers Regulation 2015),还有澳大利亚竞争与消费者委员会负责的《2010 年竞争与消费法》⑤。

---

① Corporations Act 2001, https://www.legislation.gov.au/Details/C2019C00185, Nov. 16, 2019.

② Corporations Regulations 2001, https://www.legislation.gov.au/Details/F2019C00362, Nov. 16, 2019.

③ Business Names Registration Act 2011, https://www.legislation.gov.au/Details/C2016C00723, Nov. 16, 2019.

④ Foreign Acquisitions and Takeovers Act 1975, https://www.legislation.gov.au/Details/C2018C00383, Nov. 16, 2019.

⑤ Competition and Consumer Act 2010, https://www.legislation.gov.au/Details/C2019C00149, Nov. 16, 2019.

（一）新设

根据《2001 年公司法》及相关法律规定，新设的实体种类有：公司、个体、合伙、商业信托、分支机构、代表处。

1. 公司。有无限责任公司、有限担保公司、无责任公司、股份有限公司四类。在澳大利亚最常见的企业实体是股份有限公司，而无限责任公司和有限担保公司不常见，无责任公司只适用于矿业，与我们探讨的农业无关。股份有限公司又分为私人有限公司（proprietary companies）和公众有限公司（public companies）两种：（1）私人有限公司。相当于中国的"有限责任公司"，在公司名称中，必须有"私人有限"（Proprietary Limited）或简写"私人有限"（Pty Ltd）的字样，其特点是股东的责任仅限于股份尚未支付的金额、非雇员股东不得超过 50 人、除少数情况外，不允许在澳大利亚进行招股说明书或其他公开披露文件的筹资活动或在公司内存款、必须至少有 1 位澳大利亚居民担任董事，但无须配备公司秘书。其中，如果满足营业额 2500 万澳元、总资产 1250 万澳元和雇员 50 人三项标准之中任意两项就可以算作是大型私人有限公司，澳大利亚法律对大型公司有不同的监管要求。（2）公众有限公司。相当于中国的"股份有限公司"，是可以在澳大利亚证券交易所挂牌上市的。在公司名称中，必须有"有限"（Limited）或简写"有限"（Ltd.）的字样，其特点是适用于较大型公众企业、股东人数不限、至少有 3 名董事并至少有 2 名是澳大利亚居民、至少有 1 名常驻澳大利亚的公司秘书、根据适用法律可发行招股说明书。此外，公众有限公司必须有 1 名审计师。[①]

2. 个体。在澳大利亚，个人可作为个体经营者在澳大利亚开展商业经营。个体经营者对其业务产生的所有债务和义务承担个人责任，如果其希望以其他名 义（而非其本人姓名）开展经营，那么该个人必须在适当的州或领地机构注册相关的业务名称（其机构列表可查澳大利亚政府的网站：https://www. business. gov. au）。个人不受公司有关法规的约束。但个人可能会承担无限的个人责任，也无权享受税务或金融上的结构性利益。这种形式不太适合中国投资者采用，如果中国投资者非要采用个体形式在澳大利亚投资农业，也不是不可以，甚至用旅游签证在澳大利亚开立银行账户都是可以的，但在业务运营管理过程中有诸

① See https://www. business. gov. au/planning/business-structures-and-types/business-structures/company.

多不便,笔者不再赘述。①

3. 合伙。其规定与中国关于合伙的法律规定类似。合伙企业为合伙人以营利为目的而共同开展业务的个人或公司通过协议或行为设立,且受澳大利亚的州和领地法律(而非联邦法律)的管辖。除某些特例外,合伙企业一般由 2 ~ 20 名个人或公司组成。合伙企业不是独立的法律实体,没有法人资格,合伙人对业务产生的所有债务和义务负连带责任,如果 1 名合伙人必须支付整个合伙的债务,该合伙人可以从其他合伙人的债务份额中获得补偿,合伙人共享合伙的利润。在某些州,也可以设立有限责任合伙,以使其中一些合伙人仅承担有限责任,但至少需有 1 名无限责任合伙人,对外承担无限连带责任。在澳大利亚,企业型的有限合伙一般参照公司征税。②

4. 商业信托。信托源于英国的衡平法体系,在以物权法为核心的大陆法体系内适用该制度有一定的局限性。虽然中国于 2001 年也颁布了《信托法》,但更类似基金行业规范。澳大利亚的信托应用非常广泛,不亚于公司的形式,除商业信托以外,还有遗嘱信托、慈善信托和退休金信托等。商业信托包括以单位信托(Unit Trust)为代表的固定信托和以家庭信托为代表的全权信托。单位信托是大中型的投资采用最多的信托形式。外国投资者也可以通过设立单位信托从而在澳大利亚开展商业经营。在一项信托安排中,一个或数个受托人(既可以是个人也可以是公司)代表其受益人开展业务。信托的种类和特定条款将决定对受益人收入分配的安排。与传统公司相比,信托可享受众多税收优惠,且经常被用于购买资产。对有关信托的法律规定和使用方式一般中国投资者不熟悉,但又是笔者认为对澳大利亚投资的最佳方式,本书第十二章将会对信托加以详细介绍和推荐,并以单位信托为商业信托的代表进行讨论。投资人如果计划将对澳大利亚农业的投资与家族资产管理相结合,则家庭信托(Family Trust)也是一个较理想的实体选择,具体如何操作"家庭信托"不在本书的讨论范围内,可寻求澳大利亚本土专业律师提供帮助。③

---

① See https://www. business. gov. au/planning/business-structures-and-types/business-structures/sole-trader.

② See https://www. business. gov. au/planning/business-structures-and-types/business-structures/partnership.

③ See https://www. business. gov. au/planning/business-structures-and-types/business-structures/trust.

5. 分支机构。如果外国公司希望将其在澳大利亚投资的财务结果并入其公司本部,那么可以在澳大利亚成立一家分支机构,而不是设立一家子公司。设立分支机构必须按照公司法登记为外国公司。外国公司必须向澳大利亚证券和投资委员会提交一份申请表以及经公证的营业执照复印件和其他指定文件,还需登记一处在澳大利亚的办公地点并指派一名当地代理人,以确保该机构能遵守澳大利亚法律。分支机构登记注册时,外国公司会得到一个“澳大利亚注册机构代码”(ARBN)。一经注册,分支机构必须提交该外国公司的年度账目,并遵守其他澳大利亚法律规定的报告要求。

6. 代表处。如果外国公司无意在澳大利亚从事经商活动,只需设立代表处即可。代表处只能从事非经营性活动(如促销活动)。如果代表处要进行经营活动,则必须登记为外国公司在澳大利亚的分支机构。

通过对各种投资实体设立形式的比较,大多数投资人会选择公司和单位信托两种形式,表 11-1 是概括性的优劣归纳,详细的推荐方案会在本书第十二章详述。

表 11-1　在澳大利亚设立各种形式实体的优缺点比较①

实体种类	优点	缺点
个人	· 建立和操作都很简便 · 个人完全控制所有资产、利润和业务决策 · 受到较少监管要求的约束 · 一般是成本较低的结构 · 变更的速度与变通性	· 个人承担无限责任:个人资产须用来抵偿业务债务 · 无永久的承续:业务受到个人所有者的寿命和健康限制
合伙(一般)	· 设立与操作相对地容易简便 · 不同资产、技术与资源的贡献 · 书面合伙协议可以澄清各方之间的互相义务 · 合伙人有管理权 · 合伙的税务损失可用于抵销合伙人个人的税务责任	· 每一合伙人共同且分别地对合伙的债务和义务承担责任:一名合伙人可以从其他合伙人的债务份额中获得补偿 · 合伙结构发生变更时(如合伙人终止),可能会引起麻烦,因此需要适当地考虑 · 扩大业务可能因法律对合伙人允许人数的限制(适用各州法律规定)而受到约束

① See https://www.herbertsmithfreehills.com/doing-business-in-australia/zh-hans.

续表

实体种类	优点	缺点
公司(股份有限)	·有限责任:每一股东的个人责任仅限于股东持有股份的未付款额(如有) ·一般较易于募集融资(债务与股权) ·永久性承续:即使在会员制发生变更或股份转让时,公司仍继续存在 ·税务与财务结构上的利益 ·适合于持续扩大的业务	·持续性要求(会计与报告)及其相关成本较高 ·《2001 年公司法》项下的要求可能比较复杂 ·控制权丧失:管理决策者是董事而非股东
单位信托	·信托的受益人一般不对信托债务承担责任 ·如果被信托人是有限责任公司,有限责任是可能的 ·税务优惠 ·在收入分配上的变通性(自由裁量的信托):被信托人可能按其自由裁量进行收入分配	·结构复杂,并且可能设立与经营比较昂贵 ·被信托人承担严格的义务 ·信托必须遵守广泛的法规要求
公司型合资企业	·各方责任仅限于其在合资企业中持有股份的投资	·无机会进行税务整合 ·董事对合资企业的职责
非公司型合资企业	·每一方在税务方面将获得独立对待 ·管理/治理安排上的变通性	·经常承担对第三方的连带责任

(二)并购

通常的并购包括资产收购和股权收购两类,但资产收购转让的是商业房产、设备、雇员、合同和知识产权等,并没有收购实际的商业实体,虽然会避免承担原资产权属主体的商业风险,但起不到外国投资者在澳大利亚设立新主体的作用,所以不是本书要讨论的内容。而收购已有商业实体的股份进而成为股东,却能起到新设投资实体的作用,此类并购通常有投资者收购目标公司原股东持有的旧股和对目标公司增资持有新股份或者二者兼有的方式,投资人通过并购而成为目标公司的控股股东或参股股东,从而完成新设实体的目标,尤其收购一些空壳实体更方便,但要做好尽职调查,避免债务风险。

1. 对私人有限公司、合伙、商业信托的并购。因目标不是公众公司,所以法律规定较宽松，但涉及特别行业和投资金额也有相关的法律规制。(1)私人有限公司的股份转让涉及其他股东的优先受让权的放弃以及内部章程的相关规定，外国投资者需要作尽职调查，以免承担对价之外的风险。另外，因为本书研究的是农业投资，所以关注的并购目标公司大概率是农业公司，而澳大利亚法律对农业公司的并购有特别规定。对中国投资者而言，当并购澳大利亚综合农业企业10%以上股权且交易金额超过5500万澳元时，需要FIRB审批，需要注意的是，如果并购目标企业持有的农业用地价值超过1500万澳元，也要申请FIRB审批。(2)合伙不属于独立法人，并购的实际意义是更换合伙协议的合伙人，即根据合伙协议，原来的某个合伙人退出，由外国投资者接替原合伙人继续履行合同义务和分享合伙权益，但合伙的业务如果涉及农业或农地，一样受到FIRB的规定管制。另外，如果不是替代承担无限责任的管理合伙人，则达不到实际掌控合伙进而完成设立投资实体的目标，所以并购合伙不是可行的路径。(3)商业信托，尤其是单位信托，原投资人是按份持有信托资产的股权的，信托虽然类似合伙，不直接交纳信托主体的利得税，由各持有人在分得收益后自己缴税，但单位信托在管理人(Trustee)代表下对外发生法律行为的独立主体特征比合伙更明显一些。外国投资者并购信托中的原投资人持有的信托单位的行为，被视为股份转让，涉及农业的股份比例以及金额达到10%和5500万澳元时，或涉及1500万澳元的农地时，同样需要FIRB的审批，不论管理人是不是澳大利亚本土人或本土公司。家庭信托不存在收购问题，只存在信托持有的资产出售变现如何分配给受益人的问题。

至于收购目标是否属于农业综合企业、农用土地金额如何计算，本书在前文相关内容作了分析，读者也可以查阅澳大利亚的《2015年外国收购和接管条例》中的第12条、第13条等有关规定。①

2. 对公共有限公司的并购。由于公众有限公司的股东超过50人，且可以向社会公众募集资金或者本就是上市公司，所以对外国投资者并购这类公司的管制相对严格。从并购的方式可以分为要约收购(Takeover Bid)和重组协议安排(Scheme of Arrangement)两种，要约收购还可以再细分为场内要约(On-Market

---

① Foreign Acquisitions and Takeovers Regulation 2015, https://www.legislation.gov.au/Details/F2019C00072, Nov. 16, 2019.

Takeover Bid)和场外要约(Off-Market Takeover Bid)两类。在要约收购股份的比例上有一道分界线,就是20%的股份占比。外国投资者无论场内要约还是场外要约,收购股份未达到20%,都是买卖双方之间的事情,而且因为是公众有限公司,其他股东没有优先受让权可以行使;如果超过20%的界限,会有相应严格的规定需要遵守。重组安排没有20%的股比限制,它是针对全部股东的一项安排。根据澳大利亚公司法的有关规定,在某些情况下,如果收购超过90%的股份,则收购人有权对剩下的股份强行收购,当然对价是之前的最高标准。一般整个过程平均需要124天。

(1)场内要约。针对上市公司,当外国投资人持有目标公司的股份达到20%的时候,无论是通过与原股东协议转让并经目标公司董事会同意的善意收购,还是私下在证券市场买入的恶意收购,都必须即时向澳大利亚证券交易所提交要约收购申请及资金准备证明,以不低于之前收购过程中最高价的价格向其他所有持股人以现金的方式无条件购买所有股份,否则会被禁止,并遭受处罚。由于场内要约收购需要得到监管机构、债权人的批准,以及收购的资金符合要求等因素,在现实中发生的次数非常少,通常是由经纪人通过澳大利亚证券交易所进行。

(2)场外要约。比场内要约更灵活,它可以针对目标公司全部股东提交对价,包含现金、证券或现金与证券相结合的形式,需要目标公司全部股东的同意。不得因为大股东同意被收购而不征求小股东的意见,由于股本是公开募集而来的性质,对小股东的保护是法律规制的着眼点。有些目标公司有内部规定,在收购持有股份到50%或75%就可以召开股东大会。在增持股份达到90%以上时,可以强行以最高价格收购其余小股东的股权,然后再决定是私有化还是重新公众化。

根据《2001年公司法》和澳大利亚证券交易所上市规则,在收购要约过程中须遵守特定的程序要求,包括向澳大利亚证券和投资委员会及澳大利亚证券交易所提交特定的文件。该等文件包括要约人的声明和目标实体的声明,以确保目标实体的成员以及市场可由各方获得所有相关事实的全面披露。澳大利亚并购委员会是负责对并购进行监管的独立审查机构,并负责解决并购相关的争议。

(3)重组协议安排。这是一种在法院的监管下,为了对公司的股本、资产或债务进行重组而特别达成的安排。可以通过将目标公司的所有已发行股份转让给要约收购人或注销要约收购人之外的其他人持有的股份,以达到要约收购人对目标实体掌握控制权的目的。采用这种并购方式,通常是目标公司的经营出现了问题,或者债权人启动追索程序,引来了投资人进行重组,由公司及其股东(或债权人)通过表决,随后按照法律程序获得法院的批准,法院批准的重组协议对目标公司的所有股东(或债权人)均具有约束力。因此,重组协议安排可以作为购买公司的澳大利亚目标实体的一种方法。尽管重组协议安排受《2001 年公司法》监管,但因其需要目标公司的合作(需要目标公司召开股东大会并准备相关文件),而不同于要约收购,因而较为平和。重组协议安排不能用于收购上市的管理投资计划(一种基金形式的上市主体),仅可用于收购上市的公司实体。然而,与重组协议安排相类似的但无须法院强制审批的上市信托计划(Trust Scheme),是可以用于作为收购上市实体的替代方案的。具体如何操作,需要澳大利亚专业人士的具体设计和甄别。

3. 并购过程中的反垄断审查:外国投资者通过并购拥有在澳大利亚的投资主体不是并购的目的,只能算是并购目标公司的一个副产品。相比起设立一个新的公司,并购一个澳大利亚已有的目标公司的意义和价值完全不同。但既然并购本身就是投资进入澳大利亚的一个途径,那么澳大利亚法律还有对并购后的市场竞争度降低的规制,即反垄断的考量。外国投资大多会向 FIRB 申请批准(本书第四章有详细论述),而 FIRB 都会就该并购是否涉及反垄断而先交由澳大利亚竞争和消费者委员会审核,为了避免给外国投资者造成损失,澳大利亚建立了一套预核准制度,即由澳大利亚竞争和消费者委员会颁布的《2013 年非正式并购审查程序指引》(Informal Merger Review Process Guidelines 2013)①予以规定,如果一项在澳大利亚境内涉及外资的收购,包括投资收购人就合并后的新实体在相关市场的市场份额超过 20% 且收购前的双方产品可互相替代或存在互补的,该项收购必须向 ACCC 进行申报。并购双方可向澳大利亚竞争和消费者委员会申请正式批准(该等批准将使合并获得法律保护)或非正式批准(使双方了解竞争和消费者委员会就拟议的合并所持的态度),然后展开并购,提交 FIRB 审批,毕竟有些并购的前期需要较高成本的,该项预核准相当于政府机构对有关并

① See "Informal Merger Review Process Guidelines", https://www.accc.gov.au/system/files/D17 - 156292%20Informal%20Merger%20Review%20Process%20Guidelines%20 -%20updated%20November%202017_0.PDF, Nov. 16, 2019.

购提前表态,降低风险。

4. 并购的操作实务。在澳大利亚收购一家农场或企业的流程,大概有10个步骤:(1)初次接触。包括从中介或网站以及熟人介绍等渠道获知目标项目信息,了解目标的类型、面积、区域位置、初步财务数据、历史背景等大概情况,聘任律师和会计师作为收购团队的成员一起开启项目工作。(2)制订调研计划。列出调研清单(稍后详述),联系业主实地考察,联系当地政府(council)涉及规划和农业的管理部门和行业组织约谈,通常需要2~5天的行程,制订调研出行计划,预订酒店。(3)实地考察。与农场或企业的业主面谈,索要详细财务报表、按照调研清单进行核查,与周边农户和上下游企业了解目标情况,到当地政府和行业组织了解目标企业所在地的规划发展情况及行业管理规定以及行业特殊习惯。(4)出价、签约及交换合同。调研及审核过后,双方委托律师就出价、合同条款进行磋商,往返邮件确认修订意见(相关邮件具有法律效力),按法律规定提供双方的信息和资料,直到签约并交换合同。交换合同之前,任何一方都有反悔的权利,买卖双方签字可以不同时进行,签完字的合同交换一般由律师或过户师安排,或邮寄或亲自递送,买卖双方各保留一份有对方签字的合同原件。在交换合同的同时,买方需交付定金(通常是买价的10%),合同里确定最终交割时间,以上都是双方律师负责的事务。(5)买方律师合规审查。交换合同前,买方律师有权要求卖方提供与交易有关的地契等所有权、水权和特许权证、许可证、采购和销售合约、水电燃料网络等资料,审查是否有负债、法律纠纷等问题,然后再交换合同,以使合同生效,产生法律约束力。(6)FIRB审批。由律师向澳大利亚FIRB申请外国投资审批,只有FIRB批准了,才可以准备资金进行交割,如未得到批准,合同里应有相关条款取消合同,退回由律师保管的定金(具体申请条件和费用详见本书第四章相关论述)。(7)筹资贷款。交换合同后,一般合同会规定有几个月的交割期,买方可以准备并购资金,亦可以凭借农场购买合同向澳大利亚当地银行贷款,或者在中国向外汇管理部门申请外汇批额,由中国汇出相应的并购资金。(8)交割。交割一般由买方律师带着买方出具的应付款项的银行现金支票与卖方律师在约定的银行会面。一手交钱,一手交货(农场钥匙),在有贷款的情况下,地契由银行作为抵押他项权利人来保管。(9)变更相关权证和手续。交割后,双方律师负责办理后续的地契、股权、水权、租约、特许权证、许可证、交通生产工具等权属的更名登记手续。(10)提示。需要提示中国的投资者的一个特别之处,就是在整个并购过程中,除非有必要,买卖双方并不一定会见面谈判,所有程序都由中介和律师代表买卖双方达成交易,包括实地考察。

尽调清单:(1)洪水和火灾的风险妨碍。有些农场位于火灾和洪水的防范区域,会影响业主的土地、植被和建筑物的开发和利用,同时,业主也有相关的管理和投保义务。(2)周边环境。目标农场周围的土地及农业企业可能产生的噪声或气味(如养鸡场、养猪场)。(3)强制义务。澳大利亚有些法律规定会影响业主在自己土地上移除属于自己的原生植被的权利,也有强制业主管理杂草、害虫和动物的义务。(4)官方权利影响。该物业是否毗邻州属的官方土地(crown land),是否拥有水面,是否包含废弃的政府道路,是否有与该土地相关的任何官方租约或特许权。(5)勘矿。了解目标农场或其附近的勘探、采矿和采石活动的信息,是否存在石油、地热和温室气体封存许可证、租赁和采掘业授权和矿产许可证。(6)污染。要考虑目标农场以前的经营活动,包括使用相邻土地情况,是否存在污染土壤和水源问题,以及这是否可能阻止收购者将来对该土地的开发及从事某些业务。另外,根据澳大利亚法律,前业主造成的污染在某些情况下是要现任业主承担赔偿责任的。(7)确权。需要将相关权属证书上的记载进行核实,包括土地、水面、栅栏和建筑物都要和现实进行比较,以确保真实匹配。(8)规划。所有土地、道路和产业发展都受到地方议会管理规划的约束,该规划会限制业主在空地上建造或者随着时间的推移而改变或开发土地及其建筑物。市议会一般都有所辖区域的道路规划、周围的产业发展以及相关的行为指引。如果原业主保有的相关规划许可和建筑许可中有需要与市议会进行沟通的事项,都要与市议会进行确认。(9)安全。生产和生活的安全检查,包括农场里的建筑物、经营设备、电气和电路、生物侵害等,需要专业的人士检查。(10)公用事业服务。目标农场的用水供电、燃气、电话和互联网、污水处理和排污,如没有现成的,需要核实该区域有无供应商提供相关服务,这在偏远郊区是无法自行解决的问题。

5. 以奶牛场收购为例的实操:(1)初步评估阶段,该阶段是确定是否有潜在投资在你的投资参数范围内,涉及以下问题:①项目的大小、规模和潜力是否与投资目的一致?②投资结构是否符合投资人的要求?③投资地点是否在投资人关注的区域内?④都有哪些容易获取的外部支持服务(如兽医、技师、顾问等)?⑤过去的一段时间有什么样的投资表现(生产、财务等)?⑥有什么明显的主要风险(包括人、水、污水、库存供应等)？⑦在当地社区中该业务的声誉口碑如何？⑧当前管理层能否够继续管理农场的运营？⑨投资能否在该行业实现额外的收益？⑩如何将回报分配给投资者？⑪有什么样的机会退出投资？⑫投资后的保留的管理层能否持续经营和文化契合？(2)具体评估阶段,该阶段可能需要一系列外部顾问支持,包括农场顾问、会计师、律师、流域管理当局、郡议会和水当局,需要在以下方面做调查:①牧群组成,牛群的品种、畜群年龄、遗传学等？存在什么替代库存？有什么育种策略？②牧群生产数据,平均泌乳量是多少(包括升数、脂肪、蛋白质)？获取并审核供货商的声明(包括数量、质量、定价等)？③牧群的健康和生殖效率,乳腺炎等的发病率是多少？牛群的"小牛"率是多少？体细胞计数(牛乳房内部健康指标)的表现如何？④牧群管理,有哪些管理框架？年度剔除率是多少？牛群的平均年龄是多少？幼牛如何管理？什么是动物福利标准？⑤放养率,该农场的放养率是多少？该农场是否被认为过度放养或放养不足？农场都使用了哪些外部财产(如径流地、外围场、租赁土地等)？农场承载量有否增长的机会？⑥供应商,当前农场产品供应给谁？附近的收购方的位置？有哪些替代收购方？⑦气候情况,农场历史降雨量变化(数量,季节性)？风险事件的可能性和影响是什么(火灾、洪水、干旱、霜冻等)？⑧水的可取性和安全性,农场运营需要多少水？水是如何来的？水源的安全性和可靠性如何？如果灌溉到位,存在哪些水许可证(系统、金额、年度成本等)？水的分配历史？临时用水是否可用？费用是多少？⑨自然资源,土壤测试、施肥的历史信息？该农场是否有土壤改良计划？目前有什么计划或策略补救土壤(如有必要)？该农场是否考虑和管理诸如生物多样性、流域冲击,侵蚀等因素？是否在关键的敏感区域(河岸带、树林等)做了围栏保护？该农场是否有对牲畜足够的阴凉处和棚子遮阳？⑩牧草和谷物生产力,农场有多少土地可供种植牧草和谷物？目前的牧草/谷物组成？杂草有什么问题吗？牧场改造的历史是什么？未来种植的计划？种植哪些补充作物(产量、历史等)？⑪饲喂要求,农场种植和外部采购的饲料组合？年度干料(Dry Matter)的内容,以吨或者公顷计量？如果有任何外部饲料组成,谁供货？什么数量、质量、价格等？外部饲料的来源是否可靠？如何管理饲料价格风险？⑫农场结构,有农场地图吗？从牧场到相关的乳品加工厂的距离？有林业或保护区吗？整个农场的规划都用足了吗？是否还有未来资本发展空间？⑬乳制品厂基础设施,工厂的现状如何？能否支撑当前和未来的业务发展需求？

⑭农场基础设施,农场当前基础设施的状态(包括围栏、轨道、道路、大门等)?⑮水基础设施,目前有哪些水基础设施(包括泵、存储、水坝、低谷等)?可以支持经营的增长计划吗?水的质量?⑯灌溉基础设施(如果相关),目前有哪些灌溉基础设施(泵、管道、渠道等)?谁拥有和管理灌溉设施?是否有维持系统的额外费用支出?⑰废水基础设施,如何管理污水?现有污水管理系统和流程有什么问题?如果项目扩建,污水系统是否可以支持扩建?是否有污水管理计划?⑱历史财务业绩(3~5年全额征税和账户管理),财务业绩是否有需要审核的业务?在此期间,金融波动性是什么?业绩表现是否可持续?与类似乳品业务在同一历史时期的表现比较?⑲预算/预测财务表现(3~5年),该目标企业是否制订了前瞻性计划?预测的基本假设是否切合实际?历史上的预测与实际表现的差距?预测与同类奶制品相比如何?⑳资本结构,目前的业务资本结构?建议投资后的结构是什么?投资后的短期和中期是否有额外的资本要求?㉑外部协议(包括供应商、租约等),存在哪些外部协议?这些协议的期限是多少?协议中是否有值得注意的事项?㉒管理,目前的日常管理谁负责?他们都在运营什么具体事务?他们如何获得报酬(现在和未来)?是否存在"关键人物"的风险管理?㉓劳动力,需要多少员工才能运营?谁是员工(包括他们在此工作了多长时间、报酬是什么、需要解决的问题等)?员工是否有雇佣合同?所有待遇是否完整并更新(包括退休金、工伤保险、代扣税等)?需要补充什么员工?是否有工作人员在农场住宿及住宿条件?㉔政策,地方政府出台过什么与持续经营、水管理、动物健康、工人健康与安全等有关的政策和计划?工作人员是否经过充分培训上岗?企业与当地社区有什么约定?企业的文化?㉕退出,投资的退出有哪些可行选择?投资的流动性如何?投资的时间框架?谁是最有可能的接盘者?投资如何估值?哪个机构经常做估值业务?㉖分布/收益/股息,是否有既定的回报分配政策?如何确定分配?什么时候实施分配?谁实际控制投资?控制人与投资人的目标是否一致?控制人的哪些决定需要投资者批准?投资人需要给哪些人授权及如何授权?(3)法律和监管阶段,该阶段发生在报价已经建立并被接受之后,双方之间随后将进行合同创建、执行和解决。①外部估值,由哪个机构来进行估值?如果存在差异怎么处理?如何确定估值条款?②资产库存,投资中包含哪些资产?投资中不包含哪些资产(及其原因)?资产在哪里?资产处于什么状态?③土地所有权,土地所有权有任何留置权或抵押权吗?产权证上

的土地使用是否有其他明显的限制？土地的产权上是否有其他地役权或重复设立他项权利？④租约安排，任何租赁协议的条款和条件是否匹配尽职调查涉及的内容？是按照市场条款和公平交易安排的吗？租约可以转让给另一方吗？⑤同意或限制，农场土地上的建筑是否都是获准建设的？土地使用是否有任何限制？⑥环境许可，农场是否需要环境许可证并适用？污水排放是否存在问题？⑦水权和许可证，水权和许可证是否有留置权或抵押权？用水有无明显的限制？以前在集水上有什么分配？能否获得额外的水（如有需要时）？⑧工作场所的健康和安全记录，是否有显著的工伤保险、健康和安全问题？如果有，现状如何？历史上发生过问题吗？⑨现有的采购合同和供应商，谁是采购合同的供应方？采购协议的条款？⑩内部的政策和治理，企业的治理结构是什么？有那些生效的内部规章制度？多久被审核一遍？什么人负责审核和修改？

综上所述，无论通过新设还是并购的途径来建立投资实体，在5种实体组织形式中，只有公司和单位信托这两种投资形式较适合澳大利亚农业，其余的形式有商务运营方面的障碍，合伙在投资项目资产的产权归属以及风险责任上都有不确定性，分支机构和代表处都不是完整的实体，也不适合，所以下文将以公司和单位信托为主展开论述。

三、运营、管理和治理

来自中国的投资者主要是基于对澳大利亚农业的资产价值和与中国需求的互补市场机会而决定投资澳大利亚的，但大多数投资者对国外法律环境下的运营和管理非常陌生，澳大利亚是在法律规制下的成熟市场经济，所有市场主体都须自觉遵守相关的法律规定，所以来自中国的投资者必须了解如何合法合规的运营和管理在澳大利亚的投资实体。

（一）一般程序

1. 公司。（1）投资人选定公司名称，并递交给澳大利亚证券和投资委员会，如果公司名称尚未被其他公司使用，澳大利亚证券和投资委员会就会对该公司进行登记。（2）公司章程是由股东签字认可的内部文件，备案在ASIC，主要规定公司的名称、股东的责任、董事与股东间的职权划分、公司内部管理的规章制度等事项。（3）向ASIC提交设立公司的申请表格要求填写公司的详细情况，包括登记在澳大利亚的办公地点及主要经营场所、股份结构、股东、新公司拟聘请的董事和秘书(公众公司需要)的姓名、住址、出生日期及出生地点等详细情况。私人有限公司至少有1名董事必须是澳大利亚居民,公司不能作为董事。公众有限公司必须有3名董事和1名秘书,其中至少2名董事是澳大利亚居民,秘书也须是澳大利亚居民。(4)在公司成立后,申请“澳大利亚商业代码”(ABN)①和“税务登记号”(TFN)②。(5)公众有限公司在成立后1个月内必须确定审计事务所,保留并及时更新公司的登记簿。该登记簿将包含公司记录,以及董事和股东的所有会议纪要。(6)公司还须就其偿付能力作出年度声明(董事们必须声明,该公司在其债务到期时有能力偿还债务)。(7)每年准备并递交财务报告(适用于公众有限公司、大型私人有限公司以及外资企业)。目前,向澳大利亚证券和投资委员会递交财务报告无须交纳费用,只需在规定期限内递交即可。未能在规定期限内提交将被处以迟交罚款。(8)发生以下变更时,必须通知澳大利亚证券和投资委员会:公司名称的变更,须在变更之日起的14日内通知;公司详情的变化,例如,注册办公地点或主要经营场所,须在变更之日起的28日内通知;公司章程的修订,须在修订之日起的28日内通知;董事详情的变化,例如,姓名、地址、新任职或辞职,须在变更之日起的28日内通知;股份结构或股东详情的变化,须在变更之日起的28日内通知。(9)一般公司的资料和注册手续都由澳大利亚本土的会计师保管,相关变更和报告都由会计师代为办理。对会计师或代办人需要注册税务代理人(registered tax agent)和注册商业活动说明代理人的资格(registered BAS agent)。③

2. 单位信托。基本申请程序以及财务报告和声明与公司的规定类似,只有几点与公司不同。(1)名称,必须带有“Trust”字样;(2)管理人可以是一家公司,也可以是一个自然人,如果管理人是公司的话,需要设立董事来行使管理权;(3)信托协议(Trust Deed),类似公司章程,规定了管理人的行为和分配机制;(4)单位信托也有商业代码和税务登记号;(5)单位信托有自己的银行账号,签字人通常是管理人的董事。

---

① See online. abr. gov. au/ABRWeb/Apply/Abn/ImportantInformation. aspx? Task = bacb39bd - bfc9 - 4163 - a412 - e60581887f17&NavGraph = ApplyForAbn&View = ImportantInformation&Target = AbnApply&pid = 71&js = 1.

② See https://www. ato. gov. au/business/registration/work-out-which-registrations-you-need/taxation-registrations/.

③ See https://www. business. gov. au/finance/accounting/choose-someone-to-do-your-accounts.

无论是公司还是单位信托，最实质的掌控手段是对政府登记资料情况的变更，当然未经股东会及董事会的合法程序而擅自变更是违法行为，但能将变更权利控制住是对投资人更好的选择。AUSkey 是澳大利亚政府给企业的一种商业注册的互动技术工具，划分为管理人权限和使用人权限两级。公司的实际控制人应掌控管理人权限，然后将日常操作权限交给公司行政管理人员，以防止公司在根本上的失控。①

（二）环保及规划

由于农业与土地和自然资源的关系极为紧密，甚至某些生产对象就是环境保护对象，例如，海洋渔业资源部分品种就实行配额保护。而澳大利亚的土地规划是具有法律效力的，政府无权改动。而现实中经常出现澳大利亚地方政府招商引资进来的外资项目遭到当地民众的抗议而被议会否决的案例。所以，来自中国的农业投资者要关注投资项目所涉及的环保和规划方面的规定。

1. 环保。根据澳大利亚《1999 年联邦环境保护和生物多样性保护法》（Environment Protection and Biodiversity Conservation Act 1999，以下简称《EPBC 法案》）②，未经联邦环境部长批准而开展的对于将会或有可能会对国家重大环境事项（Matters of National Environmental Significant，MNES）③产生重大影响的行为是违法的。MNES 的例子包括列明的受威胁物种和生态群落以及水资源。上述“影响”在《EPBC 法案》下被定义为包含直接影响和间接影响，是否将会或可能会构成重大影响则取决于技术层面的评估，即“环评”（Environment Assessment）。对澳农业投资实体在启动项目前，投资人应委托专业的环境评估机构对项目涉及的环境影响进行评估，以确定是否需要向联邦环境部长申请就该项目是否属于“受控制行动”作出判定。如果联邦环境部长判定某个项目属于一项受控制的行动，则需就批准开展该项目而必须满足什么样的条件展开论证，而满足条件是可能需要花费大量的资金和运营支出的，所以，在启动一个新的投资项目之前一定要聘请专业机构对环评进行预测，以便作出合理的选择，对明显

---

① See https://www.abr.gov.au/auskey/auskey-explained.

② Environment Protection and Biodiversity Conservation Act 1999, https://www.legislation.gov.au/Details/C2018C00440, Nov. 16, 2019.

③ See “What is Protected under the EPBC Act?”, https://www.environment.gov.au/epbc/what-is-protected, Nov. 16, 2019.

需要投入巨大成本才能通过审批的项目要做到心中有数,投资回报不可行的话就要尽早作出决断。

澳大利亚联邦在某些情况也会将环评的程序简化并交给各州政府负责,而各州的环境法也通常会要求有关的投资项目要取得相应的评估和批准。如果投资项目涉及对环境的损害和排放污染,则必须得到环保部门的许可证,如无证建设并运营则属于违法行为,会受到严重处罚,包括罚款、刑事监禁或两者并罚。高管人员包括董事和总经理也可能对公司的违法行为负责,除非高管人员能证明已经尽了"审慎义务",作为对该等指控的抗辩,但进入诉讼抗辩阶段,项目或公司的运营肯定会受到较大的冲击,产生损失,而且董事和总经理将面临刑事处罚的风险。

2. 规划。按照澳大利亚土地法,当地的土地分为国有土地(也称王室土地)和私有土地两类,其中,各种类型的国有土地约占87%,私有土地约占13%。国有土地分为三类:第一类是用于公共用途的保留地;第二类是尚未被占用的国有土地;第三类是通过出租或颁发许可证方式交给私人使用的土地。目前,澳大利亚国有的农业用地基本上都已授权给私人使用。如果政府需要使用私有土地或者已授权给私人使用的国有土地,将要依法进行土地征收。

澳大利亚政府规定,任何企业和个人都可通过拍卖形式购买政府土地或私人土地。土地出售以后,政府收取地价税和服务费。外国投资者可以依法获得澳大利亚的土地所有权,但是在开发期限上有一定规定。在2008年以前,澳大利亚政府规定,外资可以购买闲置商用和民用土地,但必须在获得购买批准后的12个月内在所购土地上开始连续的实质性建设活动。自2009年开始,为增强外资投资政策的竞争力,吸引更多的外商对澳大利亚广大闲置土地进行有效的开发,并防止投资者进行土地囤积和投机行为,澳大利亚政府把外国投资者开发澳大利亚闲置商用土地的期限从12个月延长至5年。虽然延长了开发期限,但要求投资者最少支付购买成本或土地价格的50%,用于开发建设,包括用于农业生产的厂房和办公楼宇建设。

澳大利亚在规划方面没有联邦的法律,各个州都有其相应的规制土地使用和土地开发的规划方面的法律,例如,新南威尔士州就有《1979年环境规划和评估法》(Environmental Planning and Assessment Act 1979);[①]维多利亚州有《1996年规划和环境(规划计划)法》[Planning and Environment(Planning Schemes) Act 1996],[②]这些州的规划立法内容非常广泛而翔实,通过各州立法确定的程序和组织对各地方的发展和规划都有确定的规划方案,投资者可以根据投资项目所在用地的具体分区,在各州政府相关网站查询有关规划信息,包括各个分区的住宅区、工业区、商业区、公共区和农用地区域。具有法律约束力的规划通常会写明针对每个区域的目的,并对该区域的预期进行描述,以帮助投资人了解适合该区域土地使用类型、容积率等具体数据。每个分区会列明三种土地使用类型:(1)未取得规划审批不得进行的土地使用;(2)须取得相应许可方可进行的土地使用;(3)禁止对土地进行的使用。涉及一些特殊情况,例如,对遗产保护地区或其附属地、本地植被或环境敏感地区的额外保护规划,州政府会采用附属规划和环境许可、执照或批准的方式。

被污染的土地一般由州政府进行管理。虽然澳大利亚每个州都有自己的土地污染法律,但大都采用"污染者自付"的原则,即由造成污染的人负责采取必要的补救措施。如果污染者不再存在或无法被找到,则可能会对土地所有者或前一手所有者、土地的占有者或抵押权人提出追索权。

对澳大利亚农业投资包括农牧场和加工企业的建设及运营,有些投资项目会涉及土地的污染和废水垃圾的排放处置,以及环境资源的损耗,所以环保和规划是项目建设和运营的重要环节,投资人及管理人应予以重视。

---

① See Environmental Planning and Assessment Act 1979, https://www.legislation.nsw.gov.au/#/view/act/1979/203/full? autoquery = [Title%3D("%20Environmental%20Planning%20and%20Assessment%20Act%20")]%20AND%20[(Type%3D"act"%20AND%20Repealed%3D"N")%20OR%20(Type%3D"subordleg"%20AND%20Repealed%3D"N")]%20AND%20("Historical%20Document"%3D"0") &dq = Document%20Types%3D"〈span%20class%3D"dq"〉Acts〈%2Fspan〉,%20〈span%20class%3D"dq"〉Regs〈%2Fspan〉",%20Exact%20Phrase%3D"〈span%20class%3D"dq"〉Environmental%20Planning%20and%20Assessment%20Act〈%2Fspan〉",%20Scope%3D"〈span%20class%3D"dq"〉Titles〈%2Fspan〉" &fullquery = [("%20Environmental%20Planning%20and%20Assessment%20Act%20")], Nov. 16, 2019.

② See Planning and Environment (Planning Schemes) Act 1996, https://www legislation.vic.gov.au/domino/Web_Notes/LDMS/LTObject_Store/ltobjst10.nsf/DDE300B846EED9C7CA257616000A3571/5AEBC9CDDD850AA0CA258366000EE3CB/$FILE/96-77aa005%20authorised.pdf, Nov. 16, 2019.

(三)劳务管理

澳大利亚的工人在强大的工会领导下,有较强的与雇佣者谈判的能力,甚至主要的执政党——工党就是工人阶层的利益代表,所以外国投资者在澳大利亚的实体雇佣工人有很多法律规定需要遵守,例如,联邦《2009 年公平工作法》(Fair Work Act 2009)①,但该法与中国劳动法有较大的差异。

1. 最低雇佣标准。《2009 年公平工作法》规定了十项全国最低的雇佣标准(以下简称标准),该等标准适用于所有固定雇员(除有少数例外):(1)每周工作基本时间 38 小时;(2)每年有 4 周带薪年假;(3)每年 10 天事假(包括病假和护理假)、2 天无薪护理假、2 天丧假以及 5 天无薪家庭暴力假;(4)52 周的无薪育儿假;(5)长期服务假;(6)社区服务假(允许雇员担任陪审员或参与社区活动,如消防);(7)终止劳动合同的最短通知期和遣散费标准;(8)享有公共假期不被打扰的权利;(9)要求灵活工作制的权利;(10)获悉上述公平工作信息说明的权利。②

2. 劳动合同。尽管劳动合同的条款可以由雇员和企业自由约定,但不得排除上述最低标准的适用,即使是特定行业的劳动合同,也同样不能低于特定行业雇佣标准。雇主更关注针对离职雇员的保密、同业竞止和知识产权保护等约定。雇员也可以通过工会代表与雇主谈判合同条款,即集体协议。澳大利亚的工会非常强大,企业不能拒绝与有权代表雇员的工会代表就集体协议条款进行谈判。集体协议确定内容后要获得主要监管机构"公平工作署"(Fair Work Commission, FWC)的批准。公平工作署的判断标准就是集体协议会给雇员带来更好的待遇,然后予以批准。③

3. 辅助违法责任。《2009 年公平工作法》规定,如果公司具有非法行为,则对公司涉及的董事、人力资源主管、薪酬管理人员和直管经理等可能参与的相关人员追究法律责任。非法行为具体包括促成、指示、帮助、允许或煽动他人做出违法行为、与他人密谋、通过作为或不作为直接或间接导致公司违法行为的发生,甚至包括违反反歧视法的行为。澳大利亚的反歧视(antidiscrimination),是指雇主因某人具有某种特定的特征(包括种族、年龄、性别、残疾或宗教),而对其采

① Fair Work Act 2009, https://www.legislation.gov.au/Details/C2018C00512, Nov. 16, 2019.

② See https://www.fairwork.gov.au/employee-entitlements/national-employment-standards.

③ See https://www.fairwork.gov.au/awards-and-agreements/employment-contracts.

取有差别的不利待遇，属于违法，所以在澳大利亚担任公司高管有较大的法律风险。①

4. 代缴税金。企业通常代替雇员从其薪水和其他现金收入中扣缴其应缴纳的税款给澳大利亚税务局，所以员工收到的都是税后收入；另外，员工的养老金都是雇主定期（至少每季度）向雇员所选择的养老金计划进行付款，雇主一般都有一项“默认”养老基金，在雇员没有特别指定的情况下，其名下的养老金缴款将汇入“默认”养老基金，有一定理财能力的员工也会将自己的养老金转移至有政府认定和有资格的基金进行理财，效果会更好一些。通常养老金的缴费数额为雇员“平时收入”的9.5%。澳大利亚政府截至2019年6月30日，固定缴纳养老金上限的最高基数为54,030澳元。如果雇主未按9.5%的比率缴纳员工的养老金，将会遭到税务局的监管，追缴利息和行政罚金。②

5. 职业安全。农场和加工企业是安全事故发生相对较高的工作场所，雇主及其董事、高管和经理必须遵守职业健康和安全方面的法律规定，尽可能地采取一切措施保证员工及在所属工作场所的人员，以及与其业务有关的人员的健康和安全。根据澳大利亚《2011年工作与健康法案》（Work Health and Safety Act 2011）规定，公司高管的这种义务要求董事、管理人员和经理持续性地监控并评估公司所属工作场所的健康和安全风险，如有疏忽，未尽职守，发生违反相关规定的行为，上述人员将会被追究刑事责任。当然，澳大利亚所有企业必须购买并维持充足的工伤赔偿保险，保险范围为员工可能遭受的与工作相关的疾病或伤害。③

6. 辞退限制。对于非高收入的雇员的雇佣关系的终止，澳大利亚法律有相对严格的保护性规定，即雇主必须有充分的理由并遵守公平的程序，才能辞退该等级员工，否则，公平工作署会命令雇主重新聘用该雇员和支付赔偿金。截至2018年7月，非高收入雇员的年收入标准是一年不高于145,400澳元，笔者按最近5年平均汇率折算成人民币为年收入约70多万元，而这个收入水平的员工在

---

① See https://www.fairwork.gov.au/reports/inquiry-into-the-procurement-of-security-services-by-local-governments/legal.

② See https://www.business.gov.au/Finance/Superannuation.

③ See Work Health and Safety Act 2011, https://www.legislation.gov.au/Details/C2018C00293, Nov. 16, 2019.

澳大利亚是属于被保护的群体,澳大利亚人工成本之高可见一斑。[①]

7. 农业签证。鉴于澳大利亚的人工成本极高,且农业的生产季节性较强,大多数的农业细分行业均面临农忙季节用工无法满足需要而造成损失的困境。2019 年 3 月,澳大利亚联邦政府针对乳业、谷业、牲畜养殖业公布了中等技能工作清单,将原来的 2 年短期只能续签一次的签证,改为 4 年长期可无限续签并给予申请永久居留移民的优惠。[②] 这与《中澳自贸协定》里对中国每年的5000 名旅游工作短签不同,中国投资者可以利用这项规定吸引一定的人才和资金进入其农业投资项目,实现资源的最大化利用。但这项签证的政策调整远不如正在讨论的农业签证(Ag Visa)计划,截至本书定稿之前,澳大利亚莫里森政府尚未推出澳大利亚农业各行业人士呼吁的农业签证,农业签证是缓解澳大利亚农业劳动力危机的重要途径。

(四)治理

以公司为例,在澳大利亚,公司董事作为实际管理人,其法律责任远超中国投资人的想象,所以担任公司董事是一件风险很大的事情,要慎重考虑。澳大利亚的法律希望公司董事在履行其对公司的职责时,遵守较高的行为标准,以公司利益最大化为行事准则,并将这些利益放在一切外部利益之上。如果董事违反这些职责,他们作为个人以及公司,都可能受到惩罚,包括财务罚款,甚至是监禁。当然,董事是可以将一部分的管理权限和责任委托给公司的高管代为行使,但是某些责任不得委托代理,包括账目责任。而澳大利亚的公司股东无权直接参与公司事务或干预管理,只有权利选择或撤换董事,但该权利也可能有一定的限制,不过就公众公司而言,该项权利不受限制。

1. 董事的职责。(1)按普通法的要求,以诚信行事,按其认为对整个公司最为有利的方式,行使其裁量权;不以不正当目的行事,即不行使权力以获得某些私人好处;作为董事会,维持其具有的裁量权,并在未来不限制他们按照对公司最为有利的方式行事;避免利益冲突,即不进入董事个人利益与公司的利益具有冲突可能的事务;以审慎与勤勉行事,即董事使用其思想和专长,考虑公司的整体利益。董事不得将自己对公司事务的无知作为幌子(如未作必要的调查),而

---

① See https://www.fairwork.gov.au/ending-employment.

② See farmers.org.au/news/skill-expansion-welcomed-but-ag-visa-needed/.

是必须检验其获得的信息,考虑他们在决策时可能需要的信息。(2)成文法的要求,包括在《2001年公司法》第2D.1部分的规定,这些成文法规定的董事职责,是对上述的普通法规定的董事职责的补充,虽然两套职责大致相同,但《2001年公司法》可以在特别的领域内施加其他更加具体的义务(如Chapter 4企业治理对澳大利亚金融服务许可证的持有人施加义务,必须具有适当的冲突管理政策)。根据公司法的规定,董事们必须按照一个在公司合理情况下的董事,该具有的责任时,其可能会审慎与勤勉的行事;按对公司最为有利的方式,并以正当目的诚信行事;不以不恰当的方式使用信息或其地位,为其自身或他人获取好处,对公司造成不利。①

2. 股东的权利。股东无权管理公司的事务,通常将管理权力全部交给董事会,再授权董事会将权力委托给一名或多名执行人员。虽然董事会对公司的战略和履行承担最终责任,但公司的日常经营通常是由董事会提示的执行主管负责,或在其监督下进行。当然,股东的基本权利是任免董事,持有5%以上表决权股票的一名或多名股东可要求召开股东会议,或由其承担费用,在股东权力范围内有效地召集股东会议,讨论任何决议(例如,撤免董事、修改构成文件,或表决将公司停业)。100名股东一起或持有5%以上表决权股票的一名或多名股东,可要求将某一决议提交下一次董事会召开的大会(提出要求之后2个月以上)讨论。公司的大会向股东提供介入管理和董事会的机会。特别的是,根据澳大利亚《2001年公司法》的规定,股东无权要求获取公司的信息,股东只能向法院申请检查公司账簿的命令,股东在普通法上检查公司账簿的权利是有限的,除非就某些具体的争议或问题而言,检查是必需的。大股东因其持有大量股份,经常能进一步介入管理和董事会。例如,大股东经常希望委派董事参与公司董事会,作为其发言人有效地行事,代表并保护其在公司中的利益。股东大会上可以通过两种类型的决议。普通决议要求简单多数票通过,特别决议必须至少由75%的享有投票权的股东对决议投赞成票通过。公司法规定某些决定必须以特别决议通过,对于特别决议有附加的通知要求。公司的章程也可以有某些涉及股东大会或对某些决议的表决要求的规定。②

---

① See https://www.herbertsmithfreehills.com/doing-business-in-australia/zh-hans.

② Ibid.

四、税务

(一)澳大利亚税务概述

澳大利亚是一个实行分税制的国家,分为中央税收和地方税收两级。联邦政府主要征收的税目包括个人所得税、公司所得税、销售税、福利保险税、关税、消费税、银行账户借方税、培养保证金等;地方政府主要征收的税目包括工资税、印花税、金融机构税、土地税、债务税以及某些商业买卖的交易税等。如图11－1所示,澳大利亚的主体税种为直接税(个人所得税、公司所得税、附加福利税等),占联邦财政收入的71.4%以上,直接税税种中的个人所得税又是重中之重,占整个联邦税收收入51.2% 左右。图11－2反映了澳大利亚2012～2017年按所得税纳税主体分为个人所得税、公司所得税、超级基金税后其各自的缴税金额。可见,澳大利亚是个名副其实的高税负国家。①

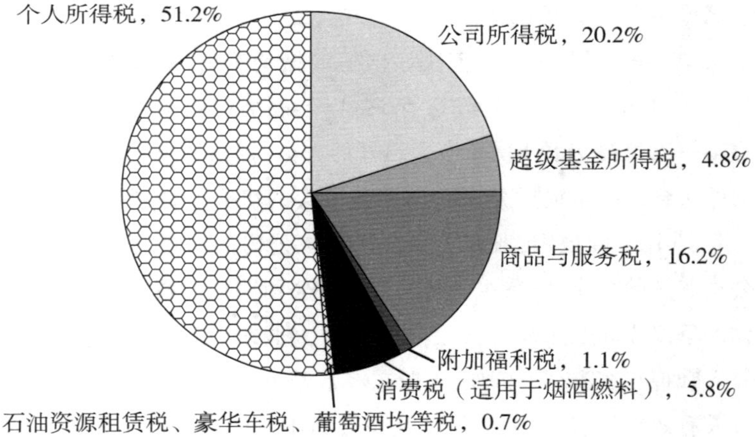

图11－1　2016～2017年度澳大利亚税收各税种构成比例②

① See "Taxation Statistics 2016 － 17", https://www.ato.gov.au/About-ATO/Research-and-statistics/In-detail/Taxation-statistics/Taxation-statistics － 2016 － 17/? anchor = alltaxreturns # alltaxreturns, Nov. 16, 2019.

② Ibid.

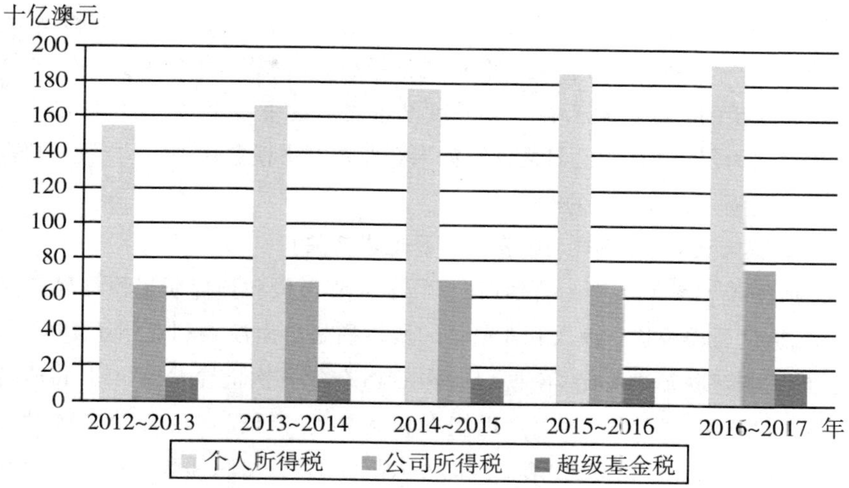

图 11－2　澳大利亚 2012～2017 年按所得税纳税主体分为个人所得税、公司所得税、超级基金税后其各自相应的缴税金额①

澳大利亚的税收征管体系非常发达，澳大利亚税务局在各州设有分局，代表联邦政府征收税款，同时也为纳税人提供如何纳税的帮助和指导。澳大利亚广大国民的纳税意识和法律观念都较强，每个纳税主体的税务登记号（Tax File Number，TFN）都统一建档管理，终身不得改变，便于税务局监管。同时，澳大利亚在缴税文化上也和其他发达国家一样，要求纳税人自行如实申报收入，税务局不再详细审核其申报表，仅对纳税人进行简单的监督和检查，其工作重点是纳税辅导和审计、提高纳税人自觉遵守税法的意识。但一旦发现有偷逃税款的行为，将追究刑事责任。对于非故意偷逃的漏缴行为，罚漏缴税款额的 75%，若有阻碍审计行为则处以 90% 的罚款，在审计过程中主动申报补税的，则罚缴税款的 60%，如能在税务局审计以前补报缴税的，则交 15% 比例的罚款。税务局主要是由计算机随机选择抽查，尤其针对那些存在大量退税、有较多非常规项目、纳税额变化较大的企业和个人。另外，税务局也有例行的对税务代理人的审计。

对于外国投资者来说，一般需要缴纳公司所得税、工薪税、商品服务税以及员工养老金，特别一点的是个人所得税、资本增值税。对于投资农业的实体来

① See "Taxation Statistics 2016 - 17", https://www.ato.gov.au/About-ATO/Research-and-statistics/In-detail/Taxation-statistics/Taxation-statistics - 2016 - 17/? anchor = alltaxreturns # alltaxreturns, Nov. 16, 2019.

说,还有葡萄酒均等税,以及相关的减免税待遇。对于年营业额在2000万澳元以下的企业,一般每个季度向澳大利亚税务局报一次税,对于大型企业每个月报税一次。报税的时间一般为在一个季度结束之后的下一个月的28日之前。年度报税时间为每年10月28日之前。如果企业选择由税务代理机构报税,则报税时间可以顺延一个月左右的时间。

(二)澳大利亚的税种(与投资运营及退出有关)

1. 所得税。澳大利亚的公司所得税、个人所得税和预提所得税均属于所得税范畴,适用所得税法。澳大利亚最早的所得税是由南澳大利亚州于1884年征收的,澳大利亚联邦于1901年成立后,在1915年第一次世界大战期间,将所得税作为战时措施引入联邦税种以资助澳大利亚参战。到了1942年第二次世界大战期间,为了提升澳大利亚在第二次世界大战时的国力,联邦政府接管了全部所得税的征收,将州政府排除在外。第二次世界大战结束后,联邦在1971年向各州下放了征收工资税的权力并根据各州情况予以不同的补助,以弥补各州放弃所得税的损失。澳大利亚联邦的所得税法是2019年5月2日修订登记的《1997年所得税评估法》(Income Tax Assessment Acts 1997)①,之前1936年版的所得税法也仍在适用,两者有交叉覆盖的部分,以1997年更新的版本为准。

(1)公司所得税。澳大利亚的居民所属企业在全球的收入及非居民企业在澳大利亚的收入须缴纳公司所得税。符合以下情况之一将被视为居民企业纳税人:一是在澳大利亚设立的公司;二是公司不在澳大利亚设立,但在澳大利亚境内开展经营活动,实质性全面管理和控制活动位于澳大利亚或者拥有实际表决权的股东为澳大利亚居民。应税收入总额包括公司的经营活动所获取的应税收入,包括股息、利息、特许权使用费和租金以及资本性收益,资本性收益通常包括买卖股票、债券、贵金属和房地产等获得的收益,资本性收益所缴纳的税收又称资本利得税。21世纪90年代以来,澳大利亚的公司所得税进行了大幅的调整,从36%降为34%再降为30%。30%的比例税率沿用至今(除部分小型企业适用15%的低税率),但对于属于基础税率企业的税率则为27.5%(主要指年营业额少于2500万澳元且报税收入中的被动收入不超过80%,被动收入指的是利息、

---

① Income Tax Assessment Act 1997, https://www.legislation.gov.au/Details/C2019C00167, Nov. 16, 2019.

租金、分红等非营业性收入)。①

2018年10月16日,澳大利亚出台了《2017年库房法修正案(企业税收计划基本税率实体)法案》,并于同年10月25日获批,该法案将税率分为两级,具体内容为:对于营业总收入低于5000万澳元且被动收入(如租金)不超过80%的企业,在2019~2020年度及之前按27.5%征所得税;在2020~2021年度按26%征所得税;在2021~2022年度按25%征所得税。对营业总收入超过5000万澳元的企业,仍一律按照30%征所得税。至于2022年之后的变化,笔者分析,预计会将税率统一成25%,并不会增长(详见表11-2)。

表11-2　澳大利亚2017~2022财年的公司所得税的税率(包括公司、有限合伙、分层产权公司、单位信托的受托人和公共交易信托)②

年份	总营业额门槛(百万澳元)	(BRE)总营业额低于门槛的公司实体(%)	其他所有公司实体(%)
2017~2018	25	27.5	30.0
2018~2019至2019~2020	50	27.5	30.0
2020~2021	50	26.0	30.0
2021~2022	50	25.0	30.0

(2)个人所得税。澳大利亚居民的全球收入和非澳大利亚居民在澳大利亚的收入须缴纳个人所得税。若境外收入已在境外纳税,可根据两国税收协定,从澳大利亚应纳的税额中扣除。澳大利亚居民,是指通常居住地在澳大利亚境内,或者符合以下条件之一者,也被视为澳大利亚居民:一是居所在澳大利亚境内的个人;二是一个纳税年度内在澳大利亚逗留时间超过200天的个人;三是该个人或其配偶或其16岁以下的孩童是联邦政府特定退休养老基金计划的成员之一。

具体的征收实行分段累加,如表11-3所示,第一档年收入在18,200澳元以下的免征所得税;第二档年收入在18,201~37,000澳元的部分征收19.0%;第三档年收入在37,001~90,000澳元的部分征收32.5%,再加上第二档全额对应

---

① See "Changes to Company Tax Rates", https://www.ato.gov.au/Rates/Changes-to-company-tax-rates/?page=1#Baserateentitycompanytaxrate, Nov. 16, 2019.

② See "Reducing the Corporate Tax Rate", https://www.ato.gov.au/general/new-legislation/in-detail/direct-taxes/income-tax-for-businesses/reducing-the-corporate-tax-rate/, Nov. 16, 2019.

19.0%征收的税金3752澳元；第四档年收入在90,001～180,000澳元的部分征收37.0%，再加上第一档和第二档全额对应税率的税金之和20,797澳元；第五档年收入在180,001澳元以上的部分征收45.0%，再加上第一档、第二档和第三档全额对应税率的税金之和54,097澳元。这样算起来比较简单，例如，投资人在公司任高管，年收入20万澳元，则须缴纳个人所得税的税金是(200,000澳元－180,001澳元)×45.0%＋54,097澳元≈63,097澳元。

表11－3　澳大利亚2019～2020年个人所得税分段税率①

应纳税所得额	对此收入征税率
小于18,200澳元	无
18,201～37,000澳元	超出18,200澳元的征收19.0%
37,001～90,000澳元	3572澳元加上超出37,000澳元的征收32.5%
90,001～180,000澳元	20,797澳元加上超出90,000澳元的征收37.0%
180,001澳元及以上	54,097澳元加上超出180,000澳元的征收45.0%

注：未包含2%的医疗保险税。

(3)预提所得税(Withholding Tax)。该税是针对非澳大利亚居民的，由于纳税人长期居于外国或本就是外国人等原因，税务局难以接触此类纳税当事人，所以澳大利亚税法规定本土的代理人有义务预先“代扣代缴”有关税额支付给澳大利亚税务局，然后将余额支付给纳税当事人，该税种主要目的在于减少逃税，还有届时无力缴税的可能。适用在澳大利亚取得的工资、津贴、利息、股息及特许权、许可证使用费等。对于投资澳大利亚的企业，要尤其关注股息分红预提所得税，如果澳大利亚子公司的税后收入已缴纳公司所得税，则以已纳税股息形式支付给境外母公司，则无须在澳大利亚缴纳预提税。如尚未缴纳所得税，则以未纳税股息的形式向境外支付，需根据两国双边税收协定的税率缴纳股息预提税，没有双边税收协定则按所得税率30%缴纳，由“管理投资信托”支付给大部分非居民投资者的“基金支付”(房地产投资所得的租金分配)，需最终按15%的税率缴纳预扣所得税。② 中国与澳大利亚签署了《双边税收协定》(Double Taxation

① See https://www.ato.gov.au/rates/individual-income-tax-rates/.

② See “Tax Treaties”, https://www.ato.gov.au/General/International-tax-agreements/In-detail/What-are-tax-treaties-/, Nov. 16, 2019.

Agreement),该协定中双方达成的预扣税率除利息所得为10%以外,其他所得均为15%。①

2. 员工福利税(Fringe Benefits Tax,FBT)。企业向雇员提供非现金福利需要缴纳员工福利税,该税种可以防止为逃避个人所得税而向员工发放现金工资以外的福利。主要福利形式包括公司为员工提供的公寓、公车私用、员工参加招待客户的宴请等。员工福利税由公司缴纳,税率为47%。福利税的计算方式有别于其他税种,计算时需使用还原系数,若福利成本中含商品和服务税且该商品和服务税进项可以抵扣,则还原后算出福利税,再扣掉服务税就是纳税金额了。②

3. 商品和服务税。商品和服务税是以目前多数国家采用的"增值税"模式为基础而设计的,税率为10%,盈利企业的商品和服务税起征点为7.5万澳元,非盈利企业的商品和服务税起征点为15万澳元。征收对象为澳大利亚境内所有最终消费,包括进口商品。应纳税额是销售产品的商品和服务税销项,减去购买原料或服务时商品和服务税进项。澳大利亚税务局负责国内流通环节中商品和服务税的征收,海关负责进口商品和服务税的计算、征收和管理。③

4. 关税(Tariff Tax)。联邦政府对进口货物通关时征收的消费税,根据《1995年消费关税法》(Customs Tariff Act 1995)的分类,由进口商通过政府的申报系统和指导信息自行评估申报,2017年对关税法进行了950多项的修订(2017 Harmonized System Changes),已适应技术进步和多国双边贸易协定。关税税率的影响因素较多,商品种类和原产地不同,关税的税率也不同。澳大利亚推崇自由贸易,所以关税普遍较低。对来自南太平洋论坛各岛国的货物实行特别关税,税率低于一般税率;进口发展中国家或地区的货物关税低于一般税率,但高于来自南太平洋论坛各岛国货物的关税,而对来自欠发达国家和东帝汶的货物实行零关税;根据与其他各国的双边贸易协定,澳大利亚对新西兰、巴布亚新几内亚原产的大多数商品免税,对新加坡原产的货物给予免税待遇;对加拿大原产的某

---

① 参见《中华人民共和国政府和澳大利亚政府关于对所得避免双重征税和防止偷漏税的协定》,载国家税务总局官网:https://www.chinatax.gov.cn/n810341/n810770/c1152993/part/1152994.pdf,最后访问日期:2019年11月16日。

② See "Fringe Benefits Tax-rates and Thresholds", https://www.ato.gov.au/Rates/FBT/, Nov. 16, 2019.

③ See "GST", https://www.ato.gov.au/Business/GST/, Nov. 16, 2019.

些货物给予优惠关税税率。①

5. 豪华车税(Luxury Car Tax,LCT)。是对汽车销售商和直接进口个人征收的汽车超过规定价格以上的部分征收的消费税,属于联邦征税的一种,2019 年对于节能型汽车的征收阈值为 75,526 澳元,非节能型汽车的征收阈值为 67,525 澳元,改价格包含商品和服务税,超过阈值的部分按 33% 征收豪华车税。也就是说,在澳大利亚买汽车,买标价 7 万澳元以下的普通车比较划算,如果买标价 10 万澳元的汽车,其中就包含了销售商要缴纳的约 1 万澳元的豪车税。②

6. 葡萄酒均等税(Wine Equalisation Tax,WET)。对葡萄酒征收的流转税,在最后批发葡萄酒销售给零售商的环节征收,也适用于酿酒庄的品酒和餐饮卖酒环节,进口葡萄酒也需支付 WET(无论是否注册商品和服务税)。征税的税基是葡萄酒的交易价格,包含运费等,但 GST 不在税基里,另外计收。WET 的税率统一为 29%,以后不再征收消费税了,而澳大利亚为了鼓励葡萄酒产业的发展,对葡萄酒的种植酿造批发等从业者实施了 WET 的退税政策,这一点将在本章后文关于对澳大利亚农业投资税收优惠特别规定中予以详述。③

7. 烟酒燃料税。主要是针对烟、酒、石油燃料等特定商品的消费征税。酒包括啤酒和烈酒,不含葡萄酒。如果没有支付消费税,是不允许个人储存和运输酒类产品的,征收计税的方法是按酒储存容器的容量和度数分级,算出纯酒精的数量后,征收每公升纯酒精 30 ~ 50 澳元(啤酒)或 80 ~ 90 澳元(烈酒及酒精饮料)的消费税;④澳大利亚没有自己的烟草种植和加工企业,基本进口,对烟草课以重税,2019 年 3 月 1 日的烟草税率比 2018 年调高了 1.3%,每根不超过 0.8 克的香烟要征 0.81775 澳元的税,也就是说一包 20 根的香烟仅税金就高达近 20 澳元,一包香烟的零售价 30 澳元左右就很正常了,其他包装的烟草按每公斤征收

---

① See "Tariff Classification", https://www.abf.gov.au/importing-exporting-and-manufacturing/tariff-classification/, Nov. 16, 2019.

② See "Luxury Car Tax Rate and Thresholds", https://www.ato.gov.au/rates/luxury-car-tax-rate-and-thresholds/, Nov. 16, 2019.

③ See "Wine Equalisation Tax", https://www.ato.gov.au/Business/Wine-equalisation-tax/, Nov. 16, 2019.

④ See "Excise Rates for Alcohol", https://www.ato.gov.au/business/excise-and-excise-equivalent-goods/alcohol-excise/excise-rates-for-alcohol/, Nov. 16, 2019.

1090.33 澳元税金缴税。① 石油燃料消费税每两年调整一次消费系数，目前汽柴油每公升征收 0.416 澳元的燃料税，天然气每公升 0.285 澳元燃料税，生物燃料每公升 0.042 澳元税金。②

8. 工薪税（Payroll Tax）。征收对象是向雇员支付或应支付的工资总额超过起征点的雇主，属于州政府征收的。根据各州税法规定其税率（平均约为 6%）和工资总额起征点，例如，新南威尔士州的工薪税起征点在 2019 ~ 2020 年度为年工资总额为 90 万澳元以上，税率为 5.45%，应纳税额为工资、薪金、佣金、奖金、补贴和员工福利等工资总额乘以税率。③

9. 转让税（Transfer Duty）。转让税是州政府针对特定交易征收的流转税，也叫印花税，征收对象为有关资产、企业股权转让或地产租赁的合同以及按揭、证券、保险、市场外股票转让协议，税率也是按交易金额大小而分段累加。例如，如表 11 – 4 所示，新南威尔士州就将转让税标准税率分为 6 档，按交易金额从低到高，税率从 1.25% 相应提升到 5.5%，然后累加，另外，资产额超过 300 万澳元为第七档，税率为 7% 再加之前的 6 档累计数。对于外国人购置房产，从 2017 年 7 月 1 日起需要缴纳额外的 8% 的附加税（笔者认为，这是对海外购房抬升当地房价的一种抑制措施，同时降低房贷金融风险）。

表 11 – 4　新南威尔士州自 2019 年 7 月 1 日起适用的转让税标准税率
（未包括交易金额超过 300 万澳元的）④

应纳税所得额	对此收入征税
小于 14,000 澳元	小于 14,000 澳元的征收 1.25%（最少 10 澳元）
14,001 ~ 30,000 澳元	175 澳元加上超出 14,000 澳元的征收 1.5%
30,001 ~ 81,000 澳元	415 澳元加上超出 30,000 澳元的征收 1.75%

① See "Excise Rates for Tobacco", https://www.ato.gov.au/business/excise-and-excise-equivalent-goods/tobacco-excise/excise-rates-for-tobacco/, Nov. 16, 2019.

② See "Excise Rates for Fuel", https://www.ato.gov.au/business/excise-and-excise-equivalent-goods/fuel-excise/excise-rates-for-fuel/, Nov. 16, 2019.

③ See "Rates and Thresholds", https://www.revenue.nsw.gov.au/taxes-duties-levies-royalties/payroll-tax/rates-and-thresholds, Nov. 16, 2019.

④ See "Transfer Duty", https://www.revenue.nsw.gov.au/taxes-duties-levies-royalties/transfer-duty, Nov. 16, 2019.

续表

应纳税所得额	对此收入征税
81,001~304,000 澳元	1307 澳元加上超出 81,000 澳元的征收 3.5%
304,001~1,013,000 澳元	9112 澳元加上超出 304,000 澳元的征收 4.5%
1,013,000 澳元以上	41,017 澳元加上超出 1,013,000 澳元的征收 5.5%

10. 土地税(Land Tax)。澳大利亚的州政府对持有土地资产的人征收持有税,但如果该土地是作为家居住、从事农业生产和低于一定金额是免征收的。例如,为新南威尔士州每年 10 月会公布所有纳税人持有的土地评估值,然后以 12 月 31 日零点之前持有的总土地价值计算征税,2019 年豁免征收土地税的阈值为 69.2 万澳元,69.2 万~423.1 万澳元按 1.6% 计税,超过 423.1 万澳元部分按 2% 计税。[①] 另外,从 2018 年起,对外国人持有土地还要征收土地税基础上的附加税 2%,没有豁免的阈值额以及家居土地的豁免。[②]

(三)澳大利亚对外国投资的反避税规制

澳大利亚在对外国投资的反避税规制上有着完善的制度,包括引入《多国反避税法》(Multinational Anti-Avoidance Law, MAAL)、转移利得税和其他修正案来加强一般反避税规则(General Anti-Avoidance Rule, GAAR);加强转让定价条款,使其与经合组织的最佳做法保持一致;采取一系列透明度措施,包括逐国报告(Country-by-Country Reporting, CbC)建立一整套对接国际的反避税体系。虽然规制目标主要针对的是年销售额超过 10 亿澳元的跨国企业或在澳大利亚销售额超过 2500 万澳元的外资企业,但对来自中国的对澳农业投资者也有较大的借鉴作用,毕竟税务监督是一视同仁的,而中国投资澳大利亚农业企业超过 2500 万澳元的销售额也是大有人在的。

1. 一般反避税规则。GAAR 是由税务局和外部专家组成专门的小组,对享受税务优惠的行为进行审核,以避免公然、刻意和勉强针对税收优惠的计划行为得逞,具体标准和判断的规则非常负责,感兴趣的读者可以参看脚注链接的文

① See "Land Tax", https://www.revenue.nsw.gov.au/taxes-duties-levies-royalties/land-tax, Nov. 16, 2019.

② See "Surcharge Land Tax", https://www.revenue.nsw.gov.au/taxes-duties-levies-royalties/land-tax/surcharge-land-tax, Nov. 16, 2019.

献,或咨询税务律师或会计师。①

2.《多国反避税法》。是澳大利亚一般反避税规则的延伸,主要针对跨国企业安排其在澳大利亚子公司减少利润从而侵蚀澳大利亚税基的行为。2016 年 1 月 1 日起,澳大利亚税务局依据该法主动与跨国公司沟通,帮助他们评估税收风险,截至 2018 年 10 月底,已有 44 家跨国公司根据 MAAL 将采购销售带回澳大利亚,相应约有 70 亿澳元的销售额将返还给澳大利亚。②

3. 转移利得税(Diverted Profits Tax, DPT)。与 MAAL 一样,该规制适用于跨国企业,防止海外利润转移。DPT 于 2017 年 7 月 1 日生效,对转移行为征收 40% 的惩罚性税金,该规定补充了《1936 年所得税评估法》第 IVA 部分中的现行反避税规则的适用,以及《1997 年所得税评估法》第 815 部分的转让定价规则,更鼓励大型跨国企业遵守其在澳大利亚的纳税义务。③

4. 基础侵蚀和利润转移行动计划(Base Erosion and Profit Shifting Action Plan, BEPS)。其是指利用全球税收规则中的差距和不匹配的税收筹划策略,将利润人为地转移到低税收或无税收管辖区。BEPS 计划可能导致一些大型企业集团的税率相对较低或为零。国际经合组织针对 BEPS 的框架措施于 2015 年 10 月 5 日提交,包含 15 个行动项目,该框架支持所有司法管辖区获得适当的税收,并将建立更强大的国际税收合作制度。由于跨国企业的特殊性,一个国家的税收制度的完整性将越来越依赖国际 BEPS 的实施和执行,一国孤立地处理这些问题已不再可行,澳大利亚在发展全球税务管理部门之间的双边和多边合作方面一直较为积极主动,并主动采纳其中的一些项目,包括第 13 项行动之逐国报告和第 5 项行动之裁决交换。④

5. 逐国报告。要求跨国企业提供 CbC,按管辖区列出其主要财务管辖权,概述他们的国际关联方收入,利润和税收;CbC 还要求这些大型跨国企业的澳大利

---

① See "Practice Statement Law Administration", https://www.ato.gov.au/law/view/document?DocID=PSR/PS200524/NAT/ATO/00001&PiT=99991231235958&anchor=P18#P18, Nov. 16, 2019.

② See "Combating Multinational Tax Avoidance-a Targeted Anti-avoidance Law", https://www.ato.gov.au/Business/International-tax-for-business/In-detail/Doing-business-in-Australia/Combating-multinational-tax-avoidance—a-targeted-anti-avoidance-law/, Nov. 16, 2019.

③ See "Diverted Profits Tax", https://www.ato.gov.au/general/new-legislation/in-detail/direct-taxes/income-tax-for-businesses/diverted-profits-tax/, Nov. 16, 2019.

④ See "Action Plan on Base Erosion and Profit Shifting", https://www.oecd.org/ctp/BEPSActionPlan.pdf, Nov. 16, 2019.

亚子公司提交主文件和本地文件,主文件要披露有关其全球价值链的信息,本地文件要提供有关其国际关联方交易的详细信息,这样就能根据 CbC 收集跨国公司运作的全球图景,便于税务部门评估跨国企业的转让定价风险。澳大利亚已在 2018 年 6 月 30 日之前与 50 个司法管辖区进行了交换逐国报告,已有年销售额超过 10 亿澳元的 3800 多个跨国企业,提交了 3500 份本地文件、2500 份主文件、250 份 CbC。①

6. 裁决交换。2015 年 10 月,经合组织发布了关于行动项目 5 的最终报告,增强各国对跨国公司全球运营的了解,反驳某些司法管辖区的负面做法,通过参与国之间自发交换裁决来提高透明度。②

7. 更新转让定价指南的立法变更。澳大利亚的转让定价立法于 2017 年 4 月 4 日进行了修订,以参考经合组织最新的转让定价指引。自 2016 年 7 月 1 日起生效的更新指南包括经合组织 BEPS 建议的最新变化,以便更好地使税收与价值创造保持一致。新指南阐明了物质而非合同形式是最重要的。这将使跨国公司更难以将经济活动发生的国家与对该活动产生的利润征税的国家分开。③

2019 年 3 月 13 日,澳大利亚税务局发布了入境分销转让定价合规指南,对息税前利润率(Earnings Before Interest and Tax, EBIT)根据行业不同,划分涉嫌避税风险等级。息税前利润可作调整的空间小,比较真实。如图 11-3 所示,息税前利润率低于 2.1% 的属于涉嫌避税风险很高的深灰色区域;息税前利润率介于 2.1% ~5.3% 的属于中度风险的中灰色区域;息税前利润率高于 5.3% 的属于低度风险的浅灰色区域。

---

① See "Transfer Pricing Documentation and Country-by-Country Reporting", https://read.oecd-ilibrary.org/taxation/transfer-pricing-documentation-and-country-by-country-reporting-action-13-2015-final-report_9789264241480-en#page1, Nov. 16, 2019.

② See "Harmful Tax Practices-2017 Peer Review Reports on the Exchange of Information on Tax Rulings", https://www.oecd-ilibrary.org/docserver/9789264309586-en.pdf?expires=1562315803&id=id&accname=guest&checksum=F15CD7AC79FDFEEF130231AE19021E8D, Nov. 16, 2019.

③ See Tax Laws Amendment (CrossBorder Transfer Pricing) Act (No. 1) 2012, https://www.legislation.gov.au/Details/C2012A00115, Nov. 16, 2019.

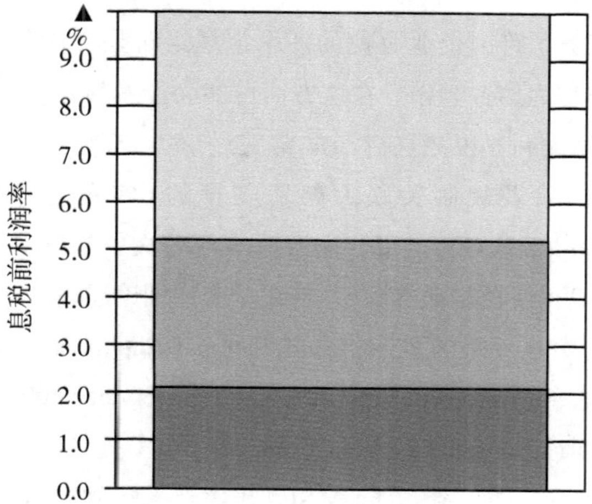

高风险	低于2.1%
中风险	2.1%~5.3%
低风险	高于5.3%

■高风险　■中风险　■低风险

图 11－3　澳大利亚一般分销商转让定价涉嫌避税风险评估框架①

8. 多边文书。多边文书是一项条约，里面有关于实施国际税收协定的相关措施，防止基础侵蚀和利润转移，允许国际上的司法管辖区通过迅速修改其双边税收协定来解决跨国避税问题。澳大利亚于2017年6月7日签署了该项多边文书（生效将取决于国内和条约缔约方的批准），多边文书用于实施一些经合组织的BEPS建议。② 中国也签署了该公约。

9. 混合不匹配规则。2018年8月，澳大利亚法律颁布了混合不匹配规则。该规则禁止跨国公司通过在两个或多个税收管辖区的法律中利用实体或工具的税务处理差异的安排来避免所得税或获得双重税收优惠。混合不匹配规则适用于2019年1月1日或之后开始的某些付款和收入年度。该规则适用于关联方，

① See "Practical Compliance Guideline PCG 2019/1", https://www.ato.gov.au/law/view/view.htm? docid = "COG%2FPCG20191%2FNAT%2FATO%2F00001", Nov. 16, 2019.

② See https://www.ato.gov.au/general/tax-and-corporate-australia/a-strong-domestic-tax-regime/#Multinationalantiavoidancelaw, Nov. 16, 2019.

受控集团成员或结构性安排下的各方之间的付款。①

10.关联方债务。跨国企业避税的一个常规策略是将债务过度分配给澳大利亚子公司,也被称为债务倾销。在这方面可能会涉及转让定价,资本弱化和一般反避税规则。澳大利亚税务局已经非常关注这类企业行为,制定了债务弱化资本的测试规定,以及规制关联方融资安排的《实用合规指南》(Practical Compliance Guideline, PCG),这部分内容对本章后文中探讨对澳大利亚农业投资建议的投资框架和路径非常重要,并将在后文详细论述。②

11.离岸采购中心。跨国企业(Multi-National Enterprises, MNEs)通常会在海外建立采购中心(procurement hub)和服务中心(services hub)。枢纽是跨国企业的受控外国公司(Controlled Foreign Company, CFC)。在图 11-4 中,位于澳大利亚的跨国企业子公司(Australia MNE)在境外采购货物时,并不向独立第三方供货商(3rd Party Suppliers)直接采购,而是由采购中心出面采购后,再加上同属自己的服务商的服务费,高价卖给澳大利亚境内的子公司(MNE),使澳大利亚子公司成本价格高企,将来无法实现太多利润,而服务商的服务费通常会按销售额的百分比计算,变相的以转移价格的方式将利润截留在境外,同时,跨国企业还将服务商和采购中心都设立在相应的低税率的司法管辖区,尤其是服务商没有参与贸易,只是提供咨询服务可能更便于获得某些国际辖区的税收优惠,而采购中心在转售时支付了服务费而未实现多少销售利润,也就没有太多税收负担,采购中心甚至可能没有员工和资产,避税成本很低。通过这种结构安排,跨国企业达到了避税的目的。澳大利亚政府非常关注国内的受外资控制的公司采用离岸采购中心的方式将利润截留在境外,造成税收损失,同时损害公平贸易。

① See "Implementation of the OECD Hybrid Mismatch Rules", https://www.ato.gov.au/general/new-legislation/in-detail/other-topics/international/implementation-of-the-oecd-hybrid-mismatch-rules/, Nov. 16, 2019.

② See "Practical Compliance Guideline", https://www.ato.gov.au/law/view/document?DocID=COG/PCG20174/NAT/ATO/00001&PiT=99991231235958, Nov. 16, 2019.

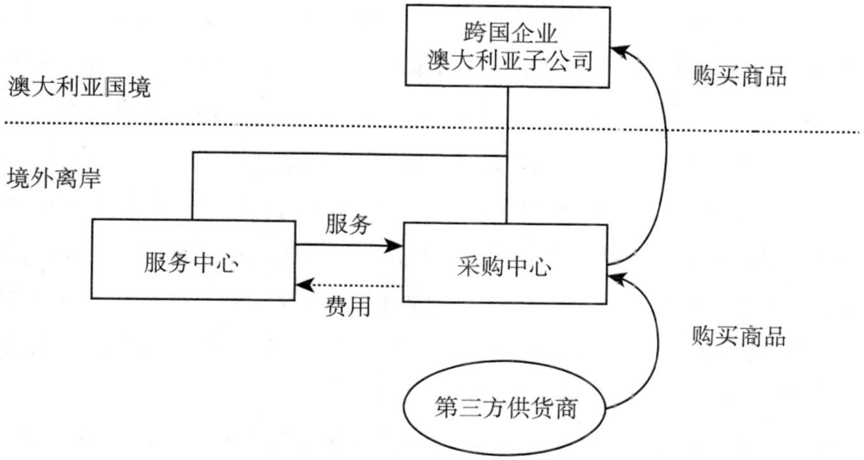

图 11-4 跨国企业设立离岸采购中心和服务中心的结构①

注:图中的虚线是澳大利亚国境,上方是澳大利亚的跨国公司子公司,下方境外离岸中有采购中心、服务中心和第三方供货商。

12. 无形资产和非公平交易安排。无形资产(包括但不限于知识产权)是高度流动的资产,在税率较高的司法管辖区内寻找无形资产有较大的获取税收利益的机会。跨国企业很容易通过动态迁移或人工分配无形资产以及这些资产对离岸关联方的权利,获得税收上的利益。例如,将澳大利亚本土生成的无形资产迁移或人为地分配给离岸相关方,随后将使用这些资产的权利授予澳大利亚实体,收取授权使用费。而无形资产,特别是"难以估值"的无形资产,可能具有特殊的或独有的特征,难以找到可类比的交易,也就难以确定公平的市场价格,让税务部门无法判断使用费的高低合理标准。②

(四)有关税收优惠和支持

1. 税收归集制(Imputation Tax System)。当公司税务实体向其成员分配已经支付所得税的利润时,例如,当公司向股东支付税后股息时,他们可以选择传

① See "Taxpayer Alert-Arrangements Involving Offshore Procurement Hubs", https://www.ato.gov.au/law/view/document? DocID = TPA/TA20155/NAT/ATO/00001&PiT = 99991231235958, Nov. 24, 2019.

② See "Aligning Transfer Pricing Outcomes with Value Creation, Actions 8 - 10 - 2015 Final Reports", https://read.oecd-ilibrary.org/taxation/aligning-transfer-pricing-outcomes-with-value-creation-actions-8-10-2015-final-reports_9789264241244-en#page1, Nov. 16, 2019.

递或“计算”红利抵免。此制度广泛应用于英联邦及经合组织部分成员方的税收体系中,目的是避免对股息重复征税。所谓归集,就是将公司所缴纳的公司所得税全部或部分归集起来,减少股东就股息收入应缴纳的所得税,消除经济性的重复征税。具体来说,无论应税利润是否分配,公司都应按照法定税率就其全部利润缴纳公司所得税。随后分配给股东股息的利润所负担的公司所得税可以全额或部分从股东股息应缴纳的所得税中扣除,又称红利抵免(Franking Credits),从而达到减轻股东税负的目的。另外,据澳大利亚于 2000 年 7 月 1 日更新的税收归集制显示:当公司已缴纳的股息红利部分的所得税超过股东对此部分缴纳的所得税时,满足一定条件的股东可以申请退还。①

澳大利亚的税务归集制对于来自中国的投资者来讲算是一种制度红利,因为中国的税法把公司和股东当作两个独立的税务实体,公司交完所得税,如果分配红利给股东,股东仍需缴纳自己的红利所得税,实际上是就一项业务利润的分配重复交了两次所得税,而在澳大利亚,就只交一次即可。

2. 合并集团(consolidated groups)。由全资公司组成的集团式澳大利亚公司可为税收之目的组成合并纳税集团(tax consolidated groups),且可在缴纳多数所得税时统一作为一个纳税实体,如果集团内的一家成员企业发生运营亏损可以由其他成功的成员企业的利润填补冲抵,并且集团成员企业之间的交易无须缴纳所得税,因此,资产及债务和授权可在集团成员间相互转让而不产生所得税。该种优惠只有组成合并纳税集团的公司集团才能享受,导致大多数的澳大利亚公司都组成了合并纳税集团。如果中国投资者收购的澳大利亚农业公司是一家集团公司,则很有可能该集团对一些子公司持有 100% 的股份,那是出于形成单一纳税个体的策略考虑,且各子公司也会调整自己的税收结构和盈亏账目,所以在收购时要有这方面的认知,不必因为子公司都是全资及内部的众多交易而感到奇怪,可以放心地享受这种税收结构带来的相应益处。②

3. 葡萄酒均等税。在澳大利亚对酒类征税的政策是复杂的。啤酒和烈性酒是根据其酒精含量(称为容积税)征税的,葡萄酒则是根据其价值来征税的,即按葡萄酒均等税征税。澳大利亚在引入商品和服务税之前,没有明确的葡萄酒税

① See “Imputation”, https://www.ato.gov.au/business/imputation/, Nov. 16, 2019.

② See “Consolidation”, https://www.ato.gov.au/Business/Consolidation/, Nov. 16, 2019.

收政策,从 1974 年起,对葡萄酒征收批发销售税(Wine Sales Tax, WST),到商品和服务税实施时,合计税率为 41%。从 2000 年起作为税制改革的一部分,葡萄酒均等税取代了 WST,于 2001 年 7 月 1 日生效,统一征收 29% 的均等税,加上 10% 的消费税,接近之前 41% 的 WST 税率。这确保了葡萄酒零售价格和葡萄酒税收入相对稳定。

葡萄酒均等税,即所有葡萄酒销售都要缴纳葡萄酒批发价值 29% 的税,澳大利亚于 2004 年推出了葡萄酒均等税退税政策。由于存在大量的不合理退税行为,2018 年 7 月 1 日起,均等税退税实施了改革,有资格申请退税者调整为:(1)是葡萄酒的生产商;(2)有责任支付 WET 或将葡萄酒报价给购买者,该购买者在报价中声明他们将在随后的葡萄酒交易中承担 WET;(3)拥有酿酒的原材料在整个酿酒过程中至少占葡萄酒总量的 85%;(4)将葡萄酒封装在适合零售的容量为 5 升以下的容器中,并使用自有的品牌标识。该项规定限制了大宗葡萄酒出口商和廉价葡萄酒生产商获得退税的机会,另外每年可申领的最高金额也从 50 万澳元减至 35 万澳元,并阻止同一种葡萄酒在整个供应链上多次被要求退税。[①]

4. 对农业企业的优惠。澳大利亚税务局对农业企业(初级生产者)的界定有比较明确的规定,[②]并且在以下方面给予优惠和支持:(1)税收平均值(Tax Averaging)。因为农业生产受气候影响较大,所以在所得税缴纳上为农业企业提供一个长期平均值的缓冲时间,用困难年的低于平均值的税额来抵扣高收入年份的税额,变相地降低了缴税金额。[③] (2)存款管理计划(Farm Management Deposits scheme, FMDs)。农业企业将收入存在指定的银行账户上,作为现金储备应对未来的不景气及灾害风险,该收入不用当期交税,存款额上限是 80 万澳元,其中,非农业生产性收入不能超过 10 万澳元,存款在 12 个月内取用的话就需

---

① See "Producer Rebate", https://www. ato. gov. au/Business/Wine-equalisation-tax/Producer-rebate/, Nov. 16, 2019.

② See Taxation Ruling TR 97/11, https://www. ato. gov. au/law/view/document? DocID = TXR/TR9711/NAT/ATO/00001#P8, Nov. 16, 2019.

③ See "Tax Averaging for Primary Producers", https://www. ato. gov. au/Business/Primary-producers/In-detail/Tax-averaging-for-primary-producers/, Nov. 16, 2019.

要缴纳相应的税金(除非有灾情),这相当于给农企提供了延迟交税的资金蓄水池。[①] (3)非正常收入(Abnormal Primary Production Income)。农业会经常遭遇旱涝灾害及疫情,从而导致一些非正常的收入,包括救灾金(Disaster Relief Payments)、补助金(Grants and Subsidies)、保险金(Insurance Payments)、被迫处置牲畜的补偿金(Profit From Forced Disposal or Death of Livestock)、被迫提前剪羊毛的收入(Double Wool Clips)等,都可以延迟交税,甚至与后面年份的亏损混合后再计税,具体参见脚注链接的澳大利亚相关规定。[②] (4)亏损主张(Business Runs at a Loss)。如果农业企业发生了亏损,应税收入及养老金少于25万澳元,且有一项下述条件:应税收入不少于2万澳元、过去5年中的3年(包括当年)有利润、业务基础在价值50万澳元以上的土地上、其他资产在10万澳元以上。则可以主张将亏损冲抵其他收入的税额,或者延迟亏损到下一年度冲抵利润。[③] (5)资产折旧(Depreciating Assets)。农业领域内的水设施、围栏、饲料仓储设施、园艺植物、葡萄藤,都可以比其他固定资产和设备快速折旧,冲减税基[④](详细规定在本书前文第十章第3条第3点"政府补贴和税务优惠"有所论述)。(6)特定开支抵扣(Deductions and Offsets for Capital Expenditure)。在农场的土地上连接电力和电话的费用、为了保护土壤而开支的费用、种植防护林的费用,可以冲抵税基。[⑤] (7)农业的税收管理:农业企业可以申请商品服务税的分期支付、还可以申请退还豪华车税的8/33(实际上由33%的税率降为25%,但最多不超过3000澳元)。[⑥]

5.其他优惠。(1)总部和营运中心优惠。对跨国企业在澳大利亚建立地区

---

① See "Farm Management Deposits", https://www.agriculture.gov.au/ag-farm-food/drought/assistance/fmd? wasRedirectedByModule = true, Nov. 16, 2019.

② See "Abnormal Primary Production Income", https://www.ato.gov.au/Business/Primary-producers/Managing-varying-income/Abnormal-primary-production-income/, Nov. 16, 2019.

③ See "If Your Business Runs at a Loss", https://www.ato.gov.au/Business/Primary-producers/Managing-varying-income/If-your-business-runs-at-a-loss/, Nov. 16, 2019.

④ See "Depreciating Assets", https://www.ato.gov.au/business/primary-producers/livestock-and-other-assets/depreciating-assets/, Nov. 16, 2019.

⑤ See "Deductions and Offsets for Capital Expenditure", https://www.ato.gov.au/Business/Primary-producers/Livestock-and-other-assets/Deductions-and-offsets-for-capital-expenditure/, Nov. 16, 2019.

⑥ See "Managing Your Tax", https://www.ato.gov.au/Business/Primary-producers/Managing-your-tax/, Nov. 16, 2019.

总部(Regional Headquarters)和运营中心(Operating Centre),澳大利亚联邦政府提供力度很大的移民和税收优惠政策。在移民政策方面,外国公司可与澳大利亚工业旅游和资源部签署"移民协议",澳大利亚移民部将根据协议向公司的主要派驻人员颁发长期居留商务签证,有关人员将被免除许多移民审批要求,投资局将向外国公司免费提供协助。在税收政策方面,外国公司拥有或租赁的计算机和相关设备可以免除销售税,免税期为2年,外国公司建立地区总部的费用可从税收中抵扣,抵扣期为获得第一笔收入的前后各12个月,是否给予外国公司税收优惠政策由澳大利亚国库部决定。(2)研发激励。澳大利亚对在澳大利亚设立研发中心的企业给予扶持政策,自2011年7月1日起,从事研发活动的企业如果年营业额低于2000万澳元,可取得45%的可返现退税(相当于150%的税务抵扣),而在年销售额超过2000万澳元的情况下将得到40%的不可返现税收抵免(相当于133%的税务抵扣),企业也可结转未使用的抵免金额,将其用于未来所得税年份。最新的《2018年财政法修正案》(Treasury Laws Amendment 2018)在原来的优惠基础上,又加大了力度,包括:对于总营业额超过2000万澳元的公司,澳大利亚政府将提一项奖励,将不可退还的研发税冲抵率与大公司的研发强度挂钩,作为当年总支出的一部分;将研发支出的门槛从每年1亿澳元增加到1.5亿澳元;对于总营业额低于2000万澳元的公司,研发可退还的抵税额优惠13.5%,但每年最高限额为400万澳元,超出的部分可以结转下一年,临床试验的研发不受最高限额限制。① (3)偏远地区鼓励。考虑与大城市隔离而导致商业和生活成本增加等因素,澳大利亚税收制度允许对边远地区的居民和雇主给予一定程度的税收减让,这些税收减让措施也适用于符合条件的外国投资者。根据澳大利亚税法规定,偏远地区系指距离拥有1.4万居民的人口中心至少40公里远,或距离拥有13万居民的人口中心至少100公里远的地区。例如,在征收附加利益税(Fringe Benefits Tax)方面,正常要对雇主按其支付给雇员及其亲属的非现金利益总值的48.5%征收附加利益税,但对于偏远地区的雇主,将减少应

---

① See Treasury Laws Amendment (Making Sure Multinationals Pay Their Fair Share of Tax in Australia and Other Measures) Bill 2018, https://www.aph.gov.au/Parliamentary_Business/Bills_Legislation/Bills_Search_Results/Result?bId=r6198, Nov. 16, 2019.

税额的50%征税(覆盖与房屋有关的燃料、租金、贷款利息等)[①]。在所得税方面(Income Tax),澳大利亚政府规定对边远地区居民(超过183天)给予一定程度的边远地区所得税减让,对其面临恶劣气候条件以及与大城市相距较远而导致的生活成本增加给予补偿,根据与人口中心的距离,对个人所得税进行减让,同时,还可考虑其受赡养老人和抚养孩童人数给予额外的所得税减让,具体算法可参照脚注链接的网页原文或咨询会计师等专业人士。[②]

五、退出

作为外国投资者对澳大利亚农业的投资,无论投资期多长,终有一个退出的方案考虑,以便实现投资回报。而外国投资退出通常的方式包括:(1)项目权益的转让,指投资者将持有投资实体的权益转让给第三方,对价收益可以在缴纳有关税费后汇出澳大利亚,也可以留在澳大利亚继续投资其他项目;(2)项目资产的变现,指投资实体将项目的所有资产出售,实体退出农业,但投资人持有投资实体,变现的资金是分给投资人还是留在实体内继续其他投资,根据投资人的意愿确定,这同样涉及资本利得税等问题,只是没有撤销实体而已;(3)项目上市流通,指通过将投资实体上市,投资人可以在资本市场上通过流通股减持,套现退出。

(一)项目权益的转让和项目资产的变现退出

1. 项目权益转让。所谓权益,对应公司的就是股权,对应单位信托的就是信托受益份额的持有权,类似股权。公司股权的转让与中国的做法有一定的区别,首先,要确认卖方是否拥有出让权益的合法资格,这可以通过查询ASIC登记情况或会计师备案的信托契约持有人资格来确定;其次,查阅章程中或契约中对权益转让的限制和优先受让权的规定,以及是否需要经过董事会同意;最后,签署转让协议,填写权益转让表,卖方要对转让权益的真实有效无担保瑕疵做出担保,买卖价格要考虑报税的要求,然后变更股东名册,印发新的权益凭证,在

---

① See "Fringe Benefits Tax-a Guide for Employers", https://www.ato.gov.au/law/view/document? DocID = SAV/FBTGEMP/00020&PiT = 99991231235958/? anchor = H2&anchor = H2#H2, Nov. 16, 2019.

② See "Zone and Overseas Forces", https://www.ato.gov.au/Individuals/Income-and-deductions/Offsets-and-rebates/Zones-and-overseas-forces/, Nov. 16, 2019.

ASIC 办理权属变更登记。[1] 需要注意的是三方面的问题：一是相关的税费；二是出让权益的对价如果是部分现金加受让方安排的股权将如何计税；三是出让方是外国投资人的预扣税的问题。

权益转让将涉及资本利得税，该税种实际上是所得税的一部分，而不是单独的税收，针对的应税收入包括房地产、股权等投资、加密数字币、租约、商誉、许可证、外汇、合同权利、对土地的投入和超过 1 万澳元价值的收藏品和个人使用资产。笔者只关注其中的权益转让的税费，当投资人转让公司股权或信托单位权益时，获得的收益超过当时获得的成本，则需要就获得的收益缴纳 30% 的 CGT，但如果转让权益是亏损的，则不能将其与其他收入一起冲抵，只能结转在资本收益科目下与另一个资本收益的获利冲抵。CGT 自 1985 年 9 月 20 日开始实施，自该日期起，获得固定资产和权益都被纳入 CGT 的缴税范围。纳税计算时间以签订合同的时间为准，而不是合同履行完毕时间，所以要注意避免尚未收到权益转让款却要提前缴纳利得税的情况发生，最简单的办法就是不要在 6 月 30 日之前的短时间内签订转让合同，因为澳大利亚财务年度的纳税申报表截至每年的 6 月 30 日开始申报。

根据《1997 年所得税评估法》（Income Tax Assessment Act 1997）第 4 章第 855 - 30 部分规定，外国投资人在处置投资实体的权益时，如果涉及间接房地产利益（Indirect Australian Real Property，IARP），即持有超过 10% 权益的实体的资产总价值中，不动产的价值超过一半，则要缴纳资本利得税，税率为获利部分的 30%，否则，可以免交利得税，这一点非常重要。[2] 豁免情况包括涉及的房地产价值低于 75 万澳元、权益交易是发生在证券市场上的（按一般所得税计算）。另外，个人和信托受托人（退休基金享受 33.3% 折扣）持有的资产超过 12 个月在缴纳资本利得税是享受 50% 的折扣。

在权益转让时，接受的全部是现金较容易计算资本利得税，但如果买方支付的对价是现金和股权混合在一起的，则要对新股权进行评估市场价值，加上现金，减去最初持有转让权益的成本以及维持的成本，就是应税收入，因为没有全

---

① See "How Can I Change My Company's Shareholding?", https://www.legalvision.com.au/how-can-i-change-my-companys-shareholding/, Nov. 16, 2019.

② See Income Tax Assessment Act 1997, https://www.ato.gov.au/law/view/document?LocID="PAC%2F19970038%2F855-30", Nov. 16, 2019.

部变现,可以申请延展纳税。①

自2017年7月1日以后,澳大利亚的税法在涉及外国投资人的预扣税率(Withholding Tax)调整为12.5%,税基是买卖成交价格,如果价格存在买卖双方合意歪曲,则由评估机构进行市场价格评估确定。澳大利亚税务局将买方作为预扣税的责任方,除非卖方能够出具清关证明(Clearance Certificates)②或者卖方声明(Vendor declarations)③,通常是买方在与卖方议定的转让价格后,由买方直接从转让金额中扣留12.5%的预扣税支付给澳大利亚税务局,而不是在转让价格之外的资金安排,意味着外国投资人直接少收到一笔权益转让金。

预扣税是澳大利亚税务局防备外国投资人逃避税的一种预防措施,但作为外国投资人的卖方可以用已交的资本利得税来顶替预扣税或申请退税。

2.项目资产变现。当外国投资者将投资实体所持有的资产售出,例如,将持有的农场卖出,并不是严格意义上的退出,只是投资实体退出了某项资产的持有和运营,所得收入仍在投资的实体内,该收入不用交所得税,需要先确认外国投资人处置的资产是否属于应税资产,如不属于豁免的范围,则要按照规定缴纳增值部分的30%的资本利得税,如有亏损可以结转。只是当外国投资人欲将投资实体的收益以分红的形式从实体抽出时,可以申请税收抵扣,避免双重缴税。

(二)上市退出

1.澳大利亚证券市场简介。澳大利亚证券市场较为成熟,由监管机构、交易机构、投资机构和中介机构组成。澳大利亚证券交易所(本章以下简称澳交所),成立于1987年,由6家独立的证券交易所合并而成,并于1998年10月13日正式上市。2006年7月25日,澳交所与悉尼期货交易所(SFE)合并,目前澳交所已成为世界上前五大交易所之一(详见图11-5),有约2200家企业和发行人在澳交所上市,流通总市值(total market capitalisation)超1.5万亿澳元,投资人达

---

① See "Takeovers and Mergers, Scrip-for-scrip Rollover", https://www.ato.gov.au/General/Capital-gains-tax/Shares,-units-and-similar-investments/Takeovers-and-mergers,-scrip-for-scrip-rollover/, Nov.16, 2019.

② See "Clearance Certificates", https://www.ato.gov.au/General/Capital-gains-tax/In-detail/Calculating-a-capital-gain-or-loss/Capital-gains-withholding—Impacts-on-foreign-and-Australian-residents/?page=5#Clearance_certificates, Nov.16, 2019.

③ See "Vendor Declarations", https://www.ato.gov.au/General/Capital-gains-tax/In-detail/Calculating-a-capital-gain-or-loss/Capital-gains-withholding—Impacts-on-foreign-and-Australian-residents/?page=6#Vendor_declarations, Nov.16, 2019.

670 多万。同时,它也是世界上最大的金融衍生品市场,容量达 47 万亿澳元。澳大利亚约有 180 多家证券公司从事证券经纪业务和投资银行业务,有 1000 多家基金管理公司投资于证券市场。①

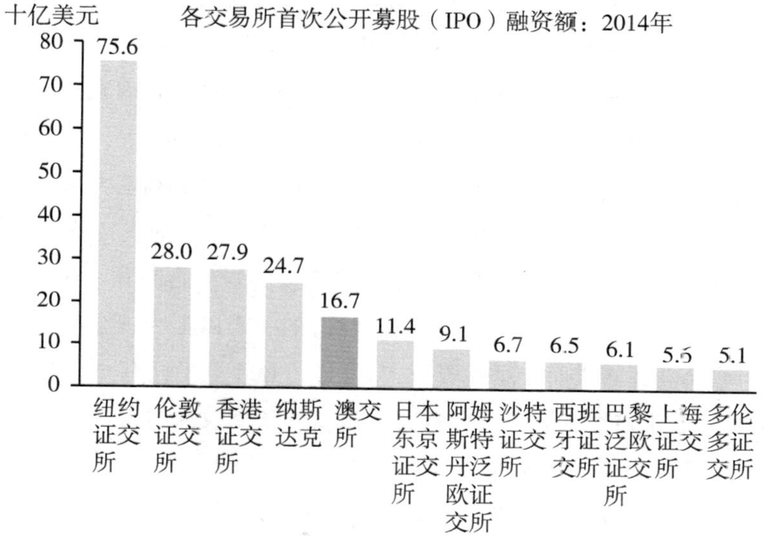

图 11－5　澳交所在世界上公开募股融资额的排名②

澳交所本身就是一家上市公司,它的活动包括一级和二级市场服务、中央对手风险转移,以及股权和固定收入市场的证券结算。其功能是市场运营、清算机构和支付系统协调。它监督并遵守执行其运营规则,在澳大利亚各上市公司之间促进企业治理标准统一,并协助培训零售投资者。澳交所将管理澳交所上市规则,其中规定了有关在澳交所上市和除牌的相关要求、持续对外披露信息、可能与上市公司证券有关的权利、证券持有人对某些交易的批准,以及实体资本的重组。澳交所还将负责管理澳交所清算运营规则,即有关澳交所市场的清算程序、通过澳交所清算企业有限公司提供清算服务的规则。在执行澳交所上市规则时,澳交所能暂停上市实体和将上市实体除牌。澳交所还可要求采取修正行动,或向 ASIC 引述一项违约,提请考虑制裁。对于澳交所的市场参与者,澳交所对违反澳交所运营规则的行为实施调查和制裁。公司法规定澳交所有义务将某

① See https://www.asx.com.au/about/corporate-overview.htm

② See https://www.asx.com.au/documents/products/CHI_Listings_Brochure_A4_web.pdf.

些事项提交给 ASIC 进一步调查。澳交所无权执行企业法的规定,但它根据该项法律,就 ASIC 对澳大利亚上市实体的监督方面与 ASIC 紧密合作。

2. 上市条件。澳交所对申请挂牌上市的要求包括“利润”、“资产”和“持股人结构”三项要求,前二者中之一项与第三项需同时满足。(1)利润方面:一是在过去 3 个完整财政年度内,持续经营的税前利润合计至少达到 100 万澳元;二是在过去 12 个月内(截止日期为该公司提出准入申请前两个月内),持续经营的税前利润合计必须超过 40 万澳元(正在提议修改为 50 万澳元)。(2)资产方面:一是申请实体在申请上市时的有形净资产(除去筹资开支)必须至少达到 300 万澳元,二是其资本市值至少为 1000 万澳元(根据招股说明书的发行价计算),且符合以下条件之一:一是现金或可随时兑换成现金的资产占公司有形资产(筹资后)的一半以下或公司全部有形资产(筹资后)的一半以上为现金时必须承诺将多出来的现金花掉转成商业运营资产;二是公司必须至少拥有 150 万澳元的营运资本,或者在上市之后第一个完整财政年度的预算收入与营运资本相加达到 150 万澳元。[①] (3)持股人要求:公众持股数为 20% 以上,这一点有别于中国内地和中国香港特别行政区的规定。申请上市公司必须拥有至少 300 名股东,并且每名股东所持股票价值至少达 2000 澳元(根据招股说明书发行价格计算),并且至少 50% 以上的公司股份是由和公司及董事无关联关系的多个第三方持有的;如 50% ~75% 的股份由关联方持有,公司必须至少拥有 350 名股东;如果超过 75% 的公司股份是由有关联方持有的,则公司必须拥有至少 400 名股东。[②]

3. 豁免上市。根据澳交所上市规则中的“豁免外资实体”规定,在知名海外证券交易所上市的外资实体可以向澳交所申请按“豁免外资实体”类型上市,其出发点是为澳大利亚投资者提供更多的证券投资选择范围。获批条件包括:(1)申请公司所拥有的有形净资产必须达到 20 亿澳元;(2)过去 3 年中每年的营业利润均至少达到 2 亿澳元。满足上述两个条件之一,就可以提交最近的年报和中报申请在澳交所挂牌上市,不需要满足澳交所对上市公司规定的营业活动的信息持续披露及时间安排的要求,只要该外国豁免实体遵守其海外主要上市交易所的规定就可以。澳交所采用一个名为“CHESS”(Clearing House Electronic

---

① See https://www.asx.com.au/regulation/rules/asx-listing-rules.htm.

② See https://www.asx.com.au/documents/rules/Chapter01.pdf.

Sub-register System）的电子注册系统来进行法定所有权的转让以及交易的结算，对于不能识别“CHESS”系统的外国公司而言，将采用一套托管系统帮助法定所有权的转让及交易结算，向在澳大利亚的证券投资人发行“CHESS”托管权益（CHESS Depositary Interests，CDIs）。①

4. 上市工作流程。在澳大利亚申请首次公开募集上市（IPO），在准备充分的基础上通常可以在 3 个月内完成，但实际上大多在半年左右的时间内完成，但这也超出大多数人的预料，而且费用相对不高，连同中介机构的费用约 500 万～700 万元人民币。具体流程见图 11－6，该图节选自澳交所网站的中文版《澳大

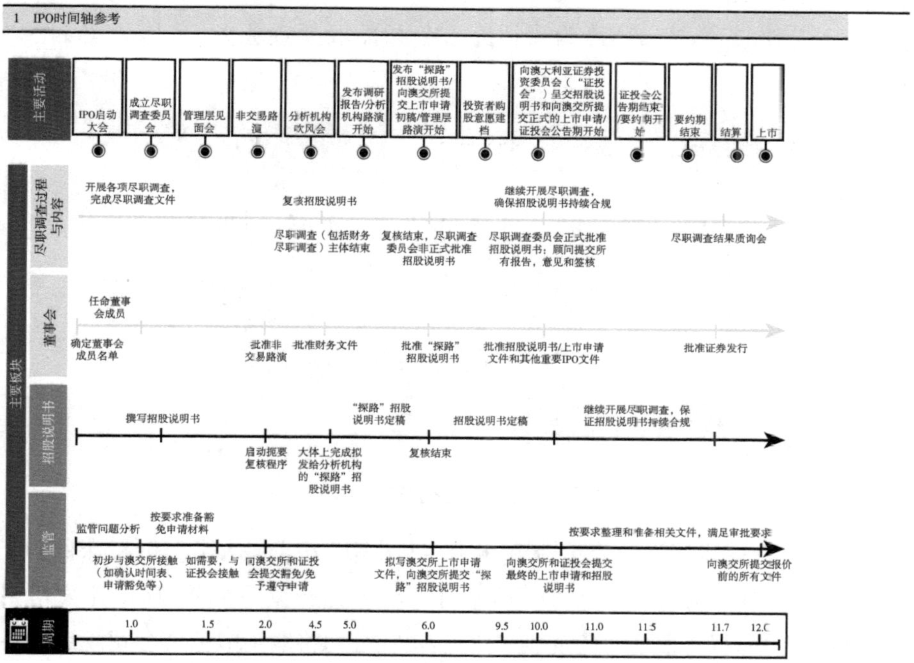

图 11－6　澳大利亚上市主要活动安排和流程②

注：1 证投会的公告期是 7 天，但证投会可决定再延长 7 天；2 假设 IPO 团队准备充分，且 IPO 过程中未出现异常复杂的情况，则 12 周内可以完成上市。

---

① See Foreign Entities Listing on ASX-Guidance Note 04, https://www.asx.com.au/documents/rules/gn04_foreign_entities.pdf, Nov. 16, 2019.

② See https://www.asx.com.au/documents/resources/ASX-Listing-Guide-Chinese-translation-December-2016.pdf.

利亚证券交易所上市指南》,读者可直接打开网页链接,研读相关具体规定。另外,招股说明书是上市申请最重要的文件,2017 年 10 月 5 日在澳交所通过借壳上市的中国代购概念股“澳卖客”(代码 AU8),市值曾一度翻了 3 倍比较亮眼,该公司的招股说明书中文版链接在脚注上,读者可以上网查阅,有一定的借鉴意义。①

5. 上市架构。主要是以什么方式组建上市主体,有两种方式:一是“大礼帽”方式;二是“边车”方式。

“大礼帽”方式也叫上市公司结构,指新设一家公司作为上市载体(上市公司),上市公司进行 IPO,面向公众发行自己的股票,再以 IPO 收益和自己的股份(如果现股东不减持的话)购买拟上市公司的股票或业务,具体如图 11 – 7 所示。

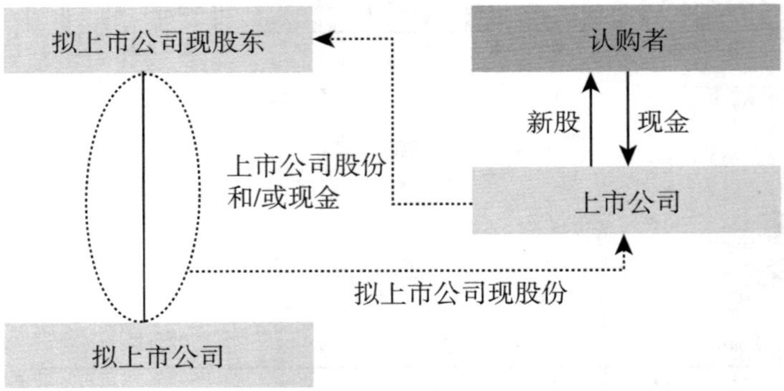

图 11 – 7 “大礼帽”架构②

“边车”方式也叫出让公司结构,相比“大礼帽”方式加入了一个特殊目的公司,作为拟上市公司股份的卖方。具体而言:(1)先新设一个公司(出让公司);(2)出让公司与拟上市公司的现股东约定:出让公司将购买拟上市公司现股东持有的拟上市公司现股份,并将在拟上市公司稍后的 IPO 中,转让其购买的该等现股份,然后以 IPO 收益作为现股份的对价支付给现股东;(3)拟上市公司进行 IPO;(4)出让公司在 IPO 快要完成时,用 IPO 收益购买现股东持有的现股份;

① See https://aumake.com.au/aumake/wp-content/uploads/austocks/au8/2017_08_22_AU8_1503394321.pdf.

② See https://www.asx.com.au/documents/resources/ASX-Listing-Guide-Chinese-translation-December-2016.pdf.

(5)出让公司将现股份转让给在 IPO 时成功申购到股份的申购人,具体如图 11－8 所示。

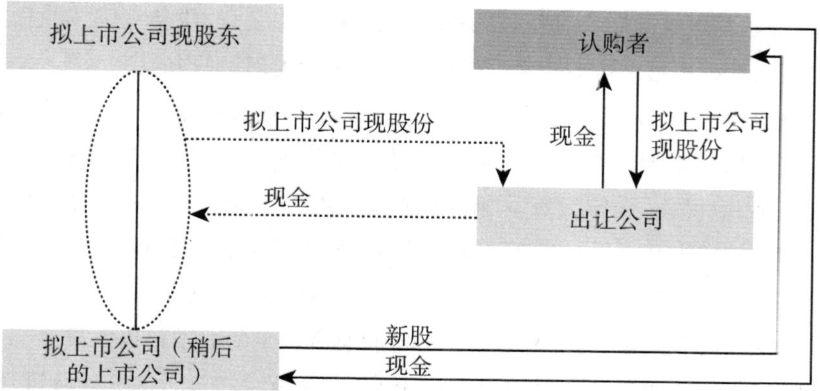

图 11－8　"边车"架构①

6. 大股东减持退出。公司 IPO 时,对于公司利润及资产规模没有满足上市条件的公司(因为澳交所上市规则要求满足二者之一即可),一般会对大股东的股权进行强制托管。强制股权托管的目的是防止创始股东在公司还没有实现稳定盈利时,就在 IPO 后不久转让股权获利,因为这会不公平地损害新的中小股东的利益。在其他情况下,公司大股东为了让牵头管理人和承销商便于推介 IPO,往往会自愿托管股权,让投资者有信心大股东不会在 IPO 后立即减持,进而影响股价。自愿托管一般在招股说明书载明的预测期结束时才解除。托管期一般 12 个月和 24 个月,相关规定较为复杂,可参阅澳交所上市规则第 9 章、附录 9b 及指引摘要第 11 条,最好咨询上市律师和相关专业机构。在澳交所上市的中国代卖概念股"澳卖客"的招股说明书里对大股东周家华的股份禁售期为 24 个月。②

凡持有上市公司有表决权股份的相关权益,或是持有计划安排中的权益达到或超过 5%(包括持有人的关联方所拥有的权益),则该持有人将被视为持有重大权益(主要股东)。一旦某一主体成为主要持股者,其持有的任何 1% 或以上的持股变化(增加或减少)必须在 2 个工作日内将投资计划安排向上市公司及

① See https://www. asx. com. au/documents/resources/ASX-Listing-Guide-Chinese-translation-December－2016. pdf.

② See aumake. com. au/aumake/wp-content/uploads/austocks/au3/2017 _ 08 _ 22 _ AU8 _ 1503394321. pdf.

澳交所通报。如果持有人的权益降低至5%以下,因而不再是重大权益持有方,也必须在2个工作日内将投资计划安排向上市公司及澳交所通报。

大股东禁售解除后,减持需要遵守相关规定予以公告,税务规定按照资本利得税执行,这种通过上市减持实现投资的退出是较为理想的方案。

7. 股东减持与买卖股票业务的区别。区分的意义在于应税的计算不同:(1)股东持有股票的成本,不能对当年的收入进行抵扣;减持股票的收入不能作为营业收入应税,而是作为资本利得税考虑持有成本来计税;减持股票如有损失,可以结转资本利得税科目下去冲抵另一个资本利得税的利润以平衡税基;持有股票的成本不能计入营运成本,而是计入资本利得税的成本。(2)买卖股票业务,出售股票的收入构成应课税收入;出售股票所产生的成本可以在发生当年的可扣抵所得税基;股息及其他类似收益计入应课税收入。(3)区分的标准:持有和减持是否具有盈利目的;持有和减持的重复性、数量和规律性;持有和减持股票的方式和资金数量。①

8. 股息再投资。类似中国上市公司的送红股,即不分配利润,将利润折算成股份分送给股东扩大整个股本,从而将资金留在公司用于发展,优于贷款和发新股等有成本的从融资方式。澳大利亚的上市公司一般会给股东选择权,可以选择接受现金分红或将分得的现金以折扣价认购新股,所以,澳大利亚税务局将上市公司送新股视为股东已收到现金股息,然后使用现金购买额外股票,会按照对应的现金价值征收所得税,然后将新股折扣现金的购买价格作为成本计入将来的资本利得税的成本。所以,中国投资人在控股的上市公司进行红利转增股本时要注意有这么一项税务规定,与中国在税务成本上有着巨大的差异。

---

① See "Shareholding as Investor or Share Trading as Business?", https://www.ato.gov.au/General/Capital-gains-tax/Shares,-units-and-similar-investments/Shareholding-as-investor-or-share-trading-as-business-/, Nov. 16, 2019.

第十二章　投资方案设计

根据近年与澳大利亚涉农投资的各专业机构、政府部门以及中国投资澳大利亚企业的交流和对有关情况的分析总结，笔者认为，对在澳大利亚投资通常的设立子公司的方案外，另外有一个同样好的投资方案可供投资者参考借鉴，就是“单位信托”。本章将在对“单位信托”的性质、法律规定、税务优势进行分析的基础上，提出具体的投资框架设计方案和资金进出路径规划，并配之以税务优化建议，这些都是澳大利亚本土多家专业机构经过具体项目长期多次研讨和论证出来的成果，希望能对来自中国的投资者有所裨益。

一、信托

来自中国的投资者一般都会根据国内的信托概念理解澳大利亚的信托制度，认为信托是一种金融业务组织形式。其实，源于英国衡平法的信托制度有着极为丰富的内涵，是基于“契约自由”和“诚信代理”原则等受法律保护的价值观出发而拟制的一套法律制度，其发展衍生到多个领域，起到等同于公司、合伙等商业组织功效的制度作用。

（一）信托的含义

信托是一种法律协议，委托方（Trustor）通过信托协议委托受托人（Trustee），按照信托契约中规定的方式，为协议中规定的受益人(Beneficiary)持有和管理财产,受托人依法拥有财产,但有法律义务按照信托协议的规定,为受益人的利益行事。[①] 信托一词具体指的是,作为受托人的责任和义务总和,受托人的责任和义务与他们依契约而持有或控制的财产有关,受托人的行为受衡平法院按照公平原则管辖。信托的法律关系中包括委托人将财产通过协议交付给受托人管理而创建信托、受托人依据协议规定拥有和管理信托财产、受益人依据协议享有信托财产经受托人管理后而产生的收益。其中,当信托协议有明确规定时,受托人才可以从管理行为中分利。另外,委托人可以作为受托人管理信托,也可以作为受益人之一分享收益,关键之处在于委托人在创建信托并将财产转移给信托后,信托财产就作为独立存在,并与委托人脱离从属的所有管权关系,免受委托人的债务追索,保证了信托财产的安全。

(二)信托的历史渊源

信托源于英国的衡平法体系,最早的信托是萌芽于13世纪之前,主要存在于绅士之间的信任委托,当一个绅士去世时而其妻儿尚无法掌控管理其遗留下的土地时,由其信任的好友持有和管理其土地,并将收益分享给委托人的遗孀和子女,同时约定在未来某个日期或待这些受益人成长起来并有能力管理财产后,受信任的绅士再将土地转交给已去世绅士的妻儿。起初,这些安排仅仅是绅士协议,在衡平法庭上无法执行。然而,该做法在13世纪初期逐渐普及,传播到15世纪后迅速发展,其中很重要的因素是,委托人通过向受托人提供土地不动产,土地所有者可以避免一系列适用于自己的义务,包括史学家称谓的"封建事件"的一系列"死亡税"和"军事义务"。"死亡税"是对一个人去世时所拥有的土地征税,该税种是英国王室主要的收入来源,由于税收仅适用于一名男子在死亡时以自己的名义拥有的土地,如果土地依法归属于受托人而不是死者,则该税不适用,由此促进了信托的发展。但在信托这种形式发展过程中,受托人持有财产经常发生违反承诺的不忠诚事件,英国的衡平法院开始介入执法,并创设了三条原则:一是救济措施,受益人可以通过衡平法院追讨回不忠实受托人控制的信托财产,而不仅仅是金钱赔偿;二是举证责任,受益人有权强制受托人宣誓并提供所有信托文件和财产资料;三是债权豁免,即受托人的债权人不得对受托人持有的

---

① See https://www.business.gov.au/planning/business-structures-and-types/business-structures/trust.

信托财产行使债权。衡平大法官的这些创制，使信托从一种个人之间的契约约定，发展成为以诚信为基础、以契约为依据、以衡平法为保障的财产制度安排，并推动了资本主义经济的快速发展。

（三）信托的发展

自17世纪始，随着英帝国的海外扩张，信托与公司成为助力英国海外商业与贸易最主要的两个商业组织形式，特别是东印度公司的股份形式对来自股东的"人和"因素需求降低了，同时，出于对投资份额的收益分配和继承有了大量的信托需求，使信托在衡平法的保护下，普及大型商业组织领域。而在公司的发展方面，当时英国的公司是由皇室授权成立的垄断性的商业组织，不是私人能随便设立的商业组织形式，随后，大型企业开始采用公司形式，直到1720年针对"南海公司"金融危机的《泡沫法案》（Bubble Act 1720）出台后，禁止"非法人信托"参与金融，才使公司的组织形式的应用压过信托形式。但《泡沫法案》并没有发挥太大功效，信托依然普遍存在，直到1825年废止了《泡沫法案》，信托仍活跃在商业组织领域。19世纪的美国沿承英国的法律制度，信托的理论和实践在美国有了长足的发展，尤其是在大型商业企业和金融领域，甚至于1892年出台了一部《谢尔曼反托拉斯法》（Sherman Antitrust Act）。美国在信托方面发展出"共同基金"商业模式，并创设出专业管理人（Professional Manager）的制度性安排，使信托单位持有人可以方便转让所持有的信托单位，这种流动性是普通公司所不具备的，另外，新衍生出来的弹性信托也使回赎变得简便易行。美国的这些创新反过来又促进了英国的信托发展，并通过英国影响澳大利亚及其他英联邦国家。①澳大利亚的信托截至2019年约有100万个，成为社会中主要的经济体，特别是成为高净值和富裕人群投资理财的主要形式，2013～2014年度，信托实现收入超过3400亿澳元，其中仅金融服务业的收入就超过了240亿澳元。②

（四）信托的特点

（1）投资实体的屏蔽性，该特性首先出现在中世纪晚期的信托中，是作为信

① See Kam Fan Sin, *The Legal Nature of the Unit Trust*, Oxford: Clarendon Press; New York: Oxford University Press LC: 9702812911r97, pp. 8 – 32.

② See "Current Issues with Trusts and the Tax System", https://www.ato.gov.au/About-ATO/Research-and-statistics/In-detail/General-research/Current-issues-with-trusts-and-the-tax-system/, Nov. 19, 2019.

托与所有权之间划分的直接结果。信托中实体屏蔽背后的基本理念是债权人对借款人的财产享有一定的权利，这些权利只延伸到合法属于借款人的财产，涉及已通过信托交付给受托人的财产时会有所不同，即如果合法所有权属于借款人的受托人而非借款人，则借款人的债权人对该财产没有任何权利。通过向受托人提供财产，借款人可以有效地消除其债权人对该财产的要求。(2)担保性，借款人可以指示其作为受益人的信托财产的受托人将其收益对应的信托财产作为贷款担保，直到贷款还清才取消对之前信托财产设定的担保责任，如果借款人违约，则受托人有义务将信托财产转给贷款人，以规避别的债权人对该信托财产主张债权，保护特定贷款人的债权，这在抵押登记制出现之前积极提高了借款融资的效率。(3)破产分配，在破产程序中，作为对债权人放弃一些追债措施主张的补偿，债务人可以安排将其作为受益人对应信托财产的收益或者出售收入按债权比例分享给债权人，由受托人对债权人负责管理，信托财产如有剩余，仍由债务人享有。这样会增强债权人获得额外补偿及公平清算的信心，也使债务人摆脱受追债的强制措施的影响而削弱还债的经营能力，对双方都是正面的双赢效果。信托在这里起到了强大的财产划分系统的功能。(4)锁定功能，信托在屏蔽债权人的追索同时，对设立人和受益人有着锁定信托财产不会随意被处置的功能，这一点明显优于公司与合伙这两种商业组织形式，公司可以通过股东大会处置公司资产甚至清算终止公司的存在，合伙会因为合伙人的意愿或者死亡而被迫终止，但信托却能将资本锁定而不会因受益人的意志进行处置而减少资本，受托人的专业管理受法律约束，保证了信托资本的稳定性和长期性，有利于经济活动参与各方对未来的预期从而设定各自的责任义务以及相互合作，提升协作效益，有利于鼓励长期投资和稳定社会经济秩序的。①

(五)信托的分类

澳大利亚在信托应用方面非常广泛，其普遍性不亚于公司的形式，除商业信托以外，还有遗嘱信托、慈善信托和退休金信托等。其中，商业信托包括以单位信托为代表的固定信托、以家庭信托为代表的全权信托和混合信托。

全权信托也叫家族信托，是澳大利亚最常见的小型企业结构之一，非常适合

① See John Morley, "The Common Law Corporation: the Power of the Trust in Anglo-American Business History", https://columbialawreview.org/content/the-common-law-corporation-the-power-of-the-trust-in-anglo-american-business-history/, Nov. 19, 2019.

拥有私营企业和其他创收业务的家庭。这种信托使受托人有权自行决定谁来接收分配,以及支付的频率。家庭信托在每个州都被接受,相对容易建立和运营。受托人能够以他们想要的任何方式(通常是最有效的税收),将收入和资本收益分配给受益人。在对受益人提起诉讼时,信托的资产也受到保护,因为没有任何一个人拥有任何资产,因此个人的债权人无法获得信托持有的任何资产。在某些情况下也必须进行"家庭信托选举",例如,为了分发印花税信用。此外,除非信托有净收入,否则不能向受益人分配印花税信用。公司可以成为信托的受益人,确保税率上限为30%,但是,除非该分配实际支付给公司,否则可能会产生其他税务后果。获得资本收益的受益人可以在资产被搁置超过12个月时申请50%的资本收益折扣。家族信托这种商业组织形式,比较适合中国民营企业家将投资项目归属在家庭信托名下,但在商业运营及资本筹集方面会有一些阻碍性影响,是否采用家庭信托,还要因人而异。如果投资人不考虑其他融资方式,完全由自有资金投入澳大利亚的项目,采用家庭信托是个较好选择。①

混合信托混合了自由裁量信托具有自由裁量权和单位信托的特征,并将它们混合在一个实体中,以创建强大而灵活的税务规划解决方案。该组织形式通常用于转移财产并进行税务优化,例如,利用个人借款购买信托中的单位(通常使用信托购买的财产作为担保),然后,当财产不再适应时,信托可以重新购买单位(经常借钱来这样做)。在建立这样一种结构时需要关注并非所有信托契约都足以让个人就贷款的利息费用申请减税,另外,受托人有权酌情改变受益人的分配收益比例,使作为投资的单位持有人利益回报具有了不确定性的风险。这种信托的形式侧重于资产避税,不适合用来投资项目及经营。②

二、单位信托(固定信托)

(一)单位信托的含义

单位信托是由独立受托人按照衡平法律规定作为资产的合法所有者、由专业管理人作为受益人代表进入资产管理的投资安排,这样的投资计划通常被分为大量相等的部分,称为"单位",由各种投资者以现金认购或存款而拥有,从而

① See "Investment Structures", https://www.investors.asn.au/education/investment-basics/investment-structures/, Nov. 19, 2019.

② Ibid.

成为“单位持有人”(Unit Holder)。①

单位信托是大中型投资最多采用的信托形式,在法律上是以“集合投资计划”予以规制的。澳大利亚法律制度源于英国,关于信托制度的理念、原则及主要内容与英国一致,对单位信托的规定散见于联邦税法和各州的一些商业组织法规条例。根据英国《1986 年金融服务法》(Financial Services Act 1986)第八章的规定,单位信托是在该法律相关章节的规定下,对包括参与持有、管理和处置财产而获得的收益和金钱的任何安排,无论是拥有财产全部或部分所有权。该规定的要点在于利润分享:一是参与人不能参与日常管理,虽然有权给予指导和建议;二是参与者付出和收获是集合式的,或者涉及的资产是作为一个整体被运营者管理的。②

单位信托通常用于无关联方共同经营业务,投资者持有信托单位,信托根据单位份额分配收入和资本收益,受托人要完全出于受益人(可能是个人,信托或公司)的利益考虑而拥有和管理信托的财产和业务。受益人通常对业务的任何特定资产没有特定的权益,也无权直接控制任何特定资产的使用或处置,因为这是由受托人管理的。但是,受益人有权以平等份额(单位信托)确定的信托财产的比例分享信托财产的收益。

(二)单位信托与公司的差异

从表面上看,单位信托和公司可能看起来像是类似的结构。例如,它们都允许参与者对结构具有相应的利益,即单位信托中的单位和公司中的股份。但是,它们确实存在关键的法律和税务差异(详见表 12-1),因此,了解这两种结构的优缺点,是本章探讨投资架构和路径的首要问题。

表 12-1 公司与单位信托特征的对比

分类	公司	单位信托
主要特征	为自身利益经营业务的独立法人实体,由董事管理并由股东拥有	受托人为单位持有人的利益进行业务,对其单位按比例分配资本和收入
设置成本	澳大利亚证券和投资委员会注册费和相关法律费用	准备单位信托契约和应付印花税的法律费用

① See https://www.alltruststructures.com.au/terminology/.

② John W. Vaughan, *The Regulation of Unit Trust*, Lloyd's of London Press LC: 90165644, pp. 1-5.

续表

分类	公司	单位信托
正在进行的成本	纳税申报表和财务报表的年度ASIC续费和会计费用	报税准备和财务报表的会计费用
责任	公司是一个独立的法人实体，因此其资产、债务和负债与董事和股东分开处理	个人受托人可以个人身份起诉，通过设立公司受托人，可以实现一些责任限制
税	公司以统一税率（通常在25%～30%）缴纳税款。归集制度避免了对股东支付的股息的双重征税。公司无法获得50%的资本利得税折扣	单位持有人对其单位信托收入的份额征税。未分配的信托收入将以最高边际税率适用税率。50%的CGT折扣可以降低资本收益税
商业性	投资者可以认购股票以换取投资	投资者可以向受托人申请单位并支付单位费用而持有单位
结束方法	公司可以永远持续下去。公司可以自愿清算，这可以通过法院命令或通过ASIC注销来实现	单位信托契约将规定信托财产归属单位持有人的归属日期或终止日期，通常为信托成立之日起80年

公司的主要优势在于，为参与者提供法律保护，是独立的法律实体；允许企业保留利润并将其用作营运资金；法律地位和架构更容易理解，对投资者更具吸引力。单位信托的主要优势在于为单位持有人提供稳定的收入；有资格获得资本利得税的折扣。

如果设立的投资主体需要大量营运资金，或者有长远的增长计划并且希望将来能够吸引其他投资者，那么公司可能是最合适的结构。但是，如果投资实体有特定的目的，包括在不久的将来出售资本资产而退出，并且将从税务折扣中获益，或者企业的参与者希望获得固定的收入权利，则单位信托是合适的选择。

（三）单位信托的分类

从投资的标的和管理方式可分为“一般商业单位信托”与“管理投资基金”（Management Investment Trust，MIT），前者是投资人私下联合的投资组织形式，类似私人间组建有限公司，只是由信托单位替代了股份，单位持有人替代了股东，信托契约替代了公司章程，受托人替代了董事会，管理人替代了经理，投资人可以在认购信托单位的同时，由自己担任受托人，管理信托的投资和运营，较适合来自中国的投资人采用的投资组织形式;后者是受澳大利亚金融监管的理财行为,受托人负责保护单位持有人的利益,监管基金经理的投资行为符合基金说明书里的规定,而操作基金投资的管理人需要有金融牌照的资格(Australian Financial Services Licence, AFSL),这种单位信托不是笔者推荐的投资形式,不必展开论述。单位信托上述两个类别之间的区别类似中国投资者熟悉的私人之间合资成立的"有限公司"与公开发行上市交易的"股份公司"的区别。

从对信托征税的角度可将涉及的单位信托分为"特殊信托"和"固定信托"。特殊信托是在征税环节根据信托的结构来定性的,可覆盖包括单位信托、家庭信托、退休金信托等各种信托,所以特别信托并不仅仅是"单位信托"里的一个类别,而是当单位信托涉及征税时有可能被当成"特殊信托"对待,因此,使单位信托在征税时有了"特殊信托"和"固定信托"之分。特殊信托在征收土地税时没有豁免土地价值的阈值起点,一开始就适用1.6%的税率,直到附加税起征的阈值点以上再额外征收2%的税率,即附加税对应的土地价值阈值以下都按1.6%计征,超过的部分按2%计征;对于固定信托,有起征土地税的阈值起点,截至2019年,在新南威尔士州的阈值起点定为69.2万澳元,低于此价值只需缴纳100澳元的费用,超过69.2万澳元以上按1.6%税率征收土地税,超过423.1万澳元附加值阈值的部分按2%征税。至于何为特殊信托,根据新南威尔士州《1956年土地管理法》第3A条规定,一个信托的受托人是唯一的土地税项下的所有人,而受益人不是。① 笔者结合"TECH 1 Pty Ltd. ATF ROVI Investments Unit Trust"的案例,理解土地税中划分特殊信托的意义在于对信托受益人的"现时收入权"的保护,详见脚注链接的案例。②

总之,本章推荐的投资组织形式就是单位信托里的"一般商业单位信托",下面也将探讨与之有关的规定、特点及应用。除非特别说明,否则后文中在述及"单位信托"时均指"一般商业单位信托"。

(四)单位信托的设立

本书所讨论的单位信托专指适合外国投资澳大利亚农业的单位信托,发起

---

① See "Trusts", https://www.revenue.nsw.gov.au/taxes-duties-levies-royalties/land-tax/trusts, Nov. 19, 2019.

② TECH 1 Pty Ltd. ATF ROVI Investments Unit Trust v. The Chief Commissioner of State Revenue [2015] NSWCATAD 123, https://www.revenue.nsw.gov.au/help-centre/resources-library/case-summary/2015-nswcatad-123, Nov. 19, 2019.

设立须以投资人意愿为本位的一般商业单位信托，完全不同于管理投资基金的以受托人和基金经理为本位，所以设立时可以完全按照投资人的想法和利益维护来操作，即由投资人委托设计、然后自己投资认购设立、再自主运营，与 MIT 正好相反。

首先，选择受托人（Trustee）。可以由主要投资人设立一家澳大利亚本土公司作为受托人，须确定一名本土董事，方便管理部门联系。该受托人进行发起单位信托的法律行为，包括聘请律师起草信托契约，按主要投资人的意思规定单位信托的具体运营规则；代表单位信托与所有投资人签署单位信托契约，让投资人成为单位持有人；负责开立银行账户、申请商业编号（ABN）和税务编号（TFN）等具体事务，提交年度税务申报表，如有利润不分配给单位持有人则受托人有纳税义务。①

由于单位信托的资产名义上属于受托人，而受托人受衡平法约束为单位持有人的最大利益而行事，所以受托人的诚信风险较小。但由单位信托运营而产生的负债将由受托人承受，这个风险较大，因此，一般受托人都会采取有限责任公司的形式，并且受托人有权使用信托资产来偿还这些负债，受托人为此具有补偿权和留置权。

其次，确定信托契约（Trust Deed）。单位信托契约对于建立单位信托至关重要，因为它规定了单位信托中各方的权利和义务、信托的运营、信托单位的转让、信托的终止等。

单位信托参与人，主要是受托人和单位持有人。受托人可以是个人或公司（受托人的类型可能会影响信托运营对应的监管文档准备工作，通常选择公司做受托人），受托人负责适当管理信托，受托人的报酬。管理人不是必须设立的，可以由受托人兼任，但一些资产（酒庄、农场、屠宰场）需要专业人员打理的最好另外委托管理人。信托契约通常包含一项赔偿条款，以在发生法律诉讼时保护受托人，因为单位信托的受托人相对于其他信托的受托人权利较小，责任较大。单位持有人签署信托契约后就有认购信托单位的义务和相关的权利，持有单位证书概述了单位持有人拥有的单位数量和类别，每个单位证书应有一个唯一的编

---

① See "Trusts-registering and Reporting for Tax", https://www.ato.gov.au/General/Trusts/Trusts—registering-and-reporting-for-tax/, Nov. 19, 2019.

号,以辅助记录的保存和登记册的管理。单位持有人相当于信托的所有人,一般持有超过一半权益的持有人有权决定单位信托的重大事项,包括选任受托人和改任受托人、修订信托契约、终止信托清算等,虽然对外是由受托人代表单位信托持有信托资产并行使信托的权利。单位持有人与受托人的关系类似公司的股东大会与董事会的关系。

第一,登记册。信托契约应要求受托人保存单位持有人登记册,记录以下内容:每个基金单位持有人的姓名和地址、持有的单位数量、单位类别、单位证书的信息、成为单位持有人的日期、不再成为单位持有人的日期。这些详细信息对于出于会计和法律目的正确运行信托至关重要。重要的是要知道单位持有人有权获得的收益或利润的份额,并能确定其投票权。

第二,转让信托单位。信托契约通常是允许信托单位持有人转让持有的单位,转让人要通知受让人和其他持有人,信托契约一般会规定通知的内容包括转让的意愿、转让单位的数量、市场公平价格,其他持有人有优先受让权。

第三,单位持有人会议。单位持有人通过举行会议投票,协助单位信托的发展。信托契约将载明:谁可以召集会议,会议权利范围以及决议规则(类似公司的股东会议)。

再次,单位持有人协议或股东协议。作为信托契约的补充性文件,持有人协议规定了持有人之间的关系,这可能涉及持有人会议无法作出决定、持有人之间发生争议、有人想退出信托、有人成立了竞争性企业、持有人与信托存在利益冲突等事项时,由持有人协议规定管理上述情况,比诉讼至法院要快速和经济得多,因此,持有人协议通常包括优先受让权条款、随售权条款、同业竞争条款、利益冲突条款和保密条款。如果受托人选择公司形式,则除单位持有人协议外,还要起草一份受托人的股东协议文件,涉及有关信托中受托人的股东权利和义务的规定,包括要求股东任命公司的董事、在单位持有人变更或退出信托时如何转让股份以及辞任董事。

最后,投资人将金钱转移至受托人开立的账户,领取证书,执行信托契约。受托人建立账簿和法定记录,并遵守相关的印花税要求缴税,开始运营单位信托。

总之,设立单位信托时最基本的文件就是信托契约,以及单位持有证书和记录,它们可以确保信托单位的顺利分配和转移,并有助于维护单位持有人的准确记录。其他的单位持有人协议或股东协议则不是必要的,但完备这些文件,可减少发生纠纷的可能性,并为即将投资的单位持有人提供了全面和明确的信息。

(五)单位信托的运营和终止

单位信托一般用来持有资产及获取收益,在农业投资领域,就是用单位信托投资收购农业资产和持有农业企业股权,管理和运营一般由另设的管理公司负责,但也有单位信托的受托人直接负责,具体操作与公司运营没有大的不同,只是受托人做好年度账目和纳税申报表的准备工作,每年召开董事和年度会议,提交年度申报表,另外要确保记录所有投资、资产交易和重大决策,并准备适当的会议记录。

单位信托的终止一般在信托契约中有相关约定,属于信托归属(Trust Vesting)的范畴,通常由受托人按照契约规定,处理变现单位信托财产,分配给持有人后终止,这时会有大量的资本利得税需要处理。也有投资目标尚未达成就临近信托归属时间的,此时必须申请延长,否则会被税务局视为归属而强行对持有人进行征税,具体可咨询专业机构意见。①

三、单位信托的税务筹划

选择单位信托作为投资的载体,主要源于该形式在税务方面的优惠和灵活性高于公司。信托作为非法律实体,享有法律上的"税务穿透"原则(flow-through entity for taxation purposes)便利,但在税务管理上,信托被视为"税务实体"(taxpayer entities)由于信托被用于避税逃税的情况日益严重,澳大利亚税法相应地进行了修订,澳大利亚税务局也在其网站作了大量说明和指引,以便纳税人和专业机构作出正确的理解和应用。

(一)通用规定

除非像《1936年所得税评估法》所定义的公司信托、公共信托或贸易信托那样,否则,其收入就不会像个人或公司那样被征税。也就是说,信托收入的税收处理取决于有哪些受益人在每年的6月30日午夜时有权或有资格获得收入。因此,对信托纳税需要考虑的是要确保在每年的6月30日之后,当然是在2个月内

① See "Trust Vesting", https://www.ato.gov.au/General/Trusts/Trust-vesting/, Nov. 19, 2019.

尽快作出相关分配决定。这2个月的“宽限期”与经营企业的信托关系较大,因为经营的企业在6月30日前也尚未结清账目。

对于单位信托,受托人按照信托契约地规定,依据信托单位持有人持有的单位数量分配信托收入,再由信托单位持有人自行缴纳各自的所得税,如果单位信托在一个会计年度结束时,有部分收入没有分配出去,或者存在“法律障碍”的受益人,则受托人有义务对该收入按照最高边际收入税率缴税。

信托在收入年度造成的损失不能分配给受益人,但是,该损失可以结转下一年并用于减少信托的净收入,但须经过某些测试,这些测试在《1936年所得税评估法》附表2F中的信托损失中有具体规定,这些规定限制了税收损失和债务扣除的使用,包括50%份额测试、业务持续性测试、相同业务测试、分配模式测试、控制权测试、营收注入测试等。[①] 值得注意的是,这种损失不能结转应用于资本利得方面的抵扣。

弗兰克分配(Franked Distributions),除非信托契约有特别规定,否则受益人有权享有信托抵免税的分配,如果没有特别规定特别的受益人享有弗兰克分配,则信托按照信托单位持有的数量比例将抵免税额度传导给所有持有人,持有人承接抵免额度后,还要和他其他应税收入一起计算。[②]

在单位信托的资本利得税方面,单位信托持有资产超过12个月,该信托通常有资格就取得的资本利得享受50%的资本利得税减免。该折扣可以有效传导到单位持有人身上,但公司作为信托单位持有人则无法享受50%的折扣。[③]

信托向非居民单位持有人(外国投资者)分配应税信托收益时,一般由信托的受托人负责预提,税率取决于收益的性质及信托单位持有人(如公司、个人或信托)的身份,具体包括利息及股息收益分配的预提所得税税率分别为10%和30%,而向非居民企业分配租金收益的预提所得税税率为30%,但澳大利亚与非居民所属国有国际协定除外,例如,中国投资者通过单位信托获取收益,即可享

① See “How to Apply the Trust Loss Tests”, https://www.ato.gov.au/General/Trusts/In-detail/Losses/Trust-loss-provisions/?anchor=Howtoapplythetrustlosstests#Howtoapplythetrustlosstests, Nov. 19, 2019.

② See “Trust Income”, https://www.ato.gov.au/general/trusts/trust-income/, Nov. 19, 2019.

③ See “Trust Capital Gains and Losses”, https://www.ato.gov.au/General/Trusts/Trust-capital-gains-and-losses/, Nov. 19, 2019.

受最终预扣优惠税率(截至2019年11月为15%)[①]。

单位信托在缴纳所得税时相较公司的优势在于:它可以将纳税义务传递给信托单位的持有人,由持有人根据各自的组织形式(个人、公司、家庭信托等)再行计算税率缴纳,例如,如果持有人之一是一个家庭信托,则分给它的收益将由家庭信托的多个受益人分摊,可以降低税负。另外,单位信托在持有资产超过12个月后处置时,资本利得税享受50%的税基折扣,这是公司所没有的。

(二)土地税的特别规定

对于来自中国的投资者,采用单位信托投资形式,也常常面临澳大利亚对于非澳大利亚居民(外国人)纳税的差别待遇。具体涉及农业投资,除了所得税和资本利得税以外,土地税也是一项重要税务内容,农业生产用地有豁免,另外持有土地的信托是否属于特殊信托也有差别。以下讨论涉及土地税的法律法规都是引用新南威尔士州的规定进行阐述,因为土地税是属于州的法律管辖范围内的税种。

土地税项下的外国人定义,根据澳大利亚联邦《1975年外国收购和接管法》(Foreign Acquisitions and Takeovers Act 1975)[②]和《2015年外国收购和接管条例》(Foreign Acquisitions and Takeovers Regulation 2015)[③],以及新南威尔士州的《1956年土地税管理法第26号》(Land Tax Management Act 1956 No. 26)[④]和州税务局2016年6月21日第G009号条令,外国人包括:通常不居住在澳大利亚的人(有澳大利亚国籍的除外);外国人、外国公司、外国政府持有重大权益的公司和信托(重大权益指单个人持有20%以上、多人持有40%以上);受托人是外国人、外国公司或外国政府持有重大权益的,该信托也被视为外国人;居住在澳大利亚的持有有时间限制的签证的外国人,此类签证包括工作签证、临时入境签证、访客签证、过渡签证和商务签证;持有永久签证但居留在澳大利亚的时间在

① See "Chinese Real Estate Investment into Australia", https://assets.kpmg/content/dam/kpmg/pdf/2014/03/Chinese-Real-Estate-Investment-into-Australia-O-201403.pdf, Nov. 19, 2019.

② Foreign Acquisitions and Takeovers Act 1975, https://www.legislation.gov.au/Details/C2018C00383, Nov. 19, 2019.

③ Foreign Acquisitions and Takeovers Regulation 2015, https://www.legislation.gov.au/Details/F2019C00072, Nov. 19, 2019.

④ Land Tax Management Act 1956 No. 26, https://www.legislation.nsw.gov.au/#/view/act/1956/26/part1/sec3a, Nov. 19, 2019.

12 个月里不满 200 天的;持有伴侣(临时)签证(309 类或 820 类)的人将被视为永久居民签证持有人,居留不满 200 天也被视为外国人。

如图 12－1 所示,外国人 X 在公司 A 中拥有 25%(超过 20%)的重大权益,因此公司 A 是外国人。由于公司 A 在信托 B 中拥有 20% 的重大权益,因此,外国人 X 被视为持有信托 B 的 20% 权益,从而使信托 B(或信托 B 的受托人)成为外国人。接着,信托 B 在公司 C 中拥有超过 35%(超过 20%)的重大权益,使公司 C 成为外国人,因为外国人 X 被视为最终持有公司 C 的 35% 的重大权益,因而在公司 C 在新南威尔士州持有住宅土地时,会被视为外国人持有,缴纳相应的土地税。

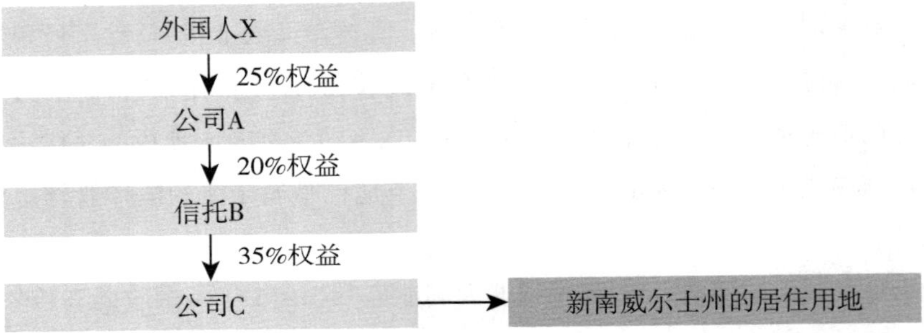

图 12－1　外国人通过多层结构持有土地的关系界定[①]

如何确定是否属于农业生产用地从而获得土地税豁免资格,如图 12－2 所示。新南威尔士州的《1956 年土地管理法第 26 号》(以下简称《第 26 号法规》)[②]第 10AA 条豁免了主要用于农业生产的土地税,如果用于农业生产的土地不是位于农村地区,则必须满足附加的商业测试,以确定在这块土地上的农业企业是否具有重大和实质性的商业目的或性质,并且必须以连续或重复的方式在运作(无论实际是否有盈利)。农业生产活动包括:种植栽培农作物;为了销售而饲养的动物(不包括饲养赛马);商业捕鱼及养殖;养蜂;商业种植苗圃(不包括零售植物的苗圃);以销售为目的的花卉和蘑菇种植(不包括观赏花卉)。另外,可以豁免土地税的情况还包括寄宿、廉价住宿、房车公园、退休村、幼儿园等。[③]

---

① See "Definition of a Foreign Person", https://www.revenue.nsw.gov.au/help-centre/resources-library/g009, Nov. 19, 2019.

② Land Tax Management Act 1956 No. 26, https://www.legislation.nsw.gov.au/#/view/act/1956/26/part1/sec3a, Nov. 19, 2019.

③ See "Exemptions and Concessions", https://www.revenue.nsw.gov.au/taxes-duties-levies-royalties/land-tax/exemptions-and-concessions#Land%20tax%20exemptions, Nov. 19, 2019.

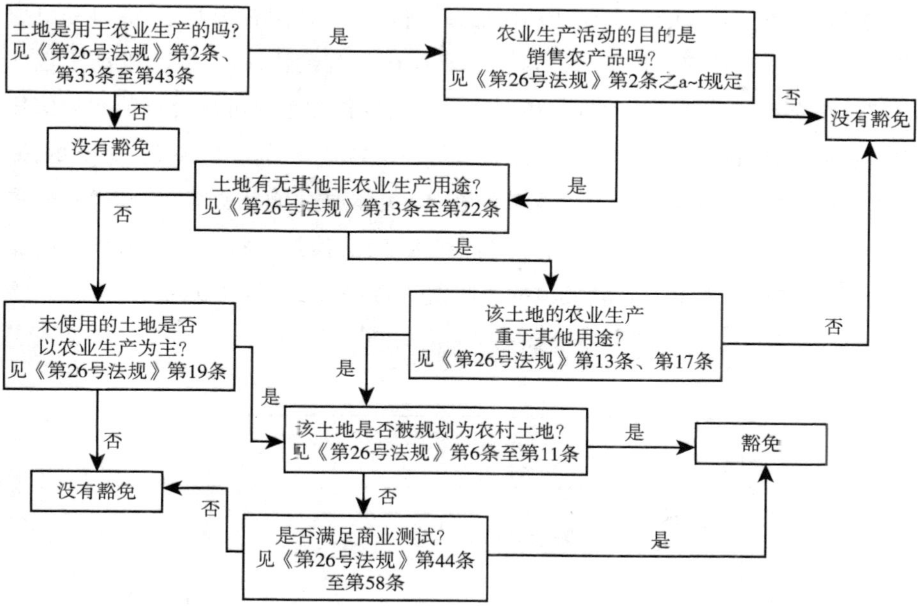

图 12-2　如何确定属于农业生产用地而获得土地税豁免资格①

(三)合订结构(Stapled Structures)

合订结构,是指将至少两个组织"合订"在一起,在合订体内进行优化组合式的交易安排,以获得对外的税务优惠。合订结构最简单的形式是将拥有资产的信托单位与一家经营性的企业合订在一起,投资者同时拥有单位信托与经营公司的股份,单位信托通常持有资产并获得租赁或融资收入,而经营的公司则负责执行具体交易业务。

20 世纪 80 年代中期,公共单位信托(Public Unit Trusts)因非纳税实体的特性而被企业广泛应用,以避免在公司层面的扣税,将应缴税额转移至信托单位持有人。为此,澳大利亚于 1985 年颁布了《1936 年所得税评定法》(Division 6C of the Income Tax Assessment Act 1936),其第 6C 项规定旨在向从事交易业务(广义而言,除租金或融资收益之外的任何收入业务)的信托作为纳税实体进行课税。继 1987 年引入股息抵免制度(dividend imputation),由于企业利润不再双重课税,因此合订结构所提供的主要税收优惠就表现在递延纳税功能上了。20 世

---

① See "Attachment A-Flow Chart", https://www.revenue.nsw.gov.au/_resources/rulings/rrlt097v2_flowchart.pdf, Nov. 19, 2019.

纪90年代，澳大利亚的私有化活动增加，政府将一系列国有资产，如港口和电力资产等出售给私有部门投资者。这类投资往往具有经营性的性质，推动了包含内部关联交易地合订结构的进一步发展，例如，经营性企业可从合订结构的信托方租赁资产，或进行合订结构内的关联方的内部融资交易。如图12－3所示，拥有资产的信托，将资金借给运营业务的实体，实体通过贸易从客户赚取利润，再将利润中的大部分以偿还利息的方式转移到信托，信托再将利息收入分配给受益人，避免了贸易利润在运营实体的税收，转移到信托，获取了优惠。

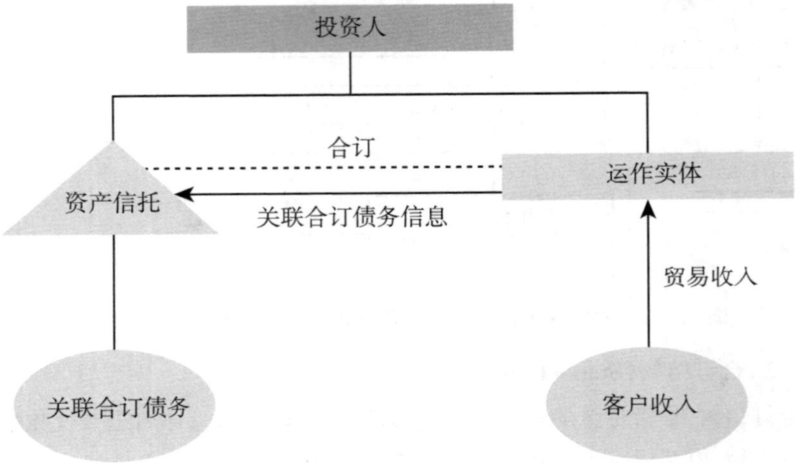

图12－3　合订结构的示意①

合订结构具有明显的多重税收优势：（1）采用合订结构，投资者可获得相关经营活动的额外收入，如管理费，这种额外收入的产生也不会对信托的"非纳税实体"状态产生任何影响；（2）合订结构中信托所具有的递延纳税款项分配（因加速折旧等因素而获得的非应税收入现金），尤其是在投资项目的早期阶段，递延纳税款项优势明显，对于澳大利亚本土投资者，这一优势所代表的是时间效益，因为最终成本税基调整意味着递延纳税金额将计入未来资本利得或资本减值项，但是资本利得并不总是按照全额征税，在某些情况下，部分特定居民可获得永久性效益，非居民可获得一定程度的豁免；（3）根据澳大利亚的税收管理规定，对于特许权使用费或利息实行预扣税，外国投资者所得收益可享有优惠预扣

① See "Taxpayer Alert", https://www.ato.gov.au/law/view/document?DocID=TPA/TA20171/NAT/ATO/00001, Nov. 19, 2019.

税率，预扣税率一般不超过 15%。

合订结构在商业方面的优势：(1)更易于吸引第三方融资(信托资产融资可按税前基础计算)和降低投资者整体课税负担，从而降低资金成本、增加投资水平；(2)通过横向整合多重业务，产生效益和协同效应(共享专业技术和知识)。

针对合订结构的税收安排，澳大利亚于 2019 年 4 月推出了《2019 年财政部法修正案(确保外国投资者在澳大利亚公平纳税和其他措施)法》[Treasury Laws Amendment (Making Sure Foreign Investors Pay Their Fair Share of Tax in Australia and Other Measures) Act 2019]①，开始对合订结构进行监管，努力平衡信托与公司之间的税务差距。其中第 6C 部分针对农业信托持有土地的合订结构有相关的规定，并有过度规则至 2026 年 7 月 1 日。

无论澳大利亚如何规制合订结构，目前这种结构都是外国投资者偏好采用的投资方式，也是国际资本在世界各国投资的主流框架设计，本书也将此框架作为建议方案推荐给来自中国的对澳农业投资者，具体设计将在下文详述。

(四)弱化资本规则

资本弱化(Thin Capitalisation)，又称股份隐藏或收益抽取，是指纳税人为达到减少纳税的目的，用贷款方式替代募股方式进行的投资或融资，或降低股本的比重，提高贷款的比重而造成的企业负债与所有者权益的比率超过一定限额的现象。由于各国对股息和利息的税收政策不同，当纳税人筹资时，会在贷款或发行股票两者中进行选择，以达到减轻税收负担的目的。一些国家在税法中制定了防范资本弱化条款，对企业取得的借贷款和股份资本的比例作出规定，对超过一定比例的借贷款利息支出不允许税前扣除。根据经合组织的解释，企业权益资本与债务资本的合理比例应为 1∶1，当比值小于 1 时，即为资本弱化。②

根据澳大利亚税务局的规定，弱化资本规则是企业的债务超过股本一定比例的税务应用限制，适用对象包括外国资本对澳大利亚的投资和澳大利亚本土企业对外的投资，在澳大利亚本土的规则适用有 3 类豁免：(1)澳大利亚居民企

---

① See Treasury Laws Amendment(Making Sure Foreign Investors Pay Their Fair Share of Tax in Australia and Other Measures) Act 2019, https://www.legislation.gov.au/Details/C2019A00034, Nov. 19, 2019.

② See "Anti-Avoidance Rules Against International Tax Planning: A Classification Economics Departments Working Papers No. 1356", https://www.oecd.org/eco/Anti-avoidance-rules-against-international-tax-planning-A-classification.pdf, Nov. 19, 2019.

业；(2)虽然是外国实体，但没有投资以及常设机构；(3)符合阈值测试之一：债务扣除额低于200万澳元、非外资控制的对外投资并满足资产阈值、为管理风险而设立的特殊实体。① 澳大利亚财政部已决定自2019年7月1日起开始采取弱化资本规则，来规范涉外投资的税务年度审报表，并推动相关的立法。② 而在法律通过之前，澳大利亚税务局依然按照原来的规定执行。③

弱化资本原则针对的是外国投资企业的避税行为，具体表现为，设立于澳大利亚的外国企业A向境外母公司B借款，借款额远超过A自身在澳大利亚的资本，导致在澳大利亚经营业务的毛利润中很大一部分用来向境外母公司B偿还利息。澳大利亚的法律规定对这类的借款归还利息只征收10%的税，A企业的毛利润在扣除债务利息之后的净利润才是在澳大利亚本土征收30%所得税的税基，这种资本弱化的后果是导致澳大利亚正常税基的减少，因此才有了限制规定。

具体操作如图12－4所示，在认定是否属于弱化资本行为时，有5步流程：第一步，计算调整后的平均债务，为正数则属于是，进入下一步，否则就可以被排除；第二步，计算安全港债务金额，超出的进入下一步；第三步，计算独立交易债务金额；第四步，计算全球负债债务金额；第五步，计算不允许的债务减免。

其中，安全港债务是指外资企业的债务占总资产的比例，在2014年之前，该比例为75%，之后调整为60%，及负债率低于60%处于安全港，不会遭到税务局的资本弱化规则关注。

需要特别说明的是，如果债务利率处于合理的范围内，或者借贷双方没有关联的关系，资本弱化原则就不适用。

---

① See "Thin Capitalisation", https://www.ato.gov.au/Business/Thin-capitalisation/, Nov. 19, 2019.

② See "Thin Capitalisation: Valuation of Assets", https://treasury.gov.au/thin-capitalisation, Nov. 19, 2019.

③ See "Valuation of Assets for the Purposes of the Thin Capitalisation Regime", https://www.ato.gov.au/General/New-legislation/In-detail/Direct-taxes/Income-tax-for-businesses/Asset-valuation-thin-capitalisation/, Nov. 19, 2019.

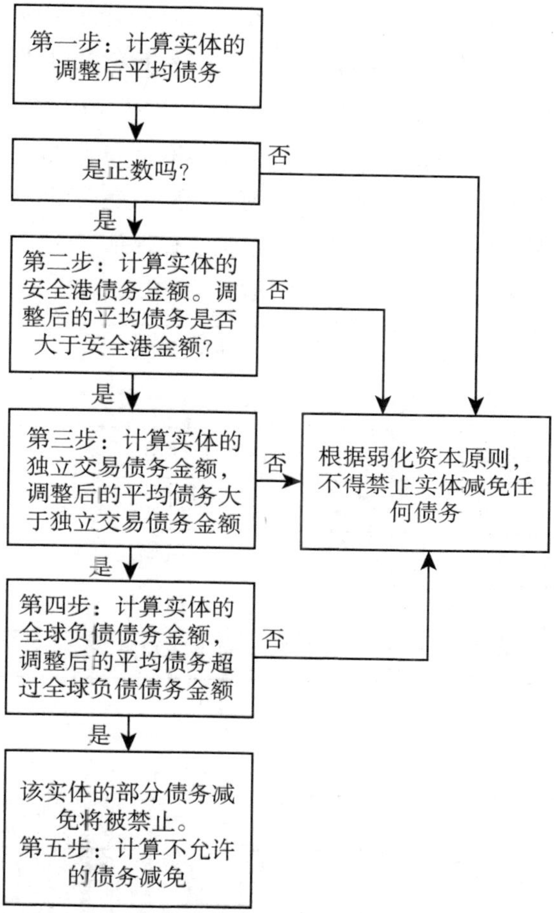

图 12－4　澳大利亚非法定存款（Non-ADI）外资实体的债务是否属于弱化资本的认定流程①

（五）跨境融资安排和关联交易限制

澳大利亚在限制外国投资企业的借款和关联交易方面早在 2017 年 4 月出台并于 2018 年 6 月 13 日更新的《与跨境关联方融资安排和关联交易相关的税收问题的 ATO 合规性方法》（ATO compliance approach to taxation issues associated

① See "Non-ADI General Inward Investment Vehicle", https://www.ato.gov.au/Business/Thin-capitalisation/Non-ADI-general-inward-investment-vehicle/, Nov. 19, 2019.

with cross-border related party financing arrangements and related transactions），[①]该合规指引里的各项计划将在3年内陆续生效。其主旨就是对外国投资企业的融资和关联交易进行评估，以确定是否适用相关税收的税率应用。

该合规指引里的评估系统非常复杂，参考的变量和系数较多，简单地说，就是将风险等级分为6个区域，分别以白色、绿色、蓝色、黄色、橙色和红色代表，被认定违规的风险逐级升高；然后根据两个系统进行评估：一个是定价风险评估，另一个是动机风险评估，可见图12－5及表12－2、表12－3。

风险区域	风险等级
白	相关安排已通过审查
绿	低风险
蓝	中低风险
黄	中风险
橙	高风险
红	非常高风险

（a）

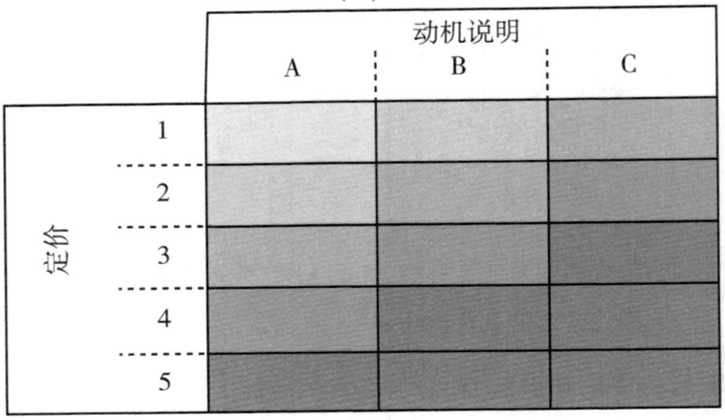

（b）

图12－5 澳大利亚对外资企业融资和关联交易违规风险等级评估系统[②]

① See "ATO Compliance Approach to Taxation Issues Associated with Cross-border Related Party Financing Arrangements and Related Transactions", https://www.ato.gov.au/law/view/pdf/adhoc-html/pcg2017－004c4dc.pdf, Nov. 19, 2019.

② See "Practical Compliance Guideline", https://www.ato.gov.au/law/view/document?docid＝COG/PCG20174/NAT/ATO/00001&PiT＝20180613000001, Nov. 19, 2019.

表 12－2　定价风险评估系统①

指标	向外的			向外的及向内的	向内的			
评分	10	3	1	0	1	3	10	15
相对价格：可追溯的第三方债务；相关的第三方集团债务；全球集团资金成本	零收费	低于相关债务的成本		向内：小于等于50bps（速率）超过相关债务的成本（或低于相关债务）向外：相关债务成本或更高	大于50但是小于等于100超过相关债务的成本	大于100但是小于等于150超过相关债务的成本	大于150但是小于等于200超过相关债务的成本	大于200超过相关债务的成本
适当的抵押物				是		否		
次级债务（包括夹层债务）				否		是		
债务货币与营业货币不一致	是			向内：否 向外：否，除非该货币与贷方的会计和税收功能货币一致			是	
存在他国特征或手段				否			是	
借款人实体的主权风险	B,CCC	BB	A,BBB	AAA,AA				

1	0
2	1~3
3	4~9
4	10~14
5	≥15

表 12－3　动机风险评估系统②

指标	向外的			向外的及向内的	向内的				
分数	10	3	1	0	-1	1	3	10	15
借款人的杠杆				等于或低于全球综合杠杆	大于全球综合杠杆，但小于等于资产历史成本基数的50%	大于全球综合杠杆，但小于等于60%杠杆		大于60%杠杆*	
利率范围				等于或大于全球合并组		低于全球合并集团利率，但大于等于4.2	大于等于1.4，但小于4.2	小于1.4	
贷方实体所在司法管辖区的适用税率				大于等于30%或贷方实体是全球母公司或全球财务机构		21%~29%	16%~20%	1%~15%	0%
涉及纳税人预警有关的安排	是			否				是	
涉及混合安排	是			否					是

A	≤4
B	5~13
C	≥14

① See "Practical Compliance Guideline", https://www.ato.gov.au/law/view/document?docid=COG/PCG20174/NAT/ATO/00001&PiT=20180613000001, Nov. 19, 2019.

② Ibid.

四、投资方案

前文已就澳大利亚的单位信托的定义、种类以及向光税务规定进行了阐述，下面笔者将对来自中国的对澳大利亚农业投资的框架设计以及税务筹划和退出作出简易型设计，由于很多具体设计涉及税务优化安排，不便过多阐述细节，建议读者向澳大利亚专业机构咨询，以获得更翔实的操作方案，本书只是给读者提供一个方向性的指导，让投资人知道对澳大利亚投资有区别于国内投资习惯性思维的另一条途径可供思考。

（一）投资母公司的设立

建议中国内地投资者先在中国香港特别行政区或者新加坡设立一家投资母公司（A），以该投资公司作为海外投资的母公司平台，因为中国香港特别行政区和新加坡的税务环境在全球范围看税率较低，当然投资者也可以考虑在英属维京群岛之类的地方设立离岸公司，只不过这种离岸公司在澳大利亚投资的避税意图过于明显了。另外，在中国香港特别行政区和新加坡设立信托的意义不大，因为信托最终通过个人征税的税率与有限公司的税率相差不大，所以建议通过设立有限公司控制风险。

另外，对于必须将投资收益即时汇回中国内地的投资者，建议将投资母公司A设在与澳大利亚签有所得税（包括资本利得税、不排除被动收入）预提为0的7个国家：美国、英国、法国、德国、日本、加拿大、新西兰。例如，设在英国，从澳大利亚分配收益到英国的投资母公司，澳大利亚税法不预提利得税，而英国对转汇给中国的分配也不征税，这样就只涉及投资收益回到中国国内缴纳国内的所得税了，只有少部分投资者有此需求，笔者不再赘述了。

母公司设在中国香港特别行政区。香港公司标准所得税自2018～2019年度起分两级，应税额200万港元以上部分为16.5%，应税额200万港元以下减半按8.25%收取，其他除了印花税就没什么税种了，非常简单。但中国香港特别行政区征税仅针对在香港经营而产生利润或得自香港的利润，其中以经营为前提，中国香港特别行政区作为地点为依据，只有两者都不符合的收入，中国香港特别行政区才是不予征税的。[①] 对于中国香港特别行政区母公司投资澳大利亚的项目

---

① See https://www.ird.gov.hk/chs/tax/bus_pft.htm#a01, Nov. 19, 2019.

汇回的股息分红是免税的，对于给澳大利亚投资项目的借款汇回中国香港特别行政区的利息，由于借款属于发生在中国香港特别行政区的行为，所以需要缴税，但因为澳大利亚已经预扣了10%的利息税，而中国香港特别行政区的税收是秉承避免双重征税的原则，即便与海外征税的国家没有签订避免双重征税协定（DTAs），也会主动对中国香港特别行政区税务实体抵扣已缴的税金，所以澳大利亚需要给中国香港特别行政区的利息补交税差6.5%。①

母公司设在新加坡。新加坡公司标准所得税为17%，应税额1万美元以下免征75%，应税额在1万～30万美元免征50%，符合条件的新设公司最初的3年有10万美元以下所得的税收豁免，10万～30万美元的所得免征50%。新加坡没有资本利得税，也没有对来自境外的股息分红收入进行征税，只有对来自境外的利息收入征收境外抵扣税与新加坡所得税之间的差额，相对澳大利亚队汇往境外利息预扣10%的税率，该利息汇入新加坡母公司时，需补交7%的税差。新加坡无弱化资本规则。另外，新加坡鼓励在新加坡设立地区总部，给予20～50年的税收豁免，以及给予0或5%或10%所得税的优惠。新加坡与澳大利亚签有双方全面避免双重征税协定，方便新加坡母公司对于来自澳大利亚收入的报税申请计算。② 结论：母公司设在新加坡，澳大利亚投资项目股息分红汇入新加坡免税，利息汇入新加坡要补7%的税差。

通过上述分析，可以考虑将投资母公司设在新加坡。以下设计是以投资母公司设立在新加坡为假设前提，对澳农业投资项目规模为1亿澳元，日常经营管理费用预算200万澳元达到收支平衡以上，在这个假设条件下，对相关实体架构、资金进入、收益回流分别进行阐述。需要特别说明的是，所有与例子相关的数据（包括利率、利润、费用）均为假设，只是用来说明操作的思路，不能作为实际情况的参考。

（二）澳大利亚境内的架构设计

如图12－6所示，按合订结构的模式，在澳大利亚设立单位信托B，由境外新加坡母公司A作为主要单位持有人发起设立，同时，由母公司A作为受托人公司C的大股东委任受托人的董事，负责管理单位信托B的运营、分配及报税。单位

① See https://www.ird.gov.hk/chs/pol/dta.htm, Nov. 19, 2019.

② See "Companies Receiving Foreign Income", https://www.iras.gov.sg/irashome/Businesses/Companies/Working-out-Corporate-Income-Taxes/Companies-Receiving-Foreign-Income/, Nov. 19, 2019.

信托B出面投资澳大利亚农场,持有土地、房屋等资产E。另外,由境外母公司A设立一个有限公司D,负责运营B的资产E,对外建立业务合同关系,包括采购、销售及业务合作,因为D是有限公司,可以控制运营所产生的债权债务风险,既不会影响B的资产E的安全,又不会影响出资到位的母公司A。单位信托B由C出面与D签署管理或租赁协议,将资产E交给D运营管理。

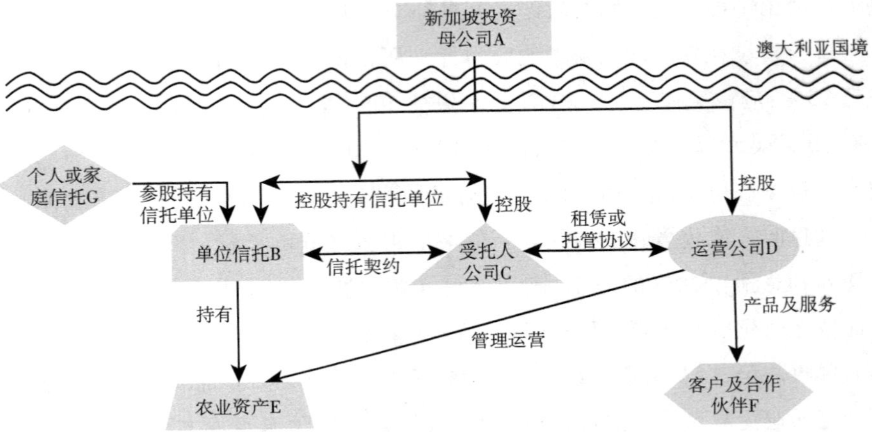

图12-6　投资实体框架及相互关系

这里需要说明的是,单位信托B的持有人以境外公司A为主,如果来自中国的投资人是民营企业,且为澳大利亚居民的直系亲属,可由该直系亲属在澳大利亚设立家庭信托G,由G持有单位信托80%以上的单位数量,并由G全资持股受托人公司C,由澳大利亚居民身份的亲属担任受托人公司C的董事,这种安排对于投资农业项目E有诸多的益处:一是避免投资时需要申请FIRB的批准及相关费用;二是能获得将来E的土地税(1.6% ~2%)豁免,如果E的产权人B的主要持有人是海外人士,则1亿澳元的土地资产将每年支付近200万澳元的土地税,这不是个小数目。

(三)资金流入设计

鉴于澳大利亚已开始实施弱化资本规则,限制境外关联公司对境内实体的借款比列,基于安全港的要求,在上面的框架中,依据对澳大利亚农业项目的投资规模,按照40:60的比例分配股份权益资本和借贷资本,即如果澳大利亚农业项目E的投资规模为1亿澳元,则单位信托B的单位发行总金额为4000万澳元,由B向A公司借款6000万澳元,合计1亿澳元投资项目E。同理,运营公司

D 在预算租赁办公室、购买办公设备、招聘员工、市场营销等开支的金额，需要资金规模 200 万澳元，则由 A 公司对 D 公司出资注册资本 80 万澳元，借款 120 万澳元。所有借款均需要签订正规的借款合同，比照市场上的贷款利率有合理的浮动，例如，年息 6%，借款期为 10 + 5 年，虽然境外投资者在澳大利亚设立新公司在当地很难向银行贷款，但与境外的关联企业之间的借款利率不能超出当地银行利率太多（3 倍以内），以免被澳大利亚税务局评估列为涉嫌避税风险较高等级，笔者保守以 6% 作例。资金进入及分配流程详见图 12 – 7。

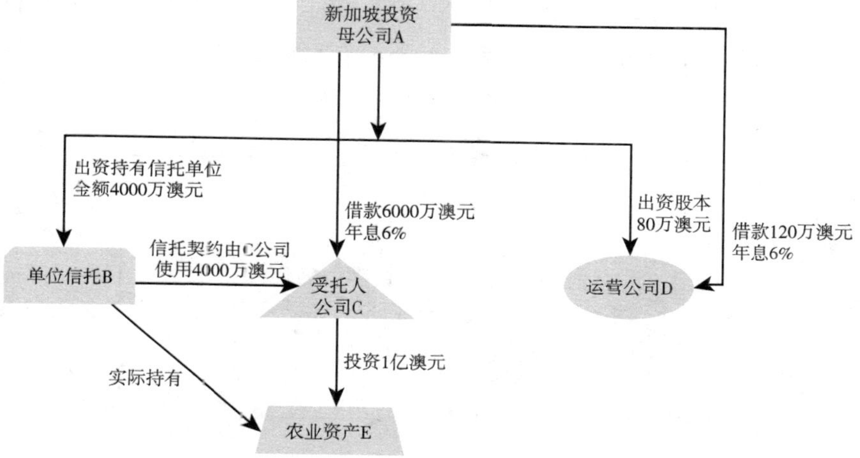

图 12 – 7　资金进入及分配

（四）收益资金回流设计

如图 12 – 8 所示，按照投资实体的机构设计，D 公司负责运营资产 E，预计从客户及合作伙伴挣得年收益为 600 万澳元（资金回流①）；D 公司依据与受托人签署的租赁或托管合同，向受托人 C 公司支付 500 万澳元的租金（资金回流②）；接着 D 公司需要先向境外母公司支付 120 万澳元年息 6% 的借款利息 7.2 万澳元，澳大利亚税务法律规定预扣 10% 税款后向 A 公司汇出 6.48 万澳元（资金回流③），而 A 公司在新加坡需要根据澳新两国的 DTAs 补扣 5% 的利息税率差，A 公司每年实际获得对 D 公司的借款利息 6.12 万澳元（资金回流④）；D 公司在支付②、③及其他费用后净利润为 40 万澳元，在缴纳 25% 所得税（小规模公司优惠税率）后向母公司 A 分红股息 30 万澳元（资金回流⑤），该分红股息汇往 A 公司在新加坡完全免税；受托人 C 公司在财务年度结束时，扣除日常维护费 20 万澳元(资金支出⑥)后,向海外A公司支付6000万澳元借款6%的年息360万澳元,在扣除澳大利亚税法规定的10%预扣税后将324万澳元汇往新加坡A公司(资金回流⑦),同样新加坡会补扣5%的利息税率差18万澳元,这样A公司每年会收到税后的借款利息306万澳元(资金回流⑧);受托人C公司在扣除⑥、⑦两项支出后分配给单位信托B的收益是120万元(资金回流⑨);C公司代缴25%所得税30万澳元,向新加坡A公司汇款90万澳元,且新加坡对此投资收益分红免税,A公司每年收到税后单位信托分红90万澳元(资金回流⑩)。这样,A公司每年实际收到税后的回流资金为④+⑤+⑧+⑩=432.12万澳元,向澳大利亚和新加坡缴税合计95.08万澳元,反算A公司实际缴税率为18%,即由95.08÷(432.12+95.08)=0.18035,算是税务优化的一种参考数据了。

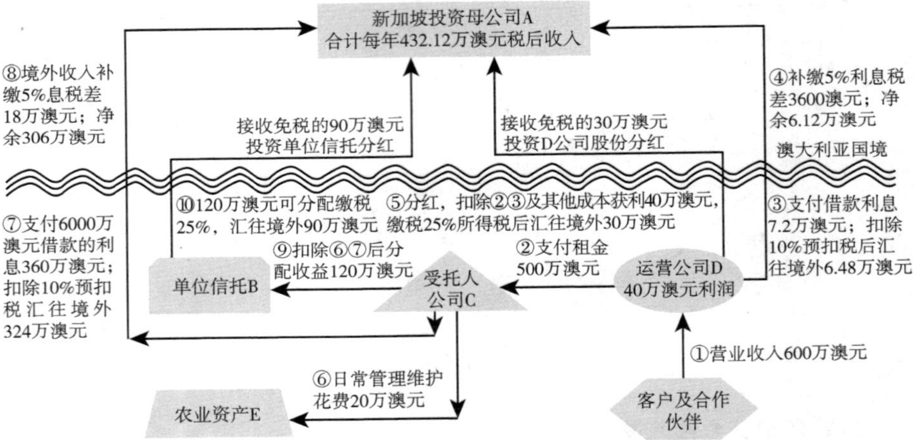

图12-8 资金回流及缴税流程

五、退出

农业作为第一产业,澳大利亚称为“初级产业”(Primary Industry),一直支撑着人类的发展,随着生命科学、生物化学以及基因仿生等技术的进步,农业在未来还有很大的发展空间。另外,从投资的角度来看,作为来自中国的投资者,经过上面设计的框架和路径,投资于澳大利亚的农业,其目的无非以下两者:一是优化资产布局,达到资产全球配置的目的;二是与中国国内的消费市场结合,获取产业链整合后的超额利润。不论属于哪一种对澳农业投资,如能在回报理想的情况下迅速退出,才是一项好的投资。

1. 上市退出。本书在第十二章"退出"中，对投资退出的方式和涉及的架构都进行了较详细的论述，有关信托作为上市主体的规定大体与公司上市的规定相同，澳交所只是对信托的负债率较为关注，具体情形需要由专业机构对欲上市的信托作尽职调查后给予专业指导意见。①

2. 出售给长期理财机构。如果信托资产长期收益率稳定在5%以上，则能满足长期理财机构的投资偏好需求，而澳大利亚本身聚集了3.68万亿美元的各种性质的投资基金，规模位居世界前列。② 在信托资产形成一定规模并有较好的经营收益记录后，出售给基金较为可行。

3. 转售给第三方投资人。在信托名下的资产收益稳定、投资架构清晰的前提下，将资产和长期租赁或管理合同转售给第三方投资人，或者在澳大利亚本地进行委托拍卖都可以，需要专业的中介机构设计和运作。

---

① See "Property Trusts and Property Syndicates", https://download.asic.gov.au/media/1342610/ps77.pdf, Nov. 19, 2019.

② See "Managed Funds, Australia, June 2019", https://www.abs.gov.au/ausstats/abs@.nsf/mf/5655.0, Nov. 19, 2019.

后　记

本书在编写过程中，得到了中国农业农村部国际合作司、中国驻澳大利亚使领馆、中国农业银行悉尼分行、中国银行悉尼分行以及澳大利亚本土很多专家学者、机构、企业的协助。在研究澳大利亚政商投资环境的过程中，中国驻澳大利亚大使成竞业先生和公使黄任刚先生给予了方向性的指导；中国驻悉尼总领事馆牛文起参赞提供了研究资源的大力支持；悉尼大学中国研究中心教授汉斯·杭智科（Hans Hendrischke）、李薇博士提供了数据库分享；中国政法大学高祥教授就澳大利亚法律制度研究给予了悉心指点；涉及相对陌生的澳大利亚水权制度时，在澳大利亚农业法律领域享有崇高威望的新英格兰大学教授保尔·马丁（Paul Martin）提供了宝贵的资料和建议；在研究对澳大利亚农业投资的实务操作过程中，中粮糖业助理总裁郭顺杰先生、澳大利亚土特产公司执行主任李慧女士、中纺集团总法律顾问张鸿飞先生、中胜程投资集团有限公司董事兼CEO王渺女士、澳大利亚汇桥律师事务所刘志军女士、悉尼WHLE律师事务所合伙人保尔先生、悉尼BDO会计师事务所弗兰克先生等都毫无保留地分享了自己的实务经验，特别是澳纽会计师事务所的童译先生，对书中涉及投资的税务筹划进行了详细指导，这些机构和专家学者是中国对澳大利亚农业投资咨询的宝贵资源。另外，悉尼大学杨翌航同学、阿德莱德大学徐其立同学以及麦考瑞大学的姜拓岑同学参与了数据的收集及图表的制作。

在此一并致谢!

由于能力有限,本书存在不少不足及遗憾之处,尤其是对英文的理解和翻译可能存在一些不可避免的误判和疏漏,恳请各位读者批评指正。

联系邮箱:investment@ yeah. net

作者

2020 年 6 月

图书在版编目(CIP)数据

澳大利亚农业投资:法律规制与产业发展 / 杨东霞,胡敏,曹海军著. -- 北京:法律出版社,2021

ISBN 978-7-5197-4848-7

Ⅰ. ①澳… Ⅱ. ①杨… ②胡… ③曹… Ⅲ. ①农业投资-法律-研究-澳大利亚 Ⅳ. ①D961.124

中国版本图书馆 CIP 数据核字(2020)第 146339 号

澳大利亚农业投资:法律规制与产业发展
AODALIYA NONGYE TOUZI: FALÜ GUIZHI YU CHANYE FAZHAN

杨东霞
胡　敏　著
曹海军

策划编辑 沈小英
责任编辑 沈小英 毛镜澄 黄 筝
装帧设计 李 瞻

出版发行 法律出版社
编辑统筹 法治与经济出版分社
责任校对 刘晓萌
责任印制 吕亚莉
经　　销 新华书店

开本 710 毫米×1000 毫米 1/16
印张 29.25　**字数** 487 千
版本 2021 年 7 月第 1 版
印次 2021 年 7 月第 1 次印刷
印刷 北京虎彩文化传播有限公司

地址:北京市丰台区莲花池西里 7 号(100073)
网址:www.lawpress.com.cn
投稿邮箱:info@lawpress.com.cn
举报盗版邮箱:jbwq@lawpress.com.cn

销售电话:010-83938349
客服电话:010-83938350
咨询电话:010-63939796

书号:ISBN 978-7-5197-4848-7　**定价**:136.00 元

凡购买本社图书,如有印装错误,我社负责退换。电话:010-83938349